COLLECTION
FOLIO/ESSAIS

Frédéric Nef

Qu'est-ce que la métaphysique ?

Gallimard

Frédéric Nef, philosophe, est directeur d'études à l'École des hautes études en sciences sociales.

AVERTISSEMENT

Le lecteur, pour le confort de sa lecture, trouvera, en appendice, un substantiel glossaire des termes techniques propres aux questions de métaphysiques (p. 791) et une table des symboles quelquefois utilisés dans le corps du texte (p. 789).

À la mémoire de ma mère
Aimée Barbaro
(1920-1972)

La clarté dans une opinion est la manifestation visible de la vérité ; l'utilité en est la manifestation palpable.

Joubert, *Pensées et Lettres.*

Dans les matières transcendantales, il faut être transcendantalement clair.

Descartes.

Il existe deux sortes de savoir : celui qui fait que nous connaissons notre sujet, et l'autre qui nous guide vers des moyens de le connaître.

Boswell, *Vie de Samuel Johnson.*

Avant-propos

Betwixt the world destroy'd and world restor'd.

Milton, *Paradise Lost*, XII, 3.

Le propos de ce livre est à la fois critique et synthétique. Il prend acte de la situation actuelle de la métaphysique où coexistent des combinaisons complexes de croyances en sa fin ou sa disparition et des développements brillants, originaux et fondamentaux de la même discipline dans des directions apparemment divergentes. Je me suis consacré à la tâche ingrate d'analyser ce qui motive ces croyances en sa fin, d'examiner le bien-fondé de leurs diverses justifications, afin dans un premier temps de rendre mes idées plus claires. Je n'ai pas voulu me contenter de mettre en doute le caractère évident de cette disparition de la métaphysique ; j'ai souhaité avancer des preuves de son existence, postérieurement à sa fin annoncée par Hegel et Nietzsche[1], preuves qui me semblaient s'accumuler au cours de la lecture des grandes œuvres métaphysiques du siècle dernier. C'est la raison pour laquelle j'ai fait œuvre de synthèse, ingrate elle aussi, pour éclairer les enjeux de la métaphysique au XXe siècle. Il ne pouvait s'agir de faire un panorama exhaustif, ni des auteurs ou des écoles, ni des problèmes. La synthèse serait devenue simple énumération. J'ai donc choisi le fil directeur de la structure de la réalité, en insistant sur les thèmes des modalités du possible[2] et de l'existence[3]. Mon ambition est à la fois modeste et démesurée. Modeste, car il s'agit de rendre service à tous ceux qui veulent de bonne foi juger de l'opportunité de continuer des recherches dans le champ de la métaphysique. Démesurée, car le but ultime est de surmonter un fossé béant d'une part entre le ressassement et les alternances de constructions et de destructions et, d'autre part, le développement grandiose d'un atomisme et d'un structuralisme métaphysiques tout au long du XXe siècle. Ce livre montre que la question de la métaphysique, en son centre qui est l'ontologie, n'est pas l'être, comme le voudrait une étymologie rapide, mais un réseau de concepts : le possible, l'essence, l'objet, l'événement... Si ce livre a un but ultime, il est de passer d'une « mystique de l'être » (Habermas[4]), d'une « extase ontologique » (Sloterddijk[5]) à une ontologie de l'essence et de la possibilité.

J'ai essayé de ménager l'objectivité de la synthèse en exposant les points de vue que j'ai critiqués, mais je me suis refusé à ne pas indiquer de choix philosophiques, tout en signalant autant que possible les autres options possibles. Qu'il soit donc clair que l'orientation de ce livre est empiriste et particulariste[6] : on se limitera à des entités spatio-temporelles connues par l'expérience et qui sont particulières, comme le rouge de ce cahier, la relation entre ce cahier et la table sur laquelle il est posé. Cela ne signifie pas que la métaphysique est confinée à l'intérieur de ce triangle — « il y a plus de choses sur la terre et dans le ciel, Horatio, que votre philosophie n'en rêve » (*Hamlet*, I, 5, v. 166-167) — mais plutôt qu'il s'agit là de la voie d'entrée la plus directe et la plus simple aux problématiques contemporaines. L'objectivité ne consiste pas ici à s'abstenir de toute prise de position argumentée, mais à essayer de les expliciter le plus clairement possible.

Ma venue à la métaphysique s'est faite par le biais de la philosophie du langage et plus précisément de la sémantique, c'est-à-dire de cette partie de la théorie du langage qui recherche les conditions de signification et de vérité des énoncés. La conviction progressive qu'une théorie de la vérité, comme fondement de la sémantique, devait entraîner un questionnement ontologique plus général m'a conduit d'un structuralisme sémantique à un structuralisme métaphysique. À la lumière de ce cheminement, les thèmes de la fin, du dépassement de la métaphysique m'ont semblé peu à peu se vider de leur sens et ce livre est aussi le récit caché de cette expérience intellectuelle, de cette désaffection du négatif.

Introduction

Introduction. Mot obscène.

Flaubert.

Selon l'opinion philosophique actuelle et ordinaire, la métaphysique est une discipline purement historique. Comme l'épigraphie ou la mythologie comparée, elle serait censée éclairer le passé, aider à expliquer des systèmes complexes de croyances — on n'apprend pas ces disciplines pour dresser des stèles et connaître ses lointains ancêtres parmi les dieux et les héros. L'homme cultivé pense que pour savoir ce qu'est la vie ou la matière on s'adresse aux savants, alors que c'est par exemple pour savoir ce que l'architecte d'une cathédrale avait dans la tête que l'on se plonge éventuellement dans la métaphysique médiévale[1], car il n'y a rien dans nos préjugés de plus cher que l'idée, complètement immotivée, que les systèmes de pensée forment des touts dont les parties peuvent s'éclairer.

Je ne vais pas soutenir qu'il n'existe pas de différence importante ou même essentielle entre la métaphysique et les sciences. Je vais essayer de montrer qu'il est tout aussi naïf et irréfléchi de considérer la métaphysique comme étant tout entière au passé, stérile, inutile et finalement dangereuse. Une vision purement scientiste de la métaphysique est certes un non-sens, mais une vision purement historiciste, voire historiale, ce qui revient en fin de compte au même, est aussi un non-sens.

Le savoir courant sur la métaphysique tient en quelques affirmations lapidaires :

(i) la métaphysique a une naissance irréductiblement liée à la prééminence de la logique et de la théologie,

(ii) la métaphysique est morte, achevée, dépassée,

(iii) variante de (ii) : ce qui importe pour la pensée, c'est de dépasser la métaphysique ; la véritable pensée est post-métaphysique,

(iv) la métaphysique, alors même qu'on s'obstinerait à la pratiquer, est stérile. Il est loisible de pratiquer avec quelque profit l'analyse conceptuelle, la description phénoménologique, etc., alors que la métaphysique serait incapable de renouveler l'approche des grands problèmes philosophiques (comme l'identité, la vérité, la nature de la réalité...), sans parler d'une possibilité de résoudre certains de ces problèmes, résolution jugée en général hors de portée ou de propos. La science résoudrait des problèmes, mais ne penserait pas ; la pensée, plus originaire que la métaphysique, méditerait de grandes questions, mais ne les résoudrait pas.

La dernière affirmation est facultative :

(v) la métaphysique n'est qu'un langage, c'est-à-dire un vocabulaire, une grammaire, une sémantique. Nous verrons que le plus souvent, dans cette caractérisation, on en reste à une sémantique du mot.
Un langage peut être étudié par des linguistes, mais ne dit rien par lui-même et le philosophe post-métaphysique se transforme en linguiste, philologue ou grammairien imaginaires, sous peine d'être victime à nouveau du prestige de ce langage, en lui prêtant un contenu susceptible d'amélioration et de révision.

Je n'ai donné ici qu'une vision schématique et sommaire de l'opinion philosophique la plus commune. Max Scheler, dans des fragments posthumes sur la métaphysique, recensait les obstacles à une compréhension de cette discipline. Sa description garde sa validité — les noms ont changé, pas les attitudes. Il recense :

(I) le sensualisme positiviste, pour lequel la métaphysique est un problème historique,
(II) Kant et son école,

(III) l'historicisme et le psychologisme relativistes,
(IV) le traditionalisme et le fidéisme pour lesquels elle n'est qu'un auxiliaire de la croyance et de la religion,
(V) le scepticisme,
(VI) l'idéalisme subjectif de la conscience[2].

Les obstacles aujourd'hui sont les mêmes :

(I') le cognitivisme naturaliste, qui a pour projet de naturaliser la conscience, l'esprit et l'intentionnalité et d'éliminer la métaphysique, réduite à un vocabulaire périmé,
(II') l'analyse conceptuelle, qui consiste à limiter la métaphysique à l'étude des cadres de pensée grâce auxquels on appréhende la réalité,
(III') le constructivisme social et la sociologie de la science appliquée à la métaphysique, qui consistent à la réduire à une construction culturelle ou sociale transitoire,
(IV') les tentatives de nier le droit de la métaphysique à la pensée libre, sa mise en tutelle par diverses formes de conservatisme théologique,
(V') le scepticisme qui prend des formes ultra relativistes radicales et destructrices,
(VI') les thèses de la constitution du monde à partir d'un sujet transcendantal qui placent une science supérieure à la métaphysique, l'égologie trans-

cendantale ou la phénoménologie de la constitution.

(I')-(VI') sont autant d'obstacles à un intérêt et à une compréhension pour la métaphysique. Ces attitudes sont fort différentes de (I)-(VI), mais elles aboutissent au même résultat : la métaphysique est du passé — et du passé mort.

Dans la première partie de cet ouvrage, on aura l'occasion de détailler les présupposés, plutôt que les arguments, sur lesquels ce complexe d'attitudes repose. Il n'entre pas cependant dans notre propos de mener une enquête de type historique sur la constitution de cette opinion commune. Ce serait contraire au but même que nous nous sommes fixé, qui est de lutter contre l'historicisation radicale du débat. Qu'il suffise d'indiquer que l'on traitera des justifications suivantes de la fin de la métaphysique : sa stérilité et son outrecuidance (Kant), son caractère négatif et théologique (Nietzsche), sa structure ontologique, logique et théologique (Heidegger).

La présente introduction à la métaphysique se propose de prendre l'exact contre-pied de ces affirmations, en escomptant comme résultat minimal et certain de semer le doute sur le caractère dogmatique et sûr de soi du radotage sur la métaphysique, quand l'opinion générale ne se contente pas de verser dans l'arrogance des silences chargés de sous-entendus et qui sont autant de condamnations de la naïveté d'une recherche de la vérité. Un résultat, espérons-le important, sera d'éclairer la situation actuelle exacte de la métaphysique dans l'ensemble des disciplines philosophiques, mais ce but ne peut être atteint qu'une fois mené à bien un examen critique préliminaire du bien-fondé des thèses négatives sur la métaphysique présentée comme morte, achevée, finie, anéantie, éteinte, dépassée, trépassée, démolie, accomplie, détruite, déconstruite, etc. Après tout, on pourrait nous reprocher en ignorant superbement ces thèses d'en faire bon marché, par naïveté, obstination ou ignorance et de tomber dans les travers de la métaphysique qui ont été dénoncés avec une virulence entêtée, une véhémence systématique d'où s'ensuivent ennui et écœurement : caractère purement verbal, illusions de toutes sortes, soutien inconscient (ou, pis, délibéré) aux idoles logiques et religieuses[3].

Je me proposerai donc de montrer dans une première partie que la métaphysique dans sa naissance progressive n'est nullement soumise à la logique et à la théologie, mais qu'au contraire elle s'en dégage nettement et de manière irréversible. Dans une deuxième partie, je démontrerai, preuves à l'appui, que la métaphysique n'est pas morte à la fin du XIXe siècle, après les coups de marteau de Nietzsche, la mort de la métaphysique coïncidant avec la mort de Dieu, c'est-à-dire la perte des valeurs suprêmes, comme le beau, le bien, le vrai. Je montrerai qu'au contraire au XXe siècle elle a connu un profond renouvellement, dans des développements analytiques (Russell, Quine, Armstrong, Lewis) ou des systèmes spéculatifs (McTaggart, Whitehead) qui ont déterminé en partie son nouveau cours, ses nouveaux débats et donc que le siècle qui devait être celui de son ultime agonie, une sorte de *Götterdämmerung*, est au contraire un Grand Siècle métaphysique. Je montrerai enfin que la métaphysique n'est ni verbeuse, ni stérile, ni autiste, qu'elle ne se réduit nullement à un pur palimpseste, pour historiens, grammairiens et archéologues, voire une langue de schizo, mais qu'elle peut au contraire sur des points fondamentaux contribuer par des apports particulièrement éclairants aux débats intellectuels vitaux qui ont été renouvelés en particulier par les sciences, qu'il s'agisse des sciences de la cognition ou des sciences physiques. Je traiterai dans les deux derniers chapitres de la nature des objets et des propriétés, ainsi que de la nature du possible. Je m'attacherai *in fine* à un problème strictement métaphysique, celui des particuliers nus (*bare particulars*) pour montrer que même une question qui peut sembler purement interne à la métaphysique (peut-on penser des particuliers complètement privés de propriétés ?) présente des enjeux compréhensibles et importants pour le savoir contemporain et la pensée en général.

Il convient de dissiper un malentendu, favorisé par la pauvreté de certains débats sur le rapport au passé. Il ne s'agit nullement dans ce travail d'une restauration de la métaphysique des Anciens, ou même des Modernes, d'un rétablissement intégral des droits natifs de la métaphysique traditionnelle. Les critiques de Kant portant sur la métaphysique générale déliée de tout rapport à l'expérience, celles de Nietzsche[4] sur l'utilisation de certains thèmes métaphysiques, déviés de leur finalité théorique, à des fins moralistes ou spiritualistes, celles de Carnap, peut-être les plus radicales, quand elles portent précisément sur la pseudolibération vis-à-vis de critères minimaux de rationalité et non sur l'impossibilité *a priori* d'énoncés métaphysiques sensés, sont parfaitement valides. La métaphysique ne peut tourner le dos à l'expérience, favoriser un culte malsain des choses de l'âme et de l'esprit et substituer les jeux de mots à l'analyse et à la dispute[5]. Une certaine conception de la métaphysique a vécu et il ne peut s'agir de ressusciter telle ou telle figure du passé, quelle que soit son ampleur — que ce soit la grande métaphysique scolastique avec par exemple Thomas d'Aquin, Duns Scot, Suarez, ou les grands systèmes métaphysiques du rationalisme de l'âge classique avec notamment Leibniz ou Wolff, ou même les projets de métaphysique ou d'ontologie scientifiques avec Peirce et Meinong, pour citer des tentations réelles et effectives de résurrection à l'époque contemporaine.

Quelque injuste qu'ait pu être la critique systématique de la métaphysique traditionnelle, notamment à la Renaissance avec le mépris de la scolastique[6], aux Lumières avec le rejet de toute théodicée[7] ou à l'époque du positivisme logique, quelque grandeur que nous puissions découvrir dans les grands systèmes métaphysiques du passé, il ne saurait s'agir de simplement les remettre au goût du jour par une modernisation cosmétique et superficielle, parce que tout simplement ils appartiennent au passé et que la métaphysique ne saurait se confondre avec son histoire, qu'il n'existe pas une sorte de *philosophia perennis* transhistorique, une *traditio traditionis* qu'il suffirait périodiquement de réactiver. Cela ne signifie nullement que les travaux considérables qui ont été conduits sur l'histoire de la métaphysique sont dépourvus d'utilité, et pour une raison très simple : une discipline intellectuelle gagne toujours à une réflexion sur ses limites, ses définitions antérieures. On aura ainsi par exemple l'occasion d'insister sur l'importance de travaux récents portant sur les théories modales d'Avicenne, de Duns Scot et de Leibniz, de deux manières complémentaires : ces théories éclairent certains débats actuels et nous comprenons mieux l'importance de certaines analyses scotistes à la lumière de la métaphysique modale contemporaine. Une fois dissipées les brumes du dépassement, de la destruction et de la mise à mort, des points de gravitation subtils peuvent commencer à se dégager, livrant une conception de la métaphysique à la fois inactuelle et provocatrice.

PREMIÈRE PARTIE

LA MÉTAPHYSIQUE N'EST PAS MORTE

CHAPITRE I

Champignons fantômes, passoires, casseroles et autobus

Le point le plus essentiel est d'acquérir un vrai discernement et de se donner des lumières pures. La nature nous y prépare, l'expérience et le commerce des gens délicats achèvent de nous y former.

Saint-Évremond,
Entretien sur toutes choses, p. 83.

Vous avez dit « métaphysique » ?

La métaphysique subit un sort étrange : alors que l'on proclame dans la boutique philosophique son trépas, se glisse dans la littérature et y prolifère son nom honni : *La métaphysique des tubes*[1], *La métaphysique du chien, Petite métaphysique du meurtre, Mister Mouse ou la métaphysique du terrier, Marguerite et la métaphysique, La métaphysique de Daphnée, Métaphysique du frimeur, Cabaret métaphysique*[2]... sont parmi beaucoup d'autres des intitulés supposés piquer la curiosité du lecteur (imaginerait-on *La technologie des tubes*, ou *L'éthique du chien* ?).

Dans son pamphlet, Pierre Jourde[3] épingle un

usage particulièrement savoureux de « métaphysique » :

> « Ce qui n'est pas simulable en revanche c'est la jouissance clitoridienne. Que ce soit positif pour une femme ce n'est pas douteux ; mais que ce soit aussi extrêmement inquiétant pour la surveillance métaphysique dont les femmes sont l'objet ce n'est pas douteux non plus » (citation de Philippe Sollers *in* Jourde, 2003, p. 58).

Quelle forme prend cette surveillance métaphysique ? Comment cette surveillance peut-elle être dite inquiète ou inquiétée ? Voilà des questions qui se posent. On pensait et on savait que l'excision du clitoris était une coutume barbare, mais il y a si l'on en croit Sollers plus insidieux : une agence de surveillance métaphysique contrôle la jouissance clitoridienne des femmes et se montre inquiète dès que l'une d'entre elles a réussi à tromper cette surveillance (comment ? il serait vraiment utile de le savoir).

Derrière cette bienveillante sottise se cache toute une artillerie lourde de présupposés de la scène philosophique française contemporaine. Parmi ses *gimmicks*, la déconstruction® a inventé le phallocentrisme, en gros l'idée que la métaphysique est non seulement centrée sur l'être, la présence, etc., mais aussi sur le phallus, ce qui permet de combiner critique féministe et critique derridienne de la métaphysique[4]. La jouissance clitoridienne est un thème rebattu de la critique du phallocentrisme, et donc de la métaphysique. L'utilisation littéraire de ce thème par Sollers, sous la figure d'une surveillance, montre mieux que bien des discours la pénétration des thèmes de la destruction de la métaphysique, là où on s'attendrait le moins à la retrouver. On retrouverait mille usages du terme métaphysique dans des sens voisins dans des textes issus des *queer studies* : l'hétérosexualité serait une oppression à racine métaphysique (la catégorie de genre étant dans le déconstructionnisme une séquelle de l'essentialisme).

Ouvre-t-on la radio et on entend parler d'un « niveau métaphysique » de tel concerto de Brahms, de la métaphysique de la misère, du sexe, du pouvoir, etc. Il y a de la « peinture métaphysique » (De Chirico), du « fantastique métaphysique » (Borges), comme genres à part et consacrés. Alain Besançon se demande (dans *Les origines intellectuelles du léninisme*) s'il y a un « léninisme métaphysique ».

La métaphysique peut aussi se glisser au cœur des sciences : par exemple dans *Sciences et Avenir* (numéro hors série, *L'empire des gènes*), on peut lire un article : « Métaphysique génomique[5] ». « Métaphysique » peut tout autant dénoter quelque chose de profondément humain :

> « Les Korowai [peuple de l'ouest de la Papouasie-Nouvelle-Guinée] (...) ne cessent de fuir les explorateurs. Car ils croient que leur monde sera détruit au premier contact avec eux (...) Une aventure déchirante et quasi *métaphysique* dont étrangers et Papous ne sortent pas indemnes » (*Geo*, n° 206, avril 1996, p. 146).

L'aventure de la rencontre de ces rebelles à la « civilisation » est quasi métaphysique, parce qu'elle est jugée autodestructrice : les connaître, c'est les détruire.

Les critiques littéraires quand ils veulent suggérer une ténébreuse profondeur recourent aussi à l'adjectif : un roman policier est une fois sur deux « métaphysique » — « polar métaphysique » est devenu un syntagme figé[6]. Dans le récit de la « projection la plus trouble » dans *The Book of Heroic Failures, The Official Handbook of the not Terribly Good Club,* Stephen Pile décrit les évolutions d'une ouvreuse chassant un rat pendant la projection du film *L'Exorciste* au cinéma La Pampa à Rio de Janeiro en novembre 1974, de la manière suivante : « Ces évolutions gênaient la vue des spectateurs et brisèrent tout le suspense de la scène des vomissements métaphysiques[7]. » Par cette expression, S. Pile décrit les vomissements de bave verte de la petite Regan McNeil (à l'écran Linda Blair) qui est censée être possédée. « Métaphysique » dans ce cas est donc équivalent à « surnaturel ». Un auteur de romans policiers, M. G. Dantec, intitule son journal intime *Théâtre des Opérations. Journal métaphysique* (2001), comme l'avait fait, dans un geste audacieux pour l'époque, Gabriel Marcel (1927). Il n'est de paysagiste qui ne disserte métaphysique de la présence et propose aux édiles des parcs déconstruits, déjà à l'abandon, excentriques, pleins d'herbes folles[8]. Quant à la métaphysique du sexe, elle bourgeonne, se dilate en métaphysiques du corps sans organe, de la chair qui s'auto-affecte, de l'érotisme, du désir, ou de la charité.

En somme, la métaphysique est partout, et elle est aussi bien nulle part, puisque les manuels de métaphysique sur notre Continent se comptent sur les doigts de la main[9]. La métaphysique n'est à peu près plus enseignée (on enseigne l'histoire de la métaphysique, mais pas la métaphysique). Comble d'infortune, la « métaphysique nouvelle » n'est même pas arrivée : on trouve ou on trouvait pêle-mêle du beaujolais nouveau, de la nouvelle cuisine, de la nouvelle critique, des nouveaux réalistes, des nouveaux pères, de la nouvelle philosophie mais de « nouvelle métaphysique », jamais. De même on a du minimalisme éthique, de l'art minimal, de la théorie minimale de la référence ou de l'état minimal, mais même pas de métaphysique minimale.

Lexicographie imaginaire

On pourrait résumer cette situation par une entrée du *Dictionnaire des nouvelles idées reçues* ou une proposition au *Dictionnaire de l'Académie* :

« **Métaphysique, subst.** :

Sens a : Impénétrable et indigne d'attention. Exemple : La métaphysique, c'est ennuyeux comme la pluie !

Sens b : Étude à vocation culturelle exigeante. Exemple : La Métaphysique du Music-Hall, la Métaphysique de la Pomme de Terre.

Métaphysique, adj. : Impénétrable et digne d'attention. Exemple : Un problème métaphysique. »

Dans le sens (b) « la métaphysique » est une variante de « la grammaire ». On peut donc distinguer par exemple « la grammaire du football » de « la métaphysique du football ». La première s'intéresse par exemple aux règles du penalty (constitutives ou normatives ?), la seconde au statut de la mi-temps (y a-t-il un ou deux matchs dans un match ?). On ne peut cependant substituer dans tous les contextes. La métaphysique du sexe ne peut devenir une grammaire de la charité, ce serait moins excitant. « Métaphysique » est plus au goût du jour que « sémiotique » : « métaphysique de la mondialisation » est nettement plus *in* que « sémiotique de l'impérialisme » ou « grammaire de la marchandise ». « Déconstruire la métaphysique de la mondialisation », ce qui ne veut strictement rien dire, est un énoncé codé qui peut fonctionner comme signe de ralliement des altermétaphysiciens.

L'entrée « Métaphysique, adj. » peut être enrichie d'un exemple, qui évoque jusqu'à ses origines platoniciennes. Dans *Les Demoiselles de Rochefort* (1968), on entend ces vers, à l'annonce de la découverte d'un cadavre de femme coupée en morceaux dans une malle « rue de la Bienséance » :

> « On cherchait un sadique
> Que certains qualifiaient
> De fou métaphysique »
> Jacques Demy.

Pourquoi l'assassin est-il « métaphysique » et pas « lunatique » ou « mystique » (ce qui respecterait aussi la rime) ? Parce que nous apprenons que la victime, danseuse des Folies-Bergère, une fois démembrée et découpée (cf. *Phèdre*, 265e), a été rangée méticuleusement, avec le bas en bas et le haut en haut, dans la malle où elle a été découverte :

« — Le monstre avait coupé la dame savamment
Et rangé les morceaux avec discernement (...)
Dans l'ordre énuméré par l'Ordre des Docteurs
Avec les pieds en bas...
— Arrêtez ! Quelle horreur ! » (Id.)

Cela illustre la conception platonicienne du métaphysicien comme un loubéchem, quelqu'un qui respecte la hiérarchie et les articulations naturelles.

Par toute une série de changements et de décalages lexicaux, « métaphysique » signifie à peu près « mystérieux » et même « mystique » : on peut qualifier *Pelléas et Mélisande* d'opéra métaphysique (sc. mystérieux), les symphonies de Bruckner de métaphysiques (sc. mystiques). Métaphysique, en langage pédant, s'étant désémantisé, est devenu une espèce de vide qui attire la resémantisation sauvage. La métaphysique pour notre contemporain est un trou noir qui avale tout et ne restitue rien.

Ersatz

Vidée apparemment de contenu, la métaphysique laisse une absence qui ne fait pas que susciter des créations de langage ; ce vide est générateur de solutions de remplacement dans le paysage contemporain. Par ordre alphabétique, en vrac :

Déconstruction (Derrida, J.-L. Nancy) : La métaphysique nous empêche de penser, mais comme elle est très sédimentée, le travail de destruction est long et pénible.

Éthique (Levinas) : La métaphysique a usurpé la place de l'éthique comme philosophie première, en évacuant l'autre au profit du même.

Herméneutique (Gadamer, Ricœur) : Nous ne pouvons qu'interpréter les textes métaphysiques et proposer une méthode de lecture.

Pensero debole (Vattimo) : La pensée métaphysique est trop forte, il faut renoncer à son caractère impérial et se faire tout petit.

Philosophie post-analytique (Rorty, Putnam) : Le positivisme logique a échoué, le réalisme métaphysique est incohérent, il faut tourner la page.

Pragmatique (Apel) : Si on combine une théorie du langage en contexte et une approche transcendantale du consensus communicationnel, on dépasse la métaphysique de la conscience.

Théorie des ensembles (Badiou) : L'ontologie n'est rien d'autre que des mathématiques.

Tourisme (mentionnée de manière pénétrante par R. Taylor [1992] comme la grande alternative contemporaine à la métaphysique).

Tourisme et solipsisme

Cette dernière possibilité est sûrement la plus fascinante, la moins ennuyeuse en tout cas, — celle qui dit le plus sur la situation de la métaphysique. Celle-ci consiste à s'étonner, si l'on en croit Aristote, devant ce qui est familier (*Métaphysique*, *A*, 2b 17) alors que le tourisme consiste tautologiquement à s'étonner de ce qui est étonnant. L'attitude touristique gagne tous les secteurs de l'existence et elle combine un caractère universel avec un détachement de bon aloi — en deux mots, le touriste peut aller jusqu'au bout et devenir un solipsiste. En devenant, chaque jour un peu plus, les touristes et les spectateurs de nos vies, solipsistes nous pratiquons quotidiennement la métaphysique, comme le voit si bien Santayana :

> « Il [le solipsiste] verra les acteurs masqués (et il inventera une raison) se précipiter rageusement d'un côté à l'autre ; mais il sait que du moment où ils sont hors de sa vue, la pièce est finie pour eux ; ces régions extérieures et ces événements rapportés de manière si vivante par les récits des messagers sont de la pure fantaisie ; et il n'y a rien pour lui que de s'asseoir sur son siège et prêter son esprit à l'illusion tragique.
>
> Le solipsiste devient ainsi un spectateur incrédule de son propre roman, pense que ses aventures sont des fictions et accepte un solipsisme du moment présent » (*Scepticism and Animal Faith, Introduction to a System of Philosophy* [1923], p. 15).

Passoires, casseroles et autobus

Si la métaphysique est absente en tant que discipline, elle est présente là où on ne l'attend pas. Dans *Les Shadocks* de Jacques Rouxel on peut lire ce fragment d'ontologie formelle (qui, comme on le sait, est une partie essentielle de la métaphysique[10]), que nous nous permettrons de citer longuement et de commenter brièvement. Le texte de J. Rouxel expose une ontologie des trous.

On connaît le sophisme fameux :

(a) Plus il y a de gruyère, plus il y a de trous.

(b) Plus il y a de trous, moins il y a de gruyère.

(c) Donc plus il y a de gruyère, moins il y a de gruyère

Dans ce sophisme il faut prendre garde à l'ambiguïté de « trou » : « trou » est pris absolument (comme un catégorème, *i.e.* un mot plein en (a) et relativement en (b) : il s'agit du « trou-de-gruyère » (relatif à une perforation, comme un syncatégorème, *i.e.* comme un mot-outil).

J. Rouxel ne fait pas cette faute dans le texte que l'on va lire, il prend « trou » au sens absolu ou catégorématique :

> « On appelle passoire tout l'instrument sur lequel on peut définir trois sous-ensembles : l'intérieur, l'extérieur et les trous. L'intérieur est généralement placé au-dessus de l'extérieur et se compose le plus souvent de nouilles et d'eau.
>
> Les trous ne sont pas importants. En effet, une expérience simple permet de se rendre compte que l'on ne change pas notablement les qualités de l'instrument en réduisant de moitié le nombre des trous, puis en réduisant cette moitié de moitié, etc., etc., et à la limite jusqu'à ce qu'il n'y ait plus de trous du tout. D'où THÉORÈME : la notion de passoire est indépendante de la notion de trou et RÉCIPROQUEMENT.
>
> On appelle passoires du Premier Ordre les passoires qui ne laissent passer NI les nouilles NI l'eau.
>
> On appelle passoires du Second Ordre les passoires qui laissent passer ET les nouilles ET l'eau.

On appelle passoires du Troisième Ordre, ou passoires complexes, les passoires qui laissent passer quelquefois l'un ou l'autre et quelquefois pas. Pour qu'une passoire complexe laisse passer les nouilles et pas l'eau, il faut et il suffit que le diamètre des trous soit notablement inférieur au diamètre de l'eau.

Quant aux passoires du Premier Ordre qui ne laissent passer ni les nouilles, ni l'eau, il y en a de deux sortes.

Les passoires qui ne laissent passer ni les nouilles, ni l'eau ni dans un sens, ni dans l'autre et celles qui ne laissent passer ni les nouilles ni l'eau dans un sens seulement.

Ces passoires-là, on les appelle des casseroles.

Il y a trois sortes de casseroles.

Les casseroles avec la queue à droite, les casseroles avec la queue à gauche, et les casseroles avec pas de queue du tout.

Mais celles-là, on les appelle des autobus.

Il y a trois sortes d'autobus : les autobus qui marchent à droite ; les autobus qui marchent à gauche et les autobus qui ne marchent ni d'un côté ni de l'autre. Mais ceux-là, on les appelle des casseroles.

Il y a trois sortes de casseroles : les casseroles… (J. Rouxel, 1994, sans pagination).

Roberto Casati et Achile Varzi dans leur livre *Holes, Trous* (1994), ont proposé une ontologie des trous, à la suite d'un article fondateur de D. Lewis (1983), qui a marqué une date dans l'histoire de la métaphysique : une nouvelle catégorie d'objets négligés y faisait une entrée remarquée, après les frontières de Brentano[11] et les objets défectifs de Meinong (un objet défectif est un objet qui fait défaut : l'objet de la promesse dans « je promets de ne rien te promettre » est un objet défectif).

Le texte ci-dessus a le mérite de rendre palpables trois choses : la notion de trou et la notion d'un objet qui a des trous (la passoire) sont indépendantes ; il y a des objets à trous (ici les passoires) de premier, de deuxième et de troisième ordre (ce qui prolonge une intuition de Meinong sur les objets d'ordre supérieur[12]) ; par transformation topologique on peut transformer un objet avec des trous en un objet sans trous. Ce dernier point est particulièrement profond, car à première vue on pourrait opposer les deux types d'objets, les casseroles et les passoires. Le premier point consiste à démontrer que les trous sont des entités à part entière dans une ontologie assez libre pour s'affranchir de la catégorie de la substance (puisque les trous sont des non-substances). Dans un second point, on propose une hiérarchie des types d'objets d'après leur fonction. Le troisième point enfin est consacré au repérage des analogies structurales essentielles, transcendant les différences de fonctions (puisqu'un autobus n'a pas la même fonction, en général, qu'une casserole). Sur tous ces points nous sommes en présence de thèses fortes, articulées, discutables. La métaphysique qui a été chassée par la porte est donc revenue par la fenêtre et sous couvert de fantaisie un auteur comme J. Rouxel peut produire un des rares morceaux authentiques d'ontologie formelle en langue française des années post-sartriennes[13].

Champignons fantômes : à la lisière du néant

Pour l'ontologie matérielle c'est du côté des écrivains qui combinent le souci de l'exactitude et le sens du mystère ontologique qu'il faut se tourner. André Dhôtel par exemple dans *La rhétorique fabuleuse* (titre trop modeste) a proposé une méditation sur l'ontologie des champignons, tirée des écrits de Stanislas Peucédan, dont il fut l'exécuteur littéraire. Le problème le plus intéressant pour notre propos est celui du statut du champignon fantôme. Un champignon fantôme (comme la russule fourchue) est un champignon qui existe dans les classifications, mais que personne n'a jamais vu. A. Dhôtel pose ainsi le problème :

> « Le champignon fantôme n'est *nullement dépourvu d'existence, mais reconnu comme un être dont on nie l'existence*[14] [nous soulignons]. Un être irréel, cela revient-il au même ? Pas le moins du monde. Il arrive en effet que des champignons rayés des flores reprennent vie, par exemple *Amanita Seria* [?[15]] (...) Citons Georges Becker :
>
> « "On s'irrite de voir certains mycologues fondre en une seule certaines espèces à cause des ressemblances qu'ils leur trouvent, cependant que d'autres les subdivisent à cause des différences qu'ils y voient... Tout dépend de l'importance que l'on accorde à tel ou tel caractère." Ce qui nous amène tout doucement à la conclusion fabuleuse que voici.
>
> « L'existence d'une espèce de champignons dépend aussi bien de la définition que nous en donnons que de la vision objective qui s'impose à nous. Il nous est impossible de nier une existence en termes de classification en même temps que de nous trouver contraints de la reconnaître par le témoignage des sens. Mais aucune décision ne peut être prononcée en faveur de l'une ou l'autre possibilité. Celui qui voit le champignon fantôme n'en prouve

> pas pour autant l'existence. (...) *Le champignon fantôme en dépit des négations dont il est l'objet n'en garde pas moins son existence, si improbable qu'elle soit* [je souligne], mais alors cette existence se situe dans un domaine qui n'est ni celui de la vision toujours personnelle ni celui de la preuve analytique rarement universelle. Quel domaine ? » (*op. cit.*, 1990, p.70-71).

Ces longues citations de textes littéraires dans un ouvrage de métaphysique ont pour objet d'insister sur un étrange phénomène : les questions les plus sérieuses depuis la prétendue mort de la métaphysique, située quelque part en Allemagne à la fin du XIXe siècle, sont souvent obligées de se revêtir du déguisement de la fantaisie ou du mystère des choses familières, produisant un chiasme inquiétant : certains développements sur la fin de la métaphysique sont objectivement loufoques[16], alors que des textes réputés pour leur non-sens sont en fait extrêmement sérieux et sont parmi les derniers où voir posées à nouveau les questions métaphysiques les plus profondes — ici par exemple la possibilité d'une science du particulier ou la question irritante de la ressemblance des espèces naturelles.

CHAPITRE II

Deux conceptions des textes métaphysiques

> *Mais elle est malade cette vie qu'on a tirée du cachot, elle a besoin d'être soignée. Elle souffre de bien des maux, et pas seulement du souvenir de ses chaînes — elle souffre, et ceci nous concerne au premier chef, de la* maladie historique. *L'excès d'histoire a entamé la force plastique de la vie, qui ne sait plus utiliser le passé comme une nourriture substantielle.*
>
> Nietzsche, *Considérations inactuelles*, II, X, *Œuvres*, Gallimard, « Bibl. de la Pléiade », I, p. 571.

Renoncer à la métaphysique ?

Je me propose donc de critiquer ici le régime historisant et réflexif qui prévaut dans la réflexion sur la métaphysique chez ceux, encore nombreux, qui acceptent comme un dogme l'idée de la fin irréversible de cette métaphysique. Cette vue est étroite et, en fait, quelque peu surannée. Elle encourage un renoncement rapide aux normes intellectuelles d'utilité et de clarté. Si la métaphysique est un obstacle, pourquoi s'attarder à son histoire ? S'il s'agit d'en recenser les possibilités, pourquoi ne pas essayer d'en réaliser certaines ? Est-on sûr que la métaphysique a réalisé toutes ses virtualités[1] ? Est-ce que faire la chronique minutieuse de son achèvement mérite tant de peines ? Le raisonnement qui consiste à penser que l'on dépasse quelque chose en en faisant l'histoire est-il foncièrement valide ? « L'Europe aux anciens parapets » (Rimbaud, *Le bateau ivre* : « Fileur éternel des immobilités bleues/Je regrette l'Europe aux anciens parapets ») n'a-t-elle rien de mieux à proposer ?

En éthique, la discussion sur le statut des normes et des valeurs (cf. Ruwen Ogien, 2001), la question débattue du réalisme moral ont provoqué de nombreuses discussions sur les implications métaphysiques des doctrines éthiques et morales. Les travaux qui ont porté notamment sur l'épistémologie de la connaissance morale ont débouché sur toute une série de problèmes touchant par exemple la nature des relations[2]. Cela confirme que la métaphysique ne peut être purement et simplement remplacée par l'épistémologie : un travail approfondi sur les présupposés ultimes de tel ou tel type de connaissance (et la connaissance morale en est un) débouche nécessairement sur des questions métaphysiques, c'est-à-dire sur des questions qui concernent la nature même de ces présupposés, si tant est que nous puissions la définir avec Collingwood[3] comme la science des présupposés ultimes. En philosophie du langage, toute une série de travaux sur la nature des indexicaux et plus généralement la référence ont donné naissance à une extraordinaire interaction entre la métaphysique des mondes possibles[4], la théorie des descriptions[5] et la philosophie de la connaissance. Il ne s'agit pas de prétendre qu'une vague de réalisme modal a submergé la philosophie du langage pour faire de tous les philosophes dans ce champ des partisans de l'existence des mondes possibles envisagés comme des entités à part entière, mais au moins de rappeler qu'à travers la question métaphysique du statut des expressions modales[6] a été posée à nouveaux frais la question de la nature de l'existence. En philosophie de l'esprit, le développement de l'Intelligence artificielle a encouragé une réflexion urgente sur la nature de la pensée, son caractère mécanique supposé ou disputé. Les sciences cognitives ont mis en lumière les bases physiques de l'esprit et suscité une vague de réflexions sur la nature des propriétés mentales et des relations entre le physique et le mental. Ces relations sont caractérisées par la philosophie de l'esprit en termes de réduction (en général du mental au physique), émergence (du physique au mental) ou survenance (du mental sur le physique)[7].

Ces quelques exemples mentionnés de façon cursive comme une somme d'interrogations illustrent la manière dont la métaphysique, loin d'être une souveraine lointaine et sourcilleuse, se comporte plutôt en partenaire des autres disciplines philosophiques, où le besoin s'est fait sentir d'une analyse conceptuelle de type fondamental ou fondationnel — je donnerai en chemin les raisons qui me font penser que la métaphysique ne se réduit nullement à l'analyse conceptuelle, qu'elle comporte nécessairement des thèses fortes sur la nature de la réalité et ne peut se contenter d'une réflexion sur son appréhension ou les jugements à son sujet.

De manière extérieure à la philosophie, la métaphysique a été conduite à examiner les présupposés de tout type de science. Dans les sciences mathématiques, le statut des entités mathématiques, la nature de l'infini sont toujours des problèmes[8] dont la discussion réclame la collaboration de métaphysiciens, même si la nature du savoir mathématique, hautement spécialisé, rend cette collaboration délicate, voire problématique. Dans les sciences de la nature, les présupposés ultimes sont devenus l'objet de débats métaphysiques, qu'il s'agisse de la nature de la vie ou de l'espace, pour ne citer que deux thèmes de recherche particulièrement importants. Enfin dans les sciences sociales, il n'est pas jusqu'à la nature des institutions et des faits sociaux qui n'ait été un terrain fertile d'enquêtes métaphysiques[9].

Bien entendu, à ce retour de la métaphysique dans les discussions théoriques et scientifiques, on peut opposer un scepticisme poli, discerner là un signe supplémentaire de la décadence des mœurs intellectuelles, la métaphysique étant souvent conçue comme une sorte de laisser-aller, de complaisance, de *self-indulgence*. Mais le débat ne s'est pas moins déplacé : ce qui était une opinion reçue doit désormais être défendu. La charge de la preuve est désormais du côté des détracteurs de la métaphysique.

Qu'est-ce que la métaphysique ?

L'expression « la métaphysique » peut s'avérer trompeuse. La pluralité des approches et le caractère récurrent des disputes constituent même un argument fréquemment avancé pour justifier le bien-fondé des critiques kantiennes et leur actualité. Les métaphysiques actuelles tout comme la défunte métaphysique serait un *Kampfplatz* où aucun accord ne se dégage, où même les consensus minimaux sur la méthode et la définition de la discipline font défaut. À la vérité, même si l'on ne peut nier la nature quérulente[10] de la métaphysique (dont on pourrait montrer l'aspect positif[11]), on doit noter que si une métaphore convient ce n'est pas celle du champ de bataille marqué, dans l'imaginaire, par le chaos et la mort, mais plutôt celui d'une compétition entre des programmes de recherche (Popper[12]) en métaphysique parfaitement identifiés et structurés. On peut citer (sans ordre de préférence et sans aucun souci d'exhaustivité) : la métaphysique des mondes possibles, quelquefois liée à un réalisme modal fort (Lewis), le réalisme modéré des universaux sous toutes ses formes (Armstrong, thomisme analytique), la théorie des objets (Meinong et les néo-meinongiens), la métaphysique des particuliers (ou tropes, cf. *infra*)... Ce qui milite en faveur de l'existence des programmes de recherche métaphysique, c'est essentiellement deux ordres de faits.

D'une part, il y a possibilité de débat rationnel entre les partisans des différents programmes.

On ne constate pas d'incompatibilité de paradigme générant des opacités communicationnelles absolues, pas de fossés épistémiques infranchissables. Les querelles en métaphysique ont pris la forme normale d'échanges d'arguments et d'évaluations en forme[13]. On en donnera des exemples.

D'autre part, ces programmes acceptent un réseau de normes minimales et de critères intellectuels communs. Aucune métaphysique ne revendique plus de fonder une connaissance *a priori* sur la possession de pouvoirs supramentaux, du type d'une intuition métaphysique *sui generis*, ou d'une vision directe de l'absolu[14]. On a en général renoncé au ton oraculaire, aux déclarations fracassantes. Aucune métaphysique n'accepte d'un cœur léger d'être ouvertement contradictoire et la découverte d'une contradiction logique est perçue le plus souvent comme une incitation à réviser la théorie, à en examiner à nouveau certains attendus. L'argument d'autorité, mis à mal par les cartésiens, n'a plus refait surface (ou de manière marginale dans certains faubourgs de la métaphysique où celle-ci est utilisée plus comme un instrument que comme une fin en elle-même). On pourrait encore développer l'exposé des normes et des critères communs à l'ensemble des programmes métaphysiques. Il y a certes un débat sur les normes, mais il obéit à des normes d'ordre supérieur[15] et prend la forme d'un débat de méthode. Ces normes d'ordre supérieur, comme la clarté, l'utilité, l'élégance et la non-contradiction, ne sont pas remises en question. Rien ne permet de dire quel est le programme de recherches qui domine ou qui a des chances de l'emporter, ou même de prédire lequel s'imposera dans un avenir plus ou moins lointain. On peut déplorer cet état de choses, en général à partir d'une conception implicite et simpliste de la science, vue faussement comme l'acquisition de vérités définitives, la fin des querelles et des courants d'idées en conflit ouvert. Mais on peut aussi admettre que l'histoire de la métaphysique ne se calque pas sur l'histoire des sciences, elle-même fortement modularisée, certaines sciences comme les mathématiques parvenant à la maîtrise de leur champ il y a 2 500 ans, avec notamment Euclide, Eudoxe et Archimède, d'autres comme la science de l'information émergeant voilà quelques dizaines d'années seulement, avec Turing et Von Neumann. On pourrait donc risquer de multiples spéculations sur l'état de la métaphysique, on ne le fera pas ici. On se contentera dans ce qui suit d'expliciter nos propres présupposés.

Les positions A et B

Le débat sur l'histoire de la philosophie en général et sur l'histoire de la métaphysique en particulier peut se ramener à l'affrontement de deux positions que nous appellerons A et B et qui peuvent se schématiser ainsi :

A	B
Holisme	Atomisme
Relativisme	Absolutisme
Discontinuisme	Continuisme

Il revient à Pascal Engel[16] d'avoir clarifié la structure de ce débat qui a son origine dans une discussion développée par des historiens de la philosophie médiévale, mettant aux prises les partisans de la reconstruction des doctrines, comme Claude Panaccio et ceux de la restitution, comme Alain de Libera[17].

Donnons quelques exemples d'affirmations typiques de A et B, affirmations que l'on peut entendre dans les salles de classe ou les séminaires :

(1) « Si on ne saisit pas toute la structure du *Zarathoustra,* on ne comprend rien au surhomme. »

(2) « Intéressons-nous à la théorie de la causalité chez Hume : cette théorie est-elle correcte ? »

(3) « Chaque philosophie construit ses propres critères de vérité, on ne peut comparer la vérité du système de Descartes et de celui de Hegel. »

(4) « J'ai trouvé un argument contre l'existence du premier moteur. »

(5) « Le ciel d'Aristote n'est pas le ciel de Newton. »

(6) « La théorie des inférences formelles de Leibniz peut être reconstruite à l'intérieur de la déduction naturelle et lui est équivalente. »

Les déclarations (1), (3), (5) sont du type A et les (2), (4), (6) du type B. (1) est holiste, (2) atomiste, (3) relativiste, (4) absolutiste, (5) discontinuiste et (6) continuiste.

On peut définir ces oppositions ainsi, chaque fois par rapport à la doctrine de la vérité. L'opposition Atomisme *vs* Holisme concerne ce sur quoi porte la vérité. L'atomisme définit la vérité au niveau des énoncés atomiques (du genre : l'absolu est relationnel, toutes les relations sont essentielles...), tandis que l'holisme définit la vérité relativement à un tout. Le slogan hégélien « la vérité c'est le tout » (*Die Wahrheit ist das Ganze*)[18] pourrait être choisi comme le mot d'ordre de l'holisme. L'opposition Relativisme *vs* Absolutisme concerne aussi la vérité, mais cette fois-ci en ce qui concerne son cadre. Pour un relativiste, la notion de vérité est relative à un contexte, tandis que pour un absolutiste, la notion de vérité est intrinsèque — un énoncé pris absolument est vrai ou faux. L'opposition Discontinuisme *vs* Continuisme concerne l'interaction entre la vérité et le temps. Pour un discontinuiste, il existe de si grandes différences entre les cadres conceptuels à travers le temps que l'on ne peut appliquer des critères de vérité à des cadres jugés différents. On peut supposer à juste titre qu'il existe des connexions entre ces positions. Par exemple le discontinuisme semble entraîner le relativisme (mais peut-être pas le contraire). On n'explorera pas ici ces multiples connexions, il suffit de souligner que l'opposition maîtresse est celle entre holisme et atomisme. On pourrait donc qualifier la position A d'holiste et la position B d'atomiste, en laissant dans le vague le degré de rigueur des connexions avec les autres composants.

On peut remarquer que la position A est souvent qualifiée de « continentale » par ses adversaires, tandis que la position B est qualifiée d'« analytique » (ou d'autres vocables moins gracieux). P. Engel dans *La dispute* a montré avec esprit la profondeur des désaccords entre ces deux positions, de manière assez fine pour qu'on aperçoive aussi que les lignes de fracture ne passent pas forcément là où l'on s'y attend. La position A considère que la philosophie est relativement identique à son histoire, tandis que la position B soutient que l'on peut discuter de la valeur de certains arguments en les rendant intelligibles à notre compréhension actuelle.

En ce qui concerne la métaphysique, cette différence de position assez radicale a des conséquences importantes. La position holiste affirme que la métaphysique est constituée essentiellement de manière historique, au choix : d'une série de textes, de systèmes ou de concepts qui réclament une étude interne, génétique et structurale. La position atomiste au contraire soutient que la métaphysique est constituée d'arguments, de thèses, de doctrines qui peuvent être séparément évalués et discutés. Le point essentiel de notre argumentation est que la position holiste conduit à l'idée suivant laquelle la métaphysique est close et achevée.

Choisir la position B se justifie par le souci qui définit la philosophie — produire des énoncés absolument vrais, bien que non vérifiables par des procédures expérimentales et non quantifiées par des mesures, vrais par leur place dans une chaîne de raisons et non relatifs à l'opinion, la science ou la religion. Ce souci de vérité permet à la philosophie d'exercer une fonction critique vis-à-vis de ces trois systèmes de croyance, c'est-à-dire de ne pas se plier à la loi de la majorité pour les opinions, de ne pas se calquer sur les résultats des sciences positives et enfin de ne pas se transformer en préparation aux opinions théologiques. L'énoncé « il y a une seule substance[19] » serait vrai ou faux pris absolument. On peut douter de la possibilité de le prouver et adopter une position sceptique, mais il resterait à justifier cette position, notamment en ce qui concerne la différence entre l'interprétation de deux types d'énoncés, tels celui ci-dessus et celui-ci : « quelqu'un frappe à la porte ».

À mon avis, ce n'est pas le système de Spinoza qui est vrai ou faux (il est consistant ou pas, il est élégant ou pas, etc.), mais les énoncés qu'il contient. Bien entendu, pour comprendre le sens spinoziste de l'affirmation « il y a une seule substance », il faut le comprendre relativement au contexte dans lequel il a été produit, sans que cela signifie que l'on doive repousser sa discussion et son évaluation au terme d'une interprétation quasiment interminable de cet énoncé dans l'ensemble des textes de Spinoza. Ces derniers, après tout, ne sont compréhensibles que relativement à ceux de Descartes, dont ils sont souvent le commentaire critique ; de proche en proche on conclurait à l'impossibilité d'une évaluation de l'énoncé de départ.

Nous sommes donc en face de deux dangers opposés : le scepticisme à l'égard d'une évaluation isolée d'un énoncé métaphysique et celui à l'égard d'une interprétation complète du même énoncé. On ne peut fuir le scepticisme atomiste par l'adoption de thèses holistes radicales, car on ferait face à un danger sceptique aussi grand : celui de ne pouvoir jamais achever l'évaluation de l'énoncé en question. Il n'y a pas de possibilité évidente de solution médiane entre A et B, car les oppositions conceptuelles qui sous-tendent cette discussion sont extrêmement tranchées. Peut-être que la difficulté vient de la confusion que nous sommes tentés de faire entre l'énoncé « il y a une seule substance » pris absolument et le même énoncé entendu comme un « énoncé-de-Spinoza ». La confusion serait entre la vérité ou la fausseté de cet énoncé (une fois que nous acceptons qu'il ait un sens en lui-même et par lui-même, car tout énoncé n'est pas doué de sens : on ne pourrait rien décider pour « l'absolu est vert » ou « la vitesse de la charité est infinie ») et le sens de cet énoncé dans le système de Spinoza. Cette différence n'est pas propre à ce genre de préoccupations. Nous pouvons évaluer l'énoncé « il y a quelqu'un qui frappe à la porte » pris absolument, c'est-à-dire relativement à la situation qu'il décrit et le sens de cet énoncé dans le système de croyances de celui qui le produit (ce sens peut être relatif à l'attente du plombier, la phobie des démarcheurs, etc.). Reste évidemment que certains pourraient rétorquer que l'énoncé « il y a une seule substance » ne peut être vrai ou faux au sens de la vérité correspondance (où un énoncé est vrai s'il correspond à un fait ou une situation), mais au sens de la vérité cohérence, où un énoncé est vrai relativement à un ensemble de propositions. Vrai dans ce cas-là signifierait

« cohérent avec un ensemble d'énoncés ». Nous serions ramenés à la position A où un énoncé serait vrai chez Spinoza, mais faux chez Leibniz. Il nous faut donc, pour exorciser le spectre du relativisme, examiner le bien-fondé de la position correspondantiste en ce qui concerne les énoncés métaphysiques. Elle se heurte à l'objection courante vis-à-vis des théories de la vérité en termes de correspondance : cette correspondance serait l'effet décalé et inerte d'une dynamique des jeux de langage.

CHAPITRE III

La métaphysique est-elle soluble dans les règles d'usage du langage ?

Obsequium amicos veritas odium parit.

(La complaisance crée des amis, la franchise engendre la haine.)

(Térence)
Andrienne I, 1, 68

Quelles sont les raisons qui font qu'on ne peut attribuer une valeur de vérité à un énoncé dans un cadre de vérité correspondance[1] ? Tout d'abord, comme on l'a mentionné, l'énoncé peut être dépourvu de sens, ensuite il peut se référer aux circonstances de son énonciation (du genre « j'ai faim » sans le contexte[2]), enfin il peut être pourvu de sens et ne pas se référer à quoi que ce soit. Cet échec de la référence explique que si je montre un chien et si je dis « ce mouton est placide[3] », cet énoncé n'est pas susceptible de recevoir une valeur de vérité (ce serait un autre problème, plus compliqué, de savoir si on peut lui attribuer une valeur intermédiaire, le ni vrai ni faux[4]), quoique cet énoncé soit pourvu de sens à la différence de « l'absolu est vert ». L'énoncé « il y a une seule substance » ne se réfère pas aux circonstances de son énonciation. Il pourrait donc être dépourvu de valeur de vérité parce qu'il serait dépourvu de sens ou bien parce qu'il ne se référerait à rien. Carnap (voir *infra,* p. 154-169) a soutenu le point de vue extrême suivant lequel tous les énoncés métaphysiques sont dépourvus de sens. Ce point de vue explicitement destructeur de la métaphysique (c'est par rapport à cette destruction radicale que l'on doit situer aussi la déconstruction[5]) est lié à une sémantique de type vérificationniste, suivant laquelle un énoncé est vrai si et seulement s'il existe une procédure scientifique ou empirique de vérification de cet énoncé, celle-ci étant conçue comme une réduction ultime de l'énoncé à un autre, équivalent, factuel et simple d'une théorie scientifique. Ce type de sémantique a fait long feu, pour des raisons que nous n'avons pas à exposer ici. Il suffit de mentionner que la sémantique depuis Tarski a suivi une voie différente, qui a donné naissance à la théorie sémantique de la vérité et à la théorie des modèles[6]. On admet généralement que l'exigence carnapienne de vérifiabilité[7] est trop forte (sauf peut-être pour des énoncés numériques dans les sciences expérimentales, comme « la température de l'eau est à 56,4° »). On reviendra sur les conséquences de la théorie des modèles notamment pour les métaphysiques des mondes possibles (p. 649 *sq.*). Il suffit ici de rejeter l'idée suivant laquelle « il y a une seule substance » est dépourvu de sens, car invérifiable, non parce que nous disposons d'une procédure aisée de vérification, mais parce que la plupart des énoncés ordinaires ou scientifiques ne passeraient pas avec succès le test de la vérifiabilité.

Reste une dernière raison envisageable, l'échec de la référence. On pourrait soutenir que cet énoncé ne se réfère à rien et donc qu'il est dépourvu de sens. L'échec de la référence se produit quand l'énoncé semble se référer à quelque chose et en fait ne se réfère pas à cette chose, les raisons pouvant être multiples. Pour savoir s'il y a échec de la référence, il est utile de donner les conditions analytiques de référence de l'énoncé (ce qui permettrait dans l'exemple ci-dessus de dire que l'énoncé rate sa référence parce que nous visons un mouton, alors qu'il s'agit d'un chien, ce qui suppose que nous pouvons de manière séparée donner les conditions analytiques de référence de « chien » et de « mouton »). Dans le cas présent, on peut facilement donner les conditions analytiques de référence de « substance » : on se réfère à une substance quand analytiquement la référence est équivalente à « entité indépendante », car nous pouvons analyser les deux composants « entité » et « indépendante ». L'énoncé est donc équivalent à « il y a une seule entité indépendante » (ce qui implique logiquement, c'est-à-dire que nous pouvons inférer, que les autres entités, s'il y en a, sont dépendantes de cette entité, c'est-à-dire ne peuvent exister sans elle). Les conditions de vérité de cet énoncé sont limpides ; de multiples paraphrases sont disponibles, ce qui garantit et du même coup explique une autre propriété des énoncés philosophiques, leur constante réappropriation dans des contextes différents.

Une ultime objection pourrait consister à soutenir que même si cet énoncé est doté de sens et ne rate pas sa référence à cause de conditions analytiques sur ses constituants, ou l'inadéquation de sa structure à la situation qu'il prétend décrire, il serait ininterprétable, en raison de sa trop grande généralité équivalant à « toutes les entités sauf une sont dépendantes d'une entité unique indépendante » (il faut excuser la lourdeur des paraphrases !) et, portant sur la totalité de ce qui est, il manquerait sa référence, car il semblerait se référer à la totalité de ce qui est, ce qui est impossible et par là il manquerait sa référence, par excès de généralité. Il y a beaucoup de manières différentes de défendre ce point de vue. L'une d'entre elles, peut-être la plus populaire, consiste à dire que nous devons faire une différence entre les lois scientifiques et les généralités exprimées dans le langage naturel. Les premières, outre qu'elles ont toujours une forme hypothétique (cf. *infra* chez Russell la forme des énoncés universels, p. 489-490), ne seraient jamais absolument universelles ; elles porteraient sur des complexes de propriétés bien spécifiées (que l'on pense aux lois de Newton). Quand, dans une loi scientifique, nous sommes en présence d'une généralisation, c'est une généralisation qui n'apparaît jamais absolument universelle : le quantificateur universel est généralement suivi d'un nom spécifiant : « [tous] les corps célestes », « [toutes] les molécules de gaz », « [tous] les éléments chimiques », etc. Cela est différent dans les théories scientifiques et dans le langage naturel : quand j'affirme « tous les élèves dorment », je restreins en général le domaine des individus liés par le quantificateur à un sous-domaine. Dans les théories scientifiques, je restreins à une classe de variables (les éléments chimiques, les gaz, etc.). Par contre, un énoncé comme $e = mc^2$ n'est pas quantifié, c'est en fait un énoncé d'équivalence ou même définitionnel (de l'énergie d'un corps d'une certaine masse en mouvement) ; ce n'est pas une loi au sens d'une dépendance fonctionnelle.

On peut concéder l'absolue généralité de l'énoncé métaphysique, dans la mesure où, d'une part effectivement la nature et la structure relative des énoncés métaphysiques et des lois scientifiques laissent apercevoir des différences importantes et où, d'autre part, la différence entre la science et la métaphysique est que la première n'a pas affaire à quelque chose d'aussi général que « la réalité », « ce qui est », « la totalité de l'étant », etc., à la différence de la métaphysique. La science est une juxtaposition de sciences particulières, régionales (Husserl), chacune d'entre elles spécialisée dans un type de réalité, d'êtres, par exemple les êtres vivants pour la biologie.

On peut discuter de la possibilité, défendue par certains, de soutenir l'existence dans les sciences d'une science absolument générale, les mathématiques, dont le cœur, la théorie des ensembles, s'identifierait à l'ontologie, le cœur de la métaphysique étant donc dans ce cas équivalent à la mathématique ou même à la théorie des ensembles[8] :

« Notre but est d'établir la thèse méta-ontologique que les mathématiques sont l'historicité du discours sur l'être-en-tant-qu'être. Et le but de ce but est d'assigner la philosophie à l'articulation pensable de deux discours (et pratiques *qui ne sont pas elle* : la mathématique, science de l'être, et les doctrines intervenantes de l'événement, lequel, précisément désigne le "ce-qui-n'est-pas-l'être-en-tant-qu'être" » (Badiou, 1982, *L'être et l'événement*, p. 20).

« L'effectuation de l'ontologie — c'est-à-dire de la théorie *mathématique* du multiple, ou théorie des ensembles — ne se laisse présenter, conformément à la réquisition du concept (méditation 1 [sur Cantor et Platon]) que comme une axiomatique » (*ibid.*, p. 73).

Cette variété de destruction de la métaphysique devrait recevoir un traitement à part[9], lié à l'examen des thèmes de la fin de la métaphysique, car cette conception leur est étroitement apparentée.

À propos de l'objection que nous discutons en ce moment, nous avions distingué lois scientifiques et langage naturel et nous avons concédé qu'effectivement les énoncés métaphysiques n'ont pas la forme de lois scientifiques, qui, elles, sont relatives à des secteurs de la réalité. La seconde partie de l'objection consiste à soutenir que le langage est une pratique sociale, acquise sur la base de l'apprentissage.

Jeux de langage et métaphysique

En général, on recourt à la doctrine wittgensteinienne des jeux de langage[10] quand on veut développer cet argument. Un jeu de langage est un processus d'acquisition (mais qui survit à l'acquisition et garde une fonction régulatrice) d'un comportement qui est partiellement linguistique. Par exemple le jeu de langage de l'excuse suppose l'acquisition de règles d'apprentissage de son expression de l'excuse (on peut apprendre comme dans ce jeu à utiliser les règles pour les usages éventuellement différents de « excusez-moi » et « je m'excuse »), mais aussi du comportement social de l'excuse (quand, pourquoi et vis-à-vis de qui on s'excuse). Les éléments linguistiques et non linguistiques sont difficiles à séparer. L'argument consiste alors à soutenir que les énoncés métaphysiques sont des réifications des jeux de langage, ce qui signifie que les jeux de langage sont non réifiés quand ils sont associés à des comportements, mais qu'une fois séparés de ces comportements ils sont réifiés. La forme de l'argument à propos des énoncés métaphysiques se laisse reconstruire ainsi : il n'y a pas de jeu de langage qui porte sur la totalité de ce qui est (pour des raisons évidentes : notre comportement normal est relatif à des situations et des contextes symboliques spécifiés). Donc un énoncé comme « il y a une seule entité indépendante » est relatif à des jeux de langage (puisque tout ce qui est de l'ordre du langage est acquis par de tels jeux), mais à des jeux de langage dont il a été artificiellement séparé et abstrait. Ayant perdu le lien vivant avec la possibilité de ressaisir le jeu de langage fondateur, il serait seulement une forme morte et donc inutile.

Deux remarques ici avant d'évaluer la force de cette objection. Tout d'abord elle a beaucoup en commun avec l'argument fondé sur la vérifiabilité.

On sait que d'après cet argument les énoncés métaphysiques n'ont pas de sens, car ils ne comportent pas d'indication de la méthode de vérification qui devait leur être appliquée (cf. le chap. VI à propos des critères carnapiens de vérifiabilité dirigés contre les énoncés métaphysiques). Ici il ne s'agit pas de conditions de vérification relatives à une situation expérimentale ou même empirique, mais de conditions similaires relatives à la nature supposée de la sémantique du langage naturel. D'après le principe identifiant le sens et l'usage, si un énoncé ne peut être rapporté à un usage, il n'a pas de sens (il faut une thèse supplémentaire : soutenir qu'il ne peut y avoir de jeu de langage authentiquement métaphysique, cela en vertu de la forme des jeux de langage). Il y a donc une parenté, que nous ne sommes pas le premier à relever, entre vérificationisme et théorie des jeux de langage, entre Austin et Carnap, que tout à première vue semble opposer[11]. Deuxième remarque : l'objection fondée sur les jeux de langage ressemble beaucoup à celle fondée sur les lois scientifiques. Dans les deux cas, on soutient une thèse de spécialisation d'un langage, qu'il soit naturel ou mathématisé (comme celui des lois scientifiques). Que penser de cette objection ? Elle porterait si nous disposions de la validité du raisonnement suivant : a) le langage est composé d'expressions qui ont un sens, parce qu'elles sont liées chacune à un usage social, b) la métaphysique est composée d'énoncés qui n'ont pas de lien avec un usage social, c) donc les énoncés métaphysiques sont dépourvus de sens. La prémisse (a) pose évidemment un problème. Dès qu'on conçoit le langage comme l'apprentissage d'un jeu de construction, le reste s'ensuit. Mais alors même qu'on peut admettre la forme que prend l'usage du langage naturel (sous la forme de jeux et non sous la forme de règles universelles qui seraient appliquées à chaque catégorie de situation sociale), il ne s'ensuit pas que nous puissions nous dispenser de doter le langage naturel d'une sémantique, parce que tout simplement dans ces jeux il faut bien que le langage se réfère à quelque chose. Il semble difficile d'admettre, pour échapper à cette réponse à l'objection, que toute la réalité soit construite par des jeux de langage. Certains de leurs partisans récusent ou relativisent la différence entre sémantique (doctrine de l'évaluation des énoncés) et pragmatique (doctrine de l'usage des énoncés en contexte), mais cette différence à un niveau élémentaire garde toute sa validité : si dans un jeu de langage les conditions sémantiques ne sont pas remplies, le jeu s'interrompt. On fait dans ce genre de doctrine comme si la sémantique allait de soi, ne posait jamais de problème, mais ce n'est sûrement pas le cas. Il faut une composante sémantique, qui nous assure de la vérité ou de la fausseté des énoncés, composante dérivée de la sémantique tarskienne. Si c'est le cas, (a) devrait être reformulé : (a') le langage est composé d'expressions qui sont soit susceptibles d'être vraies ou fausses (les énoncés), soit de jeux de langage qui livrent le sens de ces expressions dans leur usage social.

Le jeu de langage de « la soupe refroidit »

Imaginons un jeu de langage vraiment élémentaire, le « jeu de la soupière ».

Dans une certaine communauté, on sert la soupe invariablement dans une grande soupière et il n'est pas permis de demander au chef de clan directement de rapprocher la soupière de son assiette. On apprend par un jeu de langage que si l'on profère dans ce type de situation « la soupe refroidit[12] », alors la soupière sera rapprochée de son assiette. Il faut bien que l'expression « la soupe refroidit » ait au moins à un certain moment un lien avec la situation type où la soupe refroidit objectivement — on peut reconnaître qu'au cours de son évolution, qui peut être très longue, l'expression peut progressivement être vidée de son sens potentiellement descriptif et devenir une formule rituelle, qui pourrait être prononcée alors que la soupe est encore brûlante, quoique à l'autre bout de la table.

Dans ce cas on peut remarquer qu'un autre jeu de langage peut être pratiqué : celui de l'anthropologue. Imaginons qu'un savant, étudiant les jeux de langage de cette communauté, et plus intelligent que le linguiste de Quine qui n'arrive pas à percer le sens de *gavagaï* — ce qui a fait dire de lui qu'« il est un fameux imbécile[13] » — cherche à percer le sens exact de cette expression « la soupe refroidit » qui semble avoir perdu son sens littéral. Il faudra bien qu'il interroge des participants à ce jeu. Il obtiendra par exemple ce type de réponse : « nous disons "la soupe refroidit" quand nous souhaitons que la soupière soit rapprochée, parce qu'il est impossible (ou interdit) de demander directement que la soupière soit effectivement rapprochée ». Dans cette réponse (remarquable) il y a deux éléments différents : un élément descriptif (relatif à la situation de la soupière sur la table[14]) et un élément normatif (il est interdit de demander directement que la soupière soit rapprochée — d'où l'usage de la formule). Alors même que la formule aurait perdu son sens littéral, elle doit être utilisée dans un contexte qui peut être décrit par son utilisateur. La sémantique, qui était chassée par la porte, revient par la fenêtre.

On ne peut éliminer les énoncés métaphysiques comme dépourvus de sens à partir d'une pragmatique radicale (dont certaines théories des jeux de langage sont des variantes) parce que tout simplement l'élément descriptif ne peut être complètement éliminé. Nous développerons ailleurs les connexions qui existent entre la métaphysique contemporaine et la sémantique tarskienne, notamment les extensions de cette sémantique développée sous la forme d'une théorie des modèles aux modalités (cf. chap. XVIII), il suffit ici de souligner les difficultés des stratégies anti-réalistes fondées sur une pragmatique du langage quand elles veulent réduire des lois relatives à des états de choses à des jeux de langage, dans l'intention de dévoiler la réification à l'œuvre dans la métaphysique.

Comment interpréter les énoncés métaphysiques ?

Si nous acceptons qu'il puisse exister des énoncés authentiquement métaphysiques, reste toutefois à préciser leur statut. Reprenons l'exemple de notre énoncé « il y a une seule substance ». Cet énoncé peut être compris de deux façons, d'une part comme décrivant la réalité, de manière abstraite et générale ; d'autre part être compris comme nous enjoignant de considérer la réalité de cette façon. Vu la nature de cet énoncé, il semblerait qu'il doive être compris de cette seconde manière, mais ce point est secondaire — il ne s'agit pas de déterminer la nature de cet énoncé, mais de prendre un exemple familier pour mieux faire sentir la différence en question, avant de la conceptualiser plus rigoureusement.

La première manière de comprendre l'énoncé correspond à ce que l'on appelle, depuis Strawson et d'autres, une conception descriptive de la métaphysique, tandis que la seconde correspond à ce que l'on appelle une conception révisionniste (*revisionary*) de la métaphysique. Pour éviter l'emploi de ce terme aux connotations importunes[15], on appellera plutôt une conception révisionnelle[16] ou normative de la métaphysique. La conception descriptive se donne pour tâche de formuler l'ontologie qui imprègne notre expérience de la réalité et qui se confond en partie avec nos schèmes conceptuels, les cadres catégoriaux les plus généraux, implicites dans notre perception et l'usage du langage naturel.

Description ou révision des schèmes conceptuels

Cette conception descriptiviste de la métaphysique est défendue dans l'Introduction au livre de

Strawson, *Les individus* (1959 ; trad. fr. 1973), ainsi que dans un article de celui-ci sur Carnap : « Carnap's Views on Constructed Systems versus Natural Languages in Analytic Philosophy » (Schilpp [éd.], 1963, p. 503-518). Dans l'introduction précitée, Strawson distingue deux types de métaphysique :

> « La métaphysique a souvent fait œuvre de révision et moins souvent de description. La métaphysique de description se contente de décrire la structure effective de notre pensée au sujet du monde, tandis que la métaphysique de révision vise à produire une meilleure structure » (*op. cit.*, p. 9).

Strawson classe ainsi quelques philosophes :

Descriptivistes	Révisionnels
Aristote, Kant	Descartes, Leibniz, Berkeley

On pourrait ainsi proposer de classer, à l'époque contemporaine, certains métaphysiciens, en admettant des cas intermédiaires :

Descriptivistes	Révisionnels	Intermédiaires
Strawson, Casati[17]	Quine, Lewis	Chisholm Armstrong

On peut admettre, avec P.F. Strawson, que Kant « se contente de décrire la structure effective de notre pensée au sujet du monde », mais cela semble plus difficile pour Aristote. La question que pose immédiatement Strawson est celle de la différence entre analyse conceptuelle et métaphysique descriptive. Il répond que celle-ci est plus générale : elle vise à

> « mettre à nu les traits les plus généraux de toute structure conceptuelle (...) [elle] a besoin de présupposer beaucoup moins qu'une investigation conceptuelle plus limitée et plus partielle » (*ibid.*).

Strawson distingue alors entre des concepts qui changent historiquement (par exemple, celui d'éther ou celui de Lune) et des concepts qui ne changent pas et forment donc un noyau plus stable (par exemple, ceux de personne, de corps). La définition, plus précise, de la métaphysique descriptive est alors la suivante :

> « Une métaphysique descriptive traite principalement de ces catégories et concepts [qui ne changent pas], de leurs rapports réciproques et de la structure conceptuelle qui en découle » (*op. cit.*, p. 10).

On peut remarquer que le projet de Strawson est marqué par une ambiguïté probablement impossible à éliminer. En effet il y a une lecture kantienne possible de ce projet : tout ce que nous pouvons faire, c'est décrire nos schèmes conceptuels portant sur la réalité, et la métaphysique se confond alors avec leur analyse et donc des concepts fondamentaux présents dans ces schèmes. Il y a peut-être cependant une lecture réaliste possible, beaucoup plus à partir des descriptions de Strawson qu'à partir de ses déclarations d'intention, qui sont en général modérément antiréalistes, car ces descriptions portent certes sur des particuliers concrets à partir de caractérisations linguistiques, mais à aucun moment il n'introduit un élément constructionniste qui viendrait faire basculer l'entreprise dans une pure et simple analyse conceptuelle. Bref, Strawson semble dénué de ce que l'on nomme « l'anxiété transcendantale » et qui est à la source de la doctrine suivant laquelle nous sommes enfermés dans nos schèmes conceptuels, coupés de la réalité par le langage et les limitations de notre perception[18].

Dans l'article de 1963 mentionné plus haut, Strawson montre que la méthode de clarification constructionniste de Carnap, qui consiste à construire des systèmes formels en vue d'un dépassement des perplexités, des erreurs et des paradoxes de la métaphysique, s'oppose à la méthode de clarification descriptiviste qui recourt, elle, à l'analyse du langage naturel, en vue également de dissiper ces difficultés, le désaccord ne portant pas entre eux sur l'existence ni même en partie sur la nature de ces difficultés, mais sur le type de méthode qui permet de les résoudre.

Le langage naturel se trouve donc au centre de la méthode descriptive. Pour prendre un exemple, la différence sémantique qui existe, de manière universelle[19], entre les termes comptables (comme « une bouteille », « deux pains ») et les termes non comptables (« de l'eau », « le sable » — au sens de tout le sable de l'univers —) a été considérée par un certain nombre de métaphysiciens, dont Quine l'un des premiers[20], comme porteuse d'une distinction ontologique profonde entre deux types d'entités ou de substances. Cette différence comptable/massif n'appartient pas à la liste provisoire élaborée par Aristote des types de prédication. L'intersection de l'ontologie et du langage déborde la liste aristotélicienne des catégories et d'ailleurs toute liste des catégories. La conception révisionnelle ou normative considère que nous devons réviser ces schèmes conceptuels, parce qu'il existerait une distorsion entre notre structuration implicite de la réalité et sa structure même. Cela, combiné avec le thème kantien de l'illusion transcendantale, aboutit alors à la thèse suivant laquelle nous sommes enfermés dans les prisons du langage et de la perception. Hintikka (1994) a montré que la théorie des modèles permet de sortir de l'impossibilité de dire quoi que ce soit sur la réalité d'autre que ce que nous y projetons. En effet, la relation du modèle à la réalité permet de relativiser cette thèse, en montrant qu'un modèle même partiel peut construire une sémantique et donc rétablir les liens entre langage et réalité. L'homme n'est pas seulement prisonnier du langage, il est aussi maître de ses modèles de connaissance. Les philosophes anti-réalistes l'ont si bien compris qu'ils essaient, comme Putnam, de s'attaquer à ce rôle des modèles dans l'ontologie (« Models and Reality », 1975), en prônant un réalisme interne qui n'est qu'une version kantienne élaborée de l'anti-réalisme (nous avons un rapport à une réalité mais nous n'avons aucun moyen de savoir si elle est externe, si elle est la réalité ultime), cette stratégie s'appuyant en général sur une interprétation du théorème de Löwenheim-Skolem (1915-1920)[21].

La raison avancée peut être aussi, par exemple, dans une version naturaliste des mêmes idées, que la langage et la perception, nos deux moyens fondamentaux d'appréhension de la réalité ou des réalités environnantes, sont fonctionnellement dépendants de l'adaptation biologique et sociale à l'environnement et donc qu'il n'y a strictement aucune raison que nous cherchions de ce côté des éléments de réponse sur la structure de la réalité — tout ce que l'on pourrait apprendre, ce serait comment nous sommes adaptés à cet environnement et pas à un autre. Cette conception normative a alors le choix entre deux stratégies (d'ailleurs pas totalement incompatibles) : se tourner vers la science ou puiser dans son propre fond. Il ne peut s'agir dans cette relation à la science de reproduire simplement les résultats de la science en les imposant comme une métaphysique normative qui devrait éliminer toute métaphysique descriptive. Cette position, qui correspond *grosso modo* à ce que l'on entend actuellement par « scientisme[22] », est indéfendable. La seconde stratégie consiste pour la métaphysique à puiser dans son propre fond, en général dans une des deux traditions fondamentales, la platonicienne ou l'aristotélicienne, c'est-à-dire de développer une forme de réalisme des formes intelligibles ou de réalisme de la substance. On découvrira au fil de cet ouvrage des exemples de ces stratégies (par exemple, nous découvrirons des éléments platoniciens dans la métaphysique de Whitehead, p. 619-628, et des éléments aristotéliciens chez McTaggart, p. 557-559). Pour l'instant, on ne fait qu'évoquer cette opposition centrale de méthode[23] qui joue en particulier un rôle capital dans la détermination des entités de base d'une ontologie. Par exemple, il existe des raisons de penser qu'une ontologie de la substance trahit presque forcément des tendances descriptives, car le concept de substance semble provenir d'une part de nos constantes perceptives, la substance en première approximation représentant assez bien ce qui demeure par opposition à ce qui change, les accidents, et d'autre part des canons linguistiques, la substance correspondant au substantif, l'accident à l'adjectif ou au verbe. Cela a d'ailleurs fourni l'occasion à certains philosophes, comme Russell ou Léon Brunschwig[24] (1869-1944), de critiquer les ontologies substantialistes en les accusant de refléter un stade précoce de développement culturel ou intellectuel : le premier pense que le concept de substance est bon pour les primitifs et le second qu'Aristote a un âge mental de quatre ans ! Ce type de critiques est généralement tenu actuellement pour aussi naïf que la notion qui était censée être rejetée (cf. Nef 2004, p. 282-283). À l'inverse, les partisans d'une métaphysique normative ont tendance, dans le choix des entités de base, à privilégier des substituts de la substance, par exemple les événements, qui, eux, jouent un rôle central dans la science, en particulier la physique contemporaine. Certes, nous ne percevons pas, au sens strict, des événements ; certes, la notion d'événement est très abstraite, mais il semble exister des raisons de vouloir développer une ontologie de l'événement, même si cette dernière est relativement incompatible avec notre ontologie naïve ou spontanée[25] dont les ontologies philosophiques descriptives prétendent être des développements naturels.

Actuellement, si l'opposition entre les positions A et B, que l'on peut nommer grossièrement et respectivement « anti-réaliste » et « réaliste », reste toujours aussi tranchée, dans la mesure où l'existence même d'une métaphysique est en jeu, l'opposition entre descriptivistes et normativistes a perdu un peu de la virulence qu'elle avait au départ, quand s'opposaient les partisans de l'analyse du langage ordinaire et les partisans de l'usage extensif de la logique. Il y avait alors clairement deux types de métaphysique, avec d'un côté Strawson et de l'autre Quine, lui-même descendant de Carnap et finalement de Russell qui peut être considéré comme à l'origine de la métaphysique normative — cela en simplifiant la position de Russell qui, comme celle de tout grand philosophe, est toujours moins tranchée que ce que l'on a pris l'habitude d'en retenir. Actuellement, les choses se sont clarifiées au sens où des positions aussi unilatérales, au moins en apparence, que celles de Strawson ou de Quine sont beaucoup plus rarement défendues. Les métaphysiciens qui recourent comme les normativistes des années 1960 et 1970 aux formalismes logiques peuvent fort bien, comme par exemple Edward Zalta[26] (1983, 1988, 1993), être extrêmement attentifs à l'ontologie implicite du langage, et ce pas forcément dans une optique réformatrice. D'autre part, aucun métaphysicien ne croit plus uniquement aux vertus uniques de l'analyse du langage ordinaire pour en dériver une métaphysique descriptive. Les choses se sont également clarifiées dans la mesure où progressivement s'est dégagé un domaine de recherches, l'« ontologie naïve[27] », qui correspond finalement assez bien à ce que l'on recherchait sous l'expression de métaphysique descriptive, bien que cette ontologie naïve accorde, à juste titre, plus d'importance à la psychologie cognitive. Cette ontologie naïve s'est développée en partie sous l'impulsion de l'Intelligence artificielle (IA)[28]. En effet quand l'IA s'est efforcée de donner une représentation formelle des systèmes de raisonnement et de manipulation d'entités de notre environnement usuel, comme par exemple les liquides, on s'est aperçu que si l'on entrait dans les systèmes de représentation des éléments de science (par exemple de statique ou de dynamique des liquides), ces éléments ne permettaient pas de rendre compte des raisonnements et des manipulations des agents humains. Il a donc fallu dégager l'ontologie sous-jacente à ces conduites rationnelles, ce qui a donné lieu à un regain d'intérêt pour l'ontologie, en général encore fort décriée, sous la forme de descriptions des schèmes conceptuels implicites. Notons en passant que cette ontologie naïve peut fort bien utiliser des formalismes pour prendre la forme de modèles prédictifs. Cela vaut en général pour cette opposition entre descriptivistes et normativistes : rien ne serait plus faux que d'imaginer que les premiers rejettent l'usage des formalismes, alors que les seconds les acceptent. Il peut y avoir des descriptivistes formalistes, se servant d'instruments formels pour décrire le langage et la perception, et des normativistes anti-formalistes, qui préfèrent à l'usage des formalismes une méthode purement conceptuelle. Il est certain que la tradition Russell-Carnap-Quine-Lewis combine le normativisme, le rejet décidé des ontologies naïves, descriptives, spontanées et l'usage des formalismes logiques (logique du premier ordre pour Quine, logiques intensionnelles pour Russell, Lewis et Carnap) et dans la mesure où l'on a eu tendance, pour des raisons contingentes, à identifier toute une partie de la tradition analytique avec ce courant, s'est répandue l'idée suivant laquelle une métaphysique révisionnelle est forcément liée à l'usage important de formalismes logiques.

DEUXIÈME PARTIE

LA MORT LUI VA SI BIEN

CHAPITRE IV

La philosophie sur son quant-à-soi

La Critique *de Kant est un tissu de subtilités et d'absurdités.*

Herder.

Le plus rare et le plus compliqué des musées d'antiquité.

William James.

Le kantisme a les mains pures, mais il n'a pas de mains.

Péguy.

Kant a parfaitement démontré l'idéalité du réel, mais il n'a pas démontré la réalité de l'idéal, et par conséquent pas non plus la réalité du réel.

Schlegel.

Dans la situation actuelle de la métaphysique, marquée par deux phénomènes symétriques : reprise à l'identique de thèses critiques ou destructrices et renaissance de cette discipline, l'ambiguïte de la position kantienne a valeur de symptôme, donnant lieu à des développements anti- voire post-métaphysiques, tout en étant, dans toute une série de travaux récents, interprétée au contraire comme une tentative de métaphysique incontestable[1]. La dispute sur la métaphysique — toute forme de métaphysique est-elle définitivement dépassée ? — passe aussi à l'intérieur de l'interprétation de la philosophie kantienne. Kant peut être invoqué par les obstructionnistes les plus crânes (tels Badiou et Van Fraassen, cf. *infra*) et être proposé dans le même temps pour modèle de métaphysique authentique, débarrassée du dogmatisme et de la stérilité des discussions purement verbales.

Kant apparaît simultanément dans le rôle d'un subvertisseur et dans celui d'un réformateur. Nous commencerons par donner un large panorama des utilisations de sa figure tutélaire dans la thématique du démantèlement de la métaphysique, avant d'exposer les traits fondamentaux de sa pensée, confrontée à la métaphysique actuelle, puis, pour conclure, nous exposerons rapidement un certain nombre de remarques sur la complexité de sa position à l'égard de la métaphysique, à la fois en tant que discipline scolaire et projet de la raison. Le but de tous ces développements, nécessairement sinueux, est de plaider pour un abandon de la catégorie de pensée post-métaphysique et d'une révolution irréversible opérée dans la manière de penser. Kant est déjà assez crucial, sans avoir à fantasier dans sa critique le coup de cymbale final de la symphonie métaphysique.

1. KANT PORTE-ÉTENDARD DE LA FIN DE LA MÉTAPHYSIQUE

L'anti-réalisme kantien et sa réinterprétation

Les reprises de la figure traditionnelle de Kant comme critique radicale de la métaphysique ne manquent pas. Au niveau idéologique du journalisme philosophique ou de l'institution scolaire, c'est même une figure imposée. À la question par exemple de l'actualité qui peut sembler paradoxale de Kant (dans la mesure où par exemple la philosophie de Hegel s'est donné pour tâche de rétablir les droits de la spéculation et de l'ontologie), Alain Renaut répond par exemple sans hésiter :

> « Il faut prendre acte tout d'abord du fait que le kantisme est une philosophie *post-métaphysique* [nous soulignons] (...) j'entends par là qu'il s'agit au fond de la première grande déconstruction des illusions de la raison spéculative » (Renaut, 2000, p. 33).

Les raisons qui sont données à l'appui de ce caractère de « déconstruction post-métaphysique » (*ibid.*, p. 34) sont de deux ordres :

> « Le criticisme court-circuite l'ambition du système ou du savoir absolu (...) bref c'est le premier élément de discontinuité avec ce qui s'affirmait chez Leibniz et conduirait jusqu'à Hegel, le discours totalisant (...) » (*ibid.*, p. 33-34).

> « le kantisme a fait resurgir la radicalité de la finitude : parce que la totalisation n'est qu'un horizon de sens, mais ne s'achève jamais, il y a toujours pour nous, en raison de la radicalité de notre finitude, un écart ou une différence entre le réel et le rationnel — différence ontologique si l'on veut, au sens heideggerien du terme dont nous faisons l'expérience (ou que nous éprouvons) en ceci qu'il n'y a pour nous des objets que parce qu'il y a donation à l'expérience : nous ne produisons pas les objets, mais nous les construisons à partir d'un moment de donation, etc. » (*ibid.*, p. 34).

Nous prendrons comme point de départ ces opinions représentatives pour préciser deux points : tout d'abord la nature exacte et les origines de l'expression de pensée « post-métaphysique » sous la forme achevée que lui a donnée Habermas et ensuite le fait de savoir si les choses sont aussi simples en ce qui concerne le chemin direct qui irait de la critique de la métaphysique (Kant) à la destruction de la métaphysique (Heidegger), ce qui nous conduira à préciser le rapport entre les deux penseurs.

Habermas et la pensée post-métaphysique

Habermas a consacré l'expression de « pensée post-métaphysique ». Son point de vue est extrêmement tranché :

> « En dépit de cette “Nouvelle Opacité” [celle de l'époque actuelle, celle des “visions du monde fermées”], il me semble que rien d'essentiel ne distingue notre situation de départ de celle que connut

> la première génération des disciples de Hegel. À cette époque, l'activité philosophique changea de nature : depuis lors nous, *nous ne disposons d'aucune solution de rechange qui puisse se substituer à une pensée post-métaphysique* » [nous soulignons ; en note, Habermas indique qu'il justifie cette affirmation dans *Le discours philosophique de la modernité*] (trad. fr. Rainer Rochlitz, 1993, p. 36).

Habermas déclare qu'« en négligeant la tradition aristotélicienne et par une simplification grossière » (*idem*) il identifie la métaphysique à la « pensée d'un idéalisme philosophique qui remonte à Platon et se prolonge jusqu'à Kant, Fichte, Schelling et Hegel » (*idem*) en y intégrant le néo-platonisme antique et médiéval, Thomas (pourquoi ? ne fait-il pas partie de la « tradition aristotélicienne » ?) et les grands rationalistes. Selon Habermas :

> « le matérialisme antique et le scepticisme, le nominalisme de la fin du Moyen Âge et l'empirisme moderne furent des mouvements anti-métaphysiques[2] qui restèrent confinés dans l'horizon des possibilités de pensée ouvertes par la métaphysique » (*op. cit.*, p. 36-37).

On retrouve ici deux idées : la filiation entre le nominalisme et l'empirisme est anti-métaphysique et la métaphysique est un jeu de possibilités tel que si l'on s'oppose à elle on continue à en faire. Il faudrait se décider sur la réponse à la question : « L'empirisme est-il oui ou non métaphysique ? » Dans cette optique post-métaphysique, la réponse étant probablement : oui, de manière involontaire et honteuse. C'est, semble-t-il, l'oblitération de la « tradition aristotélicienne » (porteuse du projet métaphysique beaucoup plus que Platon dont l'assimilation de la dialectique à une métaphysique est problématique) qui fait perdre un fil précieux, celui qui va de l'empirisme d'Aristote à Averroès, aux naturalistes de la Renaissance, puis à l'empirisme de Locke, peut-être, comme on a pu le montrer[3], le plus grand philosophe aristotélicien des Temps modernes par son esprit. La généalogie de l'idéalisme allemand conçu comme l'achèvement de la métaphysique exclut l'empirisme, réputé alors ne pas penser, penser contre, ou ne pas penser ce qu'il veut penser.

La manière dont Habermas se représente les « aspects de la pensée métaphysique » (*ibid.*, p. 37 *sqq.*) est profondément marquée par la dialectique. À l'origine il y aurait une « pensée de l'identité » (« tout est rapporté à l'Un »). L'idéalisme introduirait la scission de l'Un et du Divers comme « relation logique et comme relation ontologique » (p. 38). La pensée métaphysique (donc essentiellement dans sa conception la tradition platonicienne) serait déchirée entre une conception discursive et une conception « anamnétique[4] » (de « anamnèse », calque de « réminiscence » au sens platonicien) « qui vise à l'intuition intellectuelle ». La philosophie première serait une « philosophie de la conscience » (p. 39). Habermas accorde à l'empirisme et au nominalisme le mérite de reconnaître cette contradiction et d'en tirer les conséquences (incidemment, on peut voir que Habermas souligne la filiation entre Aristote et l'empirisme moderne, en mettant cela sous le chef de la « philosophie première »). Les empiristes aboutiraient cependant à dissoudre la substance et à une philosophie de la conscience, à laquelle réagirait l'idéalisme allemand :

> « Ainsi la pensée métaphysique peut-elle prendre dans l'Idéalisme allemand la forme des théories de la subjectivité[5] » (*id.*).

La métaphysique de l'idéalisme allemand, thème secondaire, s'accompagne d'une laïcisation de la notion de « théorie » :

> « À l'époque moderne la théorie perd à la fois ce lien qui l'associait au processus sacré [?] et le caractère par nature élitiste qui était le sien » (p. 40).

Pour Habermas, cette pensée métaphysique est remise en cause par :

(i) un nouveau type de rationalité, la « rationalité procédurale », d'où perte des privilèges de la philosophie (qui, vu la définition qui vient d'en être donnée, ne peut apparemment prendre le tournant de cette nouvelle rationalité),
(ii) la finitude, la « détranscendantalisation » (en réalité, la « laïcisation »)[6],
(iii) la réification des formes de vie (ce thème provenant sans doute de l'école de Francfort et de la gauche du marxisme[7] : le jeune Lukács[8], Gabel[9], etc.). Cette réification expliquerait le passage de la philosophie de la conscience à la philosophie du langage,
(iv) la remise en cause du primat de la théorie sur la pratique[10].

On peut être surpris par les raccourcis, graticulations et typifications impliqués dans cette vision des raisons d'un passage à l'ère post-métaphysique, car elle sous-entend sans plus qu'un type particulier de métaphysique traditionnelle est condamné par des traits généraux de l'époque, ce qui est en fait circulaire — nous sommes modernes, car nous ne cédons pas au prestige de la métaphysique, et nous n'y cédons pas, parce que nous sommes modernes. Peut-être le plus surprenant est que tout se passe comme si la métaphysique essuyait passivement ces changements épistémologiques, politiques, culturels, religieux, alors qu'elle en est en général partie prenante. Habermas ne voit d'autre issue que d'accepter la rationalité procédurale (ce en quoi on peut être d'accord), mais avec comme conséquence de déclarer irrationnelles, « anti-scientistes », les pensées dominantes de l'ère post-métaphysique :

> « La philosophie s'est alors présentée comme l'éclaircissement de l'existence et comme foi philosophiques (Jaspers[11]), comme mythe complétant les sciences (Kolakowski[12]), comme pensée mystique de l'être (Heidegger), comme traitement thérapeutique du langage (Wittgenstein), comme activité déconstructrice (Derrida) ou comme dialectique (Adorno) » (*op. cit.*, p. 45).

Le diagnostic sur l'existence d'un courant irrationnel n'est pas discutable : même si l'on peut contester la liste[13], Habermas pointe une réaction irrationaliste avérée. Il est par contre contestable qu'il considère comme alternative à cet irrationalisme uniquement une « raison située », un abandon de la métaphysique impliqué par la mutation de la rationalité (cela ressemble à : *faire contre mauvaise fortune bon cœur*). Or, parallèlement à ce courant irrationaliste, qui est certes le plus visible et le plus populaire, vu le discrédit général sur la science et la possibilité d'une vie commune acceptable, il s'est développé une multitude de courants en métaphysique qui prennent en compte les points soulevés par Habermas (finitude, laïcisation, perte du primat de la théorie, etc.), du pragmatisme métaphysique d'un Peirce, à l'ontologie formelle de Husserl, en passant par tous les développements du néo-meinongianisme, la métaphysique processuelle de Whitehead, la renaissance de la discussion sur la validité des arguments transcendantaux dans les sciences normatives, etc. il y a largement de quoi faire pièce à l'irrationalisme contemporain qui est peut-être un effet de masse (au double sens de cette expression).

Peut-être une source de la confusion vient-elle de l'irruption d'un esprit démocratique vidé de sa substance, réduit au seul culte de la prépondérance d'opinion, en philosophie : nous ne pouvons pas penser que les philosophes qui ont une envergure de stars de la culture de masse (le Club des Cinq : Derrida, Habermas, Putnam, Ricœur, Rorty) puissent avoir complètement tort, car cela serait une preuve d'élitisme, de mauvais goût que de ne pas suivre l'opinion commune et penser avec elle que X est un meilleur philosophe que Y parce qu'il est à l'avant-scène. L'aristocratie connaissait la littérature, la démocratie,

« l'industrie littéraire », qui s'étend progressivement à tous les secteurs du savoir, investissant finalement la philosophie, au profit des seuls « vendeurs d'idées » (Tocqueville, *De la démocratie en Amérique*, 2e version, chap. XIV), donnant un espace à une industrie philosophique marquée par le nombre.

Il n'est pas inutile à ce propos de rappeler que l'on juge une génération philosophique bien après sa disparition. L'histoire de la philosophie est pleine de doctrines populaires tombées dans le plus profond oubli et leur caractéristique générale est d'avoir été trop réactives à l'égard du temps où elles se sont déployées, qu'il s'agisse par exemple de la lutte pour ou contre les Lumières, ou des combats acharnés sur la Foi et le Scepticisme. Que sont devenues les œuvres des Rosmini, Emerson, et autres qui ont dominé leur époque et leur culture ?

Habermas continue de caractériser, de manière assez complète, la pensée post-métaphysique par

(v) le « tournant linguistique ».

Cette expression de Rorty[14] désigne chez Habermas une évolution plus générale, puisqu'il inclut dans ce tournant le naturalisme qui implique qu'il ait « fallu concilier Kant et Darwin » (*op. cit.*, p. 53). Par « tournant linguistique », Habermas entend donc quelque chose de plus large que le passage des questions de métaphysique à celles sur le langage dont se sert la métaphysique : la transition à l'immanence pure, celle du langage ou de la nature, conçue comme processus de sélection et de différenciation. Il est curieux de le constater, Habermas, en écartant de fait la métaphysique naturaliste, semble partager le préjugé qui la réduit à un assemblage de contraires.

On verra dans le chapitre XVIII que deux des grandes métaphysiques actuelles, celles de D. Lewis et de D. Armstrong, acceptent la plupart des thèses du naturalisme[15], quoique la question soit ouverte, certains comme par exemple J. Lowe (2003) voyant une contradiction entre naturalisme intégral, la pensée que rien n'existe en dehors des processus naturels, *i.e.* spatio-temporels, et possibilité de la métaphysique. Probablement cela provient chez Habermas des restes d'une conception de la métaphysique assez traditionnelle où celle-ci s'occupe de ce qui est au-delà du physique. Cependant le problème de la structure ontologique des étants physiques concrets est un problème métaphysique, depuis au moins le livre Z de la *Métaphysique* d'Aristote, où traitant de la nature du composé sensible il est conduit à analyser les concepts d'essence et de forme.

Le dernier trait que Habermas met en relation avec la pensée post-métaphysique, c'est la « déflation du non-quotidien », expression habile à éviter de reconduire la glorification, la fétichisation, la divinisation du quotidien. Alors que l'on pourrait penser ici à ce nihilisme passif qui fait que les philosophes chantent la vie quotidienne, comme s'ils étaient charmés d'en avoir une, au moment où la plupart des hommes en sont privés, broyés simplement dans des convulsions de masse, brutales et erratiques, Habermas pense sous cette expression tout le mouvement d'autoréflexion sur la science, qui aboutit, selon lui, à une forme de scepticisme. Il fait par exemple allusion à Peirce, pour la découverte des « liens entre genèse et validité » (*op. cit.*, p. 58) qui ferait descendre la validité purement formelle ou axiomatique dans la genèse des sémiotiques matérielles et concrètes.

On aurait en effet pensé sous la « déflation du non-quotidien » à ce mythe très contemporain du quotidien, de la banalité, de la vie commune, de la vie comme elle va, que certains philosophes pensent être l'horizon indépassable de notre pensée et qui se transforme benoîtement en un *à vau-l'eau* de la pensée. Les origines de cette mythologie du quotidien (il s'agit d'une mythologie car la catégorie du « quotidien » est sociologiquement très complexe et « *le* » quotidien est une catégorie mythique) sont multiples : laïcisation de la kénose[16], mouvement situationniste (lui-même[17] plongeant dans l'apologie du non-artistique), et peut-être surtout Heidegger. Theodor Adorno dit magnifiquement que :

> « Avec Heidegger la *Sachlichkeit* [choséité] capote » (*Dialectique négative*, 2001, p. 101).

Selon lui, la subjectivité néo-romantique des années 1930, le moment du dérapage,

> « s'imagine coller aux choses telles qu'elles se présentent » (*loc. cit.*) ; « elle présente le vide absolu en son terme le plus élevé [l'être] comme quelque chose de positif » (p. 102).

Dans l'élément semi-mystique de ce vide se meut la mythologie philosophique de la banalité quotidienne comme tâche du penseur : Du Maine à la Souabe, les penseurs du quotidien sont des orphelins de l'Être.

Kant et Heidegger

Pour Alain Renaut, Kant représenterait donc un coup d'arrêt définitif à la métaphysique systématique, parce que celle-ci supposerait l'achèvement du savoir et ce coup d'arrêt marquerait une véritable discontinuité dans l'histoire de la pensée, ce qui confirme le lien souligné plus haut entre anti-réalisme métaphysique et discontinuisme. Il est frappant de constater que cette manière de caractériser la discontinuité kantienne relativement à l'histoire de la métaphysique s'appuie sur la destruction heideggerienne de la métaphysique identifiée au recouvrement de la différence ontologique, alors même que la position de Heidegger à l'égard de Kant est plus mesurée et nuancée[18]. Le constructionnisme kantien est ici adossé à une doctrine de la donation originaire, d'origine phénoménologique (post-métaphysique ?). Ce n'est pas le lieu ici d'une exégèse des textes heideggeriens sur Kant, exégèse qui dépasserait notre propos — montrer l'ambiguïté du débat actuel sur Kant et la métaphysique —, mais l'on peut faire quelques remarques.

Tout d'abord Heidegger dans *Kant et le problème de la métaphysique*, paru peu de temps après *Sein und Zeit*, s'est proposé deux buts. L'un contextuel, l'autre substantiel. Le premier est de montrer que l'interprétation néo-kantienne habituelle (Cassirer, Cohen, Natorp) de la révolution copernicienne n'allait pas jusqu'au cœur de la préoccupation majeure de Kant qui était d'ordre ontologique (en cela Heidegger s'accorde avec ceux qui voient dans Kant une source possible de réflexion sur la possibilité même d'une ontologie). Le deuxième but est de préciser à travers Kant sa propre position ontologique exposée dans *Sein und Zeit*. Quand Heidegger se demande dans son livre si l'on peut considérer la philosophie transcendantale comme une métaphysique (à rebours de ceux qui voient une discontinuité radicale entre les deux), c'est à un débat sur sa propre pensée qu'il veut conduire, en même temps qu'à une discussion d'une thèse centrale de Kant sur la forme que doit prendre la métaphysique. Relisons les premières lignes du livre sur Kant :

> « Le présent travail a pour but d'expliquer la *Critique de la raison pure* de Kant en tant qu'instauration de la métaphysique. Le "problème de la métaphysique" se trouve ainsi en lumière comme problème d'une ontologie fondamentale. Nous appelons ontologie fondamentale, l'analytique de l'essence finie de l'homme en tant qu'elle prépare le fondement d'une métaphysique "conforme à la nature de l'homme". L'ontologie fondamentale n'est autre que la métaphysique du *Dasein* humain, telle qu'elle est nécessaire pour rendre la métaphysique possible. (...) Expliciter l'idée d'une ontologie fondamentale veut dire : montrer que l'analytique ontologique du *Dasein* telle qu'elle a été caractérisée [dans *Sein und Zeit*] répond à une nécessité absolue (...) » (Heidegger, 1953, p. 57).

Dans ce texte programmatique, Heidegger, qui interprète fidèlement la tentative kantienne comme une « restauration » et non comme une destruction, propose une lecture métaphysique de la *Critique de la raison pure* et cette lecture est opérée à partir d'une conception de l'ontologie qui dérive du travail antérieur de Heidegger dans son ouvrage inachevé, *Sein und Zeit*. Il entend substituer à la lecture épistémologique de ce texte de Kant, courante dans le néo-kantisme[19], une lecture ontologique qu'il juge à la fois plus conforme à l'intention kantienne et éclairante pour son propre projet, dans la mesure où Kant aurait pris le premier la mesure de la finitude de l'homme. Ce que Heidegger reproche à Kant dans son livre, c'est de ne pas avoir pensé cette finitude de manière assez radicale, notamment en ne pensant pas l'essence du monde à partir de la finitude radicale du *Dasein*. L'enrôlement de Kant dans la pensée post-métaphysique sur la base implicite d'arguments heideggeriens est donc sujet à caution et ne va en tout cas pas de soi. On a l'impression d'une sorte de raisonnement fallacieux implicite présent dans cet enrôlement forcé de Kant par des heideggeriens (ou des ex-heideggeriens) :

(i) Heidegger entend dépasser la métaphysique,
(ii) dans son projet philosophique il se réclame de Kant,
(iii) donc ce dernier entend dépasser la métaphysique.

Il est certain que le thème du dépassement de la métaphysique occupe une place croissante chez Heidegger, mais que c'est alors vers Nietzsche (et dans une moindre mesure Hegel) qu'il se tournera. La relation de Kant à la métaphysique dans un travail que l'on n'ose plus appeler systématique date de la période où Heidegger explore encore la possibilité d'une analytique existentiale non anthropologique et il pense alors que la pensée kantienne contient non de quoi dépasser la métaphysique, mais de quoi la fonder, ce qui est fort différent.

La déclaration d'A. Renaut est sans prétention. Nous l'avons commentée, parce qu'elle reflète une manière assez commune d'envisager la déconstruction kantienne de la métaphysique. Il est frappant de constater que chez des penseurs aussi singuliers et antagonistes qu'Alain Badiou et Bas Van Fraassen on retrouve récemment ce thème orchestré et amplifié.

Fin de la métaphysique ?

Alain Badiou dans son *Court traité d'ontologie transitoire* (Seuil, 1998), ouvrage précieux par son titre classique de « traité d'ontologie » (même en l'annulant en partie par les deux adjectifs, « court » et « transitoire »[20]), se réclame de « l'ontologie soustractive de Kant » (*ibid.*, p. 153-163). Badiou entend par « ontologie soustractive » le fait que la pensée de Kant mettrait en relation « deux vides » :

> « Le sujet de l'aperception originaire est seulement une "unité numérique" nécessaire, une puissance d'un immuable, et il n'est pas connaissable comme tel. (...) L'aperception originaire est une forme exclusivement logique, une nécessité vide. (...) Quant à l'objet transcendantal = x, Kant déclare explicitement que, "devant être quelque chose de différent de toutes nos représentations", il "n'est rien pour nous". La radicalité soustractive de l'ontologie kantienne aboutit bien à placer, au fondement de la représentation, le rapport d'un sujet logique vide et d'un objet qui n'est rien » (*ibid.*, p. 160).

On peut ici douter de l'à-propos d'une telle glose. On pourrait par exemple se demander si une « forme exclusivement logique » est une tautologie et donc une « nécessité vide » et dans ce cas pourquoi affirmer le caractère tautologique de l'aperception originaire. Il suffit de relever que dans un traité d'ontologie explicitement non métaphysique (cf. le projet annoncé p. 26 : « rompre l'arraisonnement métaphysique de l'être par l'un[21] »), on attribue à Kant certes une ontologie, mais privée d'objet, ce qui revient à reprendre la thèse de la discontinuité radicale entre Kant et ce qui précède (ici entre Kant et d'une part le *cogito*, d'autre part l'interprétation hénologique de l'ontologie). *Cogito* husserlianisé, car comme l'a montré Leszek Kolakowski, le thème du double néant est d'origine husserlienne :

> « ... hormis le nom, le "je" disparaît et l'univers se trouve réduit aux significations jaillissant finalement du "je" même : deux non-choses se supportant mutuellement » (1989, p. 72).

Bas Van Fraassen, dans un ouvrage qui commence sans ambiguïté par un chapitre intitulé « Against analytical metaphysics », insiste sur l'ambiguïté de la philosophie de Kant. Selon Van Fraassen, la situation actuelle de la pensée est dominée par la mort de Dieu (sur laquelle on reviendra brièvement) et le message contenu dans cette pensée, celui de la fin des idéaux suprasensibles, serait exactement celui de Kant, délivré sans ambiguïté dans sa Dialectique transcendantale[22] de la *Critique de la raison pure*, où il montrerait, de manière irréfutable[23], l'impuissance de la métaphysique à résoudre les antinomies qu'elle génère, en outrepassant les limites de la raison. Comme l'affirme Van Fraassen :

> « Étant donné ce travail, il n'aurait jamais dû être nécessaire de démolir à nouveau la métaphysique » (Van Fraassen, p. 2).

Comment expliquer que le travail ayant été apparemment bien fait, il faille faire venir une autre entreprise de démolition ? Van Fraassen pense que les arguments de Kant n'étaient pas complètement corrects et surtout qu'il y avait :

> « Une partie positive dans le projet kantien qui a engendré chez ses successeurs une nouvelle métaphysique » (*ibid.*).

Van Fraassen n'est pas très explicite sur ce point, mais on comprend facilement que selon lui l'idéalisme transcendantal, développé précisément en partie à l'occasion de la doctrine de l'aperception transcendantale, en particulier dans la partie « Logique transcendantale » de l'Analytique transcendantale, et que Badiou, lui, juge comme le cœur de l'entreprise anti-métaphysique, en l'interprétant comme la mise en relation de deux vides (et donc l'apogée de la pensée de la relation !), a ouvert la voie à l'idéalisme métaphysique de Fichte et Schelling et donc indirectement à la restauration hégélienne d'un savoir absolu à la fois logique et ontologique. Bref, l'ambiguïté de la pensée kantienne sur la métaphysique est mise classiquement à la source de l'idéalisme allemand ou à l'origine d'une pensée moderne du sujet. Il existe un autre volet de la critique de Van Fraassen, qui se réclame explicitement de Kant, et qui porte sur la renaissance de la métaphysique contemporaine, la métaphysique analytique, mais nous traiterons ce point plus tard, après avoir essayé de tirer les leçons de l'ambiguïté kantienne dans la situation actuelle de la métaphysique entre critique dévastatrice et renaissance spectaculaire. Ces utilisations fantasques de Kant nous obligent à faire deux mises au point sur le thème de la subjectivité dans la philosophie kantienne, cela dans un contexte historique, qui est celui de la lecture de Kant par ses successeurs immédiats, mais aussi du rapport à celui que l'on présente encore malheureusement trop souvent, par commodité, ignorance ou routine, comme son éternel faire-valoir, Wolff.

La place de Kant dans l'infléchissement vers la subjectivité transcendantale

On sait que les idéalistes allemands, Fichte et Schelling en particulier, se sont réclamés en partie de l'orientation kantienne vers la subjectivité[24]. En ce qui concerne ce dernier, l'interprétation qu'il donne de la rupture kantienne est encore celle qui a cours dans certains milieux philosophiques, sous la forme de l'*opinio communis* concernant l'histoire de la métaphysique. À l'audace de Descartes et Spinoza, rompant avec la scolastique, aurait succédé le reflux leibnizien et surtout wolffien. Leibniz qui s'est efforcé de jouer le rôle d'un conciliateur en métaphysique en concevant sa philosophie comme une jurisprudence des opinions exprimées jusqu'à lui (cf. G. Grua, 1948), et dont le caractère contradictoire pouvait porter préjudice à la fois aux droits de la raison et à ceux de la vraie religion, a réhabilité les Scolastiques (notamment pour les formes substantielles). Wolff qui s'est donné pour tâche de léguer une philosophie systématique et universelle en langue allemande et dont l'influence fut immense, même si, pour des raisons qui tiennent en partie à son mode d'exposition, il n'est plus guère lu que par les historiens de la philosophie, qui l'ont réhabilité depuis l'édition récente et monumentale de ses œuvres complètes, a entrepris cette tâche en partie pour systématiser la pensée leibnizienne, qui, si elle vise à l'ordre, se présente le plus souvent sous la forme d'une accumulation de projets, de brouillons, les textes véritablement achevés et synthétiques étant brefs et en petit nombre. Les *Nouveaux Essais sur l'entendement humain* et la *Théodicée* (1710) se présentent comme des suites de remarques dans un cas sur la philosophie de

Locke (exposée dans l'*Essay* de 1690) et dans l'autre sur les débats portant sur la prédestination, en suivant comme fil directeur le *Dictionnaire historique et critique* de Pierre Bayle (1695-1697), et sa *Réponse aux questions d'un provincial* (1706). On comprend donc que Wolff, qui voit dans Leibniz les rétablissements des droits de la raison dans tous les domaines, que ce soit ceux de la métaphysique, de la morale, de la science ou du droit, ait entrepris de donner à cette philosophie la forme qui lui convient pour faire pièce à la scolastique, toujours puissante en Allemagne dans la première moitié du XVIIIe siècle.

Or c'est justement Wolff qui est considéré par Schelling comme le point maximum du reflux dogmatique, accomplissant les virtualités leibniziennes, et avec lequel a rompu Kant. Ce dernier

> « a conduit l'esprit vers son intériorité, ou lui a imprimé une direction vers l'intérieur par là même qu'il trouve en soi l'objet qu'il croyait toujours être hors de lui, par là même qu'il devient sujet-objet, et que, ainsi, le Moi est en son fond substance, ce que Fichte énonça pour la première fois » (cité *in* Chaillol-Gillet, 1998, p. 44, extrait du *System der Weltalter* de 1827-1828, p. 44).

Pour les idéalistes allemands, Kant a certes montré l'impossibilité d'une connaissance du suprasensible, mais libéré la possibilité d'une philosophie positive qui pourrait prendre appui sur son infléchissement vers la subjectivité transcendantale.

La critique idéaliste du subjectivisme kantien

De manière critique, des philosophes à l'origine de la tradition bolzanienne et brentanienne en philosophie, que l'on dénomme parfois de manière trop vague la « philosophie autrichienne[25] » ont contesté ce subjectivisme kantien, qui, ajouté au mépris pour la logique et à son ignorance pure et simple, aurait précipité la philosophie moderne dans le verbiage et la confusion dont Bolzano, par sa théorie de la science, étendue à l'éthique, à la théologie et à la logique, et Brentano par sa psychologie philosophique et empirique à la fois ont tenté de la tirer, donnant naissance au courant analytique en philosophie. Dummett (1991) a synthétisé les travaux sur l'histoire intellectuelle du courant analytique en le faisant remonter à la philosophie de Brentano. Il y a donc deux lectures complètement antinomiques de l'histoire de la métaphysique : soit l'on pense que la métaphysique, constituée par Aristote, s'est développée au Moyen Âge et a été systématisée par Leibniz, Locke et Wolff, avant de recevoir une impulsion décisive de la naissance de la logique moderne, donnant naissance à la métaphysique contemporaine, soit on pense que la métaphysique est une excroissance maladive de la philosophie, outrepassant ses limites, éradiquée par Kant, mais renaissant sur des bases nouvelles avec l'idéalisme et s'accomplissant finalement dans la philosophie de Hegel, tout ce qui suit n'étant que péripétie, méditation de l'origine ou futilité. Pour toutes sortes de raisons dont certaines ont été livrées et dont d'autres seront développées, nous ne croyons pas que Hegel ait accompli la métaphysique et donc nous pensons qu'il y a une continuité d'Aristote aux développements les plus récents de la métaphysique analytique, ce qui est confirmé par le renouveau extraordinaire des études aristotéliciennes dans les vingt dernières années. Le maquillage de Hegel en libéral anglais ne peut faire oublier que c'est le penseur de l'État total, rouge, brun ou même bleu-blanc-rouge[26] que l'on souhaite le renverser (Lénine) ou l'appliquer (G. Gentile). Sa pensée et sa dialectique trop flexible ont servi à couvrir du voile pudique de la logique les monstruosités les plus inouïes. L'option hégélienne qui est de renoncer au principe de contradiction au nom de la dialectique a fait long feu. On peut donc parler d'une tradition analytique en philosophie qui déborde largement l'empirisme logique et le positivisme logique. Est analytique une philosophie qui pratique l'analyse conceptuelle, respecte les normes de vérité et croit à la progressivité de la connaissance philosophique.

Du point de vue de cette tradition analytique, l'idéalisme allemand est une brève parenthèse, marquée par le subjectivisme et des formes d'irrationalisme, qu'il s'agisse du retour à la philosophie de la nature (Schelling), l'hypostase du moi absolu (Fichte) ou l'abandon du principe de contradiction (Hegel). Une partie de cette tradition analytique a imputé le mal à Kant, probablement en partie à tort. C'est la lecture idéaliste et anti-réaliste de Kant qui est responsable du subjectivisme, et non Kant lui-même.

S'il existe de nombreuses reprises du projet kantien de critique de la métaphysique — nous nous sommes contentés de deux exemples représentatifs, issus d'horizons philosophiques opposés, avec Badiou et Van Fraassen —, il existe aussi toute une série de travaux qui ont obligé les historiens de la philosophie à donner une vue quelque peu différente d'une part du rôle de faire-valoir de Kant joué par Wolff et d'autre part des intentions réelles de Kant dont il apparaît désormais douteux qu'il souhaitât, pour reprendre l'expression de Van Fraassen, tout simplement « démolir la métaphysique ». Kant n'est sûrement pas ce que l'on pourrait appeler un démolisseur (sauf peut-être, mais involontairement, en logique)[27] et dans le rétablissement des droits de la raison il s'est efforcé de donner une place à l'expression du désir de métaphysique comme « disposition naturelle de l'esprit humain ».

Kant et Wolff, ou qui est dogmatique ?

En ce qui concerne le premier point, la représentation courante et schématique suivant laquelle Kant a mis à bas un château de cartes en la figure de la philosophie wolffienne ne correspond à peu près à rien, si l'on prend la peine de s'intéresser à cette dernière. Wolff n'est pas un philosophe dogmatique fermé aux sciences expérimentales, bâtissant dans les airs des constructions formelles que Kant aurait mises à bas en prenant au sérieux la révolution newtonienne et en réalisant sa soi-disant révolution copernicienne qui est d'ailleurs contradictoire de part en part[28] (on peut soutenir que de Duns Scot à Kant avec L. Honnefelder la filiation est plus subtile et rebelle à cette formule choc). Wolff est un moment capital de l'histoire de la métaphysique allemande, moment qu'on ne peut évacuer, à partir de telle ou telle reconstruction[29].

En ce qui concerne l'aspect empirique ou expérimental de la philosophie wolffienne, on a souligné à juste titre que Wolff est le premier à tracer le programme systématique d'une psychologie empirique en admettant des méthodes quantitatives en psychologie et l'existence de lois psychologiques sur le modèle des lois physiques (Locke lui avait ouvert la voie, et sur ce point, c'est à Condillac[30] qu'il faudrait le comparer). Il faudra attendre le développement de la psychologie expérimentale avec Fechner (1801-1887) en 1860 dans les *Éléments de psychophysique* ou Helmholtz (1821-1894) dans sa *Théorie physiologique de la musique* (1863) et son *Optique physiologique* (1867)[31] pour disposer de véritables lois psychologiques ou psychophysiques, mais sur ce point Wolff est beaucoup plus audacieux que Kant, qui nie l'existence et les droits à l'existence d'une psychologie rationnelle, comme le fera Comte, au motif pour ce dernier que l'introspection n'est pas une observation.

Wolff distingue une psychologie empirique (*psychologia empirica*) et une psychologie rationnelle (*psychologia rationalis*). Dans la première, il dégage des lois empiriques, dans la deuxième, il déduit du concept d'âme l'existence et la nature de ces lois. La psychologie empirique fait partie de la métaphysique (au titre de sous-partie de la psychologie qui est une branche de la métaphysique spéciale). Kant refusa violemment l'insertion de cette discipline au sein de la métaphysique, science *a priori* :

> « le système entier de la métaphysique se compose de quatre parties principales : 1) l'*ontologie*, 2) la *physiologie rationnelle*, 3) la *cosmologie rationnelle*, 4) la *théologie rationnelle*. La seconde partie, c'est-à-dire la théorie de la nature comme théorie de la raison pure, renferme deux divisions : la *physique rationnelle* et la *psychologie rationnelle* » (I, p. 1395, AK III, 547).

La « physiologie rationnelle » est la science des objets donnés à la sensibilité. La physiologie pure transcendante a pour objet la « connaissance transcendantale du monde » (*ibid.*, p. 1394), elle dépasse toute expérience possible. C'est son aspect empirique qui fait proscrire la psychologie :

> « Nous devrions nous abstenir entièrement dans toute métaphysique de ces objets, de tous les principes empiriques qui pourraient ajouter encore au concept quelque expérience, servant à porter un jugement sur les objets.
>
> En second lieu se place donc la *psychologie empirique*, qui a toujours défendu sa place dans la métaphysique, et dont on a attendu de notre temps de si grandes choses pour l'éclaircissement de cette science, après avoir perdu l'espoir de rien réaliser de bon *a priori* ? Je réponds : Elle vient là où doit être placée la théorie de la nature proprement dite [la théorie empirique de la nature], c'est-à-dire du côté de la philosophie *appliquée*, dont la

> philosophie pure contient les principes *a priori* et avec laquelle elle doit certes être unie, mais non pas confondue. La psychologie empirique doit donc être entièrement bannie de la métaphysique, et elle en est déjà entièrement exclue par l'idée de cette science » (*op. cit.*, p. 1396, AK III, 548).

Son destin final pour Kant est de lui

> « accorder (...) une petite place (bien qu'à titre d'épisode uniquement, et cela pour des motifs d'économie)... » (*ibid.*).

La conclusion est sans appel :

> « Elle n'est donc qu'une étrangère admise depuis bien longtemps, à laquelle on accorde un séjour temporaire jusqu'à ce qu'elle puisse établir son domicile propre dans une anthropologie précise et détaillée (...) » (*op. cit.*, p. 1397, AK III, 548).

Or, l'examen de l'*Anthropologie d'un point de vue pragmatique* s'avère décevant de ce point de vue : rien n'est dit sur la psychologie empirique et surtout sur la possibilité de lois psychologiques empiriques. C'est une suite d'observations qui couvre certes une partie de la matière de la psychologie empirique, mais sous une forme souvent anecdotique et moralisatrice —, appliquée à la vie en société. La psychologie empirique a été exilée dans une partie du système qui est dénuée de tout contenu métaphysique. La différence entre Wolff et Kant est que pour le premier psychologie empirique et rationnelle ont toutes deux pour objet l'âme, tandis que pour le second la psychologie empirique ne traite pas de l'âme, mais de l'homme. Il la définit comme la « science métaphysique de l'expérience de l'homme » (in *Kant Lexicon*, p. 871). La psychologie devient donc une anthropologie, disparaissent les lois psychologiques (Kant semble ne pas se poser le problème de lois anthropologiques, *i.e.* sociologiques). Kant fait éclater la psychologie, la partie pure sert à la « téléologie morale », la seconde est absorbée par une anthropologie à but purement appliqué. Cette double exclusion pèsera lourd sur la tradition de l'anti-psychologisme, chez Frege, puis chez Husserl, et jusqu'à l'époque actuelle (cf. P. Engel, 1995, pour une histoire de l'anti-psychologie en philosophie).

Wolff, lui, admet des lois psychologiques spécifiques (même si le résultat est maigre pour l'établissement de telles lois dans sa *Psychologia empirica* [1740], faute de méthode expérimentale, le propos étant limité à l'observation inductive). Un exemple (cité dans J. École [1990], p. 563) : il admet pour la détermination des degrés de plaisir et de déplaisir une psychométrie (*psychometria*) qui emprunte ses méthodes de quantification aux mathématiques. Pour lui, les lois arithmétiques et géométriques s'appliquent tout autant à l'esprit humain (*in mente humana*) qu'au monde matériel (*in mundo materiali*) (*Psych. emp.*, note 552, p. 403-404). De telles lois sont indiquées pour l'attention, la mémoire, la perception, etc.[32]

Il est difficile de ne pas voir là une régression, lourde de conséquences, de Kant, sous la pression de préjugés. Il est tout aussi difficile de continuer à voir en Wolff un esprit obtus et retardataire. Si être dogmatique, c'est rejeter d'un revers de main l'expérience au nom d'une philosophie transcendantale *a priori*, alors Kant est dogmatique. Si admettre que les mathématiques peuvent servir à dégager les régularités de l'expérience à la fois dans le monde physique et dans le monde psychique, être ouvert à une extension de la mathématisation des processus cognitifs et émotionnels, alors Wolff n'est pas dogmatique.

Brentano, dans ses fameuses thèses d'habilitation explicitement dirigées contre la philosophie de la nature de Schelling et leur arrogance vis-à-vis des méthodes des sciences naturelles, a repris cette orientation wolffienne en montrant la possibilité d'une psychologie empirique à contenu philosophique, dont l'un des principaux résultats, mais pas le seul, fut la découverte de l'intentionnalité du psychique. Cet exemple de la psychologie montre que les choses sont beaucoup plus compliquées qu'on se les représente, en grande partie par pure paresse mentale : les schèmes de rupture sont moins complexes que les processus continus et flattent moins notre culture du narcissisme, structurée par la pensée apocalyptique des mutations, catastrophes, révolutions. Descartes et Kant nous ont habitués à un pathétique de la pensée, dont nous avons du mal à nous sevrer.

De plus, Wolff peut être crédité d'un véritable retour à l'aristotélisme méthodologique, plus encore que Leibniz[33], si on entend par là la méthode de découvertes des vérités et non la méthode scolastique, également inspirée d'Aristote. Leibniz, dans sa méthode, ne suit pas purement la méthode aristotélicienne. Wolff peut enfin être considéré comme celui qui a ouvert la voie d'une ontologie de l'objet, en identifiant explicitement l'*ens* avec la *Ding*, indépendamment de l'existence (R. Poli, 1992). En outre Wolff ne s'est pas contenté de faire du monde une Idée de la raison, il a cherché à en donner une ontologie précise et ses développements sur le *nexus rerum* qui anticipent ceux des Autrichiens sur les *Sachverhalten*. Il ne s'est pas contenté de donner une forme à la théorie de l'entr'expression de Leibniz, il a recherché le lien ontologique profond qui lie toute chose à toute(s) chose(s) dans l'essence du monde, y compris au niveau du *nexus elementarum*, c'est-à-dire du lien qui unit les éléments au niveau le plus profond de l'ordre du monde.

2. LA POSITION KANTIENNE VIS-À-VIS DE LA MÉTAPHYSIQUE : NUANCES, PROGRAMMES, REPENTIRS

En ce qui concerne Kant lui-même, la discontinuité radicale apparaît comme un effet de théâtre — s'il parle à propos du fameux renversement copernicien de :

> « Changement dans la manière de penser », de « complète révolution à l'exemple des géomètres[34] » (*Œuvres*, I, p. 743).

Sa position à l'égard de la métaphysique est en fait plus complexe. Des livres entiers (dont celui de G. Lebrun (1970)[35] ont été consacrés à cette question et il ne s'agit ici que de ce qui concerne notre propos, la situation actuelle de la métaphysique dans le débat intellectuel. Nous avons noté une reprise des thèmes kantiens de la destruction et de la rupture, une non-interrogation chez un grand nombre d'esprits sur la vulgate critique (la *Critique de la raison pure* étant présentée dans le domaine théorique comme l'équivalent de la *Déclaration des droits de l'homme et du citoyen* dans le domaine pratique) et c'est dans ce contexte qu'il est équitable de relever que tout un courant de recherches, en replaçant Kant dans l'histoire de la métaphysique, a sensiblement modifié l'image que l'on peut se faire du projet kantien, même si cette image reste immuable dans l'enseignement scolaire de la philosophie et de manière inévitable dans le grand public qui a eu à le subir.

Cette complexité, on peut en prendre rapidement la mesure de deux manières : en considérant avec plus d'attention l'évolution de Kant (et en ne réduisant pas sa position à l'égard de la métaphysique à quelques rodomontades de la préface de la *Critique de la raison pure*) et dans les textes kantiens eux-mêmes[36].

On ne peut retracer ici la complexité de l'évolution de Kant, mais on peut faire quelques remarques. Dans ses œuvres précritiques, il suit la méthode de Wolff : dans la *Nouvelle Explication des principes de la connaissance métaphysique* (1755), il commence son exposé par les principes de raison et de contradiction, comme Wolff dans son *Ontologie*. La *Dissertation de 1770* (titre complet : *De la forme et des principes du monde sensible et du monde intelligible*) expose une métaphysique du monde définie ainsi : « la philosophie qui contient les premiers principes de l'usage de l'entendement pur » (1980, p. 642). La *Critique de la raison pure* (1781), comme on le verra, marque un tournant critique vis-à-vis du caractère *a priori* de la métaphysique, mais les ouvrages qui suivent rectifient l'impression destructrice que Kant a pu donner et à dessein il reprend par trois fois, sur une période courte et intensément productive, le titre nullement usurpé de « métaphysique » : *Prolégomènes à toute métaphysique future qui voudra se présenter comme science* (1783), *Fondements de la métaphysique des mœurs* (1785), *Premiers Principes métaphysiques de la science de la nature* (1786). Ces trois écrits forment un tout cohérent : dans le premier, Kant met les choses au point, eu égard à l'ambiguïté de la *Critique* pour ses contemporains, dans les deux suivants il applique sa métaphysique nouveau style à la connaissance morale, puis à la connaissance scientifique. On peut remarquer que Kant tient aussi, comme on l'a vu, à souligner le caractère préparatoire de ces écrits : il utilise les termes « prolégomènes », « fondements », « premiers principes », pour bien montrer que si l'on ne doit pas comprendre sa critique comme signalant la fin de toute métaphysique, nous n'en sommes pas encore au point où nous pouvons développer de manière systématique une alternative à la métaphysique dogmatique du passé. Il y a là aussi peut-être une difficulté, explorée par Jacobi[37] et Hegel, d'exposer dogmatiquement une métaphysique critique.

On peut voir une illustration concrète de cette difficulté dans les *Leçons de métaphysique*, publiées à titre posthume en 1821, mais qui reprennent des travaux des années ou 1775-1780 ou 1788-1790, les commentateurs n'étant pas d'accord (1993, p. 47-48) soit avant, soit peu après le groupe des trois textes préparatoires à la métaphysique dont on vient de souligner l'importance. Ces leçons ne se contentent pas, comme un regard superficiel pourrait le faire croire, de délivrer un enseignement traditionnel de métaphysique. Kant y reprend certes les divisions traditionnelles de la métaphysique : ontologie, cosmologie, psychologie (empirique, puis rationnelle), théologie, mais pour y exposer ses propres doctrines, par exemple celle des jugements analytiques et synthétiques (*op. cit.*, p. 136-143) ou de la force (*ibid.*, p. 170). Que ces leçons soient précritiques ou critiques, elles apportent une pièce importante, sinon essentielle pour saisir la complexité de la relation de Kant à la métaphysique scolaire, traditionnelle ou dogmatique.

L'ironie de tout cela consiste en ce que Kant publiera un ouvrage portant le titre d'un traité de métaphysique, sans les obreptions titulatoires habituelles, marquées par l'usage matois du *cant* dans les termes : « prolégomènes », « fondements » etc. : la *Métaphysique des mœurs* (1796), à laquelle il sacrifiera une partie de ses dernières forces — Kant meurt huit ans plus tard, le 12 février 1804 —, mais que cette métaphysique, que l'on pouvait légitimement espérer, est en fait, de l'avis général, une œuvre où l'originalité de Kant se marque beaucoup moins et en tout cas non dans le sens d'un renouvellement de la métaphysique, mais dans celui d'une critique des théories jusnaturalistes. Kant souhaite souligner l'indispensabilité d'un fondement métaphysique du droit et la réussite de cet ultime projet reste discutable. Kant a travaillé dans les dernières années de sa vie à une métaphysique de la nature[38], dont l'*Opus posthumum* conserve le témoignage. Jusqu'au bout, Kant a donc simultanément travaillé à une métaphysique de la moralité, achevée, un peu décevante toutefois, et à une métaphysique de la science, inachevée et pleine d'aperçus géniaux. Un des efforts les plus héroïques de la raison s'est donc achevé sur un double échec, qui annonce les déviations moralistes et scientistes de l'interprétation de sa philosophie. Le projet d'une métaphysique qui soit une discipline portant à la fois sur la moralité, la théorie des mœurs (*Sittenlehre*) et l'explication scientifique de la nature, théorie de la nature (*Naturlehre*), même s'il a été maintenu sous une forme dialectique par Hegel, avec le double accomplissement de la philosophie du droit et de la philosophie de la nature, s'est perdu jusqu'au XXe siècle, à l'exception de l'œuvre de Peirce, qui dans un certain sens est un hégélien.

D'un changement de ton à l'égard de la métaphysique

Si maintenant nous nous tournons vers les déclarations de Kant concernant la métaphysique, nous constatons également qu'il faut nuancer la position exacte de Kant à l'égard de la métaphysique. Tout d'abord si l'on compare les préfaces de la première et de la seconde édition de la *Critique de la raison pure*. Dans la première édition, Kant se flatte d'avoir résolu tous les problèmes métaphysiques :

> « Dans cette entreprise [celle de la critique de la raison pure comme tribunal] j'ai mis tout mon soin à aller dans les détails, et j'ose dire qu'il ne doit pas y avoir un problème qui ne soit pas résolu, ou dont du moins la solution ne trouve ici la clef » (*ibid.*, p. 729),

alors que dans la seconde édition la fonction de la critique de la raison pure apparaît moins ambitieuse, plus orientée vers la méthode :

> « Cet essai réussit à souhait, et il promet à la métaphysique, dans sa première partie [l'Analytique transcendantale], celle où elle s'occupe de concepts *a priori* dont les objets correspondants peuvent être donnés dans l'expérience conformément à ces concepts, le chemin sûr d'une science. On peut en effet d'après ce changement dans la manière de penser expliquer très bien la possibilité d'une connaissance *a priori*, et, ce qui est plus encore, pourvoir les lois qui sont *a priori* au fondement de la nature comme ensemble des objets de l'expérience, de leurs preuves suffisantes, deux choses qui étaient impossibles d'après la façon de procéder usitée jusqu'ici. Mais cette déduction de notre pouvoir de connaître *a priori* dans la première partie de la métaphysique conduit à un résultat étrange et en apparence préjudiciable à sa fin complète, dont s'occupe la seconde partie ; c'est qu'avec ce pouvoir nous ne pouvons jamais aller au-delà des limites de l'expérience possible,

> ce qui est pourtant justement l'affaire la plus essentielle de cette science » (*ibid.*, p. 741).

Un peu plus loin, Kant déclare que la

> « Critique de la raison pure spéculative (...) est un traité de méthode, non un système de la science même » (*ibid.*, p. 743),

tout en insistant sur le fait que cette critique

> « en établit cependant tout le tracé, en ce qui regarde aussi bien ses limites que toute sa structure interne » (*ibid.*).

Il parle quelques lignes plus bas de la possibilité de

> « dénombrer complètement les différentes façons de se poser des problèmes, et tracer ainsi tout le plan pour un système de métaphysique » (*ibid.*).

Il y a une grande distance entre résoudre tous les problèmes de la métaphysique (1re édition) et tracer pour elle les grandes lignes de son développement et de sa structure (2e édition). On peut remarquer que, dans cette deuxième préface, Kant continue à reconnaître à la métaphysique deux caractéristiques qui avaient été débattues depuis Descartes, Spinoza et Leibniz : son caractère systématique (Kant parle, comme on vient de le voir, de « système de métaphysique ») et son caractère scientifique. Kant en effet la qualifie de « science rationnelle » (« la métaphysique a aussi le rare bonheur qui ne peut être le partage d'aucune autre science rationnelle... » (*ibid.*, p. 744) et de « science fondamentale » (« elle [la métaphysique] est donc tenue comme science fondamentale à ce caractère complet », etc. (*ibid.*). Ce faisant, Kant insiste explicitement sur la partie positive de sa critique, ayant été l'objet pour la première édition d'une réception en partie favorable, en partie défavorable mais insistant surtout sur la *pars destruens* de la *Critique*. Entre les préfaces de la première et de la deuxième édition, on assiste donc à deux changements en apparence contradictoires : Kant abandonne l'emphase révolutionnaire pour insister sur la partie positive de son entreprise qui conserve les droits fondamentaux de la métaphysique à la systématicité et à la scientificité. On ne peut parler véritablement d'évolution à une position plus modeste qui livrerait la clef du changement entre les deux textes, mais plutôt d'une prise en compte du caractère extrêmement complexe des questions métaphysiques, à propos desquelles on doit abandonner la prétention de les avoir résolues, à l'élucidation desquelles on ne peut que contribuer par des éclaircissements de méthode. Kant n'est sûrement pas le seul à avoir, dans le moment de la découverte d'une méthode philosophique, pensé à tort avoir résolu les problèmes métaphysiques, une des caractéristiques de ces derniers étant d'être très résistants à l'analyse.

La conception de la métaphysique dans les textes de début et de fin de la carrière de Kant

Si l'on prend, deuxième exemple, un texte du début de la carrière de Kant (la fameuse *Lettre à Marcus Herz*[39]) et les textes de l'extrême fin (extraits de l'*Opus posthumum*), on constate également la complexité de la position kantienne. C'est la critique kantienne devenue une dogmatique scolaire qui a déformé l'image de Kant ! La *Lettre à Marcus Herz* date du 21 février 1772 ; elle fait partie des écrits appelés précritiques et parmi ceux-ci elle est l'un des plus incisifs et peut-être le plus éclairant sur les intentions de Kant. Il confie à son correspondant qu'il a travaillé récemment à un ouvrage dont le titre aurait été *Les Limites de la sensibilité et de la raison*. C'est le plan de cet ouvrage qui est intéressant pour notre propos. Le voici :

> « J'y concevais deux parties, l'une théorique, l'autre pratique. La première contenait en deux sections 1° la *phénoménologie* en général, 2° la métaphysique, sa nature, sa méthode (...) » (*ibid.*, p. 691).

Faut-il entendre par « phénoménologie » quelque chose de probablement inspiré du *Neues Organon* de Lambert (1764) qui contient une troisième partie qui s'intitule « Phénoménologie », au sens d'une doctrine des apparences, comprenant des éléments de calcul des probabilités (le *Neues Organon* suivant le plan de l'*Essay* de Locke) ? Kant a-t-il une idée plus moderne de la phénoménologie comme pensée du phénomène ? La réponse est probablement ni l'une, ni l'autre, ni une théorie des probabilités, ni une doctrine du phénomène. En effet dans les *Premiers Principes de métaphysique de la science de la nature*, Kant utilise le terme « phénoménologie » pour la doctrine du mouvement comme « phénomène des sens externes » (II, p. 375). La première définition de la phénoménologie est la suivante : « la matière est le mobile en tant qu'il peut, comme tel, être objet d'expérience » (II, p. 478). La conclusion de la *Phénoménologie* des *Premiers Principes* expose fort bien le mouvement kantien de pensée, s'assurant de ses limites pour revenir sur elle-même :

> « Ainsi la théorie métaphysique des corps se termine avec le *vide*, et, du même coup, avec l'inconcevable. En cela, elle subit le sort commun de toutes les autres tentatives de la raison, qui s'efforce, en remontant aux principes, d'atteindre les premiers fondements des choses ; car la nature de la raison est ainsi faite qu'elle ne peut jamais concevoir que ce qui est déterminé par des conditions données. Elle ne peut ni s'en tenir au conditionné, ni se saisir de l'inconditionné ; si son désir de savoir la pousse à saisir la totalité absolue des conditions, il ne lui reste donc qu'à se détourner des objets pour revenir sur elle-même, afin de chercher et déterminer, non la limite extrême des choses, mais la limite extrême de son propre pouvoir, lorsqu'il est laissé à lui-même » (II, p. 492-493).

Cette annonce de plan dans cette lettre est peu de chose ; Kant souhaite faire précéder la métaphysique d'une discipline analysant les apparences sensibles et son ouvrage contiendrait une partie ouvertement métaphysique. Il fait ensuite état d'une difficulté qui a empêché la rédaction de l'ouvrage et concernant la relation des objets à leurs représentations, difficulté dont la discussion a entraîné la rédaction de la *Critique*.

À l'autre extrême, l'*Opus posthumum* contient des fragments qui eux aussi continuent d'articuler la métaphysique à l'ensemble des connaissances :

> « Ce qu'est un Dieu, cela peut être développé à partir de concepts, au moyen de la métaphysique, mais qu'il y ait un Dieu appartient à la philosophie transcendantale et ne peut être démontré qu'hypothétiquement (...) » (Kant, 1986, p. 181).

> « 1. Passage de la métaphysique à la philosophie transcendantale, 2. De la philosophie transcendantale à la physique par la mathématique dans l'intuition pure de l'espace et du temps » (*ibid.*, p. 172).

> « L'unité [du tout du monde] n'appartient donc pas simplement à la métaphysique, mais à la philosophie transcendantale, dans laquelle la connaissance synthétique est donnée dans l'intuition *a priori* au moyen de concepts (non dans leur construction car ce serait la mathématique) et elle fonde le passage des principes métaphysiques de la science de la nature » (*ibid.*, p. 184).

> « De la différence psychologique (qui appartient à la physique) et de la différence métaphysique qui n'est pas tirée de l'expérience » (*ibid.*, p. 194).

À partir de fragments de dates différentes, il serait présomptueux de vouloir dégager une doctrine cohérente, en essayant de trouver une interprétation qui articule tous ces fragments, mais on peut tout de même remarquer trois choses.

Tout d'abord, « métaphysique » peut avoir comme adjectif le sens originel de « au-delà du physique », retrouvant dès lors une sorte de valeur-plancher, héritée d'Aristote. Ensuite, la métaphysique a tendance à s'effacer au profit de la philosophie transcendantale — elle apparaît, comme le dit remarquablement Kant, comme un « passage » vers cette dernière, définie parfois dans l'*Opus posthumum* comme « philosophie de la philosophie ». Enfin, la métaphysique est plus ou moins identifiée à l'analyse des concepts.

Dans le débat actuel sur la métaphysique, les anti-réalistes partisans de l'analyse conceptuelle qui se réclament de Kant peuvent donc le faire de manière tout à fait légitime.

3. EN QUOI KANT FOURVOIE LA MÉTAPHYSIQUE, SANS LA DÉTRUIRE

On comprend, à partir de ce qui précède, que la vision de la place de Kant dans l'histoire de la métaphysique et donc la compréhension de son projet critique s'en soient trouvées modifiées. Tout d'abord, la critique de Kant ne s'adresse pas, dans la Dialectique transcendantale, à la *metaphysica generalis* ou ontologie (la partie de la métaphysique qui traite de l'être en général), mais à la *metaphysica specialis* (c'est-à-dire à ses trois composantes : psychologie rationnelle, théologie rationnelle, cosmologie rationnelle[40] — Kant leur substituera les Idées de la raison, respectivement le Moi, Dieu et le Monde).

Anti-réalisme et intuitionnisme : aux sources du péché de Kant

On peut soutenir la thèse[41] que si Kant reproche à la métaphysique spéciale d'être contradictoire, de précipiter la raison dans des antinomies, parce qu'elle outrepasserait ses limites, il n'en va pas de même pour la métaphysique générale, où Kant dénoncerait une « erreur d'identification ». Kant reprocherait à l'ontologie traditionnelle non d'avoir inventé une chimère (l'être en général), mais de s'être trompé sur sa nature : il ne s'agirait pas de l'être, mais de l'entendement qui connaît l'être. Kant aurait dénoncé l'erreur d'identification qui fait prêter à notre structure conceptuelle, où l'être est le concept le plus général, une réalité objective, l'être étant défini comme l'étant maximum.

On doit repousser l'explication de Heidegger pour cette réduction de l'ontologie à une analytique de l'entendement, explication qui consiste à soutenir que Kant opère cette réduction en vertu de sa nouvelle thèse sur l'existence, définie comme position absolue, thèse qui romprait radicalement avec la définition wolffienne de l'existence comme prédicat[42]. La définition wolffienne de l'être (cf. *Ontologia*, § 134) est radicalement modale et si Kant a raison de critiquer la position de l'existence en position de prédicat (Frege le suivra sur ce point, avec une solution plus satisfaisante en ce qui concerne le concept d'existence), il n'est pas certain que l'élimination de fait de l'ontologie des modalités chez Kant (cf. Knuuttila, 1988, Kant, 1974, p. 72 *sqq.*) soit liée à la réduction de l'ontologie à une analytique. Heidegger dans son interprétation du concept de position (*Setzung*) montre que Kant lui donne implicitement un contenu partiellement subjectif :

> « Pour autant qu'il le [l'Être] définit comme "seulement la position" (*Setzung*) à partir d'un site délimité, savoir à partir de la position comme acte de la subjectivité humaine, c'est-à-dire de l'entendement humain dépendant du donné sensible. (...) Dans l'interprétation de l'être comme position, il est impliqué que la position et la qualité d'être posé de l'objet sont expliquées à partir des différentes relations au pouvoir de connaître, c'est-à-dire dans le rapport qui retourne à lui, dans le fléchissement en arrière, dans la ré-flexion. (...) La considération ne porte plus directement sur l'objet de l'expérience, elle se fléchit en arrière vers le sujet qui fait l'expérience, elle est ré-flexion. (...) La définition extrême de l'Être comme position s'accomplit pour Kant dans une réflexion sur la réflexion — donc dans un mode remarquable de la pensée » (Heidegger, 1968, p. 105, 107, 108).

On voit dans ces interprétations de Heidegger s'articuler l'inflexion vers la subjectivité de la pensée de Kant et l'accès à un type de pensée transcendantale. En ce sens, la thèse de Kant sur l'être comme position était susceptible de modifier le cours de la métaphysique en lui faisant opérer un tournant vers la théorie de la connaissance, le sujet de la connaissance. Heidegger, dans son interprétation, fait bien voir les présupposés métaphysiques ultimes d'un tel tournant. Il reste cependant à voir ce qui a rendu ce tournant possible, dans l'ordre de la sémantique et de la logique.

On voit habituellement trois ordres de raison pour cette réduction dont deux au moins concernent le débat sur la métaphysique : la réduction de l'essence au concept, l'intuitionnisme sémantique et la thèse sur la stérilité ontologique de la logique (Chauvier, 2000, p. 53). On s'attachera ici brièvement aux deux derniers ordres de réduction qui jouent un rôle central dans le débat actuel sur la métaphysique.

L'intuitionnisme kantien

L'intuitionnisme[43] est à l'origine une doctrine de philosophie de la connaissance qui consiste à maintenir l'inéliminabilité de l'intuition (version faible) ou son rôle central (version forte). À partir du début du XXe siècle, après la découverte des paradoxes, ce terme désigne un courant de philosophie des mathématiques consistant à refuser l'usage de l'infini actuel dans les preuves et les démonstrations et à réclamer pour chacune d'entre elles une procédure effective de construction (les deux choses sont liées, car avec l'usage de l'infini actuel, on peut, à l'aide du raisonnement par récurrence, se dispenser de certaines explicitations d'étapes ultérieures dans les preuves). Il s'oppose au formalisme (Hilbert[44]) et au logicisme (Russell et Whitehead). Le philosophe Michael Dummett a montré les connexions entre l'intuitionnisme mathématique et l'anti-réalisme.

On entend par anti-réalisme un groupe de doctrines qui ont en commun le refus du réalisme[45] : l'anti-réalisme sémantique, par exemple, soutient qu'un énoncé dépourvu de procédure de vérification ne possède pas de valeur de vérité (alors que pour un réaliste sémantique comme Frege, un tel énoncé continuerait de se référer soit au vrai, soit au faux, conçus comme des objets). L'anti-réalisme métaphysique soutient la dépendance forte de l'existence réelle des objets à l'égard des procédures de connaissance effective dont on dispose pour les appréhender. Il s'oppose au réalisme métaphysique qui affirme l'indépendance des mêmes objets à l'égard de ces procédures : pour un réaliste métaphysique, ces objets n'étant pas construits par nous continuent à exister en l'absence d'une telle procédure. Il ne faut pas confondre ce réalisme métaphysique au sens général avec le réalisme des universaux, qui consiste à admettre l'existence des universaux, soit comme séparés (réalisme extrême des universaux ou platonisme), soit comme instanciés dans les choses particulières (réalisme dit modéré d'Aristote, saint Thomas ou Reid [1710-1796], ou, à l'époque actuelle, d'Armstrong, cf. p. 709-714).

L'intuitionnisme sémantique a un rapport évident avec l'anti-réalisme sémantique : si nous réclamons des procédures effectives de construction et de vérification, alors nous affirmons du même coup qu'un énoncé qui en est privé est dépourvu de valeur de vérité. La vérité peut devenir subjective, puisque son attribution dépend alors de notre pouvoir de vérification, nécessairement lié à notre point de vue subjectif, même s'il obéit à des règles de procédure objectives. Il peut aussi y avoir, ce qui est moins évident, et c'est sans doute là un des mérites de M. Dummett de l'avoir montré, une connexion avec l'anti-réalisme métaphysique. « Peut y avoir » car s'il y a une relative modularité du réalisme (cf. note précédente), il y a également une relative modularité de l'anti-réalisme. Cependant l'orientation constructionniste de l'anti-réalisme sémantique le dispose fortement à l'anti-réalisme métaphysique et M. Dummett réalise lui-même cette disposition sous la forme d'un anti-réalisme global.

Qu'en est-il de l'intuitionnisme sémantique de Kant ? Le regretté Jules Vuillemin, encore récemment, dans sa tentative de classement systématique des différents systèmes philosophiques (1994, p. 357-406), tentative voisine dans l'intention de celle de Martial Guéroult dans sa dianoématique, mais entièrement différente par les présupposés métaphysiques ultimes, a caractérisé la philosophie de Kant comme un intuitionnisme (*op. cit.*, p. 390-399). De manière quasiment contemporaine, le philosophe Alberto Coffa, en 1991, dans un ouvrage capital, posthume, *The Semantic Tradition from Kant to Carnap*, cherchait de manière convaincante dans la sémantique kantienne une partie des difficultés insolubles qui ont empoisonné tous les développements postérieurs en sémantique issus de la fameuse distinction entre l'analytique et le synthétique, avec la trop fameuse thèse sur la nature des jugements mathématiques, censés être des jugements synthétiques *a priori* (Frege ayant remis en cause cette caractérisation, notamment en distinguant jugements arithmétiques et géométriques). A. Coffa a été l'un des premiers à tirer parti de la redécouverte de la philosophie de Bernard Bolzano pour montrer que ce dernier avait parfaitement diagnostiqué la nature du mal affectant la sémantique kantienne et donc l'édifice tout entier de cette pensée (car toute erreur sémantique, comme on le sait depuis Platon et Aristote, affecte nécessairement l'ontologie). Il a montré que Bolzano avait non seulement décelé le vice de construction de la philosophie kantienne (cf. Bolzano, 1993, avec l'introduction de J. Laks et la préface de J. Bouveresse), mais que de plus il avait construit une sémantique qui annonce très précisément les développements les plus récents de la logique contemporaine (ce en quoi la thèse de l'intuitionnisme sémantique est liée à celle de la stérilité ontologique de la logique). A. Coffa comme Bolzano (cf. Laks, 1993) a vu dans la doctrine kantienne de l'intuition la réelle défaillance de cette pensée et, comme Bolzano, il a vu que l'origine du mal était sémantique :

> « Une mauvaise sémantique (*bad semantics*) était à la racine de l'appel de Kant à l'intuition pure (...) il est possible de diagnostiquer le problème plus précisément comme découlant d'une conception psychologiste de la sémantique » (Coffa, 1991, p. XIX).

L'erreur de Kant

Le nœud du problème est le suivant. Les jugements synthétiques sont pour Kant ceux qui apportent une connaissance. Il importe donc d'en donner une caractérisation précise. Or Kant ne donne des jugements synthétiques qu'une définition purement nominale[46] et nullement une analyse sémantique. Il ne peut donc plus chercher le lien qui unit les concepts dans un jugement synthétique que du côté de l'intuition. Kant est parfaitement clair sur ce point. La possibilité de la synthèse du prédicat avec le concept qui en est le sujet se fonde sur l'expérience qui est elle-même une « liaison synthétique des intuitions » (Kant, I, p. 765-767). Ici *le roi est nu* : toute la faiblesse de la position kantienne se dévoile — pour expliquer la synthèse qui est au fondement des jugements synthétiques, il faut recourir à une intuition qui est elle-même... synthétique. Plusieurs critiques de Kant ont souligné qu'il est rare de se contenter sur un point capital d'une telle absence de discussion, après avoir proclamé un idéal de rigueur inflexible. Si on ajoute à cela le caractère en partie mystérieux des jugements synthétiques *a priori*, on voit clairement ce que l'on entend par une sémantique intuitionniste et du même coup comment on peut caractériser Kant comme un intuitionniste sémantique en métaphysique[47].

On peut montrer que pour les énoncés métaphysiques, et plus particulièrement ontologiques, Kant se fonde sur son intuitionnisme sémantique, sous sa forme constructionniste radicale, pour rejeter le caractère au moins hypothétique de ces énoncés. Kant prend comme exemple « tout étant est substance ». Ce qui interdit d'y voir une hypothèse, qui pourrait éventuellement être prouvée ou réfutée est ce qu'il nomme principe de prouvabilité (S. Chauvier, *ibid.*, p. 65). Ce principe est ce que nous entendons par constructionnisme : le sens d'un concept est donné par ses conditions de prouvabilité :

> « Pour tout concept, se trouvent requises, premièrement la forme logique d'un concept (de la pensée) en général, et ensuite aussi, deuxièmement la possibilité de lui donner un objet auquel il se rapporte. Sans ce dernier il n'a pas de sens et il est totalement vide de contenu » (Kant, I, p. 972).

Un peu plus haut, on peut lire, ce qui est peut-être encore plus éclairant :

> « L'usage transcendantal d'un concept, dans un principe, consiste à le rapporter aux choses *en général* et *en soi*, tandis que l'usage empirique le rapporte simplement aux *phénomènes*, c'est-à-dire à des objets d'une *expérience* possible. On voit par là que seul peut avoir lieu ce dernier usage[48] » (*idem*).

L'usage transcendantal est simplement postulé, ne donne pas la base d'une démonstration possible, puisque ici les objets, les choses en soi, sont inaccessibles à l'entendement et l'usage empirique des concepts en les rapportant simplement aux phénomènes, qui sont ce que les choses nous apparaissent à nous en tant que sujets réceptifs, colore irrémédiablement les concepts d'une nuance subjective. La conséquence est incalculable pour l'ontologie, car les propriétés sont présentées par des concepts et toute ontologie se doit de faire une place aux propriétés ou au moins expliquer que les objets soient supposés posséder ou présenter des propriétés. En ruinant l'objectivité des concepts, en faisant le choix de l'intuitionnisme sémantique, Kant effectivement barre ou coupe la route de l'ontologie qui suppose une théorie objective des propriétés, quelque forme qu'elle prenne, réaliste ou nominaliste (cf. chap. XVIII pour la théorie actuelle des propriétés).

Stérilité de la logique ?

La thèse kantienne de la stérilité de la logique est sans doute une conséquence indirecte de l'intuitionnisme sémantique. Faute d'une conception élargie de la logique, Kant a prononcé son verdict sur sa stérilité ontologique et son aspect complètement statique : selon lui, elle serait « sortie toute armée du cerveau d'Aristote » « ce n'est pas une algèbre à partir de laquelle se découvriraient des vérités cachées »[49]. Une conception riche réclame entre autres une théorie de la proposition que Kant ne pouvait livrer sur les bases qu'il avait retenues (puisqu'il confondait proposition et jugement) et qui l'ont en particulier empêché de donner une caractérisation objective des types de jugements, ce qui était pourtant crucial pour lui, puisqu'elle représentait une découverte dont il était particulièrement fier et dont il a peut-être exagéré l'originalité[50]. Pour rendre la logique capable d'une tâche philosophique, il faut une distinction des représentations objectives et des représentations subjectives et donc une distinction des propositions et des jugements, toutes choses que l'on trouvera dans la *Wissenschaftslehre* (I, § 19 *sq.*) de Bolzano, et que l'on trouvait déjà chez Leibniz de manière implicite (*Nouveaux Essais*, IV, § 6-8), ce qui fait du premier le véritable héritier du second, en même temps que celui qui a anticipé les idées de Frege sur la logique et la sémantique (en ontologie, Bolzano dispose d'une doctrine incomparablement plus riche que celle de Frege (cf. Berg, 1992). L'ontologie frégéenne (cf. Kluge, 1980) est, on le sait, une ontologie de la fonction et de l'objet, sans que Frege ait essayé de mettre en rapport cette ontologie avec une composante matérielle, tandis que Bolzano a construit une ontologie formelle beaucoup plus générale, dont se sont inspirés des philosophes contemporains comme R. Chisholm. Son ontologie a été reconstruite par son exégète et éditeur J. Berg de la manière suivante :

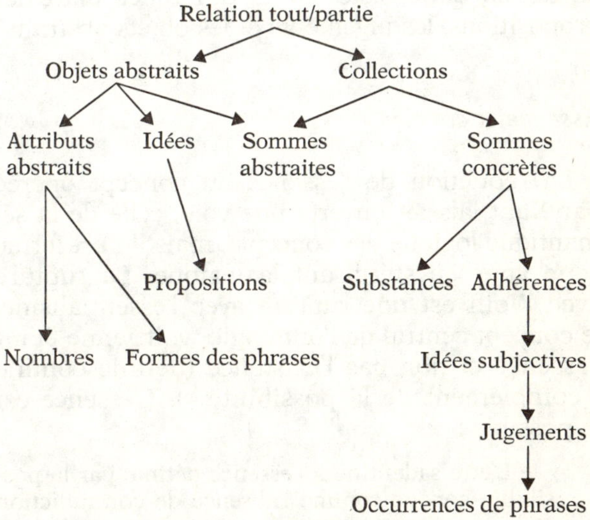

Une « adhérence » est une propriété d'une substance. On peut voir que Bolzano ne confond pas les propriétés des objets abstraits (attributs, *Beschafenheiten*) et les adhérences des substances concrètes. Bolzano préfère la relation d'adhérence substance/propriété à la relation traditionnelle d'inhérence qui est celle de Leibniz par exemple. Il est important de voir que l'on peut reconstruire l'ontologie bolzanienne à partir de la relation tout/partie. Cela signifie que la méréologie est hiérarchiquement supérieure à l'ontologie[51]. La thèse ontologique fondamentale que l'on peut lire sur ce schéma est que les substances concrètes sont des collections.

Le Husserl de la première édition de la *Première Recherche logique* est l'héritier de ce courant bolzanien qui insiste sur la différence entre les propositions, les jugements et les objets abstraits.

Essence et concept

La réduction de l'essence au concept opérée par Kant laissait ouverte une voie, celle de la sémantique logique des concepts, mais il s'est fermé cette voie, en stérilisant la logique. La rupture avec Wolff est une rupture avec l'essentialisme, le concept central de l'ontologie wolffienne étant l'essence et non pas l'existence (définie comme « complément de la possibilité »). L'essence est le possible :

> « L'être s'identifie à l'essence définie par la possibilité conçue comme l'absence de contradiction et l'essence est constituée par les *essentialia* qui

ont en eux-mêmes leurs principes de raison suffisante, tout en contenant celle des attributs et des modes, lesquels forment avec les *essentialia* ce que l'on pourrait appeler les éléments constitutifs de l'être » (École, 1985, p. 12).

On doit souligner que le possible n'est nullement défini ici comme le pensable, mais comme le non-contradictoire, ce qui relativise l'interprétation qui a cours suivant laquelle c'est un trait fondamental de l'ontologie moderne, après Leibniz, de réduire l'être au pensable et donc le possible au pensable. L'*Ontologia* de Wolff commence par un long chapitre sur le principe de non-contradiction, dont Lukasiewicz a rappelé la place centrale chez Aristote tant pour la métaphysique que pour la logique[52] : le principe s'applique aux attributs des substances en interdisant d'attribuer des accidents contradictoires et la non-contradiction logique — qu'il n'y ait pas de prédicats contradictoires d'un sujet — est une conséquence du principe ontologique de contradiction, et pas le contraire. Cette réduction de l'essence au concept est la forme précise du tournant épistémologique de Kant, qui fait passer d'une philosophie où la métaphysique occupe une place centrale à une autre, critique, où ce rôle est tenu le plus souvent par la théorie de la connaissance[53].

Logique formelle et logique transcendantale

Kant distingue logique formelle et logique transcendantale, et c'est à la fois dans le jugement porté sur la première et le projet de promouvoir la seconde qu'il faut analyser les raisons kantiennes de rejet de la logique formelle. Rappelons que la logique formelle pour Kant n'a pas de rapport direct aux objets, mais seulement oblique et réfléchi, à la différence de la logique transcendantale.

> « Si la logique a été si heureuse, elle ne doit cet avantage qu'à la délimitation qui l'autorise et même l'oblige à faire abstraction de tous les objets de la connaissance et de leur différence, si bien que l'entendement n'a affaire qu'à lui-même et à sa forme. Il doit être naturellement beaucoup plus difficile pour la raison d'entrer dans le chemin sûr de la science, lorsqu'elle n'a pas seulement affaire à elle-même, mais aussi à des objets. C'est pourquoi la logique, comme propédeutique, n'est en quelque sorte que le vestibule des sciences ; et lorsqu'il s'agit de connaissances, on présuppose sans doute une logique pour en juger, mais il faut chercher l'acquisition dans les sciences appelées proprement et objectivement de ce nom » (Kant, I, p. 735).

> « ... nous nous faisons d'avance l'idée d'une science de l'entendement pur et de la science rationnelle par laquelle nous pensons des objets tout à fait *a priori*. Une telle science, qui déterminerait l'origine, l'étendue et la validité objective de nos connaissances, devrait porter le nom de *logique transcendantale* ; car elle a affaire seulement aux lois de l'entendement et de la raison, mais uniquement en tant qu'elle se rapporte à des objets *a priori*, et non comme la logique générale, indifféremment aux connaissances empiriques aussi bien que pures » (Kant, I, p. 817).

Husserl réactivera son projet en lui donnant une dimension généalogique. Si « la logique [formelle] ne s'occupe que de la forme de la pensée en général » (I, p. 744), ce qui est quasiment tautologique et exclut toute considération de l'objet, la logique transcendantale a affaire, elle, à l'objet, mais évidemment pas à l'objet empirique (la logique se confondant alors avec telle ou telle science particulière), mais à l'objet *a priori*, l'objet quelconque, l'objet en général, le « x ». On se trouve toutefois à nouveau face au problème soulevé plus haut, celui inhérent à l'intuitionnisme sémantique. La logique transcendantale ne concerne dans l'entendement que la pensée pure, et cette pensée pure ne conduit pas à une connaissance objective, si elle ne s'applique pas à un donné fourni par l'intuition :

> « Dans une logique transcendantale, nous isolons l'entendement (...) et nous prenons simplement la partie de la pensée qui a son origine uniquement dans l'entendement. Mais l'usage de cette connaissance pure repose sur cette condition que des objets, auxquels elle puisse s'appliquer, nous soient donnés dans l'intuition. Car sans intuition, toute notre connaissance manque d'objets, et reste par conséquent complètement vide » (Kant, I, p. 820-821).

Cette logique transcendantale se divise (comme la logique formelle ou générale, d'ailleurs) en analytique transcendantale, ou doctrine de la vérité, et en dialectique transcendantale et c'est ici que nous trouvons la fonction de critique de la logique transcendantale quasiment identifiée à une métaphysique critique, ou une « métaphysique de la métaphysique » :

> « La seconde partie de la logique transcendantale doit donc être (...) une critique de l'entendement et

de la raison à l'égard de leur usage *supra* physique, pour mettre à découvert l'apparence fausse où conduisent des ambitions sans fondement, et ramener leurs prétentions d'invention et d'extension, que la raison se figure atteindre simplement au moyen de principes transcendantaux, à la simple évaluation de l'entendement pur et à la préservation de l'illusion sophistique » (*ibid.*, p. 821-822).

Force est de confirmer ici la réduction classique de la logique, depuis Descartes et Port-Royal, à un pur *ars judicandi* ou art de juger. La logique a en effet pour tâche non de trouver des vérités nouvelles (*ars inveniendi*, art d'inventer), mais simplement d'aider le jugement en rectifiant ses erreurs les plus fréquentes. En ce sens précis nous pouvons interpréter le passage d'une logique-organon à une logique-canon de l'entendement chez Kant. Cette réduction a son origine dans la critique de la logique formelle notamment par Descartes. Leibniz a rétabli la dualité et la complémentarité de la logique en art d'inventer et en art de juger. La logique transcendantale d'une part donc suppose la doctrine de l'intuition (et donc de l'intuitionnisme sémantique dont elle est l'expression) et d'autre part a pour but partiel la rectification de la métaphysique, que Kant nomme ici « usage supra physique de la raison ».

Penser après Kant

Rien dans ce qui précède et qui concerne la critique kantienne de la métaphysique ne vient accréditer que s'ouvre avec elle une période entièrement neuve de l'histoire de la pensée, une période post-métaphysique où il ne resterait plus qu'à s'occuper de politique, d'esthétique ou d'éthique, c'est-à-dire de disciplines philosophiques normatives en laissant aux sciences positives la tâche subalterne de s'occuper de la structure de la réalité physique et biologique. Pour comprendre Kant, il faut le plonger dans une histoire continue où il répond directement à Wolff, en le prolongeant sur certains points, en régressant sur d'autres, sans que l'on puisse parler d'une rupture absolument radicale, car par exemple la réduction de l'essence aux concepts conserve des traits fondamentaux de la métaphysique wolffienne, le fait d'être rationnelle et d'être une science[54]. En ce qui concerne son intuitionnisme sémantique et sa thèse de la stérilité de la logique, qui effectivement livrent la clef de son refus d'une ontologie fondée sur une sémantique logique, c'est à une démarche inverse qu'il faut se livrer, pour, cette fois-ci, le confronter avec la critique de Bolzano, qui met admirablement en lumière les contradictions et faiblesses de Kant. Pas plus qu'il n'y a une rupture totale entre l'ontologie précritique et la critique, il n'y a de rupture totale et absolue entre Kant d'une part et la sémantique et l'ontologie d'autre part, qui ont tiré les leçons de Bolzano, puis de Frege.

Après Kant, plusieurs chemins s'ouvrent : approfondir la subjectivité transcendantale ; développer la dialectique transcendantale sur un mode logique en renonçant au principe de contradiction qui régissait l'ontologie wolffienne et la logique traditionnelle ; revenir par-delà

Kant à une sémantique logique inspirée de Leibniz ; tenter de mener à son terme le projet de logique transcendantale dans son versant non plus critique mais positif... Ces chemins ont été explorés par Schelling, Hegel, Bolzano, Husserl et en ce sens on peut dire que toute la philosophie de langue allemande, où le débat sur la métaphysique, sa nature et ses limites a été particulièrement vif, est une réponse à Kant ou une discussion de ses thèses. Mais on ne peut tracer une ligne en deçà de laquelle on est sous administration métaphysique et au-delà de laquelle s'ouvre le régime romanesque de la post-métaphysique.

Nous avons consacré cette discussion relativement longue à la philosophie moderne de langue allemande, parce que c'est en son sein que s'est répandue, par toute une série d'étapes, comme on a eu l'occasion d'y insister, l'idée reçue suivant laquelle ou bien la métaphysique est dépassée, finie, close, achevée, morte ou bien mérite d'être dépassée, déconstruite, détruite, démolie, annulée (pour reprendre la liste des épithètes les plus fréquentes), idée reçue dont la paternité par simplification, paresse mentale, est attribuée sans autre forme de procès à Kant.

D'où vient ce thème de la fin de la métaphysique ? Il est clairement attribué à Kant, mais, on vient de le voir, en partie au moins à tort. Kant continue de croire à la possibilité de la partie la plus générale de la métaphysique, rectifiée par la logique transcendantale, métaphysique systématique et rationnelle. Que son projet métaphysique soit viable ou pas est un autre problème.

Nous n'examinons pas les chances d'une métaphysique kantienne aujourd'hui, ce serait un autre débat (qui engagerait par exemple une lecture de N. Hartmann ou de E. Cassirer), mais la part respective de critique kantienne et d'autres éléments dans cette opinion qui domine le débat sur la métaphysique et qui fait qu'elle ne vaudrait pas, pour reprendre l'expression de Descartes, « une heure de peine ».

CHAPITRE V

Fin de la métaphysique et mort de Dieu

> *Mais pour quelle destination s'ouvrent donc les battants du porche ? Tu ne le sais pas ? Pour la vie.*
>
> Rosenzweig, *L'étoile de la rédemption*, p. 500.

Parmi les autres éléments en question, le thème de la « mort de Dieu » occupe une place de choix. Nous avions relevé chez deux auteurs que tout oppose, A. Badiou et B. Van Fraassen, le recours à Kant, comme figure de l'autre de la métaphysique, il est piquant de constater qu'ils recourent également dans leur critique de la métaphysique au thème nietzschéen de la mort de Dieu, dont il faut situer l'importance. Tout d'abord, le thème de la mort de Dieu surgit en contexte chrétien. À ma connaissance il n'a pas d'équivalent exact dans les autres contextes culturels. Dans les autres religions monothéistes, Dieu ne meurt pas. Dans les religions polythéistes, les dieux peuvent mourir, comme on l'entend avec l'annonce de la mort de Pan : « le grand Pan est mort[1] ». Il dérive de la mort de Dieu en la figure du Christ au Tombeau, que Dostoïevski a contemplée dans le tableau éponyme de Holbein à Bâle. (*L'Idiot* IV, 2 :

> « Ce tableau mais (...) en le regardant on peut perdre la foi ! »)

Saint Paul n'a-t-il pas déclaré :

> « S'il n'y a pas de résurrection des morts, le Christ lui-même n'est pas ressuscité. (...) Si c'est pour cette vie seulement que nous avons mis notre espoir dans le Christ, nous sommes les plus à plaindre de tous les hommes » (I Co 15, 13.19).

Cela ouvre la possibilité d'une mort réelle de Dieu (puisque le Christ est réellement Dieu, en même temps qu'homme) qui d'une certaine manière n'a pas cessé de hanter l'imaginaire occidental. Ce sont les romantiques[2], en particulier Jean Paul et Nerval, qui reprendront ce thème de la mort de Dieu, Jean Paul dans un rêve fameux[3], Nerval dans un poème du cycle des *Chimères*, *Le Christ aux Oliviers* (publié en mars 1844) dont le premier sonnet contient l'exclamation du Christ abandonné des siens : « Non, Dieu n'existe pas ! », amplifiée ainsi dans les deux derniers tercets :

> « Mes amis savez-vous *la nouvelle* ? (...)
> Le dieu manque à l'autel où je suis la victime...
> Dieu n'est pas ! Dieu n'est plus[4] ! ».

Avant Nietzsche dans *Le Gai Savoir*, le thème de la mort de Dieu était un thème littéraire romantique, qui n'avait rien à voir avec la fin de la métaphysique.

Comment ces deux thèmes se sont-ils combinés ? Chez Nietzsche, la réponse est claire : le thème romantique de la mort de Dieu est interprété comme la fin du suprasensible, et dans la mesure où la métaphysique est identifiée avec la promotion du suprasensible, la mort de Dieu exprime la fin de la métaphysique fondement théiste des valeurs. On sait que Nietzsche est un penseur qui pense par figures — le surhomme, l'éternel retour, la volonté de puissance — autant que par concepts (répétition, ressentiment, etc.) ; cependant, alors que la plupart des figures nietzschéennes sont restées sans descendance, le thème de la mort de Dieu a connu une fortune extraordinaire, puisqu'il a inspiré trois formes différentes et importantes de la *Selbsthaß* occidentale : la théologie de la sécularisation, le concept de nihilisme et la fin de la métaphysique.

Il est donc remarquable de voir invoquée la mort de Dieu en tête d'ouvrages aussi différents que le *Court traité d'ontologie* de Badiou et *The Empirical Stance* de Van Fraassen dont nous avons choisi la conjonction symétrique et emblématique comme le symbole de la prévalence actuelle des thèmes post-métaphysiques.

Mort de Dieu ou effondrement de la pensée ?

Badiou fait précéder son traité d'un prologue sur Dieu[5], comme beaucoup de Médiévaux, mais intitulé « Dieu est mort ». Pour les Médiévaux, le prologue qui assurait de la possibilité d'une science de Dieu était le préambule obligé de toute science, pour notre contemporain le règlement de comptes avec Dieu le vide du podium où il va lui voler la vedette. A. Badiou fait de la mort de Dieu la conséquence de ce qu'il nomme la « mortification métaphysique[6] » :

> « le Dieu de la métaphysique a toujours été la pièce centrale d'une machine de guerre rationaliste contre le Dieu vivant de la religion. Car à la métaphysique ne convient en réalité qu'un Dieu mort, un Dieu déjà mort, ou mort depuis toujours, un Dieu dont aucune religion ne peut alimenter sa foi (...) » (*ibid.*, p. 14).

Apparemment, il ne s'agit donc pas de faire coïncider fin de la métaphysique et mort de Dieu : A. Badiou attribue à Heidegger l'idée suivant laquelle il faut garder distinctes les deux choses : la déconstruction de la métaphysique serait une tâche postérieure à la mort de Dieu :

> « la mort du Dieu de la religion laisse entière la question du Dieu de la métaphysique (...) c'est du reste pourquoi Heidegger ne peut identifier l'énoncé de Nietzsche Dieu est mort (...) à la déconstruction encore à venir du schème métaphysique de l'onto-théologie » (*id.*, p. 16).

La position d'A. Badiou est à première vue sans ambiguïté ; il est clair qu'il ne plaide pas pour un retour du Dieu de la foi contre le Dieu de la métaphysique : « Dieu c'est fini. Et la religion aussi c'est fini » (*ibid.*, p. 12). Si l'on cherche à comprendre l'originalité de cette position, on peut la résumer comme suit. La métaphysique, étant onto-théo-logique dans son fond (on reviendra sur ce point à propos d'une relecture critique de la naissance de la métaphysique chez les scolastiques), elle substituerait au Dieu de la religion un Dieu purement rationnel. Dans l'expression « Dieu est mort », il y a une ambiguïté, car on ne sait pas si l'on proclame que le Dieu des métaphysiciens est mort ou si c'est le Dieu de la foi. Apparemment, la position de Badiou consiste à soutenir que c'est le Dieu de la religion qui est mort et que la mort du Dieu des métaphysiciens est à venir, sa mort faisant partie des objectifs de l'entreprise de déconstruction. Il est tout de même curieux de retrouver sous la plume d'un adversaire déclaré de la religion et de la métaphysique (d'après ce que l'on vient de citer) une reprise de ce thème fidéiste pascalien, l'opposition du « Dieu des philosophes et des savants » et du « Dieu d'Isaac, d'Abraham et de Jacob ».

Mais l'étrange « logique » de la mort de Dieu chez Badiou mérite qu'on la détaille un peu, car elle synthétise une position courante et en fait apercevoir avec ingénuité les limites et les contradictions internes. C'est l'histoire sans queue ni tête d'un Dieu sans vie ni mort. Dieu est mort or « n'a pu mourir sans résurrection possible qu'un Dieu vivant » (p. 12), mais d'un autre côté :

> « le Dieu qui peut mourir n'est pas et ne peut être le Dieu conceptuel de Descartes, le tenant lieu de l'infini (....) Ce doit être le Dieu d'Isaac, d'Abraham et de Jacob » (*id.*).

Alors qu'en revanche :

> « à la métaphysique (...) ne convient en réalité qu'un Dieu mort, un Dieu déjà mort, ou mort depuis toujours dont aucune religion ne peut alimenter sa foi » (p. 14).

Ce à quoi Badiou ajoute :

> « La mort du Dieu de la religion laisse entière la question du destin de Dieu dans la métaphysique, lequel n'entretient aucun rapport ni avec la vie, ni avec la mort, ce qui du point de vue de la vie, et

donc de la religion, signifie qu'il est parfaitement mort » (p. 16).

Récapitulons : ne peut mourir que ce qui est ou a été vivant. En effet, le Dieu de la religion, le seul Dieu vivant est mort, c'est-à-dire ne peut mourir que parce qu'il a été vivant. Quant au Dieu de la métaphysique (le « Dieu principe » [p. 18], le « Dieu à déconstruire de la métaphysique » [*id.*], le « Dieu de l'ordre de la critique ou de la défection conceptuelle de la totalité » [*sic*, p. 19]) qui ne peut être vivant parce que le seul vivant est le Dieu de la religion, est pourtant « mort », « déjà mort », « toujours mort ». N'ayant ni rapport à la vie, ni rapport à la mort, il a le privilège (par rapport au Dieu de la religion) d'être « parfaitement mort ». Pour le dire simplement, comment dire d'un x qui n'est ni F, ni G, qu'il est parfaitement G ? C'est-à-dire d'une pomme qui n'est ni verte, ni rouge, qu'elle est rouge ? De plus, que signifie le « destin » d'un Dieu parfaitement mort ? Quel monde plein de surprises où ce qui est parfaitement mort a un destin. Mais ce n'est rien à côté du coup de théâtre final :

> « Le Dieu vivant est mort.
>
> Il ne s'ensuit pas, je l'ai dit, que le Dieu de la métaphysique le soit ! » (p. 18).

Cela est littéralement rocambolesque : le Dieu qui n'a jamais été vivant… n'est pas mort ! Admettons avec une forte dose de bonne volonté que le Dieu de la métaphysique ne soit pas mort, d'une certaine façon (même s'il l'est), bref qu'il soit *décédé* et pas *mort* en acceptant de laisser dans une ombre propice aux tours de passe-passe la différence entre les deux, on bute alors sur cette affirmation :

> « la disparition du religieux comme tel entraîne mécaniquement avec elle la disparition du motif métaphysique, infiniment plus résistant dès lors qu'avec son Dieu qui ne nomme qu'un principe il est précisément inaccessible à la mort » (p. 16).

Le Dieu « parfaitement mort » est donc « inaccessible à la mort ». Il est littéralement un mort vivant, un zombie. Une nouvelle contradiction se présente donc : d'une part, nous sommes en présence d'un Dieu de la métaphysique parfaitement mort sans avoir été vivant, mais qui n'est pas mort parce que vit pour lui le motif métaphysique auquel il est lié. Cependant la disparition du religieux, c'est-à-dire la mort du seul Dieu vivant, le Dieu de la religion, entraîne « mécaniquement » la disparition du motif métaphysique. Que reste-t-il de la métaphysique ? Rien : la métaphysique est morte mécaniquement de la mort de Dieu ! Mais ce motif métaphysique est inaccessible à la mort (cf. *supra*). Donc la métaphysique est vivante. Mieux, elle est éternellement vivante, puisqu'elle est inaccessible à la mort ! De manière stupéfiante, Badiou propulse la métaphysique au-delà du seul Dieu vivant parce que mort (le Dieu de la religion) dans une sorte d'éternité due à son inaccessibilité à la mort. Tandis que la mort a atteint Dieu, il semble qu'elle n'atteindra jamais la métaphysique, d'où le caractère interminable de sa déconstruction. La métaphysique est donc morte et elle est éternelle. C'est la logique de Badiou[7].

Un épistémologue joue Pascal contre la métaphysique

On retrouvera en partie les mêmes éléments théologiques chez Van Fraassen. Lui aussi commence son livre, composé de conférences, par la mort de Dieu et met immédiatement en rapport cette mort de Dieu dont il suppose que ses auditeurs ont entendu parler (puisque cela est devenu un lieu commun culturel) avec le *Mémorial* de Pascal, ce petit bout de papier cousu dans le vêtement de Pascal, ce talisman, dont s'est tant moqué Valéry. Le texte du *Mémorial*, cité par Van Fraassen est exactement celui-ci :

> « Dieu d'Abraham, Dieu d'Isaac, Dieu de Jacob
>
> Non des philosophes et des savants » (Pascal, *Œuvres complètes*, III, 1991, p. 51).

Il interprète l'énoncé « Dieu est mort » de manière non ambiguë, comme signifiant : « Le Dieu des philosophes est mort » (Van Fraassen, 2002, p. 1) et la raison qu'il donne est elle aussi sans ambiguïté :

> « Ce Dieu est mort car il est une créature de la métaphysique — ce type de métaphysique [celle de Descartes] — et la métaphysique est morte » (*id.*).

Selon Van Fraassen :

> « Ce point n'est pas précisément nouveau : c'était exactement le message de Kant au sujet de la métaphysique de son temps [*i.e.* Baumgarten, Wolff ?] » (*ibid.*, p. 2).

Van Fraassen associe donc les trois aspects mentionnés du climat anti-métaphysique : la mort de Dieu, la fin de la métaphysique (assimilée par lui à la mort de la métaphysique, parallèle à la mort de Dieu) et l'ambiguïté de la position kantienne sur laquelle nous avons insisté — il déclare l'œuvre de Kant non dépourvue d'ambiguïté et que le cœur de la critique se trouve dans la Dialectique transcendantale, l'Analytique transcendantale pouvant, elle, se prêter à des confiscations métaphysiques[8] :

« La partie authentiquement critique de la Première Critique était la Dialectique transcendantale. Ici Kant a exposé les Illusions de la Raison, la manière dont la raison dépasse les bornes dans la métaphysique traditionnelle et les limites de ce qui peut être achevé par la raison seule. (...) Étant donné ce travail, il n'aurait jamais dû être nécessaire à nouveau de s'occuper à démolir l'entreprise métaphysique. Mais d'une part les arguments de Kant n'étaient pas irréprochables et d'autre part il y avait une partie positive dans le projet kantien qui a, chez ses successeurs, engendré une nouvelle métaphysique » (*id.*).

Van Fraassen articule le rejet de la métaphysique à une interprétation fidéiste de la mort de Dieu :

« Ainsi quelle est notre tâche aujourd'hui ? L'entreprise métaphysique, je le soutiens, subvertit notre compréhension à la fois de notre propre humanité et du divin — qu'il soit réel ou irréel — par son développement d'une compréhension détaillée et intriquée de simulacre sous les mêmes noms. Un exemple est le choix de discuter le Dieu d'Abraham, d'Isaac et de Jacob alors que l'on se

> limite au Dieu des philosophes. Mais le même type de remplacement par des simulacres théoriques caractérise l'entreprise tout entière. En procédant ainsi elle rend honneur à la lettre tout en perdant l'esprit de n'importe quel sujet d'importance pour l'existence humaine » (*ibid.*, p. 4).

Il utilise le topos paulinien de la lettre et de l'esprit[9] pour rejeter la métaphysique du côté de la lettre, ce qui correspond à une lecture de type existentialiste du projet métaphysique — celle-ci étant accusée de déserter l'existence concrète des hommes, pour des formalismes conceptuels sans pertinence concrète. La source cachée de ce rejet de la métaphysique, dans un livre prônant un enrôlement empiriste, ne peut être constituée que par la critique humienne de la métaphysique, selon laquelle cette dernière n'est qu'un ramas abstrus de doctrines fantastiques et contradictoires, où l'on prend systématiquement les mots pour les idées. Nous ne nous attachons ici pas particulièrement à ce thème. Van Fraassen est moins ambigu que Badiou : selon lui, c'est réellement le Dieu des philosophes qui est mort. Dans un propos fidéiste, il oppose le Dieu vivant de l'Alliance au Dieu des philosophes et des savants, tout en affirmant à son propos une attitude agnostique (la position personnelle réelle de Van Fraassen n'étant pas intéressante pour ce dont nous discutons). Il ne s'agit pas bien entendu de défendre le Dieu des âges anciens, l'ancien Dieu, contre le Dieu de Descartes ou de Leibniz ou, avec Spinoza, de tenter de combiner les deux, mais de soutenir que le Dieu de la métaphysique périt avec elle, contrairement à l'assertion heideggerienne rapportée par Badiou, suivant laquelle il y aurait un décalage entre ces deux morts, celle du Dieu des philosophes (puisque Badiou annexe aussi cette thématique pascalienne) et celle de la métaphysique. Pour Badiou, qui suit Heidegger sur ce terrain, la mort de la métaphysique n'est pas un événement qui survient et nous affecte, comme la mort de Dieu (Nietzsche insiste sur ce caractère d'événement brutal, insidieux, irréversible[10]), mais une tâche à accomplir. La mort de Dieu dans le badioulisme libère le terrain pour la destruction de la métaphysique, tandis que dans la vision beaucoup plus tranchée de Van Fraassen la fin de la métaphysique est donnée avec la mort de Dieu, d'où le caractère fondamentalement mauvais de cette renaissance de la métaphysique sous la forme qu'il stigmatise, la forme rationnelle incarnée par la métaphysique analytique (Lewis, Armstrong, Van Inwagen...), qui a remis la question de Dieu au goût du jour (cf. *infra*, chap. XVIII, sur ce point, pour pouvoir juger de la pertinence de la critique de Van Fraassen). Cependant, le lien qu'établit Van Fraassen entre métaphysique analytique et renouveau de la théologie rationnelle (puisque c'est ce qu'il désigne par ce retour du Dieu des philosophes) est loin d'être évident, dans la mesure où la plupart des métaphysiciens analytiques, comme David Lewis ou David Armstrong, sont matérialistes ou physicalistes. Il y a certes une théologie naturelle analytique, mais il serait plus compliqué que ne le suggère Van Fraassen d'établir les raisons du renouveau de cette discipline, qui en tout cas sont distinctes de celles qui ont conduit à la renaissance d'une métaphysique systématique.

Derrida avait précédé Badiou et Van Fraassen en faisant de Pascal un prophète, direct ou indirect, de la mort de Dieu :

> « le sentiment moderne (*Gefühl*[11]) sur lequel repose la religion moderne, le sentiment que Dieu lui-même est mort (celui dont Pascal avait en quelque sorte donné une expression empirique[12] : "la nature est telle qu'elle marque partout un *Dieu perdu* [J.D. souligne] et dans l'homme et hors de l'homme[13]" » (*Glas*, p. 111, col. 1).

Le Dieu perdu de Pascal devenant le Dieu mort de Nietzsche, la boucle est bouclée.

CHAPITRE VI

De la destruction de la métaphysique à sa déconstruction®

Le thème de la constitution onto-théo-logique de la métaphysique est lié aux thèmes du dépassement, de la destruction de la métaphysique. Nous n'avons pas étudié pour lui-même ce thème de la destruction et il est important, pour mieux explorer l'état actuel de la métaphysique, dont sont responsables en partie ceux qui proclament interminablement sa mort depuis plus d'un siècle, de bien saisir les différentes stratégies de destruction de la métaphysique. Pour simplifier, on peut distinguer au moins six manières de viser à la destruction de la métaphysique, qui gardent actuellement un minimum ou un semblant d'efficace :

(i) le dépassement heideggerien classique, dont on peut voir un échantillon dans un interviouve :

« Si l'on vous suit, il y aurait une fin de la métaphysique et non pas une fin de la philosophie ?
— Oui, mais il faut là aussi s'entendre. Nous ne pouvons rationnellement parler de *"fin de la métaphysique"* qu'à partir du concept précis de métaphysique que je viens d'évoquer ["concept

univoque de l'étant en général et aussi d'un sujet transcendantal, de Duns Scot à Hegel"]. D'autre part, la "*destruction de l'ontologie*" et de la métaphysique constitue le travail positif de la philosophie, toutes tendances, ou presque, confondues, depuis plus d'un siècle. S'y retrouvent Nietzsche, Wittgenstein, Heidegger, comme aussi Bergson, Gilson, Deleuze, Habermas, entre autres. Enfin il faut comprendre que si la métaphysique est arrivée à son terme, ce n'est pas parce qu'elle a échoué (il serait alors facile de la dépasser), mais parce qu'elle a accompli toutes ses possibilités, donné tout ce qu'elle pouvait donner, bref a réussi toutes les levées possibles avec les cartes dont elle disposait » (*Le Monde*, 22 septembre 1998, p. 20, entretien entre Dominique Dhombres, Nicolas Weil et Jean-Luc Marion, sous le titre : « La fin de la métaphysique ouvre une nouvelle carrière à la philosophie »).

(ii) la condamnation positiviste (qu'il s'agisse du positivisme classique de Comte et Littré ou du positivisme logique),
(iii) le quiétisme thérapeutique ou grammatical[1] (Wittgenstein, Austin, Cavell),
(iv) la réduction de la métaphysique à un texte et de la destruction à une activité littéraire (déconstruction®[2-3]),
(v) la dévaluation pragmatiste ou pragmatique de la métaphysique (Rorty[4], Habermas, cf. p. 84-93),
(vi) le débordement par l'éthique[5] (Levinas).

1. LA DESTRUCTION ET SES CRITIQUES

> « Toute la politique des soviets est à la base métaphysique, parce qu'elle nie *le* métaphysique. »
>
> Charles-Ferdinand Ramuz,
> *La Pensée remonte les fleuves*, p. 249.

On ne peut traiter de manière satisfaisante et avec autant de détails de tous ces points ; un ouvrage (d'ailleurs utile) n'y suffirait pas. Notre stratégie est de choisir des points que nous jugeons plus importants, plutôt que d'essayer d'être exhaustif, quitte à renvoyer dans les notes à des ouvrages fondamentaux figurant dans la bibliographie.

Carnap et Schlick

Le mot dépassement (*Überwindung*) apparaît à la fois chez Carnap et Heidegger. Mais le terme même « destruction » (*Zerstörung* ou *Destruktion*[6]), lui, est d'origine heideggerienne : si Carnap entend dépasser la métaphysique pour reconstruire logiquement les apparences sensibles, dans la phase où il a rédigé ses textes anti-métaphysiques les plus violents, il n'y aurait pas de sens dans son entreprise à vouloir détruire la métaphysique. Une philosophie scientifique se substitue à la métaphysique, et en ce sens il y a destruction de la métaphysique. La reconstruction d'une ontologie du monde sensible a semblé à Carnap, dans l'*Aufbau*, à la portée des philosophes du cercle de Vienne, en utilisant les nouveaux outils de la logique et des sciences naturelles. Que cela se soit révélé trompeur n'a pas empêché la popularisation de ses thèses anti-métaphysiques.

Auguste Comte, dans son *Discours sur l'esprit positif* (1844, ô mânes de Marx !) distingue bien critique de la métaphysique et destruction :

> « Le mot *positif* (...) indique l'une des plus éminentes propriétés de la vraie philosophie moderne, en la montrant destinée surtout par sa nature, non à détruire, mais à organiser. (...) Cette dernière signification [de "positif"] en indiquant d'ailleurs une tendance continue du nouvel esprit philosophique offre aujourd'hui une importance spéciale pour caractériser directement l'une de ses principales différences non plus avec l'esprit théologique, qui fut longtemps organique, mais avec l'esprit métaphysique proprement dit, qui n'a jamais pu être que critique. (...) La saine philosophie écarte radicalement, il est vrai, toutes les questions nécessairement insolubles : mais en motivant leur rejet, elle évite de rien nier à leur égard, ce qui serait contradictoire à cette désuétude systématique, par laquelle seules doivent s'éteindre toutes les opinions vraiment indiscutables[7] » (A. Comte, 1995, *op. cit.*, p. 123-124).

Carnap, dans *Le dépassement de la métaphysique par l'analyse logique du langage* (*Überwindung der Metaphysik durch logische Analyse der Sprache)*, a systématisé en 1931 les thèses anti-métaphysiques du cercle de Vienne, dont il était membre en même temps que notamment Schlick, Neurath, Feigl (Wittgenstein étant un membre plutôt occasionnel et périphérique, même si son influence, fondée sur certains malentendus, fut très importante[8]). Le point de départ de Carnap est très simple :

> « Les soi-disant énoncés dans ce domaine [la métaphysique] sont totalement dépourvus de sens » (*op. cit.*, 1985, p. 155).

Les énoncés de la métaphysique sont des simili-énoncés qui n'ont pas de signification. Pour avoir une signification, un énoncé E où figure un mot a quelconque, E (a), doit remplir les conditions suivantes :

> « 1. les critères empiriques de a sont connus
> 2. Il est établi de quels énoncés protocolaires E (a) est déductible
> 3. les conditions de vérité de E (a) sont établies
> 4. La procédure de vérification de E (a) est connue » (*op. cit.*, p. 160).

Carnap vise des énoncés du genre suivant (nous choisissons des exemples tirés de la liste d'auteurs jugés représentatifs par Carnap :

> « La métaphysique ainsi comprise inclut des systèmes comme ceux de FICHTE, SCHELLING, HEGEL, BERGSON, HEIDEGGER » (*op. cit.*, p. 178) :
>
> « L'esprit sachant l'esprit est conscience de soi-même, et est à soi dans la forme de l'objectif, il est ; et en même temps l'être pour soi » (HEGEL, *Phénoménologie de l'esprit*, p. 592, trad. Jarczyk et Labbarrière, 1993) ;
>
> « Toutes les puissances s'équivalent au regard de l'absolu, c'est-à-dire qu'aucune ne suit d'une autre, mais que chacune suit de l'identité absolue » (SCHELLING, *Œuvres métaphysiques*, p. 63, trad. J.-F. Courtine, 1980) ;

« Le déterminé doit être intuitionnable, car ce n'est qu'à la condition de son intuitionnabilité, que la liberté est possible, et la liberté est condition de la conscience (FICHTE, *La Doctrine de la Science Nova Methodo,* trad. I. Radrizanni, p. 93, 1982) ;

« L'être-le-là de l'homme pro-ventuel c'est d'être exposé comme étant la brèche en laquelle la prépotence de l'être fait irruption en apparaissant, afin que cette brèche même se brise sur l'être » HEIDEGGER, *Introduction à la métaphysique*, trad. G. Kahn, 1967, p. 169) ;

« Joie serait en effet la simplicité de la vie que propagerait dans le monde une intuition mystique diffusée, joie encore celle qui suivrait automatiquement une vision d'au-delà dans une expérience scientifique élargie » (BERGSON, *Œuvres*, p. 1245) ;

c'est-à-dire des énoncés dans lesquels figurent des termes (comme : absolu, esprit, être, être-pour-soi, identité absolue, déterminé [subst.], intuitionnabilité, liberté, conscience, vie) pour lesquels la condition 1 n'est pas établie : les critères empiriques d'usage de ces termes ne sont pas établis. Quand ils sont définis, ils le sont à partir d'autres termes non définis, comme l'a montré Pascal dans son opuscule *De l'esprit géométrique* (*Œuvres*, III, 1991, p. 360-428), quand il a délimité un milieu entre tout définir et ne rien définir. Le critère 2 n'est évidemment pas respecté : on ne voit pas de quels énoncés protocolaires de tels énoncés peuvent dériver. On discutera ces critères, en particulier celui-ci, pour l'instant nous ne faisons qu'expliquer l'application des critères à des énoncés métaphysiques. Le critère 3 n'est pas plus observé. Bien sûr il ne peut s'agir de vérité en termes d'accord ou de correspondance avec un état de choses, mais même si on prend ces énoncés pour des énoncés universels, on est incapable de leur donner des conditions de vérité, pour des raisons évidentes. Quant au critère 4, la possibilité de vérifier ces énoncés, il est évidemment aussi hors de portée.

On peut se demander si ces critères ne sont pas trop forts, même pour des énoncés scientifiques classiques. Il n'est pas certain que tous les énoncés de Newton ou d'Einstein passent ces quatre tests relatifs aux critères de signification des termes et des énoncés. Le critère 1 n'est pas vraiment défini : que sont exactement « les critères empiriques de a » ? On sait qu'il n'y a pas de critère empirique de la gravitation chez Newton. Est-ce pour autant un terme métaphysique ? Le critère 2, celui de la dérivation des énoncés protocolaires, pose le problème de l'existence de tels énoncés, et l'on sait que le projet du positivisme logique en épistémologie a échoué en partie sur ce point, c'est-à-dire sur la possibilité de trouver des énoncés protocolaires qui à la fois ne présupposent pas tout un corps d'hypothèses et de concepts scientifiques (la lecture du niveau d'une aiguille sur un manomètre) et ne soient pas ouverts au reproche de subjectivisme (comme « ceci m'apparaît bleu », qui est auto-vérifiant, mais ne peut passer pour un énoncé protocolaire dont on dérive des énoncés scientifiques, testables). Quant aux conditions de vérité, le critère 3, toute l'épistémologie contemporaine a montré à la fois le caractère normatif de la vérité et l'impossibilité d'attribuer isolément des conditions de vérité à un énoncé isolé (holisme épistémologique). À quelles conditions est vrai l'énoncé relatif à une constante physique ? On peut évidemment affirmer qu'un énoncé du type C = n où C est une constante, par exemple G la constante universelle de gravitation (G) de Newton, qui mesure la capacité d'un corps d'une masse de Nkg à exercer un champ de gravitation à une distance de Nm :

$$G = 6{,}67 \times 10^{-11} Nm^2 kg^{-2}$$

et n une valeur numérique (qui est une relation entre d'autres valeurs numériques) n'est pas un énoncé. Cela est contestable, car si c'était vrai, l'énoncé « la vitesse de la lumière est de 300 000 km/s » ne serait pas un énoncé scientifique, ce qui n'est pas vrai. Or les énoncés sur les constantes physiques ne sont vrais que par rapport à un corps de connaissances qui, de proche en proche, concernent la science dans son ensemble (de ce point de vue, l'exemple de la lumière n'est pas le meilleur exemple, car c'est par exception une constante physique qui, d'une part, peut être vérifiée expérimentalement par un seul ensemble de mesures et qui, d'autre part, n'est pas relationnelle — alors que par exemple la constante de Planck l'est[9]).

En un mot comme en cent, les critères de signification de Carnap sont trop forts et l'échec du programme du positivisme logique peut être lu en partie comme provenant du fait de suspendre la vérification de manière ultime à des énoncés de base indubitables et complètement déchargés de théorie antécédente et de subjectivité. On laisse de côté la critique de Heidegger et les scies montrant l'inanité de l'énoncé « *Das Nichts nichtet*[10] », et d'autres du même type (cf. « *Die Welt als Welt weltet* »), parce que cette critique elle-même est devenue une rengaine. Le problème avec cette critique méticuleuse de Heidegger (*Was ist Metaphysik ?*) est le suivant : si effectivement les énoncés de Heidegger n'ont aucun sens, les critères carnapiens pour montrer qu'ils n'ont aucun sens jetteraient l'enfant avec l'eau du bain, en montrant tout aussi bien que 99 % des énoncés métaphysiques sont dépourvus de sens. On préférerait des critères qui fassent la différence entre du pur non-sens (comme *das Nichts nichtet*) et du non-sens relatif. Nous sommes prêts à admettre que « *das Nichts nichtet* » (« le néant néantise ») n'a littéralement aucun sens, ou plus exactement aucun sens littéral, mais on ne pourrait pas faire la différence entre cet énoncé et un autre comme « l'existence est un accident de l'essence » (Avicenne), ce qui est intuitivement inacceptable : il y a des degrés de non-sens, et des énoncés extrêmement abstraits peuvent être réduits à des énoncés qui ont un sens. Heidegger a recouru de plus en plus aux mécanismes de formation lexicale de l'allemand[11], mettant à profit le fait que dans cette langue les racines anciennes, germaniques, sont souvent restées lisibles, à la différence du français qui a subi de plein fouet la suffixation et la préfixation gréco-latines et l'épuration culturelle du classicisme, qui a donné lieu au mythe de la clarté et de l'universalité de la langue française. Ce qui est important avec ce jeu d'étymologies populaires, ce culte de l'archaïsme de la part de Heidegger, ce n'est pas que les énoncés auxquels il aboutit soient de simili-énoncés, car ceux de Duns Scot ou Whitehead seraient également des simili-énoncés, mais qu'en procédant de la sorte il renonce aux vertus intellectuelles les plus élémentaires, succombant au culte de l'autorité de la langue, de l'originaire, délaissant irréversiblement toute clarté (n'avons-nous pas souffert de nos petits maîtres édictant qu'il fallait « obscurcir de qui était clair » ? N'avons-nous pas, étudiants, essuyé le reproche d'« écrire trop clairement » ?). Quant à la dimension politique d'une philosophie qui récuse la catholicité (*i.e.* l'universalité) au profit d'un culte malsain de la germanité originaire, en résonance avec les *Ur*-Grecs, *via* le rôle de vaticinateur imposé à Hölderlin par le « *Doktor es Furcht und Angst* » (G. Lukács), elle a maintes fois été critiquée, quelquefois de manière injuste et excessive, explorée, dans ses conséquences factuelles[12], mais aussi dans ses intentions profondes, jamais démenties par leur auteur, préférant opposer à l'« américanisation » vue comme une standardisation planétaire[13] les idiosyncrasies de son style intellectuel.

La conséquence que tire Carnap de cette lecture contestable des énoncés métaphysiques comme simplement dépourvus de sens est qu'« ils expriment le sentiment de la vie (*Lebensgefühl*) » (*op. cit.*, p. 175), mais de manière inadéquate, ce qui fait que « les métaphysiciens sont des musiciens sans talent musical » (*ibid.*, p. 177). On peut noter une apparente convergence entre Heidegger et Carnap : le premier ne se tournait-il pas, d'ailleurs de manière ambiguë, entre repérage de la métaphysique et percée hors d'elle-même, vers Trakl, Van Gogh ou Hölderlin dans sa méditation ? Mais cette convergence apparente marque une différence fondamentale : Heidegger entend ou prétend reconstruire chez les poètes ou les artistes en général une pensée originaire authentique, tandis que Carnap sépare nettement le travail du philosophe, qui a éliminé la métaphysique et la théologie de son champ, et celui de l'artiste qui exprime des sentiments sur l'existence qui peuvent coïncider avec des thèmes existentiels encombrant l'ancienne métaphysique. Le monde spirituel du positiviste est un monde où sont proscrites la métaphysique et la religion et où il ne reste que la science et l'art, sans communication entre eux. Cette situation, dommageable pour la culture en général, est causée en partie par la disparition lors de l'élimination de la métaphysique, certes des explications qui peuvent être avantageusement remplacées par des explications scientifiques (comme les mythes cèdent le pas aux sciences), mais aussi d'une de ses composantes essentielles, la métaphysique existentielle[14]. Des pans entiers de la métaphysique spéciale, psychologie et cosmologie philosophiques, peuvent peut-être être éliminés au profit de la psychologie réductionniste et de la cosmologie scientifique ; l'art peut exprimer le sentiment de la vie, la métaphysique existentielle ne peut toutefois être aussi facilement remplacée par des expériences sur les primates, l'herméneutique freudienne, ou la littérature. Des auteurs comme le sociologue et philosophe G. Simmel[15], des phénoménologues réalistes comme Max Scheler (1964, t. 1), N. Hartmann (1938), ont montré concrètement l'utilité et indirectement pour le premier la nécessité d'une telle métaphysique. Ce qui concerne une telle métaphysique dans *Sein und Zeit* est biaisé par une volonté de considérer l'analytique existentiale (autre nom de la métaphysique existentielle de Ingarden) comme un substitut de l'ontologie fondamentale, d'où toute une série de distorsions et par le caractère artificiel des analyses existentielles en général sans originalité (précédées par celles de Scheler[16], autrement exactes), quand on connaît la tradition de description de la psychologie descriptive brentanienne (de la curiosité, de l'ennui, etc.) — elles sont faussées par la catégorie de l'authenticité, de façon à ce que cette entreprise, qui tourne court[17], se présente en fait comme la justification d'une attitude face à la mort dont les connotations politiques n'ont échappé à personne — le héros existentiel affronte la solitude de sa propre mort, voilà le dernier mot, qui est politique et qui est peut-être aussi important que l'adhésion momentanée à des thèses national-socialistes concernant l'université et sa mission[18].

Schlick et la métaphysique impossible

Schlick a développé des vues plus nuancées sur l'élimination de la métaphysique, aux conséquences moins potentiellement ambiguës que celles de Carnap. Pour Schlick, la métaphysique n'est pas dépourvue radicalement de sens, elle « est impossible parce qu'elle demande ce qui est contradictoire » (1985, p. 197) :

> « Si le métaphysicien n'aspirait qu'à l'expérience vécue, sa demande pourrait être satisfaite par la poésie, ou l'art ou la vie elle-même, qui de leurs stimuli augmentent la richesse des contenus de conscience, de l'immanent. Mais en voulant vivre l'expérience du transcendant, il confond vivre et connaître, et pris dans cette contradiction, il pourchasse des ombres creuses » (*ibid.*).

Schlick reconnaît que les systèmes métaphysiques « peuvent enrichir la vie intérieure » (*ibid.*), mais il y a une illusion à chercher dans la métaphysique une expérience du transcendant. Laissons de côté le paradoxe d'une illusion qui enrichit la vie intérieure — Merleau-Ponty aura beau jeu de jeter l'enfant avec l'eau du bain et nier l'existence de cette « vie intérieure[19] ». La conclusion est alors proche, malgré tout, de celle de Carnap : les métaphysiciens

> « jouent dans l'ensemble de la culture un rôle comparable à celui de la poésie (...) Il faut leur [aux "philosophèmes métaphysiques"] donner la valeur d'œuvres d'art, non de vérité » (*ibid.*).

Schlick, à la différence de Carnap, voit bien que la métaphysique suppose une expérience (qu'il appelle une expérience du monde transcendant, c'est-à-dire du monde réel, au-delà des illusions) mais cette expérience il la juge illusoire, de manière kantienne. Mais il ne dirait pas que le métaphysicien est un musicien raté, il accepterait de mettre sur le même plan le *Quatorzième Quatuor* de Beethoven et le *Théétète* de Platon, celui des œuvres d'art. Sa critique de l'intuition comme moyen de voyager dans ce monde transcendant, garde sa valeur, notamment quand il montre la fragilité de la position de Bergson pour qui la science en reste à des relevés spatiaux tandis que l'intuition[20] « consiste à se placer soi-même dans l'objet » (*op. cit.*, p. 194). Sa critique également de la « métaphysique inductive » est pertinente, si effectivement la notion d'induction reste limitée à l'induction énumérative et ne s'étend pas à l'induction par abduction (Peirce), équivalant à l'inférence vers la meilleure explication, capitale en métaphysique[21], mais la question de la nature d'une métaphysique empirique n'est pas épuisée par ces remarques. Toute expérience n'est pas intuition, toute induction n'est pas naïve et faussée dès le départ. L'idée de métaphysique empirique n'a rien d'absurde ; on pourrait soutenir que la métaphysique est la seule science vraiment empirique, au sens où elle prend en compte tous les aspects de l'expérience. Cependant le saut dans une métaphysique expérimentale est plus scabreux ; l'*Erlebnis* n'est pas l'*Experiment*, même si une métaphysique empirique tient compte de la science expérimentale dans son réalisme scientifique.

Vérification et construction

On peut figurer dans un tableau la situation de la métaphysique dans les années 1920-1935, pour mettre en parallèle critique et développement de la métaphysique :

1921 Franz Rosenzweig : *L'étoile de la Rédemption*[22]	1921 G.F. Stout : *The Nature of Universals and Propositions* 1925 Ramsey : *Universals* 1926 Whitehead : *La science et le monde moderne*
1927 Heidegger : *Sein und Zeit*	1927 McTaggart : *The Nature of Existence* 1927 S. Alexander : *Space Time and Deity*
1928 Heidegger : *Problèmes fondamentaux de la phénoménologie* 1928 Carnap : *La construction logique du monde (Aufbau)* 1928 Carnap : *Pseudo-problèmes en philosophie*	
1929 Heidegger : *Qu'est-ce que la métaphysique ?* 1929 Freud : *Malaise dans la civilisation* 1931 Carnap : *Le dépassement de la métaphysique (...) (Überwindung)*	1929 Whitehead : *Procès et réalité*
	1933 Whitehead : *Aventures d'idées* 1935 N. Hartmann : *Ontologie*

Dans l'*Überwindung*, il s'agissait de donner un coup d'arrêt au dévergondage de *Was ist Metaphysik ?* de Heidegger. Ce texte, après la phénoménologie existentiale de *Sein und Zeit* qui se présentait malgré tout comme une nouvelle ontologie, avait pris le tournant non seulement de la destruction de la métaphysique mais aussi des normes intellectuelles élémentaires ; de cette époque date la dérive lexicale, qui aura des résultats très inégaux. Cette destruction doit absolument être distinguée de la destruction envisagée par les positivistes logiques et qui, au contraire de Heidegger, entendait utiliser les ressources de la logique et des sciences exactes, à la fois physiques et psychologiques.

Carnap, en effet, dans l'*Aufbau* (*La construction logique du monde*), postérieur à l'*Überwindung der Metaphysik*, occupe une position de neutralité à l'égard de la métaphysique, dont l'objet est caractérisé par le problème psychophysique. Quand Carnap examine les conséquences de sa construction logique, il distingue certes entre un problème constitutionnel ou empirique de la réalité (« Est-ce que la guerre de Troie a existé ? ») et un problème métaphysique de la réalité (« Les choses perçues sont-elles réelles ? »), mais il se contente d'affirmer que la métaphysique ne peut pas poser ses questions en termes constitutionnels (ce qui est une forme assez différente d'antimétaphysique que d'affirmer que ces énoncés sont purement et simplement dépourvus de sens, autant que « le babu est vert »). L'entreprise de reconstruction logique de la réalité est donc en principe neutre vis-à-vis de la métaphysique, quoique dans les faits elle soit du côté de la destruction de ses prétentions. Il s'agit cependant d'une paix armée qui diffère sensiblement de la guerre. La neutralité en question consiste à dire que la reconstruction logique des concepts ne valide ni le réalisme, ni l'idéalisme. La neutralité défensive en question concerne donc le débat entre réalisme et idéalisme. Mais si l'on parle de neutralité entre deux thèses A et B, cela implique qu'on accorde du sens à A et B. On ne pourrait choisir entre « le babu est vert » et « le babu est rouge ». Par contre, on pourrait choisir entre réalisme et idéalisme, si l'on pouvait poser en termes constructionnels le dilemme qui est exprimé par cette aporie métaphysique (aporie, puisque Carnap estime impossible de la trancher). La différence entre l'*Überwindung* et l'*Aufbau* est que le premier texte affirme que les énoncés métaphysiques sont dépourvus de sens parce qu'ils sont dépourvus de critères de vérification — Carnap élimine la métaphysique sur une base qui est le vérificationnisme strict — tandis que le second refuse de se prononcer sur la question métaphysique de la réalité, non sur une base vérificationniste, car probablement cette base serait trop étroite pour l'entreprise de reconstruction logique du monde, mais sur une base assez différente : l'impossibilité de traduire les énoncés métaphysiques dans un langage constructionnel, c'est-à-dire en donnant les règles de construction des concepts. Cela dit, il est probablement possible de combiner les deux textes, en faisant intervenir un troisième texte qui explicite les positions de l'*Aufbau* : *Scheinprobleme in Philosophie* (*Pseudo-problèmes en philosophie*, 1928). La notion de vérifiabilité est formellement au centre de la notion de pseudo-problème, notion empruntée au *Tractatus* de Wittgenstein. Les énoncés métaphysiques sont dépourvus de sens, parce qu'ils posent des pseudo-problèmes. Si l'on combine cette position avec celle de l'*Aufbau*, on peut admettre que le problème psychophysique occupe une position intermédiaire, puisque la démarche de Carnap aboutit dans ce cas à une neutralité, qui suppose un sens au moins relatif des branches de l'alternative.

Popper et la question de la démarcation entre science et métaphysique, ou Popper et le mur de Vienne

Popper, dans un texte écrit une génération après l'*Aufbau* et l'*Überwindung*, en 1953, publié dans un volume consacré à la philosophie de Carnap, avec des réponses de celui-ci (Schilpp [éd.], 1963), tire les leçons de l'échec de la tentative qui consiste à poser une cloison étanche entre science et métaphysique, de tracer une frontière nette entre les deux. La thèse de Popper est que la métaphysique n'a nullement besoin d'être dépourvue de sens pour ne pas être une science. Il faut donc séparer nettement les deux questions :

(a) La métaphysique est-elle une science ?
(b) Tous les énoncés métaphysiques sont-ils des non-sens ?

Carnap répondait non à la première question à partir d'une réponse positive et sans aucune nuance (mis à part ce que nous venons de dire sur le problème psychophysique), oui à la seconde. Popper montre qu'on peut répondre non aux deux questions — alors que Carnap répondait non à la première, oui à la seconde : les énoncés métaphysiques peuvent être plus ou moins pourvus de signification et il existe des raisons indépendantes de penser que la métaphysique n'est pas une science.

Popper a consacré une partie, la deuxième moitié (*i.e.* le livre II), beaucoup moins développée, de son manuscrit des années 1930-1933, « Les deux problèmes fondamentaux de l'épistémologie » (repris dans la *Logique de la découverte scientifique*, et édité à part en 1979, trad. fr., 1999) à la démarcation entre science et métaphysique, l'autre problème étant celui de l'induction.

Popper se représente ainsi sa position relativement à celle de Carnap ; ce dernier trace une frontière nette, tandis que lui pense que la frontière entre les deux est floue :

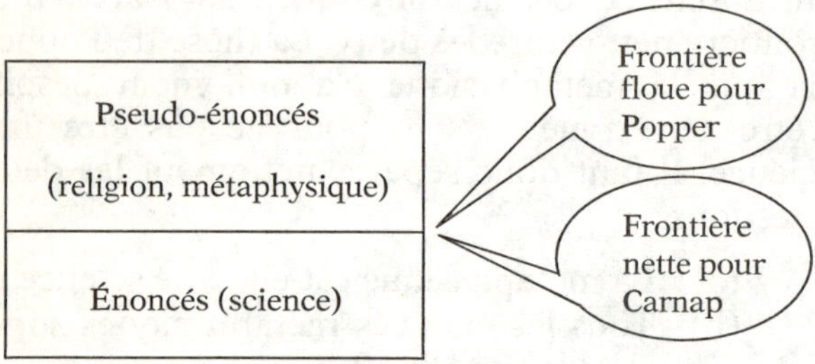

Popper propose de substituer au critère de vérifiabilité le critère de réfutabilité : un énoncé est scientifique s'il est réfutable. Parmi les énoncés non scientifiques, il en existe qui sont simplement dépourvus de sens, mais il en existe aussi qui ne sont pas réfutables, par exemple : « Les Gémeaux sont imaginatifs », « La névrose d'échec conduit à des comportements répétitifs », « Les roux sont caractériels ». La frontière serait donc floue entre les deux compartiments, car il existerait toute une catégorie d'énoncés parfaitement pourvus de sens, éventuellement même empirique, mais non réfutables. Popper, en effet, souligne donc qu'il existe toute une catégorie d'énoncés qui certes ne sont pas scientifiques, mais qui n'en sont pas pour autant complètement dénués de sens, énoncés qui représentent peut-être une majorité parmi ceux auxquels nous croyons.

Carnap rétorquera qu'en fait la frontière ne passe pas au même endroit pour Popper et lui, car en introduisant une classe intermédiaire d'énoncés, il n'existe plus une frontière, au tracé net ou flou, mais deux frontières et l'on peut diverger sur leur importance respective :

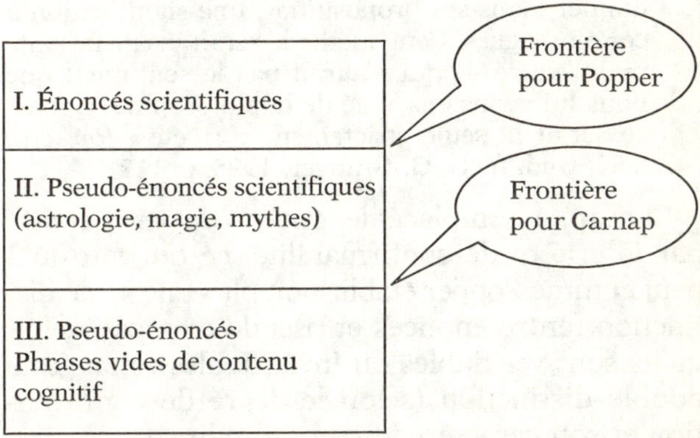

Dans sa réponse à Popper (Schilpp [éd.], p. 878), Carnap déclare en effet que la frontière passerait entre I et II-III pour Popper, et entre I-II et III pour lui. Selon lui, Popper place les énoncés métaphysiques en II, alors que lui les place en III.

Carnap insiste aussi dans sa réponse à Popper sur l'évolution de sa position anti-métaphysique. Dans « Testability and Meaning » (« Testabilité et Signification ») en 1936, Carnap abandonne le critère de vérifiabilité posé par Wittgenstein dans le *Tractatus,* critère qui sert à distinguer les propositions et les pseudo-propositions et dont l'application à la métaphysique a les conséquences suivantes :

> « La méthode correcte en philosophie consisterait proprement en ceci : ne rien dire que ce qui se laisse dire, à savoir les propositions des sciences de la nature — quelque chose qui, par conséquent, n'a rien à voir avec la philosophie —, puis quand quelqu'un voudrait dire quelque chose de métaphysique, lui démontrer toujours qu'il a omis de donner, dans ses propositions, une signification à certains signes. Cette méthode serait insatisfaisante pour l'autre — qui n'aurait pas le sentiment que nous lui avons enseigné de la philosophie — mais ce serait la seule strictement correcte » (*op. cit.*, 6.53, trad. fr. G.-G. Granger, 1995, p. 112).

Carnap a remplacé le critère de vérifiabilité par le critère de confirmabilité, ce qui fait qu'il peut comme Popper établir non plus une seule distinction (entre énoncés et pseudo-énoncés, selon qu'ils sont vérifiables ou invérifiables), mais une double distinction (selon le degré de confirmation et son caractère, direct ou indirect).

La méthode qui sous-tend la critique de Carnap est la retraduction dans un langage formel[23]. Les énoncés métaphysiques tels quels ne peuvent être acceptés sur leur bonne ou leur mauvaise mine, à l'entrée du Club de la Pensée Sobre. Popper montre en effet (*op. cit.*, p. 196 *sq.*), d'une part, que Carnap a toujours lié sa volonté de détruire la métaphysique à la construction d'un langage libre de toute métaphysique et, d'autre part, que cela a toujours mené à une impasse.

Popper distingue (i) le langage physicaliste, (ii) le langage de la science unifiée, (iii) le langage de *The Logical Syntax of Language* (1937). Le premier de ces langages est un langage dans lequel toutes les expressions sont systématiquement remplacées par des expressions contenant des termes physiques. Ainsi un énoncé E, dans lequel il y aurait des termes psychologiques, égocentriques ou subjectifs, évaluatifs, métaphoriques, analogiques (comme dans « tu me fais tourner la tête, mon manège à moi c'est toi ») devrait pouvoir être traduit en un énoncé E', dans lequel ne figurent que des termes physiques (on appelle « physicalisme » le programme de réduction des énoncés à des énoncés physicalistes). La ritournelle en question ne pourrait être réduite ; les énoncés psychologiques en première personne peuvent en principe être réduits à des exposés en troisième personne et les prédicats psychologiques peuvent être traduits par des prédicats physiques, en principe, mais dans l'état de la psychologie (en 1933 et même maintenant) l'entreprise semble vouée à l'échec. La question se pose pour les énoncés métaphysiques.

Soit par exemple :

(A) Si tout a une cause, il y a une première cause.

Pourrait-on réduire cet énoncé dans un langage physicaliste ? Cela semble douteux à Carnap vu la manière dont il comprend les énoncés physicalistes : ils doivent être dérivables d'énoncés de base, ou énoncés protocolaires, relatifs à notre propre corps, en vertu du solipsisme méthodologique, revendiqué comme une nécessité[24]. Soit un énoncé protocolaire :

(B) Si je veux lever mon bras droit, je lève mon bras droit.

quoique l'acte de volition devrait être réduit, on ne voit pas comment on pourrait dériver de cela qu'il y a une première cause au fait de lever mon bras. La volonté de lever mon bras peut avoir un motif, mais pas de cause, au sens physique, et ce motif suppose la liberté. L'énoncé (A) ne peut être dérivé d'un énoncé protocolaire de type B, c'est-à-dire psychophysique, et les énoncés physiques poseraient le même genre de problème, de manière directe, parce qu'ils supposent un observateur. Si l'énoncé protocolaire est C :

(C) Le thermomètre marque 89°1,

cela suppose un observateur de la température sur le thermomètre et la cause de cette observation est simplement la température en question. L'énoncé (C) est un énoncé d'observation et sa cause est le fait observé. Si l'on lui substitue un énoncé d'équivalence

(D) T = 89°1

(T pour « température »), cet énoncé d'équivalence doit être paramétré

(E) T de c à t = 89°1

(c = corps, t = temps). La cause de (E) est donnée par une loi scientifique qui clôt la remontée des causes et donc, d'un point de vue carnapien (A), est dénué de sens ultime.

Le langage (ii) est simplement le langage (i) conçu comme le langage unifié de la science : le langage physicaliste est conçu comme universel. Carnap écrit (cité par Popper) en 1932 :

> « Si à cause de son caractère de langage universel, nous adoptons le langage de la physique comme le langage de la science, alors toute la science devient la physique. La métaphysique est exclue comme non-sens. Les différentes sciences deviennent des parties de cette science unifiée » (*Psychologie in physicalischer Sprache*).

Popper fait remarquer que cette thèse forte sur l'existence d'un langage universel est invalidée par le théorème de Gödel[25] : on ne peut affirmer la consistance d'un langage dans ce langage lui-même. Popper cite aussi Tarski : tout langage universel est paradoxal (un langage universel est forcément non clos, or tout langage non clos, c'est-à-dire non spécifié, est paradoxal[26]). Popper, à la différence de Husserl, tire des conclusions philosophiques importantes des travaux de Gödel et de Tarski. Husserl, emporté par son projet de refondation de la logique transcendantale, ne pouvait plus s'intéresser au développement des théories formelles[27]. Il a entraîné dans cette évolution une partie de ceux qui ont pris au sérieux sa conversion à un style transcendantal de phénoménologie et l'attitude d'un individu est devenue volonté potentielle d'obscurantisme de tout un courant, surtout quand celle-ci a été renforcée par le dédain de Heidegger à l'égard de la raison logique.

Le langage (iii), celui de la *Syntaxe logique du langage*, est un langage logique, formel, obtenu en construisant la syntaxe logique de tout langage possible. Un énoncé est un membre de ce langage logique, s'il obéit aux règles de la syntaxe de ce langage. À la même époque, Adjukiewicz découvre la grammaire catégorielle[28], et donc une manière de fournir effectivement une syntaxe logique pour tout langage. Cette syntaxe logique *via* les travaux du philosophe israélien Y. Bar Hillel[29], inspirera indirectement la grammaire transformationnelle de Chomsky. Les énoncés métaphysiques du point de vue de ce langage (iii) se révéleront fautifs, eu égard aux règles de syntaxe explicitement fournies. La métaphysique utilise les langues naturelles et introduit des violations de son propre chef, violations syntaxiques, mais aussi sémantiques, qui empêchent que l'on puisse la traduire dans un « mode formel de discours ». Cette critique remonte au moins à la critique du langage des scolastiques par Bacon, Hobbes et Locke[30] ; elle prend simplement ici une forme plus précise : face à la normativité d'une syntaxe logique, la métaphysique se révèle inconsistante. Si on met bout à bout les conclusions émanant de la comparaison avec chacun de ces trois langages (physicaliste, universel, syntaxe logique), on aboutit à la conclusion que les énoncés métaphysiques ne sont pas traductibles dans un langage physicaliste, font exception au langage universel de la science et violent la syntaxe logique. La métaphysique est effectivement éliminée, plus que détruite, puisqu'elle est disqualifiée d'emblée. Comme on le verra, la destruction (renommée « déconstruction ») suppose un rapport plus étroit à l'objet.

Popper d'une part pense que les conclusions tirées de la comparaison avec chacun de ces langages sont des variations sur le même thème, d'autre part que, comme on l'a vu, la démarcation n'est pas si nette et que l'échec de Carnap est aussi patent en métaphysique qu'en épistémologie (comme le montrera d'ailleurs Quine, à partir de sa critique de la distinction analytique/synthétique, centrale pour Carnap). Popper montre qu'un énoncé A qu'il appelle archi-métaphysique :

A Il existe un esprit omnipotent, omniscient, omniprésent, personnel

peut parfaitement être construit comme une phrase dotée de sens d'un langage physicaliste (Popper, *op. cit.*, p. 206-207). Le détail de la traduction importe peu. On aboutit à la phrase physicaliste A' :

A' Une personne pensante a existe, dont la position est partout, pensant tout ce qui est vrai, et dont personne d'autre ne connaît les pensées, capable de tout faire partout.

Popper remarque que l'on n'aurait pu traduire A si l'on avait ajouté « moralement bon » qui ne peut être exprimé dans un langage physicaliste[31]. Or, A' n'est pas vérifiable. C'est en ce sens qu'elle est métaphysique. Mais ce n'est pas une raison pour considérer A' comme un non-sens et donc non plus A qui est équivalent à A'.

2. LA DÉCONSTRUCTION® DE LA MÉTAPHYSIQUE

La préciosité est une folie furieuse de l'esprit académique.

J. L. Borges, *Œuvres*, I, p. 395.

Que vais-je pouvoir inventer encore ?

J. Derrida, *Psyché*, p. 11.

Tout cela explique l'échec de la tentative d'élimination de la métaphysique par le cercle de Vienne sur les bases du positivisme et de l'empirisme logiques. Cette position anti-métaphysique a fini par apparaître aussi fragile que l'épistémologie qui la sous-tendait et à laquelle Quine a donné le coup de grâce[32]. Il est tout à fait surprenant que ce thème de la destruction de la métaphysique ait reçu une nouvelle actualité, avec une réactualisation intempestive des thèmes heideggeriens de la même époque. Grâce à cette réactualisation, une partie des littéraires, séduits par le kitsch anti-métaphysique, a pu recycler toute une série d'idées générales, dont l'apprentissage direct dans les textes métaphysiques aurait été plus fastidieux, donnant naissance à cette vulgate bavarde, où toute lecture d'un texte se transforme en déconstruction, toute interprétation en guerre de partisans contre les avant-postes de la métaphysique de la présence[33]. L'absence à peu près totale d'échos en philosophie, à part quelques épigones consciencieux, est évidemment apportée comme une preuve du caractère conservateur des thèses que l'on se propose de démonter. Il s'agit d'une preuve par la résistance introduite par Freud, comme parade universelle, dont la valeur probatoire est nulle[34], mais dont les déconstructeurs se sont souvenus : « Si tu résistes, c'est que j'ai raison ; si tu t'avoues vaincu, j'ai raison ; si tu ne vois pas dans ce texte la prégnance du logocentrisme, c'est parce qu'il t'a corrompu jusqu'à la moelle. » On peut parler ici de sécularisation de l'argumentation : cette parade est une version laïcisée de l'idée suivant laquelle on résiste aux affirmations sacrées, à cause de notre état de péché (d'où, dans l'augustinisme, la nécessité d'une grâce prévenante pour saisir l'argumentaire de la foi).

On s'attachera ici à la déconstruction®, c'est-à-dire à la déconstruction enregistrée comme un pur procédé technique ou commercial, une simple marque, non à la pensée de Jacques Derrida : ce qui nous intéresse, c'est l'usage qui a été fait de la déconstruction dans la vulgate de la fin de la métaphysique. Cependant il faut noter que le destin de la déconstruction est peut-être inclus en puissance dans l'ambiguïté de la position de son auteur, qui n'a cependant certainement jamais souhaité qu'elle devienne un ouvre-boîte polyvalent ou, en termes plus précis, qu'elle retombe dans une pure et simple herméneutique. La pensée de Jacques Derrida a en effet un double point de départ dont on peut d'emblée interroger la cohérence :

I. Moi, J.D., je n'écrirai pas de textes philosophiques, seulement des textes.

II. La métaphysique est un ensemble de textes, de discours.

On voit en effet dès l'abord l'étrangeté de la position énonciative de quelqu'un qui s'excepte de la totalité de ce qu'il prétend décrire ou même écrire, ou au moins de ce à quoi il a affaire. On comprend aussi que la stratégie d'une telle pensée (puisque apparemment il vaut mieux ne pas parler de philosophie, selon le vœu même de l'auteur, comme pour Heidegger) soit essentiellement oblique. Il n'existe pas à notre connaissance un texte clair de Derrida sur le rapport entre destruction de la métaphysique selon Heidegger et déconstruction.

Sophismes et manœuvres dilatoires

On peut montrer que la déconstruction® repose essentiellement sur une série de sophismes. Le sophisme modal[35] et que j'appellerai, en hommage, « sophisme de Mulligan-Descombes[36] » qui est le moteur de toute cette affaire, est le suivant[37] :

On pourrait montrer que ça ne peut pas être non-p, donc p est nécessaire.

C'est un sophisme parce que en logique modale : $(M\neg M\neg p) \supset Lp$ n'est pas valide, alors que

$$\neg M\neg p \Leftrightarrow Lp$$

est valide (c'est même l'interdéfinition du possible et du nécessaire, depuis Aristote).

$$(M\neg M\neg p) \supset Lp$$

n'est pas valide, car le sens intuitif de cette formule est : « dans au moins un monde possible s'il n'est pas possible que non-p, alors p est nécessaire », ce qui est faux, car il faut que dans tous les mondes possibles s'il n'est pas possible que non-p, alors il est nécessaire que p :

$(L\neg M\neg p) \supset Lp$

qui est parfaitement trivial dans S5.

Ce sophisme prend des formes différentes :

— On pourrait montrer que toute l'histoire de l'écriture ne peut pas ne pas privilégier la parole ⇔privilégier la parole est nécessaire.

— On pourrait montrer que dans la métaphysique l'être ne peut pas ne pas être présence ⇔l'être est nécessairement présence.

Ce sophisme a même une forme modale plus simple, qui est évidemment à la fois malformée et invalide, la possibilité, même anticipée dans un futur quasiment eschatologique, n'impliquant jamais la nécessité :

$F^*Mp \vdash p \supset Lp$

Nous avons introduit l'opérateur F* pour le « futur titanesque » : F*p signifie : dans un futur postérieur à ma tâche titanesque, il est vrai que p ou plus brièvement : « il sera titanesquement vrai que p ». Ce qui signifie : « il sera le cas qu'il est possible d'asserter p, donc p est nécessaire » ou : dans le futur (quand le déconstructeur aura achevé son travail titanesque) il sera possible d'asserter que p, donc p est nécessaire dès aujourd'hui. Dans le futur, on pourra montrer que la métaphysique a telle ou telle propriété, donc elle a nécessairement cette propriété.

Le « on pourrait montrer » pointe vers un avenir indéfini. On exprime sans cesse le caractère harassant, interminable, infiniment complexe de la tâche à accomplir et donc en général ce qu'on veut montrer est simplement ajourné. Vu l'holisme extrême de ce textualisme, la lecture du moindre texte convoque toute l'histoire de la métaphysique, l'analyse de n'importe quel concept entraîne celle de tous les concepts reliés à celui-là et de proche en proche l'analyse de tous les autres (cf. les positions A et B, p. 51-57). Stylistiquement, il faut dire : la subversion de toute la conceptualité logocentrique, pour donner l'impression de travaux d'Hercule, et non de velléités. Cette posture héroïque est extrêmement confortable, comme celle du solipsiste de Santayana.

Ce sophisme de Mulligan-Descombes est lié à d'autres manœuvres dilatoires dont le schéma est :

X est fondamental pour Y, mais montrer X demanderait une étude exhaustive de tous les présupposés de Y, donc commençons par en examiner quelques-uns.

Exemple : la logique de la différance (différ*e*nce renommée différ*a*nce, pour bien montrer qu'un processus non formalisé de différenciation opère non dans les formes de la réalité elle-même, mais purement et simplement dans les langages, les discours et les textes) est fondamentale pour la structure de la métaphysique, mais son explicitation demanderait une connaissance de tout le texte de la métaphysique, donc commençons par examiner tel ou tel présupposé (le logocentrisme, la présence, etc.).

Ce présupposé est massif, hypercomplexe, donc commençons par regarder une note de Heidegger, par faire nos choux gras de quelque broutille, notule ou apostille, par exemple sur une note de blanchisserie de Nietzsche (« porter à repasser et à laver trois chemises chez De Luca, via Garibaldi. 100 lires ? »), un déconstructeur expérimenté pourrait écrire :

> « Dans cette note est présente toute la structure de l'éternel retour (l'éternel retour de la chemise chez le blanchisseur) et de la différance : le mouvement de propre-té auto-contradictoire (il faut écrire pour laver — de tout soupçon ?). Et le retour passe et repasse (on peut lire sur/dans la note (le fragment blanc comme la chemise, mais organisant des traces différantes) : repassage. Or qu'est-ce qui repasse sinon le Même ? On pourrait montrer que toute l'histoire de la métaphysique de Platon à Hegel n'est qu'une entreprise de blanchissage. Il faudrait inventer un nouveau mot : ni blanchissage, ni blanchiment : blanchissement, pour dévoiler le procès toujours recommencé du propre. »

Ajoutons à cela le textualisme qui consiste à transformer n'importe quelle question, même triviale, en un parcours interminable de textes, à remplacer (1) par (2) :

(1) est-ce que p est vrai ?

(2) est-ce que le texte où figure p est a) à l'intérieur, b) au bord, c) presque en dehors du Texte métaphysique ?

Un autre sophisme est à la base de l'entreprise : puisque tout signifié renvoie à la totalité des signifiés, aucun signifié ne renvoie à un référent et la totalité du langage flotte sans être amarrée à la réalité, les relations contingentes entre langage et réalité étant arbitraires. On peut remarquer en passant que certains postanalytiques mettent ceci en relation avec le « *no fact of the matter* » de Quine (la critique quinienne de l'empirisme des *hard facts* qui seraient comme un roc sur lequel bâtir toute la connaissance).

Un corollaire de ce pseudo-principe (qui est, répétons-le, et nous allons le montrer immédiatement, un pur sophisme) est que l'approche référentialiste du langage est une illusion. On comprend alors plusieurs choses étonnantes à première vue. Tout d'abord le succès de la déconstruction chez certains théologiens, ou plus précisément chez ceux qui veulent penser la révélation en dehors de la théologie, suspecte d'alliance objective avec la métaphysique et donc de travestir la révélation ; on ne s'y attardera pas, on retrouve ici un écho de Van Fraassen (cf. *supra*). Ensuite, et c'est plus important pour notre propos, le lien contre nature apparemment entre constructionnisme social et déconstruction®. Les constructionnistes sociaux soutiennent que tout, même la science, même les atomes, le genre sexuel, les gamètes, les os taillés, les molaires d'ours, est construction sociale. Les déconstructionnistes® appliquent leur clef universelle au droit, à l'économie, à la lutte des femmes, à la psychanalyse, à l'architecture (cf. *Magazine litté-*

raire, avril 2004) et pour un esprit simple, mettons un Persan, ou un Iroquois, il y a antithèse entre les uns et les autres. Que nenni. Les constructionnistes en fait veulent déconstruire et les déconstructionnistes® soutiennent aussi la thèse que tout est construction, en vertu du sophisme que l'on vient de formuler (rappelons-nous leur refus du donné, de la présence). Ce sophisme provient d'une erreur triviale sur la nature de l'holisme sémantique et d'une mauvaise interprétation du structuralisme saussurien. Davidson[38] et Quine[39] ont montré effectivement que toute signification d'un mot est fonction de sa place dans un énoncé (ce que Frege avait explicité[40]) et que toute signification d'un énoncé est fonction de sa place dans un réseau d'énoncés et donc que toute interprétation est holistique, ce qui n'empêche nullement que l'on puisse d'une part analyser la référence des termes dans les énoncés et d'autre part fournir les conditions de vérité des énoncés, grâce à la sémantique de Tarski, qui ne réclame pas l'indépendance ultime des énoncés, mais les évalue relativement à un langage, de manière récursive[41], ce qui tient compte du caractère holistique mentionné. L'erreur triviale est de penser l'holisme non au niveau propositionnel, mais au niveau lexical. Du fait que la structure du signe chez Saussure est la conjonction d'une image conceptuelle (signifié) et d'une image phonique (signifiant), le signe lui-même comme un tout étant signe d'une réalité amorphe découpée par les concepts (techniquement, cela veut dire que la valeur d'un signe est différentielle, extra-référentielle), on en déduit (?) que la différence est première. Il s'agit d'une erreur car le véritable structuralisme consiste à différencier la place et le terme. La structure des places précède l'investissement par les termes, mais cette structure des places est une modélisation de la réalité sociale, ou physique, comme on peut le voir dans des variantes anthropologiques ou scientifiques du structuralisme (puisqu'il existe un structuralisme épistémologique, mathématique et même expérimental)[42].

La déconstruction® et la science.
Constructionnisme radical
et déconstructionnisme

La science même peut être déconstruite® puisqu'on connaît la démonstration à la fois rigoureuse et espiègle de Sokal et Bricmont réussissant à faire passer dans une revue, *Social Text*, un article pataphysique sur la mécanique quantique mêlant les pires poncifs pour montrer, à partir d'une « herméneutique transformative » (!) que la science est une construction sociale. Dans cette parodie, se trouve la citation de Jacques Derrida, précédée de l'obligatoire rodomontade, imitée des épigones :

> « La réponse perspicace [à Jean Hyppolite] alla au cœur de la relativité générale : "La constante einsteinienne [invariance de l'équation du champ ou vitesse de la lumière ?] n'est pas une constante, c'est un centre. C'est le jeu même de la variabilité — c'est en fin de compte le concept du jeu. En d'autres termes, ce n'est pas le concept de quelque *chose* — d'un centre à partir duquel un observa-

teur pourrait maîtriser le champ — mais le concept même du jeu" » (cité *in* Sokal et Bricmont, p. 222, extrait de « Structure, sign and play in the discourse of human science », 1970, p. 267).

Il ne s'agit pas simplement d'épingler l'ignorance d'un philosophe, qui fait autorité dans certains milieux, sur un point très connu de théorie physique contemporaine, qu'il ne veut qu'utiliser, comme un canevas, sur lequel il brode son propre motif, celui du centre et du jeu, mais de remarquer que le déconstructionnisme® généralisé a produit les conditions objectives dans lesquelles les mécanismes d'immunité des organismes scientifiques, comme les revues respectables (mais aussi les colloques, les *readers*, les *companions*) ne fonctionnent plus, en vertu d'une inhibition massive, produite par une intimidation retorse. À partir du moment où l'on peut faire semblant de comprendre, avoir peur de ne pas comprendre, avoir peur de ne pas faire semblant de comprendre, craindre de paraître faire semblant de comprendre, les mécanismes d'immunisation sont inhibés et la prise au sérieux d'une telle citation dans une revue sérieuse est un symptôme révélateur de cet état de choses[43].

La déconstruction® a laissé un vide immense, une béance épistémologique où peuvent se combiner le dédain de la science, conçue comme une construction arbitraire de présupposés métaphysiques et une métaphysique jugée oppressive (pourquoi ?) et dangereuse (comment ?). Il s'agit de la généralisation de l'interprétation destructive à des secteurs entiers de la vie intellectuelle, marqués traditionnellement comme normatifs, comme l'épistémologie (avec l'herméneutique textuelle de la science), le droit (les juristes déconstruisant les codes), ou la critique littéraire qui a produit cette situation où l'autoréflexion chagrine ou jubilatoire s'est substituée à l'innovation et à l'invention conceptuelles. L'herméneutique textuelle de la métaphysique, sous couvert de déconstruction®, s'est substituée à la métaphysique et le jeu littéraire s'est substitué à l'herméneutique. Le déconstructionnisme® généralisé a réussi à transformer la métaphysique en jeu de société.

Il est curieux que les déconstructeurs® surestiment le pouvoir oppressif et violent de la métaphysique, qui après tout ne semble pas être la menace la plus inquiétante, ou même un danger sérieux pour l'humanité dans son ensemble, à moins de faire de la métaphysique un instrument aux mains des appareils militaires et industriels, ce qui est lui prêter beaucoup et surestimer son intérêt pour les grands de ce monde. Il faut une sérieuse dose de mysticisme pour croire que le Pentagone est logocentrique et General Motors soumis au présupposé massif de la présence, il faut avoir perdu son bon sens pour penser que la métaphysique fait régner l'ordre. Quand « l'ordre règne à Varsovie », il a été imposé par la Wehrmacht et l'Armée rouge et non par le logocentrisme.

La raison en est probablement partiellement au moins sociologique : les déconstructeurs® sont des clercs élevés dans cette culture dont ils ont subi le caractère artificiel et livresque, admirablement décrit dans *Les Mots* de Sartre, ou *Aden Arabie* de Nizan, et ils entendent à peu de frais mener en partisans, en francs-tireurs, en snipers, en « vietcongs de la pensée » (Trottignon), une *Kleinkrieg* (litt. « petite guerre », guérilla) dont on se flatte de dire avec Flaubert « qu'elle fait plus de mal à l'ennemi que la guerre régulière » (*Dictionnaire des idées reçues*). Ceux qui ont découvert cette culture par eux-mêmes, de manière vivante, comme un Brodsky[44], un Canetti, un Orwell par exemple, dans des circonstances réelles (goulag, guerre, colonialisme...), ont plutôt le sentiment de son extraordinaire fragilité et s'ils haïssent autant que les clercs habillés en partisans la culture morte et artificielle, ils font la différence avec ce qui sert d'ultime rempart contre la barbarie : la réflexion analytique, nuancée, critique, que l'on peut comparer au « petit mur » dont Platon dit qu'il nous abrite « du tourbillon de poussière » (*Rép.*, 496c 5) — pour bien montrer l'extrême fragilité de la pensée face à l'injustice et à l'impiété.

On peut résumer sous forme de tableau ce que l'on pourrait nommer les degrés d'engagement destructif : au degré 1, la métaphysique est critiquée pour son caractère stérile et son verbalisme, et on préconise de limiter ses prétentions et de la réduire à l'analyse conceptuelle.

Au degré 2, on détruit la métaphysique conçue comme un obstacle à une pensée authentique.

Au degré 3, on détruit non seulement la métaphysique, mais les normes intellectuelles censées lui être associées (clarté, vérité, utilité) :

Degré 1 : limitation des prétentions de la métaphysique	Degré 2 : destruction en vue d'une métaphysique authentique ou d'une pensée scientifique	Degré 3 : destruction radicale ou destruction de la destruction
PARADIGMES : Kant	Heidegger avant la *Kehre*	Heidegger après la *Kehre*
EXEMPLES RÉCENTS : Strawson et le kantisme analytique Analyse conceptuelle	a) école heideggerienne d'histoire de la philosophie Honnefelder, Courtine, Boulnois b) positivisme cognitiviste	Courants déconstructionnistes® : constructivisme social, relativisme radical

TROISIÈME PARTIE

L'HYPOTHÈSE DE LA PENSÉE VOLÉE

CHAPITRE VII

L'onto-théo-logie et l'essence de la métaphysique

Utrum Deus sit omnia in omnibus.

Pic de la Mirandole, *900 conclusions*, n° 717.

Allez, la musique.

Lautréamont, *Poésies*.

La lecture contemporaine de la métaphysique est dominée par un autre paradigme, à côté de ceux de fin de la métaphysique, de mort de Dieu, de destruction et de déconstruction, celui de l'onto-théo-logie. Ce paradigme a été mis en place par Heidegger et il est utilisé fréquemment par les historiens de la métaphysique, non nécessairement d'obédience heideggerienne d'ailleurs, tant il a gagné en notoriété et en autorité. Il semble aller de soi que la métaphysique a une structure onto-théo-logique, ce qui signifie qu'elle serait indissolublement ontologie, théologie et logique. Si cette évidence semble si massive, elle ne doit pas pour autant être à l'abri d'une interrogation critique. Qu'entendons-nous exactement par onto-théo-logie ? Est-ce que ce paradigme livre effectivement quelque chose de la nature et de la structure de la métaphysique ?

L'origine du terme onto-théo-logie

Le terme même d'onto-théo-logie (*Ontotheologie*) provient de Kant :

> « La théologie transcendantale, ou bien pense dériver de l'être originaire une expérience en général (sans rien déterminer de plus précis sur le monde auquel celle-ci appartient) et elle s'appelle cosmothéologie ; ou bien elle croit connaître son existence sans l'aide de la moindre expérience et elle se nomme *onto-théologie*[1] [je souligne] » (Kant, I, p. 1239).

L'onto-théo-logie est donc pour Kant la théologie transcendantale *a priori*. On sait que pour Kant la théologie transcendantale se distingue de la théologie naturelle par son simple recours à des concepts transcendantaux (comme *ens originarium, ens realissimum, ens entium*) qui sont des déterminations ontologiques de l'être de Dieu. On comprend dès lors que Heidegger ait repris ce concept à Kant pour caractériser la métaphysique dans la mesure où pour lui elle s'est plus ou moins assimilée à une théologie, en identifiant l'être de l'étant avec l'étant suprême, Dieu. Heidegger introduit l'insistance sur la logique, en décomposant l'onto-théo-logie (qui n'est chez Kant que : ontologie + théologie, comme cosmothéologie = cosmologie + théologie) en onto-théo-logie, entendue comme ontologie + théologie + logique. Nous commencerons par examiner la nature exacte de la thèse heideggerienne sur la nature de la métaphysique avant de la mettre à l'épreuve.

Nature de l'onto-théo-logie chez Heidegger

Heidegger revient sur l'essence de l'ontologie dans un texte bref de 1957, « La constitution onto-théo-logique de la métaphysique », dans lequel nous chercherons la réponse à notre question. Il s'agit d'une conférence, tirée d'un séminaire sur la *Logique* de Hegel. On sait que ce dernier a identifié logique et métaphysique, ce qui explique l'insistance dans le texte de Heidegger sur la logique. Il s'agit donc dans le texte de la logique spéculative de Hegel, peut-être de la logique transcendantale de Kant, mais pas de la logique formelle frégéenne[2], car Heidegger ne s'est pas occupé des tentatives métaphysiques utilisant cette logique comme canon, ou comme organon, pour reprendre la distinction kantienne. Jamais Heidegger n'aurait pu ou en tous les cas n'a pu considérer qu'il y avait par exemple une métaphysique russellienne (préférant parler de « métaphysique de l'âge atomique » [Heidegger, 1968, p. 286] en général), mais ce cas n'est pas particulier à la métaphysique analytique, la pensée de Heidegger (et des heideggeriens) reposant sur un système d'exclusions — la pensée juive par exemple est aussi exclue, d'où l'absence de Maimonide, Spinoza, etc. La pensée heideggerienne a hérité du maître des travers qui la singularisent ; elle a par exemple constamment besoin d'opérer des classements, des reclassements, de déterminer de plus en plus finement la place de tel ou tel philosophe — est-il massivement onto-théo-logique ? Tente-t-il de dépasser la métaphysique ? Voilà les questions que l'on se pose au lieu de se demander si telle ou telle de ses doctrines est vraie ou fausse. La grande affaire est de dépasser la métaphysique et non d'aboutir à la vérité (conçue quelquefois comme une idole à abattre) ou au moins de s'en approcher dans un mouvement d'asymptote (cf. C.S. Peirce).

On est en présence d'une frappante asymétrie : certains métaphysiciens analytiques, même s'ils constituent une minorité, sont capables de lire sans exclusive Kant ou Heidegger (cf. Dale Jaquette, 2000), mais ceux qui acceptent les thèses mises au compte de ces auteurs sur le dépassement ou la fin de la métaphysique se montrent jusqu'ici pour la plupart incapables ou en tout cas fortement non désireux de lire la métaphysique analytique, en affichant des préventions *a priori*. Cela revient à dire qu'il y a une forme de limitation favorisée par le ressassement du thème de la destruction de la métaphysique, limitation dont on repère déjà et aussi les sources dans le texte de Heidegger que nous nous proposons de lire.

Le développement sur la constitution onto-théo-logique de la métaphysique survient dans le texte de 1957 à propos de la question du commencement chez Hegel, telle qu'elle est exposée au début de la *Logique*. Il s'agit plus précisément de cette remarque de Hegel :

> « c'est Dieu qui aurait incontestablement le droit le plus incontestable qu'on commence avec lui » (cité *ibid.*, p. 288).

Cette déclaration de Hegel figurant dans un morceau sur le « commencement de la Science », Heidegger en infère que « si la Science doit commencer par Dieu, elle est science de Dieu, théologie » (*id.*). Cela amène la question :

> « Pourquoi la Science — puisque tel est depuis Fichte le nom donné à la métaphysique — est-elle une théologie ? » (*ibid.*).

On est en présence d'une série de glissements :

Hegel mentionne que Dieu pourrait faire partie du commencement de la logique,

on passe d'une science qui commence par Dieu à une science de Dieu [premier glissement : c'est tout de même fort différent !]

et comme la métaphysique réclame le titre de science (Fichte) [deuxième glissement, purement textuel],

alors on peut identifier relativement métaphysique et théologie [troisième glissement, par pseudo-inférence reposant sur une substitution des identiques].

Le passage clef dans lequel Heidegger énonce sa thèse mérite d'être cité, car il combine fausse érudition historique, assurance dogmatique et appel au sens du mystère :

> « Au tournant du Moyen Âge et des Temps modernes apparaît l'appellation scolastique donnée à la science de l'être, c'est-à-dire de l'étant comme tel en général : ontosophie ou ontologie. Mais dès son début chez les Grecs et avant d'être liée à ces appellations, la métaphysique occidentale était à la fois une ontologie et une théologie. En consé-

quence dans mon cours inaugural *Was ist Metaphysik ?* (1929) la métaphysique a été définie comme la question visant l'étant comme tel *et* dans son tout. La totalité de ce tout est la totalité de l'étant, laquelle unit en sa qualité de fond producteur. Pour qui sait lire, cette remarque signifie : la métaphysique est une onto-théo-logie » (Heidegger, 1968, p. 289).

Pour mieux rendre sensible la présence de la logique dans la métaphysique, Heidegger corrige cette définition :

« La métaphysique, pensée d'une manière plus vraie et plus claire, est une onto-théo-logique » (*ibid.*, p. 293).

Le sens de « Logique », répétons-le, est celui qu'a ce terme d'après Heidegger dans la *Logique* de Hegel :

« Une pensée qui approfondit l'étant comme tel et le fonde en raison dans le Tout à partir de l'être comme fond (*logos*) » (*ibid.*, p. 293-294).

Heidegger n'est sûrement pas le premier à avoir relevé ces traits fondamentaux de la métaphysique. Par contre, il est probablement le premier à articuler ces traits pour définir une structure stable de la métaphysique qui expliquerait son histoire. Il met à cet effet en rapport deux éléments :

« Et surtout la métaphysique (...) est bien plutôt une théo-logique parce qu'elle est une onto-logique. Elle est ceci parce qu'elle est cela. La constitution essentiellement onto-théologique de la métaphysique ne peut être expliquée ni à partir de la théologique, ni à partir de l'ontologique, à supposer qu'une explication suffise jamais pour ce qui est et demeure le point à considérer » (*ibid.*, p. 294-295).

La thèse de Heidegger, autant qu'on puisse la comprendre (puisque apparemment il y aurait quelque chose de mystérieux, en tous les cas d'inexplicable, dans toute cette affaire), est que l'unité structurelle de la métaphysique ne doit pas être cherchée de manière ultime dans la manière dont se rapportent les uns aux autres les éléments qu'il a dégagés (ontologie, théologie, logique) mais dans la position même de la métaphysique quant à sa pensée fondamentale :

> « La constitution essentielle de la métaphysique repose sur l'unité de l'étant comme tel, considéré à la fois dans ce qu'il a d'universel et dans ce qu'il a de suprême » (*ibid.*, p. 295).

L'essence de la métaphysique est onto-théologique ; il s'agit de penser cette essence. Heidegger n'attribue donc pas de valeur explicative à cette structure prise séparément : ce qu'il s'efforce de déterminer, c'est la raison de cette structure, ce qu'il appelle, de manière léniniste[3], un « pas en arrière » : il s'agit de tenter dans une démarche régressive de saisir la raison dernière de la structure qui détermine toute pensée représentative de l'étant, par un pas en arrière vers la différence qui fonderait cette pensée représentative. L'idée fondamentale est que la métaphysique en tant que pensée représentative est une pensée qui repose tout entière sur la différence, mais qu'elle ne pense pas cette différence en tant que telle. Les thèmes de la structure onto-théo-logique et de la différence ontologique sont donc liés :

> « La métaphysique correspond à l'être comme *logos*, elle est donc une “logique” dans toute sa ligne principale, mais c'est une logique qui pense l'être de l'étant, donc une logique marquée par ce qu'il y a de différent dans la Différence : une onto-théo-logique.
>
> Dans la mesure où la métaphysique pense l'étant comme tel dans sa Totalité, elle se représente l'étant dans la perspective de ce qu'il y a de différent dans la Différence, sans avoir égard à la Différence comme telle » (*ibid.*, p. 304-305).

La thèse sur la structure onto-théo-logique de la métaphysique n'est donc pas en toute rigueur et en tout cas pas seulement une hypothèse de lecture de l'histoire de la métaphysique. Il s'agit là d'une thèse forte sur l'essence de la métaphysique, peut-être exprimée le plus clairement dans les lignes suivantes :

> « Quand la métaphysique pense l'étant dans la perspective de son fond, qui est commun à tout étant comme tel, elle est alors une logique en tant qu'onto-logique. Quand la métaphysique pense l'étant comme tel dans son Tout, c'est-à-dire dans la perspective de l'Étant suprême qui fonde en raison toutes choses, elle est alors une logique en tant que théo-logique » (*ibid.*, p. 305).

Deux thèses distinctes se laissent discerner dans tout ce qui précède.

La première énoncerait d'une part que la métaphysique est l'oubli de la différence ontologique et, d'autre part, relativement à cet oubli, qu'elle est essentiellement une théologie voilant la différence, en identifiant l'être et l'étant suprême, Dieu dans la théologie chrétienne[4].

La seconde affirmerait la primauté absolue de la logique même dans l'élément théologique : la différence voilée et oubliée serait réduite à une différence purement logique.

On peut éclairer ce jeu sur la différence logique et la véritable Différence[5] en rappelant que dans *Qu'est-ce que la métaphysique ?* Heidegger, de manière analogue, distingue la négation logique d'une négation plus originaire que l'on peut appeler « néantir ». Cette stratégie heideggerienne de régression à l'égard des concepts de la logique est une constante. Si nous pensons X en tant que Y à l'aide d'un concept logique Z, la stratégie de Heidegger ne consistera pas, comme la plupart des philosophes, à argumenter en faveur ou en défaveur de X en tant que Y, mais à s'interroger non sur la pertinence de Z (son impertinence est présupposée), mais à s'efforcer de trouver un mécanisme Z' qui puisse produire ou expliquer l'existence de Z. En ce sens et en des termes qui ne sont pas ceux de Heidegger mais qui peuvent éclaircir le propos et le généraliser (car nous faisons tout sauf de l'exégèse des textes de Heidegger), la thèse directrice pourrait être formulée ainsi : l'ontologie qui est le noyau de la métaphysique obéit à une logique ; pour échapper aux limitations de l'ontologie il faut mettre en question la logique et rendre compte de la constitution de ses concepts et présupposés fondamentaux dans une méta-ontologie.

CHAPITRE VIII

Penser contre la raison ?

Parler contre la raison, c'est parler contre la vérité, car la raison est un enchaînement de vérités.

Leibniz, *Nouveaux Essais*, I, XXII, § 50, Gerhardt, 5, p. 185.

Nul raisonneur ne croit contre sa raison.
Lautréamont, *Poésies*.

L'interprétation que nous avons donnée dans le chapitre précédent de l'hypothèse onto-théologique est peut-être trop généreuse, car elle masque une caractéristique fondamentale de la pensée de Heidegger sur la constitution de la métaphysique : son irrationalisme. Pour essayer de saisir clairement la thèse de Heidegger, nous avons provisoirement mis au second plan ces éléments irrationnels. Ils sont cependant omniprésents. Il ne s'agit pas d'éléments irrationnels qui seraient accidentels ou contingents : c'est toute la démarche qui est ouvertement irrationnelle. En effet s'il s'agit de savoir comment Dieu entre dans la philosophie, à l'occasion d'une remarque de Hegel dans sa *Logique*, la méditation sur la logique ou le logique qui suit conduit à les rejeter en faveur d'une médiation plus authentique qui se libère des contraintes rationnelles. On peut se persuader du caractère irrationnel de la démarche en examinant par exemple la figure de la Conciliation (*Austrag*), littéralement du règlement. Voici comment est introduite cette figure :

> « L'être se montre à nous comme la Survenue qui découvre. L'étant comme tel apparaît dans le mode de cette arrivée qui s'abrite dans la non-occultation.
>
> Si l'être, au sens de la Survenue qui découvre, et l'étant comme tel, au sens de l'Arrivée qui s'abrite, s'accomplissent comme étant ainsi différents, ils le font en vertu du Même, de la Dimension (*Unter-Schied*). Cette dernière seule fournit et tend l'entre-deux (*das Zwischen*), où Survenue et Arrivée sont maintenues en rapport, écartées l'une de l'autre et tournées l'une vers l'autre. La différence de l'être et de l'étant, comprise comme la Di-mension de la Survenue et de l'Arrivée, est la Conciliation, dé-couvrante et abritante, de l'une et de l'autre. Dans la Conciliation prédomine l'éclairement de ce qui se ferme et se voile ; et c'est par cette prédominance que la Survenue et l'Arrivée sont à la fois écartées l'une de l'autre et référées l'une à l'autre. Si nous essayons ainsi de considérer la Différence comme telle, nous ne la faisons pas disparaître, nous la suivons jusqu'à son origine essentielle. Chemin faisant, nous pensons la Conciliation de la Survenue et de l'Arrivée. Ce n'est rien d'autre que le propos même de la pensée, examiné de plus près : c'est l'être pensé à partir de la Différence » (*ibid.*, p. 299-300).

Dans ce texte, Heidegger parle de « penser » et non de « connaître ». L'être peut être pensé ; il ne peut à strictement parler, selon lui, être connu, comme la chose en soi kantienne. Cette pensée n'obéit pas à la raison (c'est la connaissance, surtout sous sa forme éminente, la science qui obéit à la raison, entendue comme logique — cf. *supra*). Heidegger est parfaitement clair sur cette disjonction de la pensée et de la Raison :

> « Et la Pensée ne commencera que lorsque nous aurons appris que cette chose tant magnifiée depuis des siècles, la Raison, est l'ennemie la plus acharnée de la Pensée » (« Le mot de Nietzsche "Dieu est mort" », *in fine*, Heidegger, 1962, p. 219).

Penser en figures

Il ne s'agit pas de penser en dehors de la raison (ce qui serait insensé et ouvrirait au délire pur et simple[1]), mais de penser contre la raison, ce qui est censé contribuer à libérer une pensée plus authentique. On connaît des domaines entiers qui se sont placés dans cette posture, notamment la poésie et la mystique — plus exactement certaines formes de poésie et de mystique — ; la partie existentielle de la métaphysique, celle qui concerne l'existence humaine aux prises avec les universaux du temps, de la mort, de l'absence de Dieu, s'est toujours alimentée à ces sources, mais habituellement l'ontologie obéit à des idéaux rationnels, ce qui prend sa forme achevée chez Wolff dans son *Ontologia*, le traité le plus systématique d'ontologie traditionnelle, déduisant l'existence et l'essence du principe de non-contradiction et du principe de raison. On rétorquera que précisément on s'efforce de promouvoir une pensée qui, dépassant la métaphysique, ne répéterait pas les contraintes de l'ontologie surtout traditionnelle. Soit. Mais la question se pose tout de même de la nature de cette pensée. On connaît les critiques de l'usage heideggerien de l'étymologie et du langage en général (Carnap [cf. p. 154 s], Adorno, Bourdieu, Löwith, etc.) et on ne les répétera pas ici. On se contentera de citer une analyse moins connue de Voegelin sur un passage de *Sein und Zeit* décrivant le clignotant des voitures automobiles. Le passage de Heidegger est assez savoureux pour qu'on le reproduise :

> « Récemment les voitures ont été équipées d'une flèche rouge mobile dont la position à chaque fois, à un croisement par exemple, indique quelle direction la voiture va prendre (...) Ce signe est à portée de main de manière intra-mondaine au sein d'un complexe total d'outils (*Zeugzusammenhang*) des moyens de locomotion et des règlements de circulation. En tant qu'outil (*Zeug*) cet outil de monstration (*Zeigzeug*) est constitué par le renvoi (*Verweisung*). Il a le caractère du pour (*Um-zu*) (...) il a son utilité déterminée ; il est là pour montrer (*zeigen*). Ce montrer du signe (*Zeigen des Zeichens*) peut être saisi comme "renvoyer". Toutefois, il faut y prendre garde, ce "renvoyer" comme montrer (*Zeigen*) n'est pas la structure ontologique du signe (*Zeichen*) comme outil (*Zeug*). (...) L'outil de monstration (*Zeigzeug*) a dans l'usage préoccupé un emploi privilégié » (*Être et Temps*, trad. fr. A. Martineau modifiée, p. 77-78).

Eric Voegelin commente ce texte dans un appendice, « La désorientation spirituelle de l'Allemagne : trois études de cas (Heidegger, Niemöller, Schramm) » de son livre consacré à *Hitler et les Allemands* (Seuil, 2003). En quoi ce texte a-t-il à voir avec la désorientation spirituelle, qui selon É. Voegelin, a jeté l'Allemagne, et Heidegger aussi, dans les bras du *Führer* ? En quoi ce texte est-il important à ce moment de notre propos, où nous nous interrogeons sur le rapport au langage de Heidegger, en arrière-plan de sa pratique des réseaux de figures ou de métaphores ?

E. Voegelin nous met sur la voie en parlant du sentiment d'étrangeté que nous éprouvons face à de tels textes, où

> « un médium linguistique (...) mène une vie allitérative propre et perd ainsi contact avec la chose même » (*op. cit.*, p. 310).

Prenons l'expression *Zeigung* (litt. « monstration » ; *zeigen* « montrer » ; *Zeigung* « action de montrer »), c'est une création de Heidegger (l'allemand connaît *Zeiger,* mais pas *Zeigung*). Heidegger l'utilise pour substituer à la notion de relation (*Beziehung*) utilisée par Husserl pour désigner le rapport du signe à la chose à laquelle il se rapporte. Heidegger dans ce qui précède ce texte reproche à la notion de « relation » husserlienne d'être « formelle », de laisser la voie ouverte à la « formalisation ». La notion de *Zeigung* n'est pas définie, le mot doit dire de lui-même ce qu'il signifie. De plus *Zeigung* est choisi parce qu'il y a allitération avec *Zeug* (l'outil, ou l'« util » dans la traduction de F. Vézin). *Zeig/Zeug,* cela indique un rapprochement : l'outil montre, le signe est un outil, etc. L'exemple de la flèche de direction est de ce point de vue bien choisi : c'est effectivement un outil (*Zeug*) qui montre (*zeigt*) — donc c'est un *Zeigzeug* ! Inutile de beaucoup prolonger la démonstration : non seulement Heidegger s'en prend à la théorie husserlienne de la dénomination, de la signification, mais il détruit les bases de la description phénoménologique, en laissant s'interposer entre les choses et le langage philosophique le brouillard des relations sonores propres au langage, qu'il substitue au dévoilement des essences. E. Voegelin note avec à-propos que cet usage de l'allitération (constant dans l'œuvre de Heidegger, cf. *das Dingen des Dingens*, litt. « la chose du choisir », traduit par « le rassemblement de la chose » par A. Préau, *in* « La chose », *Essais et conférences*, trad. fr., p. 211) peut être rapproché d'une part des opéras de Wagner, et d'autre part des discours nazis. Il cite le célèbre *Heil Hitler !* comme un exemple de telle allitération. On comprend alors le lien qui existe selon E. Voegelin entre le déclin spirituel et le déclin de la langue. En préférant au vocabulaire abstrait, formel de Husserl, un langage primitif, fait d'assonances archaïques, Heidegger entend user de la régression de la langue à des fins d'embrigadement, et cette tactique d'usage philosophique de la décadence de la langue n'est possible que parce qu'il y a un déclin spirituel. On ne discutera pas cette dernière thèse de Voegelin, même si le dossier qu'il a réuni est impressionnant ; nous voulions simplement donner un exemple de perversion du langage, qui autorise le recours à l'assonance et aux métaphores au lieu de concepts. Une dernière remarque. En langage plus analytique et moins pittoresque, la thèse soutenue dans ce passage sur le clignotant est assez simple : c'est en fait une thèse pragmatiste qui énonce qu'un signe doit être interprété dans un contexte total où l'action est un paramètre important ; un pragmatiste pourrait endosser la critique de la notion trop abstraite de référence au profit d'une notion plus riche où la dimension de l'action dans un contexte soit comprise et pas éliminée, pour obtenir, comme chez Husserl, la pureté de la relation sémantique. On comprend alors que certains lecteurs de *Sein und Zeit* aient eu l'impression de retrouver des thèses pragmatistes bien connues.

Comme Heidegger lui-même le reconnaît à la fin du texte sur la constitution de la métaphysique, « le nœud de la difficulté réside dans le langage » (*ibid.*, p. 307), mais on ne peut réduire ce type de pensée à une tentative de subversion du langage, conçue comme chargée d'une métaphysique implicite (même si cet aspect des choses est très présent). Il y a de plus le recours à des figures comme la Conciliation qui ne peuvent être réduites à de simples mots. Le texte que nous commentons joue certes avec les mots — le jeu sur *Unterschied* et *Unter-Schied* est un bon exemple — mais il met aussi en place un réseau de figures, qui ne fait pas qu'obéir à des structures sémantiques (disons plutôt que ce réseau de figures utilise les ressources du langage naturel). Dans le texte ci-dessus, le réseau contient l'Arrivée, la Survenue et la Conciliation — ainsi que la

Différence qui est plus une figure qu'un concept, malgré les apparences. Le traducteur a eu conscience du statut distinct de ces termes puisqu'il leur a mis une majuscule (en allemand tous les noms ont une majuscule). La métaphysique traditionnelle utilise le langage naturel (souvent le latin, réputé plus précis) et définit les termes qui ont un rôle dans l'argumentation. Les définitions servent d'une part à éviter les contresens sur le sens des termes (héritant de l'ambiguïté et du vague du langage naturel) et d'autre part à exprimer l'essence des choses que l'on a vues au moyen de concepts. Une définition est un assemblage de concepts qui stipule de substituer au terme cet assemblage dans tous les contextes. Dans ce texte, Heidegger ne procède pas par définition, mais par jeu d'équivalences.

On pourrait répondre que dans la définition aussi on pratique un jeu d'équivalences. Si on définit un accident comme une entité dépendante, cela signifie que si dans un énoncé je lis « un accident ne peut se transmettre d'une substance à une autre substance », alors je peux substituer « une entité dépendante ne peut se transmettre d'une substance à une autre substance », ce qui pose le problème de savoir si la dépendance en question est particulière ou générique. Mais dans ce que certains appelleraient un jeu de langage, celui de la définition (cf. ci-dessus la prétendue réification des jeux de langage), la règle du jeu est de dire ce que l'on substitue avant de substituer, tandis que dans un réseau de figures la valeur de signification se livre au fur et à mesure des substitutions, des glissements, comme dans la poésie, ennemie de la définition[2]. La raison en est simple : la valeur sémantique d'un terme dépend de ce avec quoi il peut être échangé et cela est valable de tout langage, figural ou conceptuel. La différence est que dans un langage conceptuel, obéissant aux exigences de la raison, on explicite ces règles d'échange pour ne pas être victime d'un changement inaperçu lors d'un raisonnement. Ici la critique humienne de la métaphysique trouve toute sa force : la métaphysique est menacée par les disputes verbales et un jargon proliférant, des synonymies non réglées. L'attitude de Hume a été de la soumettre à un examen sceptique et aussi de la défendre contre le mépris injustifié. Kant a tiré les conséquences qu'il pensait devoir tirer de l'examen de Hume et dont certaines furent discutables, examen qui garde toute sa valeur, même si la mise au point du concept d'expérience dans le cas de la métaphysique est délicate.

Le réseau

Le réseau de figures du texte considéré est donc le suivant : la figure de l'être est la Survenue (non définie pour des raisons qu'on vient d'évoquer) et la figure de l'étant est l'Arrivée (on simplifie un peu). Entre l'être et l'étant il y a une Dimension, où s'articulent Survenue et Arrivée. Il s'agit plus d'une topologie que d'une logique et le terme de « figure » convient particulièrement bien. La Conciliation n'est pas définie comme différence de l'être et de l'étant, elle n'est pas substituable à la différence. La Conciliation est une figure dont le sens est donné par le fait qu'elle concilie la Survenue et l'Arrivée :

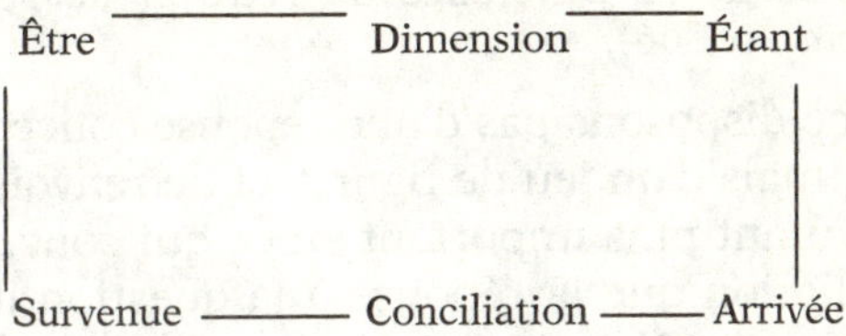

Cette conciliation a des propriétés (pour utiliser un vocabulaire que l'on pourrait juger pataud) : elle est dé-couvrante et abritante, parce que la Survenue découvre et que l'Arrivée abrite — on ne dit rien de plus en affirmant que la Conciliation est découvrante et abritante qu'en affirmant l'articulation de la Survenue et de l'Arrivée comme source de l'attribution de leurs propriétés, sans qu'il s'agisse de propriétés au sens strict. Il s'agit plus d'actions ou d'événements. La Survenue découvre ; l'Arrivée abrite. La Conciliation est découvrante et abritante. La différence est entre une action et l'attribution de cette action, comme dans « Marie chante » et « Marie est chantant ». Dans le second énoncé, on caractérise Marie comme exerçant l'action de chanter, mais on n'attribue pas la propriété de chanter à Marie, comme une propriété stable ou essentielle qui la définit. Bref, si l'on pense avec Heidegger que dans la constitution onto-théo-logique de la métaphysique la différence entre l'être et l'étant joue un rôle capital, et si à bon droit on s'interroge sur les relations entre l'être et l'étant, et que nous nous tournons vers la Conciliation dont Heidegger dit un peu plus loin

> « qu'elle est le "préambule introduisant à l'essence de la Différence de l'être et de l'étant" » (*ibid.*, p. 306),

nous ne disposons pas d'une réponse conceptuelle claire, mais d'un jeu de figures et de renvois. Ceci est d'autant plus important en ce qui concerne la Conciliation que la réponse à la question initiale « Comment Dieu entre dans la philosophie ? » est donnée par la Conciliation : « Dieu entre dans la philosophie par la Conciliation » (*id.*).

La Conciliation est donc une figure capitale à ces deux égards. Cependant, comme nous y avons insisté, la manière dont cette figure remplit sa ou ses fonctions n'obéit pas aux normes de rationalité que nous avons rappelées à propos de la définition. Nous sommes en présence d'une figure semblable à celles de la Chute ou de l'Abîme en théologie, qui tirent leur sens d'une histoire qui, comme celle du salut, surplombent l'histoire empirique et lui donnent un sens mais ne sont en rien des concepts. La théologie dans sa partie rationnelle de justification de la révélation et des dogmes obéit à des normes rationnelles. Qu'elle échoue ou pas dans sa tâche de justification, ce n'est pas important ici (Pascal pensait qu'elle échouait). L'élément que l'on pourrait appeler figuratif est doublé d'un élément conceptuel de justification, au sens d'une théorie de justification des croyances (encore une fois, que cela soit déplacé ou pas dans ce domaine n'est pas un point qu'on discutera ici). Il n'en va pas de même chez Heidegger. Il n'y a pas de justification rationnelle de cet élément figuratif et toute une partie de son œuvre ira chercher du côté de l'élément poétique une confirmation de l'existence d'une pensée a-conceptuelle et non rationnelle, fondée elle aussi sur des réseaux de figures[3]. On réfute une pensée qui avance des thèses et des arguments, on déroule ou on ne déroule pas les chaînes métaphoriques et narratives d'une pensée qui a tourné le dos à la raison, et dans les deux cas on donne raison à ce qui est sans raison : si on déroule les chaînes, on entre dans la logique du texte et si on ne les déroule pas, on est accusé de ne pas lire. Entre s'engluer dans la toile des associations et être accusé de s'en tenir à distance, le choix est difficile et il faut certainement le refuser. Cela explique, incidemment, que ces penseurs n'aient pas d'école ou de disciples au sens strict : ce qu'ils ont mis au point, c'est une marque de fabrique, forcément inimitable (cf. p. 178 *sq.*) et il ne peut y avoir que des glosateurs, des exégètes, pas des philosophes qui reprendraient le projet, puisqu'en fait la clef de toute l'énigme, c'est qu'à proprement parler il n'y a pas de projet.

CHAPITRE IX

La structure de la métaphysique et son histoire

L'Univers sera en expansion jusqu'à ce qu'il atteigne une taille maximum, puis il se contractera à nouveau.

S. Hawking, « Le bord de l'espace-temps ».

Ceux qui ont retenu l'hypothèse de l'existence d'une figure ou d'une configuration onto-théo-logique de la métaphysique ont en général simplifié cette hypothèse et s'abstiennent le plus souvent de reprendre le jeu dynamique des figures qui en expliquent la provenance, qui, si elles en sont la partie faible, ont au moins la fonction, sinon le mérite, de vouloir justifier l'hypothèse en question. Il ne s'agit pas ici d'être *plus royaliste que le roi* et de reprocher aux historiens de la philosophie travaillant dans le cadre de cette hypothèse de l'avoir justement réduite au cadre d'une hypothèse en coupant la structure de ce qui la produit et que Heidegger cherche à penser sous la forme d'un jeu de figures. Mais ce faisant et croyant gagner peut-être en respectabilité, ils ne font en fait que renforcer le caractère arbitraire de l'hypothèse onto-théo-logique. En effet, de deux choses l'une. Ou ce que dit Heidegger sur la constitution onto-théo-logique de la métaphysique est en fait un truisme poétiquement habillé de mystère, ou bien c'est une pensée forte et originale qui cherche son propre mode d'exposition, que l'on a appelé figuratif. Dans le premier cas, le truisme est d'affirmer que la métaphysique est à la fois ontologie, théologie et logique. À peu près tous les historiens de la métaphysique l'ont remarqué. Utiliser le nom de Heidegger pour donner de l'autorité à cette platitude est de l'ordre de ce que Berkeley a stigmatisé dans l'utilisation du nom propre d'Aristote par la Scolastique, ou du maître commentateur Averroès (*Aristoteles dixit, Commentator dixit*) — le recours à un argument d'autorité (incidemment par cette remarque Berkeley découvrait une fonction du langage, la fonction pragmatique liée à son usage social). Dans le second cas, il faut prendre le risque d'explorer les limites et les enjeux de ce mode d'exposition heideggerien. En fait les historiens de la philosophie en question occupent une position médiane (et inconfortable) : ils ne se contentent pas du truisme énoncé ci-dessus, ils l'enrichissent d'harmoniques, tout en se refusant à ce mode d'exposition par figures et lui substituent un mode d'exposition proche des techniques traditionnelles en histoire de la philosophie : recherche des filiations de concepts, lecture minutieuse des textes, etc. Ce sont des heideggeriens du centre droit ou du centre gauche, dans la terminologie de Vattimo-Eco. On peut remarquer qu'ils héritent quelquefois de la sémantique de leur maître en régressant d'une sémantique de l'énoncé à une sémantique du mot : il devient plus important de repérer les termes fondamentaux que de discuter et d'évaluer des énoncés de rang hiérarchiquement supérieur, c'est-à-dire impliquant ou commandant des séries d'autres énoncés. On peut remarquer aussi qu'ils héritent aussi l'habitude de raisonner historiquement sur les grandes figures de l'histoire de la philosophie, sans replacer la problématique des auteurs étudiés dans une problématique actuelle[1], en privilégiant l'histoire lexicale des concepts. Il ne s'agit pas de sous-entendre qu'un tel travail de lexicographe est inutile ; il s'agit sur un exemple précis d'illustrer ce que nous entendons par sémantique du mot, opposée à une sémantique de l'énoncé. Bien entendu, la réponse à cette caractérisation serait que loin de pratiquer une lexicographie, l'auteur en question recourt implicitement à une sémantique non de l'énoncé mais du texte, dans la mesure où chaque mot prend son sens à l'intérieur d'une histoire globale et à l'intérieur d'un corps de doctrine local (par exemple la philosophie de Malebranche puis le corpus total de la métaphysique). Cette réponse est incorrecte, dans la mesure où, comme nous l'avons montré, le recours à des principes holistes d'explication va contre la sémantique atomiste où précisément ce sont les énoncés et pas les mots qui sont les atomes.

La vulgate du dépassement

Nous avons parlé de position médiane, parce que le thème de la constitution onto-théo-logique est enrichi d'harmoniques, généralement la différence ontologique et le dépassement de la métaphysique. On aboutit alors à une sorte de vulgate heideggerienne pour la réponse à la question « qu'est-ce que la métaphysique ? ». La réponse est la suivante : la métaphysique est un corpus clos de textes, possédant une structure onto-théo-logique, mettant en place une différence ontologique entre l'être et l'étant (mais réduisant l'être à un étant maximum, à une cause, à un fondement, à une totalité, etc.) — c'était le point de départ de la déconstruction, avant qu'elle ne s'enlise définitivement. Ce corpus contient un ensemble de thèses métaphysiques qui doivent être dépassées pour parvenir à une véritable pensée (une de ces thèses métaphysiques peut être l'identification de l'être à la raison, avec l'injonction dans ce cas de penser en dehors de la raison ou contre elle) [2].

Nous avons exposé jusqu'ici dans ce chapitre et dans le précédent une vision linéaire de l'histoire de la métaphysique, celle qui est censée conforter la thèse de son dépassement nécessaire, vision linéaire d'un accomplissement inéluctable. Il existe cependant logiquement d'autres possibilités pour une histoire — ou un récit — de ce genre. On peut par exemple penser que l'histoire de la métaphysique est totalement intemporelle, faite d'instanciations de systèmes idéaux, ou l'on peut penser, avec plus de vraisemblance, que l'histoire de la métaphysique n'échappe pas au caractère cyclique des activités humaines, comme l'économie, la guerre ou la mode vestimentaire et qu'il est possible d'explorer cette possibilité, en essayant de discerner dans cette histoire des cycles longs qui se répètent, équivalents des cycles de Kondratieff par exemple. Un esprit aussi profond et lucide que Brentano ne pouvait manquer d'explorer cette possibilité, contre l'histoire linéaire de la philosophie à la Hegel, qui malgré ses mérites intrinsèques (son ampleur de vue, son information) est en fait une histoire téléologique orientée vers le savoir absolu, c'est-à-dire vers l'accomplissement de la philosophie dans l'histoire de la philosophie, introduisant un des dogmes les plus pernicieux de la pensée : la non-séparabilité des contenus conceptuels et de leur histoire, dogme dont on pourrait penser qu'il vise à nous rendre modestes mais qui ne fait qu'encourager le nombrilisme de celui qui prétend survoler toute l'histoire pour la voir aboutir nécessairement à lui-même.

Les quatre phases de l'histoire de la philosophie selon Brentano

Brentano dans *Les quatre phases de l'histoire de la philosophie*, M. Guéroult dans son *Histoire de l'histoire de la philosophie* ont montré les enjeux de cette discipline et sa maturation progressive. Si je privilégie la vision de Brentano par rapport à tant d'autres (y compris celle de Guéroult, exposée dans sa *Dianoématique*), la raison en est qu'on peut la considérer comme une alternative sérieuse à toute vision linéaire et donc en particulier à celle de Heidegger, où il y a un déclin unique linéaire, alternative cyclique venant du père (ou du grand-père) de la philosophie analytique. Ce dernier envisage donc toute une série de déclins et de renouveaux. Dans quelle mesure cette doctrine de Brentano est dépendante et distincte de celle des trois états d'Auguste Comte, théologique, métaphysique et positif, on ne le décidera pas ici (cf. L. Gilson, 1955, p. 31), bien que la question ait beaucoup d'intérêt pour l'histoire de la métaphysique au XIXe siècle.

Les quatre phases sont les suivantes :

(1) évolution ascendante, essor, progrès,
(2) accomplissement, maturité,
(3) déclin,
(4) décadence, avec possibilité de la subdivision suivante :
(4) (i) décadence proprement dite,
(4) (ii) réaction contre (i),
(4) (iii) échec de (ii), décadence complète.

Cette possibilité de détailler chacune des quatre phases emprunte quelque peu à la structure triadique que Hegel a poussée à son accomplissement et dont l'origine se perd du côté d'Augustin et de Joachim de Fiore (ca. 1130-1202)[3].

Si l'on fait figurer sous la forme d'une table ces quatre phases pour les différentes périodes de l'histoire de la philosophie, pour fixer les idées, on obtient :

ANTIQUITÉ

Essor : Platon (abstraction et attention au réel ; idéal théorétique)

Accomplissement : Aristote (empirisme et intérêt pour la science)

Déclin : Stoïciens, Épicuriens (dogmatisme et préoccupations pratiques)

Décadence : Sceptiques grecs, Académiciens (Cicéron, etc.)

Réaction à la décadence : Plotin, Proclus

Décadence complète : mysticisme, abandon de la raison (Jamblique, etc.)

MOYEN ÂGE

Essor : Augustin, première scolastique (Érigène, Anselme) (renaissance du rationalisme)

Accomplissement : Thomas d'Aquin (empirisme et idéal contemplatif)

Déclin : Duns Scot (volontarisme et dogmatisme d'école)

Décadence : humanisme (Érasme) et nominalisme (Occam)

Réaction contre la décadence : mystique spéculative (Eckhart, de Cues)

Décadence extrême : Devotio moderna, mystique anti-intellectualiste, affective, etc.

TEMPS MODERNES

Essor : Bacon, Descartes (fondements de la méthode scientifique, émancipation intellectuelle)

Accomplissement : Leibniz (méthode expérimentale et rationalisme)

Déclin : philosophie des Lumières (intérêt politico-moral et dogmatisme du progrès)

Décadence : Hume (scepticisme)

Réaction à la décadence : sens commun (Reid) ou critique du dogmatisme (Kant)

Décadence extrême : idéalisme allemand

On pourrait proposer pour L'ÉPOQUE CONTEMPORAINE le schéma suivant, dans les catégories historiques de Brentano :

Essor : réaction logique (Frege) et réaction réaliste (Brentano, Meinong) contre l'idéalisme allemand

Apogée, rationalisme scientifique : révolution analytique, positivisme logique (Wittgenstein, Russell, Carnap...), néo-kantisme (Cassirer, H. Cohen, N. Hartmann...), phénoménologie (Husserl)

Déclin : irrationalisme (Heidegger), tournants politiques totalitaires en philosophie (marxisme [Lukács...]), fascisme (C. Schmitt...)

Décadence : début de la décadence : déconstructionnisme (Derrida), accomplissement de la décadence : philosophie postanalytique (Cavell, Rorty)

Cette table n'a qu'une valeur illustrative ; elle ne consiste qu'à appliquer les critères de Brentano, même si les résultats ont de quoi surprendre ou déplaire. Ces critères sont des critères normatifs de rationalité : on pose que l'attention aux sciences est supérieure à leur dédain, que la confiance dans la raison est supérieure à l'abandon au scepticisme, que la clarté est supérieure à l'obscurité, etc. Bien entendu, avec d'autres critères on obtiendrait des résultats différents, comme on peut le voir avec les schémas cycliques d'histoire de la philosophie des marxistes, qui conçoivent cette dernière comme une lutte des classes au niveau des idées entre idéalisme et matérialisme (cf. *Histoire du matérialisme* de Frederick Albert Lange [1865]). On aurait dans ce cas une succession de phases de conflit, avec progrès du matérialisme :

Conflit antique : matérialistes atomistes *vs* philosophie aristotélicienne et platonicienne

Conflit médiéval : David de Dinant, averroïstes *vs* l'Église

Conflit classique : Hobbes, Gassendi, etc., *vs* Descartes

Conflit du XVIIIe *siècle* : Lumières (Helvétius, d'Holbach, La Mettrie, etc.) *vs* scolastique décadente, illuminisme, etc.

Conflit contemporain : Mach *vs* Lénine.

Etc.

Globalement, les marxistes rangent la métaphysique dans le camp de l'idéalisme, et donc du côté des forces de la réaction. Ils introduisent ce qu'ils nomment de la dialectique pour faire de certains auteurs, comme Descartes, des idéalistes avec un noyau matérialiste (pour expliquer pourquoi le matérialisme des Lumières en France est cartésien).

Si nous revenons à notre schéma brentanien, ce qui est surprenant c'est qu'au moins deux auteurs à l'époque contemporaine pourraient être scindés dans deux phases différentes d'essor et de déclin : Wittgenstein et Husserl. Au *Tractatus* succède l'antithéoricisme, le retour à l'idéalisme allemand suit les *Recherches logiques*. Ces scissions, à un examen plus détaillé, apparaissent toutefois comme artificielles.

La vision brentanienne du développement de la philosophie s'inspire d'une définition de la philosophie comme universelle, liée aux sciences expérimentales, recherchant la certitude. Le but de cette schématisation est pour Brentano de se situer dans l'histoire de la philosophie. On comprend qu'il préconise un retour à Aristote, non sous la forme d'une nouvelle scolastique, mais d'une reprise de la combinaison aristotélicienne de description du réel et d'ambition théorique. L'hypothèse heideggerienne d'une histoire de la métaphysique, qui ne se confondrait pas avec l'histoire de la philosophie a également un but : libérer la pensée de la métaphysique.

Le schéma heideggerien aurait l'allure suivante :

Époques de l'être	Noms des penseurs	Étapes de la vie humaine	Les trois métamor-phoses selon Zarathoustra
Pensée prémétaphysique	Pré-socratiques	L'enfant	L'esprit
Naissance de la métaphysique et constitution de l'ontothéologie	Platon, Aristote, Leibniz, Kant	L'adolescent	Le chameau
Achèvement de la méta-physique	Hegel	L'adulte	Le lion
Tentatives de dépassement de la métaphysique	Nietzsche, Heidegger	Le retour à l'enfance	L'enfant

En considérant la thèse heideggerienne largement répandue sur la constitution onto-théologique de la métaphysique comme une hypothèse, nous la traiterons comme telle et nous chercherons à la confronter à la constitution effective de la métaphysique. C'est peut-être ici le lieu de rappeler des éléments bien connus de savoir, dont la possession est utile pour ce qui va suivre.

L'incubation de la métaphysique

Si l'on peut se mettre d'accord pour reconnaître l'existence d'une métaphysique depuis au moins Platon (par exemple dans d'une part la *République*, d'autre part les grands dialogues de remise en cause de la théorie des idées : le *Théétète*, le *Sophiste* et le *Parménide*), il faudra attendre une vingtaine de siècles pour se trouver en présence d'un traité de métaphysique qui se nomme tel et qui a pleinement conscience de la nature et de la structure de la métaphysique, les *Disputes métaphysiques* de Suarez. Heidegger a parlé dans une formule célèbre du « temps d'incubation » extrêmement long du Principe de Raison[4], connu des Grecs mais formulé seulement chez Leibniz et l'on pourrait parler de même d'un temps d'incubation très long du terme métaphysique ! Le terme « métaphysique » date de l'éditeur de la *Métaphysique* d'Aristote et, de l'édition de ce corpus jusqu'à Suarez, tout ce qui compte comme métaphysique a été plus ou moins[5] un commentaire d'Aristote. Par exemple, Thomas d'Aquin n'a pas laissé de Métaphysique, c'est dans son commentaire de la *Métaphysique* d'Aristote en particulier qu'il faut rechercher sa pensée métaphysique. Il ne faut pas inférer de ceci que la métaphysique médiévale n'a pas été originale. La fonction du commentaire était en effet différente de celle que nous connaissons : pour nous, ce genre littéraire désigne un exercice scolaire qui consiste à expliciter le texte commenté et à fournir tous les éléments de sa compréhension (pour un exemple achevé de commentaire en ce sens, voir celui du *Timée* par L. Brisson (1998). Pour les Médiévaux, le commentaire est plus proche de la pratique de l'histoire de la philosophie dans le courant analytique, pratique qui consiste à prendre les problèmes philosophiques des auteurs au premier degré et à évaluer la pertinence de la solution qui est proposée dans le texte. Une évolution récente de ce type d'histoire de la philosophie vers l'étude structurale des textes, sous l'influence des courants herméneutiques et structuralistes continentaux, une tendance à l'atténuation de certaines différences entre les différentes traditions philosophiques obligent à nuancer ce qui concerne cette pratique actuelle, mais la comparaison que nous venons de faire garde sa pertinence si nous pensons à des travaux classiques comme ceux de Russell sur Leibniz (presque une caricature), de Bennett sur Spinoza ou de Strawson sur Kant[6]. Une deuxième chose importante concerne l'introduction tardive et progressive de la *Métaphysique* d'Aristote dans la philosophie occidentale, latine. C'est vers 1250 que l'on disposera de la totalité du corpus. A. de Libera a à plusieurs reprises insisté sur l'importance de ce fait historique[7] et on ne développera pas ce point. Insistons cependant sur le fait qu'avant 1250 une métaphysique médiévale s'est développée en Occident, avec Scot Érigène notamment, dont nous dirons un mot. Un autre point important est que les grands commentaires arabes de la *Métaphysique* d'Aristote ont précédé les commentaires des latins, commentaires essentiellement d'Avicenne et d'Averroès[8], dont la traduction accompagnera la connaissance du texte aristotélicien et en gouvernera sur beaucoup de points la compréhension. Étant donné cette dépendance vis-à-vis du corpus métaphysique aristotélicien, il faudra dire quelques mots de l'ambiguïté de l'objet de ce qu'on l'a appelé plus tard la métaphysique d'Aristote. Cette ambiguïté a en effet pesé sur toute l'histoire de la métaphysique et joue encore un rôle dans les discussions de sa nature. Nous comparerons ensuite les définitions érigénienne, avicennienne, thomiste, scotiste et suarézienne de la métaphysique afin de montrer la maturation progressive de son projet et d'évaluer la pertinence de l'hypothèse onto-théo-logique.

Nous avons rappelé la nature de la doctrine qui attribue à la métaphysique une constitution onto-théo-logique et nous avons insisté sur le fait que généralement cette doctrine est implicitement ou explicitement liée à la doctrine du dépassement de la métaphysique. Nous montrerons dorénavant que postérieurement à Nietzsche et parallèlement au lent travail de Heidegger évoluant vers une destruction radicale de la métaphysique, celle-ci a connu un développement important au XXe siècle, développement absolument indépendant d'un quelconque dépassement. Par là la thèse générale du dépassement se trouverait empiriquement infirmée : on pourrait souhaiter pour telle ou telle raison « dépasser » la métaphysique, mais il n'y aurait pas dans la métaphysique cette tendance essentielle à l'auto-dépassement conçu comme conduisant à l'auto-destruction. Loin d'être une essence, cette tendance serait un accident plus ou moins contingent, lié au destin de l'idéalisme allemand et cette thèse du caractère essentiel ne tiendrait que tant que l'on identifie métaphysique postkantienne et métaphysique allemande, dans cette filiation indéfiniment déclinée : Kant, Fichte, Schelling, Hegel, Nietzsche, Heidegger et le deuxième Husserl, celui d'après son tournant transcendantal, par exemple le Husserl de la *Krisis* et des *Méditations cartésiennes*. Reste à examiner à partir de travaux récents la portée et les limites de l'hypothèse de la constitution onto-théo-logique de la métaphysique. Nous limiterons l'examen à la naissance de la métaphysique comme science au Moyen Âge et à Leibniz, qui comme un Janus bifrons regarde encore vers cette époque de la pensée et nous ne lirons certains textes d'Aristote absolument essentiels pour le débat qu'à partir des textes médiévaux. La thèse que l'on défendra est celle d'une continuité de la métaphysique médiévale, notamment sous sa forme tardive, avec la métaphysique contemporaine. De manière plus radicale encore, nous tenterons de montrer que pour saisir l'essence de la métaphysique médiévale, il faut mettre provisoirement Kant et ses successeurs entre parenthèses.

QUATRIÈME PARTIE

L'ONTO-THÉO-LOGIE INTROUVABLE

CHAPITRE X

Onto-théo-logie et métaphysique aristotélicienne

Aristote est le prince des philosophes, celui qui — après les prophètes — avait atteint le sommet de la sagesse humaine.

Moïse Maimonide.

Maître de ceux qui savent.

Dante.

Un texte de la *Physique* montre bien la différence entre la philosophie première (un des noms de la métaphysique chez Aristote) et l'étude de la nature[1] :

> « Pour ce qui est du principe qui est forme, s'il est un ou multiple et quelle est sa (ou leur) nature, c'est par la précision de la philosophie première qu'il faut tâcher à le déterminer ; aussi jusque-là laissons cela de côté. Quant aux formes physiques et périssables cependant nous en parlerons dans nos démonstrations ultérieures » (*Phys.*, 192a 24b 2).

Cela peut fournir un point de départ : la métaphysique s'occupe de la forme en général et la physique s'occupe des formes sensibles. La métaphysique s'interroge sur la nature de la forme en général et sur le fait de savoir s'il y a une ou plusieurs formes (dispute sur la pluralité ou l'unité des formes qui gardera son actualité jusqu'à la naissance de la physique moderne). Ce point de départ est partiellement platonicien : Platon aussi sépare les formes sensibles de la pluralité des formes intelligibles, ou Idées. Là où il instaure une coupure réelle entre les formes sensibles et les formes intelligibles, Aristote, même s'il reconnaît cette séparation, ne la pose que dans un acte d'abstraction de l'esprit, ce qui signifie que l'esprit doit considérer dans la philosophie première la forme, abstraction faite de la matière, sans que cela implique qu'il puisse ou doive exister une forme indépendante de la matière (sauf exception possible du premier Moteur ou Acte Pur qui est tout entier formel). La distinction fondatrice entre la physique et la métaphysique est donc plus qu'un caprice d'éditeur. Aristote distingue bien deux types d'approches des formes qu'il considère comme des fins — la matière est en vue de la fin.

La détermination de l'objet même de cette philosophie première et la possibilité pour celle-ci de se confondre avec la théologie manifestent l'ambiguïté du projet aristotélicien. Pour la détermination de cette ambiguïté de la métaphysique, c'est l'ensemble des livres Γ, K, B et E qui est le plus important. Le livre Λ et le livre Z nous seront utiles d'un autre point de vue, pour montrer l'ambiguïté de la pensée d'Aristote en général, entre naturalisme et intellectualisme contemplatif. Le livre Γ énonce *ex professo* l'objet de la métaphysique, dans un des très rares passages à le faire :

> « Il y a une science qui étudie l'être en tant qu'être (*to on e on*) et qui lui appartient par soi. Elle ne se confond avec aucune des sciences particulières, car aucune de ces autres sciences ne considère universellement l'être, en tant qu'être, mais découpant une certaine partie de l'être, c'est seulement de cette partie qu'elles étudient l'attribut : tel est le cas des sciences mathématiques. Et puisque nous recherchons les principes premiers et les causes les plus élevées, il est évident que ceux-ci doivent appartenir à quelque nature. Si donc ceux qui cherchaient aussi les éléments des êtres cherchaient ces principes, ces éléments sont nécessairement aussi ceux de l'être, non par accident mais en tant qu'être » (Γ1, 1032a 21-32[2]).

Si le texte précédent, tiré de *Physique*, I, appartenait à la dimension archéologique de la métaphysique, ce texte appartient à sa dimension ontologique (pour reprendre une distinction extrêmement éclairante de G. Reale (1967), qui distingue en outre des dimensions ousialogique[3] et théologique[4]). On entend par archéologie la recherche des principes premiers des sciences, ce que nous nommerions leurs présupposés métaphysiques. Cette dimension archéologique est très présente chez Aristote et elle distingue les sciences particulières et la métaphysique par cette recherche des principes. Le texte de Γ1, lui, a une dimension ontologique, qui est tout à fait dans le prolongement de la dimension archéologique : il est dit en effet que les sciences découpent des parties de ce qui est, tandis que la métaphysique a pour objet l'être en tant qu'être. Dans ce texte, c'est l'expression « être en tant qu'être » qui ordonne tout le reste : les sciences s'attachent à l'être en tant que vivant (biologie et psychologie), en tant qu'immobile et engagé dans la matière (mathématiques), en tant qu'en mouvement (physique), etc. L'opérateur « en tant que », comme nous l'avons déjà brièvement indiqué, permet à cette distinction de prendre une forme précise ; c'est un opérateur de réduplication[5] : dans « X en tant que Y » le « en tant que » indique que X doit être compris relativement à la signification précise de Y à l'exclusion de toute autre. Si X est considéré en tant qu'époux, cela signifie qu'on ne doit pas le considérer au même moment en tant que père : X peut être généreux en tant qu'époux, mais pas en tant que père. On peut généraliser : une prédication X est F en tant que Y peut être vraie, alors que X est F en tant que Z, ou X est G en tant que Y peuvent être fausses. La logique médiévale, puis la logique traditionnelle ont exploré la logique des équivalents latins, *quatenus, inquantum* (cf. *ens inquantum esse*). Cet opérateur permet de dégager un aspect de la chose considérée. Dans le cas de l'être, celui-ci a différents aspects : il peut être vivant, séparé, en mouvement, etc. Il a un aspect fondamental : il est l'être, dont dépendent tous les autres aspects (le non-être ne peut être en mouvement, vivant, etc.). La formule réduplicative « en tant que » appliquée à la chose elle-même « X en tant que X » et non plus en tant que Y, c'est-à-dire relativement à l'un de ses aspects sous lequel on peut l'envisager, produit une réflexion, qui, ajoutée à la réduplication qui focalise sur une signification, produit un équivalent sémantique (la formule verbale elle-même) du processus d'abstraction (ou de séparation, on verra que c'est tout le problème à propos de la composante théologique de la métaphysique aristotélicienne), qui aboutit à considérer l'être à part de toutes les autres réalités et des aspects qu'il peut revêtir en les fondant.

Il reste à penser cette relation entre l'être et ce que nous avons appelé ses aspects, qui correspondent à ces différents sens. Pour cette seconde étape, la doctrine de l'être qui s'appuie sur un mécanisme sémantique, la réduplication, sera développée en Γ2 à l'aide d'un autre mécanisme sémantique, la synonymie :

> « L'Être se prend en plusieurs acceptions, mais c'est relativement à un être unique et une nature unique, et non pas d'une manière homonyme, mais de même que tout ce qui est sain se rapporte à la santé, telle chose parce qu'elle la conserve, telle autre parce qu'elle la produit, telle autre parce qu'elle est signe de la santé, telle autre enfin parce qu'elle est capable de la recevoir ; (...) de même aussi l'être se prend en plusieurs acceptions mais toujours relativement à un principe unique ; telles choses en effet sont dites des êtres parce qu'elles sont des substances, telles autres parce qu'elles sont des propriétés des substances, etc. Non seulement en effet l'étude des choses ayant communauté de notion relève d'une même science, mais encore l'étude des choses relatives à une nature unique, car même ces choses-là se disent d'une certaine façon selon une notion commune. Il est donc évident qu'il appartient aussi à une seule science d'étudier tous les êtres en tant qu'êtres. Or

> la science a toujours pour objet propre ce qui est premier (...) et ce dont toutes les autres choses dépendent et en raison de quoi elles sont désignées. Si donc c'est la substance, c'est des substances que le philosophe devra appréhender les sciences et les causes » (Γ2, 1003a 33-b 19 *sqq.*).

Ce texte se propose également de prouver l'unicité de la science des principes (« il appartient à une seule science d'étudier tous les êtres en tant qu'êtres »), ce qui était le but, on l'a vu, du texte cité pris de Γ1, mais il entreprend en outre de prouver l'unité de cette science. Si l'être effectivement se prend en plusieurs sens (ce qu'on avait montré à propos de l'expression « en tant que » à propos de ce qu'on l'avait appelé des « aspects » de l'être), il faut bien, si l'on veut qu'il y ait une science unique et une, qu'à chacun de ces sens ne corresponde pas une science. Il s'agit de quelque chose de différent de la distinction entre la science universelle des principes et les sciences particulières des différents aspects de l'être et des différentes parties de l'étant. Cette distinction est déjà acquise. Il s'agit d'une nouvelle distinction ou plus exactement de repousser une conception de la science des principes qui en ruinerait l'unité. Cette conception consisterait à imaginer qu'à chaque science particulière répondrait une science des principes de cette science : se juxtaposeraient une métamathématique, une métascience du vivant, une métascience de la pensée, une *méta-physique* — au sens ici simplement d'une science qui expliciterait les principes de la physique et seulement ces principes. Cela correspondrait partiellement, soit dit en passant, à l'état du savoir contemporain, à ceci près que chacune des métasciences se réduit à une épistémologie, vu la réduction générale de l'ontologique à l'épistémique. La solution aristotélicienne est de recourir à la synonymie, dans un sens très particulier. Sont dites synonymes des choses qui possèdent une notion en commun — d'où l'exemple du sain, de la santé, etc. C'est une notion élargie de la synonymie lexicale, d'après laquelle nous déclarons que « courageux » et « audacieux » sont *grosso modo* synonymes (en vertu de leur substitution possible sans affecter le sens de l'énoncé). On peut risquer l'hypothèse que la synonymie lexicale est fondée sur cette communauté de nature en quoi consiste la synonymie élargie dont il est question ici. Cette synonymie sera retravaillée dans le concept d'analogie, quand le problème se posera pour la théologie d'un discours sur Dieu. On laisse ce point de côté ; on le retrouvera à propos de l'existence ou la non-existence de structure onto-théo-logique dans la constitution médiévale de la métaphysique.

Cependant il faut noter que la synonymie et l'homonymie (c'est-à-dire l'univocité et l'équivocité) ne sont pas les seules relations sémantiques dégagées par Aristote dans les *Catégories*. La paronymie ou, selon la traduction de Bodéüs, dérivation, est la relation ainsi définie :

> « Par ailleurs sont dites dérivées (*parônumia*) toutes les choses qui se distinguent d'une autre par inflexion (*te ptosei*) et détiennent l'appellation correspondante à son nom. Ainsi de la science des lettres dérive le lettré et du courage le courageux » (*Cat.*, Ia, 12-15, trad. Bodéüs, 2002, p. 3).

L'analogie jouera un rôle dans la doctrine de l'analogie et dans le rapport entre les sciences. On a montré que le rapport entre les sciences chez Aristote, dans le cas où l'une est dite première par rapport à l'autre, ne doit pas être conçu comme un rapport temporel d'antériorité mais comme un rapport de paronymie (ou de dérivation) : la science première et les sciences secondes sont des paronymes, c'est-à-dire que les sciences secondes sont dérivées de la science première (G. Patzig, 1979, p. 45). Dans la question des universaux, la dérivation joue un rôle central : l'universel « courage » est exemplifié dans « le courageux », qui en dérive. Si A dérive de B, alors A est une exemplification de B. De même si A dérive de B, A participe à l'essence de B, on y reviendra. C'est la relation de dérivation qui est métaphysiquement la notion centrale. L'univocité et l'équivocité sont des notions sémantiques, qui servent à clarifier le langage ontologique, mais c'est la paronymie qui exprime dans ce langage des relations essentielles d'analogie et d'exemplification.

Nous traitons ici de l'ambiguïté de la pensée d'Aristote, qui soit serait elle-même d'ordre onto-théo-logique, soit favoriserait cette structure. La pensée heideggerienne de la constitution onto-théo-logique repose en partie sur une lecture d'Aristote suivant laquelle, à ces textes du livre Γ où Aristote pense l'existence de la métaphysique comme science de l'être en tant qu'être répondraient de manière apparemment discordante, mais en fait nécessairement complémentaire des textes où la métaphysique serait réduite à la théologie :

> « C'est d'un seul et même geste que Heidegger dans l'optique d'une destruction *phénoménologique* de la tradition de l'ontologie, thématise la Différence comme l'impensé de son histoire (...) et qu'il met en évidence la constitution essentiellement onto-théo-logique de la métaphysique comme telle. Or c'est dans les deux cas le corpus aristotélicien et/ou sa tradition qui auront fourni le point d'appui privilégié de cette double thématisation » (J.-F. Courtine, 1989, cité dans R. Lefebvre, 1990, p. 128).

Le texte de *Physique*, I appartenait à la composante archéologique, les textes de Γ1 et 2 à la composante proprement ontologique. Ce sont les textes appartenant à la composante théologique qui posent un double problème à Heidegger : il rejette la conception du divin qui s'en dégage (c'est peut-être là l'origine de ce conflit entre la métaphysique et le Dieu vivant, celui de la foi) et, plus important, il pense que ce dédoublement en ontologie et théologie empêche de penser la différence ontologique dans la mesure où l'étant suprême serait identifié à la totalité de l'être.

Y a-t-il une théologie dans le livre E ?

C'est dans le livre E que la science des principes premiers prend le nom de Théologie. C'est ici qu'il faudra décider s'il y a effectivement déjà chez Aristote cette structure onto-théo-logique. L'authenticité de ce livre n'a jamais été sérieusement remise en cause (à la différence du livre K, dont on s'abstiendra de parler pour cette raison). Depuis Natorp, le néo-kantien historien de la philosophie grecque, collègue de Heidegger à Marburg, qui, un des premiers, avant Jaeger, avait cherché à réordonner le corpus métaphysique aristotélicien en fonction de critères de contenu et d'évolution, ce livre E pose un problème aux exégètes d'Aristote. Natorp en était arrivé, tant la contradiction lui semblait insupportable, à refuser l'authenticité du passage le plus ouvertement théologique de ce livre ! Voici, en italiques, ce passage rejeté par Natorp, dont nous montrerons la place :

> « mais s'il existe quelque chose d'éternel, d'immobile et de séparé, c'est manifestement à une science théorétique qu'en appartient la connaissance mais non pas du moins à la Physique (puisqu'elle porte sur les êtres mobiles), pas plus qu'à la Mathématique, mais à une science antérieure à l'une et à l'autre. La Physique, en effet, étudie des êtres non séparés mais non pas immobiles alors que certaines branches des Mathématiques étudient des êtres, immobiles il est vrai mais non séparés sans doute et comme engagés dans la matière ; or la science première porte sur des êtres à la fois séparés et immobiles. *Or il est nécessaire que toutes les causes soient éternelles, mais surtout celles-ci : elles sont en effet causes des êtres sensibles divins [les astres]. Par conséquent il y aura trois philosophies théorétiques : la Mathématique, la Physique, la Théologique (il est clair en effet que si le divin est présent quelque part c'est dans une telle nature), et la science la plus noble doit porter sur le genre le plus noble.* Les sciences théorétiques sont donc préférables parmi les autres sciences, et

celles-ci parmi les sciences théorétiques » (E, 1026a 16-23).

Le livre E dans son premier chapitre (les deux autres traitent de l'accident) expose une division des sciences théorétiques et la prééminence de la Théologie — ou de la Théologique suivant la traduction, prudente, de V. Decarie, qui est préférable, ou même « Théiologique » suivant celle de J.-F. Courtine, car rien ne permet d'affirmer qu'Aristote identifie la science suprême avec une théologie existante, sa critique radicale des théologies présocratiques inclinant fortement à penser le contraire. Aristote est extrêmement discret sur la forme que prend l'expérience du divin (on y reviendra bientôt) et il se pourrait qu'il adhère à l'idée d'une expérience spécifiquement philosophique qui ne prendrait pas les formes traditionnelles (comme l'initiation ou les mystères) que par ailleurs il n'éprouve pas le besoin de critiquer. La position d'Aristote sur la théologie (qui est chez les Grecs l'affaire des poètes — Hésiode, Homère... —) est complexe. Il rejette certains aspects zoomorphes ou anthropomorphes des dieux, mais reconnaît l'existence de ceux-ci, épurés jusqu'à être simplement des vivants immortels, jouissant de la félicité (cf. *infra* sur le bonheur du dieu et le bonheur du sage). Il admet la bienveillance gracieuse des dieux. Il reconnaît même aux mythes une fonction politique ou éthique fondatrice et estime que la sagesse ancienne est liée nécessairement à des mythes, qu'il refuse cependant de justifier par la science ou même d'interpréter en détail, comme certains philosophes grecs plus tardifs, à l'instar de Platon. Tout cela doit nous conduire à beaucoup de prudence à l'égard des traductions qui mettent « Dieu » à la place de *theos* (le dieu). D'autre part la Théologique ne doit pas être comprise comme une anticipation de notre Théologie[6].

Aristote donc distingue dans E1 trois types de science ou de pensée : pratique, poétique, théorétique. La science des principes ne peut être pratique — l'action n'a affaire qu'à du particulier engagé dans la matière et il en va de même pour la production d'une forme dans la matière, ce en quoi consiste le mode poétique. Elle sera donc théorétique et si c'est une science théorétique, elle doit avoir comme ce type de science une sorte d'objet qui la définit. En Γ1-2 on avait défini cette science comme science de l'être en tant qu'être, ce qui n'est pas proprement lui donner un objet — c'est indiquer la séparation de son objet à l'égard de tous les autres objets des sciences particulières, sans dire précisément quel est cet objet et en particulier sans lui attribuer des propriétés qui le définissent. En reconnaissant à la science des principes le titre de science théorétique, se pose donc le problème de son objet, en même temps que celui de son rang parmi les sciences, les deux étant liés puisque la dignité relative de l'objet détermine le rang qui lui correspond. Cet objet, suivant Aristote, ne peut être qu'immobile (s'il n'est pas cause, il est en mouvement), séparé (car ce qui est immatériel est plus noble que ce qui est matériel) et substantiel (car cet objet ne doit pas varier). Aristote n'affirme pas que cette substance immobile, séparée et immatérielle est Dieu, mais plutôt que cet objet est divin ou plus précisément que le divin réside dans cet objet (« si le divin est quelque part, il est dans cette nature immobile et séparée »). On peut certes donner à un tel passage une lecture que l'on serait tenté de qualifier d'onto-théo-logique, quand par exemple Tricot déclare dans son commentaire :

> « La Métaphysique est à la fois ontologie et théologie et c'est parce qu'elle est théologie qu'elle est ontologie » (Aristote, *Met.*, 1964, p. 333, note 1 de Tricot).

On peut effectivement projeter des doctrines postérieures, ces fameuses doctrines aristotélico-thomistes, qui ont fourni l'armature de la formation du jeune Heidegger[7] et qu'il rejettera de plus en plus radicalement, et déclarer alors, toujours avec Tricot :

> « Il en résulte qu'en définitive Dieu forme séparée, individu éternel et parfait, sera l'objet même de la Métaphysique, qui mérite ainsi d'être appelée Théologie, etc. » (*ibid.*, p. 334).

Pour avancer cette dernière affirmation, Tricot est obligé de se référer à la doctrine de l'Acte Pur de Λ7. En faisant appel à ce texte, il identifie le divin de E1 et le dieu de Λ7 et les subsume tous les deux sous le terme de « Dieu », qui n'existe tout simplement pas en grec. Cependant le livre Λ, parallèle du livre VIII de la *Physique*, concerne très peu la nature de la métaphysique comme science ; le problème qui y est posé est de nature différente, c'est celui de la tripartition des substances, celui de l'origine du mouvement, celui de l'existence d'un premier moteur. En identifiant les deux, Tricot, comme beaucoup d'exégètes de textes philosophiques, postule la cohérence de son objet. Dans le cas présent, c'est effectivement une structure onto-théo-logique qui fournit cette cohérence, mais cela ne prouve pas l'existence de cet élément chez Aristote — cela prouve que lorsqu'on veut rapprocher des groupes de textes, on peut faire appel à cette sorte de lieu commun, à cette topique traditionnelle. Cela réclame que l'on ne s'efforce pas d'élucider la véritable nature de la théologie aristotélicienne, qui n'est pas exposée en Λ, car il y manque l'essentiel, la doctrine de la providence et des relations entre le divin et l'homme.

Intellectualisme et naturalisme

On bute ici sur un problème de taille en ce qui concerne la pensée aristotélicienne, celui d'une tension entre deux pôles du système, tension si insupportable que tout l'effort de la pensée ultérieure, des Commentateurs Alexandrins aux néokantiens, en passant par les Arabes et les Padouans, a consisté le plus souvent à essayer de la réduire au détriment de l'un des pôles. Les deux pôles sont les suivants : le premier est le pôle naturaliste (celui qu'Averroès met en avant), le second le pôle que l'on pourrait qualifier avec anachronisme d'intellectualiste (lié à l'interprétation d'Avicenne). Si l'on insiste sur le premier, on peut systématiser un Aristote empiriste, pour qui la connaissance commence avec la sensation, chercheur en sciences naturelles (la moitié du corpus aristotélicien porte sur des questions qui leur appartiennent), matérialiste — la thèse hylémorphiste est-elle autre chose qu'une sorte de matérialisme ? Si l'on insiste au contraire sur le second pôle, on mettra en relief une série de textes qui semblent communiquer et invalider cet empirisme matérialiste. Ces textes sont si brefs qu'on peut en donner une idée représentative en peu d'espace :

> « Or il est exclu que l'intelligence tantôt opère, tantôt non. Une fois séparée d'ailleurs, elle se réduit à son essence, et il n'y a que cela d'immortel et d'éternel » (*De l'âme*, III, 5, 430a 16).

> « Une telle vie [la vie selon le *nous*, l'intellect, la vie contemplative] se prolongeant pendant un temps normal et parfait lui aussi est une condition véritablement surhumaine. Ce n'est pas en tant qu'homme, c'est-à-dire en tant que composé d'une âme et d'un corps, que l'homme peut y prétendre, mais en tant qu'il y a dans sa nature un élément divin. Il ne faut donc pas écouter ceux qui disent que l'homme ne doit pas s'élever au-dessus des choses humaines, un mortel au-dessus des choses mortelles. Il faut, au contraire, faire tous nos efforts pour nous immortaliser et vivre de la vie la plus sublime que comporte notre nature » (*Éthique à Nicomaque*, 1177b 26-34).

> « L'intellect se pense lui-même en pensant l'intelligible, car il devient lui-même intelligible en entrant en contact avec son objet et en l'intelligeant, de sorte qu'il y a identité entre l'intellect et l'intelligible (...) l'acte de contemplation (*theoria*) est le bonheur parfait et souverain. Si donc cet état de

> bonheur que nous ne possédons qu'à certains moments le dieu l'a toujours, cela est admirable ; et s'il l'a à un plus haut degré, cela est plus admirable encore » (Λ7, 1072 14-30 *sqq.*, trad. Tricot modifiée).

(Remarquons qu'Aristote n'attribue pas à l'homme sage le bonheur du dieu, mais à dieu le bonheur de l'homme sage et ceci sous une forme hypothétique : s'il le possède toujours, s'il le possède à un degré suprême... La structure théologique attendue serait : le dieu possède le bonheur toujours et au degré maximum, et l'homme à certains moments seulement, en raison d'un hiatus ontologique entre le divin et l'humain.)

Ces textes extrêmement denses et finalement assez énigmatiques ont fourni les cadres de la théologie chrétienne de l'intellect humain et de son accomplissement dans la vie contemplative, une fois corrigée la thèse de l'impersonnalité de l'intellect agent, déduite par les Arabes et combattue notamment par Thomas d'Aquin[8]. Il semble difficile de les concilier avec l'orientation, répétons-le naturaliste et empiriste d'Aristote dans la quasi-totalité de son œuvre. L'interprétation que l'on donne de la présence ou de l'absence d'une structure onto-théo-logique chez Aristote dépend en grande partie du poids relatif que l'on donnera à ces groupes de textes. Cela dit, on peut très bien refuser l'hypothèse onto-théo-logique tout en accordant du poids à ces derniers textes, si on considère qu'ils développent une philosophie théologique, une noétique de la vie contemplative, distinctes de l'ontologie. Après tout, l'hypothèse onto-théo-logique ne dit pas qu'il y a un élément théologique dans la pensée d'Aristote (ou c'est une trivialisation insupportable de l'hypothèse) — elle dit que l'étant suprême est pensé comme la totalité de l'être et que cela accomplit l'oubli de la différence entre l'être et l'étant et empêche une pensée authentique de l'être. Nous reviendrons sur ce point précis. Auparavant on peut remarquer que rien n'oblige à identifier avec l'objet de la métaphysique l'objet de cette intellection de l'intelligible qui réalise l'unité de l'intellect avec son objet (d'où les thèmes postérieurs de « conjonction avec l'intellect » chez les Arabes et de « divinisation de l'intellect » chez certains mystiques spéculatifs — A. de Libera a à peu près tout dit sur la constitution de cette doctrine de la « béatitude philosophique » ou intellectuelle). Encore une fois, les considérations de Γ1-2 et de Λ sont séparées et doivent être gardées séparées[9]. Selon nous, il faut garder séparés Λ et Γ parce que rien dans le livre Λ ne montre qu'Aristote s'y préoccupe au sens strict de définir l'ontologie, la philosophie première, la science des premiers principes et des premières causes. L'enquête sur les types de substances qui inaugure ce livre suppose l'existence d'une philosophie première et ne cherche pas à en prouver l'existence ou la nécessité, comme dans le livre Γ. S'il existe un texte d'Aristote dont on peut rapprocher Λ, c'est le livre VIII de la *Physique*. Cela a été souvent fait (par exemple par J. Vuillemin [1967]), parce que l'objet est le même : la démonstration de l'existence d'un Premier Moteur. Ce qu'ajoute Λ, c'est le détail des propriétés de ce Premier Moteur comme substance immatérielle séparée, purement actualisée et purement formelle. On peut certes, pour réduire la tension interne à la pensée d'Aristote, essayer de la reconstruire comme un système (comme autrefois encore Hamelin en 1904-1905), mais tout indique que les livres de la *Physique* et de la *Métaphysique* sont autant de recherches indépendantes, connectées mais pas systématiquement articulées au sens moderne de l'idée de « système », née à la fois de la logique hégélienne et de la science des machines. C'est la raison qui a poussé Nartop (en 1887-1888) à rompre avec la thèse de l'unité de la métaphysique aristotélicienne en expliquant la distorsion « insupportable » entre les deux pôles, ontologique et théologique, par la constitution progressive du corpus métaphysique, le livre E venant par exemple après coup essayer de suturer cette contradiction entre des livres comme le livre Z qui visent à l'élucidation de la structure ontologique du particulier sensible, compatible avec un naturalisme empiriste, et des livres comme le livre Λ, où le but est de montrer que la substance immobile et séparée se pense elle-même, ce qui penche évidemment du côté de l'intellectualisme contemplatif.

Jaeger en 1923 a proposé une hypothèse classique[10] en terme d'évolution de la pensée d'Aristote : celui-ci serait passé d'un platonisme de jeunesse (le second pôle) à une pensée plus tournée vers les sciences naturelles (le premier pôle) et la disparité des thèmes et des solutions de la *Métaphysique* ne serait que l'effet d'une privation de perspective historique : une série d'investigations rapportant un tournant radical serait lu comme un traité unique et, pis, systématique. Le livre E serait plus ancien que le livre

Z et ainsi serait expliqué que dans Z il n'y a nulle préparation à la théologie[11]. D'autre part, des travaux classiques en très grand nombre[12] ont relativisé la pertinence de l'hypothèse onto-théo-logique, ou dans les cas où ces travaux ne lui étaient pas ouvertement défavorables (comme chez G. Reale) l'ont très fortement nuancée et en tout cas vidée de son aspect figuratif et narratif. La divergence entre les historiens qui prennent progressivement leurs distances avec cette hypothèse, jugée trop peu précise et surtout trop programmatique, et les philosophes se réclamant de Heidegger et qui entreprennent de nouer un dialogue avec les auteurs du passé sur la base du passé, auteurs dont beaucoup sont français (pour des raisons tenant à la pénétration importante et finalement surprenante de Heidegger en France, cf. Jannicaud [2001], t. 1), est actuellement très grande. Notre projet ici est d'évaluer cette hypothèse, et cette évaluation passe par l'interprétation du fameux livre E. Nous avons souhaité dans ce qui précède immédiatement situer l'enjeu de cette interprétation.

Existe-t-il une onto-théo-logie aristotélicienne ?

Au vu des textes du livre E, peut-on valider l'hypothèse onto-théo-logique ? Insistons une dernière fois sur le fait que, pour Heidegger, nous n'avons pas

> « la simple réunion de deux disciplines de la métaphysique, dont chacune aurait son existence indépendante, mais bien l'unité de ce qui est inter-

> rogé et pensé dans l'ontologique et le théologique : l'étant comme tel dans ce qu'il a d'universel et de premier [ce qu'on a montré avec *Mét*., Γ] *conjointement* avec l'étant comme tel, dans ce qu'il a de suprême et de dernier [qu'on a montré avec *Mét*., E]. (...) [La constitution de la métaphysique repose ainsi] sur l'unité de l'étant comme tel, considéré à la fois dans ce qu'il a d'universel et dans ce qu'il a de suprême » (Heidegger, *Identité et Différence*, 1968, p. 295-296).

C'est ici, réduit à un noyau rationnel, le cœur de l'hypothèse onto-théo-logique, et nous nous proposons, en guise de conclusion (ouverte) de ce débat d'examiner à nouveau ce fameux livre E. Tout d'abord ce livre dans le premier chapitre et le début du second traite d'une part de l'être en tant qu'être (comme dans Γ) et d'autre part de l'être pris dans ses différentes acceptions — le reste du livre E traite de l'accident et du vrai, car cela pose des problèmes d'admettre qu'il y a un être comme accident et un être comme vrai. Le livre E, qui est le plus litigieux pour la confusion de l'ontologique et du théologique suivant l'hypothèse que nous discutons, commence donc par une définition de l'ontologie habituelle. Quant à la doctrine des sens de l'être, c'est aussi une doctrine traditionnelle. Ce que se propose ou ce que permet au moins le livre E dans un premier temps, c'est de compléter le livre Γ : Aristote montre plusieurs caractéristiques qui rendent inaptes les sciences particulières (dont, comme on l'a vu, il propose une classification) à être des ontologies, des philosophies premières. En particulier elles ne peuvent être que des sciences secondes parce qu'elles ne disent rien de l'existence ou de la non-existence de leur objet, et parce qu'elles ne définissent pas l'essence. Tout cela est cohérent avec la caractérisation des sciences particulières livrée dans le début des *Seconds Analytiques*. L'introduction de la théologique se fait en plusieurs étapes et il importe de revenir au texte. C'est à propos de la mathématique que se pose le problème d'une science des êtres séparés et immobiles. On sait que pour Aristote, contrairement à Platon (Robin, 1908), les nombres et plus généralement les êtres mathématiques sont engagés dans la matière, ce qui implique la mise au point d'une ontologie des êtres mathématiques assez complexe, qui est le prix à payer de la rupture avec les Idées Nombres de Platon. Cependant Aristote admet que l'on puisse concevoir les êtres mathématiques abstraction faite de la matière (comme si la séparation était effective), cela en vertu de leur idéalité objective pas totalement compatible avec un statut d'être matériel. Dans ce cas, on se trouve en présence d'une science qui est bien proche de ce que nous avons défini pour la philosophie première : avoir comme objet le séparé de la matière et l'immobile. La mathématique risque de devenir l'ontologie (certains, beaucoup plus tard, accepteront cette identification) de par l'équivocation des objets, alors que la mathématique hérite des limitations des sciences particulières. C'est dans ce contexte que, de manière hypothétique, Aristote introduit l'existence de « quelque chose d'éternel, d'immobile et de séparé (εἰ δέ τί ἐστιν ἀΐδιον καὶ ἀκίνητον καὶ χωριστόν » [1026a 10] :

> « S'il existe quelque chose d'éternel, d'immobile et de séparé c'est manifestement à une science théorétique qu'en appartient la connaissance » (*id.*).

H. Tredennick (1968) traduit ainsi ce passage :

> « Obviously it is the province of a speculative science to discover whether a thing is eternal and immutable, and separable from matter » (*ibid.*, p. 297).

Nous sommes très loin pour l'instant d'une quelconque réduction de l'ontologique au théologique. On peut chercher plus loin dans le texte de quoi avancer l'existence d'une telle réduction. Voici le passage incriminé :

> « il n'est pas douteux que, si en effet le divin est présent quelque part, il est présent dans cette nature immobile et séparée et que la science la plus haute doit avoir un genre plus élevé. Ainsi les sciences théorétiques (*epistemon theoretikon*) sont-elles estimées les plus hautes et la Théologique (*theologikê*) la plus haute des sciences théorétiques [Aristote vient de donner trois types de *philosophiai theoretikai* : *mathematikê, phusikê, theologikê*]. La *theologikê* est la plus haute des *philosophiai theoretikai*] » (1026a 18 *sqq.*).

À nouveau c'est sous forme hypothétique que s'exprime Aristote :

« *si* le divin est présent quelque part »
et non
« *puisque* le divin doit être présent quelque part ».

De plus, Aristote se réfugie derrière une opinion commune : « les sciences théorétiques sont estimées les plus hautes » et non : « les sciences théorétiques sont les plus hautes ». On ne peut que relever l'extrême prudence en ce passage, à la fois pour l'existence de l'objet, Dieu ou le divin, et pour l'existence d'une science théorétique de Dieu et du divin. On peut risquer l'hypothèse que la théologie, ou, mieux, la théologique, est mentionnée ici (avec quelle prudence, quelle sobriété et quelle brièveté !) pour servir de paradigme d'une science du séparé, immobile, éternel. Ce qui va dans ce sens est que la suite du texte ne parle absolument pas de la théologie. On peut évidemment avec Natorp affirmer que c'est une interpolation et supprimer le passage, mais comme le dit Ross dans son commentaire « *There is no need, however, for such violent methods of criticism* » (1924, p. 335) — effectivement, si on lit le texte dans ses nuances, il n'en est nul besoin. Ce passage est parfaitement compatible avec le fait qu'Aristote n'adhère nullement à l'existence d'une théologie ou d'une théologique. Dans la suite du texte, il n'est plus question à nouveau que de « philosophie première ». Quand Aristote affirme la possibilité de la science du séparé, etc., il définit cette science comme une philosophie première (distinguée des philosophies secondes, physique et mathématique) :

> « Mais s'il existe une science immobile, la science de cette substance doit être antérieure et doit être la philosophie première ; et elle est universelle de cette façon, parce que première. Et ce sera à elle de considérer l'être en tant qu'être, c'est-à-dire à la fois son essence et les attributs qui lui appar-

tiennent en tant qu'être » (1026a 28, trad. Tricot, p. 334).

Avons-nous ici quelque chose qui vérifie l'hypothèse onto-théo-logique ? La réponse est non. Il n'y a nulle conjonction de la pensée d'un étant suprême et de celle de la totalité de l'être. Il y a une pensée de l'être en tant qu'être et en tant que susceptible de multiples sens et attributs, pensée qui prend la forme d'une philosophie distincte des sciences qui ne sont que des philosophies secondes, ceci sur le modèle d'une science dont l'existence est posée hypothétiquement, dont la structure peut nous montrer ce que cela veut dire qu'avoir le séparé, l'éternel et le divin comme objet.

La conclusion de ces considérations sur Aristote est la suivante : la métaphysique aristotélicienne est plurielle ; elle est une archéologie (science des principes ultimes des sciences), une ontologie (science de l'être en tant qu'être), une ousialogie (science de la substance), une hénologie (une science de l'un). Nous avons insisté sur l'ontologie. La conclusion de notre examen de l'hypothèse d'une constitution onto-théo-logique a été que rien ne la vérifie, à moins d'en faire une hypothèse triviale qui asserterait la présence chez Aristote d'une ontologie et d'une théologie, ce qui est le cas. Est exposée dans le livre Λ une véritable théologie, comme par exemple l'admettait Ross dans son commentaire, qui séparait nettement les considérations ontologiques des considérations théologiques. Il y a une théologie aristotélicienne, tout comme il y a une théologie platonicienne et de même que l'opposition Platon *vs* Aristote fonctionne à l'intérieur de l'ontologie comme un paradigme pour les universaux (cf. A. de Libera, 1995), de même l'opposition entre leurs théologies joue un rôle recteur dans le développement de la théologie occidentale : on peut parler de théologies chrétiennes aristotéliciennes ou platoniciennes. Les premières insistent sur l'analogie, les preuves physico-théologiques, tandis que les secondes recourent massivement à la négation (théologie négative, héritière de la dialectique platonicienne) et à des sources plus directes que les preuves (illumination de l'intellect, etc.). On peut aussi dire que les premières privilégient l'élément ousialogique de la métaphysique aristotélicienne, tandis que les secondes privilégient l'élément hénologique, de façon à favoriser une lecture platonicienne ou platonisante d'Aristote, ce en quoi consiste ce que l'on appelle « néo-platonisme ». L'existence d'une théologie aristotélicienne ne saurait cependant à elle seule valider l'hypothèse en question. Il faudrait que cette théologie se substitue à l'ontologie, l'asservisse, etc., ce qui n'est pas le cas. Aristote en particulier est très soigneux pour distinguer la pensée ontologique de l'être en tant qu'être et la pensée de la substance immatérielle séparée. D'où vient alors cette hypothèse, quelle est sa motivation ? On peut risquer ici une conjecture.

La philosophie d'Aristote, on vient de le rappeler, a fourni une partie du socle de la théologie chrétienne (les autres parties étant fournies par la Bible, les premiers conciles, les Pères de l'Église). Ce n'est pas ici le lieu d'exposer les immenses difficultés de l'entreprise en ce qui concerne par exemple l'éternité du monde, le salut individuel, la liberté, etc. Dans le domaine métaphysique, l'articulation de l'ontologie et de la théologie a été pensée à nouveaux frais. La complexité de leurs relations au long d'une période d'une dizaine de siècles, avec les orientations intellectuelles les plus diverses, interdit que l'on puisse formuler en quelques phrases ce qu'elles ont été. Cependant il est certain que tout un courant s'est efforcé d'opérer une synthèse entre ontologie et théologie, avec une identification plus ou moins forte, synthèse dont l'un des moments décisifs a été la philosophie de Thomas d'Aquin, puis la néo-scolastique aristotélico-thomiste[13]. La lecture d'Aristote a dû subir longtemps ce filtre dogmatique. Ce sont les travaux de Trendelenburg, Bonitz et Brentano en Allemagne, de Ravaisson, Barthélemy-Saint-Hilaire en France qui ont permis de revenir à un Aristote non cléricalisé. Heidegger a certainement subi cette accommodation néo-scolastique à Fribourg et il est symptomatique que ce soit la découverte de Brentano[14] qui d'après ses propres dires a été le déclencheur de son réveil métaphysique, à côté de sa lecture de Nietzsche, Dostoïevski, Kierkegaard. En 1921, Heidegger se définissait encore, dans une lettre à Karl Löwith, comme « un théologien chrétien[15] » et à partir de sa nomination en 1923 à Marburg il fut au centre de débats théologiques dont les protagonistes étaient Bultmann (1884-1976) et N. Hartmann (cf. Gadamer, 1991). On ne peut attribuer plus d'importance qu'elle n'en a à la biographie intellectuelle du penseur de la constitution onto-théo-logique et donner une explication purement contextuelle de l'invention de cette hypothèse, mais l'on peut retenir l'importance de la projection sur la métaphysique aristotélicienne de schèmes accommodateurs et l'importance du projet pour Heidegger d'arracher la théologie à la métaphysique (ou même le religieux à la philosophie, avec Kierkegaard), tout autant que d'arracher la métaphysique à la théologie. La conjecture que nous risquons est que l'hypothèse onto-théo-logique est à comprendre dans ce contexte : elle peut être entendue positivement comme d'une part la tentative critique de libérer la lecture d'Aristote (on laisse de côté son aspect négatif : la destruction de la métaphysique comme oubli de la différence, parce que rien ne permettait selon nous de vérifier dans les textes d'Aristote cette assimilation de l'étant suprême à la totalité de l'être[16]) et d'autre part le projet d'une théologie non métaphysique. La question qui se pose alors est de savoir si dans la constitution de la métaphysique comme discipline autonome après Aristote, quelque présupposé a favorisé ou installé l'onto-théo-logie sous la figure classique que lui donne Heidegger. On verra que la renaissance de la métaphysique avec Scot Érigène échappe à cette constitution et que Duns Scot, qui marque le tournant où la métaphysique devient autonome, conscient du danger, y échappe en grande partie. Dans cette section sur la métaphysique médiévale, nous voudrions donc d'une part aller jusqu'au bout de cette enquête sur l'onto-théo-logie et d'autre part montrer[17] comment la métaphysique, née d'indications éparses d'Aristote, s'est constituée comme science.

L'hypothèse onto-théo-logique et la constitution de la métaphysique

Si l'hypothèse onto-théo-logique semble mal s'appliquer à la philosophie première d'Aristote, il reste donc à en examiner la validité pour la métaphysique médiévale. Nous nous proposons de limiter, pour des raisons d'espace et de compétence, cet examen à la lecture de quelques textes décisifs pour notre propos. En effet, il est nécessaire de posséder un fil directeur dans cet immense massif de textes. On l'a dit, jusqu'à Suarez les textes médiévaux ne traitent de métaphysique que par le biais du commentaire des textes d'Aristote, ces commentaires atteignant un tel degré de technicité et de sophistication, leur nombre étant si grand, leur taille si ample que leur étude est une discipline historique à part entière, riche de résultats importants et trop ignorés. Nous pouvons nous appuyer sur eux dans notre lecture. Les auteurs médiévaux qui nous serviront à jalonner notre parcours sont des auteurs déjà bien étudiés, ce qui limite les risques d'erreur dans l'interprétation.

« Vieux jeux moribonds » ?

Il me faut ici insister à nouveau sur le fait que je ne vise pas, même sous forme compendieuse, à écrire une histoire de la métaphysique. Toute cette première partie vise à déblayer le terrain pour ensuite exposer ce qu'est la métaphysique à partir de ses formes contemporaines. « Déblayer le terrain », disputer[18], cela exige un examen critique des différentes doctrines ou opinions reçues sur la fin de la métaphysique. Il serait quelque peu futile de consacrer un livre à la métaphysique si elle était morte, vu l'ampleur des problèmes philosophiques qui se posent en éthique, philosophie politique, épistémologie. Parmi les opinions reçues, nous avons discuté celles relatives à la mort de Dieu, au dépassement de la métaphysique, etc. Celle qui mérite le nom de doctrine (bien qu'elle soit devenue dans beaucoup d'écrits une simple opinion reçue) est celle d'une nature onto-théo-logique de la métaphysique. On voit d'ailleurs son lien avec les opinions citées relatives à la mort de Dieu et au dépassement de la métaphysique. Nous nous trouvons ici en présence du noyau dur du rejet contemporain de la métaphysique (les raisons de ce rejet dans la culture contemporaine pourraient fournir l'objet d'un autre travail qui aurait à examiner l'art, la science, la politique). C'est ce noyau dur que nous soumettons à notre investigation.

Ma démarche, rappelons-le, est donc dans un premier temps de montrer que la métaphysique n'est pas morte, achevée, que les lectures historiques sur lesquelles s'appuie cette assertion sont beaucoup plus ouvertes qu'on le pense généralement et dans un second temps de confirmer ce non-achèvement de la métaphysique avec Kant, Hegel, Nietzsche et Heidegger par la démonstration de l'existence d'une métaphysique contemporaine vivante et même florissante, n'en déplaise à Van Fraassen qui ne voit là que « vieux jeux moribonds » (*op. cit.*, p. 3). C'est en ce sens qu'il faut comprendre le lien qui peut exister entre la considération de la métaphysique médiévale comme un moment capital et l'étude des métaphysiques contemporaines, métaphysiques analytiques pour la plupart, dans la mesure où c'est dans la tradition analytique qu'une fois dépassées les critiques de Carnap on a pu jouir d'une liberté complète par rapport aux oukases de la philosophie allemande postkantienne proscrivant la métaphysique au premier degré. Les critiques empiristes adressées aux excès de verbalisme de la métaphysique n'ont pas empêché le développement d'une métaphysique, comme on peut le voir chez Locke et Berkeley ; elles l'ont simplement protégé d'un défaut latent dans toute métaphysique, la confusion entre le mot et le concept. La vision largement répandue par un hégélianisme de base, par exemple en France, selon laquelle, d'une part, il n'y a pas de métaphysique empiriste et que, d'autre part, la véritable métaphysique s'est achevée de manière grandiose en Allemagne est fausse de part en part : il y a une métaphysique empiriste et la métaphysique ne s'est pas achevée en Allemagne — elle a émigré ailleurs. De plus, ce pompeux coup de théâtre dans le *serial* métaphysique n'a rien eu de grandiose, ce n'était qu'un tiroir. Nous laisserons ce point de côté, pour les futurs historiens de la métaphysique qui auront l'esprit assez libre pour écrire l'histoire de la métaphysique moderne autrement que comme un processus téléologiquement orienté vers son accomplissement identifié à son épuisement et l'estomac assez bien accroché pour respirer les miasmes de la sénescence émanant des innombrables travaux l'enterrant *un peu trop tôt.*

On aura dans la seconde partie à relever la fécondité des intuitions aristotéliciennes pour la métaphysique analytique, ce qui confirme la place centrale d'Aristote en général dans la pensée contemporaine, mais l'on peut insister ici sur la communauté partielle de méthodes entre cette métaphysique et certains aspects des métaphysiques médiévales. Cette communauté est d'abord fondée sur une exigence commune de vérité. Si l'usage des arguments d'autorité chez les Médiévaux est important pour les questions de foi, pour la doctrine sacrée (la théologie), il est beaucoup plus discret, voire inexistant pour les questions de métaphysique. La recherche de la vérité dans ce domaine est guidée par l'usage de techniques d'argumentation, le recours à des distinctions sémantiques et logiques, exactement comme dans la métaphysique analytique. En ce sens, il y a une véritable continuité entre la métaphysique médiévale qui a pris le meilleur d'Aristote, l'application de la méthode scientifique à la métaphysique, et la métaphysique analytique. Cette continuité, on la montrera sur plusieurs points, notamment en développant un de ses exemples les plus frappants exposé par L. Honnefelder, la continuité entre la doctrine scotiste des modalités et la métaphysique contemporaine des modalités. Il l'établit cependant à partir d'une hypothèse néo-onto-théo-logique, qui voit la naissance de la métaphysique dans la conception de cette science comme science transcendante chez Duns Scot, ce qui lui permet d'établir une filiation entre Duns Scot et Kant :

> « Il doit y avoir nécessairement une science universelle donnée qui considère les transcendantaux (*transcendantalia*) en tant que tels (*per se*). Cette science, nous l'appelons métaphysique, de "méta" qui signifie "au-delà", ce qui signifie au-delà de la science de la nature. C'est la science transcendante (*transcendans scientia*), parce qu'elle est des transcendantaux (*de transcendantalibus*) » (*Quaestiones subtilissimae in Met. Arist.*, éd. Vivès, t. VII, 5a).

Pour Kant, la connaissance transcendantale est la connaissance *a priori* d'objets possibles et la philosophie transcendantale doit précéder la métaphysique. Il semble difficile de nommer science transcendantale ou transcendante la métaphysique pour Kant, même si elle est *a priori*. L'hypothèse de Honnefelder a par là quelque chose d'artificiel et majore, semble-t-il, l'histoire lexicale du transcendantal, sans peut-être voir que pour Kant les transcendantaux sont purement logiques, complètement dénués de tout poids ontologique, ce qui rend la filiation scotiste assez problématique : on pourrait dire que Kant non seulement détruit la métaphysique comme science transcendante, mais que sa compréhension des transcendantaux est paradigmatiquement incomparable avec celle des Médiévaux. Son originalité est d'admettre que Peirce continue dans cette voie. On laisse ce point de côté.

Cette continuité entre le Moyen Âge et la période contemporaine, qui dépasse la rupture de paradigme sur le transcendantal, on peut la constater en logique[19], en sémantique[20], en théologie[21] : dans ces domaines aussi, il faut rétablir des filiations qui n'émergent qu'une fois mises entre parenthèses les périodes ou des doctrines marquées par la stérilité ou l'appauvrissement intellectuels, périodes et doctrines qui, pour masquer cet état de fait, ont eu recours à des schèmes de rupture ou de révolution. Dans le schéma de Brentano des quatre phases de l'histoire de la philosophie (cf. *supra*), cela signifie qu'il y a une communication entre les phases d'accomplissement : il y a une continuité d'Aristote à Leibniz *via* Thomas d'Aquin et la grande scolastique.

CHAPITRE XI

Scot Érigène, Avicenne : le néo-platonisme court-circuité

> *Quando si parla di « neoplatonismo », non si deve dimenticare una cosa anche in genere si conosce o si intuisce, ma che spesso viene sotovalutata, e cioè che il termine* neoplatonismo *appartiene al linguaggio storigrafico moderno e non antico, e che coloro che sono chiamati neoplatonici si consideraveno ed erano considerati « platonici » o « academici »* tout court.
>
> Francesco Romano.

1. SCOT ÉRIGÈNE

Si on commence cet examen de textes fondamentaux par celui du *Periphyseon* ou *De la division de la nature* de Jean Érigène, une surprise de taille nous est réservée : là où on s'attendrait à trouver massivement confirmée l'hypothèse onto-théo-logique tant cet auteur, encore monastique par bien des aspects (sa culture, son orientation contemplative), semble à première vue mélanger perspective du salut et métaphysique, on se trouve en fait en présence d'une invalidation tout aussi massive. En effet, Dieu est assimilé par Érigène à un non-être sans fondement ! Mais pour évaluer cela, il faut brièvement rappeler la place d'Érigène dans la métaphysique médiévale. Érigène est un auteur du IXe siècle, période où la philosophie occidentale[1] souffrait encore du faible développement du savoir. Il est contemporain de ce que l'on a appelé la Renaissance carolingienne, initiée par l'empereur Charlemagne. Sa connaissance du grec, exceptionnelle pour l'époque, lui permit de traduire les écrits de Denys, ou Pseudo-Denys[2], notamment la *Hiérarchie céleste*, la *Théologie mystique* qui joueront un rôle central dans sa propre philosophie[3-4]. La structure néoplatonicienne et, plus précisément, proclusienne de ce corpus ne fait plus aucun doute et c'est par l'intermédiaire du Pseudo-Denys qu'Érigène a pu puiser dans le fond de doctrine de Proclus en particulier (et peut-être de Damascius[5]) et plus largement de la théologie platonicienne qui a explicité les thèses de Platon sur la transcendance du Bien (ou de l'Un) à l'égard de l'essence, pour reprendre la fameuse formule de la *République* de « l'au-delà de l'essence » (*ousia*) :

> « le bien n'est pas l'essence mais quelque chose au-delà de l'essence, dans une surabondance de majesté et de puissance » (*République*, VI, 509b),

formule entendue ensuite comme transcendance à l'égard de l'être : Glaucon ne s'exclame-t-il pas (« facétieusement ») : « Par Apollon, quelle prodigieuse transcendance ! » Il n'est pas commode d'intégrer cela dans l'hypothèse onto-théo-logique, car explicitement ce qui est suprême, l'Idée du

Bien, est déconnecté de la figure suprême de l'être, l'essence. Une autre source du concept de non-être se trouve dans le *Parménide* de Platon, dans l'hypothèse négative « l'un n'est pas » et dans les commentaires des néo-platoniciens de ce dialogue, dont la *Théologie platonicienne* de Proclus. La théologie négative des Pères grecs (notamment les Pères cappadociens, Grégoire de Nysse en particulier) n'a pas hésité à attribuer à Dieu le non-être comme l'un de ses noms et Denys a poussé à son comble cette méontologie (de *me on* : le non-étant) dans les *Noms divins* et dans la *Théologie mystique* où Dieu est le non-être au-delà de l'être, ce que les dyonisiens nommeront un « non-être suressentiel », c'est-à-dire un non-être au-delà de l'essence, une Cause de l'essence même, qui échappe à toute prise (dans sa *Théologie mystique*). Pour le Pseudo-Denys, l'être est un nom parmi d'autres de Dieu (théologie symbolique ou positive) et il fait partie des noms qui ne sont pas trompeurs mais qui néanmoins doivent être dépassés (théologie négative), car aucun nom ne convient à la cause ineffable. Scot Érigène reprendra ce mouvement de transcendance :

> « C'est donc à juste titre que l'on appelle "êtres" les natures que la nature et la raison peuvent connaître, mais c'est également à juste titre que l'on appelle "non-êtres" les natures qui excèdent toute raison et tout intellect » (Jean Érigène, 1995, p. 73).
>
> « ... on appelle Dieu Essence, mais à proprement parler Dieu n'est pas Essence : car à l'être s'oppose le non-être ; Dieu sera donc *hyperousias*, c'est-à-dire suressentiel » (*ibid.*, p. 93).

Érigène reprend donc cette tradition platonicienne et néo-platonicienne dans une ontologie systématique qui distingue quatre espèces d'étants :

1. créatrice et non créée (Dieu comme créateur[6]),
2. créatrice et créée (les causes primordiales),
3. créée et non créatrice (la nature),
4. non créée et non créatrice (Dieu comme terme du mouvement de conversion de toutes choses[7]).

Que Dieu apparaisse sous deux types ontologiques s'explique par le fait qu'il est le principe de la sortie ou de la procession et le terme du retour ou de la conversion, suivant le schéma néoplatonicien où tout émane de l'Un et y fait retour. Cette ontologie est donc dynamique ; elle traduit ce mouvement de sortie et de retour. La méontologie érigénienne a tout d'un montage : elle applique aux catégories aristotéliciennes la méthode de la théologie négative. De même que Dieu ne peut être dit Bonté, Lumière, etc., il ne peut être dit *ousia*, quantité, etc. Seule la catégorie de relation semble pouvoir être prédiquée de lui (*op. cit.*, p. 100).

Tout, dans la méontologie érigénienne, déroge à l'hypothèse onto-théo-logique. En simplifiant, on pourrait affirmer que cette méontologie n'a pas à être déconstruite par le démontage des composantes de l'onto-théo-logie, parce qu'elle est elle-même déjà une déconstruction (cf. D. Moran,

1990, p. 99). Érigène ne pense pas dans les cadres de l'ontologie augustinienne, qui donne classiquement au non-être un rôle privatif — celui du péché, du mal, du mensonge —, attribuant à Dieu l'être plein, suivant l'interprétation traditionnelle de Ex 3, 14 : « je suis celui qui suis » (cf. Emilie Zum Brunn, 1978, dans *Dieu et l'être*). On peut toutefois remarquer qu'Augustin rentre lui aussi difficilement dans les cadres de l'hypothèse onto-théo-logique, car il n'y a pas à proprement parler chez cet auteur d'ontologie constituée en dehors de la théologie. On peut parler d'ontologie intégrée dans une théologie philosophique (quand Augustin recourt à l'ontologie pour justifier des positions théologiques, par exemple en ce qui concerne la bonté de la création ou la nature de la liberté), mais d'une manière quelque peu paradoxale il n'y a pas vraiment onto-théo-logie, car celle-ci suppose une autonomie au moins relative de l'ontologie. Parler d'onto-théo-logie à propos des Pères de l'Église, en ce sens, serait absurde et d'ailleurs, à notre connaissance, on ne le fait pas, sauf pour Augustin d'Hippone, dans la mesure où le début de sa vie est marqué par la rédaction de livres de philosophie.

C'est dans la même ligne de pensée qu'un groupe de médiévistes[8] a interprété en 1984 la *Première Question parisienne* d'Eckhart comme une critique de l'onto-théo-logie, en montrant chez cet auteur la coexistence d'une ontologie augustinienne de l'ipséité divine[9] et d'une méontologie d'origine dionysienne. On ne peut ici s'appuyer sur la lecture du texte d'Eckhart qui, portant sur les relations entre être, amour et intellect, en défendant une position intellectualiste contre la « droite augustinienne[10] », partisane de la supériorité de l'amour sur l'intellect, demande pour être compris de prendre en compte toute une série d'éléments, qui nous éloigneraient de notre propos. Il est important de souligner que, cinq siècles plus tard, la tradition méontologique du Pseudo-Denys et d'Érigène est bien vivante, avant de recevoir son ultime consécration chez N. de Cues.

En examinant brièvement la métaphysique du premier philosophe médiéval, on ne se trouve pas en présence d'une onto-théo-logie, telle qu'on a pu la définir plus haut. Si on élargit le propos d'Érigène à ceux qui, comme Eckhart ou N. de Cues, se situent plus ou moins dans sa détermination méontologique de Dieu, on remarque que dans ce courant, extrêmement vivant, un soin tout particulier est apporté à ne pas identifier Dieu avec un étant suprême, ni avec la totalité de ce qui est.

D'où proviendrait donc cette constitution onto-théo-logique ? Nous nous proposons d'examiner trois moments ultérieurs, Avicenne, Thomas d'Aquin et Duns Scot, afin de rendre sensible au caractère fragile, étroit et ambigu de cette hypothèse, même pour la pensée médiévale où elle semblerait pouvoir s'appliquer sans problème. On verra qu'il y a certes des tendances onto-théo-logiques dans certains développements de la pensée médiévale, mais qu'ils ne constituent pas le courant absolument dominant. On ne peut donc réduire la métaphysique médiévale à la consolidation de l'onto-théo-logie aristotélicienne, parce que, d'une part, comme on l'a vu, l'hypothèse onto-théologique s'applique très imparfaitement à Aristote et parce que la métaphysique médiévale est beaucoup plus plurielle qu'on le pense généralement, quand on typologise par exemple, de manière simpliste, une philosophie servante de la théologie[11]. Nous montrerons ensuite comment la métaphysique se constitue comme discipline autonome chez Duns Scot et Leibniz. Dans cette partie qui concerne la philosophie médiévale, nous insisterons sur quelques thèmes privilégiés, les universaux, l'individuation, les modalités, questions vives de la métaphysique médiévale, ce qui nous permettra d'avoir une idée positive de son contenu et de voir son prolongement dans la métaphysique la plus actuelle, exceptée la parenthèse kantienne. C'est ce phénomène de continuité par-delà une discontinuité simplement proclamée, qui permet de saisir l'essence de ce que l'on appelle philosophie médiévale, *i.e.* philosophie moyenne, intermédiaire, alors qu'elle est absolument centrale.

2. AVICENNE

Avicenne, Abū 'Ali al-Husayn ibn 'Abd-Allah ibn Sīnā, ou plus brièvement Ibn Sīnā, son nom véritable, a écrit un commentaire systématique de la *Métaphysique* d'Aristote, la *Métaphysique du Chifā'*

(1978). Il s'agit autant d'une reconstruction de la *Métaphysique* d'Aristote que d'un commentaire. La densité du texte, sa difficulté expliquent que sa traduction de l'arabe, par G. Anawati, soit finalement sous-utilisée et qu'on en reste souvent aux balisages fondés sur la traduction latine utilisée dans la lecture et les commentaires de la *Métaphysique,* c'est-à-dire dans ce qu'il est coutume d'appeler l'*Avicenna latinus*. Si la connaissance de ce corpus latin est utile pour une étude de l'influence exercée par Avicenne sur le Moyen Âge occidental, qui est immense, influence toutefois combattue, contrebalancée, par celle d'Averroès, il est tout de même nécessaire de prendre le risque d'une lecture de la traduction de l'original arabe, quelle qu'en soit la difficulté. « À combattre sans péril... » — mais ici le péril est grand de se méprendre sur l'intention réelle d'Avicenne.

Pour minimiser ce risque, nous suivrons pas à pas le texte des deux premiers chapitres du livre I portant sur « La philosophie première. L'existant. Les premiers principes ». Ils traitent du « sujet de la philosophie première ».

Problèmes de lexique :
du grec à l'arabe et du latin au grec

Donnons cependant un exemple des difficultés de compréhension de l'ontologie avicennienne[12]. Avicenne a dû créer dans certains cas des équivalents arabes du grec d'Aristote.

Soit la racine trilitère *w.j.d.*, qui porte le sens « être ». Avicenne dérive *wujûd* qui est l'équivalent de *esse* et de *to einai* (*Mét.*, Δ11, 1019a 4, Z17, 1041a 15), c'est-à-dire de l'existence qui se distingue de l'essence (*ti esti*, cf. *Analyt. post.*, B7, 92b 10-11, *Mét.*, A2, 72a 23-24). *Jîda* est la « manière d'être » (*to ekein*) et *wujûdî* est l'équivalent de *on* au sens d'existant réel (différent de privatif). *Mawjûd* (dans lequel figure la racine *w.j.d.*) désigne ce qui existe, l'*ens*, le *to on*. *Mawjûd* se distingue de *wujûd* (*esse*) : l'*ens* se distingue ainsi de l'*esse*. *Mawjûd* a le sens de participe passif d'exister : l'existant, au sens de « ce qui est existé ». *Mawjûd* est un participe passé de la première forme du verbe *wajada*. On l'oppose à *wajid* (*essentia*). *Mujjid*, quant à lui, est le participe actif de la deuxième forme du verbe *wajada* (*wajjada*), dont le sens est factitif (c'est le donateur d'être, l'existentificateur, cf. Leibniz : *existiturire, existentificans* [*Leibniz Lexicon*, p. 98 *sqq.*]). Cela montre comment Avicenne joue sur la capacité suffixale de l'arabe pour épouser les distinctions du grec. Le latin postérieurement vient fixer le vocabulaire de l'*essentia, existentia,* etc. (cf. Gilson [1947], pour un parcours de ces notions).

Un autre exemple. L'*annîya* se distingue de l'*huwîya*, comme l'haeccéité se distingue de l'ipséité (cf. Goichon [1936], n° 27). Cette distinction touche un point essentiel de la métaphysique avicennienne : l'*annîya* est l'essence individuelle qui se distingue de la quiddité. Il y a une quiddité de tout individu — son humanité — mais il y a aussi une haeccéité individuelle (*annîya*) de chaque individu. Pour l'être nécessaire, il en va autrement : sa quiddité et son haeccéité coïncident (c'est la thèse connue de l'indifférenciation de l'essence et de l'existence dans l'être nécessaire). Avicenne peut déclarer :

> « Tout essentiel ne se réfère pas en un sens à la quiddité de la chose, mais se réfère à l'essence individuelle (*annîya*) » (*ibid.*, p. 10).

Il ne faut pas confondre l'*annîya* avec la *mâhîya*, qui est la quiddité au sens de substance seconde (*ibid.*, n° 679).

Une autre famille de termes (à partir de la racine *h.s.l.*) montre l'extrême précision du vocabulaire avicennien :

ḥaṣala : venir à l'existence (*ibid.*, n° 159). « Verbe de sens très large, qui tient des verbes *être, devenir*, avec aussi le sens d'*il y a* » (*id.*).

ḥuṣûl : la venue à l'acte, l'actuation, la réalisation, l'exercitation. Exemple : « la forme intelligible est cause de l'actuation des formes existantes dans les essences concrètes » (*ibid.*, n° 161, p. 75). *ḥuṣûl* peut cependant désigner l'existence en tant qu'actuation cognitive : « la première saisie [de l'esprit] consiste en l'actuation (*ḥuṣûl*) de la forme de quelque manière que ce soit » (*ibid.*, p. 76).

Taḥṣîl : donner le *ḥuṣûl*, donc faire exister (*existiturire* chez Leibniz, GP, VII, p. 289).

ḥaṣil : l'être qui jouit du *ḥuṣûl*. Synonyme de *mawjûd* et de *muḥaṣṣal*. Traduction latine : *aliquid*. Exemple : « Dieu qui sait tout, embrasse l'être (*ḥâṣil*) qui est le possible » (*ibid.*, p. 77) [les citations données en exemple sont tirées de la *Métaphysique du Shîfa*]. Avec la préposition *li*, *ḥaṣil* prend le sens de ce qui survient, de ce qui appartient.

Muḥaṣṣal : ce qui a l'être, ce qui est réalisé. Un nombre en général n'est pas réalisé : il n'est pas spécifié, il est incomplet, il peut être « deux », « trois »... (*ibid.*, p. 78). En logique, *muḥaṣṣal* désigne ce qui est déterminé, positif.

De même, *iḫtiṣaṣ* est l'appropriation, *haṣṣ*, le propre, *ḫaṣṣiya*, la propriété, *maḫuṣa*, ce qui est singulier, *muḫaṣṣi*, ce qui singularise. *Taḫṣiṣ* est la particularisation, l'individuation, et *taḫṣṣuṣ* désigne la particularisation donnée. Le vocabulaire de la particularisation est très riche et il est intéressant de constater que la propriété est ce qui est propre, ce qui a probablement favorisé l'expression de l'indifférence de l'essence à l'égard du particulier et de l'universel.

Le sujet de la philosophie première

Dans le chapitre premier de la *Métaphysique du Shîfâ,* « Où l'on commence à chercher le sujet de la philosophie première pour que soit manifestée son essence par rapport aux sciences », Avicenne reprend la division des sciences du livre E de la *Métaphysique* d'Aristote (cf. *supra*) et il rappelle que la métaphysique « étudie ce qui est séparé de la matière selon la subsistance et la définition » (1984, p. 86). Il pose alors la question de l'objet de la métaphysique :

> « est-ce l'essence de la cause première de sorte que ce que l'on veut connaître ce sont ses attributs

et ses actions, ou bien est-ce une autre notion ? » (*id.*).

Il rappelle enfin les trois propriétés de la métaphysique : elle est la véritable philosophie, la philosophie première et elle procure la sagesse. Une fois posés ces préliminaires, Avicenne entreprend de déterminer d'abord négativement l'objet de la métaphysique, en démontrant que cet objet ne peut être l'être de Dieu. On peut remarquer qu'Avicenne reprend le livre E suspecté d'être à l'origine de la déviation onto-théo-logique, précisément pour rejeter une possible interprétation de ce livre qui en fait l'origine de cette déviation, l'interprétation suivant laquelle dans ce livre s'opérerait un glissement de la considération de l'être en tant qu'être à l'être de Dieu. Cela confirme l'interprétation très prudente du livre E, à laquelle nous nous sommes rangés.

Comment Avicenne démontre-t-il que Dieu ne peut être l'objet de la métaphysique ? Selon lui, le sujet de toute science

> « c'est quelque chose dont on admet l'existence dans cette science — ce que l'on cherche, c'est seulement ses modes » (*ibid.*, p. 87).

Or, l'existence de Dieu ne saurait être admise dans la métaphysique comme son sujet, mais elle y est recherchée : la métaphysique n'admet pas l'existence de Dieu au titre d'objet d'étude donné ou présupposé ; elle fait à la fois de la nature de son existence et de ses modes le but d'une recherche. La démonstration est la suivante.

Cette existence est donc admise dans une autre science, et recherchée ici. S'il n'en était pas ainsi, il faudrait que cette existence soit ou bien :

a) admise dans cette science et cherchée dans une autre, ou bien

b) admise dans cette science et non cherchée dans une autre.

La première supposition (a), est impossible car les autres sciences « morales ou politiques ou physiques ou mathématiques » ne cherchent pas l'existence de Dieu ; la deuxième, (b), est également impossible car si cette existence n'était cherchée dans aucune science et non cherchée dans la métaphysique, elle ne serait cherchée absolument par aucune science, ce qui est impossible. Il faut donc qu'elle soit cherchée dans la métaphysique, mais non admise.

La métaphysique recherchera l'existence de Dieu (par exemple en la prouvant), mais cette existence ne sera pas le sujet de la métaphysique. Il y a une différence entre admettre Dieu comme objet d'une science et chercher à prouver son existence par cette science. C'est cette différence qui est en partie écrasée par l'hypothèse onto-théo-logique : elle fait comme si la métaphysique avait un double objet : l'être en tant qu'être et l'être éminent, Dieu. Or, on va le voir avec Avicenne, les deux ne sont pas au même niveau.

Avicenne poursuit sa détermination négative de l'objet de la philosophie première par une triple négation : cet objet n'est ni les causes suprêmes, ni les causes en tant qu'absolues, ni les causes en tant que déterminées — en somme, la métaphysique n'a pas pour objet les causes. La métaphysique étudie des « notions qui ne sont pas des accidents propres aux causes en tant que causes » (*ibid.*, p. 88). Quel est donc cet objet introuvable de la métaphysique, si ce n'est ni Dieu, ni les causes premières ? C'est dans le deuxième chapitre du texte qu'Avicenne répond à cette question.

Il commence par rappeler le sujet de la physique, des mathématiques et de la logique. En ce qui concerne cette dernière, c'est une nouveauté par rapport à Aristote, qui ne concevait pas la logique[13] comme une science à part entière, mais comme un instrument des sciences, *organon*.

Ce sont en particulier les traducteurs et commentateurs syriaques d'Aristote (Jacques d'Édesse, Paul le Perse, Proba...) qui ont donné, notamment vers 810-820 sous la dynastie des Abbassides, à la logique une structure qui organise l'*Organon* : introduction [= *Isagoge* de Porphyre (Teixidor[14], 2003, p. 79-85)], catégories (*ibid.*, p. 86-97), herméneutique (*ibid.*, p 99-121), analytique, apodictique, topique, sophistique, rhétorique, poétique (N. Rescher, 1964, p. 18-19). Les académies syriennes ont retenu les quatre premières disciplines ; les Syriens chrétiens ont accepté toutes les disciplines, mais ont exclu *De Int*. IX, en vertu de son prédestinatianisme latent ou potentiel (*ibid.*).

En logique, Avicenne qui est l'héritier de cette tradition (Teixidor, *op. cit.*, p. 69-70), a développé en particulier une logique conditionnelle :

> « On remarque encore devant la place accordée dès l'époque du *Shîfa* à l'existence, au fait, au concret, à la démonstration des faits singuliers, toutes choses qui s'éloignent de la logique pu-

rement théorique et confirment l'importance qu'avaient aux yeux d'Avicenne les recherches scientifiques. Il semble avoir développé par la suite l'expression conditionnelle du raisonnement. N'est-ce pas parce que le syllogisme conditionnel convient particulièrement bien aux raisonnements singuliers ? » (A.-M. Goichon, 1963, p. 15-16).

Pour Avicenne, la physique a pour sujet le corps « en tant qu'il est sujet du mouvement et du repos » (*ibid.*, p. 91). Le corps en tant qu'existant, en tant que composé de matière et de forme est un objet de la métaphysique qui s'interroge sur la structure ontologique des corps matériels, notamment sur leur individuation, qui met en jeu ces concepts de forme et de matière. Les mathématiques ont quant à elles pour objet la mesure « dépouillée dans l'esprit de la matière » (*id.*) — on retrouve ici la caractérisation aristotélicienne des objets mathématiques, séparés, mais dans l'intellect (cf. *supra*). Enfin la logique a pour objet les « intentions secondes intelligées qui se basent sur les intentions premières intelligées » (*id.*) (à propos des intentions, cf. *op. cit.*, chap. V, p. 107).

L'étude de la substance corporelle en tant qu'existante, de la mesure (ou du nombre) en tant qu'existant,

> « il n'est pas possible que cela ressortisse à la science des sensibles ni à une des sciences de ce dont l'existence est dans le sensible » (*ibid.*, p. 92).

L'existence en tant que telle de la substance n'est pas sensible, ni l'existence en tant que telle du nombre ou de la mesure, et

> « quant au sujet de la logique considéré en lui-même, il est clair qu'il est en dehors des choses sensibles » (*ibid.*, p. 93).

Tout cela simplement juxtaposé formerait une rhapsodie. Ce qui en forme l'unité, c'est l'existant :

> « Il est clair que tous ces sujets ressortissent à la science qui s'occupe de ce dont la subsistance ne dépend pas des sensibles. Le seul sujet commun entre eux, dont ils seraient tous des modes et des accidents, c'est l'existant. Certains d'entre eux sont des substances, d'autres des quantités, d'autres d'autres catégories. Il est impossible qu'il y ait d'autre notion vérifiée qui les englobe tous deux autre que l'existence, la notion de l'existence » (*id.*).

Le sujet de la métaphysique, c'est donc l'existant en tant que tel :

> « Il appert clairement de cet ensemble que l'existant en tant qu'existant est quelque chose de commun à toutes ces choses et qu'il faut en faire le sujet de cette "discipline" comme nous l'avons dit ; et parce qu'il n'exige pas que l'on connaisse sa quiddité et qu'on l'établisse de sorte qu'on aurait besoin d'une autre science que cette science qui prenne en charge de montrer ce qu'il est en lui. Il est en effet impossible d'établir un sujet et de vérifier sa quiddité dans la science dont il est le sujet, mais il faut seulement admettre son existence et sa quiddité.
>
> Ainsi le sujet premier de cette science est-il l'existant en tant que tel ; et le domaine de ses recherches sont les choses qui l'accompagnent nécessairement en tant qu'existant sans condition » (*id.*).

La quiddité d'une chose est en bon aristotélisme son essence ou sa définition. Une manière de comprendre ce que dit ici Avicenne est que la métaphysique n'aura pas à prendre comme point de départ la définition de l'existant en tant que tel, définition livrant son essence ; il suffira simplement d'admettre cette quiddité, dans la mesure où elle est réalisée dans tous les modes et accidents de l'existant en tant que tel. Une distinction introduite plus tard par Avicenne (*op. cit.*, p. 108) permet de mieux comprendre encore ce point.

Avicenne distingue en effet à propos de n'importe quelle chose quelconque sa nature propre qui est la quiddité, nature qui est distincte de l'existence en tant que telle qui est « affirmation ». (On retrouvera beaucoup plus loin chez McTaggart la distinction entre existence et nature d'une chose, cf. p. 553-557).

L'objet de la métaphysique sera donc l'existant en tant que tel, commun aux sciences particulières et cet objet se déclinera en existant nécessaire, existant possible et non-existant. C'est dans le livre II de la *Métaphysique du Shîfa* que commencera l'étude de la substance qui présuppose celle de l'existant. C'est seulement à propos de l'existence nécessaire que se pose le problème de l'existence de Dieu, dans la mesure où Avicenne pose l'unicité de l'existence nécessaire, confondue avec l'existence divine. En tant qu'existant nécessaire, et seulement en tant qu'existant nécessaire, nullement en tant que Dieu, Dieu est également objet de la métaphysique, dans ce premier moment de recherche de cet objet. En tout cas rien, dans cette détermination classique du sujet de la métaphysique, ne va dans le sens de l'hypothèse onto-théo-logique.

CHAPITRE XII

Thomas d'Aquin lecteur d'Aristote : consolidation de l'onto-théo-logie ?

La sainteté de saint Thomas est la sainteté de l'intelligence.

Jacques Maritain.

Cette introuvable onto-théo-logie, la décélerons-nous chez Thomas d'Aquin ? Ce dernier semble à première vue un bon candidat pour ce rôle d'initiateur de l'onto-théo-logie. N'a-t-il pas apparemment subordonné la philosophie et donc la métaphysique à la théologie ? N'a-t-il pas christianisé Aristote en faisant rentrer le Dieu de Ex 3, 14 dans la métaphysique d'Aristote ? Cependant nous verrons que même Thomas d'Aquin se laisse mal mettre au rouet de l'onto-théo-logie.

En ce qui concerne Thomas d'Aquin, le même phénomène que pour Aristote se reproduit : entre sa doctrine effective et nous, une série de filtres ou de prismes déformants s'interposent. Une confusion s'installe facilement entre la figure du penseur et ce qu'il a réellement pensé. Cela est aggravé dans le cas de Thomas d'Aquin par ce que l'on peut projeter des excès du néothomisme sur sa philosophie. Le néothomisme de Maritain par exemple, malgré tous ses mérites philosophiques intrinsèques (c'était tout sauf une idéologie[1] et on ne peut en faire le symétrique de la vulgate marxiste qui lui était contemporaine), se résout, dans ses œuvres d'initiation scolaire, à des simplifications extrêmes du rôle de Thomas dans l'interprétation d'Aristote :

> « Saint Thomas que l'Église a proclamé Docteur par excellence, *Doctor communis Ecclesiae*, et dont elle a fait le maître universel de son enseignement, n'a pas seulement transporté dans le domaine de la pensée chrétienne la philosophie d'Aristote en son intégrité, pour en faire l'instrument d'une synthèse théologique incomparable ; il a du même coup surélevé et pour ainsi dire transfiguré cette philosophie.
>
> Il l'a purifiée de toute trace d'erreur (...) il l'a fortement et harmonieusement systématisée, il en a approfondi les principes, dégagé les conclusions, élargi l'horizon, et s'il n'en a rien retranché, il y a ajouté beaucoup, l'enrichissant de l'immense trésor de la tradition latine et chrétienne (...). Entre Aristote vu dans Aristote et Aristote vu dans saint Thomas, il y a la même différence qu'entre une cité aperçue à la lueur de torches promenées par les hommes et la cité apparue dans les rayons du soleil du matin » (*Éléments de philosophie*, I, *Introduction à la philosophie*, 1939, p. 61-62).

Le concordisme peut aboutir à des formes extrêmes de dogmatisme :

> « Cette philosophie d'Aristote et de saint Thomas est à vrai dire selon le mot d'un philosophe moderne *la philosophie naturelle de l'esprit humain*. (...) Elle est aussi la *philosophie de l'évidence* (...), la *philosophie de l'être* s'appuyant tout entière et se

réglant sur ce qui est, et se pliant fidèlement à toutes les exigences du réel — la *philosophie de l'intelligence,* etc. » (*ibid.*, p. 62-63).

Dans la mesure où le Docteur Angélique (titre donné à Thomas) était censé inspirer directement ce genre d'entreprise philosophique, une suspicion qui peut paraître légitime à l'égard de Thomas s'est insidieusement répandue, augmentée de certaines des confusions créées autour du débat sur la « philosophie chrétienne » de Gilson. Que le meilleur spécialiste de Thomas prône la spécificité du christianisme en philosophie n'a pas facilité l'accès à la philosophie propre de Thomas, qui, circonstance aggravante, étant très technique, se prête inévitablement à des simplifications. Cependant, le débat sur Thomas d'Aquin s'est beaucoup clarifié, grâce à toute une série de travaux, notamment sur l'analogie. Toutefois une partie de ces travaux s'inspire de l'hypothèse onto-théo-logique[2] et nous devrons examiner certaines des conclusions qui en ont été tirées.

L'objet de la métaphysique

Thomas d'Aquin n'a pas laissé de traité de métaphysique. On se rappelle que nous avons déjà insisté sur le fait que les textes de métaphysique, de 1250 pratiquement à Suarez (début du XVIIe siècle), sont tous ou presque des commentaires d'Aristote. Au moins trois séries de textes peuvent faciliter l'accès à la conception thomasienne (on risque ce néologisme un peu précieux pour ne pas susciter la confusion avec le thomisme institutionnel ou scolaire) : les textes de commentaires de la *Métaphysique* d'Aristote qui permettent de déterminer avec précision la position propre de Thomas (on verra qu'il expose sa doctrine de l'analogie à partir d'un commentaire du livre Γ) et des textes de la *Somme contre les gentils* (notamment III, 25) où l'on peut saisir la totalité de l'enjeu de la métaphysique thomasienne. Enfin le petit opuscule *De l'être et de l'essence* (*De ente et essentia*) contient des rudiments précieux d'ontologie. On ne peut ici en aucune manière prétendre résumer les thèses thomistes ; nous ne faisons que poursuivre notre enquête sur la nature de la métaphysique à travers son histoire pour discuter la précision et la pertinence de l'hypothèse probablement la plus répandue, mais pas forcément la plus puissante qui ait été proposée pour justifier son dépassement ou son abandon, l'hypothèse onto-théo-logique. Dans la mesure où notre but n'est pas simplement de déterminer dans des textes du passé quelle a été l'organisation conceptuelle du domaine nommé « métaphysique », mais d'introduire à une métaphysique contemporaine, dont nous pensons qu'elle est partiellement dans la continuité de la métaphysique du passé, y compris la métaphysique médiévale (et peut-être surtout, serait-on tenté de dire), il nous faut nécessairement relativiser ce qui justifie la thèse de son achèvement et montrer en même temps quelle était la véritable nature de la métaphysique, comment elle s'est progressivement constituée tout au long du Moyen Âge.

Thomas définit ainsi la nécessité de l'enquête métaphysique :

Quia particulares quaedam eorum quae per scrutatione indigent pratermittunt, necesse fuit quandam scientiam esse universalem et primem, quae perscrutetur ea, de quibus particulares scientiae non considerant. Huiusmodi autem videntur esse tam communia quae sequuntur ens commune (de quibus nulla scientia particularis considerat, cum non magis ad unam pertineant quam ad aliam sed ad omnes communiter) quam etiam substantiae separate, quae excedunt considerationem omnium particularum scientiarum. Et ideao Aristoteles huiusmodi scientiam nobis tradens postquam perscrutatus est de communibus accedit ad tractandum specialiter de substantiis separatis ad quarum cognitionem ordinatus non solum ea quae in hac scientia tractata sunt, sed etiam quae in aliis scientiis tractantur (n° 2146, éd. Cathala et Spiazzi).

Parce que les sciences particulières dédaignent certaines choses qui doivent être recherchées, il doit y avoir une science universelle qui examine ces choses. Ces choses semblent être les attributs qui appartiennent à l'être en général (aucun d'eux ne sont traités par les sciences particulières puisqu'elles n'appartiennent pas à une science plutôt qu'à une autre) et aux substances séparées, qui sont à l'extérieur le champ de toute science particulière. Donc en introduisant une telle connaissance, Aristote après avoir recherché ces attributs, commence à traiter en particulier les substances séparées dont la connaissance constitue le but auquel les choses étudiées à la fois dans cette science et dans les autres sciences sont ultimement soumises.

Thomas considère donc la métaphysique comme une science universelle. Identifiant les universaux aux substances séparées, il en fait la science des substances séparées. Il ne faut nullement confondre cette science du séparé avec la théologie, qui est la science du séparé en tant que séparé et non du séparé en tant que potentiellement dans le particulier sensible (cf. art. 2 de la *Question V* de l'*Expositio super librum Boethii de Trinitate*, 2002, p. 42 *sq.*).

Dans son commentaire du livre A de la *Métaphysique* qui détermine le savoir de la philosophie et de la recherche des causes premières, Thomas d'Aquin rappelle les caractéristiques principales de la métaphysique. La philosophie première est une science spéculative (*scientia speculativa*) ; c'est une science libre (*libera*) :

> « Est dit proprement libre l'homme qui n'est pas pour un autre, mais qui est cause de soi (*causa sui ipsus*). Les esclaves en effet appartiennent à leur maître et ils agissent pour eux et tout ce qu'ils acquièrent est pour eux. Les hommes libres, au contraire, sont maîtres d'eux-mêmes, acquérant et agissant à leur profit. Or, seule, cette science est en vue d'elle-même (*propter seipsam*), donc seule parmi les sciences elle est libre » (*Commentaire sur la Métaphysique*, n° 58, éd. Cathala et Spiazzi, p. 18).

Cette caractérisation est importante, car elle situe la métaphysique au sommet des arts libéraux (cf. art. 1 *Question V exp. Supra Boethii etc.*, *op. cit.*, p. 21 *sq.*). Dans la caractérisation traditionnelle qui fait de la contemplation et de la béatitude dans la contemplation le but de la vie humaine (cf. *supra* pour Aristote), la métaphysique occupe donc la place la plus élevée parmi les sciences théorétiques ou spéculatives, parce qu'elle a sa fin en soi. Un autre point important est que le caractère non servile de la métaphysique interdit de l'asservir à la théologie. Rien ne serait plus faux que d'imaginer une propédeutique métaphysique à un savoir théologique. On verra que les relations entre métaphysique et théologie existent et qu'elles sont complexes, mais il importait de commencer opportunément par ce rappel du caractère littéralement autonome de la métaphysique (puisque l'homme libre, à l'inverse de l'esclave, jouit de son autonomie : *causa suiipsus* est une expression forte). On peut remarquer aussi dans ces quelques lignes un des traits de la méthode thomiste : le recours à l'analogie entre des réalités matérielles (ou sociales ici) et des réalités intellectuelles. La pensée thomasienne promeut l'analogie et elle s'en sert comme méthode d'exposition. C'est l'essence du thomisme qui est analogique, dans le contenu et dans l'exposition.

Dans le commentaire du livre A, Thomas continue en affirmant le caractère divin de la métaphysique :

> « Une science peut être qualifiée de divine pour deux motifs et seule cette science [la philosophie première] est divine pour ces deux motifs : ou bien en effet on appelle science divine celle que Dieu possède ; ou bien celle qui traite des choses divines. Que seule notre science possède l'une et l'autre de ces prérogatives, c'est manifeste. Traitant en effet des premières causes et des premiers principes, elle doit avoir Dieu pour objet (*opportet quod sit de Deo*), Dieu étant universellement considéré comme une cause et comme un principe des choses. Pareillement on doit dire qu'une telle

> science qui traite de Dieu et des premières causes, ou bien Dieu seul la possède, ou s'il n'est pas seul à la posséder, il l'a cependant au plus haut degré. Seul, à la vérité, il la possède selon une parfaite compréhension ; au plus haut degré, du fait qu'elle est aussi partagée à leur mesure par les hommes, non pas toutefois à titre de vraie possession, mais comme quelque chose qui lui est emprunté » (*ibid.*, n° 64, éd. Cathala et Spiazzi, p. 19).

Ce texte affirme que Dieu est également l'objet de la métaphysique en tant qu'il est cause et principe. On peut lire ceci comme une conciliation entre Avicenne[3] (l'objet de la métaphysique, c'est l'être en tant qu'être) et Averroès (l'objet de la métaphysique, c'est Dieu), ces deux opinions leur étant traditionnellement attribuées au Moyen Âge. On n'a pas ici de glissement de l'ontologie vers la théologie ou de théologie interne à l'ontologie. Ce texte commente le livre A à partir du livre Λ : c'est dans le livre Λ qu'Aristote insiste sur le fait que le dieu — Thomas lit *Deus*, traduction de *theos* dans les traductions latines — possède l'intellection suprême, c'est-à-dire celle de soi-même : « la pensée souveraine est celle du bien souverain » (Λ 1072b 19, trad. Tricot, p. 681). Thomas ajoute ici à cette doctrine de l'intellection divine l'attribution à Dieu de la connaissance métaphysique en tant que divine (ainsi que la providence, affirmée dans d'autres textes d'Aristote[4], mais c'est un autre problème). La connaissance métaphysique non seulement représente pour l'homme le type le plus élevé de science, mais elle est également pour lui le partage d'une vie divine, celle de l'intellect divin possédant cette science dans sa perfection. On peut dire que dans cette mesure Thomas intègre une partie des doctrines de la noétique averroïste ou avicennienne de la béatitude philosophique[5] par la divinisation de l'intellect[6], doctrine condamnée par l'Église car non conforme aux normes du salut individuel[7], mais qui forment le noyau de l'interprétation d'Aristote par ces auteurs (sur tout cela, cf. A de Libera [1993, 1994]). Il intègre ces doctrines en faisant dépendre notre béatitude intellectuelle de celle de Dieu. On peut toutefois se demander en quel sens la métaphysique traite aussi de Dieu. Cela nous conduit à une relecture des commentaires de Thomas du livre Γ.

Thomas paraphrase ainsi Γ1 :

> « Aristote déclare tout d'abord qu'il existe une certaine science qui considère l'être en tant qu'être (*ens secundum quod ens*) à titre de sujet (*sicut subjectum*) et qui considère également "ce qui est en lui par soi" (*ea quae insunt enti per se*), c'est-à-dire ses accidents propres (*entis per se accidentia*) [cf. Aristote : "Il y a une science qui étudie l'être en tant qu'être et les attributs qui lui appartiennent essentiellement (*kat'auto*)" » ; Γ1003a 20].
>
> Il dit "en tant qu'être" car les autres sciences qui ont pour sujet des êtres particuliers (*quae sunt de entibus particularibus*) traitent à la vérité de l'être (*de ente*) tous les sujets des sciences (*omnia subjecta scientiarum*) étant des êtres ; cependant elles ne considèrent pas l'être en tant qu'être, mais en tant seulement qu'il est tel être (*sed secundum quod est huiusmodi ens*) : nombre, ligne, feu ou quelque chose de semblable.
>
> Il précise également "ce qui est en lui par soi" (*et quae huic insunt per se*) et non simplement ce

qui est en lui, pour laisser entendre qu'il n'appartient pas à une science de considérer ce qui se trouve de façon accidentelle dans son sujet (*que per accidens insunt subjecto suo*), mais seulement ce qui s'y rencontre essentiellement (*sed solum de quae per se insunt*) » (*ibid.*, n°s 529, 530, 531, éd. Cathala et Spiazzi, p. 150-151).

Il commente ensuite ainsi Γ2 :

« L'être se prend en plusieurs acceptions, mais c'est toujours relativement à un terme unique, à une nature déterminée... » (1002a 33),

en introduisant la théorie de l'analogie :

« Tout ce que l'on attribue communément à un même prédicat, encore que ce ne soit pas de manière univoque mais analogique (*non univoce, sed analogice*), relève de la considération d'une seule science ; or l'être est attribué de cette manière à tout être ; il en résulte que tous les êtres appartiennent à une seule science, laquelle a pour objet l'être en tant qu'être (*quae considerat ens inquantum est ens*) à savoir aussi bien les substances que les accidents » (*ibid.*, n° 534, éd. Cathala et Spiazzi, p. 151).

La question de l'analogie

L'analogie est de deux types chez Thomas. Il distingue (*Somme théologique*, Ia Q 13, resp., *Somme contre les gentils I*, I, 34, 1999, p. 227-228) d'une part l'analogie *ad unum* (traduction du *pros en* de Γ2 : « L'être se prend (...) relativement à un terme unique [*to on pros en legestai*] ») et d'autre part l'analogie *unum ad alterum*. Un exemple de la première est l'unité de signification comme sain « est dit de la santé et de l'urine ». Un exemple de la seconde est le rapport qui existe entre deux usages de « sain », quand on dit que la médecine est saine et que le patient est sain : la médecine cause la santé chez le patient. Dans le premier type, il y a donc un rapport de causalité :

> « [l'analogie] se produit de deux manières.
>
> La première quand plusieurs choses ont un rapport à quelque chose d'unique, comme lorsque, par rapport à une santé unique sont dits sains l'animal — comme son sujet — le remède comme ce qui la produit — la nourriture — comme ce qui la conserve — l'urine — comme son signe.
>
> La seconde, quand on remarque un ordre ou un rapport entre deux choses, non pas à une troisième, mais de l'une à l'autre. C'est ainsi qu'étant est dit de la substance et de l'accident, dans la mesure où l'accident a un rapport à la substance et non parce qu'accident et substance seraient rapportés à un tiers » (*ibid.*, p. 227-228).

Dans le commentaire de Γ, la distinction est utilisée. Il distingue en effet à la suite d'Aristote un premier exemple « où une multitude est référée comme à quelque chose d'un moyen quant à sa fin » (*op. cit.*, n° 537), l'exemple de « sain » (ou de salubre, litt. « sanatif » [*sanativum*]), d'un second exemple « suivant qu'une multitude est rapportée à son principe efficient » (*ibid.*, n° 538), c'est l'exemple de « médicatif » (*medicativum*). Il s'agit de la même distinction, mais avec un glissement trompeur de termes : dans la *Somme contre les gentils*, on a la distinction canonique de deux types d'analogie correspondant au « sain » et à l'« étant », tandis que dans le commentaire de Γ il utilise deux fois l'exemple de « sain », pris pour les deux types d'analogie.

L'analogie est utilisée par Thomas au moins à deux fins distinctes, comme on va le voir. Dans la métaphysique, l'analogie prédicamentale sert à opérer un classement des étants en donnant un sens précis à la doctrine aristotélicienne des différents sens de l'être — en exerçant un infléchissement décisif vers une doctrine des modes de l'être — et dans la théologie elle sert à donner un sens aux prédications relatives à Dieu, dans la problématique classique depuis le Pseudo-Denys des noms de Dieu. On est ici en présence d'un nœud conceptuel et doctrinal pour l'évaluation de l'hypothèse onto-théo-logique. On montrera, en s'appuyant sur les travaux d'A. de Libera, que la structure analogique du thomisme loin de vérifier cette hypothèse la met en échec, car si l'analogie métaphysique trouve à se répartir plus ou moins convenablement entre les types d'analogie, l'analogie théologique ne parvient à être identifiée à aucun de ses types de manière complète, ouvrant ainsi chez Thomas la possibilité ainsi que la nécessité d'une théologie négative.

Dans le commentaire de Γ, Thomas utilise donc l'analogie pour interpréter la doctrine aristotélicienne des sens de l'être :

> « c'est en des sens multiples que l'être est attribué. Tout attribut "être" (*ens*) est prédiqué en référence à un unique premier. Mais ce premier n'est ni la fin, ni l'efficient comme dans les exemples susdits [les exemples de "sain"], mais le sujet (*subjectum*). Il y a des choses qu'on désigne comme des êtres, comme être (*entia vel esse*), parce qu'elles

possèdent l'être en elles-mêmes, telles les substances qui sont qualifiées d'être (*entia*) à titre premier et principal. Il en est d'autres (nommés aussi des êtres) parce que ce sont des attributs ou des propriétés de la substance, tels les accidents essentiels de chaque substance.

D'autres choses sont appelées êtres au titre de processus acheminant à la substance, ainsi que la génération (substantielle) et le mouvement (du devenir substantiel). D'autres au titre de corruption de la substance, la corruption étant le processus acheminant au non-être [Γ2, 1003 b6] (...) De même pour la qualité chez un être du fait que c'est un principe actif ou génératif de la substance ou de ce qui, d'une façon ou d'une autre, a un rapport avec la substance. De même enfin les négations concernant ce qui est en rapport avec la substance, ou qui sont dites relatives à la substance même, comme lorsque nous disons que le non-être est le non-être, ce qu'il ne serait pas possible de dire (avec vérité) si d'une manière ou d'une autre la négation ne relevait pas de l'être » (*ibid.*, n° 539, éd. Cathala et Spiazzi, p. 152, trad. É. Weber, *in* Weber, 1989, p. 396).

Ce texte qui est une paraphrase de Γ 1003b 5 *sqq*. commente Aristote à partir d'une interprétation du *pros en* dans les termes de la doctrine de l'analogie. Le terme « analogie » ne se trouve pas ici dans le texte d'Aristote, qui connaît sous le terme d'analogie (*analogia*) l'analogie de proportionnalité (a est à b, ce que c est à d, cf. *Poétique*, chapitre 21, 1457b 6, 16 *sqq.*). Dans l'*Éthique à Nicomaque*, I, 4, Aristote utilise également ce type d'analogie[8], à propos du bien :

« Mais alors en quel sens les biens sont-ils appelés du nom de bien ? Il ne semble pas en effet qu'on ait affaire à des homonymes accidentels. L'homonymie provient-elle de ce que tous les biens proviennent d'un seul bien [participation platonicienne] ou de ce qu'ils concourent tous à un seul bien ? Ne s'agirait-il pas plutôt d'une unité d'analogie : ainsi ce que la vue est au corps, l'intellect l'est à l'âme et de même pour les autres analogies ? Mais sans doute sont-ce là des questions à laisser de côté pour le moment » (*op. cit.*, 1096b 26 *sqq.*).

Le commentaire de Γ conduit Thomas à un classement ontologique des modes d'êtres :

« Tous les modes d'êtres (*modi essendi*) susdits [dans le commentaire ci-dessus de Γ2, 1003b 6] peuvent se ramener à quatre. Le premier qui est le plus faible (*debilissimum*) relève seulement de l'être de raison (*in ratione*) : c'est la négation ou la privation. On déclare qu'il est dans la raison car c'est la raison qui en affirmant ou en niant quelque chose en un sujet, le considère comme si c'était un être. (...) Selon un deuxième mode qui reste proche du premier par la ténuité de son sens (*proximum in debilitate*), on qualifie d'être la génération substantielle, la corruption et le mouvement (du devenir substantiel). Ces notions présentent un sens mêlé de privation et de négation. Le mouvement est un acte inachevé, comme il l'est dit au livre III des *Physiques*.

D'une troisième manière on qualifie d'être ce qui sans être aucunement mêlé de non-être, ne possède qu'un être faible (*esse debile*) du fait qu'il s'agit d'un être non par soi, mais dans autre chose, comme c'est le cas des qualité, quantité, et d'autres propriétés de la substance. Le quatrième mode est du type le plus parfait (*perfectissimum*), car il concerne ce qui possède un être réel (*esse in natura*) non mêlé de privation, un être ferme et

> solide (*firmum et solidum*) au titre d'existant par soi (*per se existens*), comme c'est le cas de la substance. C'est par rapport à ce mode comme à la référence première et principale que sont affirmés tous les autres modes » (n°s 540-543, éd. Cathala et Spiazzi, p. 152, trad. *op. cit.*, p. 397).

Le sens de ce passage est d'expliciter cette affirmation d'Aristote : « il appartient aussi à une seule science d'étudier tous les êtres » (Γ2, 1003b 15, p. 178). Cependant là où Aristote écrit : « telles choses en effet sont dites des êtres... (*onta legestai*) », Thomas parle de *modi essendi.* Là où il s'agit pour Aristote de montrer que les dénominations se font « par rapport à un principe unique » (*pros mian arken*), il s'agit pour Thomas de dégager une ontologie cohérente et hiérarchisée avec au sommet l'*ens perfectissimum* et au plus bas l'*ens debilissimum*. En somme, la doctrine des multiples acceptions de l'être aboutit à une ontologie des modes d'être. Cette ontologie distingue donc quatre modes d'êtres : i) purs êtres de raison, produits de la négation et de la privation, ii) êtres hors de la raison, mais soumis à la corruption, et donc par là mêlés de non-être, en mouvement, iii) êtres non mêlés de non-être, mais relatifs et dépendants d'autres choses, se disant d'après les catégories autres que la substance (qualité, quantité...), iv) être non dépendant, existant par soi-même : la substance. (On peut comparer avec le classement ontologique de Scot Érigène, *supra*, et Lowe 2004). L'infléchissement de la doctrine aristotélicienne est donc la suivante : on passe des multiples acceptions de l'être à ses différents modes. Le but de la théorie de l'analogie prédicamentale était chez Aristote d'éviter la participation platonicienne ; elle est chez Thomas le fondement d'une hiérarchisation ontologique. Que cette hiérarchisation réintègre une bonne dose de participation est un point que l'on ne discutera pas ici, même si les travaux récents sur la métaphysique thomiste montrent l'importance de ce thème. Nous sommes ici en pleine ontologie. Pour pouvoir parler d'onto-théo-logie, il faudrait que l'*ens perfectissimum*, c'est-à-dire la substance, soit identifié à Dieu, que la totalité des êtres (couverts par ce classement exhaustif des modes d'êtres) soit pensée sous le chef d'un être suprême. Ce n'est pas le cas, car Thomas voit bien que si l'analogie peut fournir le fondement d'une ontologie, au sens d'une classification des modes d'êtres, elle donne du fil à retordre dès qu'on cherche à l'utiliser en théologie. Là où l'on pouvait escompter le fondement commun de l'ontologie et de la théologie sous la forme d'un ressort analogique, on se trouve en présence d'un divorce, de par le fait que, comme l'a montré A. de Libera, et dans une certaine mesure É. Weber, l'analogie se dérobe comme sol de la théologie. L'interprétation de ce fait pour notre propos nous conduira à un rapide rappel de deux textes de Thomas concernant l'usage théologique de l'analogie.

Dans les chapitres 30-35 de la première partie de la *Somme contre les gentils* (SG), Thomas traite de la prédication des noms de Dieu. Il s'agit d'un problème théologique classique, auquel Denys a apporté une solution qui consiste à distinguer théologie symbolique et théologie négative, de façon à montrer les limites de l'analogie, point relevé (et approuvé) par Thomas :

> « Denys déclare (...) que notre analogie n'est pas apte à se hausser jusqu'aux contemplations invisibles » (cité dans É. Weber, 1990, p. 391).

La tentative thomasienne d'accommodation de la doctrine aristotélicienne des sens de l'être et du concept d'analogie de proportionnalité (qu'il ne faut surtout pas confondre avec la doctrine de la prédication des noms de Dieu) aboutira finalement à une conclusion voisine, ce qu'on se propose ici de rappeler. Si le « thomisme est essentiellement analogique » (Gilson), il est également conscient de l'hiatus entre l'utilisation purement philosophique de l'analogie et son usage théologique.

Dans SG I, 32-33, Thomas distingue prédication univoque et prédication équivoque ou prédication suivant la synonymie ou l'homonymie, en donnant aux distinctions sémantiques des *Catégories* entre synonymes, paronymes et homonymes un poids ontologique fort. On reviendra sur la place de la paronymie (cf. *supra* pour ce concept chez Aristote, p. 237 *sq.*). Thomas montre qu'il ne peut y avoir une prédication univoque de Dieu aux autres choses (chap. 32) ; cependant cette équivocité n'est pas une pure équivocité « comme le sont les équivoques dues aux hasard » (*op. cit.*, chap. 33, p. 226). Cette distinction provient de l'*Éthique à Nicomaque*, I, 4 : à propos du texte déjà cité sur le bien, Aristote distingue les homonymes accidentels (*apo tukes*) et les homonymes *pros en* qui sont en fait intermédiaires entre les homonymes et les synonymes. Cela conduit à la solution exposée au chapitre 34 :

> « 1. De ce qui précède [chap. 32-33] il reste donc que ce qui est dit de Dieu et des autres choses n'est prédiqué ni de manière univoque, ni de manière équivoque, mais de manière analogique, c'est-à-dire d'après un ordre ou un rapport à quelque chose d'unique.
>
> Cela se produit de deux manières » (*ibid.*, p. 227).

C'est ici que Thomas introduit sa distinction entre l'analogie du type « sain » et celle du type « étant » que nous avons déjà exposée et discutée (voir *supra*). C'est ce qui suit qui concerne directement l'analogie en régime théologique :

> « 4. Les noms dits analogiquement de Dieu et des autres ne le sont donc pas selon le premier mode, car il faudrait poser quelque chose avant Dieu, mais selon le second.
>
> 5. Dans ce type de prédication analogique, on remarque parfois un ordre identique dans les noms et dans les choses, et parfois un ordre différent. Car l'ordre des noms suit celui de la connaissance, le nom étant le signe de la conception intellectuelle. Quand donc ce qui est antérieur dans les choses l'est aussi dans la connaissance, le même est antérieur selon la signification du nom et selon la nature de la chose. Ainsi la substance est-elle antérieure à l'accident selon sa nature, dans la mesure où elle est cause de l'accident, et selon la connaissance que l'on en a, dans la mesure où elle est posée dans la définition de l'accident. C'est pourquoi *étant* est dit de la substance avant de l'être de l'accident, selon la nature de la chose et la signification du nom. Mais quand ce qui est pre-

mier selon la nature est ultérieur selon la connaissance, alors pour les analogues, l'ordre n'est pas le même selon les choses et selon la signification du nom. Ainsi le pouvoir de guérir (*virtus sanativa*) dans les remèdes est-il naturellement antérieur à la santé dans l'animal, comme la cause est antérieure à son effet, nous le nommons aussi à partir de son effet. Et c'est pourquoi le remède (*sanativum*) est antérieur selon l'ordre des choses, tandis que c'est l'animal qui est d'abord dit sain (*sanum*) selon la signification du nom.

6. Ainsi donc, puisque c'est à partir des autres choses que nous parvenons à la connaissance de Dieu, la réalité signifiée par les noms dits de Dieu et des autres choses est d'abord en Dieu selon son mode propre, tandis que la signification du nom ne lui est appliquée qu'après (*per posterius*) < l'avoir été aux autres choses >. C'est pourquoi l'on dit que Dieu est nommé d'après ses effets » (*ibid.*, p. 228-229).

Thomas distingue donc deux ordres de priorité (pour le couple antérieur/postérieur), l'une selon la chose, l'autre selon le nom ou la signification. Pour l'analogie du type « sain » (appelée *ad unum alterum*, cf. *supra*), le terme prédiqué analogiquement est premier dans l'ordre de la signification et second dans l'ordre de la chose (on connaît après coup l'effet du *sanativum*). Pour l'analogie du type « étant » (appelée *ad unum ipsorum*), le terme prédiqué est premier dans l'ordre de la chose. Comment situer l'analogie entre Dieu et les créatures, entre l'être de Dieu et celui de la créature ? L'analogie, qu'elle soit prédicamentale ou de proportionnalité, ne peut combler l'abîme d'équivocité entre l'être divin et l'étant créé[9]. La raison de cette inadéquation est à chercher dans l'absence de proportion entre Dieu et les créatures. Le texte de l'article 11 de la Question 2 *De la vérité* (Thomas d'Aquin, 1996, p. 319-326) permet de bien mettre ce point en évidence.

Dans la réponse[10], Thomas montre que l'attribution de quelque chose de commun à Dieu et à la créature (par exemple ici le prédicat : « connaître ») ne peut être complètement univoque. En effet « tout ce qui est en Dieu est son propre être » (*op. cit.*, p. 322) et « de même en Dieu l'existence s'identifie à l'essence » (*ibid.* cf. *infra*, p. 306) et donc

> « la créature ne peut pas plus parvenir à posséder quelque chose par la même raison formelle que Dieu qu'elle ne peut accéder au même être » (*ibid.*).

Bref, ontologiquement la différence entre Dieu et l'homme n'est pas de degré, elle est de nature (en l'homme, essence et existence ne coïncident pas et tout ce qui est en l'homme n'est pas son propre être, il y a de l'accident, du contingent en lui) et donc la conséquence de l'être au connaître étant valide, il y a la même différence non de degré mais de nature entre connaissance divine et connaissance humaine. Toutefois, cette attribution ne peut être totalement équivoque. Dieu connaît les créatures, et donc s'il n'y avait aucune communauté de nature, l'essence divine ne serait pas la similitude des créatures et Dieu connaissant son essence ne connaîtrait pas les créatures, ce qui est impossible (p. 323). De plus nous ne pourrions donner aucun nom à Dieu, qui serait alors purement ineffable. La conséquence de ceci est que

« Il faut donc affirmer que le nom de science n'est prédiqué de la science de Dieu et de la nôtre ni de façon tout à fait univoque, ni de façon purement équivoque mais par analogie, ce qui ne veut rien dire d'autre que selon un rapport » (*id.*).

Thomas distingue deux formes de rapport ; il ne retient donc pas ici l'analogie de proportionnalité comme le type d'analogie qui convient pour le rapport entre science divine et science humaine, mais il insiste sur le fait que pour qu'il y ait analogie, il faut qu'il y ait rapport. Si a est analogue à b, il doit y avoir un rapport qui puisse proportionner a à b. Si a et b sont totalement différents (cas de l'absence de rapport de proportion), on est dans l'équivoque, comme pour le chien aboyant et le chien constellation ou le chien en chair et en os et le chien peint), si a et b sont identiques, on est aussi dans l'univoque et il n'y a pas de rapport de proportion mais une limite de ce rapport qui l'annule, l'identité. Or, selon Thomas :

« Il y a deux formes de communauté fondée sur un rapport et c'est en fonction de ces deux formes que l'on considère la communauté d'analogie » (*id.*).

Ces deux communautés sont, la première une « communauté de rapport », la seconde une « communauté de proportionnalité ». On retrouve ici la distinction canonique entre l'analogie de type « étant » et celle de type « sain », qui sont ici deux sous-types d'analogie de rapport : l'accident a un rapport avec la substance et l'urine a un rapport avec la santé de l'animal. On peut se demander si l'on peut rapprocher ces deux sous-types d'une distinction entre un rapport extrinsèque — « sain » — et un rapport intrinsèque — « étant » —, car « sain » est pris ici au sens non purement homonymique, mais au sens causal, puisque l'on considère le rapport de l'urine à la santé de l'animal. Cela dit, le rapport n'est pas aussi direct que dans celui entre le remède et la santé. L'attribution analogique peut se faire selon un second type de communauté. C'est un second type d'analogie pour Thomas : « le nom de "vue" est attribué à la vue corporelle et à l'intellect parce que l'intellect est dans l'esprit ce que la vue est dans l'œil » (*ibid.*, p. 323-324). Ce second type est l'analogie aristotélicienne, l'exemple provenant de l'*Éthique à Nicomaque*, I, 4 : « ce que la vue est au corps, l'intellect l'est à l'âme » (1096b 29). Le point important est que Thomas dans ce texte rejette le premier type (celui qui recouvre à la fois urine/santé et substance/accident) au profit du second (esprit/œil), parce que le premier suppose un « rapport déterminé entre les termes qui ont quelque chose en commun par analogie » (*ibid.*, p. 324), alors que « aucune créature ne possède un rapport à Dieu en fonction duquel la perfection divine puisse être déterminée » (*id.*). Thomas se prononce alors en faveur du second type :

> « Mais dans le second type d'analogie, on n'envisage aucun rapport déterminé entre les termes qui ont quelque chose en commun par analogie. C'est la raison pour laquelle rien n'empêche qu'un nom soit attribué analogiquement à Dieu et à la créature selon ce type d'analogie » (*id.*).

Nous n'avons pas ici à comparer les différentes solutions de Thomas, à les ordonner d'une manière ou d'une autre, en particulier en tenant compte de l'évolution de sa doctrine. Nous avons insisté sur ce dernier texte du *De veritate* parce qu'il met bien en lumière la difficulté propre à l'analogie : elle doit établir un rapport sans rapport[11]. Si je dis que a et b sont analogues, je ne dois le faire que dans le cas où a est une réalité humaine et b une réalité divine, sans impliquer en quoi que ce soit qu'il y ait un rapport déterminé entre a et b, parce que les réalités divines sont absolument incomparables aux réalités humaines. Si cependant je renonce complètement à l'analogie entre ces réalités, au lieu de chercher parmi tous ses types celui qui est le plus convenable, alors rien ne pourra être dit des réalités divines, ce qui est impossible pour la théologie. Ce texte insiste donc sur la communauté (ontologique) qui est supposée par l'analogie (sémantique). La difficulté extrême est qu'en toute rigueur il n'y a pas et il ne peut y avoir communauté entre les réalités divines et humaines. Cela ouvre donc dans la suite du texte, dans la première des solutions, le recours à la théologie négative — Thomas cite Denys (chap. IX des *Noms divins*) :

> « Dieu ne doit d'aucune manière être semblable aux créatures, mais les créatures peuvent de quelque manière être semblables à Dieu » (*id.*).

Thomas tente de donner un sens rationnel à une telle affirmation — en recourant à l'exemple traditionnel, repris de Denys : une image est semblable à son modèle, par exemple un homme, mais pas l'inverse. Une image d'un homme ressemble à cet homme, mais celui-ci ne ressemble pas pour autant à son image. Reste qu'une ressemblance asymétrique est un véritable défi. Habituellement on admet que si a ressemble à b, b ressemble à a. L'exemple pris de la ressemblance mimétique est particulier, car si l'on vise la ressemblance dans l'image, on a tendance effectivement à poser une ressemblance asymétrique (la carte est faite pour ressembler au territoire mais pas le contraire !). Pour comprendre l'existence d'une relation de ressemblance asymétrique, il faut recourir au texte du Pseudo-Denys :

> « C'est la théologie elle-même qui déclare Dieu Dissemblable, qui affirme qu'on n'a le droit de le comparer à aucun être[12], car, dit-elle, il diffère de tout, et suprême paradoxe, rien ne lui ressemble. À dire vrai, cette affirmation ne contredit d'aucune façon la présence en Dieu de la similitude. Car, par rapport à Dieu, les mêmes choses sont tout ensemble semblables et dissemblables ; semblables en ce qu'elles imitent autant qu'elles peuvent l'inimitable ; dissemblables en ce que les effets restent inférieurs à la cause » (*Noms divins*, PG 913c, trad. de Gandillac, p. 157-158, cité *in* Thomas, 1996, p. 511-512).

Si effectivement le type d'analogie qui convient est celui qui admet une ressemblance asymétrique, il faut un fondement à l'existence d'une telle relation et si ce fondement est à chercher du côté du « paradoxe » du Dieu dissemblable et fondement de toutes les similitudes, on quitte la théologie rationnelle pour la théologie mystique, ou plus exactement on recourt à la théologie négative, dont le mode de développement intellectuel est l'usage dialectique de la négation, contrastant très fortement avec la prééminence du principe de non-contradiction dans la théologie rationnelle ou positive. On ne peut à l'examen de ces textes, que souscrire au verdict d'A. de Libera :

> « Loin d'inscrire Dieu dans le jeu d'équivalences maîtrisées d'une théiologie de l'éminence, la doctrine thomasienne de l'analogie jette les bases conceptuelles d'une théologie négative, de soi incommensurable à l'ontologie » (*op. cit.*, p. 409).

Onto-théo-logie thomiste ?

Si l'on résume le contenu de ce dossier embrouillé (et dont on a donné seulement quelques brefs aperçus), on aboutit à la conclusion surprenante suivant laquelle l'échec (relatif) de la doctrine de l'analogie en ce qui concerne la théologie empêche le repliement de la pensée de Thomas sur une onto-théo-logie. L'être même de Dieu échappe au discours analogique et celui-ci ne peut, comme on l'a vu, que fournir le soubassement d'une classification de la totalité des étants. Le glissement de cette totalité à l'étant suprême (pour reprendre le vocabulaire de l'hypothèse onto-théo-logique) ne s'opère pas, tout simplement parce qu'on ne trouve pas du côté de Dieu l'équivalent du mécanisme analogique qui tourne à plein pour les étants créés. On doit cependant insister sur le fait que si Thomas « jette les bases conceptuelles d'une théologie négative », il n'adhère pas pour autant à la thèse essentielle métaphysique de la tradition dionysienne qui est le prolongement sur ce point de la tradition platonicienne et néo-platonicienne : l'attribution à Dieu du non-être, ou plus exactement d'une transcendance par rapport à l'être et à l'essence. Pour Thomas, Dieu est cause de l'être, mais cela n'implique pas qu'il soit au-delà de l'être[13]. La transcendance de Dieu se marque par l'identité en lui de l'essence et de l'existence et non par le fait d'être au-delà de cette distinction, en étant au-delà des deux termes de la distinction — cause de l'existence et cause de l'essence.

C'est un des traits de la métaphysique médiévale, surtout aux XIIe et XIIIe siècles, que la coexistence d'une ontologie d'inspiration aristotélicienne, dont la compréhension passe par la médiation d'Avicenne et d'Averroès, et d'une méontologie d'inspiration dionysienne, véhiculant la théologie des néo-platoniciens, par le biais de textes comme le *Liber de Causis*, sorte de compilation plotinienne passée au tamis arabe. On ne peut ici, faute de temps et de compétence, développer ce point, mais ce serait une erreur de perspective qui ferait faire un contresens sur cette métaphysique, que d'imaginer une pensée homogène, soumise à des autorités non contradictoires. Cette tradition méontologique s'enracine dans la théologie chrétienne chez Denys et Scot Érigène, et elle aboutit à son achèvement chez Nicolas de Cues au XVe siècle[14] ; pendant dix siècles elle n'a cessé d'irriguer la théologie, cela est bien connu, mais elle a également représenté souvent une alternative ou un complément métaphysiques aux thèses aristotéliciennes avant d'être confisquée par l'idéalisme allemand et de souffrir à tort de la réputation d'affabulation irrationnelle attachée en partie injustement à ce courant, dans la mesure où une étude attentive démontre à l'intérieur de celui-ci la survivance de schèmes directeurs de la logique néo-platonicienne (négation forte, pré-contenance de la cause...).

Un auteur comme Eckhart, au confluent des deux traditions, a été ostracisé par l'histoire de la philosophie, qui longtemps l'a classé parmi les mystiques et les spirituels, ce qu'il est également (mais comme Avicenne et Thomas), alors que l'ontologie eckhartienne[15], même si elle n'apparaît pas toujours très cohérente[16], de par les tensions extrêmes qu'elle comporte, est complexe, riche et surtout assume partiellement de manière tactique la majorité des thèses méontologiques, en en mesurant parfaitement les conséquences. Heidegger lui-même, en considérant Eckhart comme un « vieux maître », à la fois reconnaît son importance, mais reconduit cet ostracisme, en l'enfermant dans un rôle de maître spirituel, de mystique et non de philosophe. De manière plus générale, l'hypothèse de la constitution onto-théo-logique de la métaphysique gomme cette tension entre les deux traditions au Moyen Âge. Or, cela est d'autant moins compréhensible que la thèse selon laquelle Dieu est au-delà de l'être impliquerait au moins une modification substantielle de cette hypothèse. On pourrait parler alors, si on autorise la formation d'un néologisme, chose que par principe on essaie ici de s'interdire, de méonto-théo-logie. Tout se passe comme si les partisans de l'hypothèse onto-théologique tenaient les tournures méonto-théo-logiques comme de simples variations stylistiques et littéraires, des espèces d'hyperboles ou d'oxymores, sans réelle portée conceptuelle, ce qui demanderait à être prouvé. C'est ainsi par exemple que l'on a longtemps dévalorisé la spécificité d'un courant hénologique en faisant de l'Un un simple nom de l'être, une simple variation lexicale, alors que, comme on l'a souligné plus haut, il faut reconnaître à côté de la composante ousialogique (selon la substance) une composante hénologique (selon l'un) de la métaphysique aristotélicienne, même si substance et un sont des termes partiellement réciproques, parce que l'Un est un terme transcendantal spécifique, à côté du Bien et de l'être. Même si les termes transcendantaux sont déclarés convertibles (ce qui ne va pas de soi), ils ne sont pas synonymes !

Béatitude et connaissance métaphysique

Les développements qui précèdent sur l'analogie risquent de nous avoir fait perdre de vue un point important pour notre propos, qui concerne la béatitude comme finalité ultime de la connaissance métaphysique pour Thomas.

Dans le chapitre 25 de la 3e partie de la *Somme contre les gentils*, Thomas fait de la connaissance métaphysique du principe, Dieu, la source de la béatitude. L'intellect humain, qui est une substance spirituelle, atteint sa fin en pensant Dieu, le meilleur intelligible. L'homme désire connaître la cause en toute chose et donc par-dessus tout la cause première. L'accomplissement de ce désir, qui procure le bonheur et la béatitude, passe par la connaissance de Dieu comme cause de tout ce qui est et cause de l'existence :

> « De tout effet qui vient à sa connaissance, l'homme désire naturellement savoir la cause. Or l'intellect humain connaît l'étant universel. Il désire donc naturellement en connaître la cause qui est Dieu seul (...). Or nul n'a atteint sa fin ultime tant que son désir naturel ne s'apaise pas. Pour le bonheur humain, qui est la fin ultime, il ne suffit donc pas d'avoir n'importe quelle connaissance intelligible : il faut la connaissance divine qui met un terme au désir naturel comme une fin ultime. La fin ultime de l'homme est donc la connaissance de Dieu » (SG, III, 25, 12, vol. 3, *op. cit.*, p. 117).

La connaissance de Dieu dont il est question ici est une connaissance métaphysique : il s'agit de connaître Dieu en tant que cause de l'étant universel, et non en tant qu'auteur du plan du salut ou en tant que juge de notre âme. Cette connaissance est le terme d'un désir naturel, que Kant nommait la « disposition naturelle » à la métaphysique. La connaissance métaphysique accomplit une finalité qui est présente dans tout désir naturel de connaître qui porte sur les causes. La seule différence, mais elle est de taille, entre la connaissance métaphysique et la connaissance non métaphysique, par exemple scientifique ou pratique, est que la première vise l'universalité : connaître la cause de l'étant universel. Le bonheur dont il est question est le bonheur décrit par Aristote, dans un texte de l'*Éthique à Nicomaque* paraphrasé par Thomas à la fin de ce chapitre sous cette forme :

> « le bonheur ultime de l'homme est <le bonheur> spéculatif qui est dans la spéculation portant sur le meilleur objet de spéculation » (*ibid.*, p. 118).

Le texte d'Aristote est probablement le suivant :

> « si d'autre part l'activité de l'intellect, activité contemplative [ces deux mots sont une glose de Tricot], paraît à la fois l'emporter sous le rapport du sérieux et n'aspirer à aucune fin qu'elle-même et posséder un plaisir achevé qui lui est propre (et qui accroît au surplus son activité) ; si enfin la pleine suffisance, la vie de loisir, l'absence de fatigue (...) sont les manifestations rattachées à cette activité : il en résulte que c'est cette dernière qui sera le parfait bonheur de l'homme — quand elle est prolongée pendant une vie complète, puisque aucun des éléments du bonheur ne doit être inachevé » (1177b 18 *sqq.*, trad. Tricot, 1990, p. 512).

Cette supériorité de l'activité de l'intellect, de la « vie selon l'intellect », n'implique pas une dévalorisation de l'activité proprement scientifique portant sur des réalités naturelles. R. A. Gauthier, dans son commentaire de l'*Éthique à Nicomaque* (Aristote, 1959), cite le texte du livre I des *Parties des animaux*, véritable discours de la méthode d'Aristote, qui semble aller en sens inverse de ses développements de l'*Éthique à Nicomaque* :

> « Les substances naturelles se divisent en deux catégories : les unes sont de toute éternité inengendrées et incorruptibles ; les autres sont sujettes à la génération et à la corruption.

Sur les premières, si sublimes et divines qu'elles soient, nous ne pouvons avoir que des vues plus partielles (car [...] il n'y en a qu'un tout petit nombre qui tombent sous les prises de la connaissance sensible). S'il s'agit au contraire des êtres corruptibles, plantes et animaux, nous sommes mieux équipés pour parvenir à leur connaissance, à cause de notre familiarité avec eux. N'importe qui est à même de découvrir, de n'importe laquelle catégorie de ces êtres il s'occupe, la masse de ses propriétés, pour peu qu'il veuille s'en donner la peine.

Pourtant chacune de ces études [des substances divines ou des substances corruptibles] a son prix. Car s'il s'agit des êtres divins, encore que nous ne les atteignions que par une bien petite partie d'eux-mêmes, la sublimité de leur connaissance la rend plus plaisante que tout ce qui appartient à notre pauvre monde (...).

Mais d'un autre côté, s'il s'agit des êtres corruptibles, du fait que nous les connaissons mieux et que nous en savons plus long sur eux, ils tirent avantage du caractère abondant de la science que nous avons d'eux. En outre, par leur plus grande proximité avec nous et leur parenté avec notre nature, ils compensent un peu leur infériorité par rapport à la philosophie qui a pour objet les choses divines » (*Des parties des animaux*, I, 5, 644b 22-645a 4, trad. Gauthier, *op. cit.*, 1959, p. 856-857).

Ce texte peut paraître contredire celui cité plus haut sur l'activité intellectuelle et le bonheur, dans la mesure où Aristote y insistait sur le caractère continu et stable de cette activité intellectuelle. Or ici Aristote insiste sur l'inaccessibilité de la connaissance des substances divines, objet suprême de l'activité intellectuelle, inaccessibilité qui semble ruiner ce caractère continu et stable. De même le caractère fragmentaire de la connaissance de ces substances divines semble aller à l'encontre de l'idée suivant laquelle cette activité intellectuelle doit parvenir à son achèvement. Nous sommes confrontés à nouveau à cette ambiguïté fondamentale de la pensée d'Aristote, que nous avons déjà signalée à propos de la définition de la métaphysique. Cependant, on ne peut se contenter de ce constat. Il faut d'une part réviser notre conception de l'activité intellectuelle, d'autre part modifier notre conception de l'investigation de la nature. L'assimilation de l'activité intellectuelle à la vie contemplative et en particulier l'interprétation des textes que nous venons de citer de l'*Éthique à Nicomaque*, X, à partir de l'opposition interne à la théologie juive et chrétienne entre vie contemplative et vie active, doit être relativisée. Comme nous avons eu l'occasion de le souligner, ce qui concerne l'appréhension par l'intellect de la nature divine, la nature de la partie de l'intellect qui réalise cette opération, les effets de cette opération sur l'intellect (divinisation, immortalisation), est extrêmement succinct et rien ne va dans le sens d'une apologie de la vie contemplative pure (l'idéal aristotélicien comme on le sait étant une vie mixte, à la fois politique et intellectuelle). Les textes portant sur la supériorité de la vie selon l'intellect ne doivent donc pas être compris de travers. Certes l'objet suprême de l'intellect, c'est la substance intelligible, mais cela ne signifie pas que toute la tâche de l'intellect est de s'immortaliser en se consacrant uniquement à la contemplation de la substance intelligible, au moyen d'une séparation rigoureuse de toute réalité sensible. Ce n'était pas le but de

Platon, malgré le développement dans sa philosophie d'un authentique idéal contemplatif, ce n'est sûrement pas le but d'Aristote. La synthèse opérée par Thomas entre la théologie de la vie contemplative et la philosophie de l'activité théorétique ne doit pas entraîner une mauvaise interprétation d'Aristote sur ce point. D'autre part, l'activité intellectuelle qui porte sur les réalités sensibles, les substances corruptibles, n'est pas coupée de l'activité philosophique. La classification des substances corruptibles, l'étude du phénomène de la vie a une portée à la fois scientifique et philosophique, puisque la vie ne peut être pensée abstraitement en dehors de l'étude de ses structures et de ses fonctions, alors même qu'elle représente pour la substance un type d'organisation supérieure, d'intégration supérieure de la forme et de la matière, un plus haut degré d'actualisation. Si l'on accepte ces deux manières de nuancer l'opposition entre naturalisme et intellectualisme, l'ambiguïté en question subsiste, mais elle a perdu quelque peu de son caractère dramatique.

CHAPITRE XIII

Duns Scot et l'émergence de la contingence

> *Ces deux hommes, Duns Scot et Guillaume d'Occam, sont à coup sûr les plus grands esprits spéculatifs du Moyen Âge, ainsi que les plus profonds métaphysiciens qui aient jamais existé.*
>
> C.S. Peirce, *Œuvres*, I, p. 110.

C'est probablement sur Duns Scot que se sont concentrées récemment, à la suite des travaux de L. Honnefelder sur la métaphysique comme « science transcendante[1] » et des travaux d'O. Boulnois, les études les plus systématiques et les plus fouillées sur la constitution de l'onto-théologie ou plus généralement les études consacrées à découvrir la structure de l'histoire de la métaphysique. Probablement, comme le soulignait déjà É. Gilson, il est très difficile de déterminer sa place dans cette histoire (il parle de « l'extrême embarras de l'histoire de la philosophie devant cette œuvre » [Gilson, 1947, p. 607], qu'il a mieux que quiconque contribué à faire redécouvrir). On se rappelle que Brentano dans son schéma du développement cyclique de l'histoire de la philosophie le situait dans une phase de déclin, ce qui reflète la mauvaise opinion qui a longtemps prévalu sur cet auteur, à cause de sa réputation d'abstracteur de quintessence. Dans la querelle multiséculaire entre les Franciscains et les Dominicains, l'histoire de la philosophie semblait avoir tranché, l'Église également en la figure de Léon XIII, en faveur des seconds et donc de Thomas contre Duns Scot, mais la situation a changé depuis environ un demi-siècle[2]. La littérature sur cet auteur étant devenue pléthorique[3] et facilement accessible, nous nous dispenserons d'un exposé en règle, de façon à ne pas nous écarter, ou le moins possible, du fil directeur de notre enquête, la discussion de l'hypothèse onto-théo-logique.

On peut prendre successivement comme points de départ de la métaphysique scotiste les thèmes suivants : (i) la distinction réelle, (ii) l'univocité de l'être, (iii) la connaissance du singulier, (iv) la réduction de l'étant au possible. Un autre ordre est tout à fait concevable, mais celui-ci a l'avantage d'aller du plus connu au moins connu. La relation entre la métaphysique et la théologique, centrale pour le propos de notre enquête (l'onto-théo-logie comme coupable introuvable), se distribue surtout sur les points (ii) et (iv), mais on ne peut les traiter isolément des points (i) et (iii).

Distinction réelle

La théorie de la distinction formelle de Duns Scot est célèbre dans l'histoire de la philosophie moderne pour avoir été caractérisée de manière concise par le jeune bachelier Leibniz comme une « distinction intermédiaire entre la distinction réelle et la distinction de raison » (*Dissertation sur le principe d'individuation*, 1663), simplification qui a été nuancée depuis (cf. Timothy Noone, 1999). Dans l'esprit des humanistes, comme Érasme, Duns Scot est accusé d'être à l'origine de querelles interminables et stériles, inventeur d'une terminologie barbare où se distingue la distinction formelle ou « formalité » :

> « ils [les philosophes] n'ont rien d'établi, comme le prouvent fort bien leurs duels interminables sur chaque question. Ils ont beau ne rien savoir du tout, ils professent un savoir universel ; alors qu'ils s'ignorent eux-mêmes et quelquefois ne voient même pas le fossé ou le rocher sur leur chemin, soit parce qu'ils ont les yeux malades pour la plupart soit parce que leur esprit vagabonde, ils prétendent pourtant voir les idées, universaux, formes séparées, matières premières, *quiddités, eccéités, formalités* [je souligne], instances, réalités si ténues que même Lyncée [l'un des Argonautes qui pouvait voir à travers les murs] ne pourrait les apercevoir » (*L'Éloge de la folie*, 1991, p. 180-181).

De fait, pour comprendre ce qu'est la distinction formelle, pour ressaisir le sens de la dispute à son propos, il faut replacer son invention dans la question générale de la distinction chez Aristote et Thomas d'Aquin (André de Muralt, 1993, p. 46-89).

Pour Aristote une distinction est soit de nature, soit de raison. Deux choses prises séparément, comme ce clavier et cet écran, sont distinctes réellement. C'est la constatation d'une unité simplement numérique, d'une distinction par la matière : ce qui est l'est par le nombre quand « la matière est une » (*Mét.*, Δ, 1016b 32, trad. Tricot, I, p. 267). Une distinction peut être une distinction de raison, si l'on considère deux choses identiques suivant des aspects différents, par exemple la route de Thèbes à Athènes et la route d'Athènes à Thèbes (*Phys.*, III, 202b 13, trad. Pellegrin, p. 170). Il n'y a pas de distinction de nature entre ces « deux » routes numériquement identiques (il n'y a pas en fait deux routes, mais une seule, parcourue différemment). La distinction de raison peut avoir une portée considérable, dans le cas par exemple où elle s'applique au connu et au connaissant, au mû et au mouvant, ou même au corps et à l'âme (De Muralt, *op. cit.*, p. 50-53).

La question qui se pose est celle du statut de la distinction de raison. Les thomistes soutiennent que ce type de distinction a un fondement dans la chose :

> « dans cette hypothèse [la diversité des êtres proviendrait d'agents secondaires], l'universalité des êtres ne proviendrait pas de l'intention première de l'agent, mais du concours d'une multitude de causes actives. Et comme un pareil effet nous semble fortuit, il s'ensuivrait que la perfection de l'univers qui consiste dans la diversité des êtres serait le fruit du hasard, ce qui répugne. Par conséquent il faut dire que la *distinction des êtres* [nous soulignons] et leur multiplicité proviennent de l'intention de l'agent premier qui est Dieu. Car il a donné l'être aux créatures à cause de sa bonté qu'il veut leur communiquer et qu'elles doivent représenter. Et comme elle ne peut être représentée

> complètement par une seule créature, il en a produit une multitude sous des formes diverses, afin que l'une supplée à ce qui manque à l'autre, pour la représenter. Ainsi la bonté qui est en Dieu simple et une, est multiple et divisée dans les créatures. Par conséquent l'univers entier participe à la bonté divine et la représente plus parfaitement qu'une autre créature quelconque. La distinction des créatures ayant pour cause la sagesse divine, Moïse[4] dit qu'elles ont été rendues distinctes par le Verbe de Dieu, qui est la conception de sa sagesse » (*Somme théologique,* I, Ia, q. XLVII, concl. 2, trad. Drioux, 1851, t.1, p. 426-427).

Ce texte montre bien ce que veut dire l'expression suivant laquelle la distinction réelle (celle qui rend raison de la diversité, de la multiplicité des créatures) est fondée, qu'elle a un *fundamentum cum re* (un fondement dans la chose). En effet, la distinction qui est la condition de la multiplicité est ici fondée dans la bonté et dans la sagesse de Dieu, c'est-à-dire dans la perfection de ses deux attributs, la volonté (bonté) et l'entendement (sagesse). À côté de cette distinction réelle, Thomas d'Aquin admet une distinction de raison, mais celle-ci est également fondée, car l'intellect dans une distinction ne fait que découvrir une distinction virtuelle dans la chose. Si je distingue le lion comme animal et le lion comme vivant, je découvre une distinction virtuelle entre animal et vivant, qui renvoie à une constitution ontologique objective de la réalité (l'animalité étant par exemple fondée dans l'essence de la vie : un lapin mort n'est pas un animal, c'est un cadavre de lapin, c'est-à-dire d'animal).

Duns Scot admet la distinction entre distinction réelle et distinction de raison, ou distinction *secundum quid, i.e.* distinction suivant quelque chose, ce qui correspond à une distinction prenant en compte des aspects. La route est distinguée du trajet : à la même route correspondent deux trajets, l'un d'aller, l'autre de retour. Héraclite en avait déjà fait la remarque (mais dans un tout autre but, pour montrer l'unité des contraires[5]) :

> « Qu'elle monte ou qu'elle descende, la route est une et la même (*mia kai outé*) » (Fragment 60, n° 200, Kirk et Raven, p. 201) [trad. Conches : « Le chemin montant descendant est un et le même », Héraclite, *Fragments*, PUF, 1986, p. 408 ; J.-P. Dumont : « La route montante descendante/Une et même », Gallimard, 1988, p. 160].

Les deux termes « la route de A à B » et « la route de B à A » quoique coréférentiels (ils se réfèrent à la même entité matérielle) ne sont pas substituables : si X croit que Y a pris la route de A à B, cela n'implique pas que X croie que Y a pris la route de B à A, même si AB ≡ BA.

On peut rendre compte de la distinction réelle en disant qu'elle précède tout acte d'intellection, elle est *ante natura rei* (avant la nature de la chose), alors que la distinction de raison est une distinction qui suppose un acte d'intellection, même si cet acte ne fait qu'actualiser une distinction virtuelle dans la chose. La distinction formelle introduite par Duns Scot est une distinction *ex natura rei* (à partir de la nature de la chose). Pour lui, la distinction réelle est la distinction manifeste des choses (comme celle entre

Pierre et Paul, cet écran et ce clavier) ; elle est distinction des choses distinctes *simpliciter* (absolument) alors que pour lui, comme pour la tradition antérieure, la distinction de raison est *secundum quid.* La distinction formelle est intermédiaire entre les deux autres, car comme la distinction réelle elle est fondée dans la chose, et comme la distinction de raison elle est *secundum quid.* Elle n'est pas *ante natura rei* comme la distinction réelle, elle ne précède pas tout acte d'intellection, mais elle est donc *ex natura rei,* au sens où la distinction qui se découvre dans l'intellect n'est pas ajoutée à la nature (l'essence) de la chose, mais en provient, ce qui assure à la distinction formelle une objectivité. Le terme choisi pour cette distinction, « formelle », vient du fait qu'elle porte sur les formes de la chose :

> « L'unité de la chose recèle donc une pluralité de formes distinctes formellement *ex natura rei,* avant toute opération de l'intelligence. La portée de l'adage *omni entitati formali correspondet aliquod ens* [toute entité formelle correspond à un être donné] prend maintenant son sens précis » (De Muralt, *op. cit.*, p. 68).

La conséquence métaphysique que Duns Scot tire de l'introduction de ce type de distinction est importante et radicale :

> « Je ne sais rien en effet de cette fiction qui voudrait que l'être (*esse*) soit quelque chose de non composé survenant à l'essence (*essentia*) alors que l'essence est composée. Ainsi *l'être (esse) de tout composé inclut l'être de toutes ses parties* [nous soulignons], c'est-à-dire il inclut de nombreux êtres (*esse*) partiels de nombreuses formes, comme un

tout qui est formé de nombreuses formes inclut ces actualités partielles » (*ibid.*, p. 68-69).

En termes modernes, la distinction formelle permet d'expliquer le mode de relation d'une chose à ses parties et à ses propriétés. Elle permet de ne confondre ce type de relation ni avec la distinction qui est purement et simplement introduite par l'esprit ni avec la distinction réelle, fondement de l'unité numérique des individus, sans laquelle il n'y aurait ni diversité, ni multiplicité. Si on résume ce qui concerne les trois distinctions sous la forme d'un tableau, on les voit clairement s'articuler :

Distinction réelle Correspond à la séparation réelle des individus	Distinction formelle Correspond à quelque chose d'objectif dans l'individu et inséparable	Distinction de raison Correspond à un acte d'intellection
A parte rei	*Ex natura rei*	*Ex natura rei*
Distinction actualisée	Distinction actuelle	Distinction virtuelle

Le nœud de la différence entre distinction formelle et distinction de raison est l'opposition entre ce qui est actuel et ce qui est virtuel comme base de la distinction. Imaginons que je distingue parmi tous les poissons ceux qui ont un nombre pair d'écailles et ceux qui en ont un nombre impair. Cette distinction est virtuelle dans le sens où avant l'opération de l'intellect qui compte toutes les écailles de tous les poissons (on suppose des loisirs suffisants pour le faire), elle ne jouait aucun rôle dans la constitution ontologique des poissons. En termes modernes, on dirait que cette propriété n'est pas une propriété naturelle, parce qu'elle n'a pas de potentiel causal. Si par contre je distingue les êtres marins pourvus de fanons, « lames cornées garnissant la bouche de certains cétacés », et ceux qui en sont dépourvus, cette distinction, même si elle est suivant un certain aspect (*secundum quid*), a un fondement objectif, elle est actuelle chez ces êtres marins, et en termes modernes la propriété d'avoir des fanons est une propriété naturelle, car si l'on accepte le critère causal (une propriété naturelle a un potentiel causal), le fait d'avoir des fanons détermine un certain type d'alimentation, par exemple la limitation au plancton et au kril. À côté du critère causal, il faut admettre un critère de découpage : les propriétés naturelles doivent « découper la réalité aux bonnes jointures » (D. Lewis, cf. *infra*, p. 694 *sq.*). La propriété d'avoir des fanons découpe la réalité en êtres marins qui se distinguent par le mode de prédation, ce qui d'un certain point de vue peut être une bonne jointure : par exemple dans une hypothèse écologique où la pollution se concentrerait dans le plancton, cette division « être à fanons *vs* êtres sans fanon » pourrait avoir une importance, car la baleine aurait potentiellement la propriété d'être menacée.

La distinction formelle est corrélée à celle entre *esse formale* (être formel) et *esse objectivum* (être objectif) :

« Pour Scot et son école la réalité a un *esse formale* en elle-même, et un *esse objective* dans la pensée qui la considère » (De Muralt, *op. cit.* p. 72).

Cette distinction structurera la pensée métaphysique jusqu'à Kant inclus. Suarez rejettera cependant la distinction formelle, sous prétexte que la notion de séparabilité n'est pas claire, et introduira à la place la distinction modale[6], qui porte sur des réalités distinctes, mais dépendantes l'une de l'autre (par exemple la distinction modale entre une quantité donnée dans un corps et la quantité en général). Occam[7], lui, avait soutenu qu'il y a une seule sorte de distinction, celle qui implique la séparabilité ; toutes les autres entraînent l'activité de l'intellect (ce qui est encore scotiste), et en sont dépendantes (ce qui n'est plus scotiste, puisque pour Duns Scot seules les distinctions de raison dépendent de l'esprit). Toutes ces notions d'objectivité, de séparabilité, de dépendance seront léguées à la philosophie postérieure et la métaphysique moderne héritera de l'influence combinée des nominalistes, des scotistes et des suaréziens. On ne rentrera pas, par manque d'espace et de compétence, dans le détail complexe de ces interrelations (cf. J.-F. Courtine, 1995). Il suffit ici de marquer l'importance de cette innovation conceptuelle pour le futur, parallèlement à son importance, pour comprendre la métaphysique de Duns Scot dans sa spécificité, afin de vérifier si elle rentre dans le cadre de l'onto-théo-logie. On retrouvera dans l'ontologie formelle contemporaine, fondée en partie sur la méréologie, science des touts et des parties, un retour à la définition formelle des notions de dépendance, de séparabilité, etc. (cf. P. Simons, 1995), que l'on juge cela être un réveil après un long sommeil critique (la critique étant devenue dogmatique) ou une régression dans les subtilités scolastiques[8].

Univocité

On vient de le voir à propos du concept de distinction, Duns Scot édifie une métaphysique profondément différente de celle d'Aristote et donc de celle de Thomas d'Aquin, qui en dépend en partie. On vérifiera ce point davantage avec sa thèse de l'univocité de l'être, où nous serons plus bref, car il s'agit d'un point très connu. Cette thèse, selon laquelle l'être est commun à Dieu et aux créatures et se dit donc de la même manière de Dieu et des créatures[9], est un corollaire de celle de l'existence d'une distinction formelle. En effet la thèse de l'univocité ne signifie rien d'autre que la chose suivante : la distinction entre l'être de Dieu et l'être des créatures est formelle, *ex natura rei*. Elle n'est pas réelle (théorie de l'analogie), ni de raison (panthéisme, Spinoza). Cependant pour bien saisir cette thèse de l'univocité, centrale pour l'évaluation précise de l'hypothèse onto-théo-logique, il faut là aussi l'opposer à Aristote et Thomas d'Aquin, en l'occurrence à leurs théories de l'analogie et replacer le débat entre Scot et l'aristotélico-thomisme dans un cadre plus vaste, celui de la détermination de l'objet de la métaphysique au cours du XIIIe siècle (Zimmermann, 2e éd., 1998).

Nous avons discuté plus haut (p. 290-305) l'importance de la doctrine thomiste de l'analogie et ses origines aristotéliciennes. La thèse de l'univocité concerne la possibilité d'appliquer ou non cette doctrine de l'analogie à l'objet de la métaphysique, l'être (ou l'étant : *esse* ou *ens*) ou Dieu. Tout au long du XIIIe siècle, la question s'est posée de savoir si l'objet de la métaphysique était Dieu ou l'être. En gros, ceux qui optaient pour la première solution avaient besoin d'une théorie de l'analogie, tandis que les seconds choisissaient la thèse de l'univocité, car il est beaucoup plus logique de soutenir que l'objet de la métaphysique est l'être (en transformant virtuellement du même coup la métaphysique en ontologie), si l'être peut être dit de manière univoque de Dieu et des étants finis.

Voici à titre de document extrêmement éclairant la liste des positions des uns et des autres, telle qu'on peut la dégager à partir de l'étude d'A. Zimmermann (1998) :

Auteur, référence	Objet de la métaphysique	Dieu	Remarques
THOMAS D'AQUIN, p. 222	L'étant en général	Cause de l'objet de la métaphysique	Substances séparées également causes
KILWARDBY, p. 228	L'être en tant qu'être	Une partie de l'objet de la M.	La M. a un seul objet
SIGER DE BRABANT, p. 234	L'être en tant que tel	Ne peut être l'objet de la M. mais est contenu en lui	Dieu ne peut être cause de l'objet, car l'étant n'a pas de cause

HENRI DE GAND, p. 247	L'être en général, comprenant Dieu et le créé	Une partie de l'objet de la M.	Dieu n'est pas cause de l'objet de la M., mais de l'étant créé
AUGUSTINUS TRIUMPHUS D'ANCONE, p. 260	L'être dans la mesure où il est être	Une partie de l'objet de la M.	Dieu n'est pas cause de l'objet de la M.
PIERRE DE L'ALVERNE, p. 266	L'être en tant qu'être	N'est ni un objet, ni un des objets de la M.	L'être en tant qu'être n'a pas de cause et donc Dieu n'est pas cause de l'objet de la M.
ALEXANDRE DE HALLE, p. 293	L'être en tant qu'être comprenant analogiquement les catégories, le créé et l'incréé	N'est pas un objet de la M. Est une partie de la M. à titre d'être nécessaire	L'objet de la M. comprend le possible et le nécessaire
DUNS SCOT, p. 328	L'être en général, divisé en fini et infini, créé et incréé	N'est pas l'objet de la M., ni cause de son objet, ni comme révélé ni comme connu philosophiquement	L'objet de la M. contient tous les objets de cette science et donc Dieu à ce titre

OCCAM, p. 398	Dieu ou l'être	Peut être considéré comme objet de la M. comme a) premier sujet de la prédication, b) premier sujet dans l'ordre de la perfection	La M. n'est pas un habitus unique mais un ensemble d'habitus
BURIDAN, p. 412	Cette question n'a de sens que si l'on définit la M. comme un habitus spécial ; c'est alors le terme « être » qui est son objet	Si on définit un habitus métaphysique, Dieu peut être nommé objet de la M.	Distingue un habitus métaphysique

Le but de ce tableau extrêmement détaillé est de montrer qu'à la triple question :

(i) Qu'est-ce que la métaphysique ?,
(ii) Quel est son objet ?,
(iii) Dieu est-il objet de ou pour la métaphysique ?,

des réponses variées ont été apportées qui font système. On ne peut parler d'une position onto-théo-logique commune. Au contraire, les auteurs se retrouvent sur deux points : faire de l'être en tant qu'être l'objet de la métaphysique (et donc identifier au moins en partie métaphysique et ontologie) et pour la majorité d'entre eux refuser la solution thomiste et bien séparer Dieu et l'être comme objets possibles de la métaphysique. Ce tableau montre aussi qu'il ne faut pas considérer que la messe est dite quand on a opposé Thomas d'Aquin et Duns Scot, analogie et univocité. Il y a toute une gamme de positions intermédiaires et la position nominaliste d'Occam est tout à fait originale, dans son refus implicite de prendre position sur le débat : Dieu ou l'être comme objet de la métaphysique. La question est en effet déplacée par Occam dans la mesure où pour lui une science ne se définit pas par son objet, car n'importe quel objet peut être considéré par plusieurs sciences, la conséquence étant radicale pour la métaphysique :

> « Rien n'est sujet de la métaphysique en général, mais au contraire les diverses parties ont divers objets (*nihil est subjectum totius metaphysicae, sed diversarum partium sunt diversa subjecta*) » (*Sentences*, I, question 9, cité dans Zimmermann, *op. cit.*, p. 396).

Une autre remarque sur le tableau est que si l'on considère l'hypothèse onto-théo-logique comme impliquant une constitution progressive de liens plus étroits entre logique, théologie et ontologie, on constate plutôt le contraire ici. Cela provient peut-être de deux raisons différentes. D'une part, Heidegger sous-estime constamment l'importance d'Occam et du nominalisme en particulier, probablement parce qu'il juge qu'il n'y a pas de métaphysique ou d'ontologie occamiste, ce qui est faux (cf. M.M. Adams, 1987, p. 3-316), car l'ontologie du composé sensible est très développée par Occam. D'autre part, le propre de l'hypothèse onto-théo-logique et sa vertu débile est de subsumer des doctrines inconciliables dont la tension est essentielle à la compréhension de la philosophie médiévale. L'onto-théo-logie se révèle littéralement introuvable dans le détail des controverses et disputes et le Moyen Âge n'est que cela. Les humanistes le lui ont assez reproché, souvent à juste titre car il y avait bien une maladie de l'argument au Moyen Âge, comme dans certains secteurs de la philosophie analytique, quand elle ne voit pas que trop de technique, serait-elle argumentative, tue la philosophie tout autant qu'une absence complète de technique.

La question de l'univocité est donc liée à celle de la détermination de l'objet de la métaphysique dont on vient de donner un rapide aperçu synoptique.

La définition de l'univocité et de l'équivocité se trouve au début des *Catégories* d'Aristote :

> « Sont dites équivoques (*homonuma*) les choses qui ne possèdent qu'un nom en commun, alors que la formule (*logos*) correspondant à ce nom est différente. Ainsi dit-on animal à la fois l'homme et son portrait. Ces choses ne possèdent qu'un nom en commun, alors que la formule correspondant à ce nom est différente. Car si l'on veut expliquer, pour chacune des deux, ce que c'est qu'être un animal, on fournira pour chacune une formule propre. En revanche sont dites univoques (*sunonuma*) des choses dont à la fois le nom est commun et la formule correspondant à ce nom identique. Ainsi dit-on animal à la fois l'homme et le bœuf. L'homme et le bœuf, en effet, ont un nom en commun. Car si l'on veut donner la formule de chacun

> et expliquer, pour chacun des deux, ce que c'est qu'être un animal, on fournira la même formule [vient ensuite la définition des "dérivés" ou "paronymes", *ibid.*, 12-15] » (*Cat.*, I, 1a, 1-12, trad. R. Bodéüs, 2001, p. 2-3).

La traduction de Richard Bodéüs, quelque audacieuse qu'elle pût paraître[10], présente l'avantage pour nous de tenir compte des équivalences établies par la tradition postérieure entre d'une part homonymie et équivocité, et d'autre part synonymie et univocité. Le désavantage de conserver le couple homonymie/synonymie est de réduire leur sens à quelque chose de purement grammatical ou rhétorique, alors qu'il est clair que la division *sunonuma/homonuma* chez Aristote porte sur les choses et non sur les termes, comme ce sera le cas postérieurement quand nous aurons pris l'habitude de dire : telle expression est homonyme (resp. synonyme) de telle autre. C'est encore plus clair pour la paronymie, qui n'est pas au centre du débat ici, mais qui, sur ce point, présente un cas d'espèce : la dérivation (par exemple courage → courageux) a une portée éminemment ontologique, comme on l'a vu plus haut quand on pouvait penser l'analogie en termes de paronymie (p. 237). Boèce, dans son commentaire des *Catégories* (*Patr. Lat.* t. 64), ne s'y est pas trompé, quand il compare la paronymie à la participation platonicienne (si A → B, où → est une dérivation paronymique, en langage aristotélicien, alors B participe à A, en langage platonicien).

Pour Thomas d'Aquin, la diversité des sens produit l'équivoque, mais il n'en est pas de même de la diversité de suppôt ou de prédicat (I, Ia, q. 13.10 *ad* 1, q. 29, 4, ad 4). Toute équivocité présuppose l'univocité, mais la génération équivoque ne présuppose pas la génération univoque, c'est le contraire (I, Ia, q. 15, 5 *ad* 1). Pour Thomas, il ne peut y avoir univocité au sens aristotélicien, car il y a équivocité de l'être créé et de l'être incréé, d'où le recours à l'analogie dont on a abondamment parlé.

Selon des discussions récentes[11], l'usage des noms analogues par Thomas d'Aquin

> « présuppose qu'on ait conscience de la différence entre les *analogata* (par exemple entre Dieu et les choses créées). S'il en est ainsi, nous savons en même temps que le nom d'étant que nous leur attribuons, signifie un "étant qui, chaque fois, est réel d'une autre façon" (Leo Elders, 1994, p. 56-57).

C'est précisément ce que refuse Duns Scot : attribué à Dieu ou aux choses créées, l'étant est réel de la même façon, même s'il ne signifie pas la même chose. Il y a une réelle unité du concept d'étant. Cette univocité joue également un rôle important dans la question du premier objet de l'intellect humain (dans sa condition terrestre, car Duns Scot distingue deux états de l'intellect, qui ne retrouve son état plénier que dans la gloire de l'état céleste) :

> « le premier objet de notre intellect est l'étant, car en lui se rencontre une double primauté, de communauté et de virtualité, puisque tout ce qui est intelligible par soi, ou bien inclut essentiellement la raison d'étant, ou bien est contenu virtuellement ou essentiellement dans ce qui inclut

> essentiellement la raison d'étant. En effet, tous les genres, les espèces, les individus, toutes les parties essentielles des genres, *et même l'étant incréé* [je souligne], tous incluent l'étant quidditativement ; et toutes les différences ultimes sont incluses essentiellement dans certains de ceux-là, et toutes les passions de l'étant sont incluses virtuellement dans l'étant et dans ses inférieurs. Donc ces choses pour lesquelles l'étant n'est pas univoquement dit « en quoi » (*in quid*) sont incluses dans celles pour lesquelles il est univoque de cette manière » (*Ordinatio*, I, distinction 3, trad. corrigée et éd. O. Boulnois, 1988, p. 141-142).

Il y a univocité de l'étant créé et de l'étant incréé et de la substance et de l'accident.

L'objet premier de l'intellect n'est donc pas Dieu, mais l'étant. Nous n'avons pas ici à exposer ce qui concerne la connaissance de Dieu, ce qui suppose une argumentation complexe concernant la possibilité de le connaître, et un exposé des relations entre l'intellect de l'homme, dans son double état, et l'intellect divin, lui-même dans sa relation à la volonté. Contentons-nous de rappeler que pour Duns Scot, c'est un objet de la volonté de Dieu qui est connu dans la lumière ou l'entendement de Dieu, et que le fondement ultime de l'objectité de l'objet est à chercher dans la volonté divine, ce qui jette une lumière sur la doctrine cartésienne de la véracité des idées où ce qui m'en assure est le lien que Dieu établit dans sa volonté, indiscernable de son entendement, entre l'idée et son objet. Dans tout ceci, nous apercevons la constitution de l'ontologie moderne de l'essence et de l'objet, mais il est beaucoup plus problématique de situer Duns Scot dans le processus de solidification de l'onto-théo-logie. O. Boulnois s'interroge en effet ainsi : « Quelle est la place de Duns Scot dans l'histoire de l'ontologie ? » (1999b, p. 35). Selon lui :

> « La structure de la métaphysique moderne peut se lire comme le renversement, à partir de Scot, de la structure *kathoulou-protologique* [expression de Rémi Brague] de la *Métaphysique* d'Aristote. À chaque fois que la métaphysique antérieure s'appuyait sur une structure "universelle parce que première", Scot part de ce qui est universel, du concept qui inclut dans sa structure ce qui est premier. Les conditions de l'intelligibilité passent donc au premier plan » (1999a, p. 513).

Ici deux possibilités : Aristote, c'est déjà de l'onto-théo-logie et le renverser est une sortie hors de l'onto-théo-logie, mais cela apparaissant dans un chapitre nommé « La constitution de l'onto-théo-logie », est probablement faux, ou bien, selon une figure de rhétorique textuelle très prisée des herméneutes de l'histoire de la métaphysique, suivant le principe « plus ça change, plus c'est la même chose », à distinguer du principe des Shadocks « plus ça rate, plus on a des chances que ça marche », le renversement se situe à l'intérieur de ce qui est renversé et le consolide, et dans ce cas Scot renversant Aristote renforce l'onto-théo-logie. À nouveau, de deux choses l'une : ou l'on veut penser quelque chose et dépasser la métaphysique, alors pourquoi s'intéresser à la constitution de l'obstacle ? Ce serait comme si un automobiliste embourbé faisait l'histoire de tous les embourbements passés à partir des traces de pneus des véhicules auxquels est arrivée la même mésaventure, au lieu de retrousser ses manches et d'essayer de s'en sortir. Ou alors on se contente de faire de l'histoire de la métaphysique, mais pourquoi privilégier une hypothèse si forte et si peu précise qu'on peut conclure tout et le contraire de tout : presque de tout auteur on peut dire qu'avec lui s'achève le processus de solidification de l'onto-théo-logie et que ce même auteur renverse au moins virtuellement certains des présupposés de ladite onto-théo-logie. Tout cela part d'un présupposé massif : la métaphysique est achevée, et faire son histoire, c'est faire l'histoire de son achèvement.

Connaissance du singulier

Il nous faut maintenant examiner le troisième point essentiel de la métaphysique scotiste. Cet examen nous mettra sur la voie d'une nouvelle manière d'envisager l'histoire de la métaphysique. Il s'agit de l'ontologie de la connaissance du singulier. Il existe chez Aristote une contradiction manifeste entre son ontologie et son épistémologie. La première privilégie l'individu, puisqu'elle est constituée de substances individuelles (et d'universaux), alors que la seconde déclare qu'il n'y a de science que du général. Deux solutions s'offrent alors pour résorber la contradiction : faire des substances individuelles des collections d'universaux, de façon que de manière ultime il n'y ait que de l'universel, mais c'est impossible d'une part à cause du hasard, de la contingence, des accidents, etc., et d'autre part à cause de la difficulté d'atteindre l'individuel par restrictions progressives sur des universaux (problème de la différence spécialissime), ou alors admettre que la connaissance du singulier est malgré tout possible. Plusieurs problèmes se posent aussitôt : puisque nous sommes dans un régime de réalisme métaphysique, qu'est-ce qui, dans la constitution de l'étant, autorise une telle connaissance ? (problème de l'individuation), quelle est l'opération intellectuelle qui nous fait connaître le singulier ? L'intuition ? La perception ? La mémoire ?

Ces deux problèmes ont été discutés par Duns Scot. Le problème de l'individuation au Moyen Âge reçoit plusieurs solutions, que l'on classe habituellement ainsi :

(a) individuation par des faisceaux de qualités,
(b) par un accident,
(c) par une caractéristique spécifique : (i) la forme, (ii) la matière, (iii) un principe *sui generis*, par exemple l'haeccéité (cf. Jorge Gracia, 1994).

La solution (a) consiste par exemple à affirmer que ce qui fait l'individualité de Socrate, c'est l'ensemble des qualités liées en Socrate (d'où l'image du faisceau [*bundle*]). Boèce, Leibniz et Russell ont soutenu cette solution. La solution (b) affirme que certains accidents seulement sont responsables de l'individuation, par exemple la localisation spatio-temporelle, qui est accidentelle et contingente. Locke et Strawson l'ont soutenue et apparemment aussi Brentano. La solution (c) (i) consiste à affirmer que l'individualité d'un individu est causée par sa forme. Averroès, Lukasiewicz et David Wiggins l'ont défendue. La solution (c) (ii) consiste à affirmer que l'individuation est une privation apportée par la matière. Elle a été soutenue par Aristote et par Elizabeth Anscombe. La solution (c) (iii) consiste à introduire un principe spécifique d'individuation, qui peut être un particulier nu (*bare particular)* ou une essence individuelle ou haeccéité. C'est la position de Duns Scot. Il existe des positions mixtes, comme celle de Thomas d'Aquin qui identifie le principe d'individuation avec la matière dotée d'une certaine dimension. Il existe aussi des auteurs qui, comme Roger Bacon, trouvent la source de l'individuation dans des agents naturels ou surnaturels externes à la chose individuée. Il ne faut pas confondre l'individuation des substances qui est le type d'individuation au sujet de laquelle on a rappelé la classification de J. Gracia et l'individuation des accidents qui est un problème distinct[12].

Duns Scot est le métaphysicien de la connaissance singulière. Alors que Thomas d'Aquin pense que la connaissance humaine est limitée à la connaissance de la quiddité de la chose particulière, l'homme ayant une connaissance indirecte du singulier, à la différence de Dieu qui connaît directement les individus (Marenbon, 1987, p. 129-130 Gilson, 1952, p. 343-356), Duns Scot, dans sa métaphysique, que l'on peut donc caractériser comme une métaphysique du singulier, admet au moins dans la connaissance intuitive la possibilité d'une connaissance du singulier en tant que tel. C'est en cela aussi que Duns Scot marque un tournant dans l'histoire de la métaphysique ; au XXe siècle, celle-ci mettra à nouveau au centre de sa réflexion ce problème, notamment sous sa forme concernant l'individuation des accidents. Cette manière de voir les choses s'oppose à la précédente que nous avons brièvement discutée, où pour laquelle Duns Scot renverse Aristote, car elle admet que la métaphysique est une discipline qui a survécu à Kant, Nietzsche et Heidegger. Toutes ces interprétations de Duns Scot sont dépendantes des travaux de L. Honnefelder[13]. Or, cet auteur est beaucoup plus nuancé sur la place de Duns Scot et sa relation à Aristote. Il ne parle pas de « destruction de l'ontologie aristotélicienne » ni de « renversement ». Sa version, moins dramatique, voit plutôt une émergence progressive de la métaphysique comme science transcendantale, ce qui permet également de resituer l'identification par Kant de la métaphysique à la philosophie transcendantale : Kant est dans le droit-fil d'une évolution sur le très long terme. Penser en termes de renversement (Duns Scot/Aristote ou Kant/la métaphysique traditionnelle) est trop schématique, mais l'hypothèse onto-théo-logique y encourage, et sous la forme vulgarisée d'une hypothèse explicative trop forte ou même d'un topos scolaire, elle favorise la paresse mentale. Le tableau que nous avons fourni plus haut permet de vérifier que progressivement la théologie et la métaphysique se séparent l'une de l'autre et que la métaphysique s'identifie progressivement à l'ontologie. L'hypothèse onto-théo-logique est donc partiellement vraie : la métaphysique s'est donc bien identifiée à l'ontologie, mais elle est fausse dans une plus large mesure, car cette identification avec l'ontologie n'est pas allée de pair avec une identification à la théologie (au contraire) ni avec la logique. On ne peut s'attarder sur ce dernier point, car il demanderait d'examiner les choses du côté de la logique médiévale, ce qui nous entraînerait trop loin, mais on peut remarquer rapidement que toutes les éditions de textes logiques médiévaux des cinquante dernières années, tous les travaux historiques sur ces textes, ont plutôt montré le contraire : les Médiévaux savaient parfaitement distinguer la logique et l'ontologie. Voir la logique médiévale comme une ontologie déguisée est une vision dépassée, solidaire des vues kantiennes sur la stagnation de la logique[14]. Évidemment, si on entend par logique non la science des inférences valides, mais quelque chose de vague qui se confond pratiquement avec la raison, on peut vérifier trivialement et à peu de frais l'hypothèse onto-théo-logique : effectivement toute l'ontologie médiévale obéit à une rationalité codifiée par les règles de la logique. C'est cependant aussi absurde que la situation suivante : le conducteur identifie la structure du moteur avec les règles du code de la route, parce que dans son action sur le moteur il respecte lesdites règles. En termes aristotéliciens, ce conducteur confondrait la cause efficiente et la cause finale ; l'hypothèse onto-théo-logique confond, sous sa forme triviale, les deux causalités : finale (obéir à la norme de vérité) et efficiente (argumenter pour ou contre).

Individuation et haeccéité

La solution de Duns Scot au problème de l'individuation réside dans l'introduction de la différence individuelle entre une chose et les autres choses. Ce n'est pas la matière, ni l'espace, ni même la forme (au sens d'une détermination progressive par des espèces et des différences), qui individualise une chose, mais c'est la différence entre cette chose et les autres choses et cette différence est individuelle, c'est-à-dire que la différence entre telle chose et toutes les autres choses qui diffèrent de cette chose est différente de la différence entre une autre chose et toutes les (autres) choses qui diffèrent de cette (autre) chose. Les scotistes ont ensuite préféré le terme haeccéité (que Duns Scot utilise, mais plus rarement) au terme « différence individuelle ». Ce terme est dérivé de *haec* (ceci) ; sa traduction littérale est : la « ceciité ». Une haeccéité est une différence individuelle (*differencia individualis*). Ce terme a probablement été préféré, parce que nous avons le sentiment, en partie illusoire d'ailleurs, de désigner la singularité d'une chose en nous contentant de la désigner, sans lui attribuer de propriété, car cette propriété pourrait être commune à d'autres. Nous utiliserons le terme « haeccéité », puisque l'usage en est établi, mais son usage recèle un risque : il ne faudrait pas croire qu'en disant « cette chose » de manière non ambiguë nous désignons la singularité de la chose, parce que la désignation se limiterait à une place — cela reviendrait alors à faire une horrible confusion entre la doctrine de Duns Scot et celle de l'individuation par la localisation qu'il rejette. L'haeccéité de a (a étant un particulier concret) est la différence individuelle entre a et tous les autres particuliers concrets. Si ces particuliers concrets sont b, c, d... alors l'haeccéité de a c'est la somme des distinctions réelles entre a et b, c, d... On voit comment s'articulent les concepts de distinction réelle et d'haeccéité. S'il y a une différence formelle d entre des composants F et G d'un particulier a, une différence formelle entre des composants H et I de a, etc., alors la différence individuelle de a (avec les autres particuliers b, c, d...) est fondée dans la somme des différences formelles relatives à a. Cela veut dire que nous pouvons avoir une connaissance indirecte de la singularité de a, par la distinction réelle et par la distinction formelle. Nous sommes ici dans la connaissance abstractive : F, G, H, I... sont des universaux abstraits des particuliers (puisque nous n'avons pas accès comme Dieu à l'essence individuelle). À côté de ce type de connaissance, il y a la connaissance intuitive, qui est au moins de deux types : pour un intellect infini et pour un intellect fini. Pour un intellect infini, l'intuition est connaissance directe de l'essence sans passer par l'intermédiaire de la constitution individuelle de l'essence exemplifiée. Pour ceux qui identifient plus ou moins la quiddité avec cette constitution, cela signifie qu'un intellect infini a l'intuition d'une essence individuelle, s'il a une connaissance non quidditative de cet individu, mais directe de sa différence individuelle. Pour un intellect fini, la connaissance intuitive est limitée. Par exemple, pour Duns Scot, je ne peux avoir la connaissance intuitive par la perception de la différence réelle entre deux choses, abstraction faite de leurs différences dans leurs propriétés. Qui plus est, si Dieu autorisait deux objets qualitativement indiscernables à coïncider en un seul lieu, ce qui est métaphysiquement impossible, alors je ne percevrais pas deux, mais un objet. L'enjeu est de taille car si je connais la vérité des énoncés contingents, il faut bien que j'aie une connaissance même limitée des singuliers en tant que singuliers. La solution de Duns Scot pour la connaissance intuitive du singulier est de recourir à la distinction que l'on peut faire dans la connaissance sensible entre d'une part la perception (connaissance sensible de la chose existante) et la mémoire (connaissance sensible de la chose ayant existé mais non actuellement présente). Duns Scot pense qu'une distinction similaire peut être faite pour la connaissance intellectuelle finie : la connaissance abstractive peut se faire en l'absence de l'objet, elle est indifférente à la présence de l'objet, et la connaissance intuitive au contraire réclame la connaissance de l'objet. On a donc l'analogie :

Perception/mémoire = c. intuitive/c. abstractive

Dans certains passages au moins de son œuvre, Duns Scot admet une connaissance intuitive dans cette vie (Marenbon, *op. cit.*, p. 159) : il admet d'une part une vision d'une chose existante, mais il limite cette vision à la chose existante, et excepte la vision de la singularité : cette vision opère « sans vision de la singularité » (*sine visione singularitatis*). Cette vision doit exister, d'après Duns Scot, pour qu'il y ait souvenir, car la mémoire est souvenir de ce type de connaissance, c'est-à-dire souvenir de « vision » au sens défini ici. D'autre part, Duns Scot admet que quand nous syllogisons sur des propositions contingentes[15], nous raisonnons sur des objets connus intuitivement, c'est-à-dire connus dans leur existence, comme ils sont connus par les sens dans leur existence. Ces deux possibilités qu'il a signalées, et qui demeurent isolées, concernent toutes deux la mémoire. Pour saisir la portée exacte de la mémoire dans ces possibilités, il faudrait un long détour par la théorie scotiste, très complexe, de la mémoire (cf. Marenbon, *op. cit.*, p. 160 *sqq.*) et cela nous détournerait de notre but. Il était cependant important de souligner les solutions proposées par Duns Scot et qui montrent toute l'importance de la connaissance du singulier pour sa métaphysique, et donc, vu l'influence que son école a eue sur les théories de la cognition, sur la métaphysique postérieure.

Quelle est la nature de cette différence individuelle individuante ? Le texte suivant de Duns Scot, dans toute sa densité répond à la question :

> « Cette entité [l'entité individuante] n'est ni la matière ni la forme du composé dans la mesure où chacun des deux a une nature — mais c'est la réalité ultime de l'être qui est matière, qui est forme ou qui est le composé ; ainsi dans la mesure où quelque chose est commun et néanmoins déterminable, même si cette chose implique une chose réelle, nous pouvons toutefois distinguer plusieurs

> réalités formellement distinctes, au sens où ceci n'est pas formellement cela ; et ceci est formellement l'entité de la singularité, cela étant formellement l'entité d'une nature. Ces deux réalités ne peuvent non plus être jamais deux choses réelles distinctes, au sens où les deux réalités pourraient être celle à partir de laquelle le genre est pris et celle à partir de laquelle la différence est prise (...) — mais dans la même chose réelle il y a toujours des réalités formellement distinctes (qu'elles soient dans la même partie réelle ou dans le même tout réel) » (*Lectura*, n. 187, cité *in* Allan Wolter, 1994, p. 291).

Si je comprends bien ce texte, il y a une distinction formelle entre la nature de la chose et l'entité individuante, la différence individuelle. Le rapport entre nature et différence individuelle n'est pas un rapport de genre à espèce. L'entité individuante n'est ni forme, ni matière, elle est la « réalité ultime » du composé. Il y a effectivement ici un changement par rapport à la manière de poser le problème de l'individualité dans un cadre aristotélicien, sans qu'on puisse parler, ni d'un renversement, ni d'une destruction. En régime aristotélicien, le problème de l'individualité du composé se pose de deux manières : ontologiquement et épistémiquement. Du premier point de vue, même si les doctrines sont souvent hésitantes, il y a une forte tendance à individuer par la matière ; du second point de vue, l'individuation se fait par spécification des genres et espèces. Au composé hylémorphique correspond une quiddité et celle-ci ne peut se défaire d'un poids de généralité, puisque, pour reprendre la terminologie des *Catégories*, elle combine des substances secondes. La solution scotiste est à la fois satisfaisante et décevante. Elle présente l'avantage de tirer les leçons de l'échec de la noétique et de l'ontologie aristotéliciennes de l'individuel, mais elle est décevante car, restant dans le même cadre, celui de l'ontologie de la substance et des accidents, elle recourt presque nécessairement à une entité supplémentaire, la différence individuelle dont le statut n'est pas complètement clair. En arrière-fond de cette solution, la doctrine avicennienne de l'indifférence de l'essence constitue peut-être finalement sa justification. Cette doctrine affirme que l'essence est indifféremment individuelle ou universelle. L'essence du cheval est soit individuelle — c'est l'essence individuelle de ce cheval —, soit universelle, et c'est l'essence universelle, l'universel « *equinitas* ». Les contemporains en identifiant l'haeccéité, quand ils l'admettent dans leur ontologie (comme Rosenkrantz, 1993), avec l'essence individuelle choisissent donc encore une autre voie, dans un débat sur l'ontologie qui n'est pas près de se refermer, comme on le verra plus loin à propos de la querelle sur les particuliers abstraits ou tropes (p. 748 *sq.*). Dans l'ontologie contemporaine de l'haeccéité, le problème majeur est celui de son exemplification. On dit qu'un particulier a exemplifie un universel F, si a possède la propriété F, c'est-à-dire si Fa est une exemplification de F.

Il ne faut pas confondre l'exemplification avec l'instanciation 'a instancie F'. La distinction entre exemplification et instanciation est très simple : le particulier 'rose' ou 'tulipe' exemplifie la propriété 'rouge', tandis que des instances comme 'la rougeur de la tulipe' ou 'la rougeur de la rose' instancient 'rouge'. Si les propriétés sont universelles, la U-ité de a instancie un universel comme U, la U-ité de b, etc., ou mieux : U est instancié *dans* a et le même universel U sera exemplifié *par* un particulier : Ua, Ub, etc. Si les propriétés sont individuelles, les choses se compliquent en apparence. Traitons donc d'abord du cas des propriétés universelles. Pour les propriétés générales, il faut donc distinguer deux mécanismes : le premier par lequel un particulier, la rose ou la tulipe particulière, exemplifie un universel, le rouge, et un autre mécanisme par lequel l'universel d'exemplification est instancié deux fois dans des relations individuelles entre des exemplifications de propriétés universelles et l'universel d'exemplification. Il y a effectivement une apparence de réflexivité, mais l'exemplification n'agissant qu'une fois, il n'y a pas de régression et l'instanciation n'est pas sujette à la régression.

Il peut sembler étrange qu'une haeccéité puisse être non exemplifiée. Le problème métaphysique qui est posé par là est en partie celui de la nature de la possibilité : si les possibles ne sont pas dotés d'un vague réel (c'est-à-dire s'ils sont vagues en eux-mêmes et non dans la connaissance que nous en avons), alors se pose le problème de l'essence individuelle des *possibilia*, et donc des haeccéités non exemplifiées.

La réintroduction contemporaine de l'haeccéité est en partie le fait de Roderick Chisholm en particulier dans *Person and Objet* (1976). Chisholm introduit l'haeccéité dans le contexte de la connaissance directe de soi. Il identifie l'haeccéité avec l'essence individuelle et la définit ainsi :

> « G est une essence individuelle (ou haeccéité) = déf. G est une propriété qui est telle que, pour tout x, x possède G et seulement si x est nécessairement tel qu'il a G et qu'il soit impossible qu'il y ait un y, différent de x, tel que y possède G » (*op. cit.*, p. 29).

Pour Chisholm, un particulier possède nécessairement son haeccéité. C'est une nécessité *de re* : Socrate possède nécessairement son haeccéité, mais pour autant il n'est pas nécessaire que Socrate possède son haeccéité (il pourrait ne pas exister). C'est un cas où une lecture *de re* n'implique pas une lecture *de dicto*. Toutes les haeccéités sont pour Chisholm des concepts individuels leibniziens, mais pas le contraire. Leibniz définit ainsi l'haeccéité :

> « Ainsi la qualité de Roy qui appartient à Alexandre le Grand, faisant abstraction du sujet, n'est pas assez déterminée à un individu, et n'enferme point les autres qualités du même sujet, ni tout ce que la notion de ce Prince comprend, au lieu que Dieu voyant la notion individuelle ou haeccéité d'Alexandre, y voit en même temps le fondement et la raison de tous les prédicats, qui se peuvent dire de luy véritablement, comme par exemple qu'il vaincrait Darius et Porus (...) » (*Discours de métaphysique*, 1959, § VIII, p. 24).

Leibniz identifie haeccéité et notion individuelle, alors que pour Chisholm on peut avoir une essence individuelle qui n'est pas une haeccéité : être le président des États-Unis est une notion individuelle, mais ce n'est pas une haeccéité

(Bush n'est pas nécessairement le président des États-Unis). Chisholm admet des haeccéités non exemplifiées (à la différence de Leibniz), car il considère qu'une haeccéité est un objet abstrait et qu'un objet abstrait ne peut dépendre ontologiquement d'un objet concret (*On Metaphysics*, 1989, p. 47-48).

Le possible

L'ontologie des modalités de Duns Scot est un autre trait saillant de sa métaphysique. On lui attribue la paternité de la vision moderne des modalités qui a été systématisée par Leibniz, avant d'être formalisée au XXe siècle par C.I. Lewis et Carnap, David Lewis en tirant les ultimes conséquences (cf. chap. XVIII). Duns Scot ici aussi s'inscrit dans une histoire au long cours. Le point de départ de cette histoire est la distinction qui s'est opérée dès l'Antiquité entre deux manières de penser les modalités : la première, que l'on appelle statistique, consiste à penser la modalité en termes d'occurrences temporelles, la seconde, que l'on pourrait appeler ontologique, consiste à penser la modalité dans le schéma acte/puissance (Simo Knuuttila, 1993, p. 1-30). Le modèle statistique identifie nécessaire et toujours vrai, possible et quelquefois vrai. Aristote identifie par exemple les êtres nécessaires et les êtres éternels :

> « Si une chose est éternelle, elle est nécessaire ; si une chose est nécessaire, elle est éternelle » (*De la génération et de la corruption*, II, 11, 338a 1-3).

On peut distinguer ce qui existe nécessairement, ce qui n'existe pas et de manière nécessaire et ce qui peut exister ou ne pas exister. Les êtres non éternels appartiennent à ce dernier groupe. Le texte fondamental d'Aristote est le suivant :

> « Si donc [la vérité étant primordiale dans les choses] il existe des choses qui sont toujours unies et qu'il soit impossible de distinguer ; s'il en est d'autres qui sont toujours distinctes et qu'il soit impossible d'unir ; si d'autres enfin admettent union et distinction : alors être, c'est être uni, c'est être multiple. Cela étant, quand il s'agit des choses contingentes, la même opinion ou la même proposition devient vraie et fausse, et il est possible qu'elle dise le vrai à un moment donné, et le faux à un autre moment ; s'il s'agit, au contraire, des choses qui ne sauraient être autres qu'elles ne sont, la même opinion ne devient pas tantôt vraie et tantôt fausse, mais les mêmes opinions sont éternellement vraies ou fausses » (*Métaphysique*, Θ, 1051b 9-18, trad. Tricot, vol. 2, p. 522-523).

La classification ontologique des êtres est donc la suivante en lien avec les modalités :

Êtres non composés éternels : nécessaires, *i.e.* toujours vrais.

Êtres composés : contingents, *i.e.* tantôt vrais, tantôt faux.

Épistémologiquement, dire le vrai au sujet du composé, c'est dire que ce qui est combiné est combiné et que ce qui est séparé est séparé, tandis que pour le non-composé, dire le vrai ce sera « saisir et énoncer ce qu'on saisit (...) ignorer c'est ne pas saisir » (*id.*, 1051b 26).

Un principe modal fondamental est le Principe de Plénitude[16] que S. Knuuttila formule ainsi : « Aucune possibilité authentique ne demeure éternellement non réalisée » (*op. cit.*, p. 4).

Lovejoy attribue ce principe à Platon ; il lui attribue la pensée, dans le *Timée*, suivant laquelle il y a en Dieu des idées des individus et des événements particuliers avant la création : le démiurge façonne le monde à la ressemblance des vivants, mais pas des vivants de ce monde, qui sont imparfaits, mais des « vivants intelligibles » « à titre de partie, soit individuellement, soit en tant qu'espèce (*kat'hén kai kata géné môria*) » (*Timée*, 30c 6, trad. L. Brisson, p. 119). La traduction d'Alfred Rivaud est peut-être plus explicite :

> « Mais ce dont font partie tous les autres Vivants, soit considérés isolément, soit pris ensemble, posons en principe que c'est à cela qu'il [le monde] doit ressembler le plus » (*op. cit.*, 1925, p. 143).

Hintikka (1957) a proposé trois principes modaux découlant du Principe de Plénitude (nous avons mis la traduction logique entre crochets pour les lecteurs qui lisent plus aisément les formules[17]) :

Ce qui n'est jamais est impossible
[$H\neg p \wedge G\neg p \supset \neg Mp$]

Ce qui est toujours, l'est par nécessité
[$Hp \wedge Gp \supset Lp$]

Rien d'éternel n'est contingent
[$Hp \wedge Gp \supset \neg\neg Lp$], ce qui est trivialement équivalent à la formule ci-dessus

De cette conception statistique se distingue la conception que nous avons appelée « ontologique », celle qui pense la possibilité en terme de potentialité, ce qui est d'ailleurs conforme au principe de plénitude. La définition du mouvement comme « actualité de la potentialité en tant que potentialité » ou « entéléchie de ce qui est en puissance en tant que tel » (H. Carteron) ou « l'entéléchie de l'étant en puissance en tant que tel » (P. Pellegrin) (*Physique*, III, 1 201a 9) est solidaire de cette conception ontologique où la possibilité a pour finalité l'actualisation. Cette conception ontologique des modalités s'applique mieux que la conception statistique au changement, parce que le changement est continu, tout comme le procès d'actualisation, qui va de la pure puissance à la pure actualité, l'entéléchie. Cela explique que pour les événements et les processus circulaires éternels, Aristote recoure à l'interprétation statistique, alors que pour les événements du monde sublunaire, soumis à la contingence et au hasard, il utilise plus volontiers l'interprétation ontologique, par exemple pour faire ressortir l'aspect contradictoire du mouvement qui est acte, mais acte d'une pure potentialité, type de définition qui sera rejeté avec la méthode aristotélicienne dont Galilée se moquera dans les *Deux Dialogues du monde*, prenant un point de départ empirique dans sa théorie du mouvement, abandonnant cette définition, parmi d'autres, aux sarcasmes des empiristes qui la considéreront unanimement comme un exemple de définition apparemment réelle, mais en fait dépourvue de contenu, exactement comme la définition de la lumière — « la lumière est un mouvement luminaire de rayons composés de corps lucides, c'est-à-dire lumineux » — dont se moqua Pascal, dans sa correspondance avec le père Étienne Noël[18].

La doctrine scotiste de la contingence joue un rôle central dans sa théorie de la liberté. La contingence est une condition nécessaire de la liberté pour les êtres finis, la liberté divine se confondant avec la nécessité. Aristote avait abordé la question de la contingence dans le fameux chapitre IX du *De interpretatione* consacré aux futurs contingents (est-il nécessaire qu'il y ait ou non une bataille navale demain ?). Les difficultés qu'il rencontre dans la solution à apporter (concilier la liberté et le déterminisme) proviennent en partie de l'incapacité où il a été de choisir entre les deux interprétations des modalités que nous venons d'opposer (cf. Hintikka [1957], qui a renouvelé la question). Du point de vue de Duns Scot (quelque dangereux qu'il soit de se glisser dans la peau du Docteur subtil, d'un point de vue de stricte méthode), le nœud du problème de la contingence chez Aristote se trouve dans l'incapacité pour celui-ci de concevoir une action authentiquement libre, ce que le christianisme a apporté comme idée nouvelle.

On comprend alors la démarche de Duns Scot : remettre en cause la doctrine aristotélicienne des modalités, pour dégager dans la contingence les conditions d'un acte libre et donc analyser plus profondément ce concept de contingence à l'intérieur d'une nouvelle conception, celle de la contingence synchronique.

Il a été distingué contingence diachronique et contingence synchronique dans l'histoire des théories des modalités. La contingence diachronique consiste à penser que se réalisent de manière temporelle des potentialités qui sont contingentes, sans qu'à chaque moment s'ouvrent des possibilités réelles de déroulement alternatif qui ne seraient jamais réalisées. La contingence synchronique au contraire admet qu'à chaque moment s'ouvrent des possibles réels dont évidemment l'immense majorité ne se réaliseront jamais mais qui n'en demeurent pas moins des possibilités réelles. La liberté au sens de la dogmatique chrétienne, c'est-à-dire la capacité à chaque instant d'un choix entre des possibles réels, s'articule évidemment mieux avec la contingence synchronique. Kierkegaard a développé de manière très convaincante le rôle du possible dans la dialectique de l'existence : il est condition de la liberté, mais si elle se contente d'envisager les possibles sans choisir, elle tombe dans le désespoir et fait l'expérience du mal comme indétermination de la liberté : « Pour l'éthique la réalité est plus haute que la possibilité (...) La réalité pensée en une possibilité plus haute que la réalité au regard de la pensée, mais pas de la réalité » (*Post-Scriptum aux Miettes philosophiques*, in O. C., t. XI, Paris, L'Orante, 1977, p. 19-20). La lutte de Kierkegaard contre la contingence hégélienne[19], qui pour l'éternel fiancé n'est qu'un visage du déterminisme, peut être comparée à la critique scotiste de la liberté du sage aristotélicien.

Volonté, liberté, possibilité

La *Lectura*, I, 39 (« Si Dieu a une connaissance déterminée des choses relativement à chaque aspect de leur existence, en ce qui concerne le futur ») a été éditée récemment avec un commentaire (Duns Scot, 1994), rendant accessible la lettre même de l'argumentation de Scot. Il y défend donc une doctrine de la contingence synchronique. La définition qu'il donne est la suivante : un état de choses p est contingent si non-p est possible *au même moment* (la définition aristotélicienne, rappelons-le, est la suivante : un état de choses p est contingent s'il n'est pas nécessaire). Cette idée de contingence synchronique est proche mais distincte de celle de monde possible qui est une alternative à notre monde *à un certain moment*. Par exemple, si, comme dans la parabole du bon Samaritain, je suis devant une situation qui réclame un usage de ma liberté, je peux secourir ou ne pas secourir la personne blessée par les bandits, il y a contingence synchronique dans la mesure même où, au moment où si par exemple je secours le blessé, il est possible que je poursuive mon chemin, et le monde dans lequel je poursuis mon chemin est une alternative au monde où je secours le blessé, à ce moment-là. En termes techniques, l'occasion de la liberté est un événement de bifurcation où se séparent deux lignes de monde[20], éventuellement celle du salut et celle de la perdition. Cela dit, jusqu'ici, dans le travail d'édition et de commentaire des œuvres de Duns

Scot[21], nous n'avons peut-être pas de preuve textuelle irréfutable d'une théorie des mondes possibles en bonne et due forme, c'est-à-dire où les modalités seraient définies relativement à des ensembles de mondes possibles (cf. C. Normoore, 2003, p. 154-155 et *infra* p. 356).

Duns Scot définit la possibilité logique, assimile la puissance réelle à la possibilité logique, puis fait de la puissance réelle un trait essentiel de l'étant. C'est ce parcours qu'il faut détailler et illustrer par des textes, denses, mais limpides. La possibilité logique est définie dans *Lectura*, I, 39. La contingence procède de la liberté de la volonté, puisque celle-ci est libre à l'égard d'actes opposés, par exemple haïr ou aimer (la même chose). Il y a trois types de liberté, vis-à-vis des actes, des objets et des effets, et c'est la première qui est surtout cause de la contingence. La liberté à l'égard d'objets opposés passe par la médiation d'actes opposés — si j'ai la liberté d'acheter une Honda ou une Toyota, j'ai la liberté d'acheter-une-Honda ou d'acheter-une-Toyota. Il y a quelque chose d'imparfait et quelque chose de parfait dans la liberté de la volonté : celle vis-à-vis des actes est imparfaite, car elle introduit la mutabilité, et elle est parfaite vis-à-vis des objets, car on peut comparer sur ce point intellect et volonté : la perfection de l'intellect procède aussi de la possibilité de considérer des objets opposés. En termes actuels, on dirait qu'il y a une perfection de la liberté dans la mesure où elle suppose une intentionnalité de la volonté, comparable à l'intentionnalité de l'intellect. La liberté vis-à-vis des objets est donc contingente, mais pas sujette à la mutabilité. Une contingence duelle (*du-*

plex contingentia) et une possibilité double (*duplex possibilitas*) dérivent de la liberté à l'égard d'actes opposés. Duns Scot compare l'impossibilité logique dans les deux énoncés suivants :

« Quelque chose de blanc peut être noir. »

« La volonté qui aime une chose, peut la haïr (*voluntas amans illum, potest odire illum*). »

Dans les deux cas, il faut comprendre la proposition au sens divisé ; la première en ce sens signifie « Quelque chose blanc à *a* peut être noir à *b* (*album in* a *potest esse nigrum in* b) ». Guillaume de Sherwood nous apprend dans son *Introduction à la logique* qu'une phrase au passé peut être prise au sens composé ou au sens divisé (*dici compositus vel divisus*) ; au sens composé, « un homme a couru » signifie qu'au moment présent l'homme ne court pas, contrairement au sens divisé. Au sens composé, la forme logique de la phrase est : il était le cas qu'il y avait un homme et cet homme a couru, alors qu'au sens divisé le sens est : il est le cas qu'il y a un homme et cet homme a couru. C'est le champ de l'opérateur temporel qui diffère : dans le sens composé, il a un champ large, dans le sens divisé, un sens étroit. Dans l'exemple de Duns Scot : « la volonté qui aime une chose, peut la haïr », au sens divisé la possibilité a un champ étroit et donc il se peut que ce soit le même objet qui soit aimé ou haï dans des états de choses logiquement possibles : la volonté peut aimer une chose dans un état de choses *a* et la détester dans un état de choses *b*. Duns Scot dégage donc une puissance logique (*potentia quae est logica*, I,

39, § 49, 1994, p. 116) qui est aussi une puissance réelle (*potentia realis*). La simple puissance logique est la non-répugnance des termes : est possible un état de choses non contradictoire, c'est-à-dire dont la description n'implique pas des termes qui répugnent l'un à l'autre. De ce point de vue (exemple de Scot), l'énoncé « Il peut y avoir un monde (*mundus potest esse*) » est logiquement possible avant la création. Duns Scot ne raisonnant pas en termes de mondes possibles, n'admet pas ici que cet énoncé est également possible après la création, trivialement : il y a un monde est vrai au moins dans un monde ! Cela est la définition de la possibilité logique en termes de mondes possibles ; il se maintient implicitement dans un cadre actualiste où c'est le monde actuel qui avant la création est possible. Dans ce passage, Duns Scot utilise une distinction intéressante : il affirme que le monde qui est possible avant la création n'a pas de réalité factuelle (*realitas in re*) : ce concept est tout à fait révélateur du fait qu'il est prêt à considérer une réalité de certains possibles au moins, ce que l'on nomme classiquement les « possibles réels » avec Leibniz.

La possibilité synchronique est introduite, après toutes ces mises au point et distinctions, au § 50 du texte :

> « Cependant cette possibilité logique n'est pas une possibilité suivant laquelle la volonté a des actes successifs, mais [une possibilité suivant laquelle la volonté] les a au même moment. Car au même moment la volonté a un acte de vouloir ; au même moment elle peut avoir un acte de volonté opposé — exactement comme quand nous

supposons que la volonté n'existe qu'à un moment et qu'elle veut quelque chose à ce moment, elle ne peut alors vouloir et ne pas vouloir successivement, et cependant elle peut ne pas vouloir *a* pour ce moment et en ce moment (*pro illo instanti et in illo instanti*) où elle veut *a*, car vouloir pour ce moment et en ce moment [*ibid.*] n'appartient pas à l'essence de la volonté elle-même, ni n'en est un attribut naturel ; cela en résulte donc accidentellement. Mais l'opposé d'un accident accidentel (*accidentis per accidens*) n'est pas incompatible avec un sujet pour un moment et ainsi la volonté, voulant *a* pour ce moment et en ce moment [*ibid.*], peut ne pas vouloir *a* au même moment et pour le même moment [*ibid.*]. Et cette possibilité logique existe relativement à des termes qui ne sont pas incompatibles » (*Lectura*, I, 39, § 50, *op. cit.* p. 116).

Duns Scot distingue vouloir *a* pour ce moment et en ce moment. Vouloir *a* pour un moment t', c'est vouloir à t qu'une chose particulière soit obtenue à un certain moment t', tandis que vouloir *a* en ce moment t, c'est vouloir à un certain moment t qu'une chose soit obtenue. Une autre distinction est importante dans ce texte : la possibilité logique, en tant qu'équivalente à la puissance réelle, n'est pas identique à la simple répugnance, c'est-à-dire l'aptitude à la contradiction. Cela est important car une certaine connaissance des doctrines modales postérieures (dont celle de Leibniz) pourrait faire penser que le possible, c'est simplement le non-contradictoire (et le non-contradictoire étant la condition de la concevabilité, le possible deviendrait purement et simplement le concevable[22]). Pour Duns Scot, la non-contradictibilité qui est donnée par la non-répugnance est une condition nécessaire de la possibilité logique, mais pas une condition suffisante.

La suite de ce texte capital pour la compréhension de la métaphysique des modalités (§ 51) articule la possibilité réelle et la puissance réelle :

> « Correspondant à cette possibilité logique, il y a une puissance réelle (*potentia realis*), car chaque cause est comprise antérieurement à ses effets. De la même façon, à ce moment où elle élit (*elicit*) un acte de vouloir (*actum volendi*), la volonté est antérieure par nature à sa volition (*volitionem suam*) et est librement reliée à elle. Donc elle est liée de manière contingente à l'acte de vouloir et a une relation contingente au non-vouloir au moment où elle élit un acte de vouloir, la volonté a une relation contingente à l'acte, de façon que voulant à *a* [ici *a* est un moment], elle ne peut non vouloir à *a*. Nous devons distinguer le sens divisé et le sens composé. Elle est fausse au sens composé, comme nous entendons le prédicat être attribué au tout : "la volonté voulant à *a*" [*voluntas volens in* a], ensemble avec l'opérateur de possibilité (*cum nota possibilitatis attribui huic toti*). La proposition est vraie, cependant, au sens divisé, non parce que nous comprenons les termes pour des moments différents (...) mais elle est vraie au sens divisé parce qu'il y a deux propositions, parce qu'elle inclut implicitement deux propositions. Dans une proposition, la volonté est dite avoir l'acte de volonté et dans l'autre la volonté est dite avoir l'acte opposé pris en lui-même avec l'opérateur de possibilité, et alors la signification est celle-ci : "La volonté est voulant à *a*" et "La volonté peut être non voulant à *a* (*voluntas posse esse nolens in* a)". Ceci est vrai, car la volonté voulant à *a*, élit libre-

ment un acte de vouloir, qui n'est pas son attribut (*nec est eius passio*) » (*op. cit.*, p. 118-120).

Nous abandonnons ici le développement de Duns Scot, pour trouver une solution à la question de la conciliation de la liberté humaine et de la liberté divine, car plus que cette solution particulière, qui est plus du ressort de l'éthique et de la théologie philosophique, ce qui importait, c'était d'avoir une idée précise de la spécificité de la conception scotiste des modalités et notamment de la possibilité, dans la mesure où son ontologie articule explicitement les notions d'étant et de possibilité. Nous avons maintenant une idée précise de l'ensemble des concepts de possibilité logique, de puissance réelle, en même temps que nous avons également une idée des techniques logiques utilisées par Duns Scot pour mettre en relief les différences conceptuelles, qu'il juge cruciales pour la mise au point de sa solution. On a dit de Thomas d'Aquin qu'il était un philosophe analytique — si cela a vraiment un sens, si c'est plus qu'une boutade (ce qui n'est pas complètement sûr), alors Duns Scot peut prétendre à ce titre *cum grano salis* et il y aurait alors sûrement un avenir pour un scotisme analytique, tout comme il existe un thomisme analytique (cf. Pouivet, 2003)[23].

Ici, avant de poursuivre l'exposé des conséquences et des enjeux de la doctrine scotiste des modalités pour la métaphysique actuelle, il faut remarquer que plusieurs interprétations de cet état de fait sont disponibles. Nous avons écarté la métaphore de la rupture et du renversement. Reste que l'on peut se demander si Duns Scot représente une tentative isolée, que l'on a quelquefois voulu taxer d'essentialisme (opposé à l'« existentialisme » de Thomas d'Aquin pour qui l'être de Dieu est un acte d'exister [Gilson, 1948, p. 121-140 : « L'essence contre l'existence »]), ou bien s'il existe une continuité qui va de Duns Scot à Kant, puis à Peirce, comme le soutient, de manière impressionnante, Ludger Honnefelder en 1990, dans un livre qui dépasse les enjeux habituels de l'historiographie de la métaphysique, pour poser un véritable problème de fond : existe-t-il une structure de l'histoire de la métaphysique, quelle est la place de Duns Scot dans cette structure, cette structure est-elle compatible avec l'hypothèse onto-théo-logique ? Ce qui est frappant dans les tentatives de penser le développement de la métaphysique sous le chef d'un schéma explicatif unique, c'est le choix nécessaire de moments clefs de la métaphysique. Heidegger se contente dans certaines notes du *Nietzsche* ou dans les *Beiträge* de faire des listes de noms et de concepts. Nietzsche étant pensé comme l'achèvement de la métaphysique, Heidegger veut jalonner cet achèvement qui va de Parménide à Nietzsche, par une série de noms propres : Platon, Aristote, Descartes, Suarez, Leibniz, Kant, Schelling, Hegel, Kierkegaard, Jaspers. Il est évident que la plupart des noms qui figurent dans cette liste représentent effectivement des moments cruciaux de l'histoire de la métaphysique. Il est plus captivant de recenser rapidement les noms propres de grands philosophes qui n'apparaissent jamais dans cette section du *Nietzsche* consacrée à « La métaphysique en tant qu'histoire de l'être » et à des « Projets pour l'histoire de l'Être en tant que métaphysique » (*op. cit.*, t. II, p. 321-387) et donc à l'achèvement de la métaphysique, puisque Heidegger interprète cet achèvement comme déploiement du nihilisme, dans le projet d'ensemble du *Nietzsche* : Averroès, Avicenne, Brentano, Duns Scot, Fichte, Hartmann, Locke, Maimonide, Occam, Peirce, Plotin, Scot Érigène, Spinoza (liste non exhaustive).

À la lecture, on aperçoit une série de présupposés qui guident la sélection des noms retenus : le courant néo-platonicien, hénologique, méontologique est tenu pour quantité négligeable (*contre* : Heimsoeth, 2003), la pensée arabo-musulmane et la pensée juive sont mises de côté, pour des raisons faciles à décrypter[24], l'empirisme (ainsi que le pragmatisme) est exclu en vertu du présupposé suivant lequel l'empirisme n'est pas une philosophie — au XIXe siècle, tout ce qui ne rentre pas facilement dans le schéma (Fichte, Brentano) est passé sous silence, etc. Si on ajoute à cela les trois présupposés massifs : (i) la philosophie est grecque puis romaine dans son origine et son destin, (ii) la métaphysique n'a plus d'histoire après Nietzsche, (iii) les philosophes sont comme des montagnes séparées les unes des autres (*Beiträge*, § 93, p. 187), peu nombreux, permettant de se repérer, sans réelle communication les uns avec les autres. On aboutit, sur une base extrêmement étroite, à l'édification d'une hypothèse.

On pourrait appeler cette manière de procéder un effet de la rationalité généalogique, liée à la logique de liste (dont le début de l'Évangile de Matthieu offre un bel exemple, à côté de la *Théogonie* d'Hésiode), logique de la liste qui se distingue d'une autre logique, la logique de la dispute (cf. F. Pironet, 1995). Dans la première, je veux acquérir le droit à imposer une opinion en la justifiant par une place dans une liste, généralement à la fin, en confondant la contingence de l'histoire avec la nécessité de l'enchaînement proposé, ou en proposant une histoire plus profonde, celle des dieux, des prophètes ou du retirement de l'être ; dans la seconde, je prétends imposer mon opinion en gagnant dans une dispute sur mon adversaire. Les Médiévaux, les analytiques et plus généralement la science sont du côté de la dispute. La religion, la mythologie, le marketing et la pensée de Heidegger, du côté de la liste. On peut incidemment faire une hypothèse sur le succès, par ailleurs surprenant, de la pensée de Heidegger en France : dans ce pays, il existe des listes de grands philosophes reconnus comme tels par le ministère de l'Éducation (nationale, l'adjectif allant et venant) et il y a une coïncidence parfaite entre la logique bureaucratique qui veut que pour le baccalauréat on peut présenter à l'oral X et pas Y et la logique heideggerienne de la liste (les présupposés culturels étant heureusement absolument différents, mais pas au point d'admettre la pensée arabe et juive dans les grands noms, à l'exception, idéologique, d'Averroès ce qui au regard du contexte politique et culturel européen est une occasion manquée d'injecter un peu de rationalisme dans les débats).

Cohérence de l'histoire de la métaphysique ?

Peut-on, en dehors de la logique de la liste, découvrir une cohérence de l'histoire de la métaphysique ? L'étude anthropologique des mèmes ou réplicateurs culturels[25], unités minimales transmissibles par contagion des idées, imitation, inculcation, n'a jamais, à ma connaissance, été appliquée à l'histoire des idées métaphysiques, entendue comme élément important sinon constitutif de la culture. Whitehead pense qu'un type de culture, une civilisation, s'incarne nécessairement dans une cosmologie entendue comme une partie de la métaphysique, mais ne se pose pas la question de la prégnance de certaines idées métaphysiques (ou cosmologiques) à l'intérieur d'une civilisation (nous dirions plutôt « culture » ; cf. *infra*, chap. XVII).

Cette base empirique pour une théorie naturaliste de la métaphysique faisant défaut, nous avons tendance à nous laisser enfermer dans une aporie : est-ce que la métaphysique présente de façon infiniment recombinée toujours les mêmes idées, en nombre très limité (thèse de la répétition), ou bien est-ce que les différentes métaphysiques sont des œuvres de la culture, isolées les unes des autres (thèse de la différence singulière) ? Cette seconde thèse est magnifiée et célébrée par Heidegger dans sa métaphore des « montagnes séparées », représentant les grands penseurs. Les « monts séparés » est une métaphore courante dans la poésie (cf. les « monts fiers et sublimes », Leconte de Lisle ; cf. *supra*[26]). La seconde thèse se combine très bien avec une autre thèse très populaire, que l'on pourrait appeler la thèse de la prééminence de l'intuition sur le système, et qui provient de Bergson. Les métaphysiciens vaudraient par la singularité de leur intuition métaphysique. Par exemple Berkeley à première vue semble extravagant (Leibniz le soupçonnait même, dans sa correspondance avec Des Bosses, d'être un snob), mais d'après cette thèse il faut être tolérant et relativiser son système en le réduisant à une intuition, par exemple celle de l'idéalité de la matière. Il est clair que les deux branches de l'alternative doivent également être rejetées.

La première thèse (répétition), parce que, comme on l'a vu, des idées nouvelles apparaissent. À propos de Duns Scot, qui est le point de départ de cette discussion sur l'existence d'une structure de l'histoire de la métaphysique, on vient de voir que la doctrine métaphysique de la puissance réelle comme possibilité synchronique peut difficilement apparaître comme un simple réaménagement des thèses aristotéliciennes. La conception métaphysique de l'étant comme une puissance réelle est profondément différente de sa conception comme une actualisation d'une potentialité. La métaphysique de l'action volontaire libre de Duns Scot n'existe tout simplement pas chez Aristote. Cela ne veut pas dire que l'on doive parler de renversement : les rapports entre les deux pensées sont beaucoup plus subtils que cela et si la métaphysique a un intérêt, c'est bien de préférer les distinctions subtiles aux oppositions tranchées.

La deuxième (différence singulière radicale), parce que, si comme l'a montré Leibniz, une opinion radicalement fausse est à peu près impossible, il y a tout même quelque chose de massivement erroné dans cette conception de la métaphysique, qui la rapproche des œuvres d'art. Il y aurait beaucoup à dire sur l'enchaînement objectif des œuvres d'art, sur le talent, le génie, le style, etc., pour montrer que ces œuvres ne sont pas seulement des expressions singulières de singularités solitaires, mais c'est la base même de l'opinion suivant laquelle les différentes métaphysiques ne communiquent pas entre elles qui est à revoir. Cette opinion efface la foule des auteurs mineurs, des courants marginaux, l'accompagnement anonyme des commentaires, des cursus et des institutions, pour tout réduire à la méditation d'un penseur dans une hutte balayée par le vent. Il y a là une confusion simple entre la singularité de l'expérience de chaque métaphysicien, ou plus exactement de l'élément expérientiel de la pensée des métaphysiciens, avec la forme que prennent ses doctrines, nécessairement générales quand il entend les défendre, moment où on le reconnaît comme un métaphysicien.

Si cette aporie a tout d'une impasse artificielle, reste à répondre à la question sur l'existence d'une structure du développement historique de la métaphysique. Si nous examinons de manière critique les trois présupposés heideggeriens distingués plus haut, nous pouvons les rejeter : la métaphysique ne s'est pas achevée avec Nietzsche, car au XXe siècle, elle a connu, comme la science, une efflorescence sans précédent ; la métaphysique n'est pas grecque dans son essence, l'aristotélisme nous a été transmis par les Arabes et les Juifs[27], le néo-platonisme avicénien a été développé par la métaphysique iranienne, etc. ; la métaphysique est d'essence disputationnelle, elle ne consiste pas à méditer. La conception anti-métaphysique de Wittgenstein, tout aussi radicale que celle de Heidegger, de ce point de vue est plus juste : ce qu'il substitue à la métaphysique, le nettoyage des faux problèmes par la grammaire philosophique, est plus proche de la métaphysique que la méditation vide qui ânonne que le monde monde (*die Welt weltet*). Wittgenstein au moins fait le ménage, alors que Heidegger encrasse la métaphysique par son pseudo-orientalisme[28] (voir dans *Questions IV* les textes poétiques et quasi mystiques sur l'expérience de la pensée, etc.).

Le modèle choisi par Descartes dans les *Méditations métaphysiques*, qui consiste à exposer la métaphysique spéciale, la psychologie (relations de l'âme et du corps) et la théologie rationnelle (existence de Dieu), sous la forme littéraire d'une méditation dont la forme est religieuse (le salut étant individuel, ma méditation est forcément individuelle), rompant délibérément avec les formes d'expositions sous forme de questions, de disputes, etc., a introduit l'idée fausse que la métaphysique moderne doit prendre la forme d'une intériorisation des formes argumentatives, une introjection de la *disputatio* sous la forme quasi augustinienne d'un ersatz de soliloque. La réponse ambiguë de Descartes sur la forme à donner à la métaphysique une fois rejetée la « forme summuliste » (A. de Libera), avec l'interprétation qui en a été donnée a contribué à accréditer une vision fausse de la métaphysique. Cela doit être nuancé par les Objections et Réponses aux Objections aux *Méditations* qui rétablissent partiellement la fonction normale de l'échange argumentatif réel : aux objections que Descartes s'adresse à lui-même succèdent les objections qu'Arnaud, Gassendi, Hobbes et d'autres lui adressent. Nous pouvons cependant remarquer que la forme qu'il a donnée à sa métaphysique générale, dans les *Regulae,* est complètement non argumentative. La critique de Leibniz sur ces aspects de la philosophie cartésienne a une portée qui dépasse la simple querelle de méthode, historiquement datée, à l'intérieur de la révolution scientifique du XVIIe siècle entre formalisme et intuitionnisme, et touche à l'idée même que l'on peut se faire de la métaphysique. En tout cas, cette idée de la métaphysique comme une chaîne de sommets enneigés, l'apprenti métaphysicien en étant réduit à un parcours réglé : mur d'escalade, ascensions en groupe, ascension en solitaire, une sorte d'alpinisme intellectuel, apparaît tout à fait discutable et paraît avoir été favorisée ou par Descartes lui-même ou par une certaine lecture de Descartes, ce dernier, que ce soit dans la pratique de sa philosophie, dans ses entretiens, sa correspondance, la réponse aux objecteurs, ayant montré une conception différente de l'intuition solitaire du vrai, dans un dégagement des opinions et des tracas mondains.

Il y a donc bien une histoire de la métaphysique, mais on peut se demander de quoi elle est l'histoire : des textes, des systèmes, des auteurs, des concepts ? Une histoire statistique, lexicographique des textes métaphysiques a son utilité et ses limites, elle peut établir des chronologies des œuvres, indiquer une stratigraphie des couches de rédaction, mais dans l'esprit même de ceux qui l'ont pratiquée, par exemple sur Aristote (Rutten), ou Leibniz (Robinet), elle ne peut être qu'un auxiliaire de l'histoire des contenus doctrinaux eux-mêmes. L'histoire des systèmes, ce que Guéroult appelait joliment « la technologie des systèmes philosophiques », n'est aussi qu'une partie de l'histoire des contenus doctrinaux, car l'étude exclusive de la structure des systèmes bute sur l'obstacle dont on a discuté précédemment : elle reconduit à une conception monumentale, architecturale, de l'histoire de la métaphysique. Reste la distinction entre une histoire des auteurs et une histoire des concepts. Il ne faut pas faire de cette opposition un topo de plus. Reste que l'histoire des auteurs privilégie l'optique évaluative, où il importe de sélectionner les « bons auteurs » (ce qui permet de voir apparaître et disparaître des noms), tandis que l'histoire des concepts privilégie une optique normative, où l'on s'efforce de donner des critères de conceptualité avant d'en faire l'histoire. Si je fais l'histoire d'un concept, par exemple celui de propriété, certains auteurs, jugés en eux-mêmes peu importants par l'histoire faite du point de vue des auteurs, vont occuper le devant de la scène, au moins un moment, alors que de grands philosophes n'apparaîtront pas ou furtivement. Un exemple est celui de la prédestination. Tous ceux qui ont lu des articles récents sur l'histoire de ce concept apprennent l'existence de philosophes inconnus dont l'apport à la discussion est capital. Même chose pour les futurs contingents : rien ne serait plus artificiel et faux que de réduire le débat aux différences entre Occam et Duns Scot. C'est la forme de ce qu'est un « auteur » qui doit être interrogée. M. Foucault dans son archéologie des notions avait bien repéré l'apparition de ce concept, finalement assez tardif. Beaucoup de textes médiévaux sont anonymes. Il est frappant de constater que le premier souci de ceux qui les éditent est de les attribuer. Il semble donc raisonnable d'affirmer la nécessité d'une histoire des concepts, intermédiaire entre l'histoire quantitative des méthodes textuelles statistiques et l'étude évaluative des contenus doctrinaux proprement dits, éventuellement incarnés dans des systèmes.

La réponse à la question sur l'existence d'une histoire de la métaphysique est donc nuancée. Il est toutefois certain que l'hypothèse onto-théologique semble conduire très souvent à une histoire textuelle impressionniste, une histoire des concepts téléologiquement orientés et à une étude des contenus doctrinaux souvent dépourvue d'évaluation critique, la logique interne du déploiement de l'histoire remplaçant la question du vrai et du faux, le tribunal de la pensée se substituant à l'évaluation des raisons et des vérités.

Une seconde chose semble relativement incontestable : la construction d'une hypothèse générale (générale au sens de celles de Heidegger, A. Comte, L. Honnefelder, A. de Libera ou Brentano) sur l'histoire de la métaphysique est relative à une métaphysique. Une histoire non métaphysique de la métaphysique semble vouée à l'échec. Une histoire de la métaphysique peut être antimétaphysique, mais elle peut difficilement être a-métaphysique. Il peut y avoir histoire de l'a-métaphysique, nous avons essayé d'y contribuer au début de cet ouvrage, mais c'est autre chose. Même le schéma historique d'A. Comte, dont il étend l'application assez loin dans ses écrits, à la fois à l'histoire de sciences et à l'histoire de la métaphysique elle-même, n'est pas exempt de visée métaphysique[29].

Le schéma proposé par L. Honnefelder consiste à repérer la constitution progressive de la métaphysique comme science transcendante (*scientia transcendans*), *i.e.* sciences des transcendantaux (*unum, bonum, verum,* etc.) et à indiquer des moments de cette constitution : Duns Scot, Suarez, Wolff, Kant et Peirce (Honnefelder, 1990, 1999). Le sens précis de « science transcendantale » dérive de l'univocité de l'être : l'abstraction qui aboutit au concept univoque d'être, commun à Dieu et aux créatures, procède à partir des concepts formels objectifs et les dépasse, les transcende (transcender, c'est simplement dépasser) et aboutit à des traits généraux et transcendantaux du concept d'être. Il est troublant de constater que la métaphysique dont on proclame qu'elle est dépassée est définie comme une science du dépassement. Ce schéma de L. Honnefelder met au centre l'ontologie, ce qui semble un progrès, et abandonne l'idée d'une histoire téléologiquement ordonnée au profit d'une histoire ouverte où des possibilités nouvelles peuvent encore apparaître, où l'histoire de la métaphysique ne ressemble pas à un avis de décès amplifié, ce qui est un autre progrès. La seule chose que l'on peut critiquer, c'est qu'elle soit encore trop une histoire des auteurs. Par exemple dans l'exposé de la doctrine des modalités de Duns Scot, le parti pris de se limiter aux textes de Scot est contestable. De ce point de vue, il semble plus productif de mettre provisoirement au même niveau grands et « petits » philosophes (comme le fait par exemple Zimmermann, 1998) si l'on se concentre sur une histoire de l'ontologie.

Retour à Duns Scot : puissance objective et puissance subjective

Revenons, après cette longue digression, à l'exposé de la métaphysique des modalités de Duns Scot.

La *potentia realis* est un mode de l'être (*modus entis*) (*Questions sur la métaphysique*, IX, q. 2). Duns Scot réinterprète le couple aristotélicien acte/puissance à l'intérieur de son analyse de la puissance, dont il distingue deux espèces, la puissance subjective et objective (*potentia subjectiva, objectiva*). La puissance au sens métaphysique ne doit pas être confondue avec la puissance naturelle (*potentia naturalis.*). Avec toutes ces distinctions (cf. Honnefelder, 1990, p. 11 *sqq.* ; 2002, p. 39-59) dont l'abondance suscitera la critique des nominalistes, jusqu'à motiver leur solution radicale qui est d'éliminer l'objectivité métaphysique des modalités réelles, solution qui est encore celle prônée par Quine, dans sa critique des logiques modales et de la métaphysique du réalisme modal qui les a accompagnées, Duns Scot, avec les thèses de l'univocité, de la singularité irréductible fondée dans la structure ontologique des particuliers met sur pied une métaphysique profondément différente de la métaphysique finalement dominante jusqu'alors, la métaphysique aristotélicienne.

Cependant, en ce qui concerne les modalités, Duns Scot avait été précédé au moins par Avicenne dont la philosophie sur ce point se distingue déjà de celle d'Aristote. Avicenne est à la fois un logicien, un théologien et un métaphysicien et c'est de ce triple point de vue que les modalités lui importent : dans les inférences logiques, en ce qui concerne la nécessité de l'être divin et pour ce qui regarde le statut en général du nécessaire et du possible, qui nous importe le plus ici. Avicenne reste à l'intérieur du schéma aristotélicien, dans la mesure où il ne semble pas y avoir de pensée de la contingence qui annoncerait sur ce point Duns Scot, mais on peut se demander s'il n'en va pas de même en ce qui concerne un point très important : l'implication du possible par l'actuel, implication qui ne peut être reconnue dans l'interprétation aristotélicienne des modalités, en termes formels :

$p \supset Mp$

S'il est actuellement vrai que p, alors il est possible que p, car Mp signifie : il existe au moins un monde où p est vrai ; si p est vrai dans le monde actuel, ce qu'exprime le mot « actuellement » (en ce moment et en ce monde), alors il est possible que p. Aristote ne peut pas admettre dans son interprétation $p \supset Mp$ car si une chose est actualisée (ce serait le sens de « actuellement » pour Aristote), alors elle ne peut être en puissance (ce qui est le sens de « possible » pour lui). La correspondance « p » est actuellement vrai/la chose est en puissance se fait ainsi : p exprime un état de choses qui est une prédication élémentaire. Le texte d'Avicenne qui semble impliquer $p \supset Mp$ est le suivant :

> « Par conséquent, toute chose qui a l'existence et qui n'est pas une existence nécessaire en soi, cette chose est possible en soi ; mais elle est être possible en soi et non possible pour autre qu'elle ; et (dans ce dernier cas) son existence ne serait pas encore réalisée, parce qu'elle serait toujours dans l'état où elle était. Donc il faut, pour que cette chose vienne à l'existence, que la possibilité disparaisse ; or la possibilité en soi ne disparaît jamais, parce qu'elle ne procède pas d'une cause ; par conséquent, c'est sa possibilité quant à la cause qui doit disparaître pour qu'il devienne nécessaire qu'elle existe par la cause — ce qui consiste en ce que la liaison à la cause soit achevée, de manière que toutes les conditions soient réalisées et que la cause devienne en acte. Et la cause ne deviendra

telle cause en acte que lorsqu'elle deviendra telle que le causé en procède nécessairement » (*Le Livre de la science. Métaphysique*, trad. M. Achenna et H. Massé, 1935, p. 136-137).

Ce texte s'efforce de concilier deux interprétations du possible : la première, que nous jugeons novatrice, qui affirme qu'actuel implique le possible, la seconde, plus traditionnelle, selon laquelle il y a une nécessité de l'actualisation, et qui se situe dans le schéma acte/puissance. Le passage novateur est celui qui affirme qu'une chose non nécessaire et actuelle est possible :

$$\neg \mathrm{L}p \wedge p \supset \mathrm{M}p$$

c'est-à-dire : si p n'est pas vrai dans tous les mondes et que p est vrai dans ce monde, alors p est vrai dans au moins un monde.

À ceci se superpose à (→ pour 'cause': p →q signifie q à cause que p, et p est condition de q) :

$$((p \to q) \supset \mathrm{L}\ (p \to q))$$

c'est-à-dire : si p cause q, alors nécessairement p cause q (*de dicto*) ou p cause nécessairement q *(de re)*.

Avicenne apparaît donc à première vue comme une phase de transition :

Comment Avicenne interprète-t-il alors la possibilité dans sa métaphysique ? La réponse se trouve un peu plus loin, dans le chapitre « Examen de l'état de l'être possible » :

« Ce dont l'existence est possible en soi, son existence résulte nécessairement d'autre que lui. Le sens de ce que l'on entend par ceci — (à savoir) l'existence d'une chose résulte de l'existence d'une autre chose — est de deux sortes : 1) une chose produit autre chose, comme par exemple quelqu'un fait une maison, 2) l'existence d'une chose résulte d'une autre chose et subsiste par elle, par exemple la lumière résultant du soleil et subsistant sur la terre (par le soleil) » (*op. cit.*, p. 139).

Avicenne dans la suite du texte critique le sens commun pour lequel c'est le maçon qui est le créateur de la maison : selon lui « le créé a besoin de continuateur » (*ibid.*) et le véritable créateur c'est donc Dieu. Cette touche occasionnaliste n'est pas l'élément sur lequel nous insisterons : les liens entre occasionnalisme et pensée modale sont compliqués et cela nous entraînerait trop loin[30]. Par contre, il est important d'insister sur le fait qu'Avicenne apparemment confond sous un seul terme le possible et le contingent. Il apporte une précision complémentaire sur le statut modal de ce qui est causé :

« Quant au fait que l'existence succède à l'inexistence, c'est une chose qui n'a besoin d'aucune autre cause parce que cet être, quand il n'est pas, ne peut exister qu'après l'inexistence. Certes, il se peut que cet être n'existe jamais ; mais il ne se peut point qu'il ne soit pas après l'inexistence. Donc le causé n'a pas besoin de cause [que] du fait de l'existence, car c'est de ce point de vue qu'il est une chose possible. Du fait que son existence succède à l'inexistence, il n'a pas besoin de cause, parce que cela est nécessaire » (*op. cit.*, p. 141).

La clef de ce passage se trouve plus loin, lors de l'examen de l'émanation des choses à partir de l'être nécessaire :

« Nous dirons que pour tout ce qui est être possible, il faut qu'il y ait une quiddité autre que son

> existence. C'est la conversion de ce (...) que tout ce dont la quiddité est autre que l'existence est l'être possible. Cette conversion est vraie du fait (...) de tout ce qui est l'être nécessaire la quiddité n'est autre que l'existence ; et (...) de tout ce qui n'est point l'être nécessaire, l'existence est accidentelle. Donc il faut une quiddité pour que l'existence soit son accident, et cela afin que par rapport à sa cause, il soit l'être nécessaire, et que par rapport à l'inexistence de cause, il soit l'être impossible » (*op. cit.*, p. 174-175).

Pour comprendre ce texte, il faut le replacer dans le cadre néo-platonicien de la métaphysique avicennienne. De l'Un procède l'Intelligence ; en tant que celle-ci est nécessaire pour l'être nécessaire, elle exerce la causalité vis-à-vis d'une première chose ; en tant qu'elle est l'être possible en son essence, elle est cause d'une seconde chose.

Si on ajoute à cette métaphysique de la possibilité les thèses avicenniennes de l'accidentalité de l'existence à l'égard de l'essence et celle de l'unité de la science et de la volonté en Dieu, on voit toute la complexité du rapport entre Avicenne et Duns Scot qui va bien au-delà de l'accord sur l'univocité de l'être. É. Gilson avait vu dans Avicenne un point de départ de Duns Scot, de l'univocité de son ontologie plus précisément, et donc un point de départ de la métaphysique moderne. Un examen même rapide des thèses sur les modalités révèle des affinités profondes (analyse métaphysique du possible par rapport à la causalité créatrice) et des différences radicales (pas de doctrine de la possibilité synchronique apparemment). D'un autre point de vue, Avicenne et Duns Scot sont en profonde résonance : en ce qui concerne la métaphysique du singulier. On a vu plus haut l'importance de cette question pour Scot, à travers la définition de l'haeccéité comme « différence individuelle ». Il est moins connu qu'à travers sa thèse de l'indifférence de l'essence (l'essence est indifféremment universelle et/ou particulière). Avicenne a défendu une thèse capitale pour cette métaphysique du singulier : la thèse suivant laquelle il existe des propriétés individuelles. Voici le passage à l'appui de cette affirmation (cf. Mertz, 1995, p. 120 *sqq.*) :

> « Mais [argument contre la thèse de l'universel commun à tous les particuliers] il ne se peut pas qu'extérieurement à l'esprit, à l'imagination et à la pensée, il existe une *humanité* réelle ou une *noirceur* réelle et qu'elles se trouvent dans chacun des hommes noirs ou des choses noires ; sinon cette unique et réelle humanité aurait acquis la science lorsqu'elle était Platon, mais serait devenue l'objet de l'ignorance du fait qu'elle serait un autre. Or, il est impossible qu'en un seul et même être il y ait réellement science et il n'y en ait pas à la fois ; il est impossible qu'une chose soit en même temps blancheur et noirceur ; de même il est impossible que l'animal universel soit un seul et même animal et qu'il soit réellement à la fois marcheur, volant, non marcheur, non volant, bipède et quadrupède.
>
> Donc il est devenu évident que l'idée de l'universel, en tant qu'universel, n'existe que dans la pensée. Mais son essence existe et dans la pensée et hors de la pensée, parce que l'essence de l'*humanité* et de la *noirceur* existe et dans la pensée et hors de la pensée, dans les choses. Mais le fait qu'il y ait une humanité ou une noirceur qui existent elles-mêmes réellement dans tout afin qu'elles soient

universelles, cela ne peut certainement pas exister » (*op. cit.*, p. 117-118).

Ces textes d'Avicenne sont susceptibles au moins de deux interprétations : si l'on insiste sur l'inexistence extramentale de l'universel, on peut les interpréter dans un sens nominaliste, comme une critique à la fois de Platon et d'Aristote, ou bien si l'on insiste sur la présence de l'essence de l'universel dans le particulier, on peut (comme D. W. Mertz) les rapprocher du réalisme modéré, *i. e.* de Thomas d'Aquin, ce qui me semble un peu forcé car c'est l'*essence* de l'universel qui est dans la chose et pas l'universel.

CHAPITRE XIV

Leibniz et le vague modal : réel ou conceptuel ?

> *... ainsi chaque substance individuelle ou estre complet est comme un monde à part, indépendant de toute autre chose que Dieu.*
>
> Leibniz, G II, p. 440.

Jusqu'ici l'hypothèse d'une histoire de la métaphysique comme constitution progressive de l'onto-théo-logie paraît poser plus de problèmes qu'elle ne permet d'en résoudre. La métaphysique a certes une histoire, avec son rythme et sa structure propres, mais les lignes de tension qui apparaissent dans sa genèse et dans sa structure cadrent assez mal avec cette hypothèse.

Il semble y avoir une évolution profonde vers le nominalisme, Occam n'étant nullement un accident que l'on peut écarter d'un revers de main, mais au contraire le lien entre la métaphysique de la scolastique tardive marquée par la métaphysique de Duns Scot et la métaphysique empiriste des Modernes. D'autre part, on comprend pourquoi il faut écarter comme un détail inutile toute cette ligne de développement, qui court sur cinq siècles et a marqué surtout la philosophie anglaise : il y a parallèlement à l'évolution vers la promotion ontologique de l'individuel, ce en quoi consiste le nominalisme — qu'il ne faut pas confondre avec un idéalisme linguistique —, une séparation progressive de l'ontologie et de la théologie. La thèse avicenno-scotiste de l'univocité de l'être prépare en ce sens la séparation encore plus rigoureuse faite implicitement par Occam, dont Descartes reprend les éléments volontaristes, pour reconduire cette séparation encore plus loin, vers l'autonomie, au moins formelle, de l'ontologie.

De plus, l'examen des thèses précédentes, à propos d'auteurs médiévaux, a montré qu'il vaudrait mieux substituer une histoire plurielle à une histoire monolithique. La métaphysique n'est pas qu'une rumination de l'être. Les concepts d'essence, de possibilité, de substance, de propriété, d'objet sont aussi importants et chacun de ces concepts dessine une histoire particulière où s'entrecroisent des traditions différentes. On peut tout autant saisir la cohérence de l'histoire de la métaphysique médiévale à partir du problème de la connaissance du singulier ou de la nature du possible, qu'à partir du noyau de l'ontologie générale, la doctrine des transcendantaux.

Nous achèverons ce trop long examen de l'hypothèse onto-théo-logique par Leibniz qui est présenté par Heidegger dans son essai sur le « nihilisme européen », recueilli dans le *Nietzsche*, comme un point crucial de l'histoire de la métaphysique, en prenant en compte comme fil directeur surtout les *Principes de la nature et de la grâce*, *La Monadologie* et les *Vingt-Quatre Thèses*, c'est-à-dire en majorant les textes apparemment synthétiques et dépourvus de métaphysique modale[1]. Or, la conception leibnizienne du possible ouvre quelque chose de radicalement nouveau dans cette métaphysique des modalités. Peut-être pas en ce qui concerne les mondes possibles, en tout cas pas comme on l'a affirmé quelquefois trop vite en faisant de Leibniz un réaliste modal, mais aussi et donc peut-être surtout en ce qui concerne la définition du possible elle-même : Leibniz mieux que Duns Scot parvient à faire la synthèse de l'interprétation statistique et de l'interprétation ontologique, à l'intérieur de quelque chose de nouveau : un cadre combinatoire. On peut évidemment se demander si cette métaphysique des modalités est dans son fond onto-théologique. Ici, il semble que tout s'ajuste pour vérifier l'hypothèse : une ontologie du possible, adossée à une logique des modalités et prouvant, à partir de la possibilité de Dieu, sa nécessité, cela semble presque trop beau pour être vrai : l'hypothèse onto-théo-logique a l'air taillée sur mesure pour Leibniz. Nous montrerons qu'il n'en est rien, en nous efforçant de restituer la doctrine métaphysique leibnizienne du possible et du nécessaire.

Le mieux pour poser précisément le problème est de procéder de la manière suivante : commencer par analyser la définition du possible en termes d'essence, puis examiner la *quaestio vexata* de l'Adam vague, qui est une clef de toute l'affaire et enfin rappeler le mythe de Sextus à la fin de la *Théodicée* qui dévoile l'architecture complexe de l'actualité. Bref, nous proposons de commencer par le possible métaphysique et d'aboutir au monde actuel en passant par le vague réel. Ce faisant, nous prétendons donner la mesure de la complexité de la métaphysique leibnizienne des modalités.

Le possible et la prétention à l'existence

L'opuscule « De la production originelle des choses prises à leur racine » (*De rerum originatio radicali*, abrégé dans ce qui suit en *De rerum*) du 23 novembre 1697 est un des textes les plus connus de Leibniz. Il s'agit dans ce texte de dévoiler le « mécanisme métaphysique » qui donne « les raisons du monde ». Le fameux « Pourquoi y a-t-il quelque chose de rien ? » trouve ici une de ses réponses : parce qu'il y a du possible dans l'entendement divin. Cela consiste à prendre la question au sérieux et non à la décomposer en deux questions : « qu'en est-il de l'être ? » et « qu'est-ce que le néant ? » (contenue dans le « plutôt que rien » de la question), scission de la question qui conduit à une méditation sur l'abîme (*Abgrund*), l'absence de fondement (*Ungrund*) et le fondement originaire (*Urgrund*) chez Heidegger, dans le premier chapitre de l'*Introduction à la métaphysique*. La question de Leibniz est une vraie question, pas une question rhétorique, du genre des questions emphatiques auxquelles on ne peut répondre et dont la foule croit qu'elles définissent la pose métaphysique. On ne peut ici montrer le lien entre principe de raison et questionnement métaphysique, il suffit de dire que là aussi la présence du rien dans la forme négative du principe (« Rien n'est sans raison », « *Nihil est sine ratione* ») ne pointe pas vers un horizon abyssal où s'évanouissent toutes les questions, mais vers une exigence de rationalité, à laquelle n'échappe pas la création. Si nous pensions qu'un Dieu complètement irrationnel, capricieux, de volonté faible ou velléitaire avait pu créer le monde, cela nous placerait dans la position redoutable, comme l'a vu Descartes, celle qui consisterait à affronter le scepticisme absolu. Descartes dans les *Méditations,* comme l'ont vu Peirce[2] et Leibniz[3], n'affronte en effet pas un doute réel, et *a fortiori* pas un doute absolu, parce que le Malin Génie ne s'est pas complètement substitué à Dieu. Descartes dit : « s'il y avait un rusé trompeur ». Il ne dit pas : « si Dieu était un rusé trompeur ». En ce sens son doute est limité et donc artificiel ; il se présente comme une dramaturgie du doute complet. En ce sens, le doute cartésien n'est qu'une affabulation. Envisager un Dieu trompeur et donc pervers nous placerait à la suite de ceux qui ont pris cette idée au sérieux : Sade, Stirner, les Gnostiques, Cioran, avec dans les quatre cas l'abandon pur et simple de la création à la méchanceté divine, la soumission à ses caprices :

> « Moucherons pour enfants malicieux ; voilà ce que nous sommes pour les dieux : ils nous tuent pour s'amuser [*they kill us for their sport*] » (Shakespeare, *Le Roi Lear,* IV, I, v. 36-37, trad. Armand Robin).

Cette position extrême a sa cohérence, elle est un type d'« horreur métaphysique », à côté d'autres types comme le solipsisme radical, l'egologie transcendantale, elle n'est peut-être pas directement réfutable, dans la mesure où commencer à la réfuter signifierait que nous n'y croyons pas. Elle n'est qu'indirectement réfutable si, comme Leibniz, nous concilions le mécanisme métaphysique avec la liberté divine de création, qui assure sa bonté. Une autre voie est de se demander si une méchanceté absolue est possible. Leibniz ne le pense pas : seules les propriétés positives ont un degré suprême, pas les propriétés négatives ou privatives.

Dans le *De rerum*, Leibniz affronte une difficulté centrale dans la métaphysique occidentale : comment concilier le caractère nécessaire de la production des choses (émanation) avec son caractère libre (création) ? Le *De rerum* se présente à l'œil distrait tout d'abord comme une variation sur la preuve *a contingentia mundi* (c'est-à-dire celle qui dérive la nécessité de Dieu de la contingence du monde : du non-nécessaire, on déduit le nécessaire), à partir de l'idée de copie, de réplication, puisque Leibniz envisage chaque état du monde comme une copie qui de proche en proche réclame un original, car chaque copie reste contingente et ne peut être la raison de la série, en tant que contingente :

> « Outre le mode ou agrégat des choses finies, il existe quelque Unité dominante qui est à ce monde non seulement ce que l'âme est à moi-même ou plutôt ce que moi-même suis à mon corps mais qui entretient avec ce monde une relation beau-

coup plus élevée. Car cette unité dominante dans l'univers ne régit pas seulement le monde, mais elle le construit, elle le fait ; elle est supérieure au monde et pour ainsi dire au-delà du monde, et par conséquent elle est la raison dernière des choses. En effet, la raison suffisante de l'existence des choses ne saurait être trouvée ni dans aucune des choses singulières, ni dans tout l'agrégat de la série des choses. Supposons que le livre des éléments de la géométrie [les *Éléments* d'Euclide] ait existé de tout temps et que les exemplaires en aient toujours été copiés l'un sur l'autre : il est évident, bien qu'on puisse expliquer l'exemplaire présent sur l'exemplaire antérieur sur lequel il a été copié, qu'on n'arrivera jamais, en remontant en arrière à autant de livres qu'on voudra, à la raison complète de l'existence de ce livre puisqu'on pourra toujours se demander pourquoi de tels livres ont existé de tout temps, c'est-à-dire pourquoi il y a eu des livres et pourquoi des livres ainsi rédigés. Ce qui est vrai de tels livres est aussi vrai des différents états du monde, dont le suivant est en quelque sorte copié sur le précédent, bien que selon certaines lois du changement. Aussi loin qu'on remonte en arrière à des états antérieurs, on ne trouvera jamais dans ces états la raison complète pour laquelle il existe un monde et qui est tel » (Leibniz, 1962, p. 83).

La démonstration de Leibniz est la suivante : la raison complète d'un état du monde donné ne peut se trouver dans l'état antérieur, donc il faut admettre une unité transcendante à la série des états du monde qui en est la raison complète. Il recourt à trois moyens différents pour cette démonstration : l'analogie — l'âme est au corps ce que l'Unité est au monde —, la supposition (par le biais d'une comparaison entre état du monde et copie d'un livre) et la déduction. On peut remarquer que le livre original est supposé éternel. La démonstration de Leibniz diffère donc d'une preuve physico-théologique classique, car le sens ultime de ce passage est le suivant : vous pourriez objecter que l'on obtient l'existence de Dieu à partir de celle du monde en le supposant fini dans le temps et donc en remontant la chaîne des causes dans une cause première, ce qui effectivement ne fait qu'expliciter ce qui était donné dans l'hypothèse. Supposons donc maintenant un monde éternel. Je montre qu'il est tout autant nécessaire qu'il y ait une raison dernière des choses qui leur est transcendante. Donc l'existence de cette raison n'était pas enveloppée dans la supposition.

Il faut ici faire une pause dans l'explication pour rappeler la subtilité leibnizienne de la notion d'existence. Pour Leibniz, il y a prévalence de l'existence sur la non-existence car l'être nécessaire est existentificateur (*existentificans* ; Gerhardt, VII, p. 289). Toute possibilité exige l'existence, il y a un conatus à l'existence de la part du possible (*conatum ad existentiam, ibid.*). On peut dire que tout possible existentifie (*existiturire, ibid.*). L'existence est une perfection (*Lettre à Elizabeth*, 1678, éd. Prenant, p. 57-59). Quand Leibniz parle de l'existant, il parle de l'actuel, l'essence n'est que la possibilité de l'être (Gerhardt, I, p. 229). Il ne faut jamais confondre existence et possibilité :

> « En un mot, quand on parle de la possibilité d'une chose, il ne s'agit pas des causes qui peuvent faire ou empêcher qu'elle existe actuellement : autrement on changerait la nature des termes et

on rendrait inutile la distinction entre le possible et l'actuel » (*Théodicée,* § 235).

Revenons au texte. Ce qui précède, dans l'explication justifie que l'on doive passer de la « nécessité physique » à la « nécessité métaphysique », c'est-à-dire de la nécessité des lois qui régissent les états du monde de manière interne et externe à la nécessité qu'il y ait un monde. Cette distinction est toujours pertinente dans les discussions cosmologiques actuelles : par la nécessité physique on remonte à une soupe primitive de particules, à une singularité initiale du type expansion ou autre, mais par cette nécessité on ne peut poser la nécessité intrinsèque du monde (ou plutôt, dans notre vocabulaire, de l'univers). Cette distinction ne doit pas nous conduire à penser que le monde est nécessaire au sens où il ne se pourrait pas qu'il n'y ait pas de monde (cf. l'interdéfinition des modalités : nécessaire = pas possible que ne pas ou : $Lp \Leftrightarrow \neg M \neg p$; cf. chap. XVIII pour L et M) car ceci est faux dans le cas où nous souhaitons, comme Leibniz, que le monde soit le fruit d'un acte libre. Ce que nous voulons comme nécessité métaphysique dans ce cas, c'est une nécessité conditionnelle : s'il y a un monde, qu'il soit le meilleur métaphysiquement (c'est-à-dire qu'il réalise le maximum de possibilités). Il faut donc distinguer trois types de nécessité :

Physique, toujours conditionnelle, *i.e.* relative à un monde.

Métaphysique conditionnelle : si le monde existe, qu'il soit nécessairement le meilleur, tout en étant contingent, c'est-à-dire qu'il soit non nécessaire. Le monde est donc à la fois contingent et parfait.

Métaphysique absolue : Dieu est absolument nécessaire, au sens de ce « dont l'essence implique l'existence » (*op. cit.*, p. 84), et donc qui ne peut pas ne pas exister.

Il y a donc un étagement des nécessités : la nécessité physique est fondée sur la nécessité métaphysique conditionnelle, car il est meilleur pour un monde d'avoir des lois physiques que de ne pas en avoir (cf. *Discours de métaphysique*, § XXX), de même que la nécessité métaphysique conditionnelle est fondée sur la nécessité métaphysique absolue, car la nécessité conditionnelle implique logiquement la nécessité absolue ($(p \supset Lp) \supset Lp$) et métaphysiquement il y a un rapport de fondation entre les deux.

En quoi consiste le mécanisme métaphysique qui fait passer, à rebours, de la nécessité métaphysique absolue à la nécessité physique ? Leibniz répond par sa conception de la possibilité comme essence :

> « Mais pour expliquer un peu plus distinctement comment, des vérités éternelles ou essentielles et métaphysiques, naissent des vérités temporaires, contingentes ou physiques, il faut reconnaître d'abord du fait qu'il existe quelque chose plutôt que rien, qu'il y a dans les choses possibles ou dans la possibilité même, c'est-à-dire dans l'essence, une certaine exigence d'existence, ou bien, pour ainsi dire, une prétention à l'existence, en un mot, que l'essence tend par elle-même à l'existence. D'où il suit encore que tous les possi-

bles, c'est-à-dire tout ce qui exprime une essence ou réalité possibles, tendent d'un droit égal à l'existence, en proportion de la quantité d'essence ou de réalité, c'est-à-dire du degré de perfection qu'elles impliquent. Car la perfection n'est autre que la quantité d'essence » (*op. cit.*, p. 85).

Leibniz identifie essence et possibilité :

> « Car l'essence de la chose n'étant que ce qui fait sa possibilité en particulier, il est bien manifeste qu'exister par son essence est exister par sa possibilité » (Gerhardt, 4, p. 406).

Si la possibilité de l'existence, qui est une perfection, c'est l'essence, alors la quantité d'essence est le degré de perfection. Il existe un fait métaphysique fondamental : l'essence tend à l'existence. On voit bien comment on peut prouver que le monde actuel est le plus parfait : il réalise le maximum d'essence, ou plutôt l'essence au plus haut degré, par rapport à tous les autres mondes qui ne sont que possibles. C'est le premier de ces points, l'équivalence entre l'essence et la possibilité même, qu'il faut commencer par commenter, en resituant le problème de l'essence au XVIIe siècle.

Hobbes et Locke[4] ont critiqué la théorie aristotélicienne de l'essence, en attribuant à Aristote la paternité d'une erreur qui aurait infecté la philosophie scolastique, erreur consistant à confondre l'essence nominale et l'essence réelle : nous attribuons de manière purement nominale une essence dans une définition et nous pensons ensuite à tort que les propriétés d'une chose découlent de son essence qui n'est que la manière dont nous avons défini ses propriétés (Hobbes, *De corpore*, II, 8, 23 ; Locke, EEH, II, 3, 17). Ce qui est visé par eux, c'est l'ambiguïté fatale de la quiddité (*to ti en einai*) qui serait à la fois définition et essence réelle. Hobbes restreint par exemple l'essence aux accidents des corps. Leibniz entend rétablir dans ses droits le concept d'essence, en lui rendant une objectivité, en pensant à nouveaux frais la relation entre essence et existence, en repensant le statut du passage de l'essence à l'existence, à partir d'une analyse du statut ontologique du possible.

Leibniz et Suarez sur la distinction des possibles dans l'entendement divin

Pour bien saisir l'originalité de la position de Leibniz, il est utile de rappeler celle de Suarez, qui nie la possibilité d'une distinction réelle des possibles dans l'entendement divin. Suarez[5] argumente de la manière suivante contre ce type de distinction, en faveur de la distinction de raison entre les possibles (sur ce point, Kant, qui fait des modalités des modalités de jugement, est dans la ligne de Suarez, comme l'a montré de manière plus générale L. Honnefelder, 1990a) :

> « les choses possibles qui ne sont pas encore engendrées, sont disposées sous un genre et une espèce déterminés dans le même sens où l'on dit que les prédicats essentiels s'y accordent, ou qu'ils leur sont attribués avec vérité, c'est-à-dire en tant qu'ils sont objectivement dans l'entendement divin ou en n'importe quel autre ; car cette coordination ou cette disposition sous des genres ou des espèces déterminés, n'existe pas formellement dans les

choses, mais dans l'intellect, bien qu'elle ait son fondement dans les choses, soit en tant qu'elles existent en acte, soit en tant qu'elles peuvent exister et constituer le terme objectif de la science par laquelle on sait que, si elles sont produites, elles doivent avoir une nature et une essence déterminées. Par conséquent, lorsqu'on dit qu'une chose possible et qu'une chose engendrée sont identiques numériquement ou spécifiquement, si l'on traite de l'identité réelle ou positive, cela s'avère faux puisque cela ne se produit qu'entre des extrêmes positifs et réels ; cependant on dit de manière négative qu'elles constituent une nature unique ou une espèce unique, parce que la réalité productible (*res productibilis*) et la réalité produite ne sont pas deux choses (*non sunt duae res*) mais une seule (*sed una*) : néanmoins, nous concevons cette unité ou identité négative, comme positive, par le fait de comparer la réalité positive qui existe objectivement dans l'intellect avec la réalité qui existe en acte, comme si c'étaient deux extrêmes positifs, alors que dans la réalité ils ne sont qu'un (...) » (*op. cit.*, p. 61, trad. modifiée ; texte latin Suarez, 1866, t. 26, p. 231-232).

On ne peut ici montrer l'équivoque de la position de Suarez entre puissance logique (*potentia logica*) et puissance objective (*potentia objectiva*). Nous nous contentons de signaler la position de Suarez pour mieux faire ressortir celle de Leibniz, qui a perçu cette équivoque et dont la doctrine vise à la dissiper.

Des possibles aux mondes possibles

Pour Leibniz, les possibles ne sont pas isolés ; ils appartiennent à des « systèmes » de notions individuelles, des mondes possibles. L'entendement divin contient deux régions distinctes (Madouas, 1999, p. 366-367) : la première est commune à tous les mondes possibles, elle contient les vérités nécessaires, éternelles (vraies dans tous les mondes) ; la seconde est la région des substances individuelles possibles qui enveloppent chacune la considération d'un monde possible ou d'un ensemble de mondes possibles. Leibniz dans le tableau des positions sur les modalités n'occupe pas la case des réalistes, mais celle des conceptualistes : pour lui, les mondes possibles, s'ils existent dans l'entendement de Dieu (car Dieu choisit entre des mondes, jamais entre des possibles isolés : il choisit le monde où Jeanne d'Arc sacre Charles VI et non Jeanne d'Arc sacrant le roi), n'existent nullement dans la réalité. Rappelons ici rapidement les deux oppositions conceptuelles : possibilisme *vs* actualisme et réalisme *vs* conceptualisme, qui aboutissent aux quatre positions suivantes :

Conceptualisme modal : les mondes possibles sont des concepts pour l'homme et sont présents dans l'entendement de Dieu	Réalisme modal : les mondes possibles, qu'ils soient actuels ou simplement possibles, existent de la même façon, chaque monde étant actuel pour lui-même
Actualisme : le monde actuel jouit d'un privilège et c'est par rapport à lui que nous concevons les mondes possibles	Possibilisme : le monde actuel ne jouit d'aucun privilège et les relations entre les mondes possibles doivent être établis sans ce privilège

De ce point de vue, Leibniz est un conceptualiste, puisque s'il y a une objectivité dans l'entendement divin des mondes possibles, ce n'est pas une objectivité extrinsèque à un entendement. D'un autre côté dans la mesure où il existe un « pays des possibles », une région de l'entendement divin, on peut soutenir que les mondes possibles sont plus que des concepts relativement à notre entendement, ce qui serait une autre forme de conceptualisme, proche par exemple sur ce point de la doctrine de Kant : pour Kant, il n'y a pas apparemment de modalité archétype (pour reprendre sa distinction entre ectype et archétype, la philosophie transcendantale pour lui étant limitée à l'ectype). Est-il actualiste ? C'est plus difficile à dire, puisqu'en Dieu, avant la création, tous les possibles sont sur un pied d'égalité. Il n'y a pas de différence qualitative intrinsèque entre les *possibilia* et les *realia* ; il y a une différence qualitative intrinsèque entre les possibles, qui se réduit à des différences de perfection. De ce point de vue, l'actuel c'est du possible, le plus parfait parmi les possibles, créé par Dieu. On peut donc dire que dans les deux cas il faut distinguer les points de vue de l'intellect divin avant la création et celui de l'intellect divin après la création.

Dieu, en effet, prend en compte les contreparties des substances individuelles possibles, dans la mesure où chaque substance individuelle possible appartient à un seul monde possible, contrairement à ce qui se passe dans la sémantique modale de Lewis (voir *infra*, chap. XVIII, p. 664 *sq.*). Les vérités nécessaires ne dépendent pas de la volonté divine, à la différence des vérités éternelles chez Descartes ; elles traduisent la structure objective des essences divines coextensives à l'entendement divin, distinct de la volonté divine, ne pouvant toutefois entrer en contradiction avec l'entendement. Quand Dieu a décidé de créer quelque chose, il y a un combat entre les possibles, une gigantomachie des essences ; c'est alors qu'intervient le mécanisme métaphysique en question dans le texte cité plus haut. Ce mécanisme consiste en ce qu'une fois posé le principe de la différenciation interne des possibles par leur quantité d'essence ou de perfection, le principe du maximum s'applique pleinement. Ce principe stipule que le « maximum d'effet soit fourni avec un minimum de dépense » (*op. cit.*, p. 85). C'est un principe de maximisation qui s'applique à tous les niveaux de la réalité, qu'il s'agisse de prendre le chemin le plus court, de gérer un budget ou de distribuer la matière céleste dans l'espace. Selon Leibniz, l'ontologie divine obéit aussi à ce principe de maximisation qui prend alors un sens métaphysique : les mondes seront combinés et le choix sera opéré entre eux pour la création sur la base de cette maximisation. On peut évidemment se demander ce qui garantit l'unicité de la solution (il se pourrait logiquement que deux mondes maximisent de manière aussi élevée, cf. Pierre Livet, 1995). Il se pourrait que la réponse réside dans le caractère infinitésimal des différences entre les mondes : il y aura toujours une différence pour la solution envisagée, car on peut descendre toujours plus, jusqu'à séparer deux solutions jusque-là équivalentes. Il se peut qu'entre deux mondes aussi maximalement parfaits on trouve un détail infinitésimal qui fasse pencher la balance, un monde par exemple où cette dernière phrase est mieux tournée et s'il existe deux mondes équivalents en perfection avec des phrases différentes, on pourra descendre jusqu'au niveau neurophysiologique de la mise à feu de mes neurones quand j'ai écrit ces phrases et choisir celle qui est la moins intense en activité électrique pour une dépense similaire (le nombre de caractères, etc.). Leibniz pour cette maximisation prend une variante du jeu du solitaire[6] (*ludus aggerum*), les jeux étant des modèles de combinatoire des possibilités (ou probabilités). La détermination du maximum concerne aussi les lois de la mécanique et, par là, se trouve réalisé le dessein de Leibniz de fonder la nécessité physique sur une nécessité métaphysique. Les adversaires matérialistes ou mécanistes pourraient dire qu'au contraire on n'a fait que projeter dans la métaphysique la nécessité des lois physiques, ce à quoi Leibniz pourrait répondre en demandant quelle est la raison dernière de l'existence d'un tel caractère de maximisation des lois physiques, qui obéissent toutes à la loi du moindre effort, de la moindre dépense, du désordre minimal. Les mécanistes pourraient répondre qu'on n'a pas besoin de fondement, car les mathématiques expliquent très bien quelles solutions sont les meilleures et que les lois ne font qu'exprimer des rapports mathématiques, à quoi Leibniz objecterait que l'on n'a fait que reculer la question, car cette mathématique doit bien avoir une raison dans la « mathématique divine », qui est équivalente au « mécanisme métaphysique ».

Les mathématiques expriment ou au moins supposent la bonté divine, comme l'ont vu aussi Proclus, Nicolas de Cues et Whitehead : les mathématiques font plus que découvrir un mode ordonné, ce qui pourrait être le produit d'une évolution cosmique, elles représentent des connexions objectives et réelles d'essences qui obéissent toujours à des lois d'économie et de connectivité maximale, de façon à ce que les archipels mathématiques finissent toujours par se rejoindre, en dehors de tout projet unificateur préconçu.

Cette considération du combat des essences conduit Leibniz à une affirmation particulièrement condensée de sa doctrine :

> « Et de même que la possibilité est le principe de l'essence, de même la perfection ou le degré de l'essence (défini par le maximum de compossibles [possibles ensemble pris simultanément]) est le principe de l'existence. Par là on voit aussi, en quel sens l'Auteur du monde est libre, car il agit selon le principe de sagesse ou de perfection » (*op. cit.*, p. 87).

L'essence et la possibilité ne coïncident pas absolument : la possibilité est le principe de l'essence qui est une possibilité spécifiée. En ce sens la possibilité est un « principe de l'essence ».

Si dans l'entendement divin il existe une région où les substances individuelles possibles déterminent des mondes (on verra en quel sens), la question se pose du statut de ces individus possibles. Nous avons déjà souligné que pour Leibniz un individu ne peut pas appartenir à plus d'un monde possible (le monde actuel étant un monde possible). Un Adam possible dans un monde possible différant du monde actuel — à partir de maintenant on dira « monde possible » tout simplement — est une contrepartie, une réplique de l'Adam existant. Dans sa *Correspondance avec Arnauld*, Leibniz développe ce point. Cette correspondance roule en particulier sur le sujet suivant : si effectivement à chaque individu correspond une notion individuelle qui renferme tous ses prédicats, comment éviter le déterminisme ? Le cours de l'existence d'un individu ne va-t-il pas se réduire à développer la série de ses prédicats qui sont contenus dans le concept de sa substance individuelle comme le développement d'une fonction dans l'équation de départ ? On peut remarquer que d'une part c'est aussi le thème dominant de la *Théodicée*, qui développe une métaphysique des modalités, et que d'autre part c'est le cœur du débat crucial au début des Temps modernes sur la conciliation de la prédestination par la grâce et de la liberté du pécheur, conciliation à laquelle les différentes Églises avaient donné différentes formes, Leibniz, adhérant à la Confession d'Augsburg (1530), souhaitant sur ce point aboutir à la concorde. Pour Arnauld, le grand controversiste janséniste qui a polémiqué avec Spinoza, Descartes, Malebranche, Leibniz et Bayle, il était capital de concilier la doctrine augustinienne de la grâce prévenante avec la liberté, qui est une condition nécessaire, bien que non suffisante, du salut.

Une des questions centrales de cette *Correspondance* pour notre propos est celle du vague des notions modales. En quoi consiste ce vague ? Est-il réel ? Est-il conceptuel ? La *Lettre du 14 juillet 1686* contient un des développements les plus détaillés de Leibniz en réponse à cette question. Leibniz entend par un « Adam vague », un Adam qui n'est pas complètement déterminé. Un tel Adam est une contrepartie de l'Adam réel (on suppose dans tout ceci qu'il y a eu un Adam et que tout ce qui est dit à son propos dans la Genèse est littéralement vrai), mais cette contrepartie qui diffère de l'Adam réel, en diffère par un ou plusieurs prédicats, sans que je puisse connaître tous les prédicats, ici par principe, et non empiriquement (par exemple, je sais par la Genèse qu'Adam est comme ceci et comme cela et pas plus — en fait je ne sais pas grand-chose —, mais je peux concevoir un monde dans lequel j'aurais toutes les informations possibles sur Adam : la limitation est empirique, non fondée en réalité). Par contre, pour un Adam possible, la limitation n'est pas empirique, elle ne dépend pas de la nature du monde actuel dans lequel je suis, elle provient du fait objectif que la connaissance des possibles est entachée d'un certain vague, parce que ma connaissance des possibles passe par des concepts et jamais par une intuition ou une perception qui me permettraient d'obtenir de nouveaux concepts. Je n'ai pas la connaissance immédiate et intuitive de tous les prédicats renfermés dans cet Adam possible et je ne perçois et n'ai l'intuition que de choses actuelles ; voilà deux limitations qui suffisent à expliquer le vague modal pour moi. Qu'il y ait un vague modal conceptuel s'explique assez facilement et là-dessus il est possible d'obtenir un large accord. Existe-t-il un vague pour Dieu, c'est-à-dire un vague réel ? On sait que Peirce a défendu l'existence objective du vague réel (C. Tiercelin, 1995) (sans passer par l'intermédiaire de l'entendement divin) et donc que cette hypothèse n'est pas choquante pour certains esprits. Il y a des raisons de penser que pour Dieu il n'y a pas de vague modal et donc pas de vague réel[7] : les mondes possibles sont parfaitement déterminés et les individus qu'ils contiennent aussi. Cela voudrait dire qu'il n'y a pas de vague modal réel (qu'il y ait un vague réel non modal serait un autre problème). S. Madouas (*op. cit.*) soutient qu'avec le concept d'adamité, Dieu à un certain moment de son plan de création (nous simplifions) a une connaissance vague de la classe des individus qui tombent sous ce concept : au moment où Dieu combine les possibles pour savoir lesquels sont compossibles, il y aurait, si nous avons bien compris, un moment où l'adamité s'appliquerait à des séries incomplètes d'individus, parce qu'on ne sait pas encore s'ils appartiennent à des mondes compossibles. Cette solution attribuerait à Dieu une science des possibles comparable à celle que Suarez pense être celle qui existe en général : une science des genres et des espèces (par exemple l'adamité), mais pas d'existence objective de possibles individualisés. Si nous admettons que Dieu ait à un certain moment ce type de limitation (au concept d'adamité), cela pose au moins deux problèmes. Tout d'abord il faut supposer que Dieu a une connaissance de l'intension de ce concept, puisqu'il n'en connaît pas l'extension, or l'intension est un guide pour déterminer l'extension, ce qui indique bien que cette connaissance vague est un pas dans une procédure, rien de plus. Cela implique que dans la région des possibles il y ait des intensions de concepts qui ne seront peut-être jamais instanciés, ce qui semble ramener au platonisme des essences. L'existence est alors proche de redevenir un accident de l'essence. Cela dit, l'équilibre entre essentialisme (l'essence précède l'existence) et existentialisme[8] (l'existence précède l'essence, cf. la formule de Sartre) est difficile à trouver et c'est peut-être une ligne de force de l'histoire de la métaphysique. Ensuite, deuxième problème avec cette solution : si nous admettons ce qui précède, en quoi est-ce que cela implique qu'il y ait du vague modal réel et donc du vague réel ? La question semble difficile à trancher.

La réponse se trouve peut-être dans le mythe de Sextus, à la fin de la *Théodicée*. On sait que Théodore trouve le destin de Sextus injuste :

> « Pauvre et banni de ta patrie
> On te verra perdre la vie. »

Il lui est montré que son destin, si funeste qu'il soit, est dans l'ordre du monde actuel qui est le plus parfait de tous et Théodore accepte le destin de Sextus. La vision de Théodore, infusée par Pallas, est celle d'une pyramide :

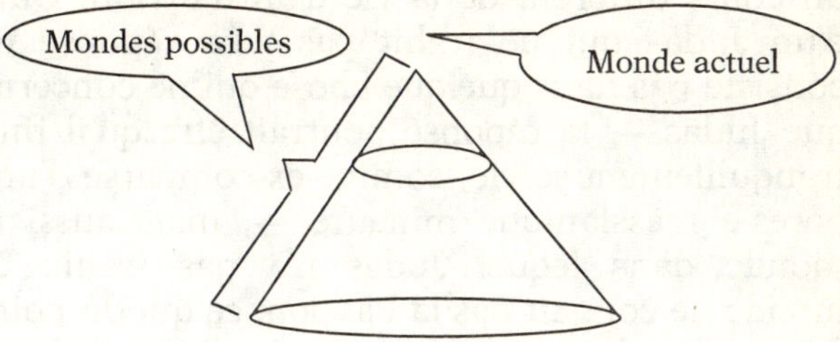

La pointe de la pyramide figure le monde actuel, le sommet de la perfection, tandis que les étages inférieurs représentent les mondes possibles, de moins en moins parfaits. Le plus parfait signifie le plus déterminé :

> « [Pallas Athénée, fille de Jupiter[9] :] Vous voyez ici le Palais des Destinées, dont j'ai la garde. Il y a des représentations, non seulement de ce qui arrive, mais encore de tout ce qui est possible ; et Jupiter en ayant fait la revue avant le commencement du Monde existant, *a digéré les possibilités en Mondes* [nous soulignons] et a fait le choix du meilleur de tous. (...) Je n'ai qu'à parler, et nous allons voir tout un Monde que mon père pouvait produire où se trouvera représenté tout ce qu'on en peut demander ; et par ce moyen on peut savoir encore ce qui arriverait, si telle ou telle possibilité devait exister. Et quand les conditions ne seront pas assez déterminées, il y aura autant qu'on voudra de tels Mondes différents entre eux, qui répondront différemment à la même question, en autant de manières qu'il est possible » (*Théodicée*, § 414).

Chaque monde possible peut être considéré comme une réponse à une question concernant un cours différent de la vie d'un individu. Quid d'un Judas qui ne trahit pas ? La réponse ne consiste pas dans quelque chose qui ne concerne que Judas — la réponse pourrait être qu'il finit tranquillement sa vie, comme ex-comparse d'une hérésie messianique mineure —, mais aussi le monde dans lequel Judas n'a pas trahi : ce monde ne connaît pas la Passion, ce qui du point de vue du plan du salut, auquel adhère Leibniz, est un dommage incomparable, puisque le péché d'Adam ne serait pas racheté. L'objection adressée à Dieu est qu'il a prévu la trahison de Judas et que c'est fort cruel (d'autant plus que certains théologiens ont soutenu qu'il était seul en enfer, une minorité pensant que même lui serait sauvé à la fin des temps, dans une sorte de *happy end*). Le mythe de Sextus est une réponse au malheur de Judas :

> « Si Dieu a prévu la trahison de Judas, il était nécessaire qu'il trahît (...) Il ne péchait donc pas, il ne méritait point d'être puni » (*op. cit.*, § 406).

La réponse sur ce point est simple : que Dieu prévoie p n'implique pas que p est nécessaire. Il ne faut pas confondre la prescience avec la nécessité. Mais une autre objection se profile, et c'est à celle-là que répond le mythe de Sextus : si Dieu savait que Judas allait se perdre par une telle trahison et céder au désespoir, ce qui est la perdition assurée, pourquoi ne s'est-il pas abstenu de le créer ? La justification habituelle, la *Felix Culpa,* est une échappatoire[10]. La véritable justification est certes de montrer que le monde où Judas trahit est meilleur que ceux où il ne trahit pas, mais aussi et surtout que Dieu a créé Judas traître, mais que Judas a trahi librement, car Dieu a créé Judas libre et a prévu sa trahison.

La réponse concernant Sextus, mais s'adressant indirectement au cas de Judas, consiste donc à contempler l'actualité de ce monde comme le sommet de la détermination :

> « [Pallas Athénée :] Vous [= Théodore] avez appris la Géométrie, quand vous étiez encore jeune, comme tous les Grecs bien élevés. Vous savez donc que lorsque les conditions d'un point qu'on demande, ne le déterminent pas assez, et qu'il y en a une infinité, ils tombent dans ce que les Géomètres appellent un lieu et ce lieu au moins (qui est souvent une ligne) sera déterminé. Ainsi vous pouvez vous figurer une suite réglée de Mondes, qui contiendront tous et seuls le cas dont il s'agit, et en varieront les circonstances et les conséquences. Mais si vous prenez un cas qui ne diffère du monde actuel que dans une seule chose définie et dans ses suites, un certain Monde déterminé vous répondra : Ces Mondes sont tous ici, c'est-à-dire en idées. Je vous montrerai, où se trouvera, non pas tout à fait le même Sextus que vous avez vu (cela ne se peut, il portera toujours avec lui ce qu'il sera), mais des *Sextus approchants* [nous soulignons], qui auront tous ce que vous connaissez déjà du véritable Sextus, mais non pas tout ce qui est déjà dans lui, sans qu'on s'en aperçoive, ni par conséquent tout ce qui lui arrivera encore. Vous trouvez dans un Monde un Sextus fort heureux et élevé, dans un autre un Sextus content, d'un état médiocre, des Sextus de toute espèce, et d'une infinité de façons » (*op. cit.*, § 414).

Cela est la prémisse de la solution. Elle pose ses conditions modales : il y a un seul Sextus actuel et une infinité de Sextus possibles, qui sont des « Sextus approchants », c'est-à-dire des répliques de Sextus dans d'autres mondes possibles. La conclusion qui livre la solution est la suivante : tous ces Sextus approchants habitent la base de la pyramide (et donc les mondes moins parfaits). La détermination de Sextus passe par la détermination la plus parfaite de son monde et c'est celui où il viole la femme de son ami, où il est chassé :

> « Le voilà écrasé, battu, malheureux. Si Jupiter avait pris un Sextus heureux à Corinthe, ou Roi en Thrace, ce ne serait plus ce monde. Et cependant il ne pouvait manquer de choisir ce monde qui surpasse en perfection tous les autres, qui fait la pointe de la pyramide, autrement Jupiter aurait renoncé à sa sagesse, il m'aurait bannie moi qui suis sa fille. Vous voyez donc que mon père n'a point fait Sextus méchant ; il l'était de toute éternité, il l'était toujours librement ; il n'a fait que lui accorder l'existence, que sa sagesse ne pouvait refuser au Monde où il est compris : il l'a fait passer de la région des possibles à celle des Êtres actuels » (*op. cit.*, § 416).

Les étages de la base de la pyramide sont relativement indéterminés, ce sont des *lieux*, seule la pointe de la pyramide est parfaitement déterminée : c'est un point parfaitement déterminé. Cela serait un argument pour le vague modal réel, si Leibniz n'avait pris soin de préciser que dans les étages inférieurs, à une question posée sur un Sextus approchant, il y a toujours une réponse complète — Leibniz utilise alors la métaphore du livre dont chaque ligne à son tour renferme une bibliothèque (cf. *infra* pour les spéculations leibniziennes sur les bibliothèques de possibles, p. 597). À une question posée, il suffit de se reporter au livre qui récapitule les notions individuelles de chacun et si l'on souhaite plus de détails, il suffit de suivre la recommandation de Pallas :

> « Mettez le doigt sur une ligne, et vous verrez représenté effectivement dans tout son détail ce que la ligne marque en gros » (*op. cit.*, § 415).

Ce zoom métaphysique permet d'aller jusqu'au dernier détail ; il n'y a pas de vague modal réel.

Onto-théo-logie leibnizienne ?

On pourrait facilement trouver à première vue dans Leibniz de quoi conforter l'idée que la métaphysique est une combinaison d'ontologie, de théologie et de logique. À première vue, car en fait la logique leibnizienne est une métaphysique et sa théologie est philosophique. Cela dit, l'hypothèse onto-théo-logique ne s'applique pas ici mieux qu'ailleurs : il ne suffit pas que les éléments présents dans l'hypothèse figurent dans une doctrine, il faut de plus qu'il y ait des relations entre ces éléments qui soient du type de celles qui ont été posées dans l'hypothèse. On rappelle, une dernière fois, que ce qui constitue la force supposée de cette hypothèse, c'est d'affirmer que dans la métaphysique la question de l'étant maximum, Dieu, se substitue à celle de l'être (thème de la différence ontologique) et que cet étant maximum est pensé à l'intérieur d'une logique qui masque la différence ontologique, au lieu d'en dévoiler le jeu. Il y a effectivement chez Leibniz une recherche de l'existence de Dieu et de la nature de son être. Les principes métaphysiques sur les possibles s'appliquent aussi à la preuve leibnizienne de l'existence de Dieu, qui anticipe celle de Gödel (cf. Nef, 2000), car Leibniz déduit du possible la nécessité de Dieu : il suffit que Dieu soit possible pour qu'il soit nécessaire. Il est possible, parce qu'il renferme toutes les propriétés positives et que rien n'empêche ces propriétés positives d'être comprésentes ; s'il est possible il est nécessaire, car il y a dans la possibilité qui naît des propriétés positives une prétention à l'existence de degré maximal, qui rend le passage du possible à l'existence nécessaire. S'il y a des propriétés positives elles sont compatibles, si elles sont compatibles, elles sont possibles, si elles sont possibles, elles contiennent une quantité d'essence, si cette quantité d'essence est maximale, le passage à l'existence s'ensuit nécessairement. Voilà en quelques lignes le nerf de la preuve[11]. On voit clairement que l'existence de Dieu est métaphysiquement déduite d'une théorie modale des propriétés. La concevabilité des propriétés et même la concevabilité en général n'est qu'un équivalent de la non-contradiction : si un état de choses S n'enveloppe pas de contradiction (par exemple p & ¬ p), alors S est concevable, et réciproquement :

S est concevable ⇔ S est non contradictoire.

L'incapacité de comprendre cette équivalence et d'imputer à Leibniz une vue psychologique de la modalité, comme concevabilité, provient de l'incapacité à saisir que le principe de contradiction en bon aristotélisme (et Leibniz sur ce point est aristotélicien) est ontologique et qu'il est aussi logique, épistémique parce qu'il est ontologique. Wolff sur ce point est aristotélicien[12], comme le résume J. École :

> « s'il ne peut y avoir de milieu entre deux propositions contradictoires, c'est parce qu'une même chose ne peut pas en même temps être et n'être pas. Et cela montre que le principe du tiers exclu [*principium exclusi medii inter duo contradictoria*] repose sur celui de contradiction [*quodlibet est vel non est*] » (J. École, 1990, p. 145).

Il y a en effet trois versions du Principe de Contradiction (cf. Lukasiewicz, 2000) :

— logique : $\neg(p\&\neg p)$
à ne pas confondre avec le Tiers Exclu :

$$p \vee \neg p$$

— épistémique : $\neg B\ (a, (p\ \&\ \neg p))$
c'est-à-dire : a ne peut pas croire p et non-p.
— ontologique : $\neg(S\ \&\ \neg S)$

où S est un état de choses exprimé par la proposition p, la formule signifiant : il ne peut être le cas que subsiste (en même temps et dans le même monde) un état de choses et son contradictoire.

L'aristotélisme pose que si l'on accepte une version du Principe de Contradiction, on doit accepter les autres. C'est par exemple le sens de la thèse que l'on peut formuler en termes contemporains : « la vérité survient sur l'être » (J. Bigelow) et qu'Aristote exprime ainsi : ce n'est pas parce qu'une proposition est vraie que les choses qui sont jointes sont jointes et celles qui sont séparées sont séparées, mais le contraire : c'est parce que c'est ainsi que la chose est vraie[13]. La raison pour laquelle il y a une conjonction entre « Marie » et « court » n'est pas que « Marie court » est vrai, mais il est vrai que « Marie court », parce qu'il y a une conjonction de Marie et de court dans un état de choses Marie-court. Si tout cela est exact, il y a un sens ontologique immédiat de la modalité chez Leibniz, même dans les définitions apparemment subjectivistes en termes de concevabilité et ces définitions sont cohérentes avec celles en termes de quantité d'essence. Il n'y a pas d'un côté une définition subjectiviste qui marquerait un infléchissement subjectiviste de la métaphysique, dans la ligne du *cogito*, qui, quoi qu'on en dise, est aussi et peut-être surtout une intuition subjective, et de l'autre une définition essentialiste qui marquerait là un infléchissement, qualifié péjorativement d'« ontologique », suprême dévoiement de la pensée captive de la métaphysique. Il y a une définition métaphysique de la modalité, en termes de propriétés, de vérité, de mondes possibles et d'essence. On peut préférer comme Quine des paysages plus austères, mais on ne peut nier l'existence d'une métaphysique des modalités, où la concevabilité a un fondement dans les choses mêmes.

Est-ce que Leibniz, faute de penser la différence ontologique, transforme la métaphysique en une ontologie de l'être divin ? On peut en douter pour deux raisons. La première est que la différence ontologique, si on tient vraiment à ne pas la lâcher, comme Alice tenait à retrouver le lapin blanc, est présente de manière massive, comme Bill le lézard, qui est si gros qu'il déborde de la cheminée : c'est la différence entre l'essence et l'existence. La définition du terme « ontologie » égare énormément l'étudiant de la métaphysique. L'ontologie, définie comme science de l'être en tant qu'être, nous conduit à oublier que l'ontologie peut être une science du possible, une théorie de l'objet ou même du quelque chose, etc. L'ontologie est, comme on l'a défini, la science des traits catégoriaux ultimes de la réalité. Sous les termes *res*, *ens*, *esse*, etc., est exprimée une catégorie plus générale que les autres, ce que l'on peut nommer un supertranscendantal (J.-F. Courtine, in Meinong, 1999), en reprenant ce terme de la scolastique tardive, si on pense que les traits catégoriaux coïncident au moins en partie avec les transcendantaux classiques. Quoi qu'il en soit, il est clair que la détermination leibnizienne de l'essence comme possibilité spécifiée et de l'existence comme actualité est une définition qui s'inscrit pleinement dans une pensée de la différence ontologique.

Qu'en est-il maintenant du glissement supposé d'une pensée de l'être à une pensée de l'étant maximum, Dieu ? Il serait trop long de montrer, notamment par une lecture minutieuse de la *Théodicée*, que Leibniz cherche dans la théologie philosophique des exemples concrets de dilemmes métaphysiques[14]. La *Théodicée,* dont le but avoué est de laver Dieu du soupçon d'avoir créé le mal volontairement et d'y prédestiner arbitrairement quelques-uns, suspend la solution de problèmes théologiques, comme ceux de la prédestination, à l'éclaircissement de notions métaphysiques. La distinction classique en Dieu de la science de vision (des existants) et de simple intelligence (des possibles) est mise au service d'un éclaircissement des difficultés liées à la combinaison de temps et de modalité. Certains pensent actuellement que la pensée religieuse doit se libérer de la théologie et que la fin de la métaphysique, ruinant les présupposés de la théologie, libère un espace authentique de questionnement sur la foi, la transcendance, etc. D'autres (Plantinga, Swinburne[15]) pensent au contraire que la théologie philosophique, naturelle ou rationnelle, représente plus que jamais une nécessité, pour des raisons évidentes, qui ne sont pas si différentes de celles de Leibniz — ou de Nicolas de Cues — quand ils cherchaient la concorde *via* la discussion métaphysique des théologoumènes[16], et cherchent à la fois dans la théorie épistémologique de la justification et l'ontologie analytique des moyens de mieux expliciter les présupposés métaphysiques de la théologie philosophique. Dans l'opposition de ces deux courants se joue aussi la conception de la métaphysique, comme obstacle jamais assez détruit ou au contraire auxiliaire de la réflexion rationnelle sur tous les types de croyances. Il est clair que c'est souvent à cause d'un présupposé massif en défaveur de la théologie que l'on peut critiquer superficiellement l'aspect théologique de la pensée de Leibniz. Un leibnizien, qui par nature n'aime pas les mots d'ordre, les formules toutes faites, pourrait sans doute cependant être d'accord avec cette déclaration lapidaire : Théologie philosophique, oui ;

métaphysique religieuse, non. Quant au dépassement religieux de la métaphysique, il semble tomber dans cette dernière catégorie. Nous ne pouvons développer ces points, qui conduiraient notamment à exposer la position subtile et nuancée de Leibniz à l'égard de la théologie mystique et de sa forme privilégiée, la théologie négative[17]. Le propre de certains de nos contemporains, c'est de chercher dans une ontologie négative les conditions d'un dépassement de la théologie, au lieu de chercher dans la théologie négative les présupposés ou les conditions d'une théologie philosophique, ce qui est moins romantique, mais sans doute plus utile.

CINQUIÈME PARTIE

LA MÉTAPHYSIQUE —
LE RETOUR

CHAPITRE XV

La métaphysique de l'atomisme logique

La logique est tout aussi synthétique que les autres sortes de vérité.

Russell.

Bien que Russell et Wittgenstein dans le *Tractatus*[1] n'aient pas revendiqué l'appellation de métaphysique, bien que de plus ils aient été fortement hostiles à beaucoup des traits de la métaphysique traditionnelle, nous pouvons considérer les développements que l'on range habituellement sous la rubrique « atomisme logique » et qui concernent essentiellement, outre le *Tractatus logico-philosophicus* (1917), les *Leçons sur l'atomisme logique* (1918) de Russell, comme d'authentiques morceaux de métaphysique, même si, comme le notait Strawson, ce genre de métaphysique ne se propose pas de renouveler notre vision de l'homme et de sa condition, mais se donne un but beaucoup plus modeste, l'analyse logique ultime des constituants de la réalité, ce qui est malgré tout finalement tout à fait dans la ligne d'une partie du projet d'Aristote et de Leibniz par exemple, celui qui concerne l'ontologie des substances sensibles, même si dans la métaphysique contemporaine, le but éthique n'est pas la béatitude ou même le bonheur, mais plutôt l'exercice des vertus intellectuelles. En simplifiant, on pourrait soutenir que c'est l'infrastructure de la théorie aristotélicienne de la béatitude intellectuelle qui est conservée, celle qui concerne l'alliance des vertus morales et intellectuelles, tandis que la superstructure, la théorie de la contemplation proprement dite, est détachée de la métaphysique et repoussée en général dans la sphère religieuse privée. Les raisons de cet état de choses sont complexes. Ce qui est certain, c'est que la métaphysique ne comporte plus la théorie de sa propre finalité, qui est laissée à l'appréciation individuelle. Dans le cas de Wittgenstein par exemple, il est connu que son attitude sur ce point est celle d'une extrême réserve, même si le *Tractatus* vise à être heureux (cf. « le monde de l'homme heureux n'est pas le même que celui de l'homme malheureux » [TLP 6.43, trad. Granger, p. 110], etc.). Musil a remarqué que la pudeur à l'époque qui est la nôtre est passée du domaine du sexe à celui de l'âme. On pourrait ajouter que la valeur intellectuelle dominante dans un monde marqué par l'individualisme possessif est en fait la lucidité. La métaphysique, dans cette optique, est conçue implicitement comme une entreprise de détachement des pseudo-valeurs littéralement imbéciles, sans que l'on estime de son ressort de justifier des valeurs morales plus substantielles, certains métaphysiciens, sinon la plupart se contentant en fait de l'éthique de la science ou même d'une éthique minimale, censée être commune à tous. La position wittgensteinienne est par exemple, du moins en apparence, plus que minimale — minimaliste.

1. LE TRACTATUS

L'hostilité de Wittgenstein à l'égard de la métaphysique peut se lire par exemple dans l'avant-dernier texte du *Tractatus* :

> « 6.53. La méthode correcte en philosophie consisterait proprement en ceci : ne rien dire de ce qui se laisse dire, à savoir les propositions des sciences de la nature — quelque chose qui par conséquent n'a rien à voir avec la philosophie —, puis *quand quelqu'un d'autre voudrait dire quelque chose de métaphysique, lui démontrer toujours qu'il a omis de donner, dans ses propositions, une signification à certains signes* [c'est moi qui souligne]. Cette méthode serait insatisfaisante pour l'autre — qui n'aurait pas le sentiment que nous lui avons enseigné de la philosophie — mais ce serait la seule strictement correcte » (1992, trad. G. G. Ganger, p. 112).

Le texte suivant développe ce qu'il entend par la nature de cette méthode :

> « 6.54. Mes propositions sont des éclaircissements en ceci que celui qui me comprend les reconnaît à la fin comme dépourvues de sens, lorsque par leur moyen — en passant sur elles — il les a surmontées. (Il doit pour ainsi dire jeter l'échelle après y être monté.)
>
> Il lui faut dépasser ces propositions pour voir correctement le monde. »

G. G. Granger, dans l'avant-propos à sa traduction, a parlé de « philosophie négative » pour Wittgenstein, par une analogie explicite avec la théologie négative[2]. Cela s'accorde bien avec la fonction thérapeutique de la philosophie[3] selon Wittgenstein qui consiste plus à « voir correctement le monde » qu'à « enseigner la philosophie », d'où son attrait pour les tenants d'une conception de la philosophie qui ne la réduise pas à un corps de connaissances purement théoriques. L'*Überwindung* (dépassement, action de surmonter) que Carnap proposera à une philosophie scientifique à l'égard de la métaphysique (cf. *supra*), Wittgenstein la pratique à l'égard de sa propre philosophie et utilise donc même le terme : « mes propositions... il les a surmontées ».

Il ne s'agit pas seulement de surmonter la métaphysique, pour accéder comme chez Carnap à un langage syntaxiquement correct où se dissolvent les pseudo-problèmes métaphysiques, mais également les propositions éclaircissantes qui viennent de dissiper ce que ces pseudo-problèmes avaient de captieux, de faussement prestigieux. C'est en ce sens que la qualification de philosophie négative, du moins en première approximation, est suggestive.

On a parlé à tort d'un premier et d'un second Wittgenstein, puis on est revenu de cette vision chronologique trompeuse[4]. Les *Investigations* sont dans le droit-fil du *Tractatus* en ce qui concerne la méfiance à l'égard des propositions métaphysiques qui n'ont un sens illusoire qu'avant l'éclaircissement décisif qui les reconduit à des énoncés dépourvus au moins en partie de signification — à cause de la théorie de la signification en termes de dépiction, de l'impossibilité de former des propositions significatives sur la totalité du monde. En témoigne, par exemple, ce paragraphe des *Investigations* :

> « Quand les philosophes utilisent un mot — "connaissance", "être", "objet", "moi", "proposition", "nom" — et essaient de saisir l'essence de la chose, on doit toujours se demander à soi-même : est-ce que le mot est effectivement utilisé de cette manière dans le jeu de langage qui est son lieu d'origine (*original home*) ?
>
> Ce que nous faisons est de ramener les mots de leur usage métaphysique à leur usage quotidien » (notre trad., *Investigations*, 1re partie, section 116).

Il n'y a pas rupture mais approfondissement, dans la mesure où Wittgenstein exprime la même méfiance à l'égard des expressions métaphysiques. Il introduit quelque chose de supplémentaire dans sa grammaire philosophique : le concept de jeu de langage qui livre la signification, au sens de l'usage et non de la référence. On peut bien entendu comme Rorty (1967, p. 13) élever des doutes sur la possibilité de construire ou de décrire le jeu de langage qui correspond au mot « proposition », car la métaphysique doit utiliser des termes du langage commun en les détournant de leur sens originel. « Proposition » a un sens dans le jeu de langage : « faire une proposition ». On peut cependant douter de la possibilité effective de décrire comment l'oubli du jeu, ou le fait qu'il y ait un jeu à l'origine, produise le concept philosophique de proposition, par exemple au sens de « contenu sémantique d'une phrase ».

Peut-on concevoir malgré tout, dans ces conditions, que le texte du *Tractatus* expose ou à tout le moins véhicule ou même traîne une ontologie ? On sait d'une part que Wittgenstein s'était plaint qu'absolument personne (ni Frege[5], ni même Russell — voir sa préface !) n'avait compris son texte et d'autre part que selon lui le sens du livre était en fait éthique[6] :

> « Le sens du livre est éthique. (...) En effet, mon livre trace les limites de l'Éthique, pour ainsi dire *de l'intérieur* [je souligne], et je suis convaincu qu'elles ne peuvent être tracées rigoureusement que de cette façon » (lettre à Ludwig von Ficker, octobre ou novembre 1919, cité *in* J. Schulte, 1992, p. 73).

Aussi J. Schulte va jusqu'à écrire :

> « Aussi est-ce un malentendu que de voir dans le *Tractatus* la présentation d'une ontologie systématique ou encore de manière exclusive un traité sur la syntaxe logique du langage [à la manière de Carnap]. Certes les motifs ontologiques y sont présents et les analyses syntaxiques y jouent un rôle important, mais la fonction des opérations qui leur correspondent ne peut être pour autant ignorée. (...)
>
> En procédant à la clarification logique du langage, la philosophie ne devient pas une science, mais elle contribue à tracer les limites qui séparent la science et tout ce qu'on pourrait être tenté de penser sans cela :

> « La philosophie délimite le territoire contesté de la science de la nature. Elle doit marquer les limites du pensable, et partant de l'impensable. Elle doit délimiter l'impensable *de l'intérieur* [je souligne] par le moyen du pensable » (*Tractatus*, 4.113, 4.114).

Le *Tractatus* a reçu une interprétation de la part de l'empirisme et du positivisme logiques et en particulier de certains membres du cercle de Vienne (Schlick, Carnap), qui coupe ce thème de la délimitation du territoire des sciences de la détermination de cette délimitation, qui doit, selon Wittgenstein, être opérée, de manière quelque peu énigmatique il est vrai, « de l'intérieur », ce qui a donné naissance chez Carnap notamment au problème classique de la démarcation entre science et métaphysique (cf. *supra*, p. 166 *sq.*), démarcation dont le caractère tranché et définitif a été remis en cause par Popper, contribuant indirectement à dégager en partie la voie à un renouveau de la métaphysique (cf. p. 169-178). Il est certain que la plupart des interprètes positivistes du TLP ont fait comme si la ligne de séparation était tracée de l'extérieur, et non de l'intérieur, parce qu'une séparation tracée de l'extérieur est une opération typique du positivisme et qu'en réduisant la séparation à quelque chose de ce type, ils s'annexaient Wittgenstein, dont le but, au contraire, on le sait mieux maintenant, était de montrer les limites aussi du positivisme et donc de toute séparation extrinsèque.

Seules les propositions quasi ontologiques des sections 1 et 2.0[7] développent ce que l'on a abusivement nommé l'atomisme logique de Wittgenstein (la section 2.1 du TLP inaugure un développement sur l'image et la théorie de la dépiction qui s'éloigne un peu de notre propos). On verra que chez Russell « atomisme logique » signifie une décomposition atomique du monde au moyen de la logique, aboutissant à des éléments premiers stables, les faits atomiques. Or, chez Wittgenstein, l'un des éléments ultimes, candidat au titre d'atome, l'objet (*Objekt*), pose un réel problème. Une certaine opacité de la structure ontologique du monde, peut-être partiellement analogue à celle que l'on rencontre au niveau nouménal chez Kant, est introduite, ce qui va contre l'idéal de l'atomisme logique. On se rappelle en effet que pour Kant, on peut penser, mais non pas connaître ce niveau nouménal — la connaissance proprement dite étant limitée au niveau phénoménal. D'autre part, il ne faut pas concevoir l'ordre d'apparition des propositions numérotées, 1, 1.1.,... 1.2... comme un ordre déductif ou, pis, comme un ordre axiomatique. P. Simons (1993) a montré qu'il ne se confondait pas avec l'ordre d'exposition du texte et qu'il fallait donc le reconstruire : le *Tractatus* n'a pas un ordre axiomatique. Sa présentation crée une illusion dangereuse. Il faut conserver uniquement l'idée qu'une proposition est d'autant plus importante pour Wittgenstein (mais pas forcément en soi) qu'elle comporte moins de symbole(s). *A priori* par exemple 1.5.6 est moins important que 1.5. Tout cela doit nous rendre prudent à l'excès en ce qui concerne l'interprétation de ces sections. Si nous avons affirmé que ces textes sont un

« morceau de métaphysique », c'est essentiellement parce qu'ils récapitulent la théorie autrichienne des états de choses et en préfigurent certains développements contemporains. On entend par une telle théorie la mise au point progressive de ce concept dans la philosophie autrichienne, notamment chez les psychologues, comme Stumpf[8].

L'atomisme du Tractatus

La perspective d'analyse d'une totalité en ses composants ultimes manifeste dans les premières pages si abruptes et elliptiques du *Tractatus* une optique atomiste méréologique — il s'agit de décomposer, de découper des touts en parties. L'argument pour décider si cet atomisme est logique, au sens classique, doit être cherché plus loin dans le texte, où l'on peut lire en détail quel est le rôle de la logique, notamment quel est le rôle des connecteurs, crucial pour un atomisme logique. Si la logique peut nous aider à dégager la forme logique des états de choses, la division catégorielle du monde en états de choses est non logique : nous sommes en présence d'une perspective ontologique au sens strict défini plus haut, quand nous avons insisté sur la composante catégorielle de la métaphysique. On peut parler de métaphysique dans la mesure où ces premières pages disent aussi quelque chose sur la structure profonde du monde (pour entrer dans le détail, il faudra faire intervenir la structure des pensées et des propositions). Cependant

Wittgenstein expose cette structure en évitant soigneusement les propositions de type métaphysique et se contente de division catégorielle *a priori*, ce qui est un autre trait kantien de sa pensée : la structure métaphysique du monde est un produit dérivé de l'analyse catégorielle qui situe d'ailleurs le monde actuel parmi une infinité de mondes possibles, à l'intérieur d'un espace logique. Le *Tractatus* — c'est parfois quelque chose de sous-estimé — contient une théorie modale développée de type combinatoire, proche en esprit de certains développements récents[9]. Nous scinderons l'exposé de la doctrine modale de Wittgenstein, car il vaut mieux y revenir à la lumière des développements récents de D. Armstrong, ce qui a le mérite de montrer que cette doctrine garde un pouvoir d'attraction.

Le point de départ de cette ontologie est en effet le monde — « tout ce qui a lieu » (1) :

> « 1.2. Le monde se décompose en faits (*Tatsache*). »
>
> « 2. Le fait est la subsistance d'états de choses. »

La section 1 qui ne comprend que sept propositions (tout comme il y a sept sections du *Tractatus*, ce qui est un trait typique de l'extrême concertation architectonique de la structure de l'œuvre) concerne le monde. Le caractère extrêmement laconique de cette section s'explique par le fait qu'il ne peut exister de proposition qui porte sur la totalité du monde (les propositions portent sur les états de choses) :

> 4.21 « La proposition la plus simple, la proposition élémentaire, affirme la subsistance d'un état de choses » (*ibid.*, p. 63),

ce que l'on peut lire beaucoup plus loin dans le *Tractatus* :

> « 5.61. La Logique remplit le monde ; les frontières du monde sont aussi ses frontières.
>
> Nous ne pouvons dire en logique : il y a ceci et cela dans le monde, mais pas cela.
>
> Car ce serait apparemment présupposer que nous excluons certaines possibilités, ce qui ne peut avoir lieu, car alors la logique devrait passer au-delà des frontières du monde ; comme si elle pouvait observer ces frontières également à partir de l'autre bord » (*ibid.*, p. 93).

Dans la définition du fait, le terme « subsistance » (*Bestand*) doit susciter notre interrogation. La distinction exister/subsister est centrale dans l'ontologie contemporaine du *Tractatus*, par exemple chez Meinong. Pour ce dernier, les relations par exemple subsistent, tandis que les termes des relations, les *relata*, existent. Dans la phrase « Wellington est aux antipodes de Paris », la relation « être aux antipodes de » est subsistante, alors que Wellington et Paris existent. La subsistance désigne donc un mode d'être idéal et dépendant. Est-ce que les états de choses subsistent en ce sens ? L'état de choses est relationnel :

> « 2.01. L'état de choses est une connexion d'objets (entités, choses) » (*ibid.*, p. 34).

En ce sens l'état de choses est effectivement subsistant, tandis que les objets, choses, entités existent, c'est-à-dire jouissent du statut d'indépendance (alors que la subsistance est le mode d'être des dépendants), même si cette indépendance, caractérisée modalement, est d'un type particulier, vu la connexion à l'intérieur de l'état de choses :

> « 2.0122. La chose est indépendante en tant qu'elle peut se présenter dans toutes les situations possibles, mais cette forme d'indépendance est une forme d'interdépendance avec l'état de choses, une forme de non-indépendance » (*id.*).

Modalités et propriétés

Cette caractérisation modale est essentielle. D'une part, il est certain que toute chose appartient à un état de choses (il n'y a pas de choses flottant en dehors des états de choses), mais d'autre part il est tout aussi certain que les choses premièrement font partie d'un espace de possibilités, deuxièmement, si elles sont de nature spatiale, sont des parties d'un espace physique, ces deux types d'espace étant en relation [2.0131. « L'objet spatial doit se trouver dans un espace infini. (Le point spatial est une place pour un argument) »] (*ibid.*, p.35). Non seulement la définition de l'objet est modale, mais les propriétés qui en découlent sont des propriétés internes :

> « 2.0123. Si je connais l'objet, je connais aussi l'ensemble de ses possibilités d'occurrence dans des états de choses.
>
> (Chacune de ces possibilités doit être inhérente à la nature de cet objet.) (...)

> 2.01231. Pour connaître un objet, il ne faut certes pas connaître ses propriétés externes — mais bien toutes ses propriétés internes » (*ibid.*, p. 34-35).

Si la possibilité est « inhérente à la nature de l'objet », alors il s'agit d'une « propriété interne[10] ». On sait que Russell s'efforcera d'éviter absolument le recours aux relations internes dont il avait critiqué l'abus dans sa *Philosophie de Leibniz* (1901). Wittgenstein ne partage pas ce rejet et définit ainsi les propriétés internes :

> « 4.123. Une propriété est interne quand il est impensable que son objet ne la possède pas.
>
> (Cette nuance de bleu et cette autre sont *ipso facto* dans une relation interne de plus clair à plus foncé. Il est impensable que *ces* deux objets ne soient pas dans cette relation) » (*ibid.*, p. 59).

L'ensemble des possibilités relatives à un objet est donc inhérent à cet objet et ces possibilités sont donc des propriétés internes de cet objet. Celles-ci peuvent être définies de manière plus précise : on peut distinguer les « propriétés formelles des objets » des « propriétés de structure des faits », ainsi que de « relations formelles » entre objets et de « relations de structure » entre faits. Wittgenstein identifie d'une part « propriété d'une structure » et « propriété interne » et d'autre part « relation de structures » et « relations internes » (4.122, *op. cit.*, p. 122). La relation interne n'existe pas seulement entre deux « situations possibles » mais « s'exprime dans le langage au moyen d'une relation interne entre les propositions qui la figurent » (4.125, *op. cit.*, p. 60). De cette manière, Wittgenstein affirme avoir résolu le problème des relations internes :

> « 4. 1251. Ainsi se trouve réglée la question débattue de savoir si “toutes les relations sont internes [Leibniz] ou externes [Russell]” » (*ibid.*).

On sait que toute l'histoire de la métaphysique du XXe siècle a démenti ce bel optimisme (cf., pour une approche récente du problème, J. Lowe, 2002, p. 363-365, et Loux, 1998, p. 38-40).

Il nous faut revenir à la proposition 1.1. et à une de ses conséquences :

> « 1.1. Le monde est la totalité des faits, non des choses.
> (...) 1.13. Les faits dans l'espace logique sont le monde » (*op. cit.*, p. 33).

Le fait, une nouvelle espèce du zoo ontologique

Une thèse extrêmement stimulante permet de mieux comprendre dans 1.1 la restriction : « non des choses » : « Le monde est la totalité des faits, non des choses. » Cette thèse consiste à soutenir que jusqu'au début du XXe siècle, la catégorie ontologique de « fait » était absente de la métaphysique[11]. K.R. Olson[12] repère l'apparition de cette catégorie chez l'hégélien britannique Bradley et bien évidemment dans l'atomisme logique. Laissons de côté Bradley pour l'instant ; nous y reviendrons à propos de l'atomisme logique de Russell.

On peut contraster l'ontologie traditionnelle issue d'Aristote, qui repose sur la distinction du sujet et de l'attribut et qui vise à l'élucidation de la structure métaphysique de la substance individuelle (« la chose », l'*ens* comme *res*) et l'ontologie postérieure à Bradley-Wittgenstein-Russell qui repose, elle, sur la distinction des faits et des choses. Pour Wittgenstein, la distinction supplémentaire entre faits et états de choses a pour objet la description et l'analyse du monde conçu comme une combinaison dans un espace logique (« la structure »). On sait que pour Wittgenstein le fait est l'existence ou l'inexistence de l'état de choses. Un fait positif est l'existence de certains états de choses ; tandis qu'un fait négatif est l'inexistence de certains états de choses (2.06, cf. P. Simons, *op. cit.*, p. 20-21).

Le second volet de la thèse d'Olson concerne les relations : il montre l'ambiguïté de la relation (exprimée par le *pros ti*) chez Aristote, les difficultés médiévales (cf. Schönberger, 1994) concernant le fondement de la relation (*fundamentum relationis*), et comment le fait peut être considéré comme un fondement de la relation, en rappelant l'analyse d'un exemple particulièrement parlant par Peirce (dans l'article « Relations » du *Century Dictionary*) : si une locomotive laisse souffler (*blow*) de la vapeur, il y a deux relations distinctes : entre la locomotive et la vapeur (la vapeur étant considérée comme un caractère de la locomotive[13]) et entre la vapeur et le *being blown* de la vapeur, c'est-à-dire la propriété pour la vapeur d'être soufflée. Ces deux relations constituent un fait qui à son tour est « le fondement de la relation » (Olson, *op. cit.*, p. 42).

On a beaucoup glosé sur la naissance de certains concepts fondamentaux dans l'histoire de la métaphysique : l'objet, la représentation (Boulnois, 1999), la cause (V. Carraud, 2002) sont de ceux-là. La détermination progressive de l'étant sous la figure de l'objectité a été présentée en particulier comme une clef de la métaphysique moderne de Duns Scot à Suarez, et de ce point de vue, on a pu présenter Meinong comme le point d'aboutissement historique de cette évolution (cf. Courtine, 1999). Il se pourrait que l'apparition progressive du concept de fait représente au moins une étape supplémentaire dans cette histoire de la métaphysique conçue comme un enchaînement et une apparition progressive de concepts fondamentaux. Il est en effet particulièrement clair que l'ontologie aristotélicienne ignore la catégorie de fait. Les *pragmata* (littéralement : ce à quoi on a affaire) ne sont pas des faits, dans la mesure où ils sont dépourvus de structure interne. On peut donc concevoir cette proposition 1.1. de Wittgenstein comme un témoignage particulièrement clair de l'émergence achevée de cette catégorie ontologique de fait, émergence qui a pris tout le XIXe siècle, chez Mill notamment. Insistons sur la différence entre les deux ontologies, celle de la substance et de l'attribut et celle des faits. S'il y a un rapport d'inhérence entre la blancheur de cette page (exemple d'Olson) et cette page de papier, quel que soit le statut ontologique de la blancheur de cette page, et si l'existence de ce rapport d'inhérence garantit la vérité de l'énoncé attributif « cette page de papier est blanche », alors il est inutile d'avoir en plus un fait, le fait que cette page soit blanche : ce fait est superflu et on doit s'en passer.

Il existe une autre manière de nier la nécessité du recours au fait. Un argument classique en effet, nommé le « lance-pierre » (*slingshot*) consiste à soutenir que si nous acceptons que la relation de référence engage à l'existence d'un fait, alors de proche en proche, nous serons conduits à la « conclusion éléatique » (S. Neale) qu'il n'y a qu'un seul fait, le Grand Fait (*Big Fact*). Davidson dans « Truth and Meaning » soutient cet argument (que l'on ne peut exposer en détail ici[14]), pour remettre en cause une conception des rapports entre sémantique et ontologie, où la référence nous donnerait l'inventaire du monde. Le nerf de l'argument est que deux phrases logiquement équivalentes se réfèrent à la même chose. En ce sens cet argument est proche des objections à la théorie frégéenne selon laquelle toutes les phrases vraies se référeraient au Vrai. Toutes les phrases vraies se référeraient au Grand Fait, à la Réalité, mais alors on ne pourrait faire de différence entre elles (d'où l'aspect boomerang de l'argument). Davidson tire une conséquence importante du *slingshot* : on ne peut faire de différence entre un schème conceptuel et son contenu conceptuel pur, ce qui ouvre la porte au relativisme ontologique, possibilité amplement exploitée par Rorty. Stefen Neale dans *Facing Facts* (2001) a montré que les arguments de

Davidson et Rorty n'étaient pas imparables et que l'on peut échapper à ces conséquences du *slingshot*, désastreuses pour l'ontologie, si nous établissons clairement une contrainte descriptive (*op. cit.*, p. 183 s.), qui éclaircisse les relations entre sémantique et ontologie en fixant la référence à un seul fait. Dans ce cas l'existence des faits peut être maintenue. J. Lowe a de son côté montré aussi comment échapper au *slingshot* (1998, chap. XI). Dans ce qui suit nous exposerons la métaphysique des faits de Russell, après avoir rappelé la structure ontologique du *Tractatus* et insisté sur la différence entre les faits wittgensteiniens et les faits russelliens. Il s'agira de tracer les grandes lignes de l'atomisme logique. Dans les développements des deux derniers chapitres, concernant des problèmes actuels, nous ne ferons pas appel à la notion de fait. La question du *slingshot* n'est donc pas centrale ici, ni pour l'exégèse des textes russelliens, ni pour le type de métaphysique que nous mettrons en avant et qui ne consiste pas à prendre comme point de départ une théorie de la référence, ou même à accorder une importance particulière à la philosophie linguistique ou à la philosophie du langage. Le *slingshot* est par contre un obstacle à lever pour toute métaphysique qui entend procéder à partir de la signification, de la référence et de la vérité des énoncés du langage naturel.

Le fait est défini comme la subsistance ou l'existence d'états de choses. L'état de choses est du côté du contenu dans un jugement ou une assertion. Si je juge mentalement ou si j'asserte que Socrate court, alors ce qui est représenté, ce n'est pas les choses elles-mêmes (Socrate et sa course), mais comment sont ces choses, comment elles se rapportent l'une à l'autre. L'état de choses en question connecte Socrate et sa course. Bien entendu, le statut ontologique de l'état de choses ainsi défini est laissé ouvert : il peut tout autant être considéré comme un pur corrélat psychologique dépendant de l'acte de jugement ou d'assertion ou au contraire être conçu comme une objectivité idéale indépendante de sa saisie psychologique et linguistique, conception réaliste que l'on retrouve chez Bolzano, Frege et Meinong. Bolzano appelle les états de choses des *Sätze an sich* (des phrases en soi), Frege des *Gedanken* (pensées, au sens objectif) et Meinong des *Objektive* (objectifs), ce qui montre clairement leur caractère d'indépendance et d'objectivité. La définition wittgensteinienne de l'état de choses semble aller dans cette direction réaliste, dans la mesure où étant défini comme une « connexion d'objets », il semble appartenir à la structure ontologique du monde. En ce sens, il y a bien un *nexus rerum* (connexion des choses), comme chez Wolff, — mais chez ce dernier ce *nexus* assure l'existence d'un monde total, dans l'*idea totius universi* (idée d'une totalité du monde) d'une série complète de coexistants et de simultanés, alors que chez Wittgenstein, la considération de la totalité du monde transcende le *nexus rerum*, parce que nous ne pouvons enchaîner les connexions, chaque état de choses possédant son *nexus*.

Le monde est alors de l'ordre des disciplines transcendantales comme l'esthétique, l'éthique ou le mystique. Le monde est la totalité des faits, les faits sont des états de choses subsistants et les états de choses sont des connexions d'objets : l'état de choses apparaît comme une pièce réelle et existante intermédiaire entre le monde qui est une totalité et l'objet qui est atomique, pièce correspondant à la connexion nécessaire des objets (puisque aucun objet n'existe à l'état isolé, il faut bien que les objets se rapportent les uns aux autres dans des états de choses). On peut se demander toutefois quelle est la nature des objets.

Les objets

Les affirmations de Wittgenstein concernant les objets sont déroutantes. Voici les plus importantes dans l'ordre d'apparition :

> « 2.02. L'objet est simple.
>
> 2.021. Les objets constituent la substance du monde. C'est pourquoi ils ne peuvent être composés.
>
> 2.023. En termes sommaires : les objets sont sans couleur.
>
> 2.027. Le fixe, le subsistant et l'objet sont une seule et même chose.
>
> 2.0272. La configuration des objets forme l'état de choses.
>
> 2.032. La manière déterminée dont les objets se rapportent les uns aux autres dans l'état de choses est la structure de ce dernier. »

En 3.1431, Wittgenstein parle d'« objets spatiaux » comme des « tables, des chaises, des livres » et, en 6.3431, il nie l'existence des « objets logiques » au sens frégéen (c'est-à-dire des constantes logiques comme le vrai ou le faux). Par ailleurs, il lui arrive de mentionner des « objets de pensée ». Les objets dont il est question dans la deuxième section ne sont pas spécifiés : ils ne sont ni physiques, ni logiques, ni mentaux. En particulier, il ne faut pas les confondre avec les objets au sens usuel (comme les tables et les chaises justement), qui probablement sont composés d'objets au sens strict (quoique vraisemblablement il ne faille pas identifier ces objets authentiques avec des parties corpusculaires de la matière). Leur définition est purement relationnelle ou plus exactement structurale, car elle consiste à les définir par leur rôle dans l'état de choses. Quant aux propriétés (internes ?) des objets : simplicité, absence de couleur (et probablement de toute autre qualité seconde), fixité, ce sont des propriétés négatives, privatives : elles reviennent à dire que l'objet est privé de structure interne, de qualités, de mouvement. La seule caractérisation rigoureusement ontologique qui en est donnée est la « subsistance » (*Bestand, bestehen*), ce qui est susceptible de deux interprétations. Selon la première, cela signifie que les objets sont des entités dépendantes des états de choses ; selon la seconde, qu'ils n'existent pas[15], dans la mesure où ils ne sont pas dans l'espace (d'où la différence entre objets simples ou atomiques et objets spatiaux en 3.1431, les tables, les chaises). Il existe donc, en ce qui concerne ce qui apparaît comme le socle de la construction, au moins une certaine opacité. Les atomes à la base de la construction n'ont pas de caractérisation ontologique univoque claire. Russell coupera court à cette difficulté en faisant du fait élémentaire l'atome de base de sa construction.

Une autre caractéristique importante de l'ontologie tractarienne des faits, et qui la distingue également de la version russellienne de l'atomisme logique, est qu'elle est indépendante du langage : les faits ne sont pas définis relativement à des énoncés. La vérité et la fausseté des propositions, qui indiquent la réalité, est fonction de la subsistance ou de la non-subsistance des états de choses, mais cette relation de modèle à réalité — les propositions comme les images sont dans un certain sens des modèles de la réalité — n'implique pas que les états de choses et les faits soient définis comme ce qui est signifié, référé, indiqué, etc., par les propositions. Il y a une relation entre les propositions et la réalité, dans la mesure où certaines divisions dans la proposition doivent avoir un équivalent dans la réalité (la combinaison de tous les états de choses), mais cela ne va plus loin que de montrer la « forme logique du monde » ou son « échafaudage », comme on peut le lire dans un texte très éclairant :

> « 6.124. Les propositions logiques décrivent l'échafaudage du monde ou plutôt elles le figurent. Elles ne "traitent" de rien. Elles présupposent que les noms ont une signification et les propositions élémentaires ont un sens : et c'est là leur connexion au monde » (*op. cit.*, p. 100).

La connexion en question est ici bien en deçà d'une projection du langage dans la réalité, projection dont le caractère arbitraire a fourni un des leitmotive des critiques de l'atomisme logique.

L'expression « atomisme logique », qui n'est pas de Wittgenstein, mais de Russell, a servi à recouvrir l'ontologie tractarienne et une certaine étape du développement de la pensée de Russell, comme si ces deux philosophes avaient défendu des variantes d'une même doctrine. Un examen plus attentif révèle que les notions ontologiques fondamentales sont différentes chez Russell et chez Wittgenstein. Il suffit ici brièvement de faire remarquer que la notion de fait est profondément équivoque si l'on souhaite avoir une vision synthétique de l'atomisme logique qui englobe Russell et Wittgenstein. On aura l'occasion, par une lecture attentive du texte de Russell, de découvrir l'ampleur des divergences sur ce point aussi, mais le bref exposé de quelques pages de Wittgenstein a suffi à montrer, espérons-le, que la construction wittgensteinienne se distingue au moins sur trois points de celle de Russell. Tout d'abord l'individuation linguistique est absente chez Wittgenstein, on l'a dit, et nous verrons que Russell au contraire l'étudie très soigneusement (ce qui le conduit à écarter les faits négatifs). Ensuite Wittgenstein raisonne dans un cadre modal, dans un paradis pour logicien, l'espace logique de toutes les possibilités, à la différence de Russell, on le verra également, et enfin Wittgenstein éprouve le besoin de disposer à la fois des faits et des états des choses, alors que Russell identifiera les états de choses wittgensteiniens aux faits, pour éliminer les faits wittgensteiniens.

2. RUSSELL MÉTAPHYSICIEN

> *J'étais sorti pour acheter une boîte de tabac et je revenais par Trinity Lane, quand subitement je la lançai en l'air comme une balle en m'écriant : mais sacrebleu l'argument ontologique tient le coup !*
>
> *Autobiographie*, I, p. 71.

La philosophie de l'atomisme logique de Russell regroupe des leçons prononcées en 1918 ; elles parurent en revue en 1918-1919. Rappelons que le *Tractatus* est paru en 1922 en traduction anglaise, mais qu'il avait été achevé dès 1918[16] — apparemment, si l'on en croit les *Carnets*, Wittgenstein y a travaillé de 1915 à 1918 (on peut aussi consulter l'édition du *Pseudo-Tractatus*, qui reflète un état antérieur du manuscrit). Les leçons de Russell et l'achèvement du *Tractatus* sont contemporains et datent d'une époque où les relations entre Wittgenstein et Russell étaient relativement étroites. Toutefois il n'entrera nullement dans notre propos de trancher en quoi que ce soit des questions de priorité sur des idées fondamentales de l'atomisme logique. Russell a exprimé sa dette à l'égard de Wittgenstein dans l'avant-propos de l'édition des *Leçons sur l'atomisme logique*, en affirmant qu'il s'agissait d'une mise en ordre des idées que Wittgenstein lui avait communiquées, en se réferant cependant à un manuscrit de Wittgenstein de 1914, des notes sur la logique, bien antérieures à l'achèvement du *Tractatus*. Restent les conversations entre Wittgenstein et Russell interrompues par la guerre, les deux philosophes ayant choisi des camps opposés, l'engagement pour le premier, qui y vécut l'effondrement de son empire, après avoir distribué sa fortune et avant de connaître la captivité[17], le pacifisme pour le second[18]. Il est difficile dans ces conditions de dire quoi que ce soit de précis sur l'histoire de l'influence mutuelle de ces deux philosophes qu'absolument tout séparait. On se rendra compte très vite de la très grande différence entre les deux versions de ce type de métaphysique. Leur point commun est sans doute d'être en un certain sens une réaction à la lecture de Frege, mais les deux lectures qui en résultèrent sont elles-mêmes partiellement divergentes. Les textes de ces deux auteurs jouent également des rôles différents dans leurs évolutions intellectuelles. On sait que Wittgenstein critiquera de manière minutieuse (dans les *Remarques philosophiques* de 1930, publiées en 1964) les attendus et présupposés du *Tractatus*, avant de suivre une voie différente. Russell prendra un tournant épistémologique qui l'éloignera, du moins en apparence, de ses anciennes préoccupations logico-ontologiques : il abandonnera lui aussi le projet métaphysique à la base de l'atomisme logique :

> « Après quoi [1918] il se trouva que ma pensée s'orienta vers la théorie de la connaissance et les parties de la psychologie et de la linguistique qui me semblaient avoir des rapports avec celle-ci.

C'était l'amorce d'un changement plus ou moins définitif de mes convictions philosophiques » (Russell, 1961, p. 159).

À partir des années 1920, Russell cessera donc de se préoccuper de questions de logique philosophique et s'il revient à certains problèmes métaphysiques, il le fera, comme dans *Human Knowledge* (1948), à partir de questions d'épistémologie. Si *La philosophie de l'atomisme logique* (PAL dans ce qui suit) n'a pas vraiment de prolongement dans l'œuvre de Russell, à part peut-être en partie certains chapitres (XVII, XIX et XXV) de *Signification et vérité* (1940), elle est toutefois l'aboutissement d'une évolution de son ontologie, dont les principales étapes sont les *Principles of Mathematics* de 1903, *On Denoting* de 1905 et *The Problems of Philosophy* de 1912.

Place de l'atomisme logique dans l'évolution de Russell

Dans l'*Histoire de mes idées philosophiques*, Russell déclare avoir « dans les années 1899-1900 adopté la philosophie de l'atomisme logique » (*op. cit.*, p. 11). Il déclare également :

> « Le changement de ces années fut une révolution ; les changements ultérieurs ont été de la nature d'une évolution » (*id.*).

Cette révolution consiste à avoir rompu avec son idéalisme de départ[19], dont on a longtemps sous-estimé l'influence (Hylton, 1990). Si cela est exact, il faut considérer l'évolution qui va des *Principles of Mathematics* à la PAL comme une évolution interne à l'atomisme logique, marquée par la restriction de l'ontologie, extrêmement libérale en 1903, rendue effective et rigoureuse par la mise en œuvre, en 1905, d'une technique originale de paraphrases dans *On Denoting*. Quine, dans *Russell's Ontological Development*, a apporté de manière concise un éclairage sur cette évolution qui conduisit Russell de positions meinongiennes[20], où l'ontologie peut admettre quasiment n'importe quel type d'entité, puisqu'il n'y a aucune restriction dans la référence, à une position beaucoup plus stricte, où les expressions authentiquement référentielles doivent passer le test des paraphrases logiques, avant d'être déclarées référentielles. C'est cette position qui sera illustrée dans la PAL, d'une manière non technique, l'usage de la logique étant le plus souvent implicite.

Si nous ne pouvons ici retracer l'évolution qui conduit à la PAL, car cela déborderait les limites que nous nous sommes imparties, il est toutefois utile de rappeler deux des motivations critiques plus ou moins implicites dans l'atomisme logique et qui ont joué un rôle important dans cette évolution : la critique du monisme idéaliste[21] (Bradley) et la critique de Meinong. L'atomisme de la PAL est une réaction radicale au monisme hégélien, c'est-à-dire la thèse qu'en fin de compte tout est esprit, et le refus qu'on peut lire dans ce texte de toute entité non existante (à l'exception d'une hésitation que l'on commentera sur les faits négatifs[22]) s'explique par un refus décidé de la théorie des objets de Meinong. Nous serons beaucoup plus bref sur cette deuxième critique, dans la mesure où les pièces du dossier sont plus facilement accessibles et beaucoup mieux connues[23].

L'hégélianisme britannique à la fin du XIXe siècle est marqué par une opposition entre deux courants. Le premier est personnaliste : tout est esprit et la structure de la réalité est un ensemble de substances spirituelles personnelles liées par l'amour. Le principal représentant de ce courant est McTaggart, dont Russell affirma qu'il fut le philosophe idéaliste qui eut le plus d'influence sur lui (sur sa métaphysique, cf. *infra*, chap. XVI). Le second est absolutiste : dans les systèmes philosophiques issus de ce courant, tout est impersonnel et non relationnel. Bradley est le principal représentant de ce courant, à côté de Green et F.J. Ferrier (1808-1864). Il est plaisant de constater que l'hégélianisme renaît en Angleterre, profondément transformé, plus métaphysique, moins politique, au moment où il s'effondre en partie en Allemagne, du fait conjugué du développement du néokantisme qui pointe les énormes faiblesses épistémologiques du système hégélien et des critiques des socialistes, marxistes ou non. Le développement du néo-kantisme entraîne *de facto* une certaine diffraction de la philosophie en épistémologie, éthique, philosophie de la nature et de l'art, diffraction correspondant aux trois *Critiques* de Kant. L'hégélianisme de Bradley, renforcé par son fort penchant à l'holisme radical (l'absolu est tout), le fait réagir contre ce qu'il voit comme une désagrégation, un émiettement de la philosophie[24]. En accord avec Bradley sur ce point, Russell produit une philosophie qui analyse la réalité en général — de ce point de vue, c'est peut-être le dernier grand philosophe classique qui présente une philosophie relativement complète et systématique, malgré ses repentirs et ses contradictions. Le développement, et la domination relative du néo-kantisme sur les autres courants (comme l'école brentanienne), conduit à la prééminence de la théorie de la connaissance sur la métaphysique. L'opinion prévaut généralement que, préalablement à la constitution d'une métaphysique, il importe d'examiner les limites de la connaissance humaine, par une revue détaillée des différents progrès scientifiques (naissance de la géométrie pure, relativité restreinte...) et qu'il faut critiquer certaines limitations de la métaphysique à l'aide de l'épistémologie des sciences exactes. Ainsi Cassirer, représentatif de cette tendance, dans *Substance et fonction* dressera en 1910 le bilan de cette révision nécessaire de la métaphysique, marquée par l'abandon des catégories de substance et d'essence et qui équivaut à la quasi-disparition de la métaphysique. W. James explique le retour de l'hégélianisme en Angleterre essentiellement par des raisons religieuses ; il donne en effet un squelette à la forme libérale de christianisme dont la théologie a besoin. En ce sens, l'hégélianisme est repris par des penseurs religieux (comme Green et Ferrier) qui cherchent, grâce à lui, à redonner un sens aux dogmes chrétiens[25] et à critiquer à la fois l'évolutionnisme matérialiste et la philosophie mécanique. Bradley se situe dans ce courant, mais pour lui les préoccupations théologiques ou religieuses sont à l'arrière-plan des préoccupations métaphysiques.

La différence entre Russell, d'une part, et Bradley et McTaggart, d'autre part, n'est absolument pas sur le terrain de la nécessité de la métaphysique, dont Russell est également convaincu. Elle est, du point de vue cet hégélianisme si spécifique, un refus de concéder un rôle consolateur à la métaphysique. Pour McTaggart, le fait qu'une doctrine nous apporte une consolation est une raison supplémentaire de l'adopter, de façon à ce que si deux doctrines métaphysiques A et B semblaient également vraies, il faudrait choisir la plus consolante, car ce serait la plus vraie. Russell, qui est un mystique rationaliste philosophiquement athée, comme Bradley et McTaggart et peut-être Wittgenstein, considère, lui, au contraire, que la vérité peut être complètement dénuée de consolation et même profondément déprimante. C'est en ce sens que Russell rompt avec l'aspect encore partiellement religieux que son ami McTaggart continuait finalement à attribuer à la métaphysique. On peut voir là une rupture complète avec la conception traditionnelle de l'activité métaphysique, d'origine aristotélicienne (et, par-delà, platonicienne) selon laquelle elle est ce qui procure le bonheur le plus élevé. Dans la « conquête du bonheur », Russell se tournera vers des idéaux et valeurs différents[26].

La critique du monisme idéaliste

La pensée de Bradley part de la relation entre la pensée et la réalité ; il rejette la thèse hégélienne posant leur identité et il cherche dans l'expérience immédiate de quoi analyser leur rapport. Cette expérience immédiate est une sensation ou un sentiment immédiat dans lequel ce qui est connu et ce qui connaît sont une seule et même chose ; elle est le fondement de ce qui est connu par la pensée ; elle est une étape de l'intellection dans laquelle ce qui est connu est connu comme un. Si j'ai par exemple l'expérience immédiate d'une tache de rouge, je n'ai pas d'un côté l'extension spatiale de la tache et de l'autre la qualité de rouge — j'ai la connaissance de l'extension et de la qualité de rouge comme unité. Cette connaissance ne peut être obtenue par le jugement, car tout jugement portant sur une réalité particulière est contradictoire. Par le jugement nous n'avons aucun moyen d'expliquer comment les substances et les qualités forment des unités. Par exemple, dans le jugement « le sucre est doux », il est certain que nous n'avons pas d'un côté le sucre et de l'autre la douceur, mais le jugement est incapable d'expliquer cette unité (nous verrons beaucoup plus tard que la métaphysique des tropes ou propriétés particulières a essayé de résoudre ce problème en faisant dépendre fortement la douceur du sucre de ce sucre particulier[27] ; cf. *infra*, p. 756 *sq.*). Cette critique du jugement profitera à Russell.

La critique du jugement est une critique de la relation : tout ce qui est relationnel est pour Bradley contradictoire. Comme la réalité en son fond ne peut être contradictoire, il faudra écarter les relations. Les relations doivent lier des qualités. Si je dis que le sucre est blanc et doux, il faut une relation qui lie les qualités de blancheur et de douceur. Dans ce cas, il faut une troisième qualité et il faut alors une relation supplémentaire pour lier cette qualité aux deux premières, et ainsi de suite à l'infini. Cette régression à l'infini est interprétée différemment par Russell. Là où Bradley voit la nécessité d'écarter les relations au profit d'un absolu non relationnel, Russell diagnostique, comme dans la philosophie de Leibniz, la source de la difficulté dans la conception des relations comme des relations uniquement internes, c'est-à-dire exprimant la nature (qualité) de ce qu'elles relient. La relation externe n'engage pas la nature des choses qui sont reliées. Par exemple, la relation entre ce qui est connu et ce qui connaît est une relation interne ; la relation spatiale entre ce paragraphe et celui qui le précède est une relation externe. S'il n'y a que des relations internes, alors toutes les propriétés sont essentielles, or il existe des propriétés accidentelles, donc il existe des propriétés externes.

La critique de la théorie idéaliste du jugement de Bradley est développée dans l'article de Moore « L'analyse du jugement » (1899) que l'on peut considérer comme le point de départ de la méthode de l'analyse. Moore critique dans ce texte la conception idéaliste du jugement de Bradley, qui, s'il a bien vu les difficultés qui y sont liées, en a donné une description de part en part idéaliste. En simplifiant, on pourrait dire que Moore donne une version réaliste de la critique du jugement de Bradley. La rupture avec l'idéalisme passe par le cœur de la métaphysique de Bradley, sa théorie du jugement comme contradictoire, comme incapable d'établir une relation correcte entre la pensée et la réalité. L'affirmation de Bradley qui est reproduite en ouverture de l'article est que « vérité et fausseté dépendent de la relation à nos idées » (Bradley, *Logic*, p.2). Le but de Moore est de donner un sens objectif à la vérité, ce qui implique une conception objective des concepts (Moore substitue aux idées de Bradley les concepts) et donc une conception réaliste du rapport entre concept et existence :

> « lorsque je dis "cette rose est rouge", je n'attribue pas une partie du contenu de mon idée à la rose, ni des parties de mes idées de rose et de rouge prises ensemble à quelque troisième sujet. Ce que j'asserte, c'est une connexion spécifique de certains concepts formant le concept total de "rose" avec les concepts "ceci, maintenant" et "rouge". Le jugement est vrai s'il existe une telle connexion. De même lorsque je dis "la chimère a trois têtes", la chimère n'est pas une idée dans mon esprit, et pas davantage une partie d'une telle idée. Je n'entends rien asserter au sujet de mes états d'esprit, mais bien une connexion spécifique de concepts » (trad. F. Armengaud, 1985, p. 49).

Bradley écarte Dieu et le moi de la métaphysique, car ils sont contradictoires : ils sont à la fois relatifs et non relatifs. Il substitue à ces objets de la théologie et de la psychologie rationnelles l'absolu, pour objet de la métaphysique, non contradictoire, capable de satisfaire à la fois le besoin de non-contradiction de l'intellect et son besoin de connexion. Dans le jugement, l'intellect ne trouve pas de connexions réelles, comme on vient de le voir, c'est donc dans l'expérience immédiate que l'intellect aura une idée de l'absolu comme connexion non relationnelle (cf. le «non relational tie » d'Armstrong, 1997, p. 115). Ce que Bradley essaie de penser, c'est une connectivité non relationnelle et Russell renoncera à cette connectivité absolue et généralisée au profit d'un atomisme dont le sens profond est de restaurer les droits de la relation. La conception holiste de la vérité qui accompagne cette métaphysique de Bradley sera également rejetée par Russell qui, produisant une logique des relations, est tout à fait capable de donner des évaluations d'énoncés exprimant des faits élémentaires ou états de choses atomiques. La métaphysique de Bradley aboutit donc à un absolu « qui inclut tout » (*all inclusive*), qui est une « expérience *supra* relationnelle » (*super relational experience*). Malgré l'opposition absolue que l'on peut voir entre cette position et celle de Russell, on peut parler, même si la formule est provocatrice, d'un héritage de Bradley. Cela va d'ailleurs tout à fait dans le sens de la réévaluation à la fois de l'idéalisme de Russell (Peter Hylton, *op. cit.*) et de la valeur de la philosophie de Bradley. L'héritage de Bradley dans le domaine sémantique a été exploré (cf. les travaux de Rodriguez-Consuengra, 1991), avec son référentialisme, son anti-psychologisme, sa distinction de la forme grammaticale et de la forme logique. Plus centrale encore pour l'atomisme logique est cette partie de la métaphysique de Bradley qui concerne les faits[28] et sur laquelle K.R. Olson a insisté (1987, p. 45-64).

La conclusion de ce dernier est que le désaccord entre Russell et Bradley concernait l'holisme :

« s'il y a un réel désaccord entre Bradley et Russell, il porte sur la question de l'holisme. Russell, tout en reconnaissant l'irréductibilité des faits, ne les a pas moins toujours pensés comme des supports des[29] individus et des relations entre eux. Pour Bradley d'un autre côté, les individus et les relations sont des abstractions à partir des faits concrets » (Olson, 1987, p. 64).

Si cela est vrai, ce serait Bradley et non Russell qui serait le plus exposé à l'argument suivant lequel on peut se passer des faits. Un débat d'un demi-siècle a porté sur la question de savoir si on peut se passer des faits. Davidson, dans « Truth and Meaning » (1967), a construit un argument très connu, ce qui nous dispense de le résumer ici, suivant lequel si nous admettons la référence à un fait, de proche en proche, nous serons obligés d'admettre la référence à un Gros Fait (*Big Fact*)[30], ce qui fait que la sémantique s'écroule, puisque si nous donnons des conditions de vérité en termes de référence à des faits, elles ne peuvent être données comme référant au même fait — intuitivement les énoncés ont bien des significations différentes et ne peuvent donc avoir tous le même référent. La conclusion qu'en tire Davidson est radicale : la sémantique ne doit pas se construire comme une théorie de la référence à des faits (mais le raisonnement vaudrait aussi pour d'autres entités), la différence entre contenu conceptuel et schème conceptuel est fragile, etc. Cela conduit chez lui à une conception des relations entre sémantique et ontologie, où c'est la forme logique des phrases quantifiées qui permet de décider de l'engagement ontologique, comme chez Quine, mais avec des contraintes supplémentaires, qui éliminent certaines entités dont ce dernier aurait reconnu l'innocuité et l'extensionnalité. Rorty et d'autres se sont engouffrés dans la brèche ouverte par Davidson (pas d'ontologie *via* la référence à des entités auxquelles feraient référence les phrases du langage naturel, pas de différence schème *vs* contenu) pour proclamer l'impossibilité *tout court* d'une ontologie. L'intérêt du travail de S. Neale dans *Facing Facts* (*op. cit.*) est de montrer qu'il n'en est rien. Il faut certes introduire une contrainte descriptive dans la théorie sémantique, pour éviter l'argument de la dispensabilité des faits (que l'on appelle argument lance-pierre, *slingshot argument*), mais le *slingshot* n'est pas la fin de toute métaphysique[31]. J. Lowe dans *The Possibility of Metaphysics* (chap. XI) l'avait déjà montré, d'un point de vue purement métaphysique, à propos des relations causales entre faits (pour une vue très résumée, cf. J. Lowe, 2002, p. 169-173). Notre position sur le *slingshot* est donc que la théorie des descriptions de Russell permet d'y échapper (là-dessus on ne peut que renvoyer à Neale [2001] et Lowe [1998]). De plus, nous ne développerons pas les questions relatives aux événements et aux faits, ni même ce qui concerne les relations causales, ce qui explique que cet argument du *slingshot*, qu'on peut estimer à bon droit comme central, ne jouera pas de rôle dans notre discussion. Il est tout de même intéressant de constater que nous avons rencontré une sorte d'argument lance-pierre dans le déconstructionnisme® : cette fois-ci l'argument portait sur des textes, non sur des faits, et le *big crunch* consistait en ce que toutes les interprétations finalement se rapportaient au même Grand Texte.

La critique de Meinong

La critique de Meinong qui livre une autre des motivations négatives de la PAL est contenue dans trois longs articles des années 1904-1907, années cruciales dans l'élaboration de la théorie de la dénotation. D'un certain point de vue, Russell considère Meinong comme une partie de la réaction contre l'idéalisme allemand. Dans un écrit populaire (*Philosophy in the twentieth century*), ne déclare-t-il pas, de manière très surprenante :

> « avec l'année 1900 une révolte contre l'idéalisme allemand commença, non d'un point de vue pragmatiste [celui de W. James], mais d'un point de vue technique austère. En Allemagne, mis à part les admirables travaux de Frege qui commencent en 1879 mais n'ont pas été lus jusqu'à récemment, l'œuvre monumentale de Husserl, *Logische Untersuchungen* [*Recherches logiques*], publiée en 1900, commença à exercer très vite une très grande influence. *Über Annahme* [*Sur les assomptions*] (1902) de Meinong et *Gegenstand und Psychologie* [*Objet et psychologie*][32] (1904) ont exercé une influence dans la même direction. En Angleterre Moore et moi-même commençâmes à développer des idées similaires. Son article "La nature du jugement" parut en 1899, ses *Principia Ethica* en 1903. Ma *Philosophy of Leibniz* parut en 1900 et les *Principles of Mathematics* en 1903. En France le

même genre de philosophie était vigoureusement défendu par Couturat[33] » (Russell, 1988, p. 460).

Meinong est donc interprété (correctement) comme une réaction à l'idéalisme allemand, ce qui se conçoit quand on connaît l'hostilité de toute l'école brentanienne à ce courant, commençant avec le rejet par Brentano[34] de l'opposition établie par Schelling entre la méthode philosophique et celle des sciences de la nature. Il est rapproché de Frege et de Husserl, et le parallèle entre cette réaction germanique et les propres travaux de rupture de Moore et Russell est dressé explicitement. La « nouvelle philosophie » qui résulte de ces ruptures multiples a pour Russell plusieurs caractéristiques en commun. La première est l'adoption par la philosophie des méthodes des sciences (ce qui dans le cas de Meinong signifie interaction entre philosophie et psychologie expérimentale[35], dans le cas de Mach [1838-1916] prise au sérieux de la physique[36], dans le cas de Frege l'unité avec la logique, etc.). Il n'y a plus de méthode philosophique spécifique (Brentano avait déjà soutenu que la méthode de la psychologie empirique était la méthode des sciences naturelles), la distinction hégélienne entre science et savoir disparaît. Cette philosophie nouvelle a trois sources : la théorie de la connaissance, la logique et les principes des mathématiques. Il est tenu pour impossible qu'une chose existe sans être connue, ce qui est une pierre dans le jardin de Kant. Dans la logique, la vision organiciste de la réalité est remplacée par une vision pluraliste et atomiste. L'étude des principes des mathématiques permet de détruire une grande partie de la philosophie kantienne (sur tout ceci, *op. cit.*, p. 460 *sqq.*) : les géométries non euclidiennes mettent en péril l'esthétique transcendantale[37] et la théorie frégéenne du nombre montre que l'arithmétique dérive de la logique, ce que Kant niait[38]. Cette philosophie n'est pas seulement critique (ce n'est pas une critique de la critique) : elle est constructive et sa méthode est l'analyse logique des propositions.

Si Meinong est considéré globalement comme faisant partie de la révolte anti-idéaliste et s'il est rangé dans la nouvelle philosophie, scientifique, réaliste et constructive, sur quoi porte le désaccord entre Meinong et Russell ? La même chose pourrait être dite du désaccord entre Russell et Husserl, mais il est beaucoup moins bien documenté — il faut passer par exemple de manière indirecte par la correspondance entre Husserl et Frege. Une première remarque concerne la manière dont Meinong est critiqué et rejeté dans *De la dénotation* (1905). Il s'agit en fait d'un artifice d'exposition pour faire ressortir la position de Russell sur un point : la construction d'une théorie qui serait capable de déterminer quelles « expressions dénotantes représentent des constituants authentiques [c'est l'expression importante] des propositions dans l'expression verbale desquelles elles figurent » (Russell, 1989, p. 207). Russell rejette deux moyens de déterminer ces constituants authentiques, le premier étant celle de Meinong, le deuxième étant celle de Frege (en ce qui concerne ce dernier, Russell refusera la distinction *Sinn/Bedeutung* au profit de la seule dénotation, ce qui est une simplification). Le rejet de Meinong ne procède pas d'un désir de simplification. Au contraire, Russell reconnaît que « parmi les théories possibles qui admettent de tels constituants, la plus simple est celle de Meinong » (*ibid.*). Elle est caractérisée ainsi : « n'importe quelle expression dénotante grammaticalement correcte [et non pas logiquement correcte] représente un *objet* » (*ibid.*). La conséquence est que « l'actuel roi de France » représente un objet, tout comme le carré rond. La raison pour laquelle Russell rejette cette théorie est qu'elle viole le principe de contradiction. Cela n'a rien d'étonnant vu ce que nous avons par exemple exposé sur le rôle de ce principe dans l'ontologie, du livre Γ de la *Métaphysique* à Wolff. Ce n'est pas seulement parce que le principe de contradiction régit la logique que l'on doit rejeter une théorie qui l'enfreint (après tout, beaucoup de philosophes ont essayé de le suspendre dans certaines parties de la logique et on pourrait imaginer que la logique philosophique peut ici marcher sur les pas de la logique dialectique), mais aussi et surtout parce que le principe de contradiction, comme l'a montré Lukasiewicz, a une portée ontologique et même éthique (portée éthique à laquelle Russell est particulièrement sensible — admettre des objets contradictoires apparaît comme une faute intellectuelle, une atteinte aux vertus intellectuelles) :

« Je crois que ce qui fait précisément défaut c'est cet instinct de la réalité. Meinong maintient qu'il y a un objet tel que le carré rond, mais seulement qu'il n'existe pas, qu'il ne subsiste même

> pas, et que pourtant il y a un tel objet ; et quand vous dites "le carré rond est une fiction", il admet qu'il y a un objet "le carré rond" et qu'il y a un prédicat "fiction". Une personne ayant le sens de la réalité n'analyserait pas la proposition de cette manière. Elle verrait que la proposition exige d'être analysée d'une façon qu'il n'est pas nécessaire de faire du carré rond un de ses constituants. Supposer que dans le monde réel de la nature il y a tout un ensemble de propositions fausses qui se promènent me semble monstrueux. Je ne peux croire qu'elles s'y trouvent au sens où les faits s'y trouvent. (...) J'avance cela en ne prenant appui que sur ce qu'il me semble falloir appeler un instinct de réalité » (Russell, 1989, p. 382-383).

Le dossier des comptes rendus de Meinong par Russell (Russell, 1973, p. 17-95) ne porte pas que sur la question des objets non existants. Russell notamment y exprime son désaccord avec la théorie des complexes, exposant sa propre théorie (qu'un complexe ne présuppose pas ses constituants) telle qu'on la trouvera discutée dans les *Problems of Philosophy*. En ce qui concerne plus particulièrement les questions ontologiques touchant les objets, c'est le compte rendu de 1905 (*op. cit.*, p. 77-88) qui contient les développements pertinents.

Russell (*ibid.*, p. 78 *sqq.*) expose fidèlement la théorie des objets de Meinong en insistant sur le fait qu'il ne s'agit ni d'une métaphysique au sens strict — elle est plus vaste que la métaphysique (qui se limite au réel) —, ni d'une psychologie, les objets étant indépendants de notre appréhension (Meinong est un réaliste), ni même seulement d'une théorie de la connaissance[39], la théorie des objets concernant ce qui peut être connu *a priori* des objets, ni enfin une pure logique, dont Meinong pense qu'elle a un but également pratique, concernant le raisonnement, ce dont la théorie des objets est dénuée. La conclusion de Russell est que la théorie des objets est le plus général de tous les domaines philosophiques, dont la grammaire et les mathématiques peuvent même être considérées comme des parties. Russell poursuit en rappelant la classification ontologique des objets en trois classes : (1) ceux qui existent (les objets ordinaires), (2) ceux qui subsistent (ex. de Russell : les propositions), (3) ceux qui ne subsistent ni n'existent (ex. : le carré rond). Russell expose ensuite la distinction entre l'être (*Sein*) et l'être-ainsi (*Sosein*). Un jugement thétique asserte l'être ; un jugement synthétique l'être-ainsi. Le carré rond peut être jugé thétiquement ne pas exister, et synthétiquement posséder les propriétés d'être rond et carré. C'est cette théorie que Russell attaque ; il déclare en effet : « Pour ma part, je ne suis pas convaincu qu'il y ait le moindre objet non subsistant » (*id.*, p. 80). Il distingue deux manières de modifier la théorie de Meinong : soit en déniant qu'il existe des objets non subsistants, soit en déniant qu'ils ne subsistent pas. Russell se propose d'appliquer la première stratégie au carré rond (comme paradigme de ces objets impossibles, apatrides [*heimatlos*]) et la seconde stratégie aux propositions fausses. L'argument principal ici aussi est le principe de contradiction, mais Russell ne se contente pas d'en évoquer la force normative, il donne un

« argument ontologique » selon ses propres termes, dirigé contre Meinong :

> « L'objection principale envers la thèse de Meinong me semble résider dans le fait qu'elle implique le déni de la loi de contradiction quand des objets impossibles sont des constituants [d'une proposition, considérée comme un complexe]. Si "A diffère de B" et "A ne diffère pas de B" sont tous les deux vrais, nous ne pouvons pas dire par exemple si une classe composée de A et de B a un membre ou deux. Ainsi, dans tout dénombrement, si nos conclusions sont pertinentes, nous devons exclure les objets impossibles. Nous ne pouvons pas si B est [un objet] impossible dire "A et B sont deux objets", ni ne pouvons davantage dire "B est un objet". Et la difficulté est que des objets impossibles subsistent ou même existent. Car si le carré rond est rond et carré, le carré rond existant est existant et rond et carré. Ainsi quelque chose de carré et de rond existe, alors que toute chose carré et ronde est impossible. Cet argument ontologique ne peut être évité par la solution de Kant affirmant que l'existence n'est pas un prédicat car (...) "existant" s'applique uniquement quand "étant actuel (*wirklich*)" s'applique et que ce dernier est un *Sosein*. (...) Ainsi je préférerais dire qu'il n'y a pas d'objet tel que le carré rond » (*ibid.*, p. 80-81, notre trad.).

L'argument consiste donc à affirmer qu'un objet doit être comptable et que s'il est impossible on ne peut le compter, car on ne peut le distinguer d'un autre également impossible. Dans cette discussion critique de Meinong, où nous n'essaierons pas de montrer les erreurs d'interprétation de Russell et d'exposer la réponse de Meinong[40], Russell énonce donc deux principes qui seront à la base de son atomisme logique en ce qui concerne les objets et les propositions.

On peut remarquer que Russell lui-même a évolué à partir d'une ontologie largement aussi libérale que celle de Meinong, puisqu'en 1903, dans les *Principles of Mathematics*, admettant que « chaque mot se réfère à quelque chose », il allait jusqu'à admettre le nombre premier divisible par 6, qui est un type d'objet impossible, en vertu des lois de l'arithmétique. *On Denoting* représente donc ce que Quine appelle un « Russell réformé (*a reformed Russell*) », qui a trouvé moyen de se débarrasser des entités indésirables, de ne pas tomber de l'idéalisme dans un réalisme naïf ou non critique. Ce moyen, c'est la théorie des descriptions et cette théorie, c'est la méthode des paraphrases issue de J. Bentham, dont Quine pensait qu'elle annonçait Russell, en réalisant la seconde étape de l'empirisme : le passage du mot à la phrase. Une paraphrase est une phrase équivalente à une autre phrase, mais qui en développe le contenu. La méthode des paraphrases consiste à remplacer une phrase par une autre. Son but est d'éliminer une entité fictive qui apparaît dans la première phrase. Un exemple est celui de la fiction « le plus grand bonheur » qui disparaîtrait dans une paraphrase développant cette expression à partir des concepts de peine et de plaisir (Bentham, 1997, p. 213). Si la méthode benthamienne des paraphrases annonce la théorie des descriptions, elle reste cependant largement intuitive, faute d'une logique et Russell en distinguant forme logique et forme grammaticale de la phrase sera à même d'éliminer de manière beaucoup plus rigoureuse les entités fictives, comme « l'actuel roi de France ». Pour Quine, la paraphrase est une simulation des objets fictifs, sans engagement ontologique[41] mécanique. Par exemple dans la phrase célèbre (sur laquelle on ne s'attardera pas, tout ceci étant bien connu[42]) « le présent roi de France est chauve », il ne faut pas comme Meinong partir de l'engagement ontologique envers « le présent roi de France », conçu comme un objet non existant auquel on attribue le *Sosein* d'être chauve, mais donner à cette phrase une paraphrase de la forme : '(ιx) (Φx)', où 'ι' est l'opérateur iota tel que ιx signifie : le x tel que... et où Φx est une fonction propositionnelle (ici : « chauve »). Par exemple, l'auteur de *Waverley* se paraphrasera : '(ιx) (x a écrit *Waverley*)', ce qui est un symbole incomplet qui ne signifie qu'en contexte[43]. Il n'y a pas d'engagement ontologique de la variable, ni de la fonction propositionnelle (car elle dénote une classe, et les classes n'ont pas d'engagement ontologique, notamment à cause de la classe vide) et donc la paraphrase a éliminé de l'ontologie sous-jacente l'entité « présent roi de France ». Russell reconstruit donc sobrement l'ontologie meinongienne en termes de sémantique de la variable et de logique des classes. Cela ne signifie toutefois nullement qu'il tourne le dos aux problèmes d'ontologie. Les objets non existants balayés, le terrain de l'ontologie s'avère libre et c'est sur ce terrain que Russell bâtit son atomisme logique — une ontologie réformée par la logique. Ce qui est capital, c'est d'être passé d'une sémantique du terme à une sémantique de la phrase, nécessaire pour paraphraser la forme logique des phrases. En deux mots, cette ontologie réformée ne distingue plus qu'existence et non-existence (en 1914, Russell abandonne le concept de subsistance qui lui sert encore en 1910-1912 à désigner le mode d'être des universaux), l'existence se divisant en faits et choses particuliers, la non-existence en qualités et relations universelles. La théorie des descriptions est au service d'une métaphysique d'un type particulier ; elle ne vise pas une élimination de la métaphysique mais de certains pseudo-problèmes liés à la prédication sur des entités non existantes ; ce n'est pas une théorie de la référence, car elle serait par trop incomplète — c'est une méthode d'élimination des entités indésirables. En un certain sens, c'est aussi une tentative de résoudre l'énigme du *Sophiste*, d'échapper à la réalité du non-être, de ne pas laisser le parricide de Parménide — « le non-être est et l'être n'est pas » (*Soph.*, 241e) — contaminer l'ontologie en laissant proliférer des non-êtres étant ou des êtres non étant. C'est cette métaphysique qu'il nous faut maintenant exposer.

Le niveau atomique

Le but de l'atomisme logique est d'arriver au niveau atomique, ce que l'on peut faire de deux manières. Soit on postule des simples, comme des monades, des points matériels, etc., et à partir de ces éléments simples on reconstruit la réalité pièce à pièce, soit on prend comme point de départ des complexes (des objets matériels, des personnes...) et on se donne des instruments d'analyse pour passer du niveau des complexes au niveau des simples. La première manière correspond plus à la méthode constructiviste qui sera celle de Carnap et de Goodman[44], la seconde à la méthode strictement analytique de Russell. Il s'agit ici d'une simplification, car *cum grano salis* on peut voir dans l'*Aufbau* une suite possible du programme de l'atomisme logique. Cette simplification, peut-être exagérée, a simplement pour but d'insister sur le fait que l'optique de Russell n'est pas une reconstruction logique de la réalité, mais une analyse logique et métaphysique de sa constitution ultime, de sa structure profonde. Cet atomisme logique se distingue de l'atomisme physique dans la mesure où les atomes logiques (si on s'autorise cette expression) ne sont pas forcément physiquement atomiques : un simple ontologique comme un particulier peut avoir des parties physiques. Toutefois il existe une ressemblance profonde avec l'atomisme physique sur un point : ne pas admettre de lien supplémentaire entre les entités de base. Cet atomisme s'oppose au monisme (Bradley, McTaggart, Hegel) et au dualisme (Descartes) ; c'est un pluralisme qui consiste à admettre qu'il existe une pluralité de constituants de la réalité et non une ou deux substances uniques.

Il faut donc distinguer atome physique et atome logique. La notion d'atome physique est absolue, si on définit l'atome par l'insécabilité. La notion d'atome logique est relative : ce qui est atome logique pour Russell ne l'est pas forcément pour Carnap, alors qu'un atome d'hydrogène est un atome d'hydrogène pour Bohr ou Schrödinger, quels que soient leurs désaccords sur l'ontologie de la physique, en l'occurrence sur l'interprétation de la mécanique quantique. Une doctrine qui identifierait les deux types d'atomes serait un type extrême de physicalisme (un autre type, moins extrême, est celui qui opère une réduction au physique). Si nous parlons ici d'analyse, c'est parce que le but est de réduire le vague[45] de la connaissance. Russell n'admet pas le vague réel[46] ; c'est un réaliste, mais un réaliste de la connaissance : c'est la connaissance qui détermine ce qui est. Le vague peut être dans les choses, comme dans l'*individuum vagum* des scolastiques ou dans l'esprit, le langage. Pour Russell, tous les prédicats sont vagues, ce qui semble localiser le vague dans le langage[47], sans qu'il examine si la source ultime est dans l'esprit. Le vague pour lui est universel :

> « Tout est vague à un degré dont on n'a pas le soupçon, jusqu'à ce qu'on ait essayé d'être précis » (Russell, 1989, p. 339).

Le point de départ de Russell n'est pas le sens commun. Celui-ci correspond à l'expérience de la réalité dans la perception et le langage, mais Russell n'exclut pas une rupture avec le sens commun. Il se représente son programme ainsi : commencer par quelque chose de si simple qu'il semble ne pas valoir la peine de l'énoncer, et terminer par quelque chose de si paradoxal que personne n'y croira (*id.*, p. 352). Le sens commun fournit une partie de la base empirique de l'ontologie, mais en aucune manière une norme régulatrice. Le péché philosophique de l'idéalisme absolu, de la philosophie de l'absolu de Fichte, Hegel, Schelling, n'est pas de rompre avec le sens commun, mais de se détourner du sens commun dès le début de l'enquête métaphysique en préférant à la perception commune et au langage l'intuition du Moi, de l'absolu, etc., bref de commencer par une prévention à l'égard du sens commun, qui consiste à l'écarter comme faisant pièce avec une illusion massive dont nous délivrerait la connaissance métaphysique. Le second péché philosophique de cet idéalisme est de ne pas respecter la norme fournie par la logique, en posant d'emblée une logique philosophique distincte de la logique des sciences, une logique dont les ressources seraient infiniment supérieures à la logique qui nous sert par exemple à codifier le raisonnement mathématique. Cet idéalisme n'entend nullement se passer de la logique philosophique ; il réclame plutôt une logique dialectique transcendantale comme forme de logique philosophique, là où Russell pense que la logique frégéenne réalise cette révision de la logique aristotélicienne, visée aussi par les idéalistes absolus et certains néo-kantiens[48]. La question de la logique philosophique est donc au centre du débat ontologique sur la possibilité même du réalisme et de l'idéalisme. Le véritable problème n'est pas la stérilité de la logique post-aristotélicienne, colportée et serinée par les kantiens, mais l'interprétation de la critique de la logique d'Aristote, soit vers une logique transcendantale, soit vers une *Begriffsschrift*, c'est-à-dire une écriture du concept.

Le monde contient des faits

Quelles sont ces choses si simples[49] qu'il semble inutile de les énoncer ? Le premier truisme est que le monde contient des faits. Ce truisme est différent de la constatation suivant laquelle le monde contient des objets et se rapproche du début du *Tractatus*, du moins en apparence. En effet, une différence saute aux yeux : pour Russell, il n'y a pas d'états de choses et la définition des faits comme des états de choses subsistants est impossible, puisqu'il ne dispose plus de ce concept de subsistance. Tout comme Russell renonce à la distinction entre sens et dénotation, au profit de cette dernière, passant d'une sémantique à deux étages (Frege) à une sémantique à un étage, de même, pourrait-on dire, il passe d'une ontologie à deux étages (faits/états de choses, Wittgenstein) à une ontologie à un étage, une ontologie de faits. On peut comparer ce point de départ avec celui de McTaggart : il y a au moins quelque chose qui existe ; ce quelque chose a des parties et des qualités. La différence entre McTaggart est que ce dernier souhaite prouver qu'il existe quelque chose, alors que Russell tient cela pour évident.

Le fait est défini comme ce qui rend une proposition vraie ou fausse. Dans la métaphysique actuelle, ce qui rend une proposition vraie ou fausse est un *truthmaker*, vérifacteur, distinct du porteur de vérité (*truthbearer*) : la proposition est un porteur de vérité ; c'est elle qui est vraie ou fausse, tandis que c'est le fait qui rend cette proposition vraie. Nous utiliserons ici ce concept de vérifacteur, même s'il ne figure pas dans le texte de Russell (qui utilise le terme « *vérifier* », cf. Armstrong, 2004). Si Marie chante, c'est la proposition « chante (Marie) » qui est vraie ou fausse et c'est le fait qui contient deux objets, Marie et son chant, <Marie, chant de Marie> qui rend cette proposition vraie. Pour Russell, un fait n'est pas un particulier physique, comme dans l'exemple envisagé, Marie et la mélodie qu'elle chante, qui, elles, sont deux existants particuliers. La difficulté pour comprendre cette ontologie, est que les faits structurent le monde des particuliers sans être des particuliers et tout en étant objectifs — ils appartiennent au mode objectif, à l'*esse objectivum*, pas au mode subjectif de l'individuation par le langage ou la perception, toujours relatifs à des sujets particuliers. On doit se contenter pour l'instant d'une définition négative : les faits ne sont pas des particuliers physiques.

Les classes de faits

Les faits se répartissent pour Russell en plusieurs classes : les faits particuliers, comme par exemple le fait que ceci soit blanc, les faits généraux, comme le fait que les hommes soient mortels, qui expriment collectivement ou distributivement des faits particuliers, les faits négatifs, comme le fait que Socrate ne soit pas vivant. Cette classification sera rendue plus précise, et Russell exprimera des doutes sur les deux dernières classes de faits, mais au début de son analyse il admet bien ces trois types de faits. Un fait ne peut être vrai ou faux, les faits négatifs sont des vérifacteurs des phrases négatives. Par exemple, si nous admettons dans notre ontologie des faits négatifs (et dans la suite de son évolution Russell trouvera toutes sortes de bonnes raisons pour y renoncer), la phrase

Le train de 8 h 47 n'est pas arrivé

a pour vérifacteur le fait négatif formé du train et de sa non-arrivée, alors qu'en l'absence de tels faits négatifs dans notre ontologie on analyserait cette phrase comme la négation de la phrase

Le train de 8 h 47 est arrivé

qui a comme vérifacteur le train et son arrivée, et on interprète la négation comme portant sur le fait que les deux soient combinés.

Les propositions sont des symboles complexes. Ici « complexes » devient un adjectif et le passage du sens substantif au sens adjectif marque bien la déflation ontologique achevée dans la PAL. Si les propositions sont des symboles, une théorie du symbolisme est nécessaire, théorie qui est une partie de la logique philosophique. Cependant cette théorie du symbolisme ne peut être purement logique, car ce qui concerne le sens est en partie psychologique, ce qui est une entorse à l'anti-psychologisme de Frege, pour lequel le sens est quelque chose d'idéal et d'objectif.

Pour progresser à partir de cette ontologie minimale d'individus, de qualités et de faits, Russell pose deux questions préliminaires : Les entités complexes sont-elles vraiment complexes ?

Les entités complexes sont-elles vraiment des entités ? Russell répondra à la deuxième question dans le dernier chapitre de la PAL, le seul selon lui à être ouvertement métaphysique (alors que l'on considère en général toute la PAL comme une tentative métaphysique, l'analyse de la complexité elle-même ayant une portée métaphysique). Quel genre de choses allons-nous à première vue considérer comme complexes ? Spontanément tout ce qui est nommé peut être considéré comme complexe : Socrate, Piccadilly, etc., mais aussi les poissons, les chaises — tout cela semble correspondre à la définition de « systèmes complexes formant des unités que l'on peut nommer par un nom unique ». Russell refuse à ce qui apparaît à première vue comme des entités complexes un véritable statut ontologique indépendant. Par exemple « Piccadilly » se réfère à des classes et à des séries d'individus, d'instants, etc. Or « les classes et les séries sont des fictions », donc Piccadilly est une fiction. C'est une position forte qui consiste à dire que quelque chose qui se révèle comme une classe (*ens permanens*) ou une série (*ens successivum*) ne peut être considéré comme une entité à part entière. Piccadilly n'est pas une entité complexe, non parce qu'elle n'est pas complexe, mais parce qu'elle n'est pas une entité — malgré les apparences c'est une série d'entités et non une entité unique, une classe spatio-temporelle de particuliers. On pourrait être tenté de considérer que Socrate n'est pas une entité complexe, parce que c'est également une classe ou une série (d'états, de propriétés, etc.). Un individu (au sens courant, à ne pas confondre avec le sens philosophique) serait alors réduit à une classe de propriétés temporellement localisées à un instant quelconque ou à une série de ces propriétés au fil du temps. Ce refus de ce type d'entités complexes conduit l'analyse à privilégier les faits. On doit donc commencer l'analyse de la complexité par l'analyse non des choses, mais des faits.

Ce qui frappe dans l'analyse de la complexité des faits, c'est qu'elle est en partie une analyse des tournures linguistiques par lesquelles nous exprimons cette complexité. On ne peut sans distordre la philosophie de l'atomisme logique imposer aux relations entre langage et réalité un schème rigide de correspondance isomorphe. Dans la « révolte contre l'atomisme logique » (expression due à G. Bergmann) jouera le reproche d'avoir versé dans le panneau de la correspondance naïve entre les articulations du langage et celles de la réalité. À partir de là, deux positions opposées de la non-ontologie — le Wittgenstein post-tractarien et Quine — se développeront, sur le fond de cet échec supposé de l'atomisme logique. La première consiste à analyser le langage lui-même de manière beaucoup plus fine que Russell, pour dégager sa métaphysique implicite, sans postuler forcément une quelconque structure détaillée de la réalité ; c'est le chemin de la philosophie du langage ordinaire. La seconde consiste à réduire l'ontologie à l'inventaire des entités auxquelles s'engage un langage quelconque, inventaire mené sur le patron normatif d'un langage canonique, celui de la logique mathématique, en laissant la question de la nature ultime de la réalité à la physique et aux mathématiques. C'est la voie quinienne. Il est donc important sur ce point d'être particulièrement attentif, car il engage des enjeux importants pour la métaphysique analytique dans son rapport à la description et aux sciences.

Il y a une complexité interne de tout fait, même atomique : La proposition qui l'exprime comporte plusieurs mots. Les propositions ont des parties communes et des parties spécifiques. Par exemple « Socrate est mortel » et « Platon est mortel » ont en commun « est mortel » qui est une fonction propositionnelle : avec l'argument fourni par un nom propre on obtient une proposition. « Socrate est mortel » et « Socrate est sage » ont en commun le nom propre non saturé « Socrate ». On comprend la phrase quand on comprend les parties dont elle est composée. Il faut toutefois selon Russell suspendre ce principe cognitif de compositionnalité dans le cas d'éléments simples connus *a priori,* comme par exemple le mot, ou le concept « rouge ». Dans « ceci est rouge », on ne comprend pas « rouge » :

> « On ne peut comprendre le sens du mot "rouge" autrement qu'en voyant des choses rouges » (p. 353).

Il y a connaissance directe, par fréquentation, par contact (*by acquaintance*) et non par description dans ce cas. Si le rouge m'est familier, je le distingue *a priori* du bleu. C'est un cas de connaissance *a priori* sans contenu descriptif ou conceptuel. On ne peut (apprendre à) connaître le rouge que par une définition ostensive et non par une définition théorique, telle « le rouge est la couleur qui a la plus grande longueur d'onde » et « ceci est rouge » n'est pas équivalent à « ceci a la couleur qui a la plus grande longueur d'onde » (*ibid.*). La définition cesse d'être la voie privilégiée de la connaissance du réel. Identifiée à la quiddité ou à l'essence dans la tradition, elle est impossible dans le cas de simples que l'on connaît par connaissance directe (et qui peuvent être des universaux pour Russell, comme le rouge). La combinaison de définition et d'analyse qui caractérise la philosophie de Leibniz (la définition étant la garante de l'achèvement de l'analyse) est ici remise en cause au profit de l'analyse. Vu le caractère *a priori* de la définition, surtout dans les systèmes déductifs, et le caractère *a posteriori* de l'analyse, cela permet de relativiser certaines des déclarations de Russell se prononçant pour une métaphysique *a priori*. Le malentendu apparent vient peut-être de ce que Russell ne considère pas que cette analyse préliminaire des éléments de la réalité, menée à bien en partie à l'aide de la structure logique des propositions, fasse partie intégrante de la métaphysique, préférant définir celle-ci comme une investigation complètement *a priori* sur « ce qu'il y a » (cf. dernière leçon de la PAL). Cela signifierait que l'analyse préliminaire de la structure, largement empirique, serait distincte des choix ontologiques, eux *a priori*. Dans la mesure où nous considérons toute cette entreprise comme métaphysique, où est visée d'emblée la structure de la réalité, « la nature de l'univers », objet de la métaphysique pour Moore, nous parvenons à la conclusion que si la métaphysique russellienne a certes une assise empirique, provenant des sciences, de la correction du langage et de la perception, ses choix ontiques ultimes se font cependant bien *a priori* : l'analyse qui dégage ce qui fait partie d'une structure ne pourrait à elle seule nous permettre de dégager la base catégorielle ontologique, sur la base d'engagements ontiques particuliers et primitifs.

Particuliers et noms propres

Deux définitions sont proposées :

Particuliers = termes des relations dans les propositions atomiques. Déf

Noms propres = mots représentant des particuliers. Déf

Les noms propres ici ne doivent pas être compris comme des noms propres du langage ordinaire (p. 359), comme « Sébastien Landais », « Waterloo » ou « Louis XIV » ou même Sartre et Corneille dans les énoncés : « Un Sartre aurait dénoncé cela ! », « Des Corneille dépareillés gisaient à terre ». Pour Russell, ces noms propres du langage naturel sont des abréviations de descriptions (ce qui est particulièrement visible dans « Waterloo », qui peut désigner un village ou une bataille ou dans le nom propre « Corneille » utilisé dans l'énoncé ci-dessus qui signifie « ouvrage écrit par l'auteur du *Cid* »). Par ailleurs, un nom propre du langage naturel utilisé de manière qui peut sembler directe et relativement sans complications (c'est-à-dire sans article, de manière complètement non ambiguë, etc.) peut être dit désigner une série, un développement de propriétés. Le nom propre « Pavarotti » désigne à la fois la série des individus à des moments particuliers dont la somme compose l'individu total « Pavarotti » et un développement de ses propriétés. Par exemple, « Pavarotti est un ténor » est justiciable d'une analyse complexe[50] qui oblige en particulier à faire un choix entre deux métaphysiques, celle des objets qui perdurent et celle des objets qui endurent.

Les noms propres qui désignent des particuliers sont des noms propres logiques. La meilleure approximation dans le langage naturel est le déictique, c'est-à-dire le démonstratif désignant par ostension un particulier. Quine a mis en cause le fait qu'une ostension désigne de manière univoque un particulier ; selon lui, le point d'ostension peut se confondre avec une partie d'un particulier (mais c'est alors un particulier) ou un environnement (« ceci est intolérable » en balayant d'un geste une pièce en désordre), de manière telle qu'il existe des cas où il y a une réelle indétermination (on ne sait plus si ceci désigne le particulier x, une partie de x, x avec les particuliers y, z...). On peut alors parler du « vague du point d'ostension » (l'ostension n'étant alors plus indemne du vague du langage naturel) : quand je pointe mon doigt (ou mon bâton de marche ou quoi que ce soit d'autre) vers une feuille d'arbre en disant : « Ceci est bien intéressant », est-ce que je désigne la feuille, ses nervures, une de ses propriétés ? Il faut donc une certaine dose d'idéalisation linguistique pour voir dans le déictique l'équivalent d'un nom propre logique qui lui, rigidement attaché à un particulier, ne souffrirait d'aucune indétermination. David Kaplan, dans les années 1970, dans ses leçons en partie inédites sur les démonstratifs a introduit pour lever cette difficulté un déictique purement démonstratif : *dthat* (pour *demonstrative that*). Tout cela pose la question de l'usage et des limites du langage naturel en métaphysique et plus particulièrement dans cette partie de la métaphysique qui est l'ontologie. Dans la PAL, Russell est partisan, non d'une description du langage naturel, mais d'une connaissance de ses structures, à l'aide d'un langage logiquement parfait, c'est-à-dire d'un langage analytique, qui réalise une correspondance parfaite entre mots et objets simples — langage qui n'a qu'une syntaxe et pas de vocabulaire propre. La langue naturelle n'est pas logiquement parfaite, son ambiguïté et son vague nécessaires pour la communication font qu'il ne peut y avoir de correspondance biunivoque et compositionnelle avec le dénoté[51]. Il est donc partiellement injuste de reprocher à Russell une conception purement représentationaliste du langage naturel. D'autre part, tout cela renforce ce que nous avons dit, en le nuançant et en le précisant, sur la simplification excessive qui consiste à voir dans la philosophie du langage la philosophie première. Pour Russell, la partie proprement ontologique, celle qui porte, comme chez Quine, sur « ce qu'il y a », on le verra, est distinct des considérations sur le langage. Un échantillon de langage logiquement parfait est fourni par la théorie des descriptions et, de manière plus générale, dans les *Principia Mathematica*, écrits en collaboration avec Withehead. Gödel, dans son fameux théorème, arithmétisera le langage logique des *Principia Mathematica* comme une réalisation d'un langage logiquement parfait. On peut d'ailleurs considérer que ce théorème a contribué également à donner une justification, ou un semblant de justification, à la révolte contre l'atomisme logique. On laisse ce point de côté, qui implique trop de philosophie mathématique.

Faits atomiques et relations

Les faits les plus simples expriment ou représentent la possession d'une chose particulière. Il s'agit d'une relation monadique — nous pouvons nous demander si une relation monadique est une vraie relation, dans la mesure où selon nous une relation connecte au moins deux termes qui sont les *relata*, comme dans 'aimer (a, b)' où la relation 'aimer' connecte 'a' et 'b' (nous discuterons de la direction de ce type de relation, à propos de l'atomisme logique de Armstrong, cf. *infra*, chap. XVIII). Cependant il s'agit bien d'une relation, car dans la possession d'une couleur blanche par un objet particulier, mettons une balle, le fait le plus simple (mais pas absolument simple — il n'y a pas de fait absolument simple) est une relation entre cette balle et cette couleur. Armstrong se posera la question de la nature de la relation entre l'universel (la blancheur) et le particulier (la balle) et nous verrons qu'il existe une alternative radicale, pour éviter les traquenards soit platoniciens de la participation, soit aristotéliciens de l'exemplification ou de l'instanciation : considérer que la blancheur de la balle est elle-même un particulier, la difficulté devenant alors celle de lier deux particuliers, mais n'anticipons pas — on traitera de ce problème dans le chapitre XVIII. Par ordre croissant de complexité les relations dyadiques (ceci est à gauche de cela) et triadiques (A donne B à C) constituent une hiérarchie cumulative de faits atomiques exprimés par des propositions atomiques. Le fait atomique n'est pas dépourvu de structure (c'est la même chose pour un atome physique) ; il a une structure plus ou moins complexe, suivant le rang de la relation dans la hiérarchie. Il est atomique dans la mesure où il n'y a pas de connexion entre ce fait et un autre fait. Par exemple « Marie danse » est atomique, tout comme « Pierre chante », mais « Marie danse et Pierre chante » ou « Marie danse ou Pierre chante » sont des faits moléculaires, correspondant respectivement à une disjonction et à une conjonction de faits atomiques. On peut se demander, en dehors de l'exégèse russellienne, si l'on a intérêt à admettre des faits moléculaires disjonctifs ; c'est un point sur lequel on reviendra.

La définition du particulier donnée ci-dessus est purement logique, elle n'est ni métaphysique, ni psychologique. N'y a-t-il pas une certaine circularité cachée dans cette définition et celle qui l'accompagne, celle du nom propre ? Une réponse possible (celle de Quine par exemple) est d'affirmer que la question de savoir ce que sont les particuliers est extra-logique et peut faire l'objet d'une enquête empirique, ce en quoi consiste la naturalisation de l'ontologie. Nous n'entendons pas attribuer cette position à problèmes dans la PAL qui n'est pas assez explicite sur ce point (comme sur beaucoup d'autres de méta-ontologie), nous souhaitons simplement souligner que la naturalisation, en dehors de nombreuses autres motivations indépendantes, peut être considérée comme un moyen de briser le cercle en question.

Il nous faut maintenant éclaircir ce qui concerne les relations elles-mêmes (c'est en partie l'objet de la troisième leçon de la PAL). Les problèmes métaphysiques des relations sont au moins de deux types : d'une part la possibilité d'une classification à la fois perspicace et pénétrante des relations, d'autre part la pertinence d'une réduction des relations à des propriétés. Hume et Leibniz ont abordé le premier point. Hume (*A Treatise on Human Nature*, I, I, 5, 2000, p. 15) distingue notamment sept types de relations parmi lesquelles les plus fréquemment discutées : celles d'identité, de ressemblance, de comparaison, de degré, de contrariété, de causalité. Le second point, celui de la réductibilité, occupe dans la métaphysique classique de longs développements. La raison en est que cette métaphysique a comme catégories fondamentales la substance et l'attribut. Si l'attribution se laisse exprimer assez fidèlement par la prédication, du moins le semble-t-il, il n'en va pas de même pour une relation qui se laisse difficilement exprimer dans une métaphysique de la substance et de l'attribut s'exprimant essentiellement par la prédication d'une qualité à une substance. C'est ainsi que Leibniz, malgré le fait qu'il anticipe Peirce dans la construction d'une logique des relations, continue dans la plupart de ses fragments de grammaire rationnelle, où il cherche, avant d'analyser les problèmes, à dégager la forme logique des phrases, à réduire les relations à des propriétés comme dans l'exemple canonique : « Hélène aime Pâris » = « Hélène est Hélène en tant qu'aimant Pâris ». Russell, s'il opère une réduction, opère la réduction inverse : des propriétés aux relations. On a déjà examiné ce concept de relation monadique : là où un classique aurait analysé l'attribution d'une qualité à une substance, Leibniz voit déjà un élément relationnel. Russell va plus loin, puisqu'il affirme que dans « Ceci est rouge » (relation monadique, classiquement attribution d'une propriété) « ceci a une relation de ressemblance avec une chose standard qui est rouge (ou avec un échantillon de rouge) » (p. 365 *sqq.*). Incidemment, on peut remarquer que Russell attribue cette réduction inverse à Berkeley et Hume, point qu'on laisse de côté, pour la curiosité de l'amateur d'histoire de la philosophie. En termes russelliens, on est passé d'une relation monadique à une relation dyadique (de ressemblance) ; en termes leibniziens, d'une attribution à une relation. Ce chapitre de l'ontologie des relations sera remarquablement développé dans la métaphysique analytique et l'on peut souligner que la critique de la théorie leibnizienne des relations internes par Russell, à partir d'un nouveau point de vue, tranchant avec celui de la substance et de l'attribut, a représenté une impulsion importante.

Faits disjonctifs ? Conjonctifs ? Négatifs ?

Pour Russell, il n'y a pas à proprement parler de faits disjonctifs, de faits conjonctifs ou de faits hypothétiques (pour des énoncés du type « s'il pleut, je prends mon parapluie »). Il y a des faits moléculaires, qui à première vue peuvent être établis sur la base de disjonctions (« ou »), de conjonctions (« et »), d'implications (« si, alors ») et la sémantique des opérateurs, qui sont des fonctions de vérité (c'est-à-dire prenant des valeurs de vérité pour donner une valeur de vérité), correspondant à « ou » (v), « et » ($\wedge$), « si alors » ($\supset$), permettra de déterminer la valeur de vérité des composés. Ainsi par exemple le fait exprimé par

Marie danse et Paul chante[52]

ne sera pas considéré comme un fait conjonctif qui serait le vérifacteur[53] de cet énoncé. On considérera plutôt qu'il y a deux vérifacteurs pour « Marie danse » et « Pierre chante » et que la sémantique de l'opérateur de conjonction donne le bon résultat : la phrase est vraie si les deux vérifacteurs font la vérité des composants de l'énoncé moléculaire. Russell voit par contre des difficultés avec les énoncés disjonctifs comme

Marie danse ou Paul chante

Il ne propose pas l'équivalent d'une analyse où il suffirait d'un seul vérifacteur pour que l'énoncé soit vrai. La raison en est qu'il ne peut y avoir selon lui de parallèle ici entre la conjonction et la disjonction, car dans la disjonction on n'a pas un fait unique. On verra qu'Armstrong aperçoit ici aussi ces mêmes difficultés (cf. *infra*, chap. XVIII).

C'est à propos des opérations sur les faits atomiques que se pose à nouveau la question des faits négatifs. En effet, la négation (« ne pas », ¬) est un opérateur qui, appliqué à un fait atomique, produit un fait atomique modifié. S'agit-il d'un fait négatif ? Les objections contre les faits négatifs sont d'après Russell les suivantes (p. 371)[54]. Tout d'abord croire à non-p, c'est ne pas croire à p — c'est une absence de croyance qui manifeste ce fait. Croire que Marie n'est pas à la maison, c'est ne pas croire que Marie est à la maison. Une analyse plus fine montrerait sûrement des différences entre les deux énoncés, mais Russell maintient cette équivalence. Les faits sont individués subjectivement dans des croyances et si la négation porte sur la croyance, c'est effectivement un argument contre les faits négatifs. Soit donc un fait F et une croyance sur F. Nions le fait F. Pour Russell, ce que nous avons fait, c'est nier notre croyance sur F. Ensuite, deuxième argument après celui de la croyance, il ne peut y avoir de faits négatifs dans le monde. Le monde est l'ensemble des faits, l'ensemble des faits qui existent et pas des faits existants et non existants. En effet un fait non existant pourrait être constitué d'objets non existants et l'on a vu, à propos de la critique de Meinong les raisons russelliennes de rejeter ce type d'entités. Cependant Russell n'accepte pas complètement cette objection, peut-être parce qu'il existe des faits négatifs composés d'objets existants. Enfin il existe une troisième objection, que Russell ne retient absolument pas : la négation s'appliquerait au prédicat et non à la phrase. Pour lui, la négation authentique, c'est la négation de phrase (pour des raisons logiques). Il y a fait négatif quand il y a négation de phrase. Si nous admettons les deux types de négation, nous allons être conduits à affirmer que « Socrate est non sage » exprimerait un fait positif et « Socrate n'est pas sage » un fait négatif, ce qui semble très artificiel (à juste titre) à Russell. Ce dernier, sans trancher véritablement, ne trouve donc pas de raisons décisives de rejeter les faits négatifs, comme il a rejeté les faits disjonctifs.

La logique philosophique est une zoologie

Au début de sa quatrième leçon, Russell précise la nature de son entreprise :

> « Je pense que l'on pourrait décrire la logique philosophique, la partie philosophique de la logique dont je m'occupe dans ces conférences depuis Noël 1917, comme un inventaire ou si vous préférez un mot plus humble, comme un "zoo" contenant toutes les différentes formes possibles que les faits puissent avoir. Je préfère dire "les formes des faits" plutôt que les "formes des propositions" (...) En vertu du préjugé réaliste avec lequel j'aborde toute étude métaphysique, je souhaite toujours être engagé dans l'investigation d'un fait ou

> d'un ensemble de faits réels, et il me semble qu'il en va ainsi en logique autant qu'en zoologie. En logique on s'occupe de la forme des faits, de saisir les différentes espèces de faits, les différentes espèces de faits logiques qu'il y a dans le monde » (*ibid.*, p. 375-376).

Russell utilise ici le mot « logique » là où nous utiliserions « ontologie ». La définition de l'ontologie n'est-elle pas précisément l'étude des différentes formes possibles de catégories de base, ici les faits ? Reconnaissant qu'il s'agit d'une « étude métaphysique », il préfère probablement continuer à parler de logique (philosophique) dans la mesure où la question pour lui ouvertement métaphysique, celle de l'existence, n'a pas encore été posée de manière explicite. Anticipant Quine, il donne une définition volontairement modeste de cette ontologie, puisqu'elle est comparée à une zoologie c'est-à-dire à une forme complète et achevée de taxinomie. Il ne faut pas concevoir ici la comparaison avec la zoologie comme indiquant que Russell, comme Aristote, croit à un univers d'espèces et de genres fixes. Cette comparaison vise plutôt à rapprocher l'ontologie des sciences descriptives et à bien montrer que la PAL a une fonction descriptive et classificatoire. La réaffirmation du réalisme russellien se fait ici dans un contexte de naturalisation de l'ontologie. Cette conception est à l'exact opposé, du moins à première vue, de la conception husserlienne de la logique, conception anti-naturaliste et anti-psychologiste exposée dans la *Première Recherche logique*.

La croyance

À l'occasion de l'analyse des croyances, Russell énonce un axiome ontologique important : chaque fait qui figure dans le monde doit être entièrement composé de constituants qui sont et non de constituants qui ne sont pas. La croyance en effet ne doit pas être une porte ouverte sur le royaume fantomatique des objets non existants. Cela découle de la théorie originale, mais passablement obscure, de la croyance qu'il expose.

Russell refuse la théorie de l'opérateur de croyance comme préfixe propositionnel, c'est-à-dire l'analyse de « Pierre croit que Socrate est sage » en « Pierre croit que » d'un côté, qui serait un opérateur « croire » attaché à « Pierre » et « Socrate est sage » qui serait un autre fait ou, pis, une proposition (pis, car, comme Russell l'affirme, « les propositions n'existent pas »). Ce qu'il refuse c'est donc la structure suivante :

Croire (Pierre, Φ)

où « Φ » est le fait exprimé par : « Socrate est sage ».

La raison pour refuser cette analyse est que nous serions amenés dans le cas des croyances fausses à admettre un fait non existant comme objet de la croyance. Par exemple : « Mon fils croit que le Père Noël possède un grelot magique » serait analysé

Croire (mon fils, ψ)

où « ψ » est le fait exprimé par « Le Père Noël, etc. » ;

la difficulté étant alors que comme ψ n'existe pas, il n'y a pas véritablement de relation.

« Pierre croit que Socrate est sage » est donc un fait, mais « Socrate est sage » n'est pas une entité indépendante dans cette croyance et on ne peut mettre le verbe subordonné (« est ») au même niveau que les termes « en le traitant comme un terme objet dans la croyance » (*op. cit.*, p. 386). Une autre raison de refuser l'analyse avec préfixe est que selon Russell elle conduirait à considérer que « croire » dans ce cas est une relation particulière, or comme on l'a vu plus haut, il refuse les relations particulières ou individualisées par leurs porteurs (à la différence de certains particularistes contemporains, cf. chap. XIX). La seule solution encore disponible dans ce cas est de soutenir que la croyance est un fait irréductible, qui a précisément pour composants les éléments de la croyance, car la croyance ne porte pas sur la proposition qui comporte précisément ces éléments. Si je crois qu'Olga est une vache sacrée, ma croyance ne porte pas sur la proposition assertant qu'Olga est une vache sacrée, mais elle est un fait irréductible qui contient une relation universelle : croire, et des éléments : moi, Olga et la classe des vaches sacrées. Cependant, Russell est conscient des difficultés qui subsistent avec sa « solution ». Toute la difficulté est de faire face à « l'énigme de savoir traiter de l'erreur sans supposer l'existence du non-existant » (p. 384). Il compare explicitement « Desdémone aime Cassio » (un fait non existant) et une licorne[55] (un objet non existant). Qu'est-ce que croit Othello quand il croit que Desdémone aime Cassio ?

Russell se contente d'indiquer deux pistes : la première est qu'il n'y a pas de relation entre Desdémone et Cassio et que nous sommes victimes du symbolisme si nous le croyons. La seconde est l'impossibilité de mettre le verbe objet de la croyance (ici « aime ») au même niveau que « croire ». Russell propose d'appeler ces verbes propositionnels, alors même que « ce n'est pas là véritablement ce qu'ils font » (p. 386) — mettre en relation un objet et une proposition. Ce faisant, il encourage une erreur courante sur sa doctrine qu'on range rapidement dans les théories de la croyance en termes d'attitudes propositionnelles, alors même qu'il refuse le terme « attitude » comme étant « psychologique » (p. 387) ! Il reste une dernière difficulté, considérable. Si les croyances sont des faits, comme le soutient Russell, et que les croyances sont vraies ou fausses, cela implique qu'il y ait des faits qui sont vrais ou faux. Or, seules les propositions sont des porteurs de vérité ; les faits sont des vérifacteurs. La croyance serait à la fois un porteur de vérité et un vérifacteur ! Russell a raison de dire qu'il est « tombé sur une nouvelle bête pour notre zoo » (p. 385).

Ces développements sur la croyance concernent certes l'analyse logique des énoncés de croyance, avec notamment des problèmes d'adéquation du symbolisme (la difficulté de représenter spatialement des croyances), mais ces analyses débouchent immédiatement sur des problèmes métaphysiques qui concernent les relations et les faits. De plus, le choix du traitement logique est gouverné par un axiome ontologique, qu'il est opportun de rappeler ici : celui suivant lequel dans un fait existant, tous les composants sont existants. Cet axiome implique que l'on n'accepte pas dans l'ontologie des référents ontologiques pour « Desdémone aime Cassio[56] », ce qui pose immédiatement le problème de savoir sur quoi porte la croyance : s'il n'y a pas de relation, mais l'apparence d'une relation, que connecte le fait de la croyance ?

Dans l'analyse subséquente des croyances, certains développeront malgré les difficultés une analyse de la croyance où les opérateurs de croyance sont des analogues des modalités, en les faisant porter sur des mondes possibles accessibles à la croyance (Desdémone aime Cassio dans le monde possible ou les mondes possibles accessibles à la croyance d'Othello), et d'autres refusant la métaphysique des mondes possibles (cf. *infra*, p. 649 *sqq*), explicitement ou implicitement présente dans ce genre de traitement, se tourneront vers des traitements éliminant de fait la croyance (Quine).

Wittgenstein sur la croyance

On peut remarquer que, comme le reconnaît Russell (p. 385), Wittgenstein l'a précédé dans cette analyse de la croyance. En effet dans deux propositions du *Tractatus* il pointe les mêmes difficultés ; et même si, pour des raisons chronologiques, il ne peut y avoir influence directe de ces textes sur les *Leçons*, il est probable que Wittgenstein avait déjà livré à Russell sa manière de voir, tant la convergence est grande :

> « 5.541. À première vue, il semble qu'une proposition puisse apparaître aussi dans une autre proposition d'une autre manière [que comme la base d'une opération de vérité, cf. 5.54]. Particulièrement dans certaines formes propositionnelles de la psychologie, telles que "A croit que p a eu lieu" ou "A pense p" etc.
>
> Car superficiellement il semble qu'ici la proposition p ait une sorte de relation avec un objet A.
>
> (Et dans la théorie moderne de la connaissance [Russell, Moore, etc.] ces propositions sont conçues de cette manière.)
>
> 5. 542. Il est cependant clair que "A croit que p", "A pense que p", "A dit p" sont de la forme "p' dit p" et il ne s'agit pas ici de la coordination d'un fait et d'un objet, mais de la coordination de faits par la coordination de leurs objets » (1993, p. 89-90).

L'usage de la logique

Les leçons V-VII traitent de l'existence, du rapport du langage à la réalité et de la stratification de cette dernière ; elles utilisent plus le symbolisme logique. Russell entre dans le détail des interactions complexes entre le langage formel de description et le découpage de la réalité (pour reprendre l'image platonicienne). Les théories formelles, logiques ou sémantiques impliquées sont essentiellement la théorie des descriptions et la théorie des types. Nous n'introduirons ici que le strict minimum de formalisme et ce qui retiendra notre attention, c'est l'usage qui en est fait dans l'enquête ontologique. Le rapport entre ontologie et logique est complexe chez Russell ; on ne peut par exemple ni réduire l'ontologie à une projection du langage logique, ni la logique à la traduction de présupposés ontologiques. Les deux thèses de la projection et de la traduction sont également simplificatrices. Ce n'est pas la logique qui nous dit ce qu'il y a et ce n'est pas l'ontologie qui dicte sa forme à la logique. La logique mathématique qui a son acte de naissance dans la *Begriffsschrift* de Frege (1879) est une logique de la quantification qui analyse les propositions en fonction et argument. La raison pour laquelle cette logique a pris cette forme est à chercher dans les insuffisances de la logique aristotélicienne qui ne pouvait analyser les propositions quantifiées dans toute leur généralité sur la base de la division en sujet et prédicat[57]. La théorie de la quantification et l'analyse en fonction et argument ont de profondes conséquences ontologiques, alors que la motivation de la *Begriffsschrift* était strictement et exclusivement logique. C'est dans sa sémantique de l'objet saturé et de la fonction insaturée, sémantique distinguant sens et dénotation, que Frege a développé une quasi-ontologie. Ce terme de « quasi-ontologie » entend se tenir à mi-distance de ceux pour lesquels il y a une authentique ontologie frégéenne (Bergmann) et d'autres, la majorité, pour lesquels ce n'est pas le cas. La raison pour laquelle on peut tenir pour une ontologie frégéenne, c'est le statut platoniste[58] des entités de base de sa théorie (les objets, dont le vrai, le faux, etc.). Quoi qu'il en soit, la logique frégéenne a été développée et perfectionnée par Russell et Whithehead dans les *Principia Mathematica* pour reconstruire les mathématiques sur une base logique. C'est cet instrument qu'utilise Russell pour donner à son « instinct de réalité » une forme critique de l'idéalisme ou du meinongianisme. La théorie de la quantification sera utilisée pour analyser les présuppositions d'existence des énoncés et la division fonction/argument donnera naissance, *via* la hiérarchie des fonctions propositionnelles, à la théorie des types, que l'on peut considérer à la fois comme une pièce majeure du symbolisme et une contribution en grande partie non développée à l'ontologie de la réalité, puisqu'on y distingue des propriétés de différents ordres.

Dans ce qui suit nous utiliserons les symboles :

$\exists$ (pour « au moins un »),
$\forall$ (pour « pour tout »),
E ! (pour « il existe »),
$\neg$ (pour « non »),
v (pour « ou »),
$\wedge$ (pour « et »),
$\supset$ (pour « si... alors »).

Ces symboles sont les symboles de la logique du premier ordre[59]. $\exists$ et $\forall$sont des quantificateurs, ils lient des variables : dans $\forall x\, Fx$ (pour tout x, Fx, c'est-à-dire : F est satisfait par tout x ou : tout x possède la propriété F) « x » est lié par $\forall$. On va se demander quels sont les énoncés qui impliquent l'existence. On se le demandera en traduisant les énoncés de la langue naturelle en logique du premier ordre. C'est une démarche que systématisera et radicalisera Quine en faisant de la quantification la pierre de touche de l'engagement ontologique (« être, c'est être la valeur d'une variable liée par un quantificateur »). La forme des énoncés généraux fait qu'ils n'impliquent pas l'existence. Leur forme est en effet hypothétique (1) étant l'équivalent logique de (2) :

(1) Tous les Grecs sont des hommes
(2) $(\forall x)\ Gx \supset Hx$

Cette formule (2) se lit : pour tout x, si x est un Grec, alors x est un homme et n'implique pas qu'il existe un Grec, car c'est une prémisse hypothétique (si j'affirme : « si x est une licorne, x a une corne », je n'implique pas l'existence d'une licorne). D'après Russell, la syllogistique suppose l'existence du sujet de la proposition générale, ce qui est une erreur. Russell vise spécialement les syllogismes en Darapti (soit AAI = prémisse majeure affirmative universelle, prémisse mineure affirmative universelle, conclusion affirmative particulière, cf. *Premiers Analytiques,* I, 6, 28a 17-26) où l'on déduit l'existence de propositions universelles, ce qui est erroné, puisque les propositions universelles n'ont pas de force existentielle. Par exemple dans le syllogisme en Darapti suivant :

(A) Toutes les chimères sont des animaux.
(A) Toutes les chimères crachent des flammes.

(I) Donc quelques animaux crachent des flammes.

la difficulté, déjà signalée par Leibniz, est que la conclusion étant affirmative particulière semble impliquer l'existence, ce qui est impossible. Russell échappe à la difficulté en donnant comme forme logique aux prémisses des formes hypothétiques :

$$[((\forall x)\ (Cx \supset Ax))\ \&\ ((\forall x)\ (Cx \supset Fx))] \supset [(\exists x)\ (Ax\ \&\ Fx)]$$

[C : être une chimère, A : être un animal, F : cracher des flammes. Cette formule se lit : si pour tout x, si x est une chimère, alors x est un animal et pour tout x si x est une chimère x crache des flammes, alors il y a au moins un x tel qu'il est un animal et qu'il crache des flammes.]

Darapti n'est pas valide. Il faudrait que les chimères (C) ne soient pas dans une prémisse hypothétique pour que ce soit correct. Pour Russell, ce qui est affirmé dans une proposition générale, c'est la vérité de toutes les valeurs de la fonction propositionnelle. Dans « Toutes les chimères sont des animaux », c'est la fonction propositionnelle « être un animal ». C'est un symbole incomplet, ce qui correspond à la fonction insaturée chez Frege. C'est la saturation qui produit l'existence, par la prédication du terme général. La fonction propositionnelle peut être nécessaire (tautologie), impossible (contradiction), possible :

$(\exists x)\ x = x$
est nécessaire
$(\exists x)$ x est un homme
est possible

$\exists$x x est une chimère
est impossible.

Les modalités sont donc des propriétés des fonctions propositionnelles qui, elles, sont vraies ou fausses : comme l'a montré Wittgenstein dans le *Tractatus*, si elles sont toujours vraies, ce sont des tautologies, toujours fausses, des contradictions. Cette manière de voir fait que l'on évaluera

J'ai rencontré un homme

de la manière suivante : la fonction propositionnelle « j'ai rencontré x et x est humain » est possible s'il existe une valeur de x pour laquelle la proposition obtenue en complétant la fonction propositionnelle est vraie.

L'existence : analyse du jugement d'existence et statut logique de l'existence

On peut alors définir l'existence à l'intérieur d'une proposition : il y a au moins une valeur pour laquelle cette fonction propositionnelle est possible et pour laquelle la proposition est vraie. Par exemple, pour la fonction propositionnelle « x est un homme », il y a au moins une valeur (anti-solipsisme extra-logique[60]) pour laquelle « x est un homme » est vraie, donc il existe au moins un homme. La notion d'existence est donc obtenue à partir des primitifs « quelquefois » et de « possible ». Ce n'est pas une notion logiquement primitive. Puisque l'existence n'est pas un prédicat on ne peut inférer :

Les hommes existent,
Socrate est un homme,
Donc Socrate existe.

Exactement comme dans le sophisme :

Les hommes sont nombreux,
Socrate est un homme,
Socrate est nombreux.

La raison est que « existe » est une propriété du deuxième ordre (comme « nombreux ») ; c'est une propriété de la propriété « être un homme » ; cela signifie que cette propriété est instanciée (ou que la fonction propositionnelle est saturée au moins par une constante). Russell critique le langage ordinaire qui utilise la locution 'il y a' de façon à faire accroire que ce qui suit 'il y a' existe (il y a x = x existe), alors que seules les fonctions propositionnelles sont un lieu où l'on peut décider de l'existence. Donc il faut remplacer « il y a des hommes » par « 'x est un homme' est possible ». Cependant une fonction propositionnelle est un schéma ; en elle-même elle n'est rien et donc l'existence se décide dans quelque chose qui en soi n'est rien. On ne peut pas dire, en aucune façon, que les fonctions propositionnelles sont un fondement de l'existence. Il ne faut pas se représenter les rapports entre logique et existence comme la première fixant la seconde. Par exemple, l'axiome ontologique « il y a une chose dans le monde » s'exprime par « x = x », ce qui est une forme pure, mais pour qu'elle soit vraie, il faut constater au moins l'existence d'une chose dans le monde. La métaphysique de l'atomisme logique nous livre les formes pures de l'existence, mais c'est hors de la logique qu'il faut chercher des raisons de constater l'existence.

L'analyse du jugement singulier d'existence a fourni suivant Russell l'occasion à la métaphysique passée de commettre de nombreuses erreurs. On sait que le jugement d'existence pose un problème à Aristote (cf. S. Mansion, 1976). Pour Aristote, il est nécessaire de savoir que les choses existent pour pouvoir savoir ce qu'elles sont :

> « Nécessairement en effet quand on sait ce qu'est l'homme, ou toute autre chose, on sait aussi qu'il est, car pour ce qui n'est pas (*to mé on*), personne ne sait ce qu'il est : on peut seulement savoir ce que signifie le discours ou le nom, comme lorsque je dis *bouc-cerf*, mais ce qu'est un bouc-cerf il est impossible de le savoir » (*Seconds Analytiques*, II, 7, 92b, 4-8, trad. Tricot, p. 184).

Si Aristote partage le point de vue réaliste qui consiste à dire qu'il n'y a pas de milieu entre l'être et le non-être, ce qui, si c'était le cas, autoriserait par exemple que le bouc-cerf existe, mais de manière amoindrie ou diminuée ou tout simplement de manière différente, la sémantique qu'il a léguée, et qui repose sur une théorie de la prédication, offre des difficultés pour déterminer la forme logique des jugements d'existence. C'est ce qui explique que par exemple dans la syllogistique il n'y ait pas de tels jugements. Une possibilité évidente à l'intérieur de cette sémantique est de considérer l'existence comme un prédicat : « x existe » serait équivalent à « x est existant ».

On sait que Kant, en 1763, dans un opuscule sur les preuves de l'existence de Dieu[61] a nié que l'existence soit un prédicat que l'on pourrait tirer analytiquement du concept de Dieu — tout ce que l'on pourrait faire, c'est tirer analytiquement une existence possible de ce concept. C'est la fameuse différence entre les 100 euros possibles et les 100 euros réels : il y a dans le concept des premiers exactement autant que dans le concept des seconds, et pourtant il y a une différence réelle ! Sa définition (que reprendra Hegel) de l'existence est la position (*Setzung*), ce qui n'est pas très éclairant, dans la mesure où l'on ne voit pas, même si on est convaincu par le résultat négatif que l'existence n'est pas un prédicat comme « assis » ou « rouge », quelle forme donner au jugement d'existence. C'est Frege qui relèvera le défi, en acceptant la critique de Kant. Toutefois, s'il considère avec Kant que l'existence n'est pas un prédicat de premier ordre (et Kant apparemment ne considérait que de tels prédicats quand il déclarait que l'existence n'est pas un prédicat), il considère en outre qu'il y a un grain de vérité dans cette caractérisation : l'existence n'est pas un prédicat de premier ordre, mais c'est bien un prédicat, mais de second ordre, c'est-à-dire un prédicat de prédicat (et si l'on considère qu'un prédicat représente une propriété, l'existence est une propriété de propriété, une propriété d'un concept, puisque les propriétés sont exprimées par des concepts) :

> « Quand je parle de propriétés qui sont dites d'un concept, je n'entends pas évidemment les caractères qui composent le concept. Ceux-ci sont des propriétés des choses qui tombent sous le concept, non du concept lui-même. (…) À cet égard

> l'existence a quelque analogie avec le nombre. Affirmer l'existence ce n'est rien d'autre que nier le nombre zéro. L'existence étant une propriété du concept, la preuve ontologique de l'existence de Dieu n'atteint pas son but. Mais l'unicité pas plus que l'existence n'est un caractère du concept "Dieu" (*Fondements de l'arithmétique*, trad. fr., 1965, p. 180-181).

Dire « la lune existe », c'est alors attribuer au concept de lune (satellite de la Terre, corps céleste dépourvu de vie, etc.) une propriété : celle de dénoter un objet. Dire que la lune existe, c'est dire que son concept a une extension non vide (en ce sens, c'est bien « nier le nombre zéro », c'est-à-dire l'extension nulle, la classe vide). Dans les caractères qui composent le concept de lune, on ne trouvera pas le concept d'existence, parce que celui-ci est de « second ordre ».

Kant et le concept d'existence. Kant vs *Frege ?*

Un examen plus attentif du texte de Kant, *L'unique fondement possible d'une démonstration de l'existence de Dieu*, montre que la distance entre Kant et Frege n'est peut-être pas aussi grande qu'on le pense généralement (cf. E. Morscher, 1986). En effet Kant déclare :

> « Lorsque, dans le langage courant, l'existence jouerait le rôle d'attribut, elle s'appliquerait bien moins à la chose elle-même qu'au jugement qu'on portait sur cette chose. Par exemple, l'existence est accordée à la licorne de mer ou narval, et refusée à celle de terre ; cela signifie simplement que la représentation du narval est une notion d'expérience,

autrement dit que la chose représentée existe. Et c'est pourquoi, si je veux prouver que j'ai raison d'affirmer l'existence de cette chose, je ne vais pas invoquer le concept de la chose, dans lequel il n'y a que des attributs de l'ordre possible, mais j'invoque l'origine que j'en ai. (...) Il ne faut pas dire : des hexagones réguliers existent dans la nature, mais dire : à certains objets de la nature, tels que les alvéoles des nids d'abeille ou que le cristal de roche, conviennent les attributs compris dans le concept d'hexagone » (Kant, 1967, p. 80).

Dans les *Leçons de métaphysique*, Kant insiste sur la nature modale de ce concept (la réalité effective [*Wirklichkeit*], la possibilité et la nécessité étant toutes trois modales[62]) :

« Il [le concept d'existence] appartient à la classe de la modalité, c'est-à-dire à l'acte de juger d'après la possibilité, de manière générale. (...) La réalité (*Wirklichkeit*) ne donne au sujet rien de plus que la possibilité ; la réalité avec tous ses prédicats n'est posée (*gesetzt*) qu'absolument ; dans la possibilité, ces prédicats ne sont posés dans la pensée que d'une manière relative. La première est position absolue (*absolute Setzung*), la seconde position relative. Tout ce qui existe est en effet complètement déterminé ; ce n'est que dans l'existence que la chose est posée avec tous ses prédicats et qu'elle est donc complètement déterminée. (...) Quelque chose est-il simplement pensé, alors il est possible. Quelque chose est-il simplement pensé parce qu'il est déjà donné, alors il est réel. Quelque chose est-il donné parce qu'il est pensé, alors il est nécessaire. Avec l'existence ajoutée à une chose, je ne pense rien de plus que la possibilité, seule la manière de la poser est différente, à savoir la relation à moi-même » (Kant, 1993, p. 153-154).

La définition kantienne de l'existence est solidaire de sa théorie des modalités, contenues dans la table des catégories. Celles-ci se répartissent en catégories de la quantité (unité, pluralité, totalité), de la qualité (réalité, négation, limitation), de la relation (inhérence/subsistance, causalité/dépendance et communauté) et de la modalité (possibilité/impossibilité, existence/non-existence, nécessité/contingence) (I, p. 834). Dans ce texte des *Leçons de métaphysique*, la confusion que semble faire Kant entre existence et réalité est révélatrice du fait que la réalité effective n'est qu'une existence dans la sensation et donc que l'on peut considérer en un certain sens l'existence sous un angle modal, ce qui correspond bien à la caractérisation de 1763, quand elle est rapportée à un acte de l'esprit (le fait de poser, *setzen*), ce qui est le propre des modalités.

Les catégories, à la différence de celles d'Aristote, pour qui elles sont des formes d'attribution, sont des « concepts purs de l'entendement » qui donnent l'unité aux représentations « dans un jugement » (I, p. 834). Cela revient à faire dépendre les modalités du jugement :

> « la modalité des jugements est une fonction tout à fait particulière de ceux-ci, qui possède ce caractère distinctif de ne contribuer en rien au contenu du jugement (car en dehors de la quantité, de la qualité et du rapport il n'y aurait plus rien qui pourrait constituer le contenu d'un jugement), mais de concerner seulement la valeur de la copule, en relation avec la pensée en général » (I, p. 830-831).

Si dans ce passage de la CRP on peut tenter une conciliation entre Aristote et Kant (dans la mesure où c'est la copule qui effectue l'acte d'attribution), dans sa *Logique* Kant est encore plus net et ne laisse aucun doute sur l'opposition de sa conception au réalisme modal d'Aristote et de la tradition leibniziano-wolffienne :

> « [le moment de la modalité ne concerne donc] que le jugement lui-même, nullement la chose sur laquelle porte le jugement » (*Logique*, éd. Jäsche § 30).

Il faut préciser que ce réalisme modal est ce que Kant se représente. Les choses sont beaucoup plus complexes. Les catégories aristotéliciennes sont à la fois des catégories sémantiques et des catégories ontologiques ; les conceptions aristotélicienne (fondée sur l'opposition *dunamis/energeia* et faisant de tout possible une potentialité qui se réalisera) et leibnizienne (fondée sur l'opposition du possible et de l'actuel, certains possibles restant non réalisés) sont au moins partiellement distinctes ; il y a chez Leibniz une ambiguïté entre une définition de la possibilité comme concevabilité (*cogitabilitas)* et comme essence, etc. Kant se représente sa propre doctrine de la modalité du jugement comme opposée à la modalité *de re* et il met sous le nom de « chose sur laquelle porte le jugement » le fondement possible d'une modalité *de re*. On peut donc parler d'une conception subjectiviste des modalités et, dans la mesure où la question de l'existence est enveloppée dans celle des modalités, d'une conception subjectiviste de l'existence.

L'existence est-elle un prédicat ?

L'argument de ceux qui, comme Meinong, continuent à soutenir que l'existence est un prédicat est proche des disputes médiévales sur ce type de sophisme[63] :

La chimère est concevable (*Chimaera est opinabilis*)

qui consiste à distinguer un être formel et un être objectif : la chimère a l'être objectif (elle est un objet de pensée), mais elle n'a pas l'être formel, (cf. A. Prior, 1967, p. 141), c'est-à-dire qu'elle n'existe pas tout en ayant un être objectif (pour qu'on puisse prédiquer qu'elle est concevable ou opinable). En effet l'argument de Meinong est que pour pouvoir asserter

La chimère est non existante

il faut bien que la chimère soit un objet (un objet tel que pour exister formellement il n'existe pas objectivement). Cette manière de voir implique une ontologie à deux étages. Meinong distingue ainsi quelquefois, de manière peu satisfaisante, « exister » et « être existant » : la chimère existe et est non existante. Cette distinction est censée prévenir l'objection de Russell (cf. *supra*) suivant laquelle on peut ajouter au carré rond « existant » de façon à obtenir quelque chose d'absurde : que le carré rond existe. Pour Meinong, on peut ajouter « existant » à « carré » et à « rond » et cependant avoir un objet qui n'existe pas ! (cf. R. Grossmann, 1974, p. 159). Tout ce que cette distinction indique, malgré sa maladresse, c'est une « théorie des modes faibles et forts de l'être », pour reprendre une expression de Prior (*op. cit.*, p. 142). Cette distinction, en ce qui concerne les abstractions et les fictions, c'est celle entre subsister et exister. Quine dans *On What There Is* rejette cette distinction de modes d'être forts et faibles (Quine, 1947, p. 3), en rejetant la distinction entre être et exister, exactement comme Kant :

> « L'idée de position est absolument simple, et tout à fait équivalente à l'idée d'être. Or quelque chose peut être posé d'une manière purement relative ou mieux on peut purement considérer la relation (*respectus logicus*) de quelque chose avec autre chose. Alors le mot être, autrement dit l'affirmation de cette relation, n'est rien que la copule dans un jugement. Si au contraire, on considère non pas cette relation *in abstracto*, mais une chose en elle-même et pour elle-même, alors être signifie exister » (*op. cit.*, p. 81).

C'est exactement cette distinction que rejette également Russell.

Russell analyse les jugements singuliers d'existence, en distinguant ceux comportant des noms propres et ceux comportant des descriptions :

(A) Romulus a existé.
(B) L'auteur de *Waverley* existe.

Dans les jugements singuliers du type A, le nom propre, contre les apparences, n'est pas un constituant de l'énoncé. Pour Russell, « Romulus ne figure pas dans l'énoncé » (p. 403). Ceci évidemment ne nie pas l'évidence : dans l'énoncé que nous avons sous les yeux figure bien le nom propre, mais il n'est pas un constituant de l'énoncé. Dans l'exemple choisi, « Romulus » est un raccourci de « la personne qui est appelée Romulus ». Pour Russell, si je montre une tache de peinture en disant « ceci est rouge », « ceci » est le nom propre logique de cette tache, alors que « Romulus » n'est pas le nom propre logique de son porteur. Dans le premier cas, il y a référence directe à ce qui est une approximation, convenable dans ce contexte de nom propre logique au particulier qui est désigné, dans le second il faut toute une chaîne de médiation, y compris une convention qui au départ décide d'appeler cet individu de ce nom propre. On laissera de côté ce point qui concerne plutôt la sémantique des noms propres (cf. Kripke, 1972 ; Salmon, 1982). Il faut donc analyser les énoncés de type A en leur reconnaissant la forme suivante : « x est la personne qui est appelée Romulus est vrai pour x ». À la rigueur les énoncés de type A pris comme attribuant l'existence à un individu dénoté par un nom propre sont dénués de sens (c'est la paraphrase qui a un sens). Carnap par exemple déclare que l'énoncé « Dieu existe » est dénué de sens parce que l'existence y est traitée comme un prédicat (ce qui est une simplification grossière de Kant, cf. E Morscher, *op. cit.*, p. 274). Hintikka par contre accepte que des énoncés de type A pris en leur sens premier possèdent un sens et propose de leur donner la forme logique $\exists x\ (x = b)$:

> « La formule $\exists x\ (b = x)$ ou $\exists x\ (x = b)$ aura nécessairement la même puissance logique (*logic power*) que "b existe" » (1969, p. 30).

Pour Hintikka, E ! (« existe ») est réductible à ∃ :

> « ... L'existence est exprimée par le quantificateur existentiel et par rien d'autre » (*ibid.*, p. 33).

Russell analyse les énoncés de type B comme des énoncés d'identité et traite donc l'existence ici comme affirmant une identité. Il analyse en effet par exemple l'énoncé (l'auteur de *Waverley* existe) comme affirmant :

L'auteur de *Waverley* = x a écrit *Waverley*

qui signifie que la personne qui a écrit *Waverley* est la personne qui a écrit *Waverley*. Il faut alors faire disparaître le constituant « l'auteur de *Waverley* ». La fonction propositionnelle « x a écrit *Waverley* » est (i) vraie pour au moins un x, (ii) vraie pour au plus un x. La première de ces propriétés (i) exprime la fonction propositionnelle « est possible ». La seconde (ii) est une condition d'unicité. (i) n'est pas remplie pour « la licorne », et (ii) n'est pas remplie pour « l'habitant de Londres ». On peut joindre (i) et (ii) et obtenir :

(C) x a écrit *Waverley* = ∀x ('x est c' est possible pour c)

on a fait disparaître le constituant « l'auteur de *Waverley* ». B veut donc dire : il y a une entité c (qui peut être Walter Scott) telle que « x a écrit *Waverley* » est vrai quand x est c et faux quand x n'est pas c. Dans (C) « l'auteur de *Waverley* » a une occurrence primaire — la proposition où figure « l'auteur de *Waverley* » ne fait pas partie d'une proposition plus grande, comme dans « Je crois que l'auteur de *Waverley* existe », où

« l'auteur de *Waverley* » a une occurrence secondaire. Cela permet à Russell d'affirmer que

> « tout énoncé dans lequel une description a une occurrence primaire implique que l'objet décrit existe » (p. 411, trad. modifiée[64]).

L'existence nécessite l'occurrence primaire qui réclame la description, donc l'existence réclame la description. On ne peut donc pas dire si les individus qui se trouvent apparemment dans le monde existent, par exemple à l'aide d'une simple énumération, on pourra le dire « seulement après les avoir décrits » (p. 413). Pour résumer, il y a donc deux possibilités pour un symbole incomplet du type description : en dehors du contexte il n'a aucun sens, dans le contexte il peut avoir un sens soit réductible au « tel et tel » (*so and so*), soit non réductible au tel et tel et donc éliminable. Une description définie en occurrence primaire accompagnée d'un contexte a donc un import référentiel, *i.e.* une existence. Un nom propre avec ostension directe ou différée est dans le même cas : il y a bien import référentiel. Une description définie en occurrence secondaire ou une description définie en occurrence primaire sans contexte et les noms propres non ostensifs n'ont toutefois pas d'import référentiel.

Théorie des descriptions et ontologie

On peut se demander quelle est la portée exacte de la théorie des descriptions pour l'ontologie. Nous venons de voir qu'existence et description sont étroitement liées. On peut difficilement nier que l'atomisme logique ne soit au moins une ontologie, admettant comme primitifs des particuliers (qui peuvent être des faits ou des individus), des relations (externes), etc. Le but de l'atomisme logique n'est pas il est vrai ontologique au sens où il s'agirait de dégager systématiquement les catégories fondamentales de la métaphysique entendue comme relative à la structure fondamentale de la réalité, ainsi que nous avons défini plus haut l'ontologie, mais en cherchant à dégager ce que Russell nomme la structure logique des faits, et suivant un idéal de précision et d'explicitation, il stipule explicitement quels types d'entités sont admis et rejetés. En ce sens, la logique sert d'instrument et de méthode pour dégager les composants de la structure logique du monde, entendu comme un ensemble de faits et non d'objets. Cette méthode se distingue par exemple de la méthode phénoménologique, en particulier dans sa variante heideggerienne, par le fait que l'on n'identifie pas l'analyse de l'existence à une « herméneutique du *Dasein*[65] ». Il y a une autre différence : Russell finalement conserve une conception classique de l'ontologie, relative à la connaissance, entendue comme l'activité rationnelle la plus haute de l'être humain et non à sa situation dans toute sa contingence et sa facticité. Bref, ce n'est pas une ontologie existentiale de l'être-là ou du *Dasein*, mais une ontologie au sens classique, que Russell définit comme une logique philosophique à vocation classificatrice (cf. *supra* la comparaison avec la zoologie). Si Heidegger ne donne aucun argument pour le bien-fondé de sa méthode[66], Russell, lui, s'efforce constamment de justifier l'usage de la logique[67], notamment en montrant qu'elle est nécessaire pour analyser la forme des énoncés portant sur la réalité. Une simple analyse grammaticale des moyens de référence n'aboutirait pas selon lui à une théorie unifiée et testable. Il y a une autre différence, qui concerne le concept de monde. L'ontologie de *Être et Temps* est en un certain sens une ontologie du monde, mais entendue comme une ontologie de l'être-dans-le-monde. Les catégories de la réalité ne sont d'aucune utilité pour le projet d'analytique existentiale de l'être-au-monde. Si l'on cherche à décrire phénoménologiquement par exemple le souci, ces catégories ne sont pas pertinentes. Le monde du soucieux n'est pas le monde objectif et il n'y a de monde objectif que pour les sciences qui ne posent pas la question de l'être. La conséquence en est la destruction de l'ontologie classique au sens de base catégorielle de la structure du monde, que ce soit l'ontologie de la substance ou une autre. De ce point de vue, Russell, lui, s'efforce de saisir la « forme du monde » (la même chose pourrait être dite *mutatis mutandis* du *Tractatus*, en ajoutant que cette forme est saisie à partir de ses limites et de l'intérieur).

Pour Russell, affirmer que les lions existent n'équivaut pas à affirmer que les lions sont possibles. Affirmer que les lions existent, c'est dire que la fonction « x est un lion » est possible, mais c'est la fonction propositionnelle qui est possible et non les lions (p. 415-416). De plus, il a éclairci un deuxième malentendu : exister ne signifie pas être dans le temps et dans l'espace. À ce propos, il fait une déclaration assez surprenante :

> « C'est un sens de l'existence du genre de celui des théorèmes d'existence qui est pertinent pour l'examen du sens de l'existence que j'ai entrepris dans les deux dernières conférences » (p. 417).

Un théorème d'existence en mathématiques est un théorème qui affirme l'existence d'un certain type d'être mathématique. Par exemple « un nombre premier pair existe » est un théorème de ce genre. Le statut ontologique des êtres mathématiques implique qu'ils ne sont pas dans le temps et dans l'espace : le nombre deux n'est pas spatio-temporel. Ce qui est surprenant, c'est l'affirmation de Russell : ce statut de l'existence, qui semble particulier aux êtres mathématiques, donnerait la clef des emplois de l'existence plus courants, comme dans « Homère a existé » ou « Romulus n'a pas existé ». La seule manière de comprendre cette possibilité de transfert — « je soutiens que ce sens de l'existence [mathématique] peut être transféré aux sens plus courants de l'existence » (*id.*) — est d'une part de voir que Russell accepte la définition frégéenne du nombre, comme concept, et qu'il donne un statut de propriété d'un concept à l'existence qu'il s'agisse d'un nombre ou d'une fonction propositionnelle. Ce sens purement formel de l'existence doit évidemment être distingué de celui que recevrait ce concept dans la partie de la métaphysique qui a à décrire l'existence concrète dans le monde, partie qu'on désigne comme métaphysique existentielle.

Théorie des types

Ce qui concerne la théorie des types peut être entendu de deux manières. Rappelons que la théorie des types a pour but d'éviter la formation de paradoxes du type : « La classe de toutes les classes qui ne se contiennent pas elles-mêmes se contient-elle elle-même ? » On sait que Russell avait découvert ce paradoxe dans la théorie de l'arithmétique de Frege (depuis on a relativisé le caractère totalement dirimant de cette objection de Russell en découvrant des moyens internes à la théorie de Frege d'éviter la formation du paradoxe[68]). La solution de Russell à ce paradoxe est double. D'une part, traiter les classes comme des symboles incomplets, d'autre part, remplacer la totalité des classes par une hiérarchie de classes en interdisant la réflexivité : « une totalité de quelque espèce qu'elle soit ne peut être membre d'elle-même » (p. 424). La classe des choses rouges, c'est la classe des choses qui satisfont la fonction propositionnelle « être rouge ». Quand je considère la classe des objets rouges comme existante, je fais une somme logique des objets satisfaisant la fonction, mais ontologiquement pour Russell il n'y a pas de classe des objets rouges. Il n'y a aucune raison de donner à la classe des objets rouges une consistance ontologique. La tendance invétérée que nous avons à concéder une consistance ontologique aux classes a au moins deux sources. La première est que nous pensons les classes sur le modèle des espèces et des genres aristotéliciens, comme faisant partie de la structure de la réalité. La seconde est que nous pensons que des objets qui possèdent quelque chose en commun, une propriété, peuvent être rangés dans l'extension de cette propriété et qu'il est alors naturel d'attribuer une consistance à l'ensemble des objets qui forment cette extension. Cette tendance doit être suivant Russell éradiquée dans la mesure où les classes sont des « fictions logiques » (c'est la fameuse *no class theory*) et où, on l'a vu, la métaphysique de l'atomisme logique ne compte pas les propriétés parmi les éléments de base de l'ontologie. On peut d'ailleurs remarquer à ce propos que cette absence des propriétés est un obstacle à un véritable traitement ontologique des entités non existantes. Certes la théorie meinongienne peut être critiquée, mais elle a l'avantage de ne pas exclure les non-existants de l'ontologie, même si pour des raisons qu'on peut critiquer il faut introduire des distinctions entre des modes d'être. La théorie russellienne élimine les non-existants, comme on l'a vu, mais cette élimination, satisfaisante du point de vue de l'économie ontologique, fait que ces entités éliminées n'ont pas reçu véritablement d'analyse. Une des manières de les analyser eût été d'introduire précisément des propriétés. Le roi de France qui serait actuel et chauve a la propriété d'être chauve. Quel est le statut de cette propriété non instanciée ? Russell ne fournit pas de réponse en éliminant le support de cette propriété, le roi de France actuel. Cependant quand quelqu'un croit que le roi de France actuel est chauve, sa croyance a bien comme objet la propriété d'être chauve dont il croit (faussement) qu'elle est instanciée par le roi de France actuel (non-existant). Il y a bien erreur sur la croyance, puisqu'une propriété ne peut pas être instanciée par un non-existant (si on est meinongien, évidemment on peut le faire, mais on se place ici du point de vue de Russell), mais pas d'erreur sur la propriété « être chauve » : en croyant à tort que le roi de France actuel est chauve, parce qu'il n'y a pas de roi de France actuel, je ne fais pas une erreur sur la propriété « être chauve ». Si je dis à une amie qui me prend en auto-stop : « Tu es folle, j'aurais pu être quelqu'un d'autre » (sous-entendu de dangereux) [69], c'est bien par une propriété que je fixe un individu différent dans le monde possible où cette amie prend quelqu'un d'autre en stop.

Réalisme manqué ?

La dernière leçon va nous permettre de décider s'il s'agit réellement d'un « réalisme manqué » (H. Veatch), c'est-à-dire d'un réalisme qui ne réalise pas ses intentions. Pour Russell, l'expression « il y a » est systématiquement ambiguë. En 1924, Russell dira même que dans « il y a des simples » et « il y a des complexes », « il y a » n'a pas le même sens (Russell, 1956, p. 337). Cette ambiguïté va rejaillir sur ses positions métaphysiques au sens strict. Il considère les leçons qui ont précédé (I-VII) comme « arides et poussiéreuses » (le lecteur sera d'accord sans doute avec le premier adjectif au moins — nous avons essayé de montrer l'actualité de cette problématique). Ces préliminaires étaient et sont nécessaires pour traiter d'autres questions, dont les questions métaphysiques. Il qualifie de « grammaire philosophique » ces développements :

> « je crois que l'importance de la grammaire philosophique est beaucoup plus grande qu'on le croit généralement. Je pense que la quasi-totalité de la métaphysique traditionnelle est pleine d'erreurs dues à une mauvaise grammaire et que presque tous les problèmes et résultats — ou supposés tels — traditionnels de la métaphysique sont le fruit de l'ignorance des distinctions dont nous nous sommes occupés dans les conférences précédentes et qui relèvent de ce qu'on peut appeler la "grammaire philosophique" » (*id.*, p. 430).

Ce terme de « grammaire philosophique » a été repris par Wittgenstein[70], dans un sens un peu différent, et pour ce dernier elle n'était sûrement pas une préparation aux questions métaphysiques qui après le *Tractatus* plus que jamais sont considérées comme oiseuses — de non-sens elles sont devenues des symptômes ! C'est la grammaire philosophique qui, pour Wittgenstein, régit le rapport entre le langage et la réalité et a également la charge de dire ce qui a du sens, par une description des usages du langage. En ce sens, la grammaire philosophique diffère de la grammaire philosophique russellienne.

Russell, dans ces développements métaphysiques, rappelle les buts qu'il a poursuivis et les relations qui existent entre métaphysique, science et expérience. Le premier but recherché a été « la justification de l'analyse, c'est-à-dire de l'atomisme logique », c'est-à-dire qu'

« On peut atteindre des éléments simples ultimes à partir desquels le monde est construit et que ces éléments simples ont une espèce de réalité qui n'appartient à rien d'autre » (p. 430).

Ces éléments simples, ultimes, sont en nombre infini et il y en a un nombre infini de sortes. Ces éléments simples sont des « particuliers, des qualités, des relations ». Le monde est donc constitué de faits existants[71] dont les composants sont des existants simples. Les faits sont des particuliers qui ont des qualités et qui sont en relation les uns avec les autres à l'intérieur du fait. Si on considère le fait atomique le plus élémentaire, celui qui est exprimé par Fa, c'est-à-dire la relation entre une qualité F et un particulier a, il y a une relation à l'intérieur du fait entre un universel F et un particulier a. Le fait est une combinaison de particulier et d'universel.

Le second but qu'il a poursuivi est l'observation de l'économie ontologique, appelée rasoir d'Occam, censé éliminer les entités superflues. Si ce rasoir d'Occam a fonctionné à plein pour éliminer les entités non existantes, il n'est pas certain qu'il ait été utilisé pour réduire l'infinité de sortes d'entités de différents ordres, mais la théorie des types a pour fonction de ne pas transformer cette infinité en désordre, en lui donnant une structure hiérarchique. Ce principe d'économie est relié à la question de l'atomisme :

« Quel est le plus petit nombre de choses simples non définies d'où partir, et quel est le plus petit nombre de prémisses non démontrées à partir desquelles vous pouvez définir les choses qui doivent être définies et prouver les choses qui doivent être prouvées ? (...) Vous ne pouvez parvenir à la solution d'un problème comme celui dont je parle si vous l'abordez directement armé de la seule perspicacité que l'on acquiert par la lecture et l'étude de la philosophie traditionnelle. Vous avez absolument besoin de l'appareil de la logique symbolique (...) » (p. 431).

L'ontologie des objets matériels

Ces deux objectifs rappelés, Russell entreprend de donner une illustration de la métaphysique de l'atomisme logique concernant l'identité des objets matériels à travers le temps. Il commence par insister sur le fait que les constituants physiques ultimes de la matière comme les atomes ne sont « en aucun sens métaphysique du terme des constituants de la matière » (p. 432). Pour Russell, ce sont des fictions logiques, au sens où les nombres et les classes sont pour lui des fictions logiques : des constructions artificielles utiles pour l'explication, mais sans charge ontologique. Le problème est que les entités métaphysiques ultimes sont inaccessibles à l'expérience :

« Par entités métaphysiques, j'entends ces choses qui sont supposées faire partie des constituants ultimes du monde, mais sans être de l'espèce des choses qui sont empiriquement données — je ne dis pas simplement qu'elles ne sont pas elles-mêmes empiriquement données, mais qu'elles ne sont pas de l'espèce des choses qui sont empiriquement données. Dans le cas de la matière, on peut partir de ce qui est empiriquement donné, de ce

> que l'on voit, sent, entend, etc., de toutes les données ordinaires des sens, ou partir d'un objet ordinaire déterminé, par exemple ce bureau et se demander : "qu'est-ce que je veux dire quand je dis que ce bureau que je vois maintenant est le même que celui que je regardais il y a une semaine ?" » (*id.*).

Quand nous nous demandons si le bureau d'il y a une semaine est le même que celui que je vois maintenant, il y a en fait deux questions distinctes qui sont posées : Qu'est-ce qui garantit cette unité à travers le temps ? Est-ce qu'il y a une existence métaphysique indépendante du bureau ?

Russell commence par écarter la solution qui consiste à poser une substance, c'est-à-dire à attribuer au bureau une existence substantielle qui perdurerait à travers le temps. Il écarte cette solution substantialiste, car elle est dépourvue de raisons empiriques : « si vous l'adoptez, c'est uniquement parce qu'elle vous plaît » (p. 433) — ce qui est un peu court ! La solution ne peut donc être que « quelque chose d'empirique et non pas la reconnaissance de l'identité métaphysique d'une substance » (*id.*). On pourrait, pour expliquer le rejet de la substance, avancer que pour Russell c'est supposer la difficulté résolue : dire que c'est le même a, c'est postuler un substrat inchangé de a, malgré les changements qualitatifs (lumière, couleurs, petites altérations matérielles, etc.). Or, d'après l'atomisme logique nous ne connaissons vraiment que les faits. Nous connaissons donc un ensemble de faits relatifs au bureau. Ces faits sont composés de particuliers, et parmi ces particuliers il y a le bureau comme particulier. Le bureau est donc une série de particuliers reliés entre eux à travers le changement, particuliers que nous identifions comme le même. Envisagé de cette manière le bureau n'existe pas[72] :

> « Le bureau se trouve ainsi réduit à une fiction logique, parce qu'une série est une fiction logique. Tous les objets de la vie quotidienne se trouvent ainsi exclus de ce qu'il y a dans le monde et à leur place vous apercevrez qu'il y a un certain nombre de particuliers éphémères du genre de ceux dont vous êtes immédiatement conscients par les sens. Je veux qu'il soit clair que je ne nie pas l'existence de quoi que ce soit ; je refuse seulement d'affirmer l'existence de quoi que ce soit pour lequel nous ne disposons d'aucune évidence, mais je refuse également de nier l'existence de quoi que ce soit contre quoi il n'y a pas d'évidence » (p. 434).

Un objet de la vie quotidienne, c'est-à-dire un objet matériel tridimensionnel, est donc une classe de particuliers et non un particulier. Dans *La méthode scientifique en philosophie. Notre connaissance du monde extérieur* (trad. de *Our Knowledge of External World*, 1914), Russell s'étend beaucoup plus sur ce problème :

> « L'hypothèse d'une entité constante, le papier de tapisserie, qui "a" des couleurs changeantes à des moments différents, est un échantillon de métaphysique gratuite. Nous pouvons, si nous le voulons, *définir* le papier de tapisserie comme la série de ses aspects. Ceux-ci sont réunis en collection pour les mêmes motifs qui nous ont amené à considérer le papier de tapisserie comme une chose, à savoir une combinaison de la continuité sensible et de la continuité causale. Plus générale-

ment une “chose” se définira comme une série déterminée d’aspects, notamment de ceux dont on pourrait dire qu’ils sont des aspects de la chose. Dire qu’un certain aspect est un aspect de la chose déterminée signifiera simplement que c’est un de ceux qui, pris en série, sont la chose. (...) Ce rejet des choses permanentes fournit un exemple de la maxime qui inspire toute la philosophie scientifique, à savoir le “rasoir d’Occam” : *il ne faut pas multiplier les entités inutilement* » (Russell, 1971, p. 118-119, trad. modifiée).

Quelle est la portée de cette ontologie des objets matériels ? Tout d’abord une portée critique, qui est l’élimination de la substance, dont Russell dit quelque part qu’elle est une notion des « sauvages cannibales ». À l’intérieur du projet réaliste d’atomisme logique, quelle est la portée positive de cette solution ? Cette théorie est fictionnaliste. En principe, le fictionnalisme est neutre à l’égard du débat entre réalisme et antiréalisme. Dans le cas présent, ce fictionnalisme semble cependant pencher du côté de l’idéalisme, dans la mesure où, comme le dit Russell, son effet est de « nous faire prendre pour irréel ce que nous prenions pour réel ». L’irréalisme est par contre évidemment peu compatible avec au moins une sorte de réalisme, celui du sens commun. Cependant, on l’a vu plus haut, Russell ne revendique pas l’autorité du sens commun. Reste un autre type de réalisme, le réalisme scientifique, qui confie à la science le soin de décider ce qui existe ou pas. La science, pour autant que nous le sachions, dit que les atomes existent, or on l’a vu, Russell considère les atomes comme des fictions logiques, comme les nombres, les classes et les tables. C'est évidemment ennuyeux, car (comme le remarque Sainsbury, 1979) la théorie des objets comme séries de particuliers (ou d'événements dans l'interprétation de Sainsbury) était tout à fait compatible avec l'idée issue de la physique suivant laquelle un objet est défini par son histoire, c'est-à-dire par la série de ses états.

Que serait un réalisme scientifique qui rejette l'existence des atomes pour accepter qu'un objet soit une série d'événements, précisément sur l'autorité de la science ? Il ne reste plus qu'une seule possibilité, dont on peut se demander si elle est satisfaisante ou si c'est une solution *ad hoc* : admettre un autre type de réalisme, distinct du réalisme du sens commun et du réalisme scientifique, le réalisme logique. On entendrait par là un réalisme métaphysique au sens où il affirme la thèse d'indépendance d'entités de base, en laissant à l'analyse logique (philosophie de la logique ou grammaire philosophique) le soin de décider quelles sont ces entités, en contredisant quelquefois explicitement le sens commun (en ce qui concerne les objets matériels), ou la science physique (en ce qui concerne les atomes). On peut se demander quelle est la viabilité d'un tel projet : confier à la logique, et donc en dernière analyse à la théorie des descriptions, un rôle central dans la construction d'une ontologie générale. C'est cependant exactement ce projet que W.V. Quine a entendu esquisser dans *On What There Is*. Quant au projet proprement atomiste, celui qui entreprend de dégager la « forme du monde », il sera repris et mené à bien en partie par D. Armstrong dans *A World of States of Affairs* (cf. *infra*, chap. XVIII). Enfin l'élément constructionniste inspirera l'*Aufbau* de Carnap. De cette manière, la métaphysique de l'atomisme logique de Wittgenstein et Russell est au centre d'une partie importante de la métaphysique du XXe siècle.

CHAPITRE XVI

McTaggart entre idéalisme et réalisme

The soul, he said, is composed
of the external world.

Wallace Stevens.

This Extasie doth unperplex.

John Donne.

Nous n'écrivons pas une histoire de la métaphysique au XXe siècle. Si c'était le cas, nous devrions consacrer de courtes monographies à toute une série d'auteurs parmi lesquels on peut citer : G. Bergmann, R. Chisholm, É. Gilson, N. Hartmann, R. Ingarden, J. Maritain, C.S. Peirce... Vu la nature de la métaphysique, ces courtes monographies iraient contre le but que nous poursuivons : montrer l'existence d'une métaphysique vivante, en continuité relative avec la métaphysique du passé. Nous faisons donc le choix de consacrer une étude plus développée aux systèmes peut-être les plus achevés de métaphysique du XXe siècle, ceux de J. McTaggart (ce chapitre) et A.N. Whitehead (chap. XVII). Ce choix s'explique par deux raisons : l'originalité de leurs systèmes et la profondeur de leurs développements.

La métaphysique de McTaggart étant en partie déductive, elle se prête plus facilement au résumé et au commentaire. De plus, elle présente l'avantage, malgré son originalité, d'être dans le sillage de la grande tradition de métaphysique idéaliste, sans propension à l'obscurité. Elle représente au XXe siècle, après les critiques de Nietzsche, de manière presque exactement contemporaine de *Être et Temps* (1927), précédant d'un an l'*Aufbau* de Carnap (1928), un système complet et partiellement déductif de métaphysique spiritualiste. On pourrait évidemment interpréter rapidement l'existence de cette métaphysique comme un signe de résistance de l'onto-théo-logie dominante, une régression, etc., mais on verra qu'elle rentre mal dans ce genre d'explication schématique et que ceci confirme une fois de plus qu'il faut se résigner à réviser nos schèmes explicatifs en histoire de la métaphysique. Tout, décidément, ne s'est pas arrêté à Kant, Hegel, Nietzsche. Le thème de l'achèvement de la métaphysique, orchestré par Hegel, apparaît déjà et apparaîtra de plus en plus, espérons-le, comme un thème local et historiquement daté. Quant à la critique nietzschéenne des arrière-mondes, on verra qu'elle s'applique fort mal à la métaphysique de McTaggart qui est aussi une ontologie du monde existant concret — même s'il en dénie la réalité, ce n'est pas au profit d'un monde intelligible gouverné par un Dieu despotique. McTaggart présente le paradoxe d'être un métaphysicien hégélien sans obsession de la fin de sa discipline, un spiritualiste athée[1], un philosophe de la substance pratiquant la déduction. À tous ces titres, il représente pour notre démonstration une étape précieuse. Aux déconstructeurs jusqu'au-boutistes, arc-boutés sur l'hypothèse onto-théo-logique, il offrira au moins une étude de cas intéressante. Une dernière raison a milité pour le choix de ce philosophe, plutôt par exemple que celui du grand métaphysicien (nous n'établissons pas de classement) Charles Sanders Peirce : la scandaleuse ignorance dans laquelle est tenu McTaggart[2]. S'il a été reconnu par les plus grands, même ceux qui étaient en désaccord quelquefois complet avec lui, comme Russell, Broad[3], Geach[4], son œuvre a exercé une influence souterraine sur la métaphysique contemporaine, à l'exception de l'un de ses arguments, sur l'irréalité du temps, qui est extrêmement célèbre et a donné lieu à des bibliothèques de commentaires[5].

Mort prématurément et brutalement à 59 ans en 1925, au moment de la révision finale de son manuscrit de *The Nature of Existence* (TNE désormais), McTaggart a mené une vie dépourvue d'événements marquants[6], une vie à la fois retirée et active de professeur à Cambridge, le berceau de l'idéalisme britannique, par une tradition qui remonte aux Platoniciens de Cambridge. Cette inscription profonde dans les traditions de Cambridge est importante pour expliquer par exemple que McTaggart a été étranger à la révolte contre l'atomisme logique et la révolution transcendantale, c'est-à-dire le retour à Kant, deux mouvements auxquels participera plus tard par exemple Strawson. Rangé parfois un peu expéditivement parmi les Hégéliens britanniques, aux côtés de Bradley, nous verrons qu'il distinguait de manière assez radicale sa propre méthode de celle de Hegel. Les études qu'il a laissées sur Hegel méritent encore d'être lues pour leur clarté et leur lucidité (il a laissé en particulier un commentaire rigoureux et limpide de la *Logique* de Hegel). On sait qu'il a été l'ami de Russell (voir *Autobiographie I*, p. 71 *sqq.*), jusqu'à leur rupture au moment des prises de position pacifistes de Russell : il a été partisan de l'éviction de celui-ci de Cambridge. Son indépendance d'esprit avait donc des limites ; pour la quasi-totalité des Anglais de l'époque le patriotisme était un devoir sacré[7].

Dans TNE, McTaggart

> « se propose de considérer ce qui peut être déterminé comme les caractéristiques qui appartiennent à ce qui existe ou encore de ce qui appartient à l'existence comme un tout » (§1, p. 3).

L'œuvre se compose de deux volumes d'intention distincte. Si le premier entreprend sa tâche de manière *a priori*, le second examine les conséquences théoriques et pratiques des conclusions dégagées dans le premier. Nous nous consacrerons surtout au premier volume, qui contient la métaphysique pure. McTaggart repousse comme Russell la thèse suivant laquelle « il y a de la réalité qui n'existe pas » (*there is reality which does not exist*), thèse que Russell combattait à travers Meinong, mais à laquelle McTaggart n'assigne pas de paternité particulière. Existence et réalité vont donc de pair. La réalité est indéfinissable :

« tout ce qui est, est réel » (§ 2, p. 3). McTaggart repousse également deux autres thèses : la réalité est un terme ambigu et elle admet des degrés (§ 3, p. 4-5). L'ambiguïté de la réalité quand elle est admise sert en général à assigner une réalité aux êtres de fiction ou aux êtres imaginaires. Pour McTaggart, ce n'est pas parce que mon rêve de Mrs. Gamp (un personnage de Dickens) est réel, que Mrs. Gamp est réelle (même différemment de cette table). Quant à l'affirmation de degrés de la réalité, elle proviendrait tout d'abord de la confusion de la réalité avec le fait d'exercer un pouvoir (*power*) sur d'autres choses : on attribuerait d'autant plus de réalité à une chose, qu'elle exercerait plus de pouvoir. Si X exerçait plus de pouvoir sur Y que Z, on attribuerait un degré de réalité supérieur à X par rapport à Z. Elle proviendrait ensuite de la possibilité de fonder cette différence de degré dans la réalité sur la possibilité de degrés de vérité. Si « A est X » est plus vrai que « A est Y » on attribuerait plus de réalité à AX qu'à AY. Pour McTaggart, c'est une erreur complète, car il faut d'abord savoir si A est X, ce qui n'admet pas de degré. La réalité est donc une notion indéfinissable, dépourvue de degré et d'ambiguïté, coextensive à première vue avec celle de l'existence. Sur cette définition, il y a accord entre Russell et McTaggart.

L'existence indéfinissable

L'existence elle aussi est indéfinissable. La coextensivité que nous avons attribuée à première vue doit être remise en cause et examinée de plus près, afin de dégager la spécificité de l'existence relativement à la réalité. La coextensivité entraînerait que l'existence implique la réalité et que la réalité implique l'existence. Le premier membre de la conjonction est vrai ; le second peut être faux : s'il est vrai qu'une chose existante est réelle (une table ne peut être réelle qu'en existant), il n'est pas vrai qu'une chose réelle soit nécessairement existante. On a dit que l'ontologie de McTaggart n'admet pas la non-existence ; les entités non existantes dont nous allons parler ne feront donc pas partie de l'ontologie, mais elles doivent être analysées, quitte ensuite à être éliminées en partie comme les propositions. McTaggart donne un exemple éclairant :

> « Non seulement Socrate existe, mais il est réel, et il en est ainsi de sa qualité de sagesse et de sa relation de supériorité morale à Néron et de même est réelle la relation quantitative dans laquelle sa sagesse se tient par rapport à celle d'Aristote. Mais d'un autre côté, la qualité de sagesse et la relation de supériorité, prises en elles-mêmes et non en tant qu'elles connectent des particuliers existants, n'existent pas, même si elles sont réelles. Et de même la proposition "Socrate est sage" (...) n'existe pas, même si elle est réelle » (§ 5, p. 5).

De même, les caractéristiques de l'existant elles-mêmes, c'est-à-dire les qualités et les relations, peuvent peut-être ne pas être considérées comme existantes. Sur ce point, McTaggart développe une distinction que nous trouverons au cœur de l'ontologie contemporaine des propriétés, notamment des propriétés particulières ou tropes. En effet, il déclare :

> « On peut douter peut-être que les caractéristiques de l'existant doivent elles-mêmes être classées comme existantes. Mais si Socrate existe et est sage, il serait certainement déraisonnable de nier que sa sagesse existe. Et sa sagesse n'est rien d'autre que sa qualité d'être sage. De la même manière est-ce que sa supériorité morale sur Néron existe ? En effet, elle n'est rien d'autre qu'une relation dans laquelle Socrate se tient à l'égard de Néron » (§ 5, p. 5-6).

McTaggart distingue en effet ici la-sagesse-de-Socrate de la sagesse attribuée à Socrate, mais considérée abstraction faite de cette attribution. La sagesse de Socrate est une propriété particulière, tandis que la sagesse prise abstraitement est une propriété générale, un universel. Il concède l'existence à la propriété particulière, mais la dénie à la propriété générale, ce qui est une position apparemment nominaliste, rien n'empêchant après tout un idéaliste d'être nominaliste — ce ne serait pas la première fois dans l'histoire de la philosophie. De même, les propositions pour McTaggart n'existent pas (on verra plus loin pourquoi selon lui les propositions sont explétives par rapport aux faits, dans la plupart des cas). La réalité dans certains cas implique donc l'existence, mais pas dans tous. Cela ne donne pas une définition de l'existence, mais précise la distinction entre réalité et existence. On ne peut donc définir l'existence, quoique le fait de l'attribuer aux substances réelles, aux événements réels et à leurs caractéristiques, mais non aux caractéristiques en général ni aux propositions, éclaircisse cette notion. On ne peut faire apparemment plus que l'éclaircir.

McTaggart mettra beaucoup de soin à montrer qu'il n'existe rien de réel qui ne soit existant : il faudra donc réduire, éliminer la réalité du non-existant :

> « Je ferai tout mon possible pour maintenir qu'il n'y a pas de raison de soutenir qu'il y a quoi que ce soit de réel qui est non existant, et que, même s'il existe une réalité non existante, sa relation à l'existence est telle qu'en étudiant l'existence, nous étudions la totalité de l'existence » (§ 7, p. 9).

McTaggart vient là en quelques mots de donner la clef de sa méthode d'élimination de la réalité non existante : nous montrerons que, dans tous les cas où nous devons reconnaître empiriquement une réalité non existante, son caractère de réalité vient d'une relation à l'existence. Un exemple très simple : si la possibilité est une réalité non existante, elle doit sa réalité à ce qu'il y a d'existant dans la possibilité (le réel de la possibilité). McTaggart procédera de manière systématique en examinant les types de réalités non existantes (ou plutôt les types d'entités qui paraissent telles) : les propositions, les caractéristiques, les possibilités.

Croyance et vérité

L'examen de la réalité supposée des propositions entraîne un exposé détaillé de la théorie de la croyance et de la vérité de McTaggart. L'argument pour la réalité des propositions est en effet qu'il y a des états mentaux vrais ou faux, leur vérité ou leur fausseté pouvant seulement être déterminée par leur correspondance à une proposition vraie ou fausse. Cette nécessité de distinguer l'état mental (par exemple la croyance) vrai ou faux de la proposition vraie ou fausse est une constante de la tradition de Bolzano (les *Sätze an sich*) et de Frege (*der Gedanke* distingué de *das Denken*) ; Quine refusera d'hypostasier les propositions et les réduira, dans la *Philosophie de la logique*, à des « ombres portées des phrases », dans la mesure où les propositions étant des entités intensionnelles on ne possède pas de critère d'identification rigoureux à leur endroit. Ce n'est pas ce genre de traitement que retiendra McTaggart. Il reconnaît que les croyances sont des porteurs de vérité. Mais quel est leur vérifacteur (on s'autorise ce vocabulaire) ? Qu'est-ce qui fait qu'une croyance est vraie (§ 9) ? La solution de McTaggart apparaît plus claire que celle de Russell et plus satisfaisante. Il commence par rejeter une explication de la vérité d'une croyance en termes de cohérence. On sait que les théories de la vérité se divisent en théorie de la vérité correspondance (un élément sémantique X est vrai s'il correspond à un élément de la réalité Y), la vérité redondance (X est vrai = X) et la vérité cohérence (la vérité d'un élément sémantique X dépend de la vérité de l'ensemble E des éléments sémantiques auxquels il appartient). Pour McTaggart, cette explication cohérentiste de la vérité des croyances est absurde. Cela est d'autant plus intéressant que le choix que McTaggart fait de la correspondance contre la cohérence est contraire à la théorie hégélienne de la vérité, pour laquelle vérité et totalité s'impliquent. La seule explication que nous pouvons donner de la vérité d'une croyance est alors la suivante :

> « Il me semble que la vérité, comme une caractéristique des croyances, peut être définie comme une relation dans laquelle se tient la croyance et qui est la correspondance à un Fait. Je définirai un Fait comme étant ou la possession par quelque chose d'une qualité ou la connexion de quelque chose avec quelque chose d'autre par une relation — dans cette définition j'utilise "quelque chose" (*anything*) pour inclure à la fois les substances et les caractéristiques. Un fait existe quand la chose au sujet de laquelle il y a un fait est existante. Ainsi la carréité (*squareness*) de la table est un fait, distinct de la croyance à son sujet, qui est un événement dans mon esprit et de la proposition à son propos, proposition dont la vue adverse à la nôtre affirme qu'elle est réelle » (§ 10, p. 11).

La relation de correspondance est indéfinissable

La relation de correspondance est, elle aussi, indéfinissable ; c'est effectivement une faiblesse que la plupart des philosophes ont reconnue, jusqu'à ce que Tarski en renonçant à la définir et en s'en tenant à l'usage du prédicat « vrai » ait fait sortir la théorie de la vérité, du moins en apparence, de cette difficulté : en fait la théorie tarskienne est, comme on l'a dit, aussi peu une théorie de la vérité qu'il est possible, et la métaphysique analytique contemporaine, comme on le montrera, par le biais des *truthmakers,* s'efforça de poser le problème à nouveaux frais. On ne peut définir le type de correspondance qui existe dans la vérité correspondance. On sait par contre de manière purement négative que cette correspondance n'est ni une traduction ni une projection, comme les difficultés de l'atomisme logique sur ce point nous l'ont appris (cf. *supra*, p. 464-482). La vérité ne peut être définie comme une propriété des croyances, même si cette propriété existe effectivement, parce que la possession de cette propriété par une croyance suppose précisément que la croyance corresponde à un fait. La croyance a cette qualité d'être vraie parce qu'elle possède cette relation — la relation est « logiquement première par rapport à la qualité » (p. 12). La relation est première et elle doit donc porter le nom de vérité. Cette théorie de la vérité de la croyance en termes de relation à un fait ne doit pas être confondue avec une théorie voisine, la théorie selon laquelle la vérité est une relation de ressemblance à un fait. Cela vise peut-être l'atomisme logique, quand celui-ci cherche dans un langage logiquement parfait une correspondance entre la structure syntaxique des énoncés de ce langage et la forme des faits. La raison en est que la ressemblance est certes une correspondance, mais que toute correspondance n'est pas une ressemblance — en particulier la correspondance n'est pas une ressemblance (p. 12). Il n'y a pas de ressemblance particulière entre le fait et la croyance. Par contre, McTaggart accepte que sa théorie puisse être nommée une « théorie dépictive de la vérité » (*picture theory of the truth*) dans la mesure où une image peut donner une information sur l'objet, sans être une copie exacte de l'objet (on trouve aussi ce point dans le *Tractatus)* :

> « 2.1. Nous nous faisons des images des faits »,
> « 2.225. Il n'y a pas d'image vraie *a priori* »

bien que pour Wittgenstein l'image (*Bild*) soit un « modèle » de la réalité et que ce qui importe c'est l'image logique, non iconique (1993, p. 38, et p. 40).

La conséquence de cette analyse de la croyance est qu'« il n'y a pas de raison pour affirmer que la vérité des croyances entraîne leur correspondance avec des propositions vraies » (§ 14, p. 14). Les partisans en effet des propositions ne peuvent nier que les croyances aient des relations avec les faits et qu'elles y correspondent si elles sont vraies. S'ils persistent cependant à vouloir maintenir qu'il y a aussi des propositions, ces croyances correspondront également à ces propositions, et nous serons en présence de deux relations de correspondance. Quelle raison alors de croire aux propositions ? Pourquoi deux relations de correspondance, si une est suffisante ? McTaggart examine deux arguments des partisans des propositions. Le premier est que beaucoup de choses sont vraies auxquelles nul n'a jamais pensé et donc auxquelles personne n'a cru. Le second est que la vérité est atemporelle et donc qu'elle doit être une relation avec quelque chose d'atemporel comme les propositions et non avec quelque chose de temporel comme les faits.

On pourrait se demander si le premier argument ne concerne par les partisans des propositions abstraites considérées comme des entités indépendantes. Bolzano (*Wissenschaftslehre*, § XIX) caractérise ainsi les propositions (*Sätze an sich*) :

> « En d'autres mots, par proposition en elle-même j'entends toute assertion que quelque chose est ou n'est pas le cas, abstraction faite du fait que quelqu'un l'a exprimée ou pas par des mots et abstraction faite également si quelqu'un l'a pensée ou non. Dans l'exemple suivant, le mot "proposition" figure dans le sens que je viens de fixer : Dieu étant omniscient, a connaissance non seulement de toutes les vraies, mais aussi de toutes les fausses propositions ; non seulement de celles qui sont tenues pour vraies par des êtres créés (...) mais aussi de ces propositions que personne ne tient pour vraies ou même ne conçoit pas ou ne concevra jamais » (Bolzano, 1963, p. 23).

McTaggart utilise un raisonnement très proche du sens de ce passage : à propos de choses qui sont vraies, mais jamais connues, comme le nombre des moustiques sévissant entre la mort de César et la mort de la reine Anne, il montre que les partisans des propositions arguent qu'il faut bien qu'il y ait une proposition (une proposition en soi, dirait Bolzano) correspondant à ce fait inconnu, ajoutant pour certains d'entre eux qu'un esprit omniscient est nécessaire pour connaître de telles propositions. L'argument est le suivant : qui a jamais essayé de penser ce nombre ? Est-il possible de le faire ? Cependant il existe[8] (§ 15, p. 15). Nous ne prétendons pas que Bolzano soit une source de McTaggart ; nous souhaitons simplement illustrer cette doctrine citée par McTaggart pour montrer qu'elle existe vraiment. Il ne voit pas en quoi cela est une objection à sa doctrine de la croyance en termes de faits, dans la mesure où tout ce que montrent les partisans des propositions, c'est le caractère objectif de la vérité, que McTaggart reconnaît tout à fait. Il reste à savoir sur quoi repose cette vérité, qu'elle soit connue de Dieu seul ou de Pierre et Paul : le fait auquel elle correspond. Imaginons que Dieu connaît ce nombre de moustiques et donc la pensée « le nombre des moustiques... a été n » (qu'il est le seul à posséder) et qu'il connaisse donc la vérité de cette pensée. Comment saura-t-il que cette pensée est vraie ? En considérant intuitivement le fait qui lui correspond (la seule différence, c'est que son intellect n'a pas à passer par les médiations qui nous font établir la correspondance). Ceci n'est donc pas pour McTaggart une objection solide. C'est une objection contre ceux qui tiennent que la vérité est subjective, c'est-à-dire que c'est une relation entre le sujet connaissant et la proposition connue, doctrine que McTaggart rejette effectivement de manière explicite. Sa doctrine n'a pas pour conséquence qu'une pensée doive être l'objet d'une croyance effective pour être vraie ; pour être vraie, elle doit correspondre au fait ; si elle n'est pas objet de croyance, cette vérité peut être inconnue, mais cela ne signifie pas que la pensée qui n'est pas objet de croyance n'est ni vraie, ni fausse.

Le deuxième argument est le caractère atemporel des propositions qui s'accorderait avec le caractère également atemporel des vérités — où trouver alors en dehors des propositions ce caractère atemporel, puisque les faits et les croyances sont de manière indubitable dans le temps (§ 17, p. 17) ? Il est vrai de manière atemporelle que la bataille de Waterloo a eu lieu en 1815. La bataille elle-même est temporelle et les croyances sur la bataille aussi, en tant qu'événements. Cependant McTaggart distingue implicitement l'événement de la croyance de son contenu. Celui-ci peut être relatif à un temps (par exemple pour la croyance : « j'ai faim maintenant ») ou faire abstraction de toute référence temporelle. Dans tout ceci il n'y a selon lui nul besoin de proposition atemporelle. Si la croyance selon laquelle la bataille de Waterloo a eu lieu en 1815 est vraie de manière atemporelle (elle est, elle sera vraie), c'est parce qu'il s'agit d'un fait unique, fixé, qui correspond à une multiplicité de croyances. Si « j'ai faim maintenant » est une croyance qui n'est pas atemporelle (et les partisans des propositions atemporelles devraient dire qu'il ne correspond pas de proposition à cette croyance), c'est parce que dans ma croyance les indexicaux « je » et « maintenant » fixent une correspondance à un fait relativement à eux — il s'agit en termes contemporains d'une croyance indexicale.

McTaggart examine aussi le cas des croyances erronées, qui pourraient fournir un argument pour les faits non existants. Une croyance fausse aurait alors une relation de correspondance avec un fait non existant. Dans cette optique, si Paul croit que Diana est toujours vivante, il y aurait une relation de correspondance entre sa croyance et le fait non existant que Diana vit. McTaggart établit un principe, voisin de ceux que nous avons vus à l'œuvre dans l'atomisme logique : si A n'a pas la relation de correspondance à B, alors A a la relation de non-correspondance à B. Dans le cas présent A (la croyance de Paul) a une relation de croyance à non-B (Diana est vivante), donc A n'a pas la relation à B (Diana est morte), donc A a la relation de non-correspondance à B. Il n'y a plus besoin de non-B, qu'on n'a fait figurer que pour l'éliminer (§ 19, p. 20). L'illusion qui consiste à affirmer que toute croyance a un objet et donc que dans le cas de croyances fausses cet objet doit être un non-existant, provient tout simplement du fait que toute croyance prétend être vraie : croire quelque chose, c'est croire en la vérité de cette chose (d'où le paradoxe de Moore : je peux asserter : « ce chat est sur le paillasson, mais je ne le crois pas »). Croire que p et p sont équivalents du point de vue de l'assertion de la vérité, c'est un dogme philosophique. L'erreur est de croire que puisqu'une croyance vraie a pour objet un fait existant, une croyance fausse devrait avoir pour objet un fait non existant, alors que l'erreur consiste simplement dans la relation de correspondance : si je crois faussement quelque chose, tout simplement la relation de correspondance échoue à être établie avec le fait existant qui eût rendu la croyance vraie. On peut objecter que la croyance vraie peut avoir une relation de correspondance avec un fait non existant, quand par exemple je crois que Marie n'est pas à la maison. L'absence de Marie est un fait existant. Il ne faut pas projeter la forme négative de l'énoncé de croyance sur la structure du fait. Qu'il n'y ait aucun homme parfaitement vertueux peut parfaitement être un fait existant, quelque déplorable que cela puisse paraître.

McTaggart propose une solution subtile et ingénieuse aux difficultés posées par le très difficile problème d'une même (ou apparemment d'une même) croyance fausse possédée par deux individus Dupont et Durand : les partisans des entités non existantes ne sont-ils pas en meilleure position que lui ? Il leur suffirait d'affirmer que Dupont et Durand croient la même proposition fausse ou qu'ils ont une croyance sur le même fait non existant. Si toutefois nous nous passons des propositions et que nous rejetons les faits non existants, toutes les croyances fausses ne vont-elles pas s'équivaloir, puisque nous ne pourrons les reconnaître dans ce cas comme identiques ? La solution est de dire que Dupont et Durand prétendent avoir des croyances qui portent sur le même fait (alors que tous deux échouent de la même manière dans la relation de correspondance).

Reste une dernière classe de croyances, celles qui ne prétendent pas se référer à un fait existant, comme par exemple « tous les lions sont mortels ». Il s'agit d'une croyance dans une loi générale. Peut-on dire dans ce cas qu'il y a une relation à un ou à des faits existants ? Russell possédait (au moins à un certain moment de son évolution philosophique) dans son ontologie des faits généraux, ce qui n'est pas le cas de McTaggart qui recourt par voie de conséquence à un principe plus simple :

> « Toutes les croyances qui ne prétendent pas se référer à un fait existant ont une caractéristique en commun — elles assertent toutes que la présence d'une caractéristique implique la présence d'une autre [caractéristique] » (§ 26, p. 24).

McTaggart remarque que les croyances qui assertent la concomitance de caractéristiques sont des croyances indexicales (le terme est de nous) telles que « je suis heureux », « ceci est rouge », où le sujet de l'assertion est immédiatement perçu par la personne qui asserte. De telles croyances prétendent se référer à des faits existants. Ce qui est asserté, c'est simplement une caractéristique, et ce qui est asserté de cette caractéristique, c'est une autre caractéristique — c'est en ce sens qu'il y a concomitance. Quand le sujet de l'assertion n'est pas perçu, il est défini ou décrit par ses caractéristiques et l'assertion est que les caractéristiques de la définition ou de la description se trouvent parmi les caractéristiques assertées. « Dupont est plus sage que Durand » signifie que les caractéristiques qui nous permettent d'identifier Dupont se trouvent dans une substance qui a la caractéristique d'être plus sage que Durand (§ 26, p. 25). Si l'on accepte cette doctrine de la concomitance ou de la connexion des caractéristiques, quand il n'y a pas dans la croyance de référence à un fait et que surtout elle ne prétende pas le faire, alors la croyance « tous les lions sont mortels » asserte la connexion de deux caractéristique, mais McTaggart soutient que dans ce cas-là, la croyance en un énoncé nomique, il y a bien correspondance à un fait : que la caractéristique d'être un lion a la caractéristique d'impliquer la caractéristique d'être mortel. Cela est pour lui un fait existant. On peut remarquer que la doctrine de la croyance en termes de faits accepte que la croyance porte sur des propriétés ou des relations, si elles sont des caractéristiques de faits existants. Il ne s'agit pas de choisir entre deux possibilités : une croyance reliée à des faits ou une croyance reliée à des caractéristiques. Le prix à payer est qu'il faut admettre, comme on vient de le voir, des caractéristiques de caractéristiques et également que c'est un fait de posséder une caractéristique. Une objection se présente : ne peut-il y avoir une croyance du type « tous les lions sont mortels », mais où figure quelque chose qui n'existe pas ? Par exemple « un homme ne peut être un phénix » ne semble pas se prêter à l'analyse que McTaggart vient de proposer (§ 29, p. 26). La solution qu'il propose comme se présentant à l'esprit en premier est peu convaincante : la caractéristique non existante a une relation à une caractéristique existante, par exemple ici « être un oiseau » et comme aucun homme ne peut être un oiseau, il y a bien un fait existant relié à la croyance (un fait qui est l'incompatibilité de deux caractéristiques) (§ 29). Il propose donc une autre solution : « ne pas avoir une caractéristique est équivalent à avoir la caractéristique négative correspondante » (§ 31, p. 28). Si tout homme ne peut être un phénix, oiseau unique de son espèce[9], alors tout homme peut être un non-phénix. Cette caractéristique « non-phénix » est existante, et puisque « phénix » est un composant de « non-phénix », il sera lui aussi existant : « des parties de ce qui existe doivent exister, qu'elles soient ou non des caractéristiques de choses existantes » (§ 31, p. 29). McTaggart examine d'autres cas, que nous laissons de côté.

La conclusion de ces développements sur l'ontologie de la croyance est qu'« il n'y a rien qui nous pousse à croire à une réalité non existante » (§ 36, p. 33). Il n'y a pas besoin de propositions ; toutes les caractéristiques sont existantes et même les croyances sur des possibilités se réduisent à des croyances sur des caractéristiques. Par exemple croire « il est possible que X doive être Y » si ce n'est pas simplement un énoncé sur les limitations de notre connaissance (sens épistémique de la possibilité), signifie que la caractéristique X n'implique pas l'absence de la caractéristique Y. C'est donc un énoncé, et une croyance, sur des caractéristiques et sur leur implication non pas possible mais actuelle. « Ainsi tous les énoncés sur des possibilités se révèlent être en fait des énoncés sur des actualités (*actualities*) » (§ 40, p. 37). Habituellement, la réduction du sens ontologique des modalités, distinct du sens épistémique qui marque une limitation de la connaissance, en tant que ce sens implique des possibilités, c'est-à-dire du non-existant, est opérée précisément en montrant que le sens premier et seul authentique est le sens épistémique. McTaggart reconnaît l'existence de ce sens sans le réduire au sens épistémique. Le sens ontologique de la possibilité est jugé plutôt équivalent à une croyance sur des caractéristiques existantes.

Nous aurons l'occasion, quand le temps sera venu, d'exposer les métaphysiques contemporaines des modalités (Kripke, Lewis) et de situer à nouveau dans la problématique existante la position de McTaggart, en la caractérisant de manière plus large en termes d'actualisme.

Le traitement métaphysique de la croyance que nous venons d'exposer avec quelque détail (mais c'était nécessaire pour en montrer la valeur) repose sur un certain nombre de présupposés forts, dont certains sont explicités. Le plus important est peut-être le rejet du non-existant hors de l'ontologie : tout ce qui est est. On peut rapprocher cette position de celle de Brentano, dans les textes inédits (1902-1917) relatifs à l'ontologie, réunis sous le titre *Die Abkehr vom Nichtrealen* qui signifie littéralement : l'abandon, l'éloignement, le délaissement du non-réel. La position de Brentano est d'identifier le réel avec la chose (*Ding*), d'où le terme réiste (qui vient du philosophe polonais de l'école de Lwow, Kotarbinski [1886-1981] [10]) par lequel on désigne parfois cette doctrine. Tout ce qui est non-chose fait partie des *entia rationis*. Les objets immanents, les parties et les touts relatifs aux continus, les relations sont des non-réels. On ne peut donc en aucune manière identifier les ontologies de Brentano et de McTaggart, puisque ce dernier admet l'existence des caractéristiques et donc des relations. La tentative héroïque de construire une ontologie de l'existant, où le non-existant, le non-réel, se trouve éliminé, est toutefois commune à l'idéalisme de McTaggart et au réalisme de Brentano. Sur quelle méthode repose cette tentative chez McTaggart ? Chez Brentano, elle repose, en grande partie, sur la psychologie descriptive, une logique du jugement existentiel et l'épistémologie générale, ce qui n'est pas le cas chez McTaggart).

La méthode de McTaggart, la métaphysique inductive et Kant

La méthode de McTaggart n'est pas inductive. Les caractéristiques qui appartiennent à l'existence comme un tout ne peuvent pas être atteintes par induction, car l'induction commence par observer que les caractéristiques en question sont possédées par les membres d'une classe, or l'existence comme un tout ne peut être une classe, mais une chose unique et donc la méthode de l'induction ne peut s'appliquer (§ 43, p. 38-39). Une autre raison, plus évidente, est que le nombre de choses existantes est si grand, que l'induction ne s'achèverait jamais. On ne pourrait atteindre que des conclusions inductives probables. Évidemment, note McTaggart, un seul cas (comme dans l'abduction peircienne, équivalant à l'inférence à la meilleure explication) peut donner une très forte probabilité à une conclusion, mais il faut, poursuit-il, que les alternatives possibles aient été restreintes par un raisonnement antérieur. On ne peut donc suivre cette méthode en métaphysique, quand nous commençons notre analyse cherchant à déterminer la nature générale de l'existant. Le champ d'enquête étant infini ou quasi infini, la probabilité des conclusions serait voisine de zéro. L'induction ne peut avoir qu'une valeur limitée uniquement dans le cas où des enquêtes fouillées auraient été menées sur des classes d'existants. On pourrait évidemment soutenir qu'une métaphysique probabiliste est concevable, sur le modèle de la *Probabilistic Metaphysics* de P. Suppes (1984). Ce dernier pense que vu l'évolution des sciences et de la philosophie sous l'influence de la théorie des probabilités, il faut accepter que les conclusions métaphysiques n'aient qu'une valeur probable, le dogmatisme et la certitude qui ont souvent accompagné la métaphysique faisant partie de l'âge dogmatique, pré-probabiliste[11]. P. Suppes défend un type de métaphysique s'appuyant à la fois sur la science et le sens commun (il ne voit pas de rupture à la Bachelard entre les deux) et dont les conclusions seraient ouvertement simplement probables. Cela dit, il ne défend pas l'induction énumérative, pour des raisons qui tiennent à sa critique dévastatrice par Popper et d'autres. Il a conscience de s'opposer radicalement par ces principes à la métaphysique kantienne. Kant ne déclare-t-il pas :

> « il y a deux choses que je ne dois pas tolérer : c'est d'abord qu'on joue de la vraisemblance [= probabilité, *Wahrscheinlichkeit*] et de la conjecture, ce qui convient aussi mal à la métaphysique qu'à la géométrie ; en second lieu, que la décision soit confiée à la prétendue baguette magique du prétendu bon sens, laquelle ne frappe pas tout le monde, mais se règle sur des caractéristiques personnelles.
>
> Car pour le premier point, on ne peut probablement [!] rien trouver de plus absurde que de

vouloir, dans une métaphysique, une philosophie par raison pure, fonder ses jugements sur la vraisemblance et la conjecture. Tout ce qui doit être connu *a priori* est par là même donné comme apodictiquement certain et doit donc être démontré ainsi. L'on pourrait tout aussi bien vouloir fonder une géométrie ou une arithmétique sur des conjectures ; en effet pour ce qui concerne le *calculus probabilium* [calcul des probabilités] de cette dernière science, il contient des jugements non point vraisemblables, mais tout à fait certains sur le degré de possibilité de certains cas. (...)

Le sens commun n'étend donc son usage qu'aussi loin qu'il voit ses règles (quoiqu'elles lui appartiennent effectivement *a priori*) confirmées par l'expérience ; par suite les envisager *a priori* et indépendamment de l'expérience appartient à l'entendement spéculatif et se trouve tout à fait hors de l'horizon du sens commun. Mais la métaphysique a uniquement affaire à cette dernière sorte de connaissance et c'est assurément un mauvais signe de bon sens que de se réclamer d'un garant qui n'a point de jugement en la matière (...) » (*Prolégomènes à toute métaphysique future qui voudra se présenter comme science,* O.C., t. II, 1985, p. 156-157).

Une métaphysique probabiliste du type de celle de P. Suppes (1984) s'oppose à la conception kantienne de la métaphysique conçue traditionnellement comme science *a priori*. McTaggart accepterait-t-il le caractère probabiliste de toute connaissance métaphysique ? Il semble que non. Par exemple nous avons exposé ses raisons de ne pas accepter l'existence des propositions. Il déclare cependant qu'il tient leur non-existence simplement pour très probable, n'ayant pas d'argument *a priori*. Il existe donc toute une série d'énoncés métaphysiques qui seront probables, même si la démarche de la métaphysique est globalement *a priori* — pour poursuivre l'exemple des propositions, c'est par des raisons *a priori* que McTaggart établit son principe d'inutilité d'une double correspondance. Cependant il existe une source empirique de la connaissance métaphysique, la perception. McTaggart reprend la distinction russellienne d'une connaissance directe (*by acquaintance*) et d'une connaissance par description. L'*acquaintance* russellienne est identifiée à la présentation : « S a une connaissance directe de O » est équivalent à « O est présenté à S ». Pour Russell, l'appréhension (*awareness*)[12] porte à la fois sur des particuliers et sur des universels :

> « Non seulement nous sommes conscients d'un jaune particulier, mais si nous avons vu un nombre suffisant de jaunes et avons une intelligence suffisante, nous sommes conscients de l'universel jaune ; cet universel est le sujet de jugements tels que "le jaune diffère du bleu" ou "le jaune diffère plus du bleu que le vert". Et l'universel "jaune" est prédicat dans des jugements comme "ceci est jaune", où ceci est une donnée sensorielle (*sense-datum*) particulière. Et les relations universelles sont également objets d'appréhension, en haut en bas, avant et après, la ressemblance, le désir, l'appréhension elle-même semblent tous être des objets dont on est conscient » (*Mysticism and Logic*, p. 212, cité par McTaggart, p. 41).

McTaggart accepte ceci, mais préfère sa propre terminologie : il distingue l'appréhension par la perception des substances de celle des caractéristiques. Ce point est important quand il s'agira de décider, d'affirmer ou de prouver que quelque chose existe. On ne peut en effet se poser la question des caractéristiques générales de l'existence, sans savoir au préalable si quelque chose existe. Ce problème ne se posait pas à Heidegger dans son analytique existentiale, car la structure même de l'existence dans le monde était donnée dès le départ avec le concept de *Dasein*. Malgré tout, le but de Heidegger n'était certainement pas une ontologie générale de l'existence, puisque précisément sa tentative avait pour but de détruire cette compréhension (ou précompréhension) ontologique de l'existence (par exemple comme *complementum possibilitatis*), au profit d'une herméneutique de l'existence.

La perception joue également un rôle dans la métaphysique pour McTaggart quand on aborde la structure des touts et des parties à propos des substances : nous percevons des parties des touts et c'est même là un fondement subjectif de la relation tout/partie. On appelle méréologie la discipline formelle, logique et mathématique, qui s'occupe de la structure des touts et des parties[13]. La méréologie est mieux préparée que la théorie des ensembles à fournir les bases d'une ontologie et même d'une métaphysique, cela pour au moins deux raisons. La première est que la méréologie ne connaît pas d'ensemble vide, qui est une nécessité choquante dans la théorie des ensembles et n'a pas de justification ontologique. La seconde est que la relation tout/partie est absolument centrale dans notre schème conceptuel. Il faut distinguer la relation d'appartenance

$x \in E$
[l'élément x appartient à l'ensemble E]

de la relation tout/partie d'inclusion :

$a \leq b$
[a est une partie propre de b]

Par exemple un bras n'est pas un élement de l'ensemble constitué par le corps, mais le bras est une partie du corps. Nous percevons des touts et des parties (cf. la psychologie de la forme), mais nous ne percevons pas des ensembles.

Nous verrons que McTaggart utilise implicitement des principes méréologiques dans son ontologie des substances. On essaiera en particulier d'utiliser les ressources de la méréologie pour éclaircir un point très difficile dans la métaphysique de McTaggart, la relation d'une substance à ses parties.

Il affirme en effet qu'aucune substance n'est simple (ce qui va contre l'atomisme russellien) et sur ce point précis reconnaît qu'également aucune preuve *a priori* n'étant disponible, il faudra recourir à la perception, ce qui fait qu'effectivement la métaphysique bien qu'*a priori* dans ses attendus majeurs ait des parties importantes de caractère empirique. Cela ne rend pas la métaphysique moins certaine, car certains jugements de perception sont absolument certains. Si je perçois quelque chose et qu'il est certain que je le perçois, c'est suffisant pour croire que quelque chose au moins existe et en tout cas c'est aussi certain qu'une déduction *a priori* que quelque chose au moins existe (§ 45, p. 41-42). Une croyance directement fondée sur la perception est une croyance empirique ultime. Elle est ultime parce qu'elle n'est pas fondée sur une autre croyance.

Méthode mctaggartienne
et méthode hégélienne

On peut se demander quelle relation existe entre la méthode suivie par McTaggart et la méthode hégélienne. Ce qui est commun à première vue, c'est tout d'abord l'aspect déductif, qui consiste à vouloir dériver dans un ordre logique toutes les catégories de la réalité, Hegel justifiant la validité de ses catégories en les dérivant de la catégorie primordiale de l'être pur, que McTaggart juge équivalente à sa conception de l'existence au sens ontologique, ensuite la seconde ressemblance est que les catégories ontologiques de McTaggart forment une chaîne, tout comme les catégories hégéliennes qui vont de l'être pur à l'idée absolue par un automouvement du contenu, mais c'est là à peu près tout ce qui est commun aux deux méthodes (§ 47, p. 43-44), McTaggart insiste sur les différences. La première est qu'il abandonne la division ternaire des catégories en être, essence et concept, chacune de ces catégories étant à son tour divisée de manière ternaire, etc. La seconde différence est que la dialectique hégélienne est une dialectique du négatif, de la négativité, qui va de l'erreur partielle à la vérité par un processus qui inclut la contradiction.

McTaggart rejette, comme on l'a vu, l'idée qu'il y a des degrés de réalité et comme il adopte une théorie de la vérité correspondance, il est conduit à rejeter aussi des degrés de vérité — une relation de correspondance n'est en effet pas susceptible de plus ou de moins. En particulier cela aura pour conséquence l'abandon d'un trait fondamental de la dialectique hégélienne, le fait que les catégories s'enrichissent progressivement au cours de l'automouvement du concept. Pour McTaggart, les catégories une fois posées resteront identiques à elles-mêmes (§ 48, p. 44-46). Une autre différence encore est que la validité des catégories hégéliennes ne doit rien à des données empiriques « à l'exception de la catégorie précédente ou des deux catégories précédentes » (§ 49, p. 46). Un exemple est la catégorie de néant qui est posée comme identique à l'être pur, tout au début de la *Logique*, sans la moindre justification empirique (on pose simplement que l'être pur étant vide et indéterminé il est identique au néant) :

> « A. *Être, être pur,* — sans aucune autre détermination. (...) Il [l'être pur] est l'indéterminité et la vacuité pure. — Il n'y a *rien* à intuitionner en lui, si l'on peut parler d'intuitionner ; ou il est seulement cet intuitionner même pur et vide. Aussi peu y a-t-il à penser quelque chose en lui, ou il n'est pareillement que ce penser vide. L'être, l'immédiat indéterminé, est en fait *néant,* et ni plus ni moins que néant. (...)
>
> B. *Néant, le néant pur* (...) Le néant est donc la même détermination, ou plutôt la même absence de détermination et partant absolument la même chose que l'être pur.

C. *Devenir. Unité de l'être et du néant. L'être et le néant pur sont la même chose.* Ce qui est la vérité, ce n'est ni l'être ni le néant, mais le fait que l'être — non point passe — mais est passé en néant, et le néant en être (*nicht übergeht, sondern übergegangen ist*) » (*Science de la logique. L'être,* édition de 1812, trad. Labarrière et Jarczyk, 1972, p. 58-59).

La manière de procéder de McTaggart consistera au contraire à introduire des prémisses supplémentaires, quand ce sera nécessaire, et à expliciter les règles d'inférence utilisées, ce que Hegel ne fait pas. D'autre part, McTaggart ne pense pas que les catégories ontologiques qu'il dégagera sont marquées par une nécessité logique absolue, à la différence des catégories hégéliennes. Au vu de toutes ces différences, on peut conclure avec McTaggart que cette méthode n'est « pas typiquement hégélienne » (§ 50, p. 47). Le point décisif est probablement la relation au contenu empirique de l'ontologie. Pour McTaggart, l'accroissement de contenu au cours du processus dialectique, à partir de la pauvreté radicale de l'être pur, jusqu'à la richesse maximale de l'idée absolue, est censé se produire à l'intérieur du processus lui-même, sans adjonction d'éléments extérieurs ; or, suivant McTaggart, cela est impossible et l'accroissement du contenu dans les stades finaux de la dialectique doit être dû à « l'introduction illégitime de ces éléments qui, il l'a été proclamé, ont dû ensemble être déjà exclus » (§ 51, p. 48). On sait que pour Hegel, sa logique, qui est une logique métaphysique, a pour fonction de remplacer à la fois la soi-disant platitude de l'empirisme (dont l'ontologie est pour lui une version ossifiée) et le subjectivisme criticiste. L'empirisme est donc l'absence de pensée, de réflexion et le contenu empirique ne doit pas être apporté de l'extérieur. Le rapport de McTaggart à l'empirisme est complètement différent et on a eu l'occasion de souligner qu'il admet des données empiriques en métaphysique.

Cette combinaison de méthode *a priori* et de démarche empirique peut sembler rapprocher McTaggart de Kant. Il existe malgré tout avec ce philosophe une différence essentielle :

> « Notre méthode et les résultats que nous obtiendrons à partir d'elle, sont ontologiques et non pas épistémologiques.
>
> À partir de Kant, la plus grande partie de la philosophie moderne a été exclusivement — ou presque exclusivement — épistémologique. Elle a pris comme point de départ le fait de la connaissance ou plutôt le fait de la croyance. Elle a enquêté sur les types de croyances qui sont vraies et sous quelles conditions. À partir de cela, elle est parvenue à des conclusions sur ce qui peut être connu (...). Dans cette mesure-là, les conclusions d'un tel système ne s'occupent de rien d'autre d'existant que des croyances. (...) De tels systèmes peuvent donc être proprement nommés épistémologiques » (§ 52, p. 49-50).

La perspective de McTaggart est, elle, strictement ontologique, dans la mesure où ce qui est l'objet de l'enquête est de découvrir les caractéristiques générales de l'existence.

L'idéalisme de McTaggart

Une autre caractéristique de sa méthode est l'idéalisme, si on entend par idéalisme l'idéalisme empirique de Berkeley et non l'idéalisme transcendantal de Kant (§ 52, p. 50).

Qu'est-ce que McTaggart entend par « idéalisme » ? On sait que l'idéalisme de Berkeley est en fait un immatérialisme (cf. D. Berlioz, 2001). McTaggart distingue deux sortes d'idéalisme : celui qui affirme la dépendance de ce qui est connu à l'égard du connaissant (idéalisme subjectif) et celui qui affirme que tout est de manière ultime esprit (immatérialisme, idéalisme objectif). McTaggart est un idéaliste objectif. On peut aussi appeler le premier idéalisme un idéalisme épistémologique et le second un idéalisme ontologique. L'idéalisme épistémologique est une sorte d'antiréalisme, tandis que l'idéalisme ontologique est parfaitement compatible avec le réalisme métaphysique : il suffit de respecter le principe d'indépendance et asserter que cette réalité spirituelle existe indépendamment de nous. C'est la position de McTaggart. Nous verrons que, pour lui, la structure ultime de la réalité est spirituelle, tout en étant indépendante de notre esprit. En ce sens, l'idéalisme ontologique est toujours plus ou moins un platonisme, tout comme l'idéalisme épistémologique est toujours peu ou prou un kantisme. Après ce qui a été considéré comme l'échec de l'atomisme logique, un repli sur l'antiréalisme kantien s'est produit, qui a pris des formes extrêmement variées, et McTaggart représente une des tentatives les plus conscientes d'opérer une percée à l'égard de cet anti-réalisme. Il peut paraître artificieux de donner une telle présentation de l'idéalisme objectif de McTaggart, mais la position de ce dernier est extrêmement originale et il est malaisé de le situer sans mettre à mal des clivages qui nous semblent naturels.

Existence, substance et relations

Est-ce que quelque chose existe ? Cette question peut sembler le paradigme des questions métaphysiques, complètement gratuites et oiseuses. Il ne s'agit d'ailleurs pas de répondre par oui ou par non à cette question. Il ne s'agit pas non plus de se la poser pour le plaisir, sans intention d'y répondre. C'est une question qui découle d'une exigence déductive : si c'est possible, prouver que quelque chose existe. Pour pouvoir donner les caractéristiques générales de l'existence, il faut tout d'abord avoir une preuve qu'au moins quelque chose existe. L'enquête portant sur les caractéristiques de l'existence en général, il suffit qu'une seule chose existe. Si elle avait porté sur la totalité de l'existence, la démarche aurait été différente. McTaggart donne une raison supplémentaire. Même si nous n'étions pas assurés que quelque chose existe, nous pourrions analyser les caractéristiques de l'existence à titre hypothétique, sous une supposition (*Annahme*). Nous ne pourrions alors cependant pas dégager ce qu'il appelle les conséquences pratiques de son ontologie et qui impliquent que l'on puisse différencier l'existence par la perception (§ 55, p. 57).

Il existe une première manière de répondre à cette question, non directement, mais en examinant une réponse radicalement négative : « rien n'existe[14] ». Énoncer cette dénégation suppose que l'on considère que l'existence est une illusion, mais cela suppose à son tour que cette illusion soit prononcée par un sujet qui se considère indemne de l'illusion et qui pour cela existe. Cependant l'énoncé « rien n'existe » n'est pas considéré, comme il l'est de manière habituelle, comme autocontradictoire en lui-même (cf. chap. XIX), comme « aucune proposition n'est vraie » l'est (puisque si aucune proposition n'est vraie, cette proposition non plus n'est pas vraie, etc.). Cette proposition « rien n'existe » n'est pas contradictoire en elle-même, mais contradictoire avec son assertion, car pour la former il faut bien que quelque chose existe. On pourrait évidemment objecter que « rien n'existe » est tout aussi contradictoire que « aucune proposition n'est vraie », car il faut bien que cette proposition existe et comme elle affirme que rien n'existe, c'est contradictoire, mais il faut se rappeler que les propositions n'existent pas et donc il n'est pas contradictoire qu'une proposition, non existante, affirme la non-existence de tout (§ 57, p. 58). La proposition « quelque chose existe » n'est pas non plus auto-évidente. Ce n'est donc ni une tautologie, ni une contradiction, et il faut des raisons extralogiques pour décider de sa vérité :

> « Nous pouvons ne pas avoir de raison de croire que X existe, à moins que nous ne percevions

> directement X ou Y dont l'existence implique celle de X. Ainsi notre croyance dans la proposition "quelque chose existe" dépend de notre perception. (...) Cependant bien que sa négation ne soit pas autocontradictoire et sa vérité non auto-évidente, l'énoncé que quelque chose existe est certainement aussi vrai qu'un énoncé peut l'être. Il est bien sûr possible pour un jugement basé sur une perception d'être erroné, parce qu'un jugement peut décrire de façon incorrecte ce qui est perçu. Mais une telle erreur n'invaliderait pas ce jugement particulier. Car, nous l'avons vu, si un jugement quelconque affirmant que X existe est erroné à travers une telle description incorrecte, alors cette description doit exister et le jugement que quelque chose existe serait vrai[15] » (§ 58, p. 59).

Cette question (« Est-ce que quelque chose existe ? ») est très proche de celle-ci, bien que distincte : « Pourquoi y a-t-il un univers (plutôt que rien)[16] ? » La première question est plus radicale, elle ne porte pas sur l'univers physique, tel que nous l'observons avec sa taille, ses constantes, etc., mais sur l'existence de manière abstraite. La seconde question porte sur le surgissement de l'univers, totalité de ce qui est, et dans un certain sens les réponses de type physique (cosmologie quantique ou relativiste) sont pertinentes tandis qu'elles ne le sont pas pour la première. L'ajustement des constantes physiques n'est pas une réponse à la question ontologique radicale sur l'existence. En termes classiques, la première question appartient à la métaphysique générale, tandis que la seconde est du ressort de la métaphysique spéciale, de la cosmologie (entendue comme branche de la métaphysique et pas comme théorie physique).

Qualité et existence

McTaggart suit donc un ordre déductif et dérive la catégorie de la qualité de celle de l'existence. Dire que l'existant existe sans qualités équivaudrait à dire que rien n'existe, car ce qui existe a nécessairement une nature en plus de son existence. On retrouve ici quelque chose de la *Logique* de Hegel, mais sans synthèse du pur être et du rien[17] dans l'être-là ou le devenir. Il s'agit simplement de nier qu'un existant puisse exister sans nature, constituée de qualités qui consistent à être ceci ou cela. Nous avons évoqué la catégorie ontologique des particuliers nus, à propos de l'atomisme logique. McTaggart nie l'existence de tels particuliers. Toutefois il y a une difficulté logique : si nous pouvons distinguer l'existant et sa nature, l'existant abstraction faite de ses qualités, ne pensons-nous pas l'équivalent d'un particulier nu avec toutes les difficultés qui y sont attachées ? Il s'agit de bien voir que la relation des qualités (ou propriétés) à un particulier (ici une substance) est quelque chose d'ontologiquement problématique. Si les qualités prises ensemble constituent le particulier et si nous nions la substance, la relation entre ces qualités devra posséder une force d'unification équivalente à la substance et ce n'est pas une simple relation de coprésence des qualités les unes aux autres qui sera suffisante. Si nous attribuons les qualités à un substrat substantiel, cela, comme on vient de le voir, risque de nous entraîner du côté des substrats dénués de qualités, des particuliers nus. McTaggart démontre ainsi l'existence des qualités : quelque chose existe ; rien ne peut exister sans nature ; avoir une nature, c'est avoir des qualités, donc ce qui existe a des qualités. La qualité est indéfinissable (§ 60, p. 61). Tout ce qui est vrai de quelque chose est une qualité. La relation qui est introduite ici est « vrai de » (*true of*) qui ne doit pas être confondue avec « vrai ». Une croyance est vraie (ou fausse) ; une qualité est vraie d'un existant (ou de plusieurs). La définition que l'on serait tenté de donner de « vrai de » serait la suivante :

> « X est vrai de A quand une croyance qui asserte que X appartient à A est une croyance vraie, et X est faux de A, quand une croyance qui asserte que X appartient à A est une fausse croyance. Maintenant, nous pouvons dire que X appartient à A est équivalent à asserter que X est une qualité de A » (§ 60, p. 61).

Or, cette définition est un cercle vicieux. On ne peut donc définir la qualité en définissant « vrai de ». Tout ce que nous pouvons faire, s'il est impossible de définir la qualité, c'est d'en donner des exemples (ce que l'on pourrait appeler une « définition par ostension »). La difficulté, c'est de donner des exemples de qualités qui ne soient pas des relations, car les deux sortes d'entités peuvent facilement être confondues. En particulier, il existe des qualités dépendantes de relations (par exemple : être amoureux). La solution semble être de prendre comme base des qualités paradigmatiques (c'est-à-dire dont on est sûr qu'elles sont vraies de quelque chose et qu'elles n'ont pas d'élément relationnel). McTaggart propose : la bonté, le bonheur, la rougeur, la douceur comme des exemples de telles qualités.

De « quelque chose existe et possède des qualités », on peut déduire « quelque chose existe et ne possède pas certaines qualités », en vertu de l'incompatibilité de certaines qualités : une figure par exemple ne peut être triangulaire et carrée, rouge et bleue (ajoutons : au même point de sa surface — elle pourrait être rayée, ou rouge à pois bleus !). La non-possession de qualités a un aspect positif : elle nous fait gagner de la connaissance : « nous gagnons véritablement de la connaissance autant quand nous nions la qualité X que quand nous affirmons la qualité Y » [X et Y étant incompatibles], mais cela n'implique pas que nous gagnons autant de connaissance : si effectivement je sais que X est un triangle, j'aurai plus de connaissance que si je sais que X n'est pas un triangle. Quand je ne sais pas si X est un triangle, cette croyance doit être distinguée de quand je sais que X est un non-triangle. Si je ne sais pas si X est une figure géométrique, je ne sais pas que X est un triangle, mais cela n'apporte pas de connaissance. Quand je sais que X est une figure géométrique et que j'ai déduit de mes connaissances qu'il ne peut s'agir d'un triangle, j'ai gagné de la connaissance, j'ai restreint ma marge d'ignorance. Un non-mâle est femelle, mais si je ne sais pas si X est un mâle, je peux ignorer que X est humain. McTaggart propose donc de distinguer « ceci n'est pas carré » de

« ceci est non-carré ». Cette distinction correspond à celle entre négation de phrase et négation de constituant (portant sur un prédicat).

Tout ce qui existe a donc des qualités et autant de qualités que de qualités positives (§ 62, p. 63). Toute chose existante a au moins trois qualités : au moins une qualité quelconque, la qualité d'exister[18] et dès lors la qualité d'avoir plusieurs qualités, d'être multiplement qualifié (*many qualified*). On peut remarquer qu'il n'y a pas d'inflation ontologique, car si au vu de ces trois qualités, on crée une qualité qui est de posséder trois qualités, elle tombe sous la qualité d'être multiplement qualifiée, qui joue un rôle de clôture de la multiprédication : si A a F, alors A a G (le fait d'avoir F), donc A a H (le fait d'avoir G), etc. Ce mécanisme est apparemment bloqué par McTaggart. Il distingue d'une part des qualités simples et d'autre part des qualités complexes et des qualités composées. Une qualité composée peut être réduite par l'analyse à des qualités simples. Deux qualités quelconques prises ensemble forment une qualité composée. « Rouge et doux » forme une qualité composée. Une qualité complexe peut être analysée mais ne peut être réduite à un agrégat de qualités. La vanité (*conceit*) est un exemple de qualité complexe. On peut l'analyser comme une opinion exagérée de soi-même, mais on ne peut la réduire à des qualités simples. La pudeur, pouvons-nous ajouter, serait dans ce cas. La qualité composée a des parties, mais la qualité composée a des éléments[19]. La qualité composée de toutes les qualités d'une chose existante est appelée la nature de cette chose. De la nature d'une chose il faut cependant distinguer sa substance.

La substance, Aristote et les tropes

La définition de la substance est la suivante :

> « Tout ce qui existe a donc des qualités. Ces qualités seront elles-mêmes existantes et auront des qualités, ceci sans fin. Mais à la tête de la série il y a quelque chose qui sera existant qui a des qualités sans être elle-même une qualité. Le nom ordinaire pour ceci, et je pense le meilleur nom, est la substance » (§ 65, p. 66).

Cette définition apparaît comme une réminiscence partielle des définitions aristotéliciennes qui insistent sur la non-prédicabilité de la substance :

> « La substance au sens le plus fondamental, premier et principal du terme, c'est ce qui n'est ni affirmé d'un sujet, ni dans un sujet : par exemple, l'homme individuel ou le cheval individuel » (*Catégories*, 5, 2a, 11-14).

> « La substance est prise en deux acceptions ; c'est le sujet dernier, celui qui n'est affirmé d'aucun autre, et c'est encore ce qui, étant l'individu pris dans son essence, est aussi séparable : de cette nature est la forme ou la configuration de chaque être » (*Métaphysique*, Δ, 8, 1017b, 23-25).

> « La substance se prend, sinon en un grand nombre de sens, du moins en quatre principaux : on pense, en effet, que la substance de chaque être est soit la quiddité, soit l'universel, soit le genre, et

en quatrième lieu le sujet. Le sujet est ce dont le reste s'affirme et qui n'est pas lui-même affirmé d'une autre chose » (*id.*, Z, 3, 1028b, 33-37).

McTaggart mentionne la contestation qui s'est élevée contre la notion de substance : le groupe de qualités qui habituellement est prédiqué d'une substance ne pourrait-il pas exister sans la substance ? D'après McTaggart, si nous nions qu'une qualité soit prédicable de quelque chose, nous buterons sur une grave difficulté : nous ne pourrons plus dire du groupe de qualités que c'est un groupe de qualités. On peut comprendre cela de la manière suivante : pour qu'il y ait un groupe de qualités, il faut que ces qualités aient quelque chose en commun. Or dans le cas présent qu'ont-elles de commun, si ce n'est d'être prédiquées de la même substance ? Si nous les détachons de cette substance, alors elles ne formeront plus un groupe. C'est précisément le défi que relèvera la métaphysique des tropes : penser une structure (peut-être même plus riche que celle de groupe) des tropes sans la réduire à une inhérence commune (cf. Bacon, 1995). McTaggart a le mérite d'envisager la possibilité de renoncer aux substances en faveur des qualités.

Il donne un autre argument pour montrer que c'est impossible et qui touche à la structure même des qualités à l'intérieur de la nature d'un existant. Soit Dupont, dont on peut prédiquer qu'il est heureux. Prenons d'autres qualités pour constituer sa nature : la bonté, la conscience et l'humour. D'après McTaggart, nous ne pouvons substituer à Dupont aucune de ces qualités. Par exemple, nous venons d'affirmer que Dupont est heureux. Il ne serait pas équivalent d'affirmer soit que l'agrégat des qualités qui composent sa nature est heureux, soit séparément que sa sagesse est heureuse, etc. On peut se demander ce que vaut cet argument. Si nous renonçons à la substance, cela signifiera-t-il que chaque qualité devra être prédicable de chaque autre ? Il semblerait ici que McTaggart ait pris au pied de la lettre l'expression « abandonner la substance en faveur des qualités », comme signifiant « là où vous prédiquiez des substances, prédiquez maintenant des qualités », ce qui est absurde. Si effectivement on renonce à la substance en faveur des qualités, cela donne lieu à toute une série de difficultés, mais celle que soulève McTaggart résulte d'un sophisme. La véritable difficulté est que si nous renonçons aux substances, nous devrons admettre que les particuliers sont soit des faisceaux de qualités particulières, soit générales, et dans les deux cas il y aura des difficultés pour conserver le double caractère de la prédication de qualités d'une substance : la particularité de la substance et la généralité des qualités.

McTaggart réaffirme son engagement en faveur de la substance, à partir de l'impossibilité de constituer une catégorie ontologique indépendante de qualité :

> « À la conclusion que la substance existe il a été objecté qu'une substance n'est rien en dehors de ses qualités, et donc qu'une conception de la substance comme distincte de ses qualités est impossible et que le nom lui-même [de substance] serait dépourvu de sens. Mais ceci est erroné. Il est bien

> entendu tout à fait exact qu'une substance n'est rien en dehors de ses qualités. Et si nous devions former la conception d'une substance qui n'aurait pas de qualités, l'entreprise serait sans espoir, comme celle de former la conception d'un triangle sans côtés. Mais il ne s'ensuit pas que, parce qu'une substance n'est rien à part de ses qualités, qu'elle ne soit rien d'autre qu'une conjonction de qualités. Et il ne suit pas que parce que nous ne pouvons former la conception d'une substance qui n'a pas de qualités, nous ne pouvons former la conception d'une substance qui a des qualités » (§ 68, p. 69).

L'argument est que si nous rejetons la substance, nous devons rejeter les qualités, parce que les qualités ne peuvent exister sans les substances et les substances sans les qualités, ce qui signifie, dans un autre vocabulaire, que les substances et les qualités sont mutuellement dépendantes. Pour McTaggart il y a donc réellement un raisonnement fallacieux quand nous affirmons l'indépendance des qualités à partir de leur nécessité pour que la substance existe réellement.

McTaggart vs *Stout ou les tropes en question*

McTaggart examine ensuite une objection de G.F. Stout (1860-1944), le psychologue anglais qui avait soutenu que les substances spatio-temporelles persistantes ne sont que des composés de qualités, conçues comme des particuliers abstraits et qui avait dû défendre cette vue contre les attaques de Moore. Stout peut être considéré comme un précurseur de la métaphysique des tropes dans « *The Nature of Universals and Propositions* » (1921-1923). À travers Stout, McTaggart, le défenseur de la substance, affronte le partisan des propriétés particulières et ce débat anticipe des débats contemporains sur la pertinence de ces notions (cf. P. Simons, 1995). L'objection de Stout est la suivante :

> « Qu'est-ce que le sujet lui-même distingué de l'attribut ? Il semble que son être tout entier doit consister à être ce à quoi appartiennent les attributs. Mais comment tout l'être de quelque chose peut-il consister à être en relation avec quelque chose d'autre ? Il doit y avoir une réponse à cette question — Qu'est-ce qui est relié de cette manière ? » (Stout, 1914-1915, cité § 69, p. 70).

La réponse de McTaggart consiste à analyser le fait d'être reliée pour une qualité à la substance comme dérivant d'un fait primitif. L'exemple choisi est : Dupont est heureux. La qualité d'être heureux, de bonheur, est bien sûr liée à la substance de Dupont, mais

> « Ce n'est pas tout. Il [Dupont] n'est pas seulement lié à la qualité de bonheur. Il est heureux. Et c'est cette dernière chose qui est fondamentale. Le fait que Dupont est heureux est le fait primitif et le fait qu'il est lié à la qualité de bonheur est seulement dérivé (*derivative*). En effet, si le fait qu'il est heureux peut être réduit à sa relation à la qualité de bonheur, alors, en vertu du même principe, sa relation à la qualité de bonheur doit être réduite aux deux relations entre cette relation et ces deux termes — Dupont et le bonheur. Ainsi nous nous embarquons dans une série infinie du type de celles qui ont conduit Bradley à nier la réalité de toute relation » (*id.*).

La réponse de McTaggart à la question de Stout « Qu'est-ce qui est relié de cette manière ? » est donc le fait primitif et la qualité. On pourrait objecter que ce fait primitif et la qualité sont une seule et même chose : quelle différence faire entre le fait d'être heureux pour Dupont et la qualité d'être heureux ? McTaggart refuse de réduire le fait d'être heureux à la relation entre Dupont et la qualité d'être heureux, pour ne pas s'engager dans une régression infinie « qui a conduit Bradley à nier la réalité des relations » (p. 70).

La substance existe, mais nous ne savons pas encore s'il en existe une ou plusieurs. McTaggart pose ainsi la question : « Est-ce que la substance est différenciée ? » Ce problème est lié à celui, classique, de l'individuation : pour Aristote, d'après les commentaires médiévaux de son œuvre, les substances sont individuées par la matière (puisque la forme est universelle). Certains Médiévaux, suivis par des philosophes postérieurs, comme Leibniz, ont soutenu l'existence d'un principe d'individuation et d'une essence individuelle, l'haeccéité. D'autres ont soutenu l'unicité de la substance, comme Spinoza, en considérant généralement les individus comme des accidents ou des modes de la substance. Leibniz a critiqué ce monisme spinoziste, d'une part en lui substituant un pluralisme ontologique fondé sur la théorie de l'expression où chaque détail, à l'infini, est fondé en raison dans la loi de la substance individuelle et d'autre part en acceptant à un niveau métaphysique une structure atomique de la réalité où les substances individuelles en dernière analyse se décomposent en monades, c'est-à-dire en substances simples, principes d'activité d'emblée différenciés. En ce sens, la différenciation des substances se fonde chez Leibniz de manière ultime sur la variété infinie des monades — en vertu du principe de raison (dont le principe d'indiscernabilité des identiques est une conséquence) : deux atomes ne peuvent être identiques. Cela fait que les atomes matériels sont rejetés car ils n'ont pas de principe interne de différentiation, tandis que les atomes spirituels, ou monades, possédant un tel principe, obéissent au principe de raison et au principe de discernabilité des différents (converse du principe d'indiscernabilité des identiques). Il était nécessaire de rappeler cet arrière-fond de la question « est-ce que la substance est différenciée ? » dont la sécheresse quasi scolastique peut s'avérer rebutante, dans la mesure où ses enjeux ne sont pas manifestes.

La pluralité des substances

Pour McTaggart, même Spinoza admet la différenciation de la substance, dans la mesure où il ne nie pas la réalité des modes[20]. De manière quasiment générale, la différenciation est admise, mais cet accord ne prouve rien, même si, en suivant la méthode d'Aristote et celle de Leibniz, une méthode de jurisprudence en histoire de la philosophie, cela n'a pas un poids absolument nul. Quel est l'argument en sa faveur ? Il existe en fait deux arguments, l'un *a priori*, à partir de l'impossibilité de substances simplcs, l'autre *a posteriori* fondé sur la perception. McTaggart préfère donner d'abord le second, qui est très simple : à moins que le solipsisme[21] soit vrai (c'est-à-dire la doctrine que moi seul existe), j'existe en même temps que quelque chose d'autre (que je perçois) et donc la substance est différenciée. Il prend soin d'insister sur le fait que la non-existence du moi (*self*) ne ruinerait pas cet argument qui ne repose pas sur sa substantialité (il suffit qu'il y ait quelque chose qu'on prend de manière erronée pour le moi). Par contre, le solipsisme est une cause de rejet de la différenciation apparemment plus menaçante.

L'argument de McTaggart est le suivant : supposons le solipsisme vrai. Si le temps est réel, mes états à différents moments du temps seront des substances et donc la substance est différenciée (§ 75, p. 75). Si le temps est irréel, ce que d'après Russell un honnête solipsiste doit soutenir pour être cohérent (cf. Russell, 2002, p. 213-219) [22], alors quelque chose que je prends de manière erronée pour des états de ma substance existe et la substance est différenciée, car ces états existeront tout de même de manière séparée. Dans la mesure où McTaggart est un partisan de l'irréalité du temps, cela affaiblit son argument tiré de la variété des états mentaux, car, après tout, on pourrait soutenir que si le temps n'existe pas, ces différents états sont une pure illusion (que seul le présent existe) et une différenciation portant sur des choses illusoires n'est pas très fondée. Il cherche donc du côté de la perception un argument anti-solipsiste de différenciation.

Quand je perçois simultanément une stridence et un rouge, je suis directement conscient de l'existence de deux données perceptives (*perception-data*), or ces données sont des substances. En effet elles ont des qualités et sont liées entre elles, mais elles ne sont pas des qualités et pas plus des relations (p. 76). En effet, il ne faut pas confondre la qualité de rouge et la donnée perceptive de ce rouge-ci, pour moi, à ce moment.

Pour McTaggart, contrairement à Russell, nous ne percevons pas des universaux, mais des particuliers. La structure même de l'acte de perception prouve d'ailleurs pour lui la différenciation des substances : il faut distinguer l'acte lui-même, un état mental de la donnée perceptive et nous avons déjà deux substances. La différenciation des substances est donc auto-évidente à quiconque a des perceptions. Cette auto-évidence signifie que la différenciation des substances est avérée même si le solipsisme est vrai. McTaggart reconnaît que sa preuve est partiellement empirique (p. 77). Pour les hégéliens qui à la suite de leur maître identifient la logique et la métaphysique (la *Logique de l'Être* étant finalement une ontologie générale), cela suffirait à détruire l'argument, mais il est vrai qu'ils entendent substituer le sujet à la substance, ce à quoi s'oppose McTaggart, dans son refus de la conception hégélienne de la dialectique où une catégorie inférieure comme la substance est entièrement subsumée, engloutie (*aufgehoben*) par une catégorie supérieure comme le sujet — pour McTaggart la catégorie inférieure (à supposer qu'elle le soit) garde sa validité (§ 75, p. 75-76). Cependant, dans la mesure où la preuve est partiellement empirique, elle est exposée à des objections de type sceptique : ne peut-on concevoir que l'on puisse, comme Descartes dans la *Première Méditation métaphysique*, douter de toutes ses perceptions, ce qui est une position radicale ? La seule chose que l'on peut répondre, et qui est une forme de *cogito*, est que douter suppose une perception. Les pyrrhoniens qui ont dressé l'inventaire des manières de douter de la certitude de la connaissance obtenue par la perception, en insistant en particulier sur la relativité des perceptions, les altérations des organes, etc., n'ont pas semble-t-il poussé la suspension (*epoché*) jusqu'à douter de l'existence même de perceptions[23]. Or ce que réclame la preuve de McTaggart, c'est cette existence et non la certitude de l'existence de la perception. Si cette preuve, partiellement empirique, échappe au scepticisme, elle n'aboutit pas pour autant à une certitude absolument complète : tout ce que l'on peut affirmer, c'est qu'il est hautement probable qu'il existe une différenciation de la substance, et cette forte probabilité qui est une raison pour McTaggart de l'admettre pourrait au contraire offrir aux sceptiques une raison de se maintenir dans le doute, puisqu'il ne s'agit que de probabilités. Bref, comme souvent, les arguments contre les sceptiques nous donnent donc des raisons de ne pas adopter leurs positions, sans réussir pour autant à les convaincre.

Le caractère probable des conclusions et le non-hégélianisme de McTaggart

Sans être vraiment un type de métaphysique probabiliste au sens de P. Suppes, le système de McTaggart admet cependant le caractère probable des conclusions tirées de preuves s'appuyant en partie sur des raisons empiriques. L'originalité de cette pensée est de combiner une ontologie en partie empirique avec un mode d'exposition systématique et même déductif dans ses grandes lignes. Le développement qui consiste à prendre comme point de départ l'existence de quelque chose, puis à prouver l'existence d'au moins une substance, avant de démontrer qu'il existe plusieurs substances est de type déductif, sans lier fortement, comme c'est le plus souvent le cas, déduction et *a priori*. Le rapport à la dialectique hégélienne est finalement assez ténu, que ce soit pour la méthode ou le contenu des thèses conceptuelles propres. Cependant dans un certain sens tous les choix de McTaggart, qu'ils soient de méthode ou de contenu, ne s'expliquent que par un rapport complexe et intériorisé à Hegel. Le meilleur exemple est peut-être le maintien de la catégorie de substance, en dépit de sa transformation dans le concept de sujet chez Hegel :

> « Selon mon intellection [il lui faut se justifier par la présentation du système lui-même], tout dépend du fait de s'exprimer le vrai, non comme *substance*, mais tout autant comme *sujet*. (...) La substance vivante est en outre l'être qui [est] en

> vérité *sujet* ou, ce qui veut dire la même chose, qui est en vérité effectif seulement dans la mesure où elle est le mouvement de se poser soi-même, ou la médiation avec soi-même du devenir autre à soi. Elle est comme sujet la pure *négativité simple*, par là justement le dédoublement du simple, ou le redoublement op-posant [*sic*], qui est à nouveau la négation de cette diversité indifférente et de son opposition (...) » (Hegel, *Phénoménologie de l'esprit*, Préface, trad. Jarczyk et Labarrière, 1993, p. 80-81).

La première partie de la tâche que s'est fixée McTaggart a été de prouver, de déduire l'existence d'une pluralité de substances ; la seconde partie de cette tâche, beaucoup plus complexe et développée, mais aussi peut-être la plus riche en aperçus, la plus originale quant à la méthode, est consacrée à l'étude des relations entre les substances. Cette dernière consistera en un approfondissement de la théorie des touts et des parties. N'oublions pas que la définition de la substance qui a été donnée fait, comme on l'a d'ailleurs vu en partie, que les données perceptives, les états mentaux sont des substances et donc que les relations touts/parties seront nécessairement complexes, vu l'enchevêtrement des types de relations. Dans les développements contemporains sur ces types de relations on distingue :

— des RELATIONS DE DÉPENDANCE : x dépend de y si x n'existe pas en l'absence de y.

Exemples : (i) une couleur dépend d'une surface, (ii) le plaisir d'une remémoration dépend de cette remémoration, (iii) un acte de mémoire dépend de la séquence des événements mémorisés.

— des RELATIONS DE FONDATION : x est fondé sur y si x dépend de y et s'il existe une loi d'essence qui connecte x et y (cf. B. Smith et K. Mulligan, *in* B. Smith [éd.], 1982, p. 43).

Dans les exemples ci-dessus la relation (i) couleur/surface, et la relation (ii) plaisir/remémoration sont des relations de fondation, mais pas la troisième relation (iii) : c'est empiriquement et non *a priori* que l'on établit cette relation de dépendance de l'acte de mémoire des événements, alors que c'est *a priori* que l'on peut affirmer que la couleur est fondée sur une surface — c'est une nécessité *de re*, à distinguer de la nécessité *de dicto*. La couleur est fondée sur la surface, mais la remémoration n'est pas fondée sur les événements mémorisés.

D'autre part, on peut distinguer pour chacun des deux types de relations, de dépendance et de fondation, une relation générique et une relation spécifique : la couleur en général dépend génériquement de l'existence d'une surface quelconque, tandis que cette couleur-ci dépend spécifiquement de cette surface-là. Un père en tant que père dépend génériquement du fait d'avoir une fille ou un fils, mais il dépend spécifiquement en tant que père de ce fils ou de cette fille.

McTaggart n'utilise pas ce vocabulaire husserlien de la dépendance et de la fondation, qui provient des *Recherches logiques*, mais il peut être utile d'avoir cette double distinction à l'esprit pour exposer le système de TNE. C'est Whitehead qui utilisera la méréologie comme fondement formel explicite de son système ; chez McTaggart, elle reste implicite, quoique, on le verra, la relation de correspondance déterminante, qui est centrale dans TNE, soit en fait une relation méréologique.

Les relations sont indéfinissables

Les relations sont indéfinissables (§ 78, p. 79) tout comme la qualité et l'existence. On peut tout de même en donner des exemples : A est plus grand que B, A aime B, etc. Les relations ont un ou plus d'un terme. Une relation à un terme est par exemple une relation d'identité à soi-même : $x \equiv x$ (la plupart des philosophes pensent que cette relation est nécessaire). McTaggart mentionne la tendance forte à réduire ou à éliminer les relations. La réduction des relations à des qualités a déjà été évoquée (à propos de la doctrine des relations de Russell) et il est intéressant de constater que Russell et McTaggart sont d'accord sur la non-réductibilité des relations. McTaggart répond à un argument de Rudolf H. Lotze (1817-1881) selon lequel les relations ne pouvant pas être dans l'un des *relata* n'existent pas. L'argument est que la relation « plus grand que » dans A est plus grand que B ne peut être ni dans A, ni dans B et pas dans A et B car une chose ne peut être dans deux endroits à la fois. La réponse de McTaggart est que cet argument assimile les relations à des qualités : ce sont les qualités qui sont dites de quelque chose parce qu'elles sont dans quelque chose — le rouge est dit de ce cahier, parce qu'il est dans ce cahier. Les relations ne sont toutefois pas comme les qualités ; elles ne sont pas dites des choses, mais entre les choses (§ 80, p. 80-81). Cependant cet éclaircissement qui ne vise qu'à défendre l'existence des relations n'est aucunement une définition. Il ne montre qu'une chose : que quand nous constatons que les relations ne se comportent pas comme les qualités, alors nous leur dénions l'existence et nous voulons les réduire à des qualités. Par exemple A est plus grand que B est réduit à : A a telle taille et B a telle taille, la relation de comparaison étant posée par l'esprit. Bien sûr la relation A est plus grand que B est fondée sur les qualités de A et B (en l'occurrence leurs tailles), mais cela ne signifie pas que l'on puisse l'y réduire. Si A admire B, on peut tenter de réduire cette relation à une conjonction : A est un admirateur de B et B est un objet d'admiration de A, mais ces deux qualités supposent la relation en question. Il n'y a pas eu réduction au sens propre du terme.

Les relations sont simples (inanalysables), composées (agrégats de relations simples) ou complexes (analysables). Elles ont les propriétés suivantes : elles peuvent être d'abord soit réflexives, soit irréflexives, soit non réflexives ; ensuite soit symétriques, soit asymétriques, soit non symétriques ; enfin soit transitivives, soit intransitives, soit non transitives. La définition de ces propriétés est la définition mathématique courante[24] : les principales relations entre les substances sont des relations de trois types : d'une part d'identité, diversité et similarité et d'autre part entre une substance et ses qualités, enfin entre une substance et tout terme avec lequel elle a une relation. L'identité est réflexive, la diversité irréflexive, la similarité non spécifique non réflexive, la similarité spécifique symétrique. La diversité et la similarité sont symétriques. La relation d'une substance à sa qualité est asymétrique. La similarité est non transitive (§ 84, p. 85).

La connaissance des propriétés formelles des relations est utile pour l'analyse ontologique des types de relations qui peuvent exister entre les substances. En particulier, il est capital de montrer que toutes les substances sont dissemblables : on ne peut trouver deux substances semblables, c'est-à-dire qui possèdent exactement les mêmes qualités. La diversité (le fait qu'il y ait plus d'une substance) implique la dissemblance. McTaggart repousse tous les arguments opposés à cette implication et remarque que le principe d'Indiscernabilité des Identiques de Leibniz devrait plutôt s'appeler Principe de Dissemblance du Divers (*Principle of the Dissimilarity of the Diverse*). L'argument principal de McTaggart est que même si nous supposions des substances similaires, à des places forcément différentes, puisque deux substances ne peuvent occuper le même lieu au même moment, alors leurs qualités relationnelles seraient nécessairement différentes. Cet argument peut être reformulé : le principe de localité, selon lequel deux substances ne peuvent occuper exactement le même lieu au même moment, implique la dissemblance des substances, fondée sur leur diversité.

L'individualité des substances
et l'interdépendance des qualités

Dans la mesure où une substance est une unité, ses qualités sont mutuellement dépendantes. En effet, et c'est une thèse majeure de McTaggart, les substances n'ont pas une individualité distincte de leur nature, si on entend par nature l'ensemble de leurs caractéristiques. L'individualité de la substance est dépendante des qualités. Les qualités, bien qu'universelles, sont les qualités de telle ou telle substance et en ce sens on peut parler d'une individualisation des qualités (peut-être forçons-nous un peu l'interprétation du texte, mais il nous semble que c'est une conséquence intéressante de la position de McTaggart). Quand il vise la thèse d'une individualité disjointe de la nature de la substance, il vise avant tout la doctrine de la chose en-soi (*Ding-an-sich*), « dans sa version hégélienne » (§ 111, p. 116-117), a-t-il soin de préciser. L'argument contre cette opinion essentialiste attribuée à Hegel, selon laquelle une substance pourrait être la même avec des qualités différentes, est que « être la même individualité avec d'autres qualités » est en soi-même une qualité. Donc si l'individualité doit être séparée de toutes les qualités, elle doit être séparée de cette qualité que nous venons de nommer, ce qui conduit à une absurdité. Nous retrouverons ce type de discussion à propos des particuliers nus (chap. XIX).

Les relations sont donc de plusieurs types. Il y a des relations entre substances (exemple : relation de proximité entre deux taches de peinture), entre une substance et ses qualités (la relation entre Socrate et la sagesse de Socrate), entre les qualités d'une substance (entre la sagesse de Socrate et sa calvitie). Il y a également, quatrième type de relation, la relation d'un tout à ses parties. Cette relation est complémentaire de celle de dépendance mutuelle entre les qualités. Cette dernière relation signifie que si une qualité est retirée d'une nature d'une substance, les autres qualités seront affectées. C'est en quelque sorte une interdépendance exprimée de manière négative : x est interdépendant de y, si quand on retire l'un des deux, on retire l'autre. Cependant cette manière purement négative de définir la dépendance mutuelle (ou interdépendance) ne suffit pas pour caractériser l'essence de cette relation, qui est de mettre en relation l'unicité de la nature de la substance et la pluralité des qualités. Cette relation tout/parties est donc la contrepartie positive de la relation de dépendance mutuelle : les parties sont mutuellement dépendantes dans le tout, parce qu'il existe une relation entre ces parties, prises distributivement, et le tout. Cette relation tout/parties est appelée par McTaggart relation de manifestation :

> « La nature d'une substance est manifestée dans les qualités de la substance (...) la nature de la substance est non seulement une Unité de Composition, mais aussi une Unité de Manifestation. (...) La Manifestation est la relation d'un tout à ses parties » (§ 114, p. 121).

L'unité de la substance est donc à la fois une unité de composition (la substance est composée de ses qualités) et une unité de manifestation (les qualités manifestent la substance). Cette notion de manifestation en elle-même n'ajoute pas grand-chose, mais elle est utile pour définir d'autres notions, entre autres celle d'unité organique et indirectement celle d'univers, c'est-à-dire celle de totalité qui inclut tout.

Similarité partielle des substances

McTaggart admet, à côté de la dissemblance des substances, une similarité partielle : si effectivement deux substances ne peuvent pas avoir toutes leurs qualités en commun, elles peuvent évidemment posséder au moins une qualité en commun. Cela définit des groupes de substances qui ont une ou plusieurs qualités en commun. À côté des groupes, il y a aussi des substances composées d'autres substances. Dans ce cas, il n'y a pas de nécessité de posséder une qualité au moins en commun. L'exemple de McTaggart est le suivant : une substance composée d'une table à Cambridge, d'un lapin en Australie et d'une dose de médicament en France. McTaggart admet qu'à première vue il est « grotesque » (*preposterous*) de nommer substance un ramassis de choses si différentes, mais il affirme que rien dans sa définition de la substance ne lui permet de bloquer la formation de telles substances composées. En effet la définition d'une substance comme possédant des qualités et se tenant dans une certaine relation, sans être elle-même une qualité ou une relation, ne permet pas d'écarter cette grotesque substance composée de la compagnie accidentelle de plusieurs substances[25]. Cela montre qu'il faut introduire plus de structure ontologique dans les substances. C'est ce qui commencera à être réalisé par l'introduction de la relation de correspondance déterminante entre la substance comme tout et ses parties. Pour introduire cette relation, il faut analyser davantage la divisibilité des substances.

Dans le développement déductif de McTaggart, nous en sommes parvenus à un point où nous n'avons pas démontré l'existence d'un ordre quelconque dans l'univers. L'univers est un tout, une substance (ce n'est ni une qualité, ni une relation), composé de substances (et nous verrons que cette divisibilité va à l'infini avec d'importantes conséquences métaphysiques), mais cet univers n'est pas pour l'instant pourvu d'un ordre (§ 155, p. 167-168).

McTaggart distingue trois types d'ordres : causal, sériel (*serial*), classificatoire (*order of classification*). Un ordre de classification est un système de classification (*classifying system*). Les parties d'un tout forment un système classificatoire, quand il y a un arrangement des parties qui fixe leur place dans le tout relativement aux autres parties et un tout possède un ordre de classification dans ses parties qui peuvent être arrangées dans un système de classification (*id.*). Cependant un tout pour être ordonné doit remplir une autre condition : il faut que le système de classification soit fondé sur des qualités essentielles des parties. Une bibliothèque (exemple de McTaggart, § 156,

p. 168) ne serait pas en ordre si les livres étaient classés suivant le nombre décroissant de pages qu'ils contiennent. Si nous considérons l'ordre dans l'univers, cela signifie que nous devons connaître ces qualités essentielles qui permettent d'établir un tel système classificatoire à l'échelle de l'univers, or nous ne connaissons pas (pour l'instant du moins) ces qualités, donc l'univers est privé d'ordre (§ 157, p. 168-170). Un autre problème est que pour la plupart des substances que nous pouvons regrouper, l'unité de composition semble mieux s'appliquer que l'unité de manifestation : un tas de pierres est composé de pierres (ou, pour reprendre l'exemple plus haut, il y a bien un groupe de substances disparates, même si c'est grotesque), mais nous ne pouvons affirmer aussi naturellement que le tas est manifesté par les pierres.

On pourrait évidemment penser que McTaggart s'est engagé dans de telles difficultés, faute d'avoir distingué avec assez de force et de précision les groupes de substances qui forment des agrégats, c'est-à-dire dans son vocabulaire des unités de composition (comme des tas, des piles, des agrégats, des collections[26]) et celles qui forment de réelles unités (*i.e.* des unités de manifestation). Le corps est une unité de manifestation, un système classificatoire. La raison de ces difficultés tient au fait que McTaggart ne recourt pas à cette distinction classique depuis au moins Leibniz entre agrégats et unités organiques est d'une part que la définition choisie de la substance est trop pauvre pour fonder par exemple un ordre sériel sur sa nature (comme chez Leibniz où une substance est une loi de développement), et, d'autre part, que McTaggart voit bien le problème métaphysique de la composition arbitraire de touts à partir de parties choisies arbitrairement. Ce problème est central dans l'ontologie analytique contemporaine, par exemple chez David Lewis qui ne voit pas de raison décisive de refuser de tels touts. Ce problème est même aggravé chez D. Lewis par le fait qu'il peut sélectionner des parties aussi dans des mondes possibles : on pourrait avoir une totalité (ou pseudo-totalité) composée d'une oreille de Bush, de la voiture préférée de Madona et de la chanson que j'ai composée dans un monde possible, ce qui pousse la déconnexion encore plus loin (voir *infra*, p. 639 *sq.* pour ces problèmes dans la métaphysique actuelle). La grandeur de McTaggart est de refuser tout ce qui est ou *ad hoc* (les solutions qu'on adopte pour une difficulté particulière et qui ne sont pas suffisamment motivées à l'égard du système tout entier) ou purement *a priori*, c'est-à-dire sans le moindre support empirique, purement à partir d'une intuition qui serait de nature métaphysique, intuition qui ici en l'occurrence pourrait être l'intuition du caractère organique de la totalité formée par l'univers. Au point où en est donc le développement du système, il n'y a qu'un point fixe : l'existence de l'univers. Il manque cependant un deuxième point fixe : l'existence de substances simples. La divisibilité des substances qui va à l'infini empêche d'admettre de telles substances simples et McTaggart devra chercher autre chose pour fonder un ordre de l'univers à partir des relations entre les substances.

La divisibilité des substances

La divisibilité des substances ne doit pas être pensée simplement et uniquement comme une divisibilité spatiale. Cette divisibilité peut être effective dans n'importe quelle dimension, pourvu qu'il y ait une série. McTaggart renvoie à Russell (1903, § 354, p. 374-375) pour la définition de la notion de dimension à partir de celle de série. À partir de là, on peut définir la dimension n d'une substance à partir des séries qu'elle renferme, à n dimensions. La dimension d'une substance individuelle qui serait une personne est par exemple une substance à quatre dimensions, puisqu'il faut ajouter aux groupes de déplacements dans l'espace à trois dimensions les séries d'états mentaux dans la série temporelle. Un exemple de McTaggart est celui d'une substance qui serait un plaisir particulier : ce serait une substance à deux dimensions (le temps et l'intensité qualitative).

Existe-t-il des substances simples ? Alors que dans certains des arguments antérieurs, nous avions fait appel à la perception (par exemple pour la dissemblance des substances), on ne peut le faire ici, ce qui signifie que la perception nous assure de la diversité du monde, mais pas de son caractère atomique (si on entend par là l'existence de simples). Tout ce que nous percevons est une substance pour McTaggart :

> « Tout ce que nous percevons est une substance, et si nous percevions quelque chose dont nous saurions qu'elle est simple, nous saurions alors qu'il existe des substances simples, bien qu'il ne serait pas certain que toutes les substances composées consisteraient de substances simples. Mais en fait, rien de ce qui est perçu n'est simple » (§ 163, p. 175).

Les raisons sont les suivantes. Toute donnée perceptive a une extension quantitative, ce que McTaggart nomme « extensivité », ce qui implique que toute donnée perceptive a des parties. D'autre part, les données perceptives ne sont pas instantanées, elles ont une extension temporelle, même si elle est limitée et dans cette mesure il y a forcément changement, puisque même sans introduire un changement interne de la donnée perceptive elle-même, les qualités relationnelles de cette donnée changent, puisque la relation de cette donnée aux événements serait forcément modifiée à l'intérieur du laps de temps que dure la donnée perceptive. L'argument donc est que nous ne percevons rien de simple, parce que nous percevons dans le temps et que tout ce que nous percevons est temporellement divisible.

La question des substances simples : Leibniz, Descartes, Gassendi et les empiristes

Cet argument a une limite : nous ne percevons rien de simple et donc nous ne pouvons prouver par la perception qu'il y ait du simple, mais il pourrait y avoir du simple que nous ne percevons pas, comme les objets tractariens (cf. p. 434-438). La question doit donc être posée à nouveau : existe-t-il des substances simples ? Pour McTaggart, il est équivalent d'avoir des parties et d'avoir un contenu. La question devient donc : existe-t-il des substances sans contenu ? Pour McTaggart, la proposition « les substances ont un contenu » n'est pas analytique ; on ne déduit pas du concept de substance le fait qu'elle ait un contenu, mais ce fait est complètement évident et donc cette proposition, bien que synthétique, est auto-évidente et primitive (§ 167, p. 178-179). On est dans le domaine du synthétique *a priori* kantien. McTaggart est conscient de la nouveauté de ces affirmations. La raison la plus forte qui puisse être avancée consiste en l'existence d'une structure interne de la substance. Si la substance a une structure interne, elle a des parties et un contenu. Si elle n'a pas de structure interne, il faut disjoindre la substantialité et le fait d'avoir une telle structure, ce qui semble absurde. Donc la substance a des parties et un contenu. Par conséquent, il n'y a pas de substance simple. On se rappelle que Leibniz, dans la *Monadologie*, déduit l'existence du simple de celle du complexe :

> « § 1. La MONADE dont nous parlerons ici, n'est autre chose, qu'une substance simple, qui entre dans les composés ; simple, c'est-à-dire sans parties.
>
> § 2. Et il faut qu'il y ait des substances simples, puisqu'il y a des composés ; car le composé n'est

autre chose qu'un amas, ou AGGREGATUM des simples.

§ 3 Or là où il n'y a point de parties, il n'y a ni étendue, ni figure, ni divisibilité possible. Et ces Monades sont les véritables Atomes de la Nature et en un mot les Élémens des choses » (Leibniz, 1954, p. 69).

Leibniz procède lui aussi de manière déductive, mais à la différence de McTaggart, il utilise un style axiomatique, même si l'ordre et le contenu des axiomes sont implicites, ce pour quoi on ne peut parler que d'un style axiomatique[27]. Dans ces trois premiers paragraphes, Leibniz utilise l'axiome : « tout composé a comme parties des simples ». Cela n'est absolument pas démontré (Leibniz pense qu'on peut démontrer certains axiomes, mais cet axiome reste présupposé). McTaggart ne recourt pas à une telle méthode. L'inexistence du simple n'est pas dérivée d'un axiome métaphysique. Elle est déduite d'un fait qui est auto-évident — que toute substance a nécessairement un contenu.

McTaggart reconnaît qu'il y a des qualités simples (comme par exemple le rouge), mais cela n'implique en rien qu'il y ait des substances simples (cela semble impliquer qu'une substance ne peut pas contenir une seule qualité qui serait simple : par exemple la qualité rouge est nécessairement liée à la qualité « étendu »). La relation entre qualités simples et composées serait fort différente de celle entre substances simples et composées, s'il existait des substances simples. Nous sommes conscients des qualités simples qui composent une qualité composée (pensons à un son aigu et intense), alors que nous ne sommes pas conscients des substances simples (§ 175, p. 183-185). Cet argument est surprenant car il fait reposer la non-existence des substances simples sur leur non-perceptibilité, alors que l'on semblait disposer d'arguments indépendants plus puissants, l'argument de la perception servant en quelque sorte de confirmation. Peut-être faut-il comprendre cet argument ainsi : la connexion réelle entre le simple et le complexe qui existe dans les qualités est accessible à la perception (ce dont d'ailleurs on pourrait douter : qu'est-ce qu'une qualité simple de rouge ?), cela en vertu d'un présupposé réaliste qui fait que notre perception se conforme à la structure profonde de la réalité en ce qui concerne la structure interne des substances. Il faut cette dernière restriction, car McTaggart, comme on le sait, nie par exemple l'existence du temps, qui pourtant à première vue est perçu — disons cependant, sans nous aventurer sur le terrain de la preuve de l'irréalité du temps qui a été largement commentée, que pour McTaggart nous ne percevons pas le temps, mais les relations d'ordre entre les événements et que le temps, comme dans certains textes de Russell[28], Wiener et Whitehead (cf. Whitrow, 1980) est une superstructure logique édifiée sur l'infrastructure des relations entre événements. McTaggart nie l'existence de la matière. Selon lui, on ne perçoit pas la matière selon des qualités et l'attribution d'un substrat matériel à ces qualités, sous le nom de « matière » (telle une pièce d'étoffe sur laquelle les qualités dessineraient leurs motifs) est une sorte d'illusion métaphysique, comme l'avait déjà démontré Berkeley, l'illusion du substrat matériel des qualités.

McTaggart prend soin de situer son déni des substances simples dans l'histoire de la philosophie (§ 179, p. 188-190). Il livre à cette occasion une opinion qui peut paraître surprenante : « seuls les Empiristes britanniques ont affirmé l'existence de substances simples » (p. 190), même s'il la nuance dans une note, où il reconnaît que Locke ne l'affirme pas et que Hume est fort critique à l'égard de la notion de substance. Rappelons à cette occasion que l'objection lockéenne à la conception cartésienne de la substance telle qu'on la trouve exposée dans le célèbre passage du morceau de cire de la *Méditation seconde* est une généralisation de l'objection de Gassendi à Descartes (cf. Ayers, 1991, t. 2, p. 28 *sqq.*) à propos de l'affirmation de ce dernier suivant laquelle « ce qu'on appelle les accidents de la cire est autre chose que la cire même ou sa substance » :

> « Mais premièrement, c'est une chose dont tout le monde est d'accord, qu'on peut faire abstraction du concept de cire ou de substance de celui de ses accidents. Mais pour cela pouvez-vous dire que vous concevez distinctement la substance ou la nature de la cire ? Il est bien vrai qu'outre la couleur, la figure, la fusibilité, etc., nous concevons qu'il y a quelque chose qui est le sujet des accidents et des changements que nous avons observés ; mais de savoir quelle est cette chose ou ce que ce peut être, certainement nous ne le savons point ; car elle demeure toujours cachée, et ce n'est quasi que par conjecture que nous jugeons qu'il doit y

avoir quelque sujet qui serve de soutien et de fondement à toutes les variations dont la cire est capable. C'est pourquoi je m'étonne que vous disiez qu'après avoir ainsi dépouillé la cire de toutes ses formes, ni plus ni moins que de ses vêtements, vous concevez plus clairement et plus parfaitement ce qu'elle est. Car je veux bien que vous conceviez que la cire ou plutôt la substance de la cire doit être quelque chose de différent de toutes ses formes ; toutefois vous ne pouvez pas dire que vous conceviez ce que c'est, si vous n'avez dessein de nous tromper » (Gassendi, *Cinquièmes Objections*, VI, *in* Descartes, 1967, p. 719).

Locke, quand il affirme d'une part que nous n'avons aucune idée de la substance, d'autre part qu'elle ne peut pas être connue, est dans la ligne de l'objection de Gassendi :

« De sorte que qui voudra prendre la peine de se consulter soi-même sur la notion qu'il a de la *pure substance en général,* trouvera qu'il n'en a absolument point d'autre de je ne sais quel sujet qui lui est tout à fait inconnu, & qu'il suppose être le soutien des qualités qui sont capables d'exciter des idées simples dans notre esprit, qualités qu'on nomme communément des *accidents* » (Locke, EEH, II, XXIII, § 2, trad. Costes, 1972, p. 230).

On se rappelle aussi la réponse de Leibniz à Locke sur ce passage, dans les *Nouveaux Essais sur l'entendement humain* :

« En distinguant deux choses dans la Substance, les attributs ou prédicats et le sujet commun de ces prédicats, ce n'est pas merveille, qu'on ne peut rien concevoir de particulier dans ce sujet. Il le faut bien, puisqu'on a déjà séparé tous les attributs, où l'on pourrait concevoir quelque détail. Ainsi demander quelque chose de plus dans ce pur sujet en général, quc ce qu'il faut pour concevoir que c'est la même chose (p. ex. qui entend et qui veut, qui imagine et qui raisonne) c'est demander l'impossible et contrevenir à sa propre supposition, qu'on a faite en faisant abstraction et concevant séparément le sujet et ses qualités ou accidents. On pourrait appliquer la même difficulté à la notion de l'Être et à tout ce qu'il y a de plus clair et de plus primitif » (NEEH, II, XXIII, § 2, édition Erdmann, 1835, p. 272).

C'est toutes ces objections qui ont conduit Hume à considérer la substance comme faisant partie des « fictions de l'imagination » (avec les accidents, les formes substantielles, etc.), à la réduire à un « quelque chose inconnu » (*unknown something*) (TNH, 1.4.3., Hume, 2000, p. 145-146).

McTaggart considère Locke et Hume comme des partisans des substances simples, à l'intérieur de sa propre définition de ce qu'est une substance simple, alors que, comme on vient de le voir, ils sont très critiques à l'égard d'une idée d'une pure substance, qui semble bien correspondre à ce qu'on entend habituellement par substance simple. En effet, il définit la substance négativement comme, d'une part, non prédicable (comme Aristote dans les *Catégories*) et comme une non-caractéristique. En ce sens très général de substance, les idées simples de Locke et les impressions de Hume sont des substances simples.

La correspondance déterminante

Reprenons le fil de la déduction de McTaggart. La divisibilité infinie conduit à des contradictions, ce qui oblige à formaliser la relation d'une substance à ses parties, sous le terme de « correspondance déterminante » (*determining correspondance*). C'est avec l'exposé de cette notion que nous estimerons avoir donné une idée fidèle du système métaphysique de McTaggart, dans ses fondements essentiels, sinon dans ses conséquences les plus spectaculaires, que nous ne ferons qu'indiquer brièvement, celles touchant à la structure d'un univers spirituel où les relations d'amour occupent une place centrale, puisque pour McTaggart la structure de la réalité est composée de substances individuelles immortelles liées par des relations d'amour.

L'argumentation de McTaggart consiste à soutenir que si les substances n'ont pas une nature x, alors leur divisibilité à l'infini entraîne une contradiction et que pour éviter cette contradiction, qui ruinerait la thèse de la non-existence des substances simples, il faut postuler cette nature x, qui consiste, on le verra, à postuler qu'il est possible de donner une description des substances même si elles ont un nombre infini de parties, précisément grâce à cette notion de correspondance que nous venons de mentionner.

Mc Taggart introduit une nouvelle relation entre occurrences de qualités pour développer son argument, celle de présupposition. Il la définit ainsi (ici X, Y et Z sont des occurrences de qualités) :

X présuppose Y ou Z = déf. X détermine intrinsèquement que Y ou Z survient, mais ne détermine pas intrinsèquement si c'est Y ou Z qui survient.

L'exemple donné est celui de l'occurrence de la qualité « humain » qui détermine intrinsèquement que l'une des deux occurrences de qualités « mâle » ou « femelle » survient, mais ne détermine pas si c'est « mâle » ou « femelle » qui est déterminé et qui survient. « Humain » présuppose « mâle-ou-femelle », mais il est faux de dire que « humain » présuppose l'un des deux (§ 183, p. 193-194). La relation de présupposition peut être réciproque (par exemple entre des séries d'événements successives : l'antérieur présuppose le postérieur et réciproquement : si je suis allé à la piscine et que j'ai nagé, le premier événement présuppose le second et réciproquement — notre exemple). La relation de présupposition est transitive (on note par commodité ⇒ la relation de présupposition :

$$(X \Rightarrow Y \text{ ou } Z \wedge Y \Rightarrow T \text{ ou } S \wedge Z \Rightarrow U \text{ ou } V) \supset (X \Rightarrow T \text{ ou } S \text{ ou } U \text{ ou } V)$$

L'argument, une fois définie la présupposition, aura la forme suivante :

Soit une substance A et un ensemble de parties B, C, qui forment un tout B, C. Si nous avons une description suffisante de B et C, nous avons une description suffisante de A. Cependant une description suffisante de A n'implique pas nécessairement des descriptions suffisantes de B et C. Quelque description suffisante de A peut impliquer des descriptions suffisantes de ses parties, mais toutes les descriptions suffisantes de A n'impliquent pas de descriptions suffisantes de toutes ses parties (§ 187, p. 197). A n'étant pas simple et ayant un nombre infini d'ensembles de parties, chaque membre de ces ensembles devra avoir une description suffisante. Si rien dans la nature de A ne fournit ces descriptions, elle les présupposera. A aura donc un nombre infini de présuppositions. Si l'on considère la nature de ces présuppositions, cela implique une contradiction. En effet la série des présuppositions est infinie de façon à créer une régression vicieuse. Si M est une partie de A, N une partie de M, P une partie de N... la description suffisante impliquera une série infinie de présuppositions de M qui à son tour impliquera une série infinie de présuppositions de N, qui à son tour... une série infinie de présuppositions de P... et ainsi de suite à l'infini. Nous sommes en présence d'une impasse, puisque la nature de la substance implique une contradiction, ce qui à son tour implique qu'il n'y ait pas quelque chose comme une substance.

Le concept de correspondance déterminante permettra de sortir de cette impasse. La contradiction a surgi quand deux thèses ont été combinées : (i) une substance A a des parties qui se divisent à l'infini, (ii) aucune description de A n'implique une description suffisante de chacune de ses parties. Étant donné que l'on ne veut pas renoncer à (i), il faut renoncer à (ii). Il faut donc trouver une description quelconque de chaque substance existante qui implique des descriptions suffisantes de toutes les parties de A (§ 195, p. 207-208).

McTaggart montre qu'il existe une seule manière de sortir de la difficulté. Soit la substance A et un ensemble de parties B et C. Posons une relation qui satisfait trois conditions : (i) chacune des parties de B et de C a un ensemble de parties qui correspond à chaque ensemble de parties de A, (ii) la correspondance est partout la même, c'est-à-dire qu'il y a une relation biunivoque (*one-to-one relation*) entre les membres de ces ensembles de parties qui inclut le fait qu'une description d'une partie quelconque de B déterminera une description suffisante de la partie de B en question, (iii) la relation est telle que quand un déterminant est une partie d'un autre déterminant, alors toute partie déterminée par le premier sera une partie de la partie déterminée par le second. McTaggart écrit « ! » la relation de correspondance déterminante, de la manière suivante : « B ! C » est écrit pour 'cette partie de B qui correspond à C' (p. 210) et « B ! C ! D » pour 'cette partie de B qui correspond à cette partie de C qui correspond à D' (*ibid.*). Ainsi, à l'aide d'une description suffisante de B et de C, nous pouvons déterminer une description suffisante de B ! C.

On appellera A un Tout Primaire et B une Partie Primaire. B ! C ; B ! C ! D ; B ! C ! D ! E... seront appelées des Parties Secondaires (§ 197, p.). Si les conditions (i)-(iii) de la relation de correspondance déterminante qui viennent d'être données sont remplies, alors il s'ensuit que les descriptions suffisantes des parties primaires détermineront des descriptions suffisantes des parties de A à travers des séries infinies. La série infinie n'est plus vicieuse, parce que ce qui la rendait vicieuse c'était qu'une description quelconque à une étape donnée était impliquée par une description d'une étape inférieure, ce qui rendait impossible que la présupposition ait une présupposition ultime, tout en en réclamant une (§ 198, p. 210-211).

La définition de la correspondance déterminante est donc la suivante :

> « Une relation entre une substance C et la partie d'une substance B est une relation de correspondance déterminante si une description suffisante quelconque de C, qui inclut le fait qu'elle est dans cette relation à une partie quelconque de B, détermine intrinsèquement des descriptions suffisantes de tout membre de l'ensemble des parties de B ! C, et de chaque membre de l'ensemble de tels membres, et ceci à l'infini » (§ 202, p. 214).

Les définitions d'un Tout Primaire, d'une Partie Primaire et d'une Partie Secondaire sont les suivantes :

> « Un Tout Primaire est une substance (1) telle qu'il n'est pas nécessaire, pour décrire chacune de ses parties, d'introduire une quelconque correspondance déterminante avec rien d'autre à l'exception de ses parties et (2) telle qu'il n'est pas nécessaire d'introduire une relation de correspondance déterminante avec aucune de ses parties pour décrire suffisamment une autre substance et (3) qu'elle n'est pas de partie à laquelle s'appliquent les conditions précédentes (1) et (2).
>
> Les Parties Primaires peuvent être définies comme suit. Quand un ensemble de parties d'une substance est telle qu'aucun de ses membres n'est déterminé par une relation de correspondance déterminante, et ceci à partir de descriptions suf-

fisantes de tous ses membres, il s'ensuit, par correspondance déterminante, des descriptions suffisantes des membres d'une série infinie d'ensembles postérieurs (*sequent sets*), alors les membres de cet ensemble sont appelés des Parties Primaires.

Chaque membre de chacun de ses ensembles postérieurs est appelé une Partie Secondaire » (§ 202, p. 215).

La définition d'un ensemble successeur est la suivante. L'exemple de McTaggart est le suivant.

Soit deux ensembles de parties du Royaume-Uni :

B : Angleterre, Écosse, pays de Galle, Irlande.

C : Grande-Bretagne, Ulster, Munster, Leinster, Connaught[29].

La relation qui existe entre les deux ensembles est qu'aucune partie de C n'appartient à plus d'une partie de B (par exemple le Leinster appartient à l'Irlande et à rien d'autre), en même temps qu'une partie du premier contient plus d'une partie du second (par exemple l'Irlande contient l'Ulster, le Munster, le Leinster et le Connaught). Quand une telle relation existe entre deux ensembles B et C, on dit que C est un ensemble postérieur (et que B est un ensemble antérieur) (§ 181, p. 191).

Le fond du problème est que, s'il n'existe pas de substances simples et que la division des substances va à l'infini, « la probabilité de trouver quelques points fixes dans la complexité sans fin des touts et des parties est perdue » (*ibid.*). La recherche d'une relation de correspondance déterminante répond à ce besoin de touver un « principe d'ordre » (*ibid.*). S'il existe des touts primaires, nous sommes sur la bonne voie. Ces touts primaires ne doivent toutefois en aucune manière être confondus avec des substances simples. Ce qu'assure cette relation de correspondance déterminante est que les descriptions suffisantes des membres d'un ensemble antérieur donneront des descriptions suffisantes des membres de l'ensemble postérieur. En conclusion, l'absence de substances simples n'entraîne pas de contradiction si l'univers a un ensemble de parties qui correspondent à la définition qui a été donnée des parties primaires.

Par la correspondance déterminante, nous sommes assurés que les descriptions suffisantes des séries sans fin de parties doivent être impliquées dans la description suffisante des touts dont elles sont des parties (§ 206, p. 218). McTaggart considère que la relation de correspondance déterminante est une relation de réflexion de la pluralité sur elle-même qui n'implique pas un nombre infini d'étapes et donc de contradictions.

Tout ce qui précède peut paraître extrêmement abstrait, mais une fois les définitions données et les motivations exposées, il est possible de fournir des exemples de correspondance déterminante. On retrouve ici le difficile équilibre de la pensée de McTaggart entre démarche *a priori* et *a posteriori*. Une fois posées ces relations abstraites, qui sont les seules qui assurent l'équivalent de points fixes dans la divisibilité à l'infini, on peut se demander si nous pouvons découvrir de manière empirique de telles relations dans l'univers. McTaggart insiste d'ailleurs sur le fait qu'une démarche purement *a priori* est impraticable pour découvrir ce type de relation (§ 226, p. 240).

McTaggart résume sous la forme de cinq conditions ce qu'est la relation de correspondance déterminante (en abrégé : cd) :

(1) Une relation entre une substance C et une partie d'une substance B est une relation de cd, si elle est telle qu'une description suffisante de C, qui inclut qu'elle est en relation avec B, détermine intrinsèquement une description suffisante de la partie B en question, B ! C.

(2) Une relation de cd est une relation telle qu'un terme déterminant peut déterminer plus d'un terme déterminé.

(3) C'est une relation telle que B ! C est déterminé par un déterminant C, tandis que C, bien que pouvant être le déterminant direct de beaucoup de parties de A, est le déterminant direct de seulement une des parties de A qui tombe sous B.

(4) Elle est dans certains cas réciproque

(5) Elle est telle qu'il est possible d'avoir un tout divisé dans un ensemble de parties, et chacune de celles-ci dans un ensemble de parties, et ceci à l'infini, d'une façon telle que les descriptions suffisantes de toutes ces parties sont déterminées, au moyen de cd, par une description suffisante du tout.

McTaggart donne plusieurs exemples, qui mettront un peu de chair sur cette carcasse conceptuelle.

Premier exemple : la projection d'ombres d'une figure. Soit une feuille transparente sur laquelle est dessinée une figure opaque et des feuilles sur lesquelles on projette cette figure, feuilles qui ont toutes un angle différent avec la feuille transparente (de façon à ce qu'on ait des projections, c'est-à-dire des ombres différentes de la figure, variant en fonction de l'angle). Les conditions (1)-(5) sont-elles remplies, y a-t-il une relation de correspondance déterminante entre la figure de départ et les figures projetées ? Les conditions (1)-(3) sont remplies, le lecteur peut s'en convaincre facilement, mais la condition (4) n'est pas remplie : il n'y a pas de possibilité de détermination réciproque, puisque les parties de la figure originale, ou modèle (*pattern*) ne peuvent pas être des ombres des ombres du modèle. Si la condition (4) n'est pas remplie, la (5) ne l'est pas non plus. Cette relation n'est donc pas une relation de correspondance déterminante. Cette relation de projection remplissant les conditions de la relation d'expression leibnizienne, on peut généraliser en affirmant que la relation de correspondance déterminante est plus exigeante que la relation d'expression leibnizienne, qui est un type de relation de projection. L'explication que donne McTaggart de ce fait est éclairante :

> « Si les ombres ont des parties de parties à l'infini, c'est seulement parce que le modèle a des parties de parties à l'infini, comme un fait indé-

pendant de la relation entre lui et les ombres » (§ 230, p. 242).

La relation de correspondance déterminante ne peut être une simple correspondance entre des partitions infinies, il faut qu'il y ait détermination d'une partition par l'autre, dans des conditions bien définies qui peuvent assurer un ordre, malgré ce facteur de contradiction potentielle qu'est la divisibilité infinie (ce qu'on sait au moins depuis les paradoxes de Zénon).

Deuxième exemple : le catalogue des livres de poésie[30]. Soit plusieurs copies d'un catalogue d'une bibliothèque de poésie, chaque copie étant d'une couleur différente. Les conditions (1)-(3) seront remplies : si B est le catalogue original et C une copie, la description suffisante de C sera une description suffisante de l'un des volumes, qui inclut que le volume est entré en B, qui sera suffisamment décrite comme la copie du catalogue qui est sur papier rouge, cela donnant une description suffisante de B ! C (première condition) ; un livre est entré dans de nombreuses copies du catalogue (deuxième condition) et chaque entrée ne se référera qu'à un seul livre, chaque livre n'ayant qu'une entrée dans chaque catalogue (troisième condition). La quatrième condition, elle, n'est pas remplie car les parties des livres catalogués ne peuvent pas consister dans des entrées de catalogues qui cataloguent les catalogues (comme dans la nouvelle de Borges). Donc, pour qu'il y ait correspondance déterminante, il faut qu'il y ait parties de parties à l'infini.

Un autre exemple de correspondance déterminante. Digression sur les bibliothèques

Troisième exemple : les catalogues qui se cataloguent eux-mêmes. Modifions l'exemple précédent en admettant que chaque catalogue se catalogue lui-même (c'est-à-dire que les catalogues ont parmi leurs entrées ces catalogues eux-mêmes) en même temps qu'il catalogue les autres catalogues et toutes les entrées en lui-même et dans les autres. Les conditions (1)-(3) seront remplies comme précédemment, mais la condition (4) sera également remplie, puisqu'une entrée de la copie rouge sera une partie de la copie bleue et qu'une entrée de la copie bleue sera une partie de la copie rouge. Chaque description suffisante sera présente dans une série infinie d'entrées. S'il n'existe que deux catalogues, le bleu et le rouge, le rouge contiendra des entrées de lui-même et du bleu. Il contiendra aussi des entrées des entrées en elles-mêmes ainsi que du bleu, ainsi également que des entrées des deux, cela à l'infini. La condition (5) ne sera pas remplie. Si une partie du livre rouge est une partie du livre bleu et si une partie du livre bleu est une partie du livre rouge (ce qui est le cas), ces entrées ne seront pas pour autant des entrées telles que l'entrée « livre bleu » puisse avoir comme ses parties l'entrée « l'entrée du livre bleu dans le livre rouge » et « l'entrée du livre bleu dans le livre bleu ». La série infinie des entrées ne sera pas une série de parties elles-mêmes divisées à l'infini. En cela, la bibliothèque de poésie de McTaggart diffère de la bibliothèque de Babel de Jorge Luis Borges qui est infinie dans toutes les directions : « Je le répète : il suffit qu'un livre soit concevable pour qu'il existe » (*Œuvres*, I, 1993, p. 496). La bibliothèque de Babel en effet contient toutes les combinaisons possibles de vingt-cinq signes typographiques, lisibles ou illisibles, et Borges mentionne que la bibliothèque contient

> « Le catalogue fidèle de la bibliothèque et des milliers et des milliers de catalogues mensongers, la démonstration de la fausseté de ces catalogues, la démonstration de la fausseté du catalogue véritable (...) » (*op. cit.*, p. 494).

Leibniz (qui a occupé, comme on le sait, des fonctions de bibliothécaire du duc de Hanovre et du duc de Wolffenbüttel[31]) a anticipé ce raisonnement combinatoire dans les deux textes *De l'horizon de la doctrine humaine* et *La Restitution universelle* (*apokatastasis panton*) (Leibniz, 1991). Leibniz cherche à déterminer « le nombre des livres faisables » (p. 35), à partir d'un calcul correct sur le nombre des combinaisons à partir de vingt-quatre caractères : « 24 ! ». 24 ! se lit : 'factorielle de 24', *i.e.* 1 x 2 x 3... x 24, c'est-à-dire la multiplication des 24 premiers entiers positifs :

24 ! = 620448401733239439360000

d'après la table de 1 ! à 24 ! dans le *De arte combinatoria* (éd. Erdmann, 1835, p. 33).

Le but de Leibniz est de montrer que les mêmes combinaisons réapparaîtront :

> « il faut nécessairement qu'enfin si le genre humain continue de subsister, on ne puisse plus rien dire, qui ne soit déjà dit, mot pour mot » (*id.*).

À partir du fait que

> « on peut déterminer le nombre de tous les livres possibles d'une longueur définie, formés de mots signifiants ou non signifiants » (*ibid.*, p. 61),

on peut affirmer que les individus repasseront par les mêmes états et événements, si l'on identifie leur vie à un livre qui en rapporte les détails.

La relation déterminante et les esprits

Pouvons-nous trouver un exemple de correspondance déterminante dans le monde de l'esprit ? se demande McTaggart. Le seul exemple que l'on pourrait donner est celui d'une société de moi (*selves*) qui se percevraient eux-mêmes, qui percevraient les autres moi, et qui percevraient toutes les parties d'eux-mêmes et des autres moi, à l'infini. Il est clair cependant que les conditions dans lesquelles nous nous trouvons ne correspondent pas aux données de cet exemple, à supposer que nous percevions notre moi (ce dont, après Hume, il y a de sérieuses raisons de douter), nous ne percevons pas les autres moi et donc encore moins leurs parties. La relation de correspondance déterminante joue donc le rôle de critère négatif et de critère positif. Critère négatif, elle peut servir à montrer l'irréalité du temps et de la matière, puisqu'ils ne possèdent pas ce type de relation ; critère positif, elle nous indique ce qu'est la véritable réalité : une société de personnes spirituelles. L'argument de McTaggart est donc le suivant : la réalité n'est pas contradictoirc (si elle l'était, elle ne pourrait continuer à subsister et notre intellect ne pourrait dégager aucune loi générale, ce qui n'est pas le cas), les substances sont divisibles à l'infini, ce qui implique une possibilité de contradiction. On échappe à cette contradiction si on substitue à l'atomisme métaphysique des substances simples une méréologie des substances composées qui doivent obéir à des relations d'un certain type.

Les substances composées temporelles et matérielles ne rentrent pas dans ce type de relation de correspondance et de détermination (d'une substance comme un tout à ses parties), donc les substances temporelles et matérielles ne sont pas réelles, donc ce qui leur sert de fondement, les substances spirituelles et personnelles, sont les seules choses réelles. On est en présence d'un pluralisme radical, comme chez Leibniz, mais à la différence de ce dernier on dénie qu'il existe des atomes métaphysiques. La conclusion à laquelle on arrive est donc que tout est spirituel :

> « Nous sommes parvenus à la conclusion que tout ce qui existe est spirituel, que les parties primaires dans le système de correspondance déterminante sont les moi (*selves*), et que les parties secondaires de tout niveau sont des perceptions. Les moi occupent alors une position unique dans l'univers[32]. Eux et eux seuls sont des parties primaires. Et eux et eux seuls sont percevants (*percipiens*). Ceci les distingue de leurs propres parties, qui sont des parties secondaires dans le système de correspondance déterminante et qui sont des perceptions et non des percevants » (§ 433, t. 2, p. 120).

CHAPITRE XVII

A.N. Whitehead

La fausse philosophie sous toutes ses formes jaillit d'une division dualiste entre soit le tout et ses parties, soit une partie du tout et une autre.

W.H. Auden,
Le prolifique et le dévoreur, p. 45.

Je considère ces mystères non comme des entités indépendantes, mais comme les couplets d'une seule et même chanson.

(Dale Cooper, in *Twin Peaks*, V.F., ép. n° 26).

Le contraste entre la métaphysique de Whitehead et celle de McTaggart ne saurait, au moins au premier examen, être plus grand. Dans le style d'abord : à l'austérité élégante et au dépouillement de la prose de McTaggart répond le mélange de considérations scientifiques abstruses par leur concision et de lyrisme conceptuel, baroque et parfois intempestif de Whitehead. Dans les thèses ensuite : McTaggart nous conduit à un univers spirituel dépourvu de Dieu, à une suite incertaine de postexistences, dans un univers où le point de vue limité que nous occupons ne permet pas de discerner avec certitude un progrès assuré, alors que Whitehead discerne l'action de Dieu dans la nature et nous assure de l'éternité dans le périr lui-même. À l'athéisme spiritualiste de McTaggart répond le théisme évolutionniste de Whitehead, déplaçant une fois de plus les oppositions rebattues entre les Lumières du progrès et la Foi dans une révélation. Mais la différence la plus grande et la plus instructive sans doute est celle entre l'atomisme idéaliste de McTaggart et l'holisme réaliste de Whitehead où « le sujet provient du monde » (PR, p. 168) plutôt qu'il ne le constitue.

Les deux systèmes de métaphysique spéculative du XXe siècle probablement les plus puissants et les plus achevés répondent donc à deux possibilités de la métaphysique spéculative : la décomposition en substances individuelles, dans la lignée de l'idéal monadologique, ou la considération d'une totalité en devenir qui englobe tout.

Il est frappant de constater que *Procès et réalité*, de Whitehead, paraît deux ans après *La nature de l'existence* et *Être et Temps* en 1929 : la quasi-contemporanéité de ces œuvres offre de la matière à une réflexion historique, dont nous nous abstiendrons ici. Nous essaierons plutôt de montrer en quoi la métaphysique de Whitehead renouvelle la grande métaphysique rationaliste dont on pensait qu'elle succomberait aux attaques du nihilisme, du pragmatisme et du scepticisme. Husserl, notamment dans la *Krisis*, opérera au même moment une tâche d'une ampleur comparable par la radicalité du rationalisme, mais sans revenir sur la distinction entre phénoménologie et métaphysique, distinction qui deviendra chez

Heidegger et les déconstructeurs la sortie que la phénoménologie doit opérer hors de la métaphysique et qui se transforme quelquefois en une pieuse retraite. L'originalité de Whitehead consiste dans la combinaison du rationalisme scientifique le plus radical avec une métaphysique systématique et assurée à nouveau de son succès. Remarquons que Husserl et Whitehead (tout comme Russell) sont tous deux des mathématiciens de formation. La différence entre eux est peut-être que Whitehead a rompu de manière définitive avec la réduction de la philosophie à la théorie de la connaissance qui avait dominé depuis Kant, que Peirce appelait le « roi de la pensée moderne », alors que Husserl dans son tournant transcendantal a eu recours à une stratégie plus complexe, plus risquée, dont les impasses, causées par le repli sur une egologie transcendantale, sont bien connues.

Whitehead (1861-1947) a étudié les mathématiques et publié en 1898 un traité de mathématiques, *Universal Algebra* (où ses exégètes discernent déjà des traits ultérieurs de sa philosophie de la maturité[1]), avant de collaborer avec Russell à la rédaction des *Principia Mathematica* (trois volumes parus, 1910-1913). Cela constitue la première période de la philosophie de Whitehead. On peut noter que la préface de son traité de 1898 rend un son leibnizien :

> « L'idéal des mathématiques doit être d'ériger un calcul pour faciliter le raisonnement, en liaison avec chaque domaine de la pensée ou des événements qui peuvent être établis avec certitude. Ainsi, toute pensée sérieuse qui n'est pas de la philoso-

phie, ou du raisonnement inductif, ou de la littérature d'imagination doit être des mathématiques développées au moyen du calcul » (1898, p. viii).

À première vue seulement, car comme le remarque Lowe (1941, p. 19), Leibniz avait tendance à identifier la logique et la philosophie. Cependant l'idée que le calcul facilite le raisonnement et le terme même d'« algèbre universelle » sont des éléments authentiquement leibniziens[2]. D'autre part, cette préface contient une affirmation à la fois réaliste et platonicienne : les schèmes logiques sont dits représenter les propriétés du monde des choses existantes (*op. cit.*, p. vii). On peut ici trouver l'origine de ce réalisme dans le goût de Whitehead pour la géométrie, qui favorise ce genre de position, dans la mesure où la physique peut être pensée comme une extension de la géométrie, à l'époque contemporaine. Dans les années qui ont immédiatement suivi[3], Whitehead a appliqué sa méthode axiomatique à la physique. L'originalité de Whitehead par rapport à ses prédécesseurs en la matière est de le faire dans une optique de critique du « concept classique du monde physique » (ce qu'il appellera plus tard le « matérialisme scientifique[4] »). Ce modèle classique selon lui ne fait que systématiser des habitudes communes de pensée et comprend essentiellement des points, des instants et des particules de matière[5]. Les théories de l'espace, du temps et du mouvement sont des théories séparées dans ce modèle. Whitehead pense qu'il est ontologiquement dispendieux d'avoir trois classes d'entités :

> « Le concept complet implique la supposition d'une seule classe d'entités formant l'univers. Les propriétés de “l'espace” et des phénomènes physiques “dans l'espace” deviennent simplement des propriétés de cette unique classe d'entités » (1905, p. 525).

De plus, il pense que la géométrie est ostracisée par rapport à l'algèbre, ce qui a été favorisé par la mathématisation de l'espace et la naissance de la géométrie algébrique cartésienne qui en est la forme achevée. Il propose une construction où l'espace joue le premier rôle et où les particules de matières sont dérivées. Dans la mesure où, dans la théorie de la relativité, la masse déforme l'espace, en modifiant sa courbure, même de manière infinitésimale, on peut prendre pour ainsi dire les choses à l'envers et partir non des corps matériels, mais des déformations de l'espace (au risque de verser peut-être dans un idéalisme géométrique où l'espace est la réalité ultime, ce que Whitehead s'efforce d'éviter). Le quatrième volume des *Principia Mathematica*, jamais paru, devait être consacré à la géométrie, à laquelle Russell avait consacré son premier livre. Dans la théorie relationniste de l'espace, celui-ci joue un rôle primordial relativement aux corps matériels :

> « on ne peut dire que les corps sont dans l'espace, puis interagissent, mais plutôt qu'ils sont dans l'espace parce qu'ils interagissent et l'espace n'est que l'expression de certaines propriétés de leurs interactions » (Lowe, *op. cit.*, p. 53).

Une seconde période consacrée à l'épistémologie et à la philosophie des sciences couvre la périodc 1915-1925. Dans cette période, on peut voir, au fur et à mesure que Whitehead s'assure de sa méthode, combien son point de vue diffère de celui qui, par certains côtés, est le philosophe le plus proche de lui parmi ses contemporains, Bergson (de deux ans son aîné). En effet Bergson qui, lui aussi, critiqua le matérialisme scientifique, voulut réconcilier métaphysique et sciences de la nature[6], a développé une critique détaillée de la spatialisation du temps dans la science, spatialisation rendue en partie responsable de l'oblitération de l'intuition de la durée, phénomène qualitatif fondamental dans l'appréhension de la réalité. Whitehead au contraire (sans, lui non plus, accepter une spatialisation vulgaire du temps) a développé une stratégie complètement différente. Elle a consisté à appliquer les outils logiques et mathématiques pour donner un concept du temps plus conforme à l'essence de la temporalité. Whitehead est connu de ce point de vue comme un partisan des formalismes prenant comme primitives des relations entre événements (précédence, recouvrement, subséquence), de façon à obtenir les structures d'instants à partir des structures d'événements. Cela facilite la tâche de montrer que les concepts mathématiques du temps dérivent de manière ultime de l'expérience que nous en faisons (ce que Bergson appelle « durée »). Dans ce traitement formel, Whitehead use de sa méthode de l'abstraction extensive, qui, pour reprendre l'expression d'un philosophe spécialiste de philosophie naturelle, est « l'une des innovations méthodologiques les plus puissantes des Temps modernes » (Whitrow, 1980, p. 206).

La méthode de l'abstraction extensive (exposée en France par Vuillemin, 1971, p. 63 *sqq.*, mais d'un point de vue assez hostile) est un outil topologique par lequel on définit des entités géométriques, comme des points, à partir des concepts de tout et de partie, de recouvrement (*overlapping*), comme des relations entre des volumes d'une certaine taille et de même forme qui se contiennent comme un ensemble de poupées russes (Whitehead parle de *Chinese boxes*) :

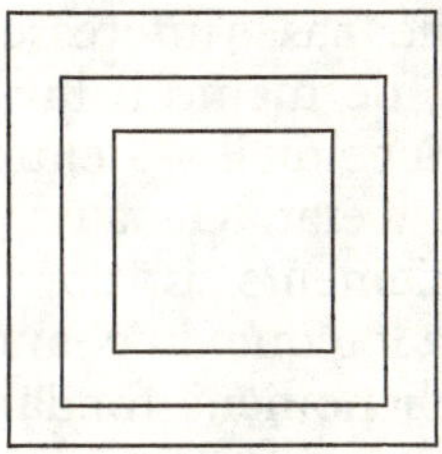

Un point n'est pas une entité idéale au centre de ce schéma. Il est défini comme l'ensemble convergent complet. De la même façon, une ligne droite peut être définie comme la direction d'un chemin d'ellipses emboîtées :

On peut donc définir intuitivement un point comme l'ensemble des volumes qui entourent le point en question. L'objectif est donc de dériver des événements, dépourvus de durée, le continuum des instants, ordonné linéairement et similaire au continuum des nombres réels : « le temps m'est connu comme une abstraction du passage des événements » (*Le concept de nature*). Wiener et Russell développeront ce type de formalisme qui prend les événements comme primitifs (cf. Whitrow, *op. cit.*, p. 207 *sqq.*). De la même manière que Whitehead reproche à la mécanique de ne pas s'intéresser aux relations entre les points, de même il lui reproche de ne pas s'intéresser à ce qu'il y a entre deux instants, un changement d'état. C'est en ce sens que la théorie des événements est conçue comme une contribution à la logique du changement, comme expression du phénomène fondamental de l'univers, le devenir, la création de nouveauté. On peut donc, avec V. Lowe, considérer Whitehead comme la fusion du « criticisme berkeleyien des concepts et d'un intérêt sans limites pour la cosmologie mathématique » (*op. cit.*, p. 73). L'allusion à Berkeley s'explique par la critique que ce dernier a faite de la méthode de Newton dans *L'analyste*[7], où il déclare que « la métaphysique des analystes [algébristes] modernes est tout à fait incompréhensible » (1936, p. 7), Berkeley qui comme Whitehead ne pense nullement que l'obscurité vient d'un résidu de métaphysique (comme ceux que le regretté Jean Largeault appelait « nos Trissotin ») et prend soin de mettre les points sur les i :

« Qu'on ne s'imagine pas que je conclus à l'erreur et à la futilité de vos notions de ce qu'elles sont métaphysiques. Cette raison ne fait ni la vérité ni l'erreur d'aucune proposition. Qu'on puisse ou non qualifier de métaphysique une doctrine, c'est de peu d'importance. La question est claire ou obscure, vraie ou fausse, bien ou mal conclue » (*op. cit.*, § 47, p. 22, trad. Maxime Leroy).

Ce travail sur le temps trouve l'une de ses origines dans sa réflexion dans le choc épistémologique que lui a causé la théorie de la relativité. Sa métaphysique au sens propre a l'ambition d'être une métaphysique relativiste, non au sens d'une relativisation des critères de vérité : « vérité en deçà des Pyrénées, erreur au-delà », mais au sens de la théorie de la relativité entendue comme grammaire des contextes, c'est-à-dire comme possibilité d'adopter indifféremment l'un ou l'autre point de vue local sur l'univers en le liant aux autres de manière rigoureuse. Il ne faut pas confondre un tel type de métaphysique relativiste avec la relativité de l'ontologie de Quine, qui signifie que pour une théorie scientifique donnée lui correspondent plusieurs ontologies, entre lesquelles il n'y a pas de raison impérative de choisir. Quine ne nous donne pas le moyen de lier les différentes ontologies, de les dériver les unes des autres, de les comparer, etc. L'ambition de Whitehead grâce à l'introduction de la relativité (et non du relativisme vulgaire) dans la métaphysique est, d'une part, de ne pas confondre un point de vue local avec un point de vue absolu et, d'autre part, de pouvoir considérer comme équivalent n'importe quel point de vue local. Si pour Quine la relativité de l'ontologie est l'abandon quasi kantien d'un point de vue absolu, le caractère relativiste de la métaphysique signifie pour Whitehead exactement le contraire : la possibilité effective de dépasser le caractère arbitraire des points de vue locaux.

Une troisième période s'ouvre en 1925 avec *La science et le monde moderne* (l'année suivante paraît aussi *Religion in the Making.*) La trilogie essentielle se poursuit peu après et sur un rythme rapide : *Procès et réalité* en 1929, *Aventures d'idées* en 1933. Si l'on inclut *Modes of Thought* qui est publié en 1938 (mais moins essentiel), l'œuvre métaphysique de Whitehead a été accomplie en une douzaine d'années, lors de son invitation à l'université de Harvard (à partir de 1924). On ne peut s'empêcher de penser que la pensée de Whitehead a été catalysée par le mouvement des Réalistes critiques[8]. Mais c'est probablement la tentative de Samuel Alexander (1859-1938)[9], dans *Space, Time and Deity* (1920), qui a fourni une partie de l'impulsion qui a encouragé le tournant métaphysique de Whitehead. Alexander en effet avait déjà suivi une méthode expérimentale en métaphysique, conçue comme s'occupant des traits catégoriaux et *a priori* de l'expérience conçus aussi comme des traits objectifs de la réalité et non seulement comme des éléments d'un schème conceptuel. Alexander est connu comme le métaphysicien de l'émergence. Les propriétés émergentes sont analogues aux propriétés de la *Gestalt*, c'est-à-dire que les touts ne sont pas réductibles à leurs éléments. D'un ensemble de propriétés peut émerger une propriété qualitativement différente et non prédictible. L'émergence comme relation générale se distingue de la réduction et de la survenance. Un ensemble de propriétés est réductible à un autre ensemble de propriétés, si l'on peut expliquer autant avec le second ensemble qu'avec le premier (par exemple, la douleur est réductible à une excitation neurale, si la seconde a le même potentiel explicatif que la première) ou, autre définition, si la base ontologique des propriétés réduites est la même que la base ontologique de ce qui est non réduit (la douleur ayant comme base ontologique l'excitation neuronale). La survenance est une relation de dépendance non réductionniste entre deux ensembles de propriétés, telle que le premier ensemble survient sur le second s'il dépend du second et ne peut être réduit au second, ce qui autorise une différence ontologique entre la base de survenance et les propriétés survenantes (dans le cas de la douleur, si la douleur survient sur une excitation neuronale, elle ne peut exister sans cette excitation, mais n'est pas réductible ontologiquement à l'excitation en question). Whitehead est un métaphysicien de l'émergence et en ce sens son réalisme est proche de celui de Alexander, surtout quand celui-ci considère Dieu comme « la qualité émergente la plus haute » (*highest emergent quality*), ce qui est un prolongement des vues naturalistes de Alexander. La tentative de dépasser la fausse antinomie immanence/transcendance pour un élément divin, quel qu'il soit, Dieu personnel ou déité, est commun aux deux auteurs.

Autre point positif pour un rénovateur, Whitehead a échappé à la fascination cambridgienne pour Wittgenstein. Il a écrit un nouveau chapitre de l'histoire de la métaphysique. Il faut souligner que contrairement à McTaggart, demeuré sans véritable postérité (malgré les commentaires de Geach et Broad), Whitehead est à l'origine d'un véritable mouvement intellectuel, à la fois en logique, pour des raisons évidentes, en théologie[10] et en épistémologie, où son influence sur la philosophie de l'organisme est importante et où son ontologie des événements continue d'être discutée.

Je me concentrerai sur l'*opus magnum*, *Procès et réalité*[11], en m'aidant des deux autres ouvrages de la fameuse trilogie. La méthode adoptée pour McTaggart, un commentaire suivi du texte, n'est pas praticable ici : si McTaggart était remarquablement déductif, il n'en va nullement de même pour Whitehead. Son développement n'est jamais linéaire, mais hélicoïdal : il repasse sans cesse par les mêmes points, en les approfondissant, par variation des points de vue. Cependant Whitehead prend soin de livrer la liste de ses postulats, ce qui peut donner l'impression trompeuse qu'il se plie à une méthode axiomatique en métaphysique, comme Proclus dans les *Éléments de métaphysique* ou Spinoza dans l'*Éthique*, méthode reprise par certains dans l'ontologie analytique actuelle[12], alors qu'il n'en est rien. Whitehead, contrairement aux apparences, est un véritable philosophe analytique — alors qu'on a pu le ranger dans la descendance d'un courant baptisé « philosophie du processus » qui engloberait le perspectivisme pragmatiste, nietzschéen et les éléments anti-intellectualistes de la philosophie tardive de Bergson. Il l'est dans la mesure où à aucun moment il n'évite la confrontation rigoureuse entre ses intuitions et les formes de la rationalité moderne, incarnées surtout dans la logique des relations, l'algèbre universelle et les théories de la relativité et de l'évolution. Ce qui est trompeur est que nous identifions plus ou moins et spontanément la philosophie analytique avec la méthode descriptive ; lorsque nous reconnaissons l'existence d'une méthode révisionnelle ou constructiviste, comme chez Carnap ou en général chez les positivistes logiques, nous l'associons immanquablement, souvent avec raison, à une intention d'éliminer la spéculation métaphysique. Whitehead est un métaphysicien analytique spéculatif et révisionnel qui intègre dans un schème unique l'évolution de la matière, du vivant et de l'esprit, c'est-à-dire la totalité de l'évolution de l'univers, des particules élémentaires aux états de conscience et à Dieu, qui est autant un produit qu'un auteur de cette évolution. Cette dimension cosmique est aussi une originalité de Whitehead. L'horreur métaphysique, celle d'un tête-à-tête du Moi et de Dieu, le Monde ne servant que de décor mécanique à ce théâtre privé, est étrangère à Whitehead. Le cosmos est certes soumis à la loi de la corruption, du déclin, du périr, mais il est aussi nouveauté perpétuelle, renouvellement constant. Le sous-titre de *Procès et réalité* : *essai de cosmologie* doit être pris au sérieux.

La cosmologie a connu trois étapes[13] que l'on peut commodément désigner par trois noms propres : Ptolémée (cosmologie géocentrique d'emboîtement de sphères avec une opposition de deux espaces, terrestre et céleste), Newton (temps et espace homogènes) et Einstein (cosmologie relativiste) [14]. Aristote (*Du ciel*) et Kant (*Histoire générale de la nature et théorie du ciel*, 1755) ont écrit des cosmologies philosophiques, mais chez Kant la séparation entre l'ontologie et la cosmologie devient complète. Hegel écrit une dissertation sur l'orbite des planètes (*Dissertatio philosophica de orbitis planetarum*, 1801), contredisant ouvertement des découvertes de l'astronomie empirique de l'époque, à propos d'un astéroïde qui vérifiait la loi de Bode, conséquence de la théorie de Newton que Hegel attaquait, alors même qu'elle se voyait en effet empiriquement confirmée. Il a commis cette bourde en mettant la philosophie de la nature au-dessus de la physique mathématique, le Savoir Absolu au-dessus de la science. Plus tard, il critiquera la philosophie de la nature romantique, mais retombera dans un autre travers, en soumettant les processus naturels au syllogisme, ce qu'Aristote avait bien pris soin de ne jamais faire. Whitehead a écrit la cosmologie philosophique qui correspond à l'étape relativiste de cette discipline.

La métaphysique de Whitehead

Whitehead écrit la métaphysique de la physique mathématique relativiste, en intégrant une vision évolutionnaire du cosmos où l'apparition du vivant et de la conscience fait partie du même processus de création. C'est en ce sens que Whitehead reprend la grande tradition rationaliste qui se caractérise par le respect de l'idéal mathématique, la soumission à la méthode expérimentale et le dialogue constant entre physique et métaphysique. Si la physique de Descartes ou de Leibniz est une métaphysique (on peut dire la même chose de la *mathesis universalis*), la métaphysique de Whitehead est une physique et une mathématique. La difficulté de la lecture de Whitehead est le risque de prendre pour des métaphores ce qui n'est souvent qu'habillage verbal de concepts scientifiques précis, souvent topologiques ou méréologiques, ce qui complique encore la tâche des lecteurs qui ont une culture scientifique en général fondée sur l'algèbre et la théorie des ensembles. Des auteurs aussi soucieux de coller au développement de la physique relativiste que Hermann Weyl[15] (1885-1955) ou Hans Reichenbach[16] (1891-1953) présentent la difficulté inverse : ils estiment qu'on ne peut interpréter cette physique sans un minimum de formalisme. Whitehead est un philosophe qui révise nos schèmes d'appréhension de la réalité globale, en conservant un mode d'exposition qui n'exige pas le détour par le formalisme, même si celui-ci forme l'ossature de maints développements qui semblent à première vue purement spéculatifs. Cela ne le conduit pas cependant à se couler dans le moule de la vénérable terminologie de la métaphysique traditionnelle, celle de la substance et de l'accident, de l'essence et de l'existence, de l'acte et de la puissance, de la matière et de la forme. Il préfère forger un nouveau lexique (proche en cela de Leibniz qui a également cette tendance), avec des réussites inégales.

Certains termes sont au départ hermétiques et rebutants. Limitons-nous à un exemple : *superject* qui est intraduisible (« superjet » est ridicule) et qui est forgé pour ne pas s'enfermer dans le couple des concepts d'objet et de sujet. Si le sujet est ce qui est dessous (*sub-jectum*), le *superject* (*super-jectum*) est ce qui est dessus, alors que l'objet (*ob-jectum*) est ce qui est devant. Cet exemple montre la difficulté, mais aussi que l'invention n'est pas arbitraire et se calque sur des possibilités du lexique métaphysique : si on a forgé le concept d'*objectum* tout au long de la scolastique tardive, on peut bien forger le concept de *superject*, si on a en vue non quelque chose qui est posé par la conscience comme se tenant en face, doué d'une consistance, mais quelque chose de transcendant et de dynamique. En termes classiques, on voit bien que ce passage d'une métaphysique de l'objet à une métaphysique du *superject* (qui refuse le subjectivisme moderne) n'a rien de capricieux ou de fantasque.

Une autre difficulté de Whitehead est qu'il occupe toutes les positions dessinées par la métaphysique classique : psychologie, ontologie, cosmologie, mais en mêlant les perspectives. La métaphysique classique, par exemple de Wolff, séparait métaphysique spéciale et métaphysique générale[17] et leur unité était architectonique, assurée comme chez Aristote par des principes recteurs (principe de contradiction chez Aristote, de contradiction et de raison chez Wolff). Kant a assuré l'autonomie de l'ontologie en la réduisant à l'analytique des concepts. Le Moi et le Monde sont (ou sommes) des Idées régulatrices, mais il n'y a pas de disciplines métaphysiques des Idées de la Raison. La théodicée (Dieu), la cosmologie (le Monde) et la psychologie (le Moi) sont éliminées de fait. La métaphysique de la nature n'a pas de dimension cosmologique (malgré la *Théorie du ciel*), et la métaphysique des mœurs n'a pas de dimension psychologique.

Whitehead n'entreprend pas de restaurer les divisions de la métaphysique classique, mais il n'accepte pas non plus le renoncement kantien qui restreint la métaphysique à l'étude des moyens d'accès à la réalité, bien qu'il pense que l'étude de ces moyens d'accès est une partie importante de la métaphysique. Rien n'est plus étranger à Whitehead que cette idée que la physique nous livre la légalité des phénomènes et que la métaphysique ne peut nous donner à penser et pas à connaître la réalité ultime, en soi ou nouménale. C'est ce qui le conduit à mêler quelquefois de manière inextricable les perspectives psychologique, ontologique et cosmologique. On peut par exemple dire que la philosophie de Whitehead a plusieurs points de départ à la fois équivalents et distincts : le mécanisme de la mémoire, l'appréhension de l'être comme devenir, le flux et la création actuelle de nouveauté dans la nature. On ne peut privilégier aucun de ces points de départ ; on peut tout aussi bien dire que la métaphysique de Whitehead est une psychologie, une cosmologie qu'une ontologie. C'est une épistémologie, puisque le développement de la science est conçu par lui comme une manifestation progressive de la réalité, un passage du pur qualitatif au mécanique, puis un dépassement du mécanique dans la « philosophie de l'organisme », expression qui aurait besoin d'être explicitée.

Il suffit pour l'instant de rappeler que pour Whitehead la philosophie n'a pas assez pris en compte la vie dans son caractère organique. Probablement Whitehead aurait écarté le contre-exemple qui vient à l'esprit — celui de Leibniz —, en faisant remarquer que pour celui-ci les organismes sont spirituels, certes, mais des machines de machines à l'infini. Cette réduplication du mécanisme est loin d'être un progrès du point de vue d'une philosophie de l'organisme.

Whitehead a été revendiqué par ceux qui ont opposé à la physique mathématique déshumanisante, calculatrice et au service d'intérêts de puissance une philosophie de la nature, qualitative, soucieuse de percer le secret des formes sans forcer la nature. Il est à la fois vrai et faux que Whitehead est un philosophe de la nature. Vrai, car il partage le souci de prolonger les approches quantitatives par une approche qualitative ; faux, car il pense que la physique mathématique dans son essence, chez Galilée, Kepler, Newton, Einstein n'a pas eu d'autre but, par exemple dans la recherche par Kepler des solides idéaux du *Timée* qui rendraient compte des proportions des orbites des planètes[18]. En fait, il faudrait plutôt dire que Whitehead, si extravagant que cela puisse paraître, reprend plus le projet de la philosophie naturelle (*philosophia naturalis*) des grands rationalistes de l'âge classique que les rêveries de la philosophie de la nature (*Philosophie der Natur*) de Novalis, Schelling et Hegel[19]. Quand il présente sa cosmologie dans une optique historique, il la fait succéder au *Timée* et au fameux *Scholium* de Newton sur l'espace et le temps. Il faudrait nuancer ce qui concerne la philosophie de la nature de Goethe et des romantiques, anglais notamment[20], qu'il cite fréquemment, car Whitehead est très sensible aux intuitions de ces auteurs, qui diffèrent par exemple de Hegel, en ce qu'ils ne veulent pas plier la nature à des schémas logiques (Hegel veut par exemple dans sa philosophie de la nature tout réduire au syllogisme, comme mouvement même de la réalité, ce qui conduit à des contorsions à la fois contre-intuitives et stériles[21]).

La clef de Process and Reality *: le Timée*

Une clef d'entrée de *Procès et réalité* est sans doute la théorie des formes intelligibles de Platon, et plus particulièrement le *Timée*. Whitehead a déclaré que

> « La tradition philosophique européenne (...) consiste en une succession d'apostilles (*footnotes* = notes de bas de page[22]) à Platon » (PR, p. 98).

Parmi les « idées générales » que Whitehead développe à partir de Platon se trouve celle de la participation du temps à l'éternité :

> « C'est en participant aux choses éternelles que surgissent les choses temporelles. Les deux séries sont médiatisées par quelque chose qui combine l'actualisation de ce qui est temporel avec l'immortalité de ce qui est potentiel. Cette entité finale est l'élément divin du monde : par lui, ce qui est disjonction stérile et inefficiente de potentialités abstraites parvient de manière décisive à la conjonction efficiente d'une réalisation idéale. Cette réalisation idéale de potentialités au sein d'une entité actuelle primordiale fournit la stabilité métaphysique à la faveur de laquelle le procès actuel illustre les fins propres aux variétés spécifiques de l'ordre en voie d'émergence. C'est parce que s'accomplit réellement cet acte d'évaluation primordiale de potentiels purs, que chaque objet éternel peut entrer dans une relation précise et effectivement appropriée à chaque procès de concrescence. Si de telles mises en ordre faisaient défaut, les objets éternels, soumis à une disjonction totale, demeureraient sans aucune réalisation au niveau du monde temporel : la nouveauté n'aurait pas de sens, elle serait inconcevable » (*id.*, p. 98-99).

Un objet éternel est une pure possibilité (p. 73), un « potentiel pur » (p. 75), sa définition précise est la suivante :

> « j'utilise l'expression "objet éternel[23]" pour signifier ce que (...) j'ai dénommé "forme platonicienne" [Idée]. Toute entité dont la récognition conceptuelle ne comporte pas de référence obligée à des entités actuelles précises de l'univers temporel reçoit le nom d'objet éternel. (...) Un objet éternel est toujours une potentialité à l'égard d'entités actuelles ; mais il est par lui-même, en tant que conceptuellement senti, il demeure neutre à l'égard de son ingression physique dans n'importe quelle

entité actuelle particulière relevant du monde temporel. Le sens de l'"être-donné" est que ce qui est donné aurait bien pu ne pas l'être ; et que ce qui n'*est pas* "donné" *aurait fort bien pu l'être* » (*id.*, p. 105-106).

Deux idées au moins fondamentales du *Timée* structurent l'*opus magnum* de Whitehead. La première est que la structure ultime de la réalité est constituée par des structures mathématiques, des rapports arithmétiques et des formes géométriques, idée qui est à la base de la révolution scientifique de Galilée et Kepler. La seconde est que la nature de l'espace, un continu extensif en termes whiteheadiens, est la manifestation d'une « potentialité originaire », d'un « continuum à l'état brut » (*id.*, p. 133, 139), la *chora*, le réceptacle (mais pas au sens d'un *sensorium Dei* newtonien), la matrice, la nourrice suivant les traductions, ce qui deviendra la *prote hulé* d'Aristote, la *materia prima* des scolastiques... la matière première des économistes, par un étrange circuit ! Cette *chora* est pure potentialité qualitative, réservoir de toute manifestation phénoménale qui prend la forme d'un espace assagi par la géométrie. Whitehead la met en relation avec l'abîme décrit dans *Le Paradis perdu* de Milton :

> « Les secrets du vénérable abîme, ténébreux
> Océan illimité, sans bornes,
> Sans dimensions, où longueur, largeur, hauteur,
> Temps et espace sont perdus ; où l'antique Nuit
> Et le *Chaos*, Ancêtres de la Nature, entretiennent
> Une *Anarchie* éternelle, parmi les clameurs

> De *Guerres* sans fin, se maintiennent grâce à la confusion. » Livre II, v. 891-897, trad. Armand Himy, 2001, p. 174, cité dans PR, p. 177-178.

Si la méditation platonicienne sur la « nature ontologique du milieu spatial » (Luc Brisson) est l'une des sources de la métaphysique du procès, l'autre clef, de manière plus inattendue, est l'empirisme de Hume et Locke, auteurs probablement les plus régulièrement cités avec Platon. Whitehead accepte le point de départ de l'empirisme :

> « Les expériences individuelles fragmentaires sont tout ce que nous connaissons et toute spéculation doit partir de ces *disjecta membra* comme seule donnée » (cité dans Lowe, *op. cit.*, p. 56).

Il faut ici faire une rapide parenthèse sur le climat qui régnait à Harvard dans les années où Whitehead y a enseigné. Deux tendances se disputaient le devant de la scène, l'idéalisme et le pragmatisme. Contrairement à une idée reçue, Hegel a eu une influence importante sur la philosophie et plus généralement sur la culture américaine (Peirce l'admirait profondément ; Whitman n'a-t-il pas écrit un poème : « Après avoir lu Hegel » (*Leaves of Grass*, n° 270 : « *and the vast all that is call'd Evil/I saw hastening to merge itself and become lost and dead* »), ce qui témoigne de sa popularité ?

Le pragmatisme de Peirce, Dewey, James, peut aussi être interprété comme une réaction à l'idéalisme. Ce pragmatisme a des sources dans la philosophie américaine antérieure, notamment dans sa tendance naturaliste de fond, mais aussi et surtout dans l'empirisme britannique. Ce retour à l'expérience est donc commun aux pragmatistes et à Whitehead, mais ce dernier conçoit le projet d'une métaphysique expérimentale, là où les pragmatistes en général, même Peirce, le plus favorablement disposé, sont sceptiques quant à la possibilité d'une métaphysique en général, sa « métaphysique scientifique » n'étant en fin de compte, malgré les pépites d'or dans la lave d'un volcan (image de Russell sur Peirce), qu'une série de plans, de projets, d'échantillons, au sens leibnizien du mot, dont le dessein n'entre quelquefois qu'imparfaitement dans le noyau de sa pensée, constitué par la logique et la théorie des probabilités, fragments dont on peut discuter l'interprétation, jusqu'à en faire un jalon de cette métaphysique expérimentale de Whitehead, mais qui n'ont en tout cas joué pratiquement aucun rôle avant leur publication dans les années 1940, après la constitution de la pensée de Whitehead, même si la valeur de certaines des indications contenues dans ces fragments de Peirce est inestimable. Whitehead se distingue des pragmatistes par le fait qu'il rejette leurs critères de vérité, quelque forme qu'ils puissent prendre, proche en cela de Peirce qui était littéralement écœuré qu'on puisse, lui « l'animal logique », comme il se nommait lui-même, le mettre dans le même sac que ceux qui avaient renoncé en fait à la vérité en tant que norme de l'inférence, au point qu'il inventa le néologisme le plus laid qui fût à ses yeux, pour se distinguer d'eux, le vocable « pragmaticisme » dont il pensait qu'il ne serait jamais populaire.

Ce que Whitehead trouve chez Hume et Locke (et surtout chez ce dernier), c'est la méthode empirique appliquée de manière rigoureuse à un domaine non scientifique, celui de la psychologie. La relation de Whitehead à ces deux auteurs est très complexe et PR contient des mises au point minutieuses sur ce point, Whitehead étant toujours soucieux de préciser les rapports avec ses prédécesseurs, même si, comme les *New Realists*, il distingue avec tout autant de soin, mais plus implicitement, philosophie et histoire de la philosophie[24]. Disons que Whitehead considère que Hume, par son scepticisme, a empêché la généralisation de la méthode de Locke, mais que par ailleurs dans sa théorie des impressions, sa critique de la théologie naturelle dans les *Entretiens sur la religion naturelle*, il anticipe nettement certaines des intuitions de la philosophie de l'organisme, en remarquant par exemple le caractère limité des preuves physico-théologiques, même si le diagnostic de Whitehead diffère profondément de celui de Hume : il pense que ces preuves sont insuffisantes aussi parce qu'elles supposent un Dieu transcendant et non un Dieu transcendant ET immanent. Le fait que l'argument est invalide, comme l'a vu Hume, parce qu'il suppose un élément extérieur à la série, provient d'après Whitehead de cette transcendance unilatérale de Dieu dans les théologies et théodicées, ce qui fait que Whitehead pourrait facilement reconnaître le bien-fondé des preuves de l'existence de Dieu tirées de la théologie naturelle, et donc partager sur ce point le scepticisme de Hume, en tout cas préférer cette forme de scepticisme au dogmatisme religieux courant. Le projet de Whitehead est d'étendre à la métaphysique la méthode qui a si bien réussi à Hume et Locke dans l'analyse des idées et des impressions, ce en quoi de manière assez surprenante il retrouve un thème des Lumières. Que Whitehead se soit trompé en partie sur Locke, qui est en fait aussi un métaphysicien, plus proche de la tradition qu'on ne le pense généralement[25], celui des essences, des dispositions et des qualités, n'est pas ici important. Il faut reconnaître cependant, même brièvement, que Whitehead a décelé dans la théorie des dispositions et de l'essence comme « constitution interne » les germes d'une métaphysique en affinité avec la sienne propre. Ce qui importe, c'est l'éclairage que sa lecture de Locke donne sur son ambition véritable, si difficile à cerner en première analyse, qu'il est utile de donner les coordonnées dans l'histoire de la philosophie qui permettent de le repérer.

On comprend, à la lumière de ce qui précède, pourquoi Whitehead a pu paraître extravagant : combiner l'idéal platonicien de connaissance pure (contre le critère pragmatiste de la vérité, directement ou indirectement plus ou moins relatif à l'action) avec la méthode expérimentale étendue à la métaphysique, à la fois contre les pragmatistes et les idéalistes, détruisant de manière différente la métaphysique, expose à des reproches d'arbitraire, de syncrétisme échevelé, surtout quand Whitehead, exactement comme Leibniz, se fait provocant en décelant un noyau de rationalité dans les doctrines les plus hétérodoxes (sans cependant aller jusqu'à fréquenter les médiums et spirites comme W. James), non pour choquer les positivistes et les scientistes, mais parce que l'approche mathématique lui donne une notion souple et large de la rationalité. Le reproche de divagation ne pouvait blesser profondément Whitehead ; il eût été beaucoup plus froissé qu'on lui reprochât de ne pas être cohérent, car il envisageait la métaphysique comme une tâche si difficile — et si sérieuse — qu'il est difficile d'y être parfaitement systématique. Il ne pouvait ignorer que tous les métaphysiciens avaient plus ou moins échoué dans cette recherche de connexité ultime, car il était un grand lecteur, mais il savait aussi que ce n'était pas une raison de refréner cette disposition si profondément ancrée dans l'esprit humain, qui ne peut se satisfaire des succès de la technique et des consolations de la religion ; il trouvait l'expression peut-être la plus pure de cette disposition non chez les métaphysiciens eux-mêmes, mais chez les poètes dits métaphysiques[26] et les physiciens qui ont bouleversé notre appréhension de la réalité. Une pensée prudente, dénuée d'extravagance, mais tout autant privée de réelle profondeur et d'originalité, parce que refusant par exemple systématiquement les risques, confondant la prudence avec la terreur de se tromper, est bien pire intellectuellement qu'une pensée abstruse, mais pleine d'aperçus incisifs sur des questions essentielles. On oublie la première ; on fait le tri dans la seconde.

Whitehead n'est pas globalement confus (comme le soupçonne fortement Vuillemin [1971]) : c'est la science moderne qui lui ouvre la voie en lui montrant qu'on peut combiner le platonisme cosmologique et géométrique avec la méthode expérimentale en physique et en métaphysique. Si Galilée n'était pas incohérent, alors Whitehead ne l'était pas, en tout cas pas à cause de son mélange étrange à première vue de platonisme et d'empirisme. De plus sa cohérence ne consiste pas à développer de manière linéaire une pensée unilatérale. Par exemple, selon lui, une pensée cohérente est celle qui recherche une compréhension à la fois du changement et de la permanence. Une cohérence parménidienne (ou même, à l'inverse, et malgré les apparences, héraclitéenne) n'est pas de son fait : comme Platon, il ne cesse de chercher à comprendre comment des formes émergent du flux perpétuel ; il ne saurait se contenter de la contemplation des formes ou de l'apologie du devenir amorphe. Whitehead est un métaphysicien de la forme et de la croissance (*growth*), proche des travaux de Darcy Thompson[27] sur la morphologie évolutionniste, que ce soit la croissance des arbres ou des civilisations, puisque son concept de « société » est suffisamment compréhensif et large pour englober les sociétés de cellules et les sociétés d'individus. Tout est société, puisque chaque individu est une société.

Enfin, Whitehead a frayé la voie à la méréologie des événements et par là a ouvert une nouvelle voie de recherches en métaphysique. Le choix des événements comme primitif comporte un risque majeur, celui que comporte tout changement radical de schème conceptuel : il faut renouveler tout le langage, en même temps que tous les concepts, si l'on souhaite passer d'un schème de la substance à un schème de l'événement. Toutefois Whitehead, même s'il n'a pas évité des inconvénients de ce changement de langage, en offrant le flanc à des critiques injustes ou à des tentatives de réinterprétation abusives, s'est efforcé de donner une forme claire à son formalisme méréologique et par là a laissé des indications précises et précieuses, que la métaphysique analytique actuelle n'a pas encore exploitées. Le développement contemporain des ontologies de l'événement et le succès des formalismes méréologiques lui ont donné partiellement raison et comme toutes les grandes œuvres, celle-ci sera lue progressivement à partir des progrès que nous serons nous-mêmes capables d'accomplir.

CHAPITRE XVIII

L'ontologie analytique et la métaphysique : mondes possibles, propriétés, essences

les modestes appareils enregistreurs qui ne s'hypnotisent pas sur le dessin qu'ils tracent.

A. Breton.

Il n'est pas besoin de beaucoup de mots pour insister sur l'importance de la renaissance de la métaphysique sous la forme de ce qu'on désigne sous le nom de « métaphysique analytique[1] ». Le nombre des publications, des revues, des colloques, des centres de recherche est croissant et l'interaction avec des domaines émergents comme les sciences cognitives, l'informatique médicale ou la sémantique formelle va se développant. Cela n'est nullement une preuve de quoi que ce soit, mais un fait : la métaphysique, comme discipline scientifique se prévalant de ce titre, n'est pas morte. Reste à évaluer de manière critique cette renaissance. Il se pourrait en effet que ce que l'on appelle « métaphysique analytique » n'ait rien à voir avec la métaphysique, comme la « logique transcendantale » n'a pas grand-chose à voir avec la logique. Il faut donc sur quelques thèmes de discussion montrer au contraire que cette métaphysique analytique reprend le projet de la métaphysique classique. Évidemment, il ne faut pas tomber dans l'excès inverse et voir dans cette discipline le travestissement formel de choses déjà épuisées, déjà exposées. D. Lewis n'est pas Leibniz ; Armstrong n'est pas Aristote ; Quine n'est pas Kant. Les thèses défendues sont originales, les problèmes quelquefois traditionnels (comme celui des universaux), quelquefois complètement nouveaux (comme celui de l'actualité indexicale des mondes possibles). La métaphysique analytique n'est pas quelque chose d'autre qui se présente comme le même, ni le même déguisé en autre. C'est une étape de l'histoire de la métaphysique, un champ de recherches en pleine effervescence, ce qu'on montrera.

Un test comparatif : sept produits et dix tâches, ou : « Que choisir ? »

Il y a une certaine erreur de perspective à imaginer la renaissance de la métaphysique comme une résurrection. La mort de la métaphysique est une figure locale. Des philosophes comme Ch. Hartshorne, W. Sellars, G. Bergmann, D. Wiggins, P.F. Strawson, J.L. Gracia, N.L. Castañeda ont maintenu la continuité de la métaphysique au moment même où certains, par ignorance ou par une sorte de *wishful thinking*, pensaient épier ses derniers soubresauts, scruter sa fin.

Nous ne pouvons ici faire un panorama détaillé des courants métaphysiques principaux témoignant actuellement d'une inventivité et d'une vitalité incontestables. On peut cependant dresser un tableau sommaire de ces courants en indiquant, pour chacun des noms principaux, la méthode et les concepts principaux :

Courant	Représentants	Outils	Position
1. Métaphysique des mondes possibles	D. Lewis E. Zalta	Logique modale	Réalisme ou conceptualisme modal
2. L'analyse conceptuelle	F. Jackson[2]	Analyse des concepts	Neutre. Physicalisme chez Jackson
3. Le réalisme modéré	D. Armstrong D. Mertz	Logique du 1er ordre avec ou sans extension	Réalisme des universaux ou des instances de propriétés
4. Le thomisme analytique	A. Kenny J. Haldane		Réalisme des universaux
5. L'ontologie méréologique	P. Simons	Méréologie	Réalisme de la substance ou de la substance + tropes
6. Métaphysique particulariste	D.C. Williams	Logique ou méréologie	Réalisme des tropes
7. Néo-meinongianisme	D. Jaquette K. Lambert	Logique libre[3]	Réalisme de l'existant et du non-existant

Caractérisons brièvement ces courants.

La MÉTAPHYSIQUE DES MONDES POSSIBLES est une réflexion sur les modalités, provoquée en partie par l'émergence des sémantiques pour les logiques modales. Le problème central est celui du statut des entités modales (comme les choses possibles ou nécessaires) et des énoncés modaux (comme les énoncés contingents ou les énoncés nécessaires).

Livre majeur : *The Plurality of Worlds*, de D. Lewis (1986).

L'ANALYSE CONCEPTUELLE est une position médiane qui souhaite rendre la métaphysique compatible avec le physicalisme, en la réduisant en partie à une analyse des concepts fondamentaux à l'aide desquels nous appréhendons la réalité. À la différence du nihilisme sémantique wittgensteinien, l'analyse conceptuelle favorise le réalisme scientifique.

Livre majeur : *Essays in Conceptual Analysis*, de F. Jackson (1998).

Le RÉALISME MODÉRÉ DES UNIVERSAUX se distingue de sa version radicale ou platoniste par son refus d'universaux qui ne seraient pas instanciés dans des particuliers. Le réalisme de ce type pose que les universaux existent en tant qu'ils sont dans ou auprès des particuliers. Le THOMISME ANALYTIQUE est une version de réalisme modéré qui entend reconstruire ce genre de position à partir d'une lecture analytique de Thomas d'Aquin, entendu comme le champion de cette position. Il diffère donc du réalisme modéré des universaux, d'un Armstrong par exemple, par son non-physicalisme et par son théisme.

Livre majeur : *A World of States of Affairs*, de D. Armstrong (1999).

L'ONTOLOGIE MÉRÉOLOGIQUE est un type de métaphysique qui soutient que la relation tout/partie est fondamentale et que la méréologie en offre une bonne analyse et donc qu'elle peut servir de guide formel pour l'ontologie. Il est peut-être difficile de parler de courant dans ce cas, car les positions métaphysiques à l'intérieur de cette hypothèse générale peuvent énormément varier du substantialisme au particularisme.

Livre majeur : *Parts*, de P. Simons (1987).

La MÉTAPHYSIQUE PARTICULARISTE ou tropiste (de tropes, cf. *infra*) est une métaphysique pour laquelle les éléments ultimes de la réalité sont des particuliers. En ce sens, elle est nominaliste. Elle se distingue toutefois du nominalisme en rejetant, au moins dans les versions les plus radicales, la catégorie de substance.

Livre majeur : *Abstract Particulars*, de K. Campbell (1990).

La MÉTAPHYSIQUE NÉO-MEINONGIENNE s'inspire des travaux de A. Meinong sur l'ontologie conçue comme théorie des objets en développant une métaphysique de l'objet coiffant les objets existants et non existants.

Livre majeur : *Intensional Logic and the Metaphysics of Intentionality*, d'E. Zalta (1988).

On peut également faire figurer dans un tableau les dix questions les plus disputées en métaphysique analytique, avec le score que l'on peut attribuer à chacun des courants mentionnés dans le tableau précédent, « + » indiquant un traitement développé et important de la question, « ? » un doute sur l'existence d'un tel traitement (tout cela n'ayant qu'une valeur d'introduction :

	1	2	3	4	5	6	7
Nature du changement	?	?	?	+	+	?	?
Qu'est-ce qu'une propriété ?	+	+	+	?	+	+	?
Identité à travers le temps	+	?	?	+	?	?	?
Qu'est-ce qu'un état de choses ?	?	?	+	-	+	+	+
L'identité est-elle nécessaire ?	+	+	?	?	?	+	?
Existe-t-il des essences individuelles ?	+	?	+	+	?	+	?
Qu'est-ce que la causalité ?	?	+	+	+	?	+	?
Le temps a-t-il une réalité ?	?	?	?	+	?	?	?
L'abstrait et le concret	+	+	+	+	?	+	+
Peut-on se passer d'universaux ?	?	+	+	+	+	+	?

Si l'on veut établir un classement des courants : 1er métaphysique particulariste, 2e *ex-aequo* réalisme modéré ou/et thomisme analytique, 4e métaphysique des mondes possibles, 5e analyse conceptuelle, 6e ontologie méréologique et, 7e, néo-meinongianisme. Classement des problèmes : 1er *ex-aequo* : « qu'est-ce qu'une propriété ? » et « l'abstrait et le concret », 3e *ex-aequo* : « existe-t-il des essences individuelles ? » et « qu'est-ce que la causalité ? » Cela justifie que nous restreignions notre propos, forcément limité d'ailleurs ici, mais que nous voulons fidèle et représentatif des débats en cours concernant les propriétés, l'abstrait et le concret. Bien entendu, ces classements n'ont pas d'autre valeur que celle d'une information à grain large, mais il faut bien commencer par un grain grossier, avant d'essayer de mesurer la finesse de certains détails.

Ce tableau montre que certaines questions sont au centre des préoccupations : la nature des propriétés, la dispensabilité des universaux, les relations entre l'abstrait et le concret, la nature de la causalité, la nature des états de choses, tandis que certaines, comme celle de la réalité du temps, sont plus négligées. D'autre part, ce tableau permet de faire le départ entre les courants plutôt généralistes, comme le thomisme analytique, qui ont pour but de donner des solutions plausibles à l'ensemble des problèmes et des courants plus focalisés sur certaines questions, comme, à l'autre extrémité, l'ontologie méréologique, qui ne se présente pas comme offrant des solutions à tous les problèmes qui se posent, même s'il existe une tendance forte à étendre ses résultats à des nouveaux domaines, de façon de plus en plus générale.

La métaphysique analytique et les autres disciplines philosophiques

La métaphysique analytique n'est en rien un courant homogène. Les positions philosophiques les plus diverses sont soutenues, en termes de réalisme ou d'idéalisme. Il existe cependant un certain nombre de normes présentes dans tous les courants, toutes les écoles. Tout d'abord, le dialogue avec la science. Même si certains métaphysiciens, en particulier britanniques, n'interviennent pas dans le débat épistémologique, la critique radicale de la science, telle qu'elle est pratiquée par les déconstructionnistes ou les constructionnistes sociaux, est absente. Par contre, des métaphysiciens éminents, comme D. Lewis, D. Armstrong ou R. Chisholm, ont contribué de manière décisive à l'épistémologie contemporaine[4]. Ensuite, la disjonction radicale de la métaphysique et de l'histoire de la métaphysique, identifiées plus ou moins implicitement dans toute philosophie sous l'influence de Hegel, que ce soit celle de Heidegger ou de Derrida. Là aussi, les métaphysiciens britanniques font exception, Strawson ayant écrit sur Kant et Wiggins sur Leibniz par exemple, mais ces travaux d'histoire de la philosophie consistent à examiner la validité des thèses et des démarches des philosophes du passé et non à identifier la philosophie et son histoire ou, pis, à combattre les doctrines du passé. Si D. Armstrong a commencé sa carrière par un livre sur Berkeley, il a abandonné par la suite ce genre de travail au moins en partie historique. Enfin, la croyance en une progressivité de la démarche métaphysique. Si, généralement, il existe un accord sur le fait que toute solution dans le domaine de la métaphysique peut être remise en cause et discutée, il existe aussi l'intime conviction que le travail d'analyse conceptuelle, de description, de formalisation, de discussion des thèses adverses conduit à un progrès intellectuel, au sens où les connexions entre les grandes questions apparaissent plus clairement, où les options principales se dégagent avec netteté, ou de multiples faux problèmes ont été désignés comme tels. Le niveau de la discussion métaphysique à la fin du XXe siècle et au début du XXIe est équivalent à celui des grandes périodes de cette discipline, écoles grecques, grande scolastique ou âge classique.

Ontologie ou métaphysique ?

Convient-il de parler d'ontologie ou de métaphysique analytique ? Personnellement nous entendons conserver le terme traditionnel de métaphysique, mais nous le justifierons. Ne vaut-il pas mieux employer l'expression de « ontologie analytique » ? Établissons les arguments *contra* et répondons-y : en bonne méthode il faut commencer par ce qui est contre.

Premier argument contre : la métaphysique désigne quelque chose situé historiquement et qui comprend, outre l'ontologie, une psychologie et une cosmologie, or dans les développements actuels, obéissant aux normes énumérées ci-dessus, seule l'ontologie est vraiment développée, alors pourquoi utiliser ce terme de métaphysique ?

Second argument contre : le terme métaphysique peut créer de fausses attentes, dans la mesure où il a désigné une discipline qui se consacrait à l'étude de ce qui dépasse le physique, or la plupart des développements que nous connaissons en philosophie analytique sont physicalistes, donc il vaut mieux renoncer au terme métaphysique.

Réponse au premier argument : il existe aussi une psychologie et une cosmologie analytiques qui ont pour vocation d'être l'équivalent de l'ancienne métaphysique spéciale : que l'on pense ici aux développements sur la nature de l'intentionalité chez un Chisholm qui l'a conduit à proposer une métaphysique intentionnelle, ou aux travaux, par exemple, sur le principe anthropique (cf. Barrow, 1984). Donc, il faut maintenir le terme métaphysique, pour couvrir, outre l'ontologie, des domaines distincts.

Réponse au second argument : la plupart des développements sont certes physicalistes, mais la règle de la majorité n'existe pas en philosophie. Le fait qu'il existe des métaphysiques analytiques dualistes ou même immatérialistes doit nous inciter à conserver ce terme qui possède la flexibilité nécessaire.

Objection à la première réponse : les relations entre les différentes parties de la métaphysique traditionnelle ne sont pas comparables aux relations existant actuellement entre la métaphysique et la psychologie d'une part, la cosmologie d'autre part.

Objection à la seconde réponse : il est impossible de nommer « métaphysique » un physicalisme.

Réponse à la première objection : dans les deux cas la métaphysique est une discipline architectonique, ce qui est le plus important.

Réponse à la seconde objection : la métaphysique ne désigne pas nécessairement quelque chose au-delà du physique, mais quelque chose au-delà de la physique, ou au moins différent d'elle ; en ce sens la signification est conservée, car même une métaphysique physicaliste diffère d'une physique.

Conclusion : on peut conserver le terme métaphysique et donc utiliser l'expression « métaphysique analytique » comme de bonne foi à condition de le prendre de manière relativement équivoque avec une métaphysique générale des objets suprasensibles.

Propriétés et mondes possibles

Il est impossible de livrer en un chapitre même l'essentiel de la métaphysique analytique[5]. Il est donc inutile de vouloir résumer ou, pis, synthétiser un champ en pleine effervescence. Le but de cette cinquième partie est de permettre au lecteur de juger sur pièces, en l'introduisant directement à des pensées capitales et peu connues, qui démentent l'idée que la métaphysique ou bien serait une Grande Menace ou bien serait décédée. Nous suivrons ce fil dans ce chapitre en présentant le livre le plus achevé du « plus grand métaphysicien systématique depuis Leibniz », D. Lewis (Mark Johnston[6]) : *The Plurality of Worlds* (1986, PW à partir de maintenant). Comme tout grand livre, son élucidation réclame, d'une part, une connaissance des grandes philosophies auxquelles il ne cesse de répondre, celle de Quine, celle de Hintikka, celle de D. Armstrong, celle des partisans des particuliers abstraits, celle des néo-meinongiens et, d'autre part, une connaissance des développements formels importants pour la métaphysique actuelle (logique modale, méréologie, probabilités) et c'est à partir de cette œuvre qu'on donnera une vision, on l'espère fidèle, des enjeux réels de la métaphysique analytique vivante.

L'histoire de la métaphysique est souvent présentée comme structurée par des couples paradigmatiques : Aristote *vs* Platon, Scot *vs* Thomas, Spinoza *vs* Leibniz, qui continuent à livrer la clef des affrontements actuels entre réalisme et idéalisme (Aristote *vs* Platon), existentialisme et essentialisme (Thomas *vs* Duns Scot), monisme et pluralisme (Spinoza *vs* Leibniz). Malgré la répugnance que l'on peut avoir envers ce type d'histoire de la métaphysique, de tendance holiste, qui peut aboutir à une histoire monumentale, à des symétries artificielles et enfin à des fausses fenêtres, celle-ci, si on accepte cette manière de s'exprimer, à la fin du XXe siècle a été structurée en partie par le couple paradigmatique Armstrong *vs* Lewis : à travers leur opposition, c'est toute la question des modalités et des propriétés qui s'est déployée.

On voit en effet désormais clairement, après les débats qu'ils ont menés, qu'il faut choisir entre des mondes définis comme des ensembles d'états de choses, eux-mêmes composés de particuliers et d'universaux, mondes dont la combinatoire produit des modalités conceptuelles (Armstrong) et des mondes définis directement comme des ensembles de propriétés, mondes possibles tous existants qu'aucune combinatoire ne peut épuiser (Lewis).

Remarques sur la critique du langage modal

La considération philosophique des problèmes modaux a été marquée par la critique que l'on a longtemps crue définitive de Quine. Ce dernier rejetait l'usage des modalités, ou plutôt d'un type de modalités, parce qu'il entraînerait des difficultés inextricables. Le type d'usage interdit par Quine vient au terme d'une hiérarchie d'engagement de plus en plus fort du langage modal à l'existence d'entités dont nous ne connaissons pas les conditions d'identité. Quine distingue en effet trois degrés d'engagement modal :

1) Le premier est à peu près innocent, il consiste à faire porter la modalité sur un nom de la phrase. Par exemple, dans « il est nécessaire que Socrate soit assis », « nécessaire que » porte sur la phrase « Socrate est assis », c'est-à-dire sur cette phrase mentionnée.

2) Le deuxième, qu'il vaut mieux éviter, consiste à faire porter la modalité sur ce qui est signifié par la phrase. Dans l'exemple que l'on vient de

donner, « nécessaire que » est analysé comme portant sur ce qui est signifié par « Socrate est assis » (ce que certains appellent son « signifié propositionnel » et que les Médiévaux appellent le *dictum*, litt. « ce qui est dit »). Il vaut mieux éviter cet usage, car pour Quine le sens de la phrase (ou le signifié propositionnel) est lui-même une entité dont on ne connaît pas les conditions d'identité et de référence (pour Quine, il faut se limiter à des notions extensionnelles, *i.e.* qui sont équivalentes à des extensions de classe : par exemple, l'extension de « bleu », c'est la classe des objets bleus et dire « a est bleu » c'est dire « a appartient à la classe des objets bleus » et non : « a a la propriété d'être bleu », car on ne sait pas ce que sont les conditions d'identité d'une propriété, etc.).

3) Le troisième degré d'engagement est celui qui, d'après Quine, doit être complètement proscrit dans l'usage des modalités. À ce troisième degré, la modalité porte non sur ce qui est dit, mais directement sur les choses mêmes désignées par ce qui est dit. C'est ce qu'on appelle l'usage *de re* de la modalité (elle porte sur la *res*). Dans l'exemple choisi, cela voudrait dire que « nécessaire » porte sur l'attribution à l'individu Socrate de la propriété d'être assis. Si l'on conserve l'idée que « Socrate est assis » est une prédication qui consiste à attribuer un prédicat à un sujet, la modalité porte alors sur le lien entre le sujet et le prédicat, ou plus exactement sur ce qui est désigné par le sujet et le prédicat, la substance et l'accident, ou l'objet et la propriété, selon le cadre conceptuel d'analyse, aristotélicien ou frégéen.

Cet usage *de re* est donc totalement condamné. La critique de Quine s'appuie d'une part sur le fait que la modalité *de re* entraîne obligatoirement l'essentialisme, c'est-à-dire la doctrine suivant laquelle il y a des prédicats essentiels et des prédicats accidentels, d'autre part sur le maintien d'un extensionnalisme strict. Les deux choses vont dans le même sens : pas d'entité sans identité (*no entity without identity*). Si l'extensionnalisme est menacé, l'anti-essentialisme perd beaucoup de sa justification. Or, l'extensionnalisme de Quine a été battu en brèche, pour des raisons qu'on ne peut détailler ici[7]. Cet extensionnalisme repose sur une certaine idée de la science et de la logique, que l'on peut critiquer, mais surtout elle donne à la science un rôle normatif, en lui déléguant la tâche de décider les types d'entités qu'on peut admettre ou pas (en ce sens, on le verra, Lewis est quinien en ce qui concerne les propriétés naturelles, cf. *infra*). Ce rôle a été confié également à la science dans le réalisme scientifique d'Armstrong qui soutient que l'on ne peut introduire dans notre ontologie des entités qui n'auraient pas un statut défini dans la science (réalisme scientifique fort), ou qui contrediraient des hypothèses centrales de la science (réalisme scientifique faible). En ce sens, toute l'ontologie analytique est peu ou prou quinienne. Cependant il faut distinguer ici trois problèmes assez différents : a) la forme, le statut et le rôle du réalisme scientifique, b) la possibilité d'un réalisme modal, c'est-à-dire l'admissibilité ou pas des modalités *de re*, c) la fonction de l'imagination dans la science et la métaphysique ou, en d'autres termes, l'ouverture à des changements dans les paradigmes scientifiques, qui auront des répercussions sur le réalisme scientifique (non sur son rôle, mais sur le contenu de ses recommandations).

L'aversion modale

Si nous avons quelque répugnance, voire même une véritable aversion à l'égard des mondes possibles coexistants et si nous avons des tendances au réalisme scientifique (c'est-à-dire si nous pensons que la science peut être une autorité pour admettre ou refuser des entités), sachons que la science ne pourra plus nous rassurer, puisque les modèles avec des univers actuels parallèles (les multivers) sont sérieusement envisagés comme une alternative au modèle classique avec déploiement unique à partir d'une singularité initiale. Le métaphysicien acceptera-t-il d'être moins imaginatif que le savant ? Voudrions-nous refaire les erreurs d'Auguste Comte en légiférant sur la science ? Si l'univers que la science décrit actuellement est plutôt bizarre, avec ses cordes repliées, ses sursauts, ses trous de vers, sa matière noire, ses trous noirs super massifs, son allure chiffonnée[8], ses dizaines de dimensions de l'espace, ses naines géantes et ses fosses galactiques, allons-nous y faire la police et nous accrocher à notre brave vieux monde de leviers et de poulies, de champs et de vecteurs, d'atomes et de gènes, à cette apparence à peu près ordonnée, qui n'est que l'écume d'un sirop bouillonnant ?

Il faut prendre cette sortie avec une nuance : nous souhaitons simplement insister sur le fait que le déficit de spéculation n'est actuellement pas du côté de la science, mais du côté de la métaphysique et nous ne prônons pas la descente aux abysses du monde quantique, ou plutôt le séjour dans l'enfer des surfaces quantiques[9] et la fuite loin du calme apollinien de la mécanique relativiste. Si effectivement un certain ordre survient sur le chaos, ou en émerge, la spéculation métaphysique n'est après tout qu'un accompagnement mineur de cette survenance ou de cette émergence (un thème whiteheadien de plus).

La loi de l'amour

Il existe un auteur qui donne les moyens de penser les relations entre science et métaphysique d'une manière moins rigide que celle du réalisme scientifique, même si l'on peut parler de réalisme scientifique à son propos, mais d'un réalisme scientifique élargi, Peirce, dans la mesure où il procède en partie d'une critique de la conception ensembliste et arithmétique du continu à la fin du XIXe siècle et un retour à certains des thèmes aristotéliciens, mis au même moment en relief par Brentano. En termes peirciens, la métaphysique de l'évolution de l'univers doit intégrer, à côté de la continuité et du hasard, un principe de finalité, ce que Peirce nomme l'agapisme.

Dans sa métaphysique scientifique il distingue en effet trois aspects de la « loi de l'amour », trois lois de l'évolution (*law of love, Collected Papers*, VI, § 302, P. 203) :

(i) l'agapisme (de *agapé*, doctrine suivant laquelle l'amour gouverne en partie l'évolution, avec le hasard et la nécessité), dans la mesure où il y a une finalité de l'évolution, qui n'est pas incompatible avec son aspect aléatoire, finalité qui consiste à privilégier les solutions élégantes et simples,

(ii) le tychisme (de *tukê*, le hasard, le tychisme désignant l'aspect aléatoire de l'évolution) et

(iii) l'anancasticisme (de *ananké*, nécessité, l'anancasticisme désignant l'aspect mécanique de l'évolution).

L'agapisme, selon Peirce, est, des trois aspects, celui qui rend le mieux compte de « l'amour évolutionnaire », créateur de formes ; il est donc une manière de penser l'émergence de discontinuités, par des lois à la fois mécaniques et statistiques. L'évolution darwinienne est aléatoire (tychastique dans le vocabulaire peircien), mais il faut supposer que l'état final soit sélectionné à partir d'une attraction intrinsèque qu'il excerce et qui explique la satisfaction mentale que nous avons en face de certaines réussites des formes naturelles, un coquillage qui exemplifie une suite de Fibonacci par exemple en termes d'économie et de simplicité. La métaphysique elle-même, en un certain sens, fait partie de ce processus agapiste, puisqu'elle saisit le mouvement même de la loi de l'amour dans l'évolution de l'univers.

On pourrait ajouter que si la cosmologie tient souvent lieu de métaphysique dans la culture contemporaine, ce n'est pas la faute des physiciens, mais celle des métaphysiciens, qui sont incapables de fournir des cadres conceptuels assez flexibles pour les remises en cause fondamentales de la science actuelle. Un des effets de cet état de choses est à chercher du côté des utilisations de la science sur lesquelles le brûlot de Sokal et Bricmont ainsi que tous les travaux de Jacques Bouveresse[10] ont utilement attiré l'attention, sans avoir cependant fait à notre avis le diagnostic complet : c'est l'absence de fondement métaphysique du rationalisme scientifique qui laisse le champ libre à la pseudo-science littéraire, ce n'est pas seulement le constructionnisme débridé. Le diagnostic, à première vue surprenant, de Whitehead sur ce point aussi se vérifie : la force créatrice d'une civilisation qui se manifeste dans le maintien d'un ordre politique ouvert et d'un développement des arts et des sciences dépend de sa fondation existentielle, qui peut prendre des formes quasi juridiques[11], dans une cosmologie et une métaphysique[12-13].

Universaux

La métaphysique analytique est au confluent de deux types distincts de préoccupations : les universaux et les mondes possibles.

La première est donc de donner une solution correcte au problème classique des universaux[14]. La seconde est de donner une interprétation philosophiquement satisfaisante des calculs modaux et une solution aux problèmes que posent les sémantiques de ces calculs, notamment les problèmes liés à l'identification d'un individu à travers des mondes possibles.

En ce qui concerne le premier ordre de préoccupation, c'est D. Armstrong qui, dans *Universals and Scientific Realism* (2 vol., 1978), a systématisé les problèmes liés aux universaux au moyen d'une théorie générale et détaillée des propriétés. La question des universaux qui remonte à l'*Isagoge* de Porphyre, posant la question de la dispensabilité et de la nature des universaux, et qui a traversé tout le Moyen Âge, sous la forme de l'opposition entre nominalisme et réalisme, avant de resurgir dans le nominalisme de Locke et de Berkeley[15], avait disparu en dehors de la tradition empiriste au moins pour deux raisons : la première étant que la croyance s'était répandue que Hegel, dans sa *Logique*, avait montré qu'en fait c'était un faux problème, dans son examen des moments du singulier[16] et de l'universel concret, la seconde étant que Heidegger, dans son repérage de la métaphysique occidentale, n'avait jamais accordé à cette question une place centrale. D'une part, Husserl, de ce point de vue, représentait une exception, à la fois dans ses *Recherches logiques* et dans sa *Philosophie première* où il redonnait aux empiristes leur véritable importance et d'autre part, Russell, dans ses *Problèmes de philosophie*, avait reconnu à la question des universaux une place centrale, ainsi que Meinong dans ses *Hume-Studien*. Il est donc partiellement faux d'affirmer que la redécouverte du problème par Armstrong avait succédé à une longue mise en sommeil du problème. Disons plutôt que l'opinion prévalente était le caractère caduc du problème, même si, à des esprits attentifs et libres de préjugés en ce qui concerne un prétendu épuisement de ces questions, tous les éléments étaient fournis pour prouver qu'il n'en était absolument rien.

Nous exposerons l'essentiel des positions actuelles de Armstrong concernant les universaux à travers sa métaphysique des possibilités et des états de choses, c'est-à-dire à partir du dernier état de développement de sa métaphysique.

Mondes possibles et critique des modalités

Le second ordre de préoccupation touche aux mondes possibles. C'est la mise au point au début des années 1960 par R. Barcan Marcus, A. Smullyan, J. Lemmon, Stig Kanger, J. Hintikka, Saul Kripke, R. Montague de sémantiques pour les logiques modales[17] qui a créé une situation épistémologique complètement nouvelle, dont les répercussions métaphysiques allaient se révéler immenses. Cette mise au point avait succédé d'une part à la découverte des différents types de calculs modaux par C.I. Lewis seul en 1917, puis par C.I. Lewis et Langford en 1932, notamment, et d'autre part aux mises en garde répétées de Quine contre l'usage philosophique des modalités, censé introduire des confusions graves et servir de cheval de Troie à l'essentialisme, c'est-à-dire à la croyance en des propriétés essentielles des objets ou des individus.

C.I. Lewis (1883-1964) et C.H. Langford avaient donc exploré en 1932 (dans *Symbolic Logic*) les calculs modaux (*op. cit.*, p. 153-165), dénommés S1, S2, S3, S4, S5 par force croissante. C.I. Lewis a été le premier à appliquer les techniques des *Principia Mathematica* à la logique modale classique aristotélicienne (qui contenait déjà une inter-définition des opérateurs modaux et des distinctions fondamentales sur les types d'implication). Ces calculs avaient comme première composante une logique propositionnelle modale (Lp, signifiant nécessaire que p, Mp possible que p) et dans une seconde étape une logique modale des prédicats (LFx signifiant x satisfait nécessairement le prédicat F, MFx il est possible que x satisfasse le prédicat x). Les difficultés ontologiques réelles soulevées par Quine ont surgi à propos de ces logiques modales des prédicats, dans la mesure où elles sont des logiques de la quantification et où le quantificateur existentiel ayant une force existentielle, le problème se posait inévitablement de l'existence modale, nécessaire (essentialisme) ou possible (impossibilité d'identifier des possibles). Il faut souligner avec R. Feys que Lewis et Langford ont montré quelque chose qui n'avait jamais été présent dans l'œuvre des logiciens antérieurs qui avaient traité des modalités :

> « ils avaient présent à l'esprit d'appliquer leur théorie et d'user des modalités pour distinguer entre des lois nécessaires et la réalité contingente ou les données factuelles, d'évoquer un domaine

de possibilités distingué de celui de la réalité factuelle, etc. » (*Modal Logic*, Louvain, 1965, p. 5).

Cependant Lewis et Langford avaient surtout pour but de distinguer les connecteurs dotés de nécessité des autres, et de distinguer les types de nécessité : c'est pour cette raison qu'une grande partie de leurs travaux est consacrée à l'implication (et à la différence entre implication stricte : L (p ⊃ q) et implication matérielle : p ⊃ q). C'est leurs successeurs qui ont développé les vues métaphysiques qui tomberont sous le coup des critiques de Quine.

Selon Quine, dans une ontologie relative à une théorie, nous recensons les engagements ontologiques de la théorie en question, ce à l'existence de quoi la théorie s'engage (qu'il s'agisse d'électrons, de points géométriques, de cônes de lumière, etc.)[18]. Rappelons que AE est un engagement authentique d'une théorie T en faveur d'une entité (ou d'un type d'entité) x, si x existe à ces deux conditions :

(a) si x ≠ x', il est possible d'identifier x, *i.e.* de ne pas confondre x et x',

(b) s'il existe des conditions d'identité auxquelles x = x'.

C'est le cas par exemple dans un tableau périodique des éléments en chimie. Pour Quine, les extensions, les points d'espaces-temps, etc., peuvent obéir aux conditions (a) et (b), donc une ontologie d'une théorie T qui s'engagera à ce genre d'entités est admissible.

Par contre, les sens des expressions, les essences, les propriétés, les possibilités sont pour Quine rebelles aux conditions (a) et (b) et donc une ontologie d'une théorie T qui s'engage à de telles entités n'est pas admissible, soit qu'il faille reconstruire l'ontologie sur de nouvelles bases, en se limitant par exemple aux particuliers existants, aux prédicats et à leurs extensions, les objets abstraits mathématiques n'étant pas conçus comme des essences (quoiqu'on ait pu parler du « platonisme de Quine »), soit qu'il faille renoncer à T parce que T n'est pas une théorie scientifique exprimable dans un langage canonique. C'est à partir de ce genre de raisonnement que Quine a rejeté la logique modale et l'ontologie, ou plutôt les ontologies des logiques modales.

La modalité de re

L. Honnefelder, dans son *Histoire de la métaphysique* (2002), voit une continuité directe entre Duns Scot et les métaphysiques des mondes possibles, tout en soulignant que pour donner aux développements sur les mondes possibles une portée métaphysique, il faut reconnaître des modalités *de re* et pas simplement des modalités *de dicto*. On appelle, comme on vient de le voir, *de re* une modalité qui porte directement sur le lien entre la chose et sa propriété, tandis qu'une modalité *de dicto* est une modalité qui porte sur l'expression linguistique de cet attachement de la propriété à la chose. Il y a deux manières de concevoir la modalité *de re* : dans le cadre de la théorie de la prédication et dans celui de la logique frégéenne.

Dans le cadre prédicatif, la modalité *de re* agit sur le lien de prédication lui-même. Si Socrate est nécessairement sage, la sagesse est attachée à Socrate par un lien prédicatif, et c'est ce lien qui est nécessaire. C'est ce qui explique dans ce cadre que les jugements analytiques soient nécessaires. Dans ce cadre également, on peut soutenir que la modalité a un fondement dans la chose (*fundamentum in re*), car ce lien prédicatif exprime une liaison ontologique réelle.

Dans le cadre frégéen, où tout énoncé de la langue formulaire doit être précédé d'un signe de quantité (un quantificateur), dire qu'une modalité est *de re*, c'est simplement dire que la modalité a un champ étroit par rapport au champ du quantificateur (c'est une définition syntaxique, alors que la définition précédente était ontologique, ou ontologico-grammaticale). Par exemple, si nous modalisons avec l'opérateur de nécessité l'énoncé « Quelques hommes sont sages » qui consiste à poser un lien entre quelques hommes et la sagesse (ou leur sagesse), la modalisation peut prendre une forme (a) *de re* ou une forme (b) *de dicto* où la place syntaxique de « nécessairement » n'est pas la même : dans (a) cet adverbe est adverbe de composant, dans (b) cet adverbe est adverbe de phrase :

(a) Quelques hommes sont nécessairement sages
soit : $(\exists x)\ L\underline{(Hx \wedge Sx)}$
champ étroit de L (« nécessaire ») souligné,
(b) Nécessairement quelques hommes sont sages
soit : $L\underline{((\exists x)\ (Hx \wedge Sx))}$
champ large de L (« nécessaire ») souligné.

Il faut bien veiller à ce que, contrairement à ce qu'avaient cru certains logiciens, en particulier scolastiques, le fait qu'il s'agisse d'une modalité de l'un ou de l'autre type ne dépend pas mécaniquement de la position syntaxique de l'opérateur modal, quoiqu'elle véhicule souvent une instruction pour l'une ou l'autre des interprétations. Le fait que, dans l'exemple médiéval fameux, en (b) la modalité ne divise pas le *dictum* (Socrate est sage) et qu'en (a) au contraire elle le divise :

(a) *Socrate est* **nécessairement** *sage*
(b) **Nécessairement** *Socrate est sage*
Modus/*Dictum* (= *Socrate être sage* = *Socratem esse sapiens*)

n'est probablement pas le bon critère, à l'inverse de ce que pensaient certains Médiévaux. Il s'agit plutôt d'une conception de la modalité comme ayant une fonction purement judicative et sémantique (*de dicto*), ou au contraire une fonction ontologique, dans la structure même de l'état de choses composé de la chose et de la propriété.

Quine avait mis en garde contre les modalités *de re*, car elles favoriseraient l'essentialisme. Si, par exemple, c'est la lecture (a) qui était la bonne quand nous pensons que Socrate est sage de manière nécessaire, alors nous aurions tendance à attribuer à Socrate la propriété essentielle d'être sage, puisque suivant l'interprétation qui prévaut alors, « a est nécessairement F[19] » signifie que « a est F dans tous les mondes possibles (où a existe) », puisque la modalité est dans la chose elle-même, dans l'essence de Socrate (on peut penser cela de deux manières différentes : la nécessité essentielle de la sagesse est dans Socrate ou il est nécessaire que dans l'essence de Socrate il y ait la sagesse — la première interprétation est une interprétation *de re* ultra-essentialiste). Ce problème de l'essentialisme est lié à celui de l'identité. Si nous définissons en effet une propriété essentielle F telle que si a ne possède plus F, il est différent de ce qu'il était, alors l'identité dépend de la modalité *de re*, ce que ne veut absolument pas Quine. Selon lui, les conditions d'identité doivent être reliées effectivement à des conditions d'identification et il est impossible selon lui d'identifier un individu à travers des mondes possibles, car rien ne permettrait (toujours selon lui) de distinguer un individu possible d'un autre : par exemple celui qui entre par cette porte et qui est gros ne peut être distingué de cet autre, également possible, et qui est maigre (pour une objection, cf. Nef, 1998, p. 265).

On peut remarquer que le raisonnement de Quine est circulaire, mais nous ne voulons pas discuter ici de la pertinence de ses vues, en grande partie contestables, mais reconstituer à grandes guides le contexte de scepticisme modal dans lequel est apparue la sémantique des mondes possibles à laquelle nous avons fait allusion, en lui donnant ici un deuxième éclairage, où les mêmes choses que plus haut sont vues sous un angle un peu différent (plus haut, on envisageait les choses du point de vue du réalisme scientifique, ici directement du point de vue de la métaphysique des modalités).

La sémantique de Kripke

La sémantique des mondes possibles qui s'est imposée, même si elle n'est pas la première, est celle de Saul Kripke (1963, 1965) [20] et l'on appelle « modèles de Kripke » des modèles d'interprétation des logiques modales qui utilisent la sémantique kripkéenne.

La sémantique de Kripke a souvent été rapprochée de celle de Leibniz, ce qui est une erreur, dans la mesure où Kripke admet qu'un individu puisse appartenir à plus d'un monde, tandis que Leibniz, comme on l'a vu (p. 403-404), l'interdit formellement. Cette sémantique pour une logique modale quantifiée (c'est-à-dire où les propositions modales sont analysées en prédicats et individus) a les traits suivants (nous ne présentons que le strict nécessaire pour les débats métaphysiques ultérieurs).

Les mondes possibles, $w \ldots w_n$ sont des ensembles d'individus et de propriétés. L'ensemble des mondes possibles, W, comprend le monde actuel. Une proposition p est nécessaire si et seulement si p est vraie dans tous les mondes possibles, ce qui s'écrit :

si L = nécessaire que, M = possible que, p[w] = p dans w, V = vrai et W est l'ensemble des mondes possibles :

$$Lp \Leftrightarrow (\forall w)\ w \in W\ p[w] = V$$

[« nécessaire que p » est équivalent à « quel que soit le monde w appartenant à l'ensemble des mondes possibles W, la proposition p dans le monde w est vraie »]

Par exemple « Il est nécessaire que 2 + 2 = 4 » signifie dans cette interprétation : dans tous les mondes possibles 2 + 2 = 4.

Une proposition est possible si et seulement si p est vraie dans au moins un monde :

$$Mp \Leftrightarrow (\exists w)\ w \in W\ p[w] = V$$

[« possible que p » est équivalent à « il existe au moins un monde w appartenant à W dans lequel la proposition p est vraie »]

Exemple : la proposition « il est possible que je mesure 1 cm de plus » est vraie au moins dans un monde possible.

Ces définitions conservent l'équivalence reconnue depuis l'Antiquité, en particulier semble-t-il par Aristote :

$$Lp \Leftrightarrow \neg M \neg p$$

[« nécessaire que p » est équivalent à « non possible que non-p »] [21]

Exemple : s'il est nécessaire que Socrate soit sage, il est impossible qu'il ne soit pas sage et *vice versa*. Cela signifie que si Socrate est sage dans tous les mondes possibles, il n'existe pas de monde possible où il ne soit pas sage.

On remarque que l'opérateur de nécessité « L » (quelquefois noté « □ ») est l'équivalent du quantificateur universel ∀, tandis que l'opérateur de possibilité « M » (quelquefois noté « ◊ ») est l'équivalent du quantificateur existentiel « ∃ ». La modalité apparaît alors comme une quantification sur les mondes possibles (cf. A. Prior et K. Fine, 1977, p. 9-27).

L'interprétation de Kripke présente l'avantage d'expliquer la variété des calculs modaux, notés classiquement S1-S5[22] (en pratique, on se limite aux systèmes S4 et S5[23]). Kripke pose en effet une relation de possibilité relative ou relation d'accessibilité :

Définition de l'accessibilité (« R ») : un monde w est accessible à partir d'un monde w' différent, ssi ce qui est possible dans w' est actuel dans w, ou :

$R\,(w,w') \Leftrightarrow M\,p\,[w'] \supset p[w].$

Exemple : Si le monde où Chirac est plus grand de 1 cm est accessible à partir d'un autre monde, w', alors cela signifie que s'il est possible que Chirac mesure 1 cm de plus dans ce monde w', il est actuellement vrai dans w qu'il a 1 cm de plus

On peut préciser les propriétés de cette relation R d'accessibilité. Est-elle réflexive ? Symétrique ? Transitive ? Euclidienne ? D'après les calculs modaux, les propriétés seront différentes :

propriétés calculs	réflexive	symétrique	transitive	euclidienne
T	oui	non	non	non
B	oui	oui	non	non
S4	oui	oui	oui	non
S5	oui	oui	oui	oui

La propriété d'être euclidienne est la suivante pour une relation :

R est euclidienne $\Leftrightarrow$ $(Rw,w' \wedge Rw,w'') \supset Rw',w''$

Un schéma rendra cela plus clair :

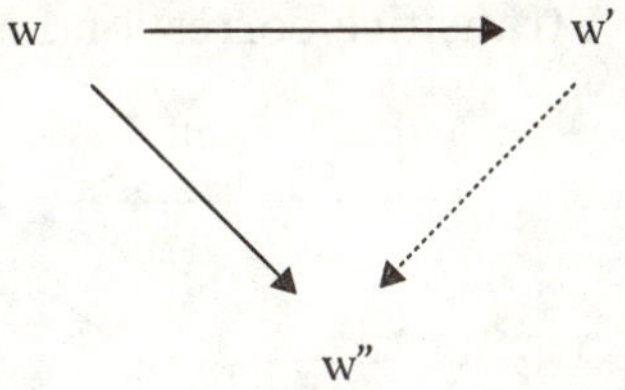

Ce schéma correspond à la relation euclidienne. Soit une relation euclidienne entre trois mondes w, w' et w'', si un monde de départ possède deux alternatives différentes en termes de mondes, alors il existe une relation entre ces deux alternatives, et telle que l'un des deux est une alternative pour l'autre. Par exemple, prenons Chirac dans w (mettons notre monde) où il est président, prenons un monde w' où il est Premier ministre, et un autre monde w'' où il n'est que ministre, dans ce cas, comme R est euclidienne, le monde w'' où il est ministre est une alternative au monde w' où il est Premier ministre. C'est une propriété très forte, car elle impose des relations d'accessibilité très contraintes. Si la relation d'accessibilité est symétrique — et c'est le cas (cf. tableau *supra*), w' est aussi une alternative pour w'' : le monde possible où Chirac est Premier ministre est accessible à partir du monde où il est ministre. Toutefois, nous avons voulu insister, à propos de la propriété d'être euclidienne pour une relation, sur le fait qu'une relation entre deux mondes comme alternatives d'un même monde pose une relation d'accessibilité entre eux dans S5 ; le fait que cette relation est symétrique est ici secondaire.

La relation transitive correspond au schéma :

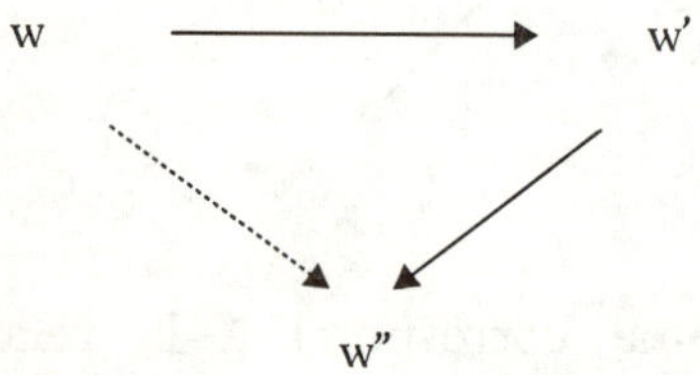

et l'on peut vérifier qu'elle correspond mieux à nos intuitions modales (si c'est une alternative au monde w où Chirac est président que le monde w' où il est Premier ministre, et si le monde w" où il est ministre est une alternative à ce monde w", il en découle intuitivement que le monde où il est ministre soit une alternative au monde w où il est président).

Avec les propriétés formelles de la relation d'accessibilité on peut donc définir les calculs modaux. En ce qui nous concerne, la différence importante est entre S4 et S5, qui diffèrent par le caractère euclidien de la relation d'accessibilité. Comme dans S5 la relation d'accessibilité est réflexive, symétrique, transitive et euclidienne, on peut se demander si cette relation n'est pas logiquement trop forte pour la structure relationnelle des mondes possibles. De plus dans S5, l'énoncé suivant est valide :

$$Mp \supset LMp$$

[si p est possible, il est nécessaire que p est possible, *i.e.* si p est vraie au moins dans un monde il est vrai dans tous les mondes qu'elle est vraie au moins dans un monde.]

Cependant, le plus souvent les métaphysiciens des modalités choisissent S5, malgré ces doutes (cf. Forbes, 1985, par exemple).

Nous avons donné les définitions de M et L pour la logique modale propositionnelle, pour des raisons de simplicité. Si nous étendons ces définitions à la logique modale quantifiée, beaucoup plus intéressante par les problèmes philosophiques qu'elle pose, les définitions deviendront les suivantes, d'abord dans L'INTERPRÉTATION *DE DICTO* :

$L\ \forall x\ Fx \Leftrightarrow \forall w\ \forall x\ Fx[w]$

[il est nécessaire que pour tout x, x a la propriété F est équivalent à : dans tout monde w, x est F dans w].

Les autres définitions sont données en note[24].

Dans L'INTERPRÉTATION *DE RE*, les définitions seront les suivantes, pour la première, le reste par analogie suivant mécaniquement des *de dicto* :

$\forall x\ L\ Fx \Leftrightarrow \forall x\ \forall w\ Fx[w]$

[pour tout x il est nécessaire que x est F est équivalent à : pour tout x dans tout monde w, x est F].

La différence entre la *de dicto* et la *de re* peut être illustrée par cette paire d'exemples :

Il est nécessaire qu'un corps ait une masse/Un corps a nécessairement une masse.

La première difficulté que nous rencontrons est celle de la différence ou de l'équivalence des modalités *de dicto* et *de re*. Intuitivement nous comprenons la différence qui existe entre une modalité qui porte sur l'énoncé et une modalité qui porte sur les choses auxquelles l'énoncé se réfère. Si nous essayons d'interpréter les formules ci-dessus, nos intuitions se brouillent et il s'est trouvé des philosophes, comme Ruth Barcan Marcus, pour soutenir l'implication de la *de re* par la *de dicto* et inversement, d'où une équivalence (1993, p. 195) :

Formule de Barcan : $M \exists x\, Fx \supset \exists x\, M\, Fx$
Formule dérivée : $M \exists x\, Fx \Leftrightarrow \exists x\, Mx\, Fx$

Ces formules étant équivalentes, parce que R. Barcan Marcus ne considère que des domaines d'individus coextensifs, c'est-à-dire qui sont les mêmes dans tous les mondes (les modèles de Kripke laissent le choix sur ce point : on peut si l'on veut faire varier les domaines d'individus de mondes en mondes, mais on peut aussi le faire avec un seul domaine d'individus pour tous les mondes).

R. Barcan Marcus note que les problèmes avec les *possibilia* commencent avec la logique modale quantifiée et avec la distinction *de re*/*de dicto*. Si l'on considère des domaines variant de mondes en mondes, nous avons de vrais *possibilia*, c'est-à-dire des individus étrangers à notre monde, des *aliens*, n'étant pas instanciés dans notre monde et donc auxquels ne correspond aucun prédicat, l'*alienus* étant en latin « l'étranger à la famille », étant aussi étrangers à notre monde que le fameux monstre de l'espace[25].

Quoi qu'il en soit, même avec des domaines coextensifs, les problèmes d'identité et d'essence se posent, car, comme l'a soutenu W.V. Quine, si l'on a une série suffisamment longue de mondes possibles et si l'on fait varier même de manière infinitésimale un individu de monde en monde, par déformations successives, alors « on peut changer n'importe quoi en n'importe quoi » (Quine), Socrate en une casserole par exemple, ce qui va évidemment contre l'identité des entités, car qui soutiendrait que Socrate est identique à une casserole, même si on obtient cette dernière à partir d'un nombre aussi grand que l'on voudra de transformations réglées et même continues de Socrate ? De même accepterait-on que Socrate soit identique à Platon, au terme d'une série de déformations ? L'hypothèse de Kripke (même si l'exemple est le mien et pas le sien) est que si l'on déforme Socrate en Platon et Platon en Socrate, au terme de ces déformations, mettons dans un monde w', on continuera à nommer Platon (qui apparaît comme Socrate) Platon et Socrate (qui apparaît comme Platon), ce qui est étrange. Pour que l'hypothèse de Kripke soit intuitive, il faudrait pouvoir remonter exhaustivement et étape par étape les chaînes baptismales.

Il y a ici une tension entre le vague de la relation d'accessibilité, quand elle est transitive et la rigidité des noms propres. On peut se demander si les modèles de Kripke nous protègent de deux dangers des logiques modales : le vague et les illusions modales proprement dites, liées à cette idée qu'un individu ne serait pas lié à un monde, mais pourrait être transporté de monde en monde et modifié à plaisir.

En ce sens, D. Lewis est quinien et partage les critiques du maître de Harvard : il récuse aussi ce caractère des logiques modales et sa propre version s'efforcera de protéger de ce type d'illusion, même s'il estime pouvoir définir des essences en toute sécurité et donc penser l'essence en dehors du cadre de l'illusion modale, ce qui était le cas de Kripke.

Une alternative aux énigmes de l'identité transmondaine : la théorie des contreparties de Lewis

Pour toutes ces raisons liées aux difficultés considérables posées par les modèles de Kripke, D. Lewis a proposé une logique modale originale, où il a substitué à la relation d'accessibilité comme constitutive de la structure modale la relation de contrepartie. La coexistence de ces deux types de logiques modales a créé un état de choses où en gros les métaphysiciens et les épistémologues travaillent dans le cadre de Lewis et les philosophes du langage, linguistes et informaticiens, moins allergiques aux difficultés métaphysiques, plus sensibles aux possibilités de correspondance avec d'autres systèmes formels, séduits quelquefois par la reformulation brillante de certains problèmes sémantiques, dans le cadre de Kripke. Il faut souligner que c'est d'un point de vue philosophique que les deux interprétations divergent radicalement. Formellement, elles sont *grosso modo* équivalentes et on peut traduire pratiquement toutes les formules d'un système dans l'autre sans problème, presque toutes, car D. Lewis soutient et montre que certaines formules de sa théorie des contreparties ne sont pas traductibles dans l'interprétation de Kripke, alors que l'inverse serait vrai. Le choix n'est donc pas un problème d'expressivité, mais de cohérence avec les autres logiques (temporelles [cf. Prior, 1967], épistémiques, intuitionnistes, des conditionnels matériels), qui milite pour le choix de Kripke, cohérence dont on ne s'occupera pas ici, et également de parti pris métaphysique sur la nature des individus possibles et sur la relation entre les individus réels et les individus possibles, en termes quiniens de l'engagement le plus économique envers les *possibilia*, ce qui nous concerne au premier chef.

Si, comme on l'a dit, pour Kripke la relation fondamentale est finalement celle d'accessibilité — celle qui structure l'univers des logiques modales —, c'est la relation de contrepartie qui est fondamentale pour Lewis. La relation de contrepartie est définissable uniquement en termes d'essence et donc de propriétés — l'engagement envers les propriétés surgit d'emblée, Lewis prend le taureau de l'essence par les cornes de la logique, alors que dans le modèle de Kripke on pourrait éliminer cet engagement, en optant pour une version conceptualiste où les prédicats dans les mondes possibles sont attachés à des individus conçus simplement comme des places syntaxiques, ce que David Lewis dénonce comme ersatzisme linguistique. Bref, le réalisme modal ou intensionnel est immédiat chez Lewis, évitable chez Kripke, d'où l'intérêt de ceux qui veulent une philosophie du langage sans métaphysique pour ce type de pensée, et le regain d'intérêt pour cet auteur chez ceux qui veulent réduire la modalité à du concevable, c'est-à-dire à quelque chose de purement épistémique. La relation de contrepartie se définit en effet ainsi : a, qui est dans w, a une contrepartie b qui est dans un monde w' si a et b possèdent une essence en commun.

Socrate ne pourra pas avoir, même dans un monde possible très différent du nôtre, une contrepartie qui serait une casserole, car cet instrument de cuisine ne possède pas d'essence en commun avec le maître de Platon. La relation de contrepartie n'étant pas transitive, le paradoxe de Quine (on peut tout changer en n'importe quoi, si on a un nombre suffisant de mondes) ne peut surgir, car ce paradoxe suppose cette transitivité (il suppose la transitivité de l'accessibilité, mais cela est équivalent à l'accessibilité de la relation de contrepartie).

Les Huit Principes, P1-P8, de l'interprétation de la logique modale en termes de contreparties (*counterpart theory*) de D. Lewis sont les suivants (sous une forme intuitive) :

P1 Tout ce qui existe est dans un monde.
P2 Rien n'est dans deux mondes.

P3 Tout ce qui est une contrepartie est dans un monde.
P4 Tout ce qui a une contrepartie est dans un monde.
P5 Rien n'est une contrepartie de quelque chose dans son propre monde.
P6 Tout dans un monde est une contrepartie de soi-même.
P7 Un monde quelconque contient toutes les choses seulement actuelles.
P8 Quelque chose est actuel (Lewis, 1983, vol. 1, p. 26 ; 1re publ., 1968).

P1 est un principe quasi tractarien et leibnizien : pour Wittgenstein aussi une chose ne peut pas ne pas appartenir à un monde, puisqu'un monde est un ensemble de faits et que les faits sont composés de choses, pour Leibniz un individu ne peut être parfaitement déterminé que par le monde auquel il appartient, en vertu du principe de l'expression universelle (cf. p. 391-405).

P2 est un principe quasi leibnizien : pour Leibniz aussi une chose (*i.e.* un individu, une substance) ne peut appartenir à plus d'un monde (ce que l'on appelle quelquefois la rigidité modale, à ne pas confondre avec la désignation rigide à la Kripke, exprimant le fait qu'un nom propre ou un terme d'espèce ne peut désigner que le même individu dans tous les mondes). Grâce à ce principe P2, la théorie des contreparties est la bonne traduction formelle de départ pour les intutions modales de Leibniz (celui-ci n'a pas laissé de calcul modal développé) et non la théorie de Kripke comme quelquefois on a semblé le supposer.

Cela a des conséquences aussi par exemple sur la manière dont Honnefelder semble se représenter la métaphysique contemporaine des modalités, quand il la réduit à « des systèmes sémiotiques » (*op. cit.*, p. 115). Cette métaphysique n'existe pas sous une forme unitaire, ce qui est le cas aussi de la physique contemporaine, scindée en relativité et mécanique quantique, mais sous la forme de deux théories rivales, et l'une des deux théories, celle de Lewis, peut difficilement être réduite à une sémiotique, car, nous le verrons bientôt, la métaphysique des mondes possibles qui a pour base la théorie des contreparties est un réalisme modal qui combat sous le nom d'ersatzisme toute « sémiotique » des modalités, comme pourrait l'être par exemple la théorie de Hintikka où les mondes possibles sont des ensembles d'énoncés et non des ensembles d'individus. On trouve par ailleurs chez un Umberto Eco une sémiotisation, tout à fait légitime, vu son projet scientifique, des modalités, qui doivent d'ailleurs être élargies à des modalités narratives, comme chez A.J. Greimas (cf. U. Eco, 1999).

P3-P6 donnent les propriétés de la relation de contrepartie. Ces propriétés ne sont pas énoncées *ex professo* ou, pis, *ad hoc*, mais découlent d'intuitions modales profondes sur la structure de l'actualité, ce qui est capital. La relation de contrepartie n'est ni transitive, ni symétrique comme l'identité.

Pour Lewis, « la relation de contrepartie est une relation de similarité » (*op. cit.*, p. 28). Il ne faut pas confondre la similarité (ou ressemblance) avec l'identité qui est évidemment une relation d'équivalence et donc transitive. Une baleine ressemble à une vache sous un certain aspect (elle a des mamelles), une vache peut ressembler à un bouc sous un autre aspect (ils ont tous les deux des cornes) et cependant une baleine ne ressemble pas à un bouc, en tout cas sous aucun des deux aspects en question. Cela dit, comment admettre que la relation de contrepartie qui est une relation de similarité n'est pas symétrique ?

D. Lewis (1983, p. 28-29) donne des exemples de non-symétrie assez complexes. Ils mettent en cause la fusion et la division des individus. Le premier exemple en effet consiste à imaginer un monde possible dans lequel un individu est la contrepartie de mon frère et de moi. Dans ce cas, il se peut que l'une des deux contreparties me ressemble plus que l'autre et que donc la symétrie dans la ressemblance entre moi et l'une de ces deux contreparties soit rompue. Le second exemple est un exemple de jumeaux. Il semble que l'on bute ici sur une difficulté : la théorie des contreparties ne peut servir à guider nos intuitions modales.

Prenons un exemple où il est patent que notre intuition modale hésite. Soit un individu a dans un monde w ; il peut avoir deux contreparties b et c dans un monde w' : l'œuf eût pu se scinder ; il eût pu y avoir des jumeaux homozygotes b et c au lieu de l'individu a.

On ne peut cependant dire que b et c ont la même contrepartie, a, alors que a possède deux contreparties, b et c (non-symétrie).

La première explication qui vient à l'esprit est simple : P2 (« rien n'est dans deux mondes ») entraîne la non-symétrie. Notons cx[w] la « contrepartie de x dans le monde w ». Si a ∈ w et si b = ca[w'], il est impossible que cb[w'] = a, et donc que a ∈ w', car a ∉ w' par P2.

On peut peut-être aussi risquer l'explication suivante : la similarité normalement est non orientée : si a est similaire à b, b est similaire à a, parce qu'on peut aussi bien dire que si b est similaire à a, alors a est similaire à b — il n'y a pas d'ordre préférentiel. Au contraire la relation de contrepartie est une relation de similarité orientée : il y a une source (l'individu dans un monde) et une cible (une contrepartie dans un autre monde). Dans ce cas si l'on peut dire que la contrepartie est similaire à l'individu dont elle est la contrepartie, il semble effectivement plus difficile de dire que l'individu est similaire à sa contrepartie.

Cependant intervient la difficulté de donner une forme à nos intuitions, quand nous ne savons pas si nous pouvons raisonnablement dire « j'aurais pu être deux » (ou des jumeaux dire « nous aurions pu être un », ou l'un des jumeaux dire « je n'aurais pu être que moi »). Il semble que nous admettons parfaitement qu'il existe un monde où l'œuf en question s'est scindé, mais de là nous ne pouvons jurer que nous aurions pu être deux au lieu d'un, car nous n'avons pas la moindre idée de ce que c'est qu'être deux. J'ai déjà du mal à concevoir qu'une de mes contreparties est dépourvue de tel de mes défauts (parce qu'il est difficile de concevoir quelles sont les conséquences de ces modifications : si ma contrepartie était courageuse, alors que je suis lâche, est-ce qu'elle serait avare, alors que je suis généreux ?), mais devant la situation contrefactuelle où je suis deux (même s'il s'agit de jumeaux, donc *a priori* de deux êtres possédant beaucoup en commun), mon intuition m'abandonne et je ne peux tout simplement pas concevoir ce que cela veut dire.

La difficulté devant laquelle nous butons à travers ce fait que la théorie des contreparties ne peut pas éclairer nos intuitions dans les cas de fusion ou de scission d'individus, est la difficulté de définir ce que nous entendons par essence individuelle. Nous pouvons bien concevoir que nous posséderions une autre essence (si l'œuf s'était scindé, la distinction numérique et donc l'essence serait affectée), mais une fois que nous possédons une essence, il nous est impossible de la faire varier radicalement.

Si l'on transpose cela dans le domaine de la fiction littéraire, en considérant un univers romanesque comme un monde possible, il est plus facile de dire que le Napoléon de *Guerre et paix* ressemble au Napoléon de la campagne de Russie que le contraire. Une preuve linguistique de cela est que nous devons modaliser la relation de similarité si elle est dans ce sens :

Le Napoléon de la campagne de Russie devait ressembler au Napoléon de *Guerre et paix*.

Cet énoncé signifie que nous n'avons pas de moyens indépendants d'identifier et de caractériser le Napoléon en chair et en os et que nous avons de bonnes raisons de croire qu'il devait ressembler au Napoléon de Tolstoï, peut-être parce que nous avons conservé l'idée que cet auteur a suivi scrupuleusement les historiens russes de la campagne de Russie et donc que son portrait est fiable. Il semble que cet exemple prouve que la relation n'est pas symétrique, puisqu'il faut une modalisation pour avoir la relation inverse de celle qui est naturelle dans tous les cas, celle qui va de l'individu vers sa contrepartie, du Napoléon réel au Napoléon fictif.

Si l'interprétation de Kripke consistait à quantifier sur les mondes (cf. Prior et K. Fine, 1977) — on remarque que la définition des opérateurs « possible » et « nécessaire » se fait en termes de quantificateurs existentiel et universel liant des mondes — la quantification dans la théorie des contreparties de Lewis porte à la fois sur les mondes et sur les contreparties :

> (i) Il est possible que Robert Bidochon gagne au Loto

est vrai si et seulement si pour une contrepartie de Robert Bidochon dans un monde w, cette contrepartie gagne au Loto (1986, p. 9-10). Il est important de souligner que Robert Bidochon n'a pas de contrepartie dans tous les mondes, car dans ce cas il serait un être nécessaire. Il y a des mondes où Robert Bidochon n'a pas de contrepartie. L'énoncé

> (ii) Il est nécessaire que Robert Bidochon gagne au Loto

signifie non que Robert Bidochon gagne au Loto dans tous les mondes, mais que toutes ses contreparties dans tous les mondes où elles existent gagnent au Loto.

Selon Kripke, (ii) signifie : « dans tous les mondes possibles accessibles à partir de notre monde Robert Bidochon gagne au Loto ». Selon Lewis, cette interprétation kripkéenne a la conséquence qui n'est pas souhaitable que Robert Bidochon s'il existe dans un monde gagne au Loto. Or, s'il ne joue jamais au Loto dans un monde (ce qui est possible), peut-il y gagner ? Un kripkéen défendrait son schème conceptuel en soutenant que (ii) a la forme : Dans tous les mondes, où Bidochon joue au Loto il gagne, ou plus simplement : Si Bidochon joue au Loto, il gagne nécessairement. Ce à quoi un lewisien pourrait rétorquer que c'est finalement plus simple de dire que nous quantifions sur des contreparties de Robert Bidochon. À quoi un kripkéen pourrait répliquer que notre usage linguistique est en faveur de son schème, car nous disons bien :

(iii) Si Robert Bidochon gagne au Loto, il achète un 4 x 4.

Ce qui montre que nous croyons que le Robert Bidochon qui gagne au Loto et achète un 4 x 4 Toyota est le même que celui que nous connaissons et que ce n'est pas une contrepartie. Un lewisien répliquerait que nous ne devons pas construire nos métaphysiques modales sur nos intuitions sémantiques, parce que dans ce domaine elles sont aussi peu fiables qu'en physique. Sur ce point, Lewis est en accord avec Quine : nos engagements ontologiques doivent dériver d'un langage formel relatif à une ontologie et non de nos intuitions psychologiques ou sémantiques directement. Si effectivement la défense de Kripke consiste à dire que son interprétation est conforme à nos intuitions linguistiques, c'est une défense autodestructrice pour Lewis, une défense qui de plus met les choses à l'envers en plaçant la philosophie du langage aux commandes de l'ontologie.

La conception modale de D. Lewis et l'émancipation du possible

Venons-en au fond du véritable débat métaphysique qui est entre les conceptions des modalités de Armstrong et Lewis, et non entre celles de Kripke et celles de Lewis. Ce dernier, cela lui a été souvent reproché comme une extravagance, est un réaliste modal au sens où il pense, non seulement que tous les mondes possibles existent, mais qu'ils sont tous actuels, de leur point de vue, ce qui signifie que l'actualité est indexicale. Un indexical comme « je » est utilisé dans chaque usage pour désigner celui qui dit « je » (à part les cas de discours rapporté, de style indirect libre, etc.) et cependant « je » peut référer à des individus différents — ce n'est pas le même individu quand Madonna dit « je » et quand l'abbé Pierre dit « je ». De la même façon dans un monde possible différent du nôtre, ses habitants disent « ce monde » en désignant leur monde comme actuel, tout comme nous disons « ce monde » pour désigner notre monde[26], dont nous pensons spontanément qu'il est le seul actuel (à tort selon Lewis). Notre illusion modale profondément enracinée est l'équivalent modal de ce que serait une erreur d'un solipsiste qui penserait que lui seul peut utiliser « je » de manière pleine et authentique et que, par exemple, les autres locuteurs quand ils disent « je » s'expriment de manière fictive, simulée ou même erronée. L'actualisme naïf qui fait que nous pensons spontanément que notre monde est le seul monde actuel est l'équivalent du solipsisme à l'égard des autres personnes, dont le solipsiste nie qu'elles pourraient être aussi un point de vue absolu sur lui-même.

Dans le monde où une contrepartie de Robert Bidochon gagne au Loto, on pense de bonne foi que ce monde est actuel (et que le nôtre — celui où se trouve notre Robert Bidochon — est possible). Certains ont dit que Lewis avait rétabli l'égalité entre les mondes possibles. Nous pourrions filer un peu plus la métaphore et risquer une formule : si Leibniz est un républicain modal, dans ce domaine Lewis, lui, est un fédéraliste.

D'Aristote à Lewis, le progrès d'émancipation du possible est continu : bridé auparavant par le principe de plénitude, il accédait au statut d'alternative synchronique chez Duns Scot, puis au statut plein et entier de monde chez Leibniz — mais avec un système centré sur le monde actuel — et enfin Lewis vint, qui accorda l'actualité relative à tous les mondes. Le réalisme modal de Lewis est un réalisme de type classique étendu aux mondes possibles. Être réaliste, c'est accorder le même degré de réalité à tout ce qui existe (ce sont les idéalistes qui établissent des degrés de réalité) et être un réaliste modal c'est mettre sur le même pied tous les mondes possibles. L'existence s'en trouve étendue et son concept modifié. Si elle était le « complément de la possibilité » chez Wolff (ce que Kant, on se le rappelle, lui reprocha finalement à juste titre, ayant raison sur ce point, mais pour de mauvaises raisons), elle cesse de l'être chez Lewis. On peut figurer sous formes de schémas les trois positions fondamentales d'Aristote, Leibniz et Lewis :

ARISTOTE

Actuel = existant à t
Potentiel = actuel à t'>t

LEIBNIZ

Actuel = existence
Virtuel, ou possible réel = en puissance, tendant à l'existence et passant de l'essence à l'existence dans le futur
Possible = essence

D. LEWIS

Existant actuel dans w = possible dans w'
Existant possible dans w = actuel dans w'

Lewis comme Russell rejette hors de son ontologie le non-existant ; si l'on combine comme certains la théorie des mondes possibles et celle des objets non existants (cf. Nef, 1997), on obtient le tableau suivant :

D. LEWIS + MEINONG

Existant actuel
Existant possible
Non-existant

Le réalisme modal de D. Lewis se distingue de l'anti-réalisme modal, qui peut prendre deux formes : une version conceptuelle, où les mondes possibles sont des concepts, des fictions, au sens d'idéalisations (comme les gaz parfaits ou les surfaces absolument lisses) et une version linguistique où les mondes possibles sont des ensembles d'énoncés. Dans cette version linguistique le monde possible où je suis un chanteur de charme est un ensemble d'énoncés identiques à ceux de notre monde actuel sauf cet énoncé (« Frédéric Nef est un chanteur de charme ») et les énoncés qu'il implique. D. Armstrong est un anti-réaliste modal de l'espèce fictionnaliste.

D. Lewis caractérise l'anti-réalisme métaphysique comme un ersatzisme (c'est-à-dire sélectionnant des ersatz, des substituts de *possibilia*), avec plusieurs variétés : linguistique, imagé (*pictorial*), magique. D. Armstrong rejette également l'ersatzisme linguistique, dont Hintikka a fourni une version séduisante pour ceux qui ne veulent pas s'engager à l'existence de *possibilia*, mais qui représente aussi le fin mot de l'histoire en ce qui concerne la métaphysique, ce qui n'est ni l'ambition de Lewis, ni celle d'Armstrong.

Le réalisme modal de Lewis et le fictionnalisme modal de Armstrong partagent quelque chose en commun, ce qui permet leur confrontation : le naturalisme, c'est-à-dire la limitation de l'existence à l'existence spatio-temporelle et donc à l'existence physique alors même que l'on peut se demander si l'on peut concilier facilement le réalisme modal avec le naturalisme. Lewis y parvient en affirmant que les mondes possibles existent dans l'espace-temps, sans qu'à proprement parler il y ait de véritable argument. Lewis est matérialiste et il a des arguments pour cela ; il est réaliste modal et il a des arguments (moins développés — il critique plutôt toutes les autres alternatives), et donc il apparaît comme un matérialiste et un réaliste modal, sans que la connexion soit peut-être si nécessaire — est-il complètement inconcevable qu'il y ait des mondes non matériels ? Cela nous conduit à la nature des propriétés puisque les mondes possibles sont des ensembles de propriétés. Ne pourrait-on concevoir des collections de propriétés qui pour leur instanciation ne réclament pas d'individus matériels, donc des mondes de dieux, de nombres, de pures formes, de rêves et de souhaits ? L'espace-temps n'est-il pas plutôt dans les mondes possibles ? C'est un point délicat, car l'établissement de raisonnements contrefactuels suppose par exemple un cadre unique d'espace-temps commun à certains mondes, et les relations de contrepartie supposent en général ce cadre commun.

Cela dit, ceci se heurte au moins à un argument, qui est que le temps et l'espace sont relationnels, c'est-à-dire sont des structures d'événements. Il y a donc une contradiction potentielle entre un cadre newtonien (temps et espace absolus) et un cadre relationiste (où les événements pouvant différer de mondes à mondes, l'espace-temps pourrait ne pas être le même). À cela on peut répondre d'une part que le cadre newtonien n'est pas aboli par la physique relativiste et qu'il convient pour nos raisonnements modaux, et d'autre part que le continuum spatio-temporel en général peut être dit englober la totalité des mondes possibles, sinon ce ne seraient plus des mondes possibles, mais des univers possibles. Le problème qui se pose ici est finalement celui de nos intuitions modales, qui tout à la fois guident nos raisonnements modaux et sont construites à partir d'eux.

Il existe peut-être un moyen de concilier au moins certaines de nos intuitions modales, cosmologie et réalisme modal : c'est d'accepter un modèle d'univers où au fur et à mesure du déroulement du temps un certain nombre de possibles sont éliminés, au hasard, ce qui élimine le déterminisme, l'arbre du monde se simplifiant sans cesse, ce qui arrive pour toute vie individuelle. Ce modèle de l'émondement modal correspond bien à nos intuitions modales et temporelles (c'est même le fondement des futurs *prima facie*[27]). Le livre de St. McCall (1994) développe un modèle de ce type. On ne peut discuter ici de l'adéquation de ce modèle à la physique contemporaine, ni de la difficulté pour y traiter les contrefactuels. Par contre, on peut discuter le fait que le modèle soit actualiste pour le passé et le présent (toute modalité se décide par rapport au monde actuel) et possibiliste pour le futur (qui est complètement ouvert, et sans point d'accroche avec le monde actuel)[28]. Cette asymétrie est peut-être choquante et en tout cas la métaphysique de D. Lewis présente l'avantage, avec la thèse de l'actualité indexicale, de trouver une solution plus élégante à la contradiction entre actualisme et possibilisme, une solution qui de plus est motivée sémantiquement, car la relativité de l'actualité est un phénomène qui touche par exemple l'usage du pronom « je ». Storrs McCall joue son va-tout sur l'asymétrie entre passé-présent et futur, mais on peut se demander si cette asymétrie est un fait métaphysique aussi important que la relativité de l'actualité. Du point de vue auquel il se place, celui d'une théorie probabiliste de la décision, compatible avec un cadre physique relativiste, l'asymétrie en question est fondamentale, mais on peut remarquer également que la relativité de l'actualité est nécessaire pour les prises de décision rationnelles dans des situations contrefactuelles où il faut évaluer les chances de succès d'une action qui est simplement pensée ou prévue.

Quand D. Lewis veut justifier l'existence des mondes possibles, il recourt par exemple à une intuition massive et non analysée (et correcte) : les choses auraient pu être autrement qu'elles sont. C'est une intuition parce qu'elle n'est pas justifiée. Il existe d'ailleurs au moins deux philosophes qui ont pensé que cette intuition était un exemple d'illusion modale : Bergson et Spinoza[29], à partir de vues diamétralement opposées, l'indéterminisme de l'un s'opposant au déterminisme de l'autre. Si effectivement nous suivons notre intuition pour déclarer que le monde pourrait être autrement qu'il n'est, ceci devrait nous rendre modestes. Nous ne pouvons qu'explorer les conséquences de certaines intuitions modales, de la manière la plus cohérente et la plus économique possible, en confrontant ces développements à la solution de problèmes philosophiques réels (comme la causalité, le rapport corps-esprit, etc.). Si effectivement nous aboutissons à un cadre logique libre de contradiction, à une métaphysique cohérente qui jette une lumière sur des problèmes philosophiques importants, nous avons des raisons de croire (sans avoir forcément raison de croire, dans l'absolu) que notre intuition n'est pas complètement erronée, mais cela ne peut constituer en aucune manière une justification de l'intuition de départ que l'on peut contester et qui peut être abandonnée au profit de métaphysiques rivales, par exemple actualistes.

Comment se fait-il alors que l'on n'ait jamais observé de mondes possibles ? demandera l'homme de bon sens. On peut rappeler la mise en garde de Kripke : on les stipule, on ne les découvre pas, comme des planètes, avec un télescope (*Naming and Necessity*, Première conférence). Ce que Kripke défend, c'est la possibilité de donner des mondes possibles en termes de certains particuliers, qu'il s'agisse en fait ou non de mondes qualitativement identiques.

La réponse de Lewis à la question de la non-observabilité de mondes possibles existants est très simple : les mondes possibles sont causalement isolés les uns par rapport aux autres, et donc les mondes possibles, qui existent pourtant sur un même pied que le nôtre, sont isolés causalement du nôtre. La perception étant au moins en partie un processus causal, on ne peut les percevoir, ni les photographier[30], ni observer leurs effets par des perturbations, même légères, qu'ils introduiraient dans notre monde. Une observation des mondes possibles est pour l'instant au moins impensable. Pourquoi les mondes sont-ils causalement isolés ? La réponse a une apparence de circularité, mais de circularité innocente : la relation de causalité est une relation qui prend comme termes des choses actuelles, car il faut une continuité spatio-temporelle entre la cause et son effet. Il ne peut y avoir, même en cas de causalité à distance, comme dans la mécanique quantique, de causalité qui ne se situe pas dans le même continuum. Dans l'hypothèse de multivers, où des univers actuels coexisteraient, mais chacun avec un germe de déploiement spatial distinct, la causalité ne pourrait s'exercer d'un univers à un autre (à moins de trouver des passages d'un univers à un autre, mais c'est un point compliqué de topologie sur lequel il n'y a pas accord, cf. J. Barrow, 1995). On pourrait objecter que la relation de causalité peut prendre des *possibilia* comme termes de la relation :

(iv) La possibilité que Pierre vienne rend Luc nerveux.
(v) La possibilité que Pierre vienne rend possible la nervosité de Luc.

C'est exact, mais la relation causale dans ce cas n'est pas entre des purs *possibilia*. Ce qui rend Luc nerveux, c'est d'envisager cette possibilité, et cette pensée n'est pas un possible. (v) n'exhibe pas une véritable relation causale. Rendre possible n'est pas causer un possible comme un effet.

La structure ontologique des mondes pour Lewis est homogène (il n'y a pas de mondes composés de particuliers abstraits, d'autres de substances, d'autres enfin d'haeccéités), même s'ils peuvent avoir des lois physiques différentes (et dans ce cas on peut se demander si cette différence produit des différences qualitatives, cf. la survenance humienne[31]). Le matériel de base des mondes, c'est les individus possibles :

> « Un monde est la somme méréologique de tous les individus possibles qui en sont des parties » (PW, p. 69).

D. Lewis dit une « somme méréologique » et non un « ensemble ». Un monde est un tout dont les individus sont des parties — c'est un gros individu. Dans la méréologie classique, les deux relations fondamentales qui nous intéressent ici sont la relation « partie de » ($\leq$) et l'opération de somme méréologique, ou de fusion (+). Si x et y sont des individus, au sens le plus large et non défini, $x + y$ est la somme méréologique de x et de y[32], si $z = x + y$, alors $x \leq z$ et $y \leq z$. La relation d'un individu possible à un monde possible n'est pas une relation d'appartenance ensembliste, mais de tout/partie. La méréologie est au centre de l'ontologie lewisienne, comme l'atteste son ouvrage *Parts of Classes* (1991), où il montre les liens potentiels entre théorie des ensembles et méréologie.

Les propriétés sont définies ainsi (on peut noter que Lewis utilise ici le langage de la théorie des ensembles ; il passe de manière flexible d'un registre méréologique à un registre ensembliste, car il ne pense pas ces deux choses comme étant en opposition) :

> « Nous avons souvent besoin, pour une chose ou une autre, de quantifier sur des propriétés. Si nous croyons dans des mondes possibles et des individus, et si nous croyons dans des constructions ensemblistes (*set-theoretic*) à partir des choses en lesquelles nous croyons, alors nous avons des entités convenables pour jouer le rôle de propriétés.
>
> La stratégie la plus simple est de prendre une propriété exactement comme l'ensemble de ses instances — toutes celles qui sont de ce monde ou d'un autre monde de la même façon. Ainsi la propriété d'être un âne donne l'ensemble de tous les ânes, les ânes des autres mondes en même temps que les ânes de notre monde » (PW, p. 50).

L'avantage de prendre les instances non seulement dans notre monde (comme Quine), mais dans tous les mondes, c'est d'éviter l'objection de la coextensivité de propriétés différentes. On pourra toujours trouver dans l'ensemble des mondes possibles qui est infini[33] un monde qui fasse la différence. Une autre objection surgit : *quid* des propriétés mathématiques coextensives, dont le plus bel exemple est la paire trilitère/triangle ? Il semble que dans tous les mondes possibles, ce qui a trois côtés a trois angles, c'est une vérité nécessaire de la géométrie, donc vraie dans tous les mondes possibles (un monde où ce ne serait pas vrai ou bien où « 2 + 2 = un atome d'hydrogène » est vrai, serait un monde impossible). Cela conduit à introduire une propriété caractéristique des propriétés : elles peuvent être structurées et doivent être considérées en tant que telles dans certains cas. Dans certains cas, on descend dans la structure de l'atome, d'autres fois non, parce que ce n'est pas nécessaire pour l'explication physique que l'on vise ; on peut considérer l'atome comme simple (*a-tomon*) et dans certains cas comme complexe, doté d'une structure. Il y a un principe épistémique général de l'explication qui fait que l'on ne descend pas inutilement dans des échelles plus petites, dans des sous-parties de plus en plus fines. Deux propriétés coextensives auront dans ce cas des structures différentes (si deux propriétés coextensives ont la même structure, c'est tout simplement une propriété exprimée par deux prédicats comme célibataire et non marié). Dans le cas de trilitère et de triangle, les structures seront respectivement : < T, C > et < T, A >, où T = triangle, C = côté, A = angle (pour le détail de la démonstration, cf. PW, p. 56).

Cela permettrait peut-être de rendre compte de la différence entre a et b :

a. Un triangle plat est une ligne
a. Un triangle plat a la somme de ses angles = 2D

Cela suppose qu'on définisse un triangle plat comme un segment de droite :

U _______________ V ____________________ W

Le triangle plat ci-dessus a trois sommets U, V, W et trois côtés : [U, V], [V, W] et [U, W]. Le côté [V] est réduit à un point. Le triangle plat est un triangle dégénéré, car le côté [V] est réduit à un point.

Dans (a) triangle = < T,A > ou « triangle » = triangle ; dans (b) triangle = < T,C > ou « triangle » = trilatère.

On peut douter de la pertinence de cet exemple, dans la mesure où nous utilisons ici un type particulier de triangle, le triangle dégénéré, obtenu en écrasant un triangle quelconque jusqu'à ce qu'il se confonde avec un segment de droite, identique à son plus grand côté.

D'autre part, on pourrait se demander si un segment de droite n'a pas un angle = 2D, ce qui aurait pour conséquence que le triangle dégénéré a bien la somme de ses angles = 2D, tout comme les triangles bien portants. Mais cet exemple est une tentative de trouver un cas où les deux propriétés, conçues comme structurées, sont utilisées de manière différenciée, dans des contextes distincts.

Propriétés et prédicats

Les propriétés ne sont pas identiques aux prédicats, tout comme les propositions ne sont pas identiques aux énoncés. Une attitude déflationniste a certes été défendue par Quine et les quiniens, pour se passer des entités intensionnelles comme les propriétés et les propositions, mais ce déflationnisme a ses limites quand il s'agit d'aborder des questions comme celles de l'analyse de la croyance, ou de la nature des lois scientifiques. Les propriétés ne sont pas réductibles aux prédicats, parce que la correspondance réglée entre eux, qui serait la base de la réduction, pose des problèmes insolubles, dans la mesure où, comme l'a montré Armstrong (1978), d'une part il y a des prédicats qui ne correspondent pas à des propriétés (par exemple certains prédicats avec des formes superlatives : le mouvement le plus lent) et, d'autre part, il y a des propriétés qui ne correspondent pas à des prédicats (les propriétés inconnues des corps physiques, par exemple la superconduction quand elle n'était pas observée — il existait des corps superconducteurs, mais le prédicat n'existait pas). Ce dernier point est une affirmation forte du réalisme scientifique : nous ne construisons pas les propriétés, nous les découvrons et une fois découvertes, nous les exprimons linguistiquement par des prédicats mais les propriétés n'ont pas besoin d'être exprimées pour exister. On peut à la suite de Armstrong proposer la liste :

— Prédicats qui ne correspondent pas à une propriété : *l'homme le plus sage*.

— Prédicats qui correspondent à une pseudo-propriété : *identique à la planète Vénus* (dans l'extension de la propriété il y a une partie du *definiendum*).

— Prédicats qui correspondent à plusieurs propriétés : *saisonnier* (propriété n° 1 : qui dure une saison, propriété n° 2 : qui se répète à chaque saison).

— Plusieurs prédicats correspondant à une propriété : *célibataire, non marié*. Attention : certains couples de prédicats peuvent renvoyer à des propriétés subtilement différentes, comme *déplumé* et *sans plume.*

— Propriétés non exprimées par des prédicats : propriétés inconnues, propriétés simplement possibles mais non réalisées. Ce dernier cas suppose que l'on admette l'objectivité des propriétés à l'intérieur d'un réalisme scientifique, sur lequel on reviendra : dans le cadre d'un anti-réalisme scientifique, comme un constructionnisme radical, de telles propriétés n'existent tout simplement pas. Il resterait toutefois à cet anti-réalisme la tâche d'expliquer en quoi consiste exactement une propriété qu'il considère généralement simplement comme l'extension d'un prédicat.

La théorie des propriétés d'Armstrong aboutit à distinguer les types suivants de propriétés :

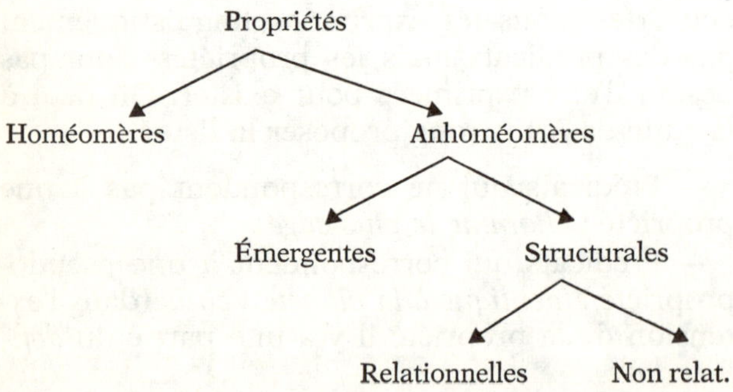

Les PROPRIÉTÉS HOMÉOMÈRES sont des propriétés qui, pour reprendre la distinction d'Anaxagore, se distribuent de manière homogène sur la totalité de leur porteur :

« En toute chose se trouve renfermée une partie de cette chose » (Anaxagore, *Les Présocratiques*, J.-P. Dumont [éd.], p. 634 ; cf. aussi p. 673 *sqq.*).

Un exemple serait « être de l'eau » pour une certaine quantité d'eau : toute sous-quantité est de l'eau. Les homéomères correspondent aux termes de masse, exprimés en français par le partitif : « de l'eau » ; « de la farine » — mais « un œuf », « des œufs », « plusieurs livres » et très rarement « du livre » (au sens de : « Donne-moi du livre ! »).

Les PROPRIÉTÉS ANHOMÉOMÈRES au contraire sont des propriétés qui ne se distribuent pas de cette manière : « être un homme » est anhoméomère, car un bras (qui est une partie d'un homme) n'est pas un homme. Les anhoméomères correspondent aux termes comptables. La distinction homéomère *vs* anhoméomère déborde cependant la classe des expressions nominales. Les aspects imperfectifs peuvent être dits homéomères, tandis que les aspects perfectifs sont anhoméomères (cf. la différence : l'an dernier, je vécus à Paris/l'an dernier, je vivais à Paris). De même les états et les activités sont homéomères (si je marche une heure, je marche pour toute sous-partie d'une heure, si je connais ma table de multiplication depuis cinquante ans, je la connais pour toute sous-partie de ce laps de temps) et les achèvements et accomplissements sont anhoméomères. Il faut distinguer deux choses : que le terme concerne tout ou partie du porteur, que la distribution se fasse de manière homogène ou pas. « Être de l'eau » remplit les deux critères ; l'imparfait pas forcément — il peut concerner la totalité d'un intervalle, mais pas forcément de manière homogène (cf. « l'an dernier, j'écrivais un roman »).

Les PROPRIÉTÉS STRUCTURALES sont des propriétés anhoméomères si les propriétés en question concernent une partie de leurs porteurs (pour reprendre l'exemple de « être humain », nous accepterions probablement qu'un corps moins un bras est humain).

Les PROPRIÉTÉS ÉMERGENTES sont une classe particulière de propriétés anhoméomères qui ne concernent pas une partie du porteur, et ne sont pas non plus distribuées de manière homogène sur tout le porteur. Par exemple : « avoir une dimension » est une propriété émergente, car si x a une dimension d, ce n'est pas une partie de x qui a la dimension d. Enfin les propriétés structurales sont ou relationnelles (« être le père de ») ou non relationnelles (« peser 1 kilo »). (Cf. Armstrong, 1978, p. 69 *sqq.* pour tout ceci).

Il existe cependant une difficulté générale, qui ici a des conséquences importantes : en ontologie, il est important d'être attentif aux phénomènes d'échelle, car il est souvent possible en jouant sur ces phénomènes d'aboutir à des conclusions déraisonnables. Par exemple, un sophisme typique, du fait que changent les cellules de mon corps : il ne s'ensuit pas que je ne pourrai être jugé pour quelque chose que j'ai commis il y a huit ans, ou mieux : de ce que j'acquiers et perds des cellules pratiquement à chaque instant, il ne s'ensuit pas qu'étant sans cesse différent je ne puisse être soumis à la sanction légale ! La forme du sophisme est la suivante (M est une portion de matière) :

(1) Si x est condamné à la sanction s, c'est x qui est condamné et pas x'

(2) L (x = x) ⇔L (x est constitué de M à t)

(3) L (x est constituté de M' à t'),

M ∩ M' ≠ Ø

(4) Donc x ≠ x'

(5) Donc x' n'est pas condamné à la sanction s.

C'est un sophisme car (2) est faux : ce qui est à droite de l'équivalence n'est pas vrai : à t x pourrait être composé d'une portion de matière différente.

Le problème est un problème ontologique, celui de l'étagement, de la stratification des ontologies, suivant les niveaux de réalité qui sont plus ou moins ténus et aussi un problème méréologique, dans la mesure où pour les touts et les parties il existe un niveau pertinent où s'arrêter de descendre vers des composants plus petits, pour décider s'il y a homogénéité, car on peut supposer dans la plupart des cas une granularité plus fine, qui met en échec la relation tout/partie.

On pourrait par exemple, dans le même ordre d'idées, soulever des difficultés à propos de la propriété « être organique[34] ». Elle subsume globalement, collectivement, l'organisme, les parties de l'organisme en question jusqu'à un certain grain de réalité sub-moléculaire et probablement sub-tissulaire mais on peut douter que l'on puisse l'appliquer aux cellules, aux gènes, aux chromosomes, aux hormones, etc., bref aux briques élémentaires de la réalité organique (cf. Kurt Goldstein, *La structure de l'organisme*, trad. fr., 1951, p. 170-173) ; distributivement elle ne s'applique plus sur des parties très fines : peut-on dire que les constituants chimiques d'un brin de gène, ou du noyau d'une cellule de spermatozoïde sont « organiques » ? Il en va de même pour l'eau. À un niveau de composition qui est celui des atomes et non plus celui des molécules, « être de l'eau » ne s'applique plus : l'hydrogène n'est pas de l'eau. On pourrait donc aller jusqu'à douter que « être de l'eau » est homéomère, ce qui est évidemment contraire au sens commun. On peut remarquer que la division homéomère/non homéomère a été introduite par les présocratiques et Aristote pour des objets mésoscopiques, dans le cadre d'une théorie non atomiste des éléments et donc qu'il faut probablement garder cette relation à un niveau effectivement intermédiaire, située entre le niveau atomique et le niveau global de l'univers. On pourrait en effet douter que la répartition de la matière céleste se fasse de façon à ce qu'on puisse traiter « être de la matière céleste » comme une propriété homéomère. Une authentique propriété homéomère serait peut-être

« être physique » — mais est-elle une propriété lewisienne rare ? (cf. *infra* p. 695 pour « rare »).

Il existe une autre distinction à propos des propriétés : jusqu'ici nous avons considéré des propriétés simples du type « F », mais il y a aussi des PROPRIÉTÉS COMPLEXES, du type « F & G » et F v G », *i.e.* conjonctives et disjonctives. Dans certaines relations causales, il faut considérer de telles propriétés complexes (si le fil de la causalité sert de guide pour admettre des propriétés). Par exemple, si « être à la température t et à la pression p » est une propriété complexe pour provoquer un phénomène de rupture de charge déterminé, on peut considérer cette conjonction de propriétés comme une propriété complexe, car chacune des deux propriétés conjointes, en l'absence de l'autre, n'aura pas l'effet causal mentionné et on peut les faire varier indépendamment, ce qui permet de les distinguer. On peut évidemment se demander s'il peut exister des propriétés complexes qui sont des disjonctions (il existe des arguments qui les rejettent), dans la mesure où dans ce cas chacune des deux propriétés disjointes peut revendiquer le résultat causal en l'absence de l'autre, de façon à ce que l'on puisse se demander si « F v G cause H » n'est pas une ellipse pour « F cause H ou G cause H », ou même si « F v G cause H » n'est pas équivalent dans certains cas à « F cause H et G cause H », par exemple dans « Si je bois du vin ou si je dors trop, j'ai mal à la tête » est équivalent à « si je bois du vin, j'ai mal à la tête et si je dors trop, j'ai mal à la tête ». On laissera ce point de côté.

Métaphysique des propriétés

La théorie des propriétés de D. Lewis distingue également prédicats et propriétés, qui sont considérées en général comme des abstractions des prédicats, alors que pour Lewis elles sont des éléments simples et abstraits. Deux distinctions importantes apparaissent chez Lewis. La première est celle entre propriétés abondantes et propriétés rares (*sparse*)[35], une sous-classe des propriétés abondantes.

Les PROPRIÉTÉS ABONDANTES sont aussi extrinsèques (cf. immédiatement *infra*) et charcutées (*gerrymandered*)[36] que l'on veut. On doit accepter comme propriété abondante « ayant le double de cheveux de Monna Lisa », etc. Le terme « abondant » désigne cette capacité de les créer *ad libitum*. Les conjonctions, dans le cas de propriétés abondantes conjonctives, peuvent être de longueur infinie. On pourrait alors caractériser un individu par une infinité virtuelle de propriétés abondantes, ou même quelques-unes d'entre elles mais ce ne serait pas une bonne individuation ! Si je suis le seul Français qui a un nom de trois lettres et qui est enregistré dans un consulat d'une ville dont le nom comporte également trois lettres et qui a brûlé lors d'une guerre civile, suis-je individué par cette propriété abondante (même si les faits sont exacts) ? Cette propriété abondante que je suis le seul à posséder (admettons-le) m'identifie, elle ne m'individue pas, car aucune autre propriété que je possède n'est fondée sur cette propriété. Rien n'interdirait non plus des réplications de propriétés à l'infini. Si des propriétés tombent sous le coup des critiques de Quine, ce sont bien ces propriétés abondantes.

À ces propriétés abondantes (et même trop abondantes), il faut opposer des PROPRIÉTÉS RARES, qui ont les caractéristiques suivantes : elles sont intrinsèques, elles découpent la réalité selon ses jointures, pour reprendre la métaphore platonicienne du métaphysicien comparé à un boucher qui sait effectuer un « bon découpage » (*Phèdre*, 265d), en glissant le couteau dans les articulations (parce que après tout n'importe quelle propriété découpe la réalité, elles sont spécifiques, leurs extensions possèdent une certaine unité, elles permettent de caractériser leurs porteurs (Lewis, 1986, p. 60). « Être composé de carbone » est de ce point de vue une propriété rare qui réunit toutes ces conditions, à la différence de « avoir un multiple de 76492 comme nombre d'atomes ». Parmi les propriétés rares, il y a des propriétés qui sont une « petite minorité » (*op. cit.*) et que Lewis appelle « naturelles ». Selon lui, tout est affaire de degré. On a donc la hiérarchie suivantes pour les propriétés :

abondantes	« avoir le même nombre d'atomes que Jupiter »
rares	« avoir un nombre pair de parties »
rares naturelles	« être bleu »
rares parfaitement naturelles	« avoir une masse m »

Cette hiérarchie dans la naturalité des propriétés correspond certes à une intuition ontologique profonde : nous sommes certains qu'une propriété F peut plus ou moins remplir les conditions qui ont été énumérées, mais il reste que le critère ultime peut être recherché, comme chez Armstrong, du côté du réalisme scientifique : les propriétés parfaitement naturelles sont des propriétés par lesquelles la science donne une description de la réalité articulée, cohérente et fiable causalement. De ce point de vue, la différence entre « être un bleu Yves Klein » et « avoir une longueur d'onde l » (où l est la longueur d'onde du bleu Yves Klein) est une différence qui fait sens dans la mesure où malgré leur extension identique, ces propriétés auront un potentiel causal différent — en particulier la première est une qualité seconde qui implique une réponse émotionnelle alors que la deuxième non, etc. La couleur naturelle est sujette aux métamérismes ou phénomènes de métamérisation[37], pas la couleur parfaitement naturelle (attention à garder ici le sens technique de « naturelle » !).

L'autre distinction à laquelle D. Lewis accorde une grande place est celle des PROPRIÉTÉS INTRINSÈQUES *vs* EXTRINSÈQUES (« intrinsèque » étant l'équivalent de « interne »). On se rappelle la définition leibnizienne des relations internes : une relation de ce type exprime l'essence des *relata,* ou en d'autres termes elle existe en vertu de la nature des *relata* et on se rappelle également la critique russellienne des relations internes, la thèse fondamentale de l'atomisme logique étant que les relations sans exception sont externes. Une propriété intrinsèque est une propriété qui a un rapport avec la nature de son porteur :

> « Nous distinguons des propriétés *intrinsèques*, que les choses possèdent en vertu de la manière dont ces choses sont, des propriétés *extrinsèques*, qu'elles possèdent en vertu de leurs relations ou de leur manque de relations à d'autres choses » (PW, p. 61).

Par exemple, si actuellement je suis situé à l'ouest de Caen, il s'agit d'une propriété extrinsèque, car elle n'a rien à voir avec ma nature, de n'importe quelle manière qu'on la définisse : le plus rigide des actualistes ou des superessentialistes[38] accepterait que je reste le même si on me téléporte 200 kilomètres à l'est et que je sois alors à l'ouest de Caen. Le fait que je sois situé quelque part est toutefois à l'inverse une propriété intrinsèque, car tout objet spatial occupe une portion d'espace (même s'il est extrinsèque que j'occupe *cette place*). D'autre part, certaines propriétés extrinsèques comme « peser

75 kilos » ou « avoir la taille 56 » ont une relation avec d'autres propriétés et sont covariantes. On entend par là qu'il y a une variation du poids en fonction de la taille et réciproquement. Si je fais varier la taille jusqu'à 40, je ne peux avoir un poids de 150 kilos et inversement si je fais varier le poids jusqu'à 40 kilos, je ne peux avoir une taille de 58. Les propriétés extrinsèques sont habituellement covariantes. Cependant ces deux propriétés sont extrinsèques, puisqu'un régime les modifie éventuellement de manière radicale. La distinction que fait Lewis est la suivante : les propriétés intrinsèques sont non relationnelles et les propriétés extrinsèques sont relationnelles (ce qui est le cas de « être à l'ouest de Caen » qui établit une relation entre moi et Caen à un certain moment et qui exprime le fait qu'elles sont covariantes).

Par contre le fait que j'occupe une place n'est pas relationnel. Pour Lewis, « toutes les propriétés parfaitement naturelles sont intrinsèques » (PW, p. 61), même si l'inverse n'est pas vrai (par exemple dans le cas, mentionné par Lewis, d'une propriété complexe). Tout ceci permet à Lewis de définir le concept de double (*duplicate)* :

DOUBLE = def. Deux choses a et b sont des doubles si et seulement si elles ont exactement les mêmes propriétés parfaitement naturelles.

On entend par « parfaitement naturelles » comme on l'a vu l'élite des propriétés naturelles, celles-là qui découpent la réalité aux articulations fondamentales. On définit à partir de là le concept d'intrinsèque :

INTRINSÈQUE = def. Une propriété est dite intrinsèque si elle ne peut différer entre deux doubles.

Une relation interne est une relation qui survient sur la nature de ses *relata* (ceci correspondant à la définition leibnizienne).

Lewis vs *Armstrong sur les propriétés : propositions* de re *et état de choses atomique*

Si les théories des propriétés de Lewis et d'Armstrong possèdent plus de points communs que de différences (la différence essentielle entre les propriétés structurales et non structurales étant parfaitement compatible avec celle entre propriétés naturelles et non naturelles), la conception générale qui sous-tend ces théories est profondément différente. Tout d'abord il faut noter la compatibilité. Une propriété parfaitement naturelle comme « avoir une masse m » est bien anhoméomère, ce qui est la condition pour être une propriété structurale. Cependant il existe des propriétés structurales qui ne sont pas naturelles (c'est la raison pour laquelle Armstrong se tourne vers la science pour donner des raisons de choisir des propriétés structurales intéressantes, qui correspondent aux propriétés naturelles et *a fortiori* parfaitement naturelles de Lewis). Par exemple avoir un nombre pair d'atomes pour un corps est une propriété structurale mais non naturelle.

Pour Lewis ce qui est premier, c'est la proposition *de re*, singulière < a, F > où a est un individu et F une propriété[39], un ensemble de *possibilia* (cf. plus haut pour cette définition modale de la propriété). Une propriété F peut parfaitement être non instanciée dans un monde et instanciée dans un autre. Il faut prendre garde ici à un risque de confusion. La dénomination de *de re* est en fait ambiguë. À côté de l'usage que nous avons mentionné et qui provient des Médiévaux, il existe en effet un autre usage plus récent, celui par lequel D. Lewis qualifie donc de « proposition *de re* » la proposition < a, F > entendue comme l'attribution d'une propriété F à un individu a (dans la lecture habituelle, que l'on serait tenté de qualifier de *de dicto* et qui correspond à la tradition frégéenne et tarskienne, <a, F> se lit simplement comme la satisfaction du prédicat « F » par la constante individuelle « a »).

Armstrong, lui, n'admet que des universaux instanciés, ce qui est une suite de son réalisme modéré *i.e.* non platoniste). Pour lui, ce qui est premier, c'est l'état de choses atomique « Fa » qui est le produit de l'instanciation de l'universel F par le particulier a. Pour Armstrong, la nécessité d'introduire dans l'ontologie de base des états de choses (et non seulement des *possibilia* comme chez Lewis) provient en partie du besoin que nous avons de fournir des vérifacteurs (*truthmakers*) aux propositions[40], si nous souhaitons développer une théorie réaliste de la vérité qui évite les écueils des théories déflationnistes (vérité redondance), qui n'expliquent pas le lien entre la réalité et le langage, et platonistes (Frege et les frégéens), qui en hypostasiant la vérité la rendent mystérieuse. P. Simons (*in* K. Mulligan [éd.], 1992, p. 159) donne la définition suivante du vérifacteur, à propos de l'atomisme logique de Russell[41] :

TM Pour tout p : p $\Leftrightarrow$ $\exists$x x rend p vrai (*x makes it true that p*)

La proposition « (chante) Marie » (exprimée par l'énoncé « Marie chante ») est le porteur de vérité (*truthbearer*) du vrai si et seulement si le prédicat « chante » est satisfait par l'individu « Marie » et ce qui rend vrai cette proposition c'est l'état de choses qui consiste en ce qu'il est le cas que Marie chante. L'introduction des vérifacteurs provient de la nécessité d'enrichir la théorie de la vérité correspondance dont Tarski avait dit qu'elle était la plus naturelle et que d'ailleurs elle était pratiquement identique à la définition aristotélicienne de la vérité[42].

En effet on se rappelle que, en ce qui concerne l'atomisme logique de Russell et Wittgenstein, une des raisons de son échec et de son abandon avait été la difficulté d'établir la nature exacte de la relation entre l'élément sémantique (l'énoncé) et l'élément ontologique (l'état de choses) dans la relation de correspondance. L'introduction de vérifacteurs, même si elle répond là aussi à une intuition parfaitement naturelle, celle de la survenance de la vérité sur l'être (J. Bigelow) — celle-là même que traduisait Aristote déclarant que A est vrai en vertu de l'état de choses S et non le contraire, que S est tel qu'il est en vertu de la vérité de A (*Met.* Θ, 10, 1051 b 7-8) — est une source de multiples difficultés que l'on ne peut pas discuter ici à l'exception du cas d'énoncés des négatifs, disjonctifs, conjonctifs, etc. : devons-nous accepter qu'il y ait comme répondant des états de choses négatifs, disjonctifs, conjonctifs, etc. ? Dans l'affirmative, qu'est-ce qui va limiter la complexité des vérifacteurs ? Dans la négative, quel statut attribuer aux opérations logiques sur les vérifacteurs atomiques ? K. Mulligan a parlé d'une conception baroque (autant de vérifacteurs que l'on veut) et d'une conception romanesque (une seule sorte de vérifacteurs, par exemple les tropes ou les états de choses) des vérifacteurs, correspondant *grosso modo* à ces deux options et de manière pertinente, semble-t-il, les rejetait toutes les deux, pour des raisons qui tombent sous le sens : caractère *ad hoc* dans le premier cas, réductionnisme artificiel dans le second cas. Quelle conception leur substituer ? C'est un point actuellement en débat, entre D. Armstrong, K. Mulligan et B. Smith entre autres (cf. J.-M. Monnoyer [éd.], 2004 ; cf. aussi J. Lowe, 2004 et Nef, 2004) que l'on ne peut qu'indiquer.

Particuliers minces et particuliers épais

Une autre difficulté menace la construction en termes d'états de choses à la Armstrong, malgré toute la séduction que peut exercer ce type d'ontologie, modeste et robuste. La difficulté consiste en ce que si nous considérons à nouveau l'état de choses atomique

Fa

par exemple l'état de choses « R (rouge, pomme) », en laissant de côté pour l'instant la nature de la relation « R » qui lie le rouge et la pomme, qui correspond à[43] la prédication : « la pomme ("a") est rouge ("F") », nous constatons qu'il y a d'un côté un universel « F » et de l'autre un particulier « a ». Nous avons plus ou moins une idée de l'universel F, à partir de l'esquisse de théorie des propriétés que l'on a évoquée, mais qu'en est-il de « a » ? Qu'est-ce qu'un particulier ? Quel est son statut ? Si nous définissons « R » plus haut comme une relation d'instanciation, ce qui semble raisonnable ; le rouge est instancié dans la pomme, ou le rouge de la pomme est une exemplification du rouge en général, et donc un particulier comme une place d'instanciation d'un (ou de plusieurs) universel(s), alors devons-nous supposer qu'il y a d'un côté un universel, non instancié, commun à des particuliers, et de l'autre un particulier, dépourvu de propriétés avant l'instanciation, ce que l'on appelle un « particulier nu » (*bare particular*)[44] ?

Russell avait rapproché le particulier nu de la substance (« patère à attributs », *op. cit.*, p. 331) :

> « Prenant d'abord la conception dans laquelle une occurrence de C est un particulier inanalysable, nous retrouvons là toutes les difficultés familières liées à la notion familière de "substance". Le particulier ne se laisse ni définir, ni reconnaître, ni connaître ; c'est quelque chose qui n'a d'autre

fonction que celle, purement grammaticale, de servir de sujet dans une proposition sujet prédicat telle que "ceci est rouge". Et l'on convient aujourd'hui qu'il est dangereux de permettre à la grammaire de nous dicter notre métaphysique.

Il est difficile de voir comment quelque chose d'aussi inconnaissable qu'un tel particulier pourrait être requis pour l'interprétation de la connaissance empirique » *(ibid.)*.

Si Russell a pour sa part exorcisé le particulier nu en le concevant comme un faisceau d'universaux, il reste que, si on ne souscrit pas à cette solution, cette notion de particulier nu est hautement problématique, car si les propriétés sont des universaux, et si le particulier est nu, d'où vient la particularité ? De la seule localisation spatio-temporelle[45] ? De plus si le particulier nu doit être un support de l'exemplification d'un universel, il doit bien avoir cette propriété de se rapporter à cet universel, ce qui fait qu'il n'est pas nu, ou plus exactement qu'il ne peut l'être complètement. En effet si « a » est un particulier nu, il doit tout de même posséder à titre de disposition, de vertu ou de pouvoir la capacité d'instancier un universel donné, puisque tout particulier n'instancie pas n'importe quel universel[46]. Un point de vue purement combinatoire où l'instanciation se répartirait au hasard sur des particuliers nus indifférents par leur essence est à la fois difficile à défendre et dépourvu d'attrait.

Face à cette difficulté, D. Armstrong choisit un concept intermédiaire : le particulier fin (*thin*) distingué du particulier épais (*thick*). Ce dernier est le particulier muni de toutes ses propriétés, intrinsèques, extrinsèques, structurales (mais en général pas les propriétés relationnelles), etc. Il correspond d'après Armstrong à la notion leibnizienne de particulier, c'est-à-dire, semble-t-il, au concept individuel d'une substance qui contient effectivement toutes les propriétés intrinsèques de cette substance. Le particulier fin n'est pas le particulier nu, c'est un particulier qui possède juste assez de propriétés, les propriétés non relationnelles[47], pour être le support de l'instanciation — en particulier il est individué, ce qui permet à l'instanciation d'un universel de le particulariser et d'aboutir réellement à un particulier épais, en fin de processus. Très exactement le particulier fin, c'est « la particularité d'un particulier » (Armstrong, 1997, p. 109) ou, en d'autres termes, c'est un particulier qui a au moins une propriété, et dans le cas minimal au moins la propriété d'être particulier. Cela dit, la matière première chez Aristote, qui a souvent été prise comme exemple de particulier nu, a une propriété qui n'est pas celle d'être particulière, mais d'être une matière (le reste est indéterminé, pure potentialité). Cela serait peut-être une raison pour refuser à la matière première le titre de particulier nu — c'est peut-être un universel nu !

Armstrong distingue entre parler du particulier muni de ses propriétés[48] et parler du particulier « abstraction faite de ses propriétés » (*id.*, p. 123). Armstrong entend par là que nous considérons seulement sa particularité. Il compare cet acte d'abstraction de la particularité avec l'abstraction de la couleur à l'égard de la forme ou de la forme à l'égard de la couleur (exemple qu'il tire de

Wittgenstein). Il semble cependant qu'il s'agisse de deux actes d'abstraction fort différents : dans le premier cas (la couleur), nous opérons une séparation mentale de deux particuliers mutuellement dépendants et l'acte d'abstraction consiste à mettre de côté des éléments de la relation de dépendance. Dans le second cas, celui du particulier abstrait, il ne s'agit nullement de mettre entre parenthèses la dépendance de la particularité à l'égard du particulier. Quel sens cela aurait-il ? Peut-on abstraire le particulier de sa particularité ? Il s'agit de mettre entre parenthèses toutes les dépendances de qualités à l'égard d'un support hypothétique que nous continuons à appeler « particulier ». Admettons que le particulier ait la propriété de particularité. Est-ce une propriété particulière ou générale ? Est-ce que tous les particuliers sont universellement particuliers au sens où un universel de particularité se répéterait en chacun d'eux ou bien est-ce que la particularité est chaque fois particulière, mais quel sens cela a-t-il alors ?

Ne ferait-on pas mieux de capituler et d'abandonner la croyance dans des particuliers nus et dans cette sorte améliorée de particuliers nus, les particuliers fins ? La raison que donne Armstrong pour ne pas capituler n'est pas *a priori* une raison qui emporte irrésistiblement l'assentiment : il trouve la solution alternative plus mauvaise. Elle consiste à considérer les particuliers comme des faisceaux (*bundles*) de propriétés ; elle ne serait pas bonne, car elle nous amènerait à considérer les propriétés comme des entités choses (*thingy entities*) ou plutôt comme des machins ou des trucs ou des machins trucs choses[49], plutôt que des manières d'être (*ways*). Cette caractérisation des propriétés comme des manières d'être semble pertinente pour une sous-classe de propriétés, mais pas pour toutes les propriétés. C'est sans doute une manière d'être pour X d'être F, quand F est un comportement, surtout quand il est intentionnel. C'est une manière d'être d'Harpagon d'être avare, de Célimène d'être coquette, ou même, à la limite, pour le coquelicot d'être rouge. Quand il s'agit d'une propriété parfaitement naturelle au sens de Lewis, il est moins évident de considérer que c'est une manière d'être : est-ce que c'est une manière d'être de la bouteille de vin jaune du Jura de mesurer 0,60 litre, pour l'eau d'avoir dans sa molécule deux atomes d'hydrogène, pour une particule d'avoir telle masse ? Le problème est que « manière d'être » est un concept intuitif et nous laisse donc face à l'intuition, si nous voulons appliquer ce concept, ce qui provoque des hésitations et peut même jeter le doute sur la pertinence du concept, en montrant trop fortement sa dépendance face à l'intuition, qui dans le cas de la structure ontologique des objets est souvent fragile, voire défaillante. Penser les propriétés comme des choses est certainement une faute ou une erreur philosophique, mais cela ne signifie pas pour autant que les considérer univoquement et universellement comme des manières soit un progrès. Or, comme on l'a vu, le rejet de la thèse des faisceaux vient de la préférence pour les manières et du problème des indiscernables. Donc il n'y a pas de raison vraiment sérieuse et indépendante de ne pas explorer la voie des faisceaux. Cela conduit à envisager sérieusement comme une alternative à l'ontologie des états de choses l'ontologie des particuliers abstraits ou tropes, qu'Armstrong prend « ailleurs lui-même très au sérieux » (Armstrong, 1989, p. 113-134), la considérant comme l'alternative la plus dangereuse à sa propre théorie (sous-estimant, semble-t-il, la métaphysique du réalisme modal de D. Lewis). Auparavant, il faut absolument examiner une deuxième série de problèmes de cette ontologie des états de choses, lors de son extension combinatoire à la logique et à la métaphysique des possibilités, problèmes liés à la position fictionnaliste de Armstrong en ce qui concerne la modalité.

Armstrong, dans *A Combinatorialist Theory of Possibility* (1989b), développe une théorie naturaliste et fictionnaliste de la possibilité. Naturaliste, cela signifie que le monde, ou ce qui existe, est dans l'espace-temps — il n'y a donc pas d'espace des possibilités en dehors de l'espace-temps, par exemple dans l'entendement divin comme chez Leibniz. Fictionnaliste, cela signifie (et ceci découle du naturalisme) qu'il existe un seul monde et que les mondes possibles, si nous en avons besoin (et nous ferions mieux de nous en passer selon Armstrong), sont des fictions, comme les gaz parfaits. Cette théorie devrait plaire à la tradition philosophique française qui de Descartes et Malebranche à Bergson en passant par Auguste Comte a toujours rejeté toute forme de réalisme modal[50], trait stable qui devrait intéresser les historiens des idées.

Armstrong critique du réalisme modal

L'argument d'Armstrong contre les non-naturalistes et les non-fictionnalistes est le suivant : ils postulent des entités qui n'ont pas de connexion causale avec notre monde, donc ils postulent des entités supplémentaires qui n'ont pas de véritable statut légal, et par conséquent ils devraient supprimer ces entités supplémentaires (mondes possibles, individus possibles kripkéens, contreparties, etc.). On peut noter que D. Lewis échappe aux critiques naturalistes, puisque ses mondes possibles sont spatio-temporels[51] (cf. Lewis, 1986 p. 72 *sqq.*). C'est donc bien l'isolement causal des mondes possibles qui est en question.

On peut commencer par remarquer qu'il n'est pas évident de donner comme critère d'existence en général la causalité (on peut le faire pour les propriétés, mais pour des raisons propres aux propriétés[52]), car par exemple le nombre des atomes dans l'univers est certainement un fait d'existence, matérielle, spatio-temporelle, et pourtant autant que nous le sachions il n'y a pas là de potentiel causal (c'est une propriété non naturelle de l'univers). Si l'univers était exactement le double de ce qu'il est, tous les objets à l'intérieur ayant aussi doublé de taille, les lois de la causalité restant inchangées, il y aurait cependant une profonde modification dans la taille de l'existence même : il y en aurait deux fois plus. Il semble donc qu'existence et causalité ne vont pas aussi simplement de pair que l'on puisse refuser l'existence à quelque chose qui n'a pas de potentiel causal.

On peut aussi soutenir que les choses passées, quoique non existantes, peuvent exercer un pouvoir causal, par exemple les étoiles qui se sont éteintes, ou qui ont été avalées par un trou noir et dont les photons sont prisonniers, ou dont les émissions de photons continuent à nous atteindre, ce qui renforce la disjonction existence/causalité. Cependant il existe de bons arguments pour soutenir que dans cet exemple il s'agit plus de la présence que de l'existence. En effet, les étoiles en question ont été existantes dans le passé, elles ont émis des flux de particules, notamment des photons, qui ont voyagé jusqu'à nous pendant des années-lumière, bien après que ces étoiles ont cessé d'exister. Cependant il semble que le principe de causalité réclame que pour que A cause B, A et B doivent partager une sphère de coprésence (c'est la base du raisonnement du confinement des mondes sur une base causale). Dans le cas présent, il y a deux processus causaux qu'il faut distinguer. D'abord des processus physiques considérés globalement dans leur résultat, P1, à l'intérieur de l'étoile (réactions nucléaires, etc.) causent une émission de photons. Ensuite le processus causal de la perception, P2 : les photons causent la perception de l'étoile en rencontrant la surface de la rétine. Le problème, c'est que le processus P2 est si long que l'effet de P2 peut être produit en l'absence de la cause de P1 ! *Stricto sensu*, l'étoile n'existe pas ou plutôt plus au moment t où le flux de photons cause la perception de l'étoile. Si je lis sous la photographie d'une étoile : « il s'agit de l'étoile la plus brillante que nous connaissions, elle est à plusieurs milliers d'années-lumière ; elle peut exploser à tout moment », ce moment a très bien pu déjà exister, puisqu'il existe un décalage de plusieurs milliers d'années. Si un astronome déclarait en l'observant : « maintenant l'explosion a commencé », il se référerait à son « maintenant » et non au « maintenant » de l'étoile. Cependant elle a existé. Il ne s'agit en aucune manière d'un objet non existant meinongien, c'est-à-dire par exemple une étoile qui n'existe pas et n'a jamais existé, par exemple une étoile de gouda ou de comté. Il s'agit simplement d'un effet qui survit à sa cause et qui en ce sens est plus spectaculaire, mais ne différant pas fondamentalement de l'exemple suivant : le soldat x tire sur le soldat y à t ; au moment t où il tire, il est mortellement blessé par le soldat z. Le soldat y peut être tué par le soldat x à t', immédiatement après t, au moment même où celui-ci n'existe plus (est mort). Il vaudrait donc sans doute mieux parler de disjonction entre la causalité et la présence que de disjonction entre la causalité et l'existence : il faut bien une cause existante, mais cette cause existante n'a pas besoin d'être présente au moment où elle produit son effet.

La réponse à l'argument causal n'est cependant pas dans cette mise en doute de la prémisse de l'argument (ce qui existe cause quelque chose), mais dans la conclusion (ce qui ne cause rien n'existe pas ou : ce qui cause quelque chose existe). En fait, dans le passage de la prémisse à la conclusion se cache le présupposé d'Armstrong (ce qu'il veut démontrer) : que ce qui est possible n'existe pas. L'argument d'Armstrong est le suivant :

(1) ce qui existe cause quelque chose.
(2) ce qui est possible ne peut rien causer.
(3) ce qui est possible n'existe pas.
(4) le possible existant est une fiction.
(5) on n'a pas besoin des fictions, donc on doit éliminer le possible existant et ne conserver qu'un possible conceptuel ou linguistique.

Nous avons remis en cause (1) avec l'exemple de l'étoile, plus haut, et pour remettre en cause (2) il suffit de mentionner ce qui ressortit à la possibilité réelle, à la disposition, aux pouvoirs, etc. On peut analyser la solubilité du sucre comme une possibilité réelle qui a un potentiel causal. On peut rétorquer que le possible dont il s'agit chez Lewis est un possible pur, dénué de toute propensité. Les dispositions posent d'autres problèmes, sur lesquels on ne s'attardera pas ici (cf. S. Mumford, 2000, Max Kistler [éd.], à paraître), même si D. Lewis a une position originale à leur propos.

Pour Armstrong, on a d'un côté ce qui existe, d'un autre ce qui n'existe pas et ce qui est possible n'existe pas (alors qu'on peut soutenir que le possible tout autant que l'actuel existe). Pour Lewis, on a tout ce qui existe avec d'un côté ce qui est actuel pour soi et de l'autre ce qui est possible pour soi (thèse de l'indexicalité de l'actualité). Les deux sont bien sûr d'accord sur le fait qu'il n'existe pas de relation causale d'un état de choses possible (Armstrong) ou d'un monde possible (Lewis) à quelque chose d'actuel, mais pour que cela soit une preuve de la non-existence des *possibilia*, il faut déjà supposer cette bipartition que l'on se propose de prouver. C'est donc une pétition de principe et il faut chercher un autre argument.

Quel est l'argument d'Armstrong contre la relativité de l'actualité ? On sait que pour Lewis l'actualité est indexicale — « actuel » est un terme indexical, comme « présent », « je » ou « ici ». Le monde actuel, c'est ce monde. La thèse de Lewis est que dans tout monde on peut penser « ce monde » de ce monde-là ou, en d'autres termes, que la croyance en des mondes possibles (*i.e.* que tel monde est possible) est subjective, égocentrique. L'argument d'Armstrong contre Lewis, c'est-à-dire contre l'égocentricité de l'actualité, est le suivant (1989b, p. 15-17) : la relativité de l'indexicalité et l'isolement causal des mondes entre eux sont une seule et même chose :

> « Mais j'objecte qu'il n'y a pas de raison de penser que ce qui est isolé de nous est purement possible relativement à nous. Au contraire, s'il existe, il est réel, il est actuel » (*op. cit.*, p. 16).

Lewis rétorquerait qu'effectivement il existerait de manière actuelle relativement à lui-même. Armstrong confond ici la possibilité relative et l'actualité relative[53].

L'ontologie des états de choses

L'ontologie au fondement de la théorie combinatoire des possibilités de Armstrong est une ontologie d'états de choses. Selon lui, un monde possible est composé d'individus et de propriétés, ainsi que de relations, trois types d'entités qui sont les matériaux des états de choses. Les individus, les propriétés et les relations existent ensemble dans ce que Wittgenstein appelle des faits (cf. *supra*, chap. XV) et qu'Armstrong appelle des états de choses. L'état de choses qui fait que a est F est le vérifacteur de « Fa », qui est une prédication atomique. A et F sont des constituants des états de choses et non des parties au sens méréologique. Un état de choses n'est pas une addition de a + F. On appelle somme méréologique, ou fusion, de a et de b la somme d'éléments tels que si un autre élément c recouvre l'un des éléments a ou b, il recouvre l'autre. Il n'y a pas de restriction à cette fusion : on peut mettre dans le même tout le sourire de mon chat, la barbe de Napoléon III et le plus petit nombre premier. Armstrong parle à propos de « a » et « F » de « tout non méréologique », ce qui est à première vue un oxymoron. Cependant l'adjectif « méréologique » a un sens précis ici : un tout non méréologique, c'est un tout qui n'obéit pas à tous les principes de la méréologie, et en particulier qui ne se conforme pas à la définition libérale (ontologiquement) de la somme méréologique.

Un tout méréologique est tel que si l'on a d'un côté « a » et de l'autre « F » et qu'on les réunit, par l'opération de somme méréologique, on a une fusion « Fa », alors que, comme le remarque Armstrong, on peut fort bien avoir « a » et « F », séparément, et ne pas avoir l'état de choses « Fa »

— il suffit de penser à un état de choses avec le sourire de mon chat, la barbe de Napoléon III et le plus petit nombre premier ! Sans pouvoir parler ici de multiplicité inconsistante (comme par exemple l'ensemble de mes croyances), il est certain que nous sommes en présence d'un tout qui n'a pas les caractères d'un état de choses où, comme le dit quelque part Wittgenstein dans le TLP, les choses se rapportent les unes aux autres — *Sachverhalt*, littéralement, vient de *sich verhalten* : un état de choses est un tout où les parties se rapportent les unes aux autres. Il est sûr que le sourire de mon chat ne se rapporte pas au plus petit nombre premier, ni à la barbe de Napoléon III, par exemple (du moins si ce n'est pas un chat du *Alice's Wonderland)*.

De plus l'état de choses ne contient pas une relation tout/partie indépendante des éléments (*op. cit.*, p. 41). Si c'était le cas, on pourrait retomber dans une régression à la Bradley (cf. *supra*, p. 444 *sq.*), dans la mesure où s'il y avait une relation R entre F et a, il faudrait une relation R'entre R, F et a, etc. :

R(F,a)
R'(R,F,a)
R"(R',R,F,a)
......

Par exemple, s'il fallait une relation entre le rouge et la pomme, il faudrait une relation entre cette relation instanciée dans la pomme et le rouge, et la pomme et le rouge eux-mêmes, etc. Pour que la relation R porte sur le rouge et la pomme, il faut une relation qui la mette en relation avec le rouge et la pomme. En ce sens, toute relation indépendante de ses *relata* s'expose au risque de régression à l'infini, ce qui condamne cette conception de la relation pour l'état de choses : les choses doivent se rapporter les unes aux autres, sans que ce mode de rapport soit une relation indépendante.

La seule possibilité est de considérer les états de choses comme des touts, c'est-à-dire comme comportant quelque chose de plus que la somme de leurs éléments. Ce quelque chose de plus ne peut guère être cherché que du côté de l'instanciation de l'universel par le particulier, puisque c'est cette instanciation qui fait qu'il y a à la fois prédication (attribution de F à a, ou remplissement de F par a) et état de choses (le fait que a F-e, processus, ou que a soit F, état). En un certain sens, nous sommes ramenés aux origines platoniciennes des difficultés liées à la prédication, à sa nature, mais nous sommes également reconduits à la difficulté majeure de l'aristotélisme : comment les universaux séjournent-ils auprès des particuliers (en s'attachant comme substances secondes à des substances premières) ou dans les particuliers (puisque les états de choses sont des particuliers)[54] ? Certains, comme D.W. Mertz (2002), dans l'optique également d'un réalisme modéré, ont tenté de mettre sur pied une théorie combinatoire de la prédication, qui se passe du lien relationnel qui est inévitablement source de régression[55]. On pourrait parler alors d'une radicalisation du point de vue combinatoire d'Armstrong, mais il n'est pas sûr qu'on sorte ainsi de toutes les difficultés.

La théorie armstrongienne des possibilités découle de cette ontologie des états de choses qui devient combinatoire en définissant des opérations sur les états de choses atomiques (conjonction, négation, etc.) et en acceptant le principe que dans une prédication atomique on peut modifier le prédicat ou l'individu : à Fa on peut faire correspondre par modification Fb ou Ga (Gb n'ayant plus rien de commun avec Fa). À « Socrate est chauve », on peut faire correspondre : « Platon est chauve » ou « Socrate est myope », « Platon est myope » n'ayant rien de commun avec « Socrate est chauve » ; à partir de (1) on peut par des combinaisons de changements obtenir (2), (3) ou (4) :

(1) Fa = Socrate est chauve.

(2) Fb = Platon est chauve (changement de l'argument).

(3) Ga = Socrate est myope (changement du prédicat-fonction).

(4) Gb = Platon est myope (changement du prédicat-fonction et de l'argument).

La combinatoire peut évidemment être étendue en introduisant des prédicats à deux places : « Fab », trois places « Fabc », etc. C'est cette combinatoire qui fournit donc la base de la théorie des possibilités. On peut définir un espace logique comme une combinatoire d'éléments constituée par des possibilités dont certaines seulement sont réalisées. Par exemple on peut définir un espace logique avec les éléments a,b (individus), F,G (prédicats) une opération de substitution «/», donnant par exemple

$Fa/b \rightarrow Fb$

ainsi qu'une opération de négation. On peut alors définir des possibilités dans cet espace : si (2) (*i.e.* Platon est chauve) est réalisé, (2') $\neg$ Fa (Platon n'est pas chauve) est possible, etc. L'élément de base de l'ontologie devient donc la possibilité comme élément atomique ou élément complexe. L'entendement divin de Duns Scot ou de Leibniz qui comprenait tous les possibles peut être considéré comme une forme d'espace logique de ce type, réserve faite évidemment du lien de cet entendement avec le possible. Comme l'affirme D. Lewis, l'espace logique est le paradis du métaphysicien logicien, reconquis par le premier Wittgenstein sur les annexions positivistes, avant qu'il ne s'en chasse lui-même, au moment aussi où un autre paradis semblait perdu, celui de la théorie des ensembles cantorienne, avec sa sublime hiérarchie des infinis.

Wittgenstein et les modalités

Pour saisir l'originalité de la théorie d'Armstrong et en même temps sa filiation à l'égard de l'atomisme logique, il nous faut revenir avec un peu plus de précision sur la théorie modale de Wittgenstein, telle qu'elle est exposée dans le *Tractatus* (cf. chap. XV pour une première approximation). Stenius (1960) est probablement l'un des premiers à avoir nettement montré que le *Tractatus* contient une métaphysique des modalités. Comme le souligne Bradley (1992), ce texte ne contient pas cependant l'expression « monde possible », alors que cette expression figure dans les *Carnets,* qui contiennent beaucoup de passages parallèles à certains du *Tractatus :*

> « Il ne peut y avoir un monde ordonné ou un monde désordonné, de façon qu'on puisse dire que notre monde est ordonné. Dans tout *monde possible* [souligné par L.W.[56]], il y a un ordre, même si c'est un ordre compliqué, exactement comme dans l'espace aussi il n'y a pas de distributions ordonnées ou désordonnées de points, mais toute distribution de points est ordonnée[57] » (*Carnets,* 19 novembre 1916, [1971], p. 154).

Dans le *Tractatus,* Wittgenstein préfère considérer des mondes imaginaires, c'est-à-dire des mondes que l'on conçoit comme fort différents du nôtre :

> « Il est évident qu'un monde imaginé, si différent qu'il soit du monde réel, doit avoir quelque chose — une forme — en commun avec lui » (2.022, trad. G. G. Granger modifiée).

La possibilité semble ici pouvoir être comprise comme purement épistémique et identique à la concevabilité, mais il existe des passages où une véritable pensée de la possibilité ontologique se fait jour à travers le langage de la concevabilité ou de la pensabilité :

> « Un monde dans lequel l'axiome de réductibilité ne vaudrait pas est pensable. Mais il est clair que la logique n'a rien à voir avec la question de

> savoir si notre monde est ou n'est pas réellement ainsi » (6.1233, trad. G. G. Granger, p. 100).

Comme le remarque Bradley (cf. *op. cit.*, p. 33), ce qui est implicitement présent ici c'est, au moins à première vue, une conception traditionnelle de la modalité, comportant l'idée d'une vérité logique comme proposition vraie dans tous les mondes possibles[58]. Cette idée est simplement implicite, car en fait Wittgenstein imagine un monde dans lequel une vérité logique serait fausse, pour montrer que ce n'est pas la logique qui pourrait nous dire si on est dans ce monde ou pas : on peut comprendre ceci comme signifiant que la vérité logique doit être fondée sur une vérité métaphysique (qui elle nous dit dans quel monde on est, dans celui où les vérités logiques valent, ou dans un autre de ceux où elles ne valent pas[59]).

On peut aussi citer :

> « Si un dieu crée un monde dans lequel certaines propositions sont vraies, il crée du même coup un monde dans lequel sont valides toutes leurs conséquences. Et de même il ne saurait créer aucun monde où serait vraie la proposition "p" sans créer du même coup tous les objets de celle-ci » (5.123, trad. G. G. Granger modifiée, p. 72).

Quoi qu'il en soit, tout le début du *Tractatus* contient une métaphysique modale, que l'on peut exposer sommairement. Le philosophe Ramsey (1903-1930), dans son compte rendu du *Tractatus*, a souligné, de manière pénétrante, les points suivants :

> « Wittgenstein envisage une multitude de mondes possibles, autres que le monde actuel.

> Wittgenstein affirme que de tels mondes ont une forme commune.
>
> Wittgenstein croit que cette forme est constituée d'une certaine manière par les objets simples qui existent dans ces mondes » (cf. le compte rendu complet de Ramsey sur le *Tractatus*, trad. fr., p. 27-45[60]).

L'exégèse du *Tractatus* nous importe moins que l'aspect combinatoire de la logique modale wittgensteinienne pour comprendre les attendus de la tentative d'Armstrong, qui est une alternative au réalisme modal de Lewis. Nous sommes dans une situation où s'affrontent un atomisme logique sophistiqué étendu aux modalités et un réalisme modal extrême, bref où deux métaphysiques des modalités s'affrontent, l'une fictionnaliste, réductioniste et actualiste (cf. Th. Sider, 2004), l'autre réaliste et possibiliste, non réductionniste (K. Fine, 2004), toutes les deux étant en général naturalistes. Il ne s'agit donc pas, suivant l'expression du regretté Jean Largeault, de « bidules », c'est-à-dire de machineries *ad hoc*, des machines à la Tinguely, construites pour la seule jubilation du métaphysicien logicien.

Les énoncés importants sur les modalités portent la racine 2.01, ce sont des expansions de

> « 2.01. L'état de choses est une connexion d'objets (entités, choses). »

Rappelons que le 2.02 affirme que « l'objet est simple ».

Ces énoncés préfixés par 2.01, au nombre de douze, affirment principalement :

— La *possibilité* de l'état de choses doit être préjugée dans la chose (2.012).

— La *possibilité* doit être inhérente aux états de choses (2.0121).

— Connaître l'objet, c'est connaître ses *possibilités* d'occurrences dans des états de choses (2.0123).

— Chacune des *possibilités* est inhérente à la nature de l'objet (*idem*).

— Si tous les objets sont donnés, sont donnés tous les états de choses *possibles* (2.0124).

— Chaque chose est dans un espace de choses *possibles* (2.013) [61].

— Les objets contiennent les *possibilités* de toutes les situations.

— La *possibilité* de l'occurrence d'un objet dans des états de choses est la forme de l'objet. (2.0141).

La métaphysique modale de Wittgenstein

La manière la plus simple de se représenter cette métaphysique modale est sous la forme d'une combinatoire dans un espace logique. Cet espace contient tous les états de choses possibles, composés d'objets — on laisse de côté la question épineuse de la possibilité d'objets possibles, car nous n'avons pas besoin d'analyser jusqu'où va le possibilisme de Wittgenstein, car il nous suffit d'en montrer un aspect, celui développé par Armstrong. Prenons un exemple : un micro espace logique avec les objets a, b, c et les propriétés (ne décidons pas si elles sont internes ou externes cf. *TLP* 2.01231) F, G, H. Soit le monde actuel qui correspond à l'espace logique : ¬Fa, Gb, Ha & ¬Hc. L'espace logique des possibilités contient un très grand nombre de situations possibles, par exemple (on ne définit pas un ordre d'énumération, c'est inutile et on ne rentre pas dans la question de savoir si certains états de choses sont impossibles) :

Fa, Gb, Ha & Hc
Fb, Gc, Hb & Fc
…………………

« Fa » est un état de choses possibles[62]. « <Fa, Gb, Ha & Hc> » est une situation possible (l'équivalent d'un monde possible, conçu de manière ersatziste comme liste d'énoncés atomiques et complexes). Le point essentiel de la métaphysique des modalités de Wittgenstein dans le *Tractatus* est le rôle pivot de l'objet. Les formes de a, b, c sont données par la totalité des états de choses possibles dans lesquels ils peuvent figurer. Les objets doivent être simples pour pouvoir figurer dans tous les états de choses possibles.

On peut se demander s'il ne s'agit pas de particuliers minces, plutôt que de particuliers épais. Les objets en tant que simples semblent dépourvus de propriétés (ce qui règle peut-être le problème de la répugnance signalé plus haut), mais ils « contiennent également toutes les possibilités ». La racine de la possibilité (si on peut utiliser ce vocabulaire leibnizien) se trouve dans l'objet lui-même et plus précisément dans sa forme. La forme de l'objet permet le déploiement de l'espace logique des possibilités. Il est clair que d'après la stigmatisation quinienne des engagements modaux (cf. *three grades of modal involvment, supra,* p. 641-644), nous avons versé dans les ténèbres de l'essentialisme, c'est-à-dire du côté de l'attribution des modalités à la frontière du quiniennement admissible, pour nous engager ontologiquement à l'existence des entités (états de choses, situations) et pas seulement à des phrases, c'est-à-dire des événements physiques couplés à des *stimuli* comportementaux, comme dans la modalité *de dicto* — la charge d'essentialisme étant confortée par la distinction que fait Wittgenstein dans le même passage entre « propriétés externes » et « propriétés internes » des objets. Pour Quine, cette métaphysique des modalités serait une métaphysique des modalités *de re.*

Toute la difficulté de cette construction wittgensteinienne se concentre dans la détermination de la nature même de l'objet. Si notre diagnostic est juste, il s'agit d'une difficulté analogue à celle rencontrée par Armstrong dans son passage des particuliers épais aux particuliers minces.

Armstrong et l'interprétation du Tractatus

Armstrong, de son aveu même, a reçu l'impulsion d'un texte de Brian Skyrms (1981) : « Tractarian Nominalism », réimprimé en appendice du livre de Armstrong, ce qui en montre à la fois l'importance et une vertu intellectuelle, le sens de la dette. B. Skyrms interprète le combinatorialisme modal de Wittgenstein dans un sens nominaliste, ce qui prépare l'interprétation fictionnaliste d'Armstrong. Pour B. Skyrms, le nominalisme est défini comme la thèse qu'il n'y a pas de faits d'ordre supérieur (*in* Armstrong, 1989, p. 149).

Le nominalisme peut être défini de bien des façons. On peut le définir avec Occam comme l'affirmation qu'il n'y a pas en dehors de l'esprit autre chose que des particuliers. On peut le définir aussi comme le refus des universaux séparés des particuliers (en ce sens, il y aurait une tendance nominaliste chez Aristote même). On peut enfin le définir comme le refus d'un certain type d'entités superflues (cf. le fameux rasoir d'Occam : ne pas multiplier les entités sans nécessité) : haeccéités (et surtout haeccéités non exemplifiées), relations réelles, universaux transcendants, essences réelles et universelles... et faits d'ordre supérieur. Meinong admettait des objets (*Objective* et non *Gegenstände* ou *Objekte*) d'ordre supérieur identifiés *grosso modo* aux états de choses. Certains philosophes admettent des faits d'ordre supérieur, c'est-à-dire des faits qui dépendent d'autres faits ou même surviennent sur eux. Ainsi on pourrait analyser « penser » dans « je pense que Marie court », comme portant sur un fait d'ordre supérieur : je pense que le fait que Marie coure est vrai. « Le fait que Marie coure » est un fait d'ordre supérieur. Évidemment il n'y a pas de limite *a priori* de la hiérarchie des faits d'ordre supérieur. Dans « Paul croit que le fait que je pense que Marie court est aberrant », il y a un fait d'ordre supérieur au précédent : le fait que je pense que Marie court. On comprend que ce genre de fait mette en péril la parcimonie nominaliste.

Wittgenstein refuserait ce type de faits (d'où l'absence dans le *Tractatus* d'une théorie de la nominalisation, centrale par exemple chez Husserl). Si, dans un monde possible, Socrate est sage, ce qui est un fait de premier ordre (du type Ss), il n'y a pas de fait d'ordre supérieur comme « la sagesse est instanciée dans Socrate » (ce qui serait du type : Inst(S,s), à distinguer de Ss : on distingue le fait que la sagesse est instanciée dans Socrate du fait que Socrate est sage). Selon Skyrms, « Inst(S,s) » (notre formalisme) serait une « redescription » de « (Ss) » (*idem*). « Inst (S,s) » surviendrait sur « Ss », mais n'existerait pas comme fait autonome, indépendant de « Ss ». La conséquence selon Skyrms (assumée par Armstrong apparemment) est la suivante :

> « Ce qu'il [L.W.] veut nier est qu'il existe deux mondes possibles distincts qui ont en commun tous les mêmes faits de premier ordre[63] » (*op. cit.*, p. 149).

Armstrong esquisse une ontologie comportant des individus, des propriétés et des relations, qui toutes deux sont universelles. Comme on l'a vu, les états de choses contiennent des individus, des propriétés et des relations, ces dernières dépendant des individus. Armstrong introduit alors des « mondes wittgensteiniens ». Il le fait en définissant des états de choses purement possibles (*op. cit.*, p. 45). Ce qui est important dans cette optique fictionnaliste, c'est la manière d'introduire ces états de choses possibles :

> « La notion d'un état de choses possible est introduit *sémantiquement* [nous soulignons] au moyen d'un *énoncé* atomique » (*id.*).

Lewis considère que le nominalisme de Skyrms est une forme d'ersatzisme[64] alors qu'apparemment, selon Armstrong, Skyrms prend les possibles pour des non-existants, ce qui est également la position d'Armstrong. Il faut donc distinguer fictionnalisme et ersatzisme.

Fictions et ersatz

Pour un fictionnaliste, les possibilités *alien* (cf. *infra*) sont simplement des non-existants (ce sont de pures fictions). Un ersatzer (*i.e.* un philosophe qui réduit les mondes possibles à des succédanés) réduit, lui, les pures possibilités à des choses existantes : des ensembles par exemple ou même des ensembles structurés d'énoncés, obéissant à la théorie des modèles (Hintikka, 1969). On peut résumer ceci dans un tableau :

Possibilisme LEWIS	Les mondes possibles existent, l'actualité est indexicale
Actualisme PLANTINGA[65-66]	Les mondes possibles sont des alternatives au monde actuel
Ersatzisme HINTIKKA, SKYRMS STALNAKER[67]	Les *possibilia* sont réductibles à des choses qui existent
Fictionnalisme QUINE, ARMSTRONG	Les *possibilia* sont de pures fictions

La frontière entre fictionnalisme et ersatzisme est assez floue, car tout dépend des critères d'existence que l'on se donne, quand on dit que les *possibilia* sont réductibles à des choses qui existent.

Lewis dans PW critique l'ersatzisme (donc Skyrms, Hintikka, etc.) ; il laisse de côté la position fictionnaliste, qu'il a critiquée dans son compte rendu du livre de Armstrong, repris dans les *Papers in Metaphysics and Epistemology* (p. 196-214). La critique fondamentale de Lewis est que le combinatorialisme d'Armstrong est obligatoirement limité à un certain type d'existants, c'est-à-dire aux possibilités qui ne sont pas radicalement étrangères (*alien*). Si les *possibilia* sont des non-existants, ils ne peuvent être que des recombinaisons, ce qui ne rend compte que d'un type de possibilité, qui correspond chez Kant à l'imagination reproductrice, en laissant de côté la possibilité *alien* (l'imagination productrice, si on poursuit cette comparaison). Il est certain que le raisonnement modal quotidien consiste en de telles recombinaisons (par exemple : « s'il n'avait pas acheté un appareil numérique, il aurait pu aller à New York »), mais tout le problème est de savoir si nous devons et pouvons replier la possibilité en général sur la possibilité épistémique.

L'autre problème posé par le fictionalisme d'Armstrong, selon Lewis, est celui de la nature des vérifacteurs. Pour Armstrong, les états de choses sont, on l'a vu à plusieurs reprises, des vérifacteurs pour les propositions (1989, p. 42). Selon Lewis, pour toute vérité il faut un vérifacteur (ce que K. Mulligan appelle la vue « baroque » des vérifacteurs). Effectivement, Armstrong, dans un article récent (2002) publié en français, défend l'existence de vérifacteurs pour les vérités modales[68].

Lewis critique des vérifacteurs

Lewis pense que toutes les vérités n'ont pas de vérifacteurs — par exemple, les vérités négatives existentielles — comme

Il n'existe pas de chevaux ailés

Que pouvons-nous faire dans ce cas, si nous souhaitons (ce qui semble rationnel) avoir des vérifacteurs non pour des sous-ensembles de vérités, mais pour toutes les vérités ? Si nous étions meinongiens (si nous croyions en des objets non existants), les choses seraient évidemment plus faciles : le vérifacteur serait les chevaux ailés non existants[69], mais Lewis, comme Armstrong, repousse les objets non existants, pour des raisons d'économie ontologique et de quantification (comment quantifier sur ce qui n'existe pas ?). Il faudrait un falsifacteur, inverse du vérifacteur pour ce genre de négatives existentielles, falsifacteur de p qui ferait que p est faux, mais cela relève évidemment de la solution *ad hoc*. Prolifération ontologique, solution *ad hoc*. Renoncement à la quantification standard en faveur d'une quantification sur le non-existant (appelée par Lewis quantification meinongienne et rejetée par lui, cf. Nef, 1998, p. 232-239 et 250-251). Quoi d'autre ? Considérer que cet énoncé signifie « le concept de cheval ailé n'est pas instancié » ?

Mais quel est le vérifacteur de cette paraphrase frégéenne ? La non-instanciation d'un concept ? On combine alors deux difficultés : le passage à un ordre supérieur et l'inéliminabilité de la négation.

La difficulté cependant est selon Lewis beaucoup plus centrale : elle touche même à la prédication atomique simple, qui semblait un roc sur lequel bâtir la théorie de la vérifaction (*truthmaking*). Lewis déclare :

> « Que dire au sujet des prédications ? Elles semblent, pour la plupart, être vraies non en vertu du fait que les choses sont (*whether things are*), mais en vertu de comment les choses sont (*because of how things are*). (...) Même si nous assurons que les manières d'être sont des entités — des universaux ou des propriétés en quelque autre sens —, la prédication ne sera toujours pas vraie en vertu de la pure existence des choses et de la propriété. Elle est vraie simplement parce que la chose instancie la propriété » (1999, p. 204).

Cela s'accorde parfaitement avec le diagnostic que nous avons établi indépendamment un peu plus haut, simplement en examinant d'une manière critique le lien qui existe chez Armstrong entre prédication et état de choses. Il semble, comme on en avait le pressentiment, et comme le déclare nettement Lewis, que le véritable problème est à chercher du côté de l'instanciation, de sa nature et de son mécanisme exact. Qu'Armstrong ait laissé de côté ce problème est compréhensible, car on ne peut s'attaquer à tous les problèmes et dans le cadre de son fictionnalisme le plus urgent était certainement de préciser le lien entre la vérité et les vérifacteurs. Un soupçon s'installe : la théorie armstrongienne des vérifacteurs n'a-t-elle pas pour fonction, en fin de compte, de ne pas poser la question de l'instanciation, et de manière ultime celle de la nature des propriétés ?

Lewis offre une alternative à cette théorie des propriétés, sans les recours *ad hoc* auxquels on a fait allusion un peu plus haut à propos du traitement de certains types d'énoncés à l'aide de la vérifaction (*truthmaking*). Le prix à payer peut être jugé excessif, dans la mesure où c'est avec le réalisme modal accepter l'existence pleine et entière des *possibilia*, qui cessent d'être, comme le voudrait le sens commun (mais sûrement pas la science qui en a besoin), des fictions. Il faut cependant souligner que l'interprétation en termes de contreparties ôte un peu du poison essentialiste en proscrivant l'usage désordonné et intempestif des individus transmondains (*transworld individuals*) qui conservent de monde en monde leur précieuse essence plus ou moins reliée à la rigidité de leur nom propre, essence qu'ils transportent de monde en monde dans la custode de ce terme rigide, fantaisie métaphysique, qu'il ne faut pas confondre avec l'ersatzisme magique[70]. Lewis déclare par exemple que les individus transmondains sont des « individus impossibles (...) qui ne méritent pas notre attention » (PW, p. 210-211) :

> « Les parties de mondes sont des individus possibles ; les individus transmondains sont donc des individus impossibles » (PW, p. 211).

De ce point de vue, Lewis est plus proche de Quine que de Kripke ou des kripkéens : Lewis est un Quine qui croit aux individus possibles et qui en tire toutes les conséquences. Dans l'optique de D. Lewis, Quine est chauvin : c'est uniquement par une sorte de chauvinisme envers notre monde actuel qu'il repousse les possibles et ses arguments contre la logique modale qui sont de valeur inégale ne sont que des suites de ce rejet viscéral.

La seule manière de concevoir un individu transmondain serait de définir un individu X possible comme une partie d'un monde W, avec un individu Y qui en serait une sous-partie, Y étant alors une tranche (*stage*) de X. Les tranches d'un individu transmondain seraient alors les intersections des mondes qui se recouvrent. Mais comme le remarque Lewis, la composition d'un tel individu se heurte au problème du vague, car la composition en serait affectée. Lewis affirme que le vague est sémantique ou épistémique et qu'il faudrait donc pour admettre des individus transmondains, outre le schème de construction que l'on vient d'esquisser, restreindre correctement les lois de composition qui font que de n'importe quelle somme méréologique on peut former un individu. En toute rigueur on comprend que Lewis préfère ne pas s'intéresser aux individus transmondains, même s'il n'en rejette pas absolument la possibilité. L'individu transmondain des années 1970, sorte de Surfer d'Argent[71] qui ne se limiterait pas au monde actuel et qui de plus verrait se modifier ses propriétés de monde en monde, alors que le Surfer d'Argent reste lui-même, est une pseudo-construction qui suppose simplement une variation imaginaire d'un individu dans des scénarios possibles. Ce qui précède explique en partie que la sémantique kripkéenne ait souvent débouché sur le fictionnalisme modal, par exemple sous la forme des sémantiques en termes de possibilité réduite à la concevabilité.

Haeccéités et modalités

La question de l'identité des individus débouche sur la discussion de la doctrine suivant laquelle il peut exister une essence commune à deux individus dissemblables, une essence individuelle, une haeccéité, une ceci-ité (*thisness*). La doctrine qui affirme qu'une telle essence individuelle existe et est le fondement de la non-diversité absolue (cf. Duns Scot sur la différence individuelle, *supra*, chap. XIII) est appelée par David Kaplan l'haeccéitisme. Lewis cite ce texte de ce philosophe extrêmement influent en ce qui concerne la sémantique et la métaphysique des indexicaux :

> « La doctrine qui soutient d'une part au sens de se demander — sans une référence à des attributs ou un comportement communs — si *ceci* est le même individu dans un autre monde possible, d'autre part que les individus peuvent être étendus dans l'espace logique (*i.e.* à travers les mondes possibles) d'une manière tout à fait comparable à ce que nous considérons être leur extension dans l'espace physique et le temps, et enfin qu'une commune ceci-ité (*thisness*) peut soutenir leur extrême disimilarité ou qu'une ceci-ité distincte peut soutenir une grande ressemblance, j'appelle

> [une telle doctrine] haeccéitisme. (...) La vue opposée, l'*anti-haeccéitisme,* soutient que pour des entités distinctes des mondes possibles il n'y a pas de notion d'être transmondain (*transworld being*) (...) Mais [pour l'anti-haeccéitisme] il n'y a pas de réalité métaphysique de la similitude ou de la différence qui se tient sous les vêtements [= les attributs] » (David Kaplan, « *How to Russell a Frege Church* », cité dans PW, p. 220).

Caractérisé de cette façon, l'anti-haeccéitisme est très proche du rejet des particuliers nus chez Sellars. S'il existe des particuliers nus, deux particuliers sans propriétés peuvent différer qualitativement. Les particuliers nus, même s'ils étaient indiscernables par leurs propriétés, posséderaient cependant la propriété d'être celui-ci ou celui-là, si nous acceptons l'haeccéité comme une propriété de tout particulier, nu ou pas. La différence haeccéitique consiste en ce que deux particuliers même extrêmement dissemblables possèdent en commun une essence individuelle, leur haeccéité. On peut donc en conclure qu'il existe une différence haeccéitique entre des particuliers nus et que donc rejeter les particuliers nus, c'est rejeter l'haeccéitisme et que rejeter l'haeccéitisme, c'est rejeter les particuliers nus. Armstrong est un partisan modéré des particuliers nus (qu'il appelle des particuliers fins, c'est-à-dire légèrement vêtus). Donc quand Lewis déclare rejeter l'haeccéitisme (ce qui est cohérent avec son rejet des individus transmondains), il rejette du même coup les particuliers fins d'Armstrong (ce qui est effectivement le cas) et toutes les choses sont alors en ordre : une décision métaphysique ultime en ce qui concerne l'identité des individus concerne bien l'admission ou le rejet des essences individuelles. Il semble qu'il y ait alors une difficulté dans la position d'Armstrong que la position de Lewis permet d'apercevoir. Si pour Armstrong un « a » est un particulier, avant l'instanciation de « F » il est un particulier fin et il a donc une essence individuelle pour cet être — cet « a » et pas un autre. Il semble que par ailleurs Armstrong n'admettait pas d'essences individuelles, puisque pour lui l'essence est définie, semble-t-il, par un ensemble de propriétés générales. La nature inscrutable du particulier fin se dérobe, une fois de plus, à notre analyse.

La question de l'haeccéitisme peut recevoir une illustration qui en fait comprendre la réalité, même à partir de raisonnements quotidiens simples. L'exemple est de Lewis (PW, p. 231 *sqq.*). Imaginons que je sois heureux dans ce monde et que je pense au monde dans lequel je suis le pauvre Fred, malheureux (peut-être, dit Lewis, pour rendre grâce à Dieu). Si je pense au monde dans lequel je suis malheureux, Lewis ne pense pas que je pense à un monde qualitativement différent du nôtre. Je pense simplement à un Fred malheureux, à un individu possible qui pourrait être une partie de ce monde-ci (je ne pense pas que je pourrais être malheureux dans un autre monde, mais dans celui-ci). L'haeccéitiste pense que j'ai un double qualitatif de ce monde où des déterminations non qualitatives *de re* (être pauvre, boiteux, etc.) me lieraient à la contrepartie qualitative de Fred. Lewis pense que cela ne rend pas compte de ma pensée qui a pour contenu le fait d'être malheureux dans ce monde-ci.

> « L'anti-haeccéitisme est la thèse que la représentation *de re* est déterminée par le caractère qualitatif » (PW, 223).

Dans ce cas, la représentation *de re* du pauvre Fred est déterminée purement et simplement par le caractère qualitatif des déterminations et non par une différence haeccéitique entre deux mondes, l'un où je suis heureux, l'autre où je suis malheureux. Si l'on généralise au cas où je pourrais être quelqu'un d'autre, l'haeccéitiste pense qu'il y a un quelque chose qui est moi et qui est ce quelqu'un d'autre, tandis que l'anti-haeccéitiste pense simplement que la représentation *de re* de moi comme quelqu'un d'autre est déterminée par les différences qualitatives entre ce quelqu'un d'autre et moi. Je peux penser de deux manières que je suis quelqu'un d'autre : comme une essence qui se revêt d'un autre vêtement (comme dans la nouvelle de Théophile Gautier *Avatar*[72]), ou comme réellement quelqu'un d'autre : quelqu'un dont les déterminations qualitatives altèrent radicalement la représentation. Cette deuxième pensée peut revêtir un sens, si par exemple je pense que mon essence est contingente et que j'aurais pu avoir une autre essence. D'après Lewis, être identique à Fred est possible dans la pensée que j'aurais pu être le pauvre Fred — j'aurais donc pu être lui — mais il n'y a aucune raison de penser que le monde aurait pu être tel que j'aurais été le pauvre Fred — je ne peux en fait remercier Dieu d'avoir fait ce monde et pas l'autre, celui de ce pauvre Fred ! Je peux le remercier d'être moi-même mais pas que ce monde est ce qu'il est, parce que tout simplement être ce pauvre Fred serait l'être dans ce monde. Lewis dit que « c'est une possibilité pour moi, pas pour le monde » (PW, p. 232). La théorie des contreparties consiste à dire que si j'avais fait une faute de frappe (que je n'ai pas faite en réalité), ce n'est pas dans un monde possible ni différent de ce monde que cette faute de frappe a été faite par moi, mais qu'il existe une contrepartie de moi dans notre monde qui aurait pu faire une faute de frappe, — ce qui permet de construire les mondes possibles à partir des individus possibles et pas l'inverse. Ceci garde l'intuition qu'au moins dans certains contrefactuels il est important que ma contrepartie soit différente dans ce monde (il peut y avoir évidemment des cas où ma contrepartie fait partie de mondes où un grand nombre d'individus possibles diffèrent du nôtre, et où donc le contrefactuel se déroule dans un monde différent du nôtre, par exemple dans « si tout le monde était malhonnête, je ferais tout de même scrupuleusement ma déclaration d'impôts »).

CHAPITRE XIX

L'avenir de la métaphysique

La singularité du visage d'Isabelle était faite de ces blancheurs du linge, de ces éclatantes étendues de mer calme entre deux coups de ressac, de ces plages accueillantes de lumière lisse...

Julien Gracq, *Œuvres complètes*, I, p. 276.

Ce n'est pas parce que nous pensons d'une manière vraie que tu es blanc, que tu es blanc, mais parce que tu es blanc, qu'en disant que tu l'es, nous disons la vérité.

(Aristote, *Met.* θ 1051 b 78).

Et un jour qu'il se présentait torse nu devant son mur, il ne vit plus son torse ! Il avait beau le bomber il ne voyait plus que le nu de son torse ! À se taper la tête contre le mur ! Ce qu'il fit, croyant que c'était son miroir.

Raymond Devos, inédit.

La situation actuelle de la métaphysique détermine naturellement son avenir. On a cru faire l'histoire uniquement du passé d'une illusion. Nous avons montré que le XXe siècle était une époque où s'est déployée la métaphysique, sur fond de nihilisme et de scepticisme global, qui a pris les formes de l'irrationalisme, de la pensée post-métaphysique ou du déconstructionnisme. Qu'en est-il de ce XXIe siècle commençant ? La périodisation en siècles est arbitraire, mais c'est une commodité, ici pour examiner l'avenir immédiat de cette discipline.

Nous avons affirmé, avec D. Armstrong, que le véritable choix métaphysique était entre le réalisme modéré, défendu justement par Armstrong, et le particularisme représenté par la métaphysique des tropes. Nous avons tenu à présenter en détail le débat entre Lewis et Armstrong, pour nuancer cette affirmation : le réalisme modal possède aussi une force spéculative de provocation immense et on ne peut l'écarter d'un revers de main, avec un gros bon sens ou, pis, une ironie facile. On montrera que le véritable choix est double : entre fictionnalisme et réalisme modal et entre universalisme et particularisme. Le premier point a été déjà déblayé et nous commencerons par exposer ce qui concerne le second point, avant de voir s'il y a un lien entre les deux ordres de problèmes (ce qui *a priori* n'est pas certain).

La métaphysique des tropes suscite des réactions de type « réalisme nunuche » : « tu as vu des tropes ? », ou « réalisme bonhomme » : « les tropes n'existent tout simplement pas », etc. Il faut donc expliquer en quoi les tropes peuvent êtres des briques de la réalité et ne pas être forcément perçus et quel est leur type d'existence, puisque chaque métaphysique détermine son concept d'existence, que ce soit chez Aristote, Avicenne, Wolff, Leibniz, Kant, Frege ou Lewis.

Coup d'œil rétrospectif

> *« Nous ne pouvions laisser rouiller, inutilisée, l'arme métaphysique. »*
>
> T.E. Lawrence, *Guérilla dans le désert.*

Les thèmes de la fin, du dépassement, de l'accomplissement et de la mort de la métaphysique ne renferment pas de véritable argument. Il s'agit d'une suite de récits, de mythes dont toute culture a besoin, mais une culture est également jugée par l'inconsistance de ses mythes et leur caractère défaitiste. Il y a d'ailleurs une contradiction interne entre la thématique de l'accomplissement et celle de la destruction. L'impression se dégage que la métaphysique désigne dans tous ces développements un obstacle que la pensée renferme au plus profond d'elle-même et que la haine de la métaphysique n'est souvent que haine de la pensée, et presque toujours de la raison, « instrument des instruments » (Leibniz).

Nous avons voulu au début de ce livre faire une sorte d'exégèse des lieux communs liés à la métaphysique. C'est une tâche ingrate, qui expose à bien des méprises et des avanies. Qu'il soit bien clair cependant que ce sont les lieux communs qui sont interprétés, en ce qu'ils renvoient indirectement à quelque vérité, et pas les penseurs qui se sont enfoncés dans cette pensée qui se veut vespérale et qui n'est souvent que crépusculaire. Hegel a dit que dans la nuit de l'absolu tout est gris, nous pouvons, nous, affirmer qu'entre chien et loup les couleurs commencent à s'estomper, les apparences à s'échanger.

Un des résultats de cette exégèse des lieux communs est de nous avoir conduits au centre résistant de la volonté de détruire la métaphysique, l'hypothèse d'une alliance intime entre théologie, ontologie et logique. Nous avons exposé longuement cette hypothèse, qui à la différence des simples lieux communs précédemment décrits (mais auxquels elle emprunte aussi) a l'avantage de pouvoir être confrontée avec quelque chose, en l'occurrence l'histoire de la métaphysique.

Nous avons confronté l'hypothèse onto-théologique à toute une série de doctrines et de textes, choisissant les éléments qui lui semblaient favorables et le résultat de cette enquête a été que cette hypothèse est dans son fond dépourvue de raisons, qu'elle est en partie gratuite et qu'appliquée aux textes mêmes de la métaphysique elle échoue à se justifier, car d'une part les relations entre logique, onto-théo-logie et logique sont moins uniformes et beaucoup plus complexes qu'on pourrait le supposer quand on se contente de penser à un « calme bloc ici-bas chu d'un désastre obscur » (Mallarmé, « Le tombeau d'Edgar Poe », *Poésies,* 1899), *la* métaphysique. Nous avons refusé la facilité de parler des métaphysiques au lieu de la métaphysique, mais le résultat est le même : là où l'on pouvait s'attendre au ressassement d'une combinaison donnée une fois pour toutes, nous avons vu déplacements, inventions et ruptures.

C'est avec la « mystique de l'être » que cette enquête post-onto-théo-logique nous a permis de rompre le plus radicalement. Qu'il y ait une histoire de l'être, que celle-ci soit celle de son voilement progressif, de l'occultation d'une vérité originaire, nous est apparu progressivement comme une thématique locale et dépourvue de pertinence. À la place, nous avons relevé, à la suite de multiples travaux récents, des filiations plus secrètes et plus fondamentales, notamment en ce qui concerne la nature du possible et la possibilité d'un particulier dénué de toute propriété.

La généralisation de la déconstruction®, sa transformation en jeu de société, nous a inspiré quelques réflexions acerbes, mais il fallait répondre à l'arrogance précieuse par l'ironie et, finalement, le rire — à l'absence d'argument on ne peut répondre par un argument. En tout cas, la déconstruction® n'est apparue que comme une variante encore plus inconsistante de la destruction, qui au moins a un élément de surmontement (*Überwindung*).

La seconde partie de l'ouvrage a été consacrée à fournir les pièces du dossier d'une métaphysique vivante post-nietzschéenne. Cette partie a été celle des choix douloureux, mais vers la fin de ce travail, avant que soit échue la tâche d'indiquer quelques pistes de recherche pour le futur, je persiste à penser qu'il était effectivement plus instructif d'être très sélectif sur les doctrines présentées. Je regrette un certain déséquilibre en faveur de la métaphysique de langue anglaise, mais cela est dû en partie aux hasards de la rédaction, tout en étant justifié par l'importance des développements métaphysiques dans cette culture. Il n'eût été possible de parler longuement de Ingarden, par exemple, qu'en éclaircissant les relations entre métaphysique et phénoménologie, point aveugle du livre, et l'ampleur entrevue de la tâche a fait que j'ai préféré, pour ne pas être superficiel, et répéter ce qui avait déjà été dit, réserver cela à plus tard. De plus, le caractère confus de beaucoup de développements dans ce domaine, les tentatives récentes d'œcuménisme récupérateur m'ont plutôt découragé. Je ne crois pas que le moment de la grande unification entre la phénoménologie, la pensée analytique de style épistémologique ou wittgensteinien soit venu : comme en physique l'unification viendra à son heure d'une théorie beaucoup plus puissante et non d'un collage ou d'un accouplement des divers champs concernés.

L'exposition des métaphysiques du XXe siècle obéit à une logique qui n'a peut-être pas assez été rendue sensible, mais que le lecteur a sans doute décelée. Il s'agissait en fait d'un parcours conceptuel, plus qu'historique : ce parcours comportant comme étapes la pensée des faits (avec Russell), de la substance (avec McTaggart), puis celle de l'événement (avec Whitehead), celle des états de choses (avec Armstrong), celle des propriétés et des mondes possibles (avec D. Lewis) et enfin celle des particuliers abstraits ou tropes (avec D.C. Williams et J. Bacon) (cf. *infra*). De la substance aux tropes, un itinéraire est dessiné, qui, chemin faisant, présente quelques figures et les arguments principaux en présence, en ce qui concerne l'utilité des états de choses, la viabilité des tropes. Les alternatives et les choix sont laissés ouverts ; la pièce n'est pas finie, mais l'intrigue est nettement dessinée. Il est clair que rien ne permet de prévoir quelle voie est la bonne, ou même s'il est judicieux de se limiter à une seule. Par contre, il est clair que les concepts d'essence, de vérité jouent de fait un rôle central dans l'état actuel de la dispute métaphysique.

On aura compris, au fil des pages, que la perspective métaphysique qui est la mienne et que j'ai énoncée explicitement, pour que le lecteur soit libre d'exprimer plus facilement ses désaccords, est celle d'un réalisme particulariste et d'un actualisme modéré. J'ai voulu rendre compte de deux intuitions centrales (cela est une concession aux bergsoniens qui seront contents de voir l'intuition derrière la machine) : d'abord celle de la singularité de tout existant. Même si des doubles haeccéitiques étaient possibles, ils seraient individualisés par l'espace, si on admet que le recouvrement, la superposition complète est impossible — on serait tenté de dire avec Duns Scot que même si cela était possible, dans un monde où les lois métaphysiques seraient différentes, la singularité demeurerait en vertu de la distinction formelle. Ensuite, l'intuition que les choses auraient pu être différentes de ce qu'elles sont. Le réalisme modal est une réponse sensée à cette intuition, mais certaines de ses conséquences en ce qui concerne l'indexicalité de l'actualité font que la position qui a été suivie de manière largement implicite a été celle d'un actualisme où notre monde garde une partie de ses privilèges.

Un thème rebattu a été volontairement mis entre parenthèses : celui du nihilisme. Il m'a semblé qu'il s'agit d'un concept trop massif recouvrant des choses trop différentes. Cependant de quelque manière qu'on le définisse (vacance des valeurs, passivité, scepticisme radical), on aura lu dans ce livre, je l'espère, la construction d'une pensée non nihiliste. L'idée d'une sortie du nihilisme est aussi absurde que celle d'une sortie hors de la métaphysique. Le nihilisme, phénomène social et culturel, est une réalité empirique : la massification des sociétés et des cultures passe par un doute général sur le bien-fondé de nos projets, une passivité ronchonne, l'incapacité constitutionnelle de revendiquer la moindre valeur transcendante (serait-ce celle de la vérité). L'activité métaphysique ne peut s'abstraire de ce contexte. Elle s'est exercée dans des contextes au moins aussi défavorables : l'effondrement de la civilisation gréco-latine, la confusion du pape et de l'empereur, les massacres de masse du XXe siècle. On peut même soutenir, avec Wittgenstein, que si l'époque est au plus bas du déclin spirituel, il reste au moins la technique et la science exacte comme correctifs — d'où le choix d'une philosophie exacte, analytique et non existentielle, non comme un bien mais comme un moindre mal. Dans cette période de décadence, une philosophie existentielle semble vouée à l'échec, de même qu'une grande métaphysique spéculative.

Si l'on devait attendre le beau temps pour sortir, on resterait à la maison. Si l'on devait attendre une éclaircie du nihilisme contemporain, on se contenterait de ne rien faire et d'attendre, ce qui est assez ennuyeux à la longue. La métaphysique peut, par contre, aider à l'analyse de concepts fondamentaux pour la réflexion politique, environnementale et religieuse, puisque la toute-puissance de l'État, dans son impitoyable despotisme administratif, la possibilité d'une destruction absolue et irréversible de l'environnement global et le déchaînement archaïque du fanatisme sont des manifestations criantes du nihilisme. Être nihiliste, c'est se confier à l'État, attendre passivement le bétonnage intégral et s'effrayer de la dégradation des idées religieuses, réduites à des facteurs d'affrontement. L'activité métaphysique consiste à sortir de ce sommeil nihiliste, pour fournir à l'éthique, à la science politique, à la théologie naturelle des instruments conceptuels nécessaires, pour éviter le pire du nihilisme : l'incapacité de penser ses effets[1].

Nous avons défendu tout au long de ce livre la possibilité d'une métaphysique qui conserve l'idéal théorique ou, mieux, théorétique des Grecs, et c'est dans cette optique que nous avons souligné l'importance des métaphysiques spéculatives, l'insuffisance des descriptions et des analyses conceptuelles menées pour elles-mêmes. Un coup d'œil rétrospectif sur ce grand siècle métaphysique, qui fut aussi celui des massacres de masse, la tentative d'anéantissement du peuple chargé de l'espoir messianique, me semble confirmer que le totalitarisme, sous toutes ses formes, repose sur la dévalorisation de la théorie, l'apologie de la pratique, ce que l'on peut constater à la fois dans la révolution conservatrice allemande, l'idéologie nazie et la tyrannie stalinienne. Husserl, dans la *Krisis*, en avait appelé à la résurrection de l'idéal théorétique. Cette résurrection est impossible sans une renaissance de la métaphysique et elle passe par une combinaison de l'idéal contemplatif des Grecs et de l'attente messianique des Juifs, afin de mettre en doute le pragmatisme vulgaire qui est devenu la philosophie spontanée du nihilisme.

Dans l'introduction à cet ouvrage, nous avions insisté sur les différents programmes de recherche qui existent dans la métaphysique actuelle. Au terme de ce long parcours, pouvons-nous resserrer un peu les alternatives ou même nous prononcer sur la direction à prendre ? Le recul que nous avons dû prendre relativement à l'histoire de la métaphysique a ceci de positif qu'il inscrit nécessairement les développements contemporains dans une histoire de longue durée. Dans cette histoire au long cours, le surgissement de questions fondamentales comme la nature de l'identité, la critique des particuliers nus, l'interrogation sur la nature de l'actualité, le statut des choses possibles, apparaît plongé dans une problématique plus vaste encore qui concerne le statut de l'essence et de l'existence. À de multiples reprises, nous sommes revenu sur cette énigme à la fois logique et ontologique de l'existence. Ni l'existentialisme, qui règle le problème en inversant leur relation, ni l'essentialisme vulgaire, qui se contente d'identifier l'essence avec la nature des choses, ne peuvent éclairer l'articulation de l'existence et de l'essence. Il nous a semblé que cette articulation devait être cherchée dans le possible lui-même, à condition de ne pas le réduire à du cogitable, du concevable, du non-contradictoire. D'autre part, la question de l'existence est inséparable de celle de la nature des propriétés, car exister, c'est être quelque chose qui a certaines qualités. De ce concours de raisons se dégage un programme qui nous semble à la fois viable et utile : une théorie modale des propriétés particulières, qui tienne compte de la prédication. Les développements qui peuvent sembler prometteurs pour une telle métaphysique des propriétés particulières sont liés à la découverte et à l'analyse du concept de « tropes », entendus comme des particuliers abstraits. C'est à eux qu'il faut consacrer quelques réflexions, si l'on veut mesurer les progrès à faire en métaphysique.

La métaphysique des tropes ou « le vent des accidents » (Montaigne)

L'origine du terme trope est désormais bien connue. Il s'agit d'une création accidentelle, assez malheureuse. Pour le créateur du terme, D.C. Williams[2], un trope, c'est l'occurrence d'une essence et cette définition inverse celle de Santayana[3] : essence d'une occurrence. Santayana a consacré un chapitre de son livre *The Realm of Essence* aux tropes et la définition qu'il donne du trope est la suivante :

> « Je donnerai donc un nom distinct à l'essence de tout événement, en tant que distinguée de cet événement lui-même et j'appellerai cela un trope » (*op. cit.*, p. 293).

Pour lui, les tropes sont des « patrons unitaires (*unitary patterns*) que l'on peut distinguer dans le mouvement des choses » (*ibid.*, p. 305).

Dans la même ligne de pensée finalement, celle qui consiste à réserver un concept à ce qui est distingué comme assurant une unification de l'apparence, mais sans reprendre le vocabulaire essentialiste de Santayana, D.C. Williams (1951) définit par « trope » un « particulier abstrait ». Abstrait au sens où nous le dégageons par un acte d'abstraction. Cette tasse est blanche ; ce que je perçois est une tasse blanche ; ce que je conçois est la dépendance de la couleur à l'égard d'une surface, d'ailleurs assez complexe, un type de tore. Si j'abstrais la propriété d'être blanche pour cette tasse, en bref le blanc de cette tasse, je dégage un particulier abstrait : la propriété abstraite et particulière pour cette tasse d'être blanche. Les Médiévaux, comme le montre en détail A. de Libera (2003), qui ouvre un nouveau type d'histoire de la philosophie médiévale, l'histoire critique d'un problème à partir de la texture ouverte de ce problème dans la problématique contemporaine, les Médiévaux, donc, ont exploré cette possibilité qui consiste à admettre des propriétés individuelles, puisque dans notre exemple le particulier abstrait « la blancheur de cette tasse » est une propriété individuelle de cette tasse, que l'on pense la propriété comme un constituant de la structure ontologique ou comme une manière d'être, peu importe ici. Ensuite cette possibilité conceptuelle a été reprise par les empiristes, les idées de Locke ou de

Berkeley étant des particuliers abstraits, quoique la reconstruction de leur doctrine en ces termes montre chez eux des hésitations complexes. Meinong, dans ses *Hume-Studien*, a admis des propriétés individuelles. Brentano en discute la pertinence dans ses écrits posthumes. Russell envisage leur possibilité, pour la rejeter. D.C. Williams, en 1953, reprenant des idées du psychologue et philosophe G.F. Stout, a proposé un programme métaphysique cohérent avec les tropes, conçus comme l'alphabet de la réalité. J. Bacon (1995) a formalisé en partie la théorie des tropes après que Campbell eut écrit sur le sujet le livre classique (Campbell, 1990). Il ne s'agit pas ici de faire plus que ce bref repérage historique, mais de montrer à quelles questions répond l'invention de cette métaphysique.

La métaphysique des tropes est liée à la métaphysique des faisceaux (*bundles)* sans que nécessairement toute métaphysique des tropes soit une métaphysique des faisceaux. Les faisceaux sont des collections de propriétés. Ce terme est choisi en désespoir de cause : les particuliers ne sont pas des ensembles de propriétés (trop peu de structure), ni des touts méréologiques (pour des raisons analogues). Le faisceau est un mode d'organisation précis qui relie des éléments par un lien sans établir *a priori* de hiérarchie entre ces éléments. C'est bien ce dont on a besoin comme point de départ. Russell admet en certains endroits la théorie des faisceaux, suivant sur ce point des suggestions de Leibniz dans sa doctrine des concepts individuels, mais considère que les propriétés mises en faisceaux sont des propriétés générales. Le problème naturellement des faisceaux est double : i) les propriétés sont-elles générales (Russell, Armstrong) ou individuelles (Stout-Williams-Campbell) ? ii) quel est le lien des propriétés dans le faisceau ?

Ces deux questions ne sont pas artificielles. Elles se posent dès que l'on réfléchit aux faits métaphysiques fondamentaux que l'on peut définir comme des faits de second ordre d'un genre spécifique. Un fait atomique est un état de choses composé de particuliers. Par exemple Fa, Gb, etc. Un monde possible est un ensemble d'états de choses : Fa & Gb & Hab... Un fait métaphysique est un fait qui survient sur les états de choses d'un monde possible pour en dégager des lois. Prenons un exemple : soit un monde possible m composé seulement de trois états de choses Fa, Fb, Fc. Un fait métaphysique relatif à m est qu'il n'y a qu'une propriété dans m, un second fait métaphysique est que dans m il n'y a que des propriétés, pas de relation. On peut à partir de là définir deux faits métaphysiques fondamentaux pour le monde actuel[4] :

I. Les étants concrets sont des particuliers qui diffèrent numériquement les uns des autres et qui ont le plus souvent des différences qualitatives.

II. Les étants concrets forment des unités formées d'éléments qui restent attachés à ces étants et ne se dispersent pas dans l'espace logique.

Le point I dans l'histoire critique des idées métaphysiques qu'on a exposée concerne le problème de la connaissance du singulier et de son nécessaire fondement ontologique (puisque le point de vue choisi tout au long de l'ouvrage a été la dépendance de l'épistémologie à l'égard de la métaphysique). On a insisté sur le fait que l'aristotélisme classique bute sur ce problème et échoue en partie, jusqu'à ce qu'Occam déclare que tout étant concret (*i.e.* extramental) est individuel (cf. Panaccio, 2001). La théorie la plus sophistiquée, à côté de celle des tropes, celle des vérifacteurs, bute aussi sur ce problème, quand il s'agit de préciser la nature de la relation entre « F » et « a » dans l'état de choses. La critique lewisienne des vérifacteurs rend encore plus criante la nécessité d'une pensée de la nature des fondements *de re* des vérités.

Le point II concerne l'intuition fondamentale à laquelle répond le concept de substance-substrat ou de substance-essence (puisque l'*ousia* peut être *essentia* ou *substratum*[5]). On l'a cependant examiné, les pensées de l'essence et du substrat sont exposées à des difficultés persistantes. D'une part la question des essences individuelles continue à se poser (*pro* : Chisholm, Kaplan, Rosenkrantz ; *contra* : Lewis), d'autre part la question de l'individualité des particuliers nus (qui sont bien des *substrata* de l'identité numérique et des propriétés) est loin d'être résolue ou même complètement éclaircie.

Le problème est le suivant. Si nous raisonnons en termes de substances, nous souhaitons avoir des substances individuelles ou individualisées (point I) et nous souhaitons que ces substances forment le lien des propriétés (point II), mais si les propriétés sont générales, qu'est-ce qui fait l'individualité de la substance ? Le substrat ? Mais il n'est ni particulier ni général, il est nu (Avicenne soutenait qu'il est indifféremment universel et singulier, ce qui est peut-être la réponse la plus sage, mais aussi profondément décevante). Les propriétés ? Mais en général si l'on admet la substance, on admet fort logiquement qu'elles sont générales (Leibniz représentant de ce point de vue une exception compliquée ; cf. Nef, 2004). D'où vient l'individualité ? La réponse classique est donnée par Brentano : la substance individualise les propriétés qui lui sont inhérentes. Fort bien. Comment un substrat nu peut-il individualiser ? Il est un peu *ad hoc* de se donner comme Armstrong des propriétés pour ce substrat, de manière à tailler sur mesure un particulier fin, assez fin pour ne pas avoir vraiment de propriétés, assez épais pour être individualisé.

Si maintenant nous raisonnons en termes de propriétés et disons adieu à la substance, nous ne sommes pas en meilleure posture : ces propriétés sont-elles générales, ou individuelles ? Et surtout comment tiennent-elles ensemble ? Nous voici ramenés au point II. L'univers est bizarre, son étoffe pleine de trous, mais après tout les choses tiennent ensemble, il y a des lois scientifiques, on peut continuer à préparer ses vacances d'été avec une sécurité minimale : nos enfants n'échangent pas leurs propriétés, le lieu de villégiature ne sera pas brutalement amputé de l'une de ses coordonnées spatio-temporelles, je ne perdrai pas par distraction ou négligence une de mes tranches temporelles (et évidemment comme toujours celle dont j'ai vraiment besoin), etc. À force de vivre dans un monde ontologiquement à peu près en ordre, on s'habitue à un confort métaphysique et donc minimum ; on ne réfléchit pas à la machinerie qui est à la base de ce déroulement apparemment bien huilé. Comme le dit quelque part Kierkegaard, dans un autre contexte, celui de la critique religieuse de la superficialité existentielle, nous dansons sur des parquets bien cirés au-dessus des abîmes, ou, en termes naturalistes : nous avons besoin pour réagir aux changements de l'environnement de ne pas réfléchir trop aux catégories qui nous permettent de l'appréhender. Une mouche métaphysicienne se fera gober par la grenouille.

Si on raisonne en termes de structure du monde, les objets appartiennent à des états de choses où ils se rapportent les uns aux autres, les états de choses s'agglomèrent pour former des mondes et si on fait le saut du réalisme modal, les mondes appartiennent à un vaste conglomérat de mondes possibles. La base de toute cette construction, Armstrong l'a montré avec clarté, est la combinaison d'un particulier et d'une propriété et donc, on l'a soutenu, la base ultime est la propriété, complètement inéliminable (*pace* Quine). Ces propriétés, comment tiennent-elles ensemble ? Est-ce Dieu, comme le déclaraient certains scolastiques ou Wittgenstein dans ses *Carnets*, qui est le lieu, la quoddité (Wittgenstein) ou la quiddité des états de choses ? On peut lire en effet à la date du 1er août 1916 dans les *Carnets* : « Dieu est la manière dont tout a lieu » (*op. cit.*, p. 148).

La grandeur métaphysique de notre époque est de se passer de Dieu quand on en a besoin ; c'est notre forme de noblesse, peut-être la seule qui reste. Y a-t-il un ciment ontologique, une colle métaphysique qui fait que ça tienne ? On ne peut pas revenir aux théories de la sympathie, de l'affinité des propriétés les unes pour les autres, la science nous a enlevé les écailles des yeux de ce côté-là. Cependant nous sommes devant un choix. Ou comme les atomistes anciens nous déclarons qu'une chose concrète, particulière est simplement la juxtaposition d'éléments, et donc que nous n'avons pas besoin de lien ou de relation entre ces relations, ou bien nous postulons, à juste titre me semble-t-il, que le seul fait pour ces éléments d'appartenir au même faisceau (cf. *supra* l'exemple de la pomme) pose une relation de comprésence (*togetherness*) et que la tâche du métaphysicien est de préciser la nature et les propriétés de cette relation, tout en retenant d'une part de la thèse atomiste que nous ne devons pas postuler d'éléments supplémentaires, dont la fonction serait simplement d'assurer la cohésion ontologique et d'autre part des critiques de l'affinité sympathique que la loi de l'amour ne peut suffire à expliquer ladite cohésion[6]. Il existerait une voie périlleuse qui consisterait à défendre l'idée que cette cohésion n'existe pas et que c'est une illusion du « sujet métaphysique », mais je crois que cette voie conduit à se contredire soi-même : qu'est-ce qui garantirait alors que je ne me trompe pas radicalement moi-même, si je peux être abusé à ce point-là sur un point fondamental ? On ne peut exclure radicalement cette hypothèse, ce qui donne aux conclusions métaphysiques un caractère probabiliste, mais on ne peut non plus le prouver complètement, car cela conduit à se contredire soi-même. La difficulté avec la thèse atomiste (la juxtaposition ne réclame rien de plus, pas de relation ajoutée), c'est d'expliquer l'existence du continu. Cela dit, on peut très bien supposer que la constitution granulaire de l'espace soit si fine qu'elle échappe à tout pouvoir d'appréhension et donc que la continuité est plus un idéal régulateur qu'une constatation empirique. Si les partisans de la granularité de l'espace physique l'emportaient, évidemment cela aurait des conséquences pour notre conception de l'espace, mais pas forcément pour notre ontologie. Ce sont les ontologies qui réclament le continu, comme celle de Peirce, qui seraient les plus vulnérables.

Tropes et substances ou tropes ou substances ?

> *... toutes choses sont ainsi :*
> *Un mirage, un château de nuages,*
> *Un rêve, une apparition,*
> *Sans réalité essentielle ; pourtant leurs qualités peuvent être perçues.*
>
> *Samadhirajasutra.*

Deux solutions au moins se présentent (outre celle du réalisme modéré d'Armstrong dont on a vu pourquoi il est difficile de l'épouser) : soit essayer malgré tout de concilier tropes et substances (Armstrong lui-même par instants semblant attiré par cette solution), ou bien prendre la voie plus escarpée du particularisme radical, en acceptant des faisceaux de propriétés individuelles sans substrat.

La première solution consiste donc à admettre dans notre ontologie bicatégorielle des tropes *et* des substances. La seconde à défendre une ontologie monocatégorielle, celle des tropes seuls. On peut en effet se représenter les choses ainsi : nous avons en fait deux niveaux de choix, entre une ontologie mono ou bicatégorielle, puis si nous choisissons une ontologie bicatégorielle un deuxième choix, entre deux possibilités, dont l'une, l'ontologie de Armstrong, a été écartée plus haut :

Ontologie bicatégorielle *vs* monocatégorielle (tropes).

Ontologie bicatégorielle : deux possibilités a) universaux + particuliers (Armstrong), b) substances + tropes.

L'avantage de cette solution bicatégorielle saute aux yeux : nous avons le beurre et l'argent du beurre, la substantialité et l'individualité. Il reste cependant un nombre important de questions à discuter : quelle est la relation exacte entre les substances et les tropes ? Les tropes sont-ils dépendants des substances ? Sont-ils fondés sur les substances ? Accompagnent-ils les substances ? Sont-ils des manières d'être des substances ? La substance est-elle un noyau de tropes essentiels au particulier en question ?

Toutes ces relations sont en effet différentes les unes des autres. La dépendance (cf. Correia,

2002), comme on l'a vu, est unilatérale ou bilatérale, forte ou faible, spécifique ou générique. Limitons-nous à la dépendance unilatérale faible spécifique. On dira que A dépend de B, si A n'existe pas en l'absence de B — ce blanc n'existe pas en l'absence de cette surface blanche (relative à cette blancheur). La fondation est une dépendance nécessaire, la nécessité trouvant sa raison dans l'essence des termes de la relation : par exemple, la multiplicité des actes de l'esprit est fondée dans la simplicité de l'âme, les normes sont fondées sur des valeurs (ou du moins : les jugements normatifs sont fondés sur des jugements évaluatifs ou axiologiques). La relation d'accompagnement (qui est plus large que celle d'épiphénoménalité) est telle que si A accompagne B, la présence de A est liée de manière non nécessaire à la présence de B, et que B peut subsister en l'absence de A, par exemple l'exécution du morceau de musique M accompagne M. Il n'y a pas par contre de relation d'accompagnement entre ce blanc et cette surface blanche, ni entre mon esprit et mon âme, pour reprendre les deux exemples que l'on vient de citer. Quant à la relation 'x est un noyau de y'(car il s'agit bien d'une relation), c'est une relation de fondation forte, dans le sens où la relation nécessaire porte sur des propriétés nécessaires. En ce sens, dans le noyau d'un particulier on trouve la propriété d'auto-identité, qui est le noyau des propriétés de persistance, de coïncidence à soi, etc.

Reprenons l'exemple de notre pomme rouge. Elle a un certain nombre de tropes (on se limite arbitrairement, mais cela ne change rien au problème) : la masse, la structure atomique (des molécules chimiques jusqu'au niveau quantique des interactions aléatoires réglées par des nombres d'airain[7]), la texture, le goût (survenant sur de complexes propriétés structurelles physico-chimiques et peut-être même géométriques, il s'agit d'ailleurs de tropes relationnels), la couleur, la forme, la surface, les relations tout/parties (entre pépins, pulpe, peau, queue et la pomme elle-même) qui sont aussi individuelles, si nous sommes des tropistes radicaux (la relation des pépins à la queue est individuelle et particulière à cette pomme, car c'est une relation entre deux particuliers, même si ces tropes sont peut-être des propriétés naturelles, au sens de Lewis, de la pomme). Il est évident que cette pomme ressemble à toutes les pommes et que cette pomme rouge ressemble à toutes les pommes rouges et la théorie des tropes nous donne la possibilité de former des classes de ressemblances et donc des universaux, purement conceptuels ou linguistiques, en quoi la théorie des tropes est foncièrement nominaliste, avec l'avantage que la relation de ressemblance est au moins apparemment plus claire que celle d'instanciation, ou du moins qu'il semble moins aventureux de supposer que nous créons des classes de ressemblances, sur la base de propriétés communes, que de supposer que des universaux existent en tant qu'ils sont catégoriels dans des particuliers, tout en étant non dépendants de ces particuliers, et ceci sans pouvoir exister en dehors de l'instanciation (ils seraient indépendants des particuliers, mais dépendants de leur exemplification dans un particulier).

Il existe une autre solution qui consiste à établir les classes de ressemblances sur des particuliers concrets (Rodriguez-Pereyra, 1996) et non sur les tropes. L'argumentation de ceux qui choisissent cette solution est partie positive, partie négative. Ils prétendent avoir ainsi une solution définitive du problème des universaux ; je ne peux ici entrer dans les détails de ce qui donne à penser que cette prétention est quelque peu exagérée — ils clarifient certes le concept de ressemblance, mais il reste des problèmes, que l'on peut estimer liés au maintien des particuliers concrets comme primitifs. D'autre part, ils critiquent le caractère *ad hoc* des tropes. Sur ce point, on peut répondre ici, car le point est important, que les tropes ne sont pas des entités introduites *pour les besoins de la cause*. On peut critiquer ainsi notamment Rodriguez-Pereyra : comment peut-on établir des relations de ressemblances entre particuliers concrets, si ce n'est sur la base de ressemblances entre particuliers abstraits ? Si j'établis une ressemblance entre une balle rouge et une balle bleue, c'est certainement sur la base de leur sphéricité commune. Si je dis qu'elle est commune, il y a deux solutions : soit un universel de sphéricité s'exemplifie dans deux sphéricités concrètes, soit directement j'établis une base de comparaison entre deux particuliers, les sphéricités particulières, par un acte d'abstraction. Comment établir des ressemblances sans abstraction ? Et quel est le fondement de l'abstraction sinon les propriétés particulières ? Évidemment, les partisans des universaux peuvent répliquer que la comparaison entre les particuliers abstraits s'effectue sur la base d'une connaissance des universaux, ce à quoi on peut répondre que cette base se constitue de manière empirique, la preuve étant que si j'ai affaire à des particuliers inconnus de moi, je suis bien en peine au premier abord d'établir ces relations de ressemblances. Le débat est entre particularistes et universalistes. Les tropes ne sont pas *ad hoc*. Ils représentent une option sérieuse pour le processus empirique de constitution de classes de ressemblances. De plus cette relation de ressemblance n'étant pas transitive, comme on l'a souligné à plusieurs reprises, donne les bonnes propriétés pour les relations entre tropes. Que demander de plus ?

Que signifierait la solution bicatégorielle (tropes + substance) dans le cas de notre pomme ? Ce n'est pas un argument de dire que nous ne percevons pas la substance (nous ne percevons pas la plupart des tropes[8] et il y a des arguments pour dire qu'on n'en perçoit aucun ; cf. Nef, à paraître), ni un argument de dire que la manière de référer à cette pomme rouge entraîne avec elle la présupposition de l'existence d'une substance différente de ses propriétés (car le langage est trompeur et quand nous disons : « cette pomme », peut-être désignons-nous une essence individuelle et pas une substance, c'est un point très délicat et disputé). L'identité numérique de cette pomme devrait nécessairement reposer sur un substrat, car la multiplicité des tropes ne pourrait assurer cette unité au moins à elle seule : nous aurions dans ce cas de la présence exclusive de tropes, en termes aristotéliciens, des accidents qui peuvent être contradictoires, des collections de collections à l'infini. Il s'agit de l'argument même d'Aristote en *Métaphysique*, Γ4-6 :

> « En général ceux qui raisonnent de cette manière [qui admettent des contradictoires] anéantissent la substance et la quiddité. Ils sont en effet dans la nécessité de soutenir que tout est accident, et de dire que ce qui constitue essentiellement la quiddité de l'homme, ou la quiddité de l'animal n'existe pas (...) Or, signifier la substance d'une chose veut dire que la quiddité d'une chose n'est rien d'autre [que la substance]. (...) Mais si l'on dit que tout est accident, il n'y aura plus de sujet premier des accidents, puisque l'accident désigne toujours le prédicat d'un sujet. La prédication devra donc nécessairement aller à l'infini. Mais cette progression est impossible, car il n'y a jamais plus de deux accidents liés l'un à l'autre. En un premier sens en effet un accident n'est un accident d'accident que si l'un et l'autre sont accidents d'un même sujet ; je dis par exemple que le blanc est musicien et que le musicien est blanc parce que tous les deux sont des accidents de l'homme » (Met. 1007a 20-1007b 5).

Aristote raisonne ici comme si l'on avait d'un côté la substance, de l'autre l'accident. L'accident étant le prédicat d'un sujet, il serait absurde de vouloir éliminer la substance car les accidents ne peuvent se prédiquer les uns des autres : un accident a d'accident b est une possession par une substance de a et b : s'il n'y a pas de substance, il n'y a pas d'accident d'accident ; on n'a plus que des juxtapositions d'accidents, sans le lien de la prédication, et les accidents étant contradictoires, la réalité devient elle-même contradictoire. De plus, rien ne viendrait limiter le nombre des accidents : on pourrait avoir des accidents négatifs, etc. Du point de vue du particularisme, Aristote opère une dichotomie appauvrissante : les tropes peuvent être des propriétés essentielles, naturelles, etc., et pas des accidents au sens aristotélicien, c'est-à-dire quelque chose dépourvu de régularité et de consistance ontologique. Aristote raisonne constamment sur des accidents comme la pâleur de Socrate et il raisonne sur des négations de ces accidents. Si la masse d'un particulier est un trope, quel sens cela aurait-il de parler de la non-masse de ce particulier ? La dialectique ne peut plus exercer ses droits de la même façon, pour montrer le caractère potentiellement contradictoire des accidents (puisqu'on peut nier les accidents et pas la substance). De plus, pourquoi refuser qu'il y ait d'authentiques accidents d'accidents ? Si la pâleur de Socrate, à la suite d'une émotion forte, dure cinq minutes, elle est un accident (elle aurait pu durer six minutes), mais cette durée est bien un accident de l'accident de la pâleur — cela n'aurait aucun sens de dire que cinq minutes sont prédiquées de Socrate ! La durée de la pâleur de Socrate est accidentelle, et c'est un accident de la pâleur de Socrate, qui elle-même est accidentelle : il est accidentel que Socrate ait pâli et il est accidentel que sa pâleur ait duré cinq minutes, mais s'il n'avait pas pâli, cet accident, la durée de cinq minutes de sa pâleur, n'existerait tout simplement pas — c'est bien un accident d'accident.

L'option bicatégorielle implique que l'identité qualitative (le fait que cette pomme est différente de toutes les autres pommes ; cf. la distinction formelle de Duns Scot) soit fondée dans une substantialité, c'est-à-dire dans le fait que les tropes en question ont la propriété commune de se rapporter non seulement les uns aux autres, mais aussi à quelque chose. L'extrême difficulté est que nous risquons alors de verser dans une forme d'idéalisme tropiste : les tropes auraient une essence relationnelle, voire intentionnelle, ils risqueraient de n'être plus que des *abstracta* séparés par l'esprit de leurs porteurs (ce qui est exactement le cas chez Santayana). Si c'est le cas, notre esprit les sépare avec ce qu'il peut, c'est-à-dire des concepts, des universaux.

L'individualité des propriétés s'est évanouie et nous voici revenu à notre point de départ : une substance qui individualise les propriétés. La solution se trouve peut-être dans l'examen minutieux de ce qui est substantiel dans un particulier concret (par exemple, notre pomme rouge). On peut avancer l'individualisation spatio-temporelle, car il ne s'agit pas là d'un trope (cf. *supra*, la discussion sur ce point) et la sécabilité : si je coupe la pomme, j'ai deux morceaux *de pomme* avec des tropes communs et des tropes différents, mais la structure des propriétés naturelles reste en partie invariante : j'ai bien deux morceaux *de pomme*.

Cette capacité de conservation ontologique est peut-être l'indice d'une substantialité (je ne peux par exemple scinder un événement qui est un particulier concret — les événements n'ont pas cette propriété de sécabilité, car ils ne sont pas substantiels, quoi qu'ils soient). Par exemple un match de football est un événement, qui a un début, un milieu et une fin. On pourrait objecter qu'il peut être divisé en deux parties, c'est-à-dire les mi-temps, qui peuvent à première vue apparaître comme les produits d'une opération de division de l'événement de départ. Il n'en est rien : nous avons dans ce cas simplement divisé l'événement en deux événements et non divisé l'événement en deux parties. La sécabilité des événements a été discutée, mais il semble que la thèse suivant laquelle ce sont les intervalles associés aux événements qui sont sécables et non les événements eux-mêmes a une certaine force intuitive pour elle. On coupe une pomme en deux ; on distingue dans un événement des sous-événements hiérarchisés. Cela dit, il s'agit d'un point délicat, car tout dépend de la notion d'événement que l'on utilise. Ici nous recourons implicitement à des événements individués dans la perception et le langage, et donc qui sont exprimés par des temps grammaticaux, des aspects, etc. Si on a une notion purement physicaliste des événements comme des sections du continuum spatio-temporel, on peut certainement soutenir que l'on peut diviser les événements à sa guise.

Quoi qu'il en soit, il est clair que la solution en question est à la fois passionnante et loin d'être analysée à fond. Il y a là un avenir pour tous ceux qui souhaiteront travailler, de manière éventuellement empirique, sur la possible substantialité des particuliers concrets, ainsi que de manière formelle, la théorie des touts et des parties étant ici un outil nécessaire.

Particularisme intégral

Examinons maintenant l'option la plus risquée, celle du particularisme intégral. Plus de substances, rien que des tropes, à l'infini. Il semble que la seule voie qui se présente à l'esprit est une version modale de ce particularisme, car nous avons admis les possibles dans les constituants ultimes. Il s'agit alors de combiner le réalisme modal de Lewis avec les tropes et admettre que les *possibilia* sont des tropes, et donc que les mondes possibles sont des collections de tropes, et aussi, d'aller jusqu'au bout, c'est-à-dire d'accepter que les mondes possibles sont des tropes complexes (très complexes). On se passe du niveau intermédiaire des états de choses, on combine directement des tropes en individus possibles et ces individus possibles définissent des tropes complexes, des mondes possibles.

On rejoint ici de manière inattendue le projet d'Alfred Jarry, celui d'une science du particulier, définie comme « la science des solutions imaginaires » :

> « La pataphysique (…) est la science qui se surajoute à la métaphysique, soit en elle-même, soit hors d'elle-même, s'étendant aussi loin au-delà de celle-ci que celle-ci au-delà de la physique. Ex. : l'épiphénomène étant souvent l'accident, *la pataphysique sera surtout la science du particulier, quoiqu'on dise qu'il n'y a de science que du général*

> [je souligne]. Elle étudiera les lois qui régissent les exceptions et expliquera l'univers supplémentaire à celui-ci ; ou moins ambitieusement décrira un univers que l'on peut voir et que peut-être l'on doit voir à la place du traditionnel, les lois que l'on a cru découvrir de l'univers traditionnel étant des corrélations d'exceptions elles aussi, quoique plus fréquentes, en tout cas de faits accidentels, qui se réduisant à des exceptions peu exceptionnelles, n'ont même pas l'attrait de la singularité » (A. Jarry, *Gestes et opinions du Docteur Faustroll*, 1955, p. 31-32).

La vision générale qui se dégagerait de cette solution est la suivante. Il y a quelque chose (cf. le point de départ de McTaggart, bien établi). La science nous apprend qu'il y a une double histoire de l'univers (ou des univers) et de la vie, de la vie à la conscience et que ce quelque chose qui existe est le produit d'une double genèse[9]. Nous en savons beaucoup sur la structure physique des choses matérielles et beaucoup sur la structure biologique des êtres vivants. Nous en savons un peu moins sur la conscience. Quoi qu'il en soit, ce qui existe, quelle que soit l'option que l'on prend, émergentiste (la conscience émergeant de la soupe originelle de particules après une aventure de dix milliards d'années) ou réductionniste (la conscience étant comme chez Santayana un épiphénomène de la vie et celle-ci étant réductible à des mécanismes physico-chimiques), nous sommes en présence de quelque chose qui existe et qui a une structure. Sauf solipsisme absolu qui ferait de tout ce passé une projection de mon esprit, ce qui existe d'une part a une structure et d'autre part est indépendant de ma conscience.

Cette structure ayant une histoire et précédant ma conscience (à moins d'imaginer que ma conscience individuelle s'identifie à une conscience cosmique présente depuis le début... (cf. S. Dasgupta, 1961)), il semble impossible de faire de cette structure le pendant de la conscience[10].

À côté de la disposition naturelle que j'ai à chercher l'histoire naturelle de ce qui existe, à examiner la possibilité de lois (simple régularité ou autre chose), j'ai une disposition naturelle à rechercher la structure ontologique[11] de ce qui existe et possède une structure. Le temps et l'espace font-ils partie de cette structure ontologique ? Tous les particuliers ont-ils une structure ontologique de base qui leur est commune ? Kant pense, avec de bons arguments, que cette disposition naturelle doit être limitée dans ses prétentions, sur le modèle de la modestie de nos questionnements scientifiques. Cette limitation de la prétention est effectivement nécessaire, vu le caractère limité de mes facultés intellectuelles, surtout si on les compare à la complexité d'une histoire de 15^9 années impliquant au moins 30^{30} atomes. Cependant le type de limitation à laquelle pensait Kant est peut-être contextuellement dépendant du moment de pensée où il se situait : la science newtonienne laisse effectivement mystérieuse la nature de la gravitation, la nature chimique des corps n'était pas connue, l'hypothèse évolutionniste était dans l'enfance, etc., et le moment kantien est celui de l'émancipation des Lumières hors des entités verbales de la métaphysique et de la science traditionnelles. Le moment scientifique actuel est celui d'une unification (malgré les apparences contraires), de la naissance d'une Grande Théorie de Tout, fondée sur la théorie de l'espace. La science nous apprend autant l'audace que la nécessaire modestie (de tonalité kantienne). La balance est allée de l'autre côté : si Kant pouvait se plaindre de l'irrépressible désir de fantaisie et de consolation qui gâchait la pure disposition à la métaphysique et lui faisait produire des rêveries et des visions[12], nous pouvons légitimement nous plaindre de l'inverse : la métaphysique actuelle dans beaucoup de ses réalisations pèche plutôt par une humeur timorée et chagrine, qu'il ne faut pas confondre avec le véritable sérieux[13].

Donc, si quelque chose existe, a une structure, une chose sur laquelle la science me donne des informations, et si j'ai une disposition à me poser des questions sur la structure non des théories scientifiques ou celle des étants concrets, mais sur leur structure ontologique même, la solution particulariste aboutira à la vision suivante. La structure ontologique suppose la structure physique, sans qu'il y ait une correspondance forte entre les particules élémentaires et les tropes (ou entre les gènes et les tropes). Il y a certainement une grande différence entre l'atomicité physique ou biologique et l'atomicité métaphysique (ce que Leibniz avait en vue quand il distinguait les points géométriques et les points métaphysiques). Les tropes ne sont pas des analogues des particules élémentaires ; la structure de quarks de la matière n'a que peu à voir avec le type de structures que nous découvrons en ontologie. Recherche-t-on des régularités dans le domaine des quarks qui font que si on découvre des particules composées de trois quarks, on se demande alors s'il en existe qui sont faites de deux quarks et on met au point des dispositifs pour éventuellement en observer dans des interactions entre particules, qui permettraient de vérifier ou pas cette conjecture (il existe des particules avec deux quarks). Cet exemple montre par contraste que dans le domaine de l'ontologie des tropes, nous ne procédons pas de cette manière, en cherchant des régularités dans la constitution des particuliers abstraits et concrets. La science cherche des régularités, la métaphysique fonde des solidarités.

Comme habituellement la relation de survenance est une relation non réductrice de dépendance et de covariance entre des ensembles de propriétés, ici entre des propriétés physiques et des tropes, on peut se demander si les propriétés ontologiques surviennent sur des propriétés physiques. L'argument contre est celui de la multiréalisation : une structure ontologique peut être réalisée par plusieurs structures physiques différentes (ce que nous a appris l'ontologie formelle dans le domaine de l'Intelligence Artificielle : on peut réaliser ces ontologies de différentes manières). De manière plus générale, si une structure ontologique suppose l'existence d'une structure physique, au moins dans le cas des objets concrets (mais dans le cas des objets abstraits, on peut maintenir qu'ils doivent se réaliser dans des objets concrets pour exister : cf. les nombres), ce n'est pas pour cela qu'il faut soutenir que la structure ontologique survient sur la structure physique. Elle en dépend dans une certaine mesure, mais elle ne covarie pas avec elle (si ellc covariait, alors elle ne pourrait être réalisée de manière multiple). La relation « A suppose l'existence de B » ne doit donc pas être confondue avec la relation « A survient sur B », *i.e.* A est dépendant de B et covarie avec B.

Émergence

On peut penser aussi en termes réductionnistes que la structure ontologique est réductible à la structure physique, mais nous avouons ne pas voir réellement ce que cela veut dire. Il nous semble que le sens à donner à cette thèse de réduction est un sens qui consiste à éliminer la structure ontologique. Tout dépend alors de ce que nous sommes prêts à mettre dans la structure physique. Si celle-ci a pour fonction essentiellement d'assurer des prédications dans des suites normales du monde, alors le problème se posera des événements non prédits, parce qu'on ne peut pas dériver leurs propriétés des propriétés de la structure physique. Il faut un strict mécanisme pour que la structure physique soit à l'origine d'événements toujours complètement prédits. Même en Intelligence Artificielle, ce mécanisme n'est pas accessible — alors même que c'est le mécanisme sous sa forme la plus rigoureuse, celle du programme de Hilbert, qui inspire l'entreprise — et il faut introduire de l'auto-organisation, recourir à des systèmes dynamiques et à des thèses holistiques.

On peut aussi (et c'est vers cette solution qu'irait notre préférence, sans qu'on puisse ici la défendre, faute de place) adopter la solution de l'émergence : la structure ontologique émergeant de la structure physique, dans la mesure où il semble difficile de soutenir qu'avant le big bang la structure ontologique qui sortirait du chaos existait de manière indépendante, fût-ce dans l'entendement du Grand Architecte ou du Grand Artiste. Whitehead a de bons arguments sur le caractère dynamique et interactif de ce processus : Dieu n'est pas un programmateur, mais le partenaire d'un processus évolutif au niveau cosmique, qui l'affecte tout autant que son produit et la structure ontologique que peut penser Dieu évolue avec sa maturation, ce qui peut sembler une idée fantastique, mais moins fantastique que d'imaginer que Dieu a lancé sur les rails de l'univers une locomotive dont il a prévu la gare et l'heure d'arrivée.

Le concept d'émergence a été introduit par G.H. Lewes (1817-1878), C. Llyod Morgan (1852-1936) et Samuel Alexander (1852-1936), dans *Space, Time and Deity* (1927). Ce dernier l'introduit dans le contexte d'une discussion de la nature de l'esprit en interaction avec sa base neuronale :

> « L'argument est que l'esprit (*mind*) a des caractères spécifiques pour lesquels il n'y a et même il ne peut y avoir de contrepartie neuronale. Ce n'est pas suffisant de dire qu'il n'y a pas de contrepartie mécanique, car la structure neuronale n'est pas mécanique, mais physiologique et possède la vie. L'esprit est, dans notre interprétation des faits, un "émergent*" de la vie ("*emergent*" *from life*), et la vie

est un émergent d'un niveau d'existence physicochimique inférieur » (*op. cit.*, II, p. 14 *sq.*).

*[note de S.A. : « Nous utilisons le mot "émergent" après l'exemple de Mr Llyod Morgan. Il sert à marquer la nouveauté que l'esprit possède, alors que l'esprit demeure toujours équivalent à une certaine constellation neuronale. En voie de conséquence, il contraste avec la notion que l'esprit est un pur "résultat" de quelque chose d'inférieur »] (*op. cit.*, II, p. 14).

Un peu plus loin, Samuel Alexander situe le concept d'émergence de manière plus ample, dans une série ascendante de complexité, à l'étape du surgissement des qualités à partir du groupement des événements et des choses dans l'espace-temps. La seule qualité au départ qui est présente est celle du mouvement ; il faut donc expliquer l'apparition de nouvelles qualités :

> « L'émergence d'une nouvelle qualité à partir de n'importe quel niveau d'existence signifie qu'à ce niveau vient à l'être une certaine constellation ou collocation des mouvements appartenant à ce niveau, et possédant la qualité qui lui est appropriée et cette collocation possède une nouvelle qualité, distinctive de complexe supérieur (*higher complex*). La qualité et la constellation à laquelle elle appartient sont ensemble et d'un seul coup nouvelles et exprimables sans reste au terme d'un processus propre au niveau dont elles émergent ; exactement comme l'esprit est une nouvelle qualité distincte de la vie, avec ses propres modes de comportement, pour la raison déjà expliquée que la collocation complexe qui possède l'esprit, bien qu'elle-même vitale, est déterminée par l'ordre vital de sa complexité, et donc n'est pas *purement* vitale, mais *aussi* vitale » (*op. cit.*, p. 45-46).

L'émergence est un concept qui permet d'échapper au dilemme atomisme/holisme. L'atomisme soutient, comme on l'a souligné, qu'il n'y a pas de propriétés non relationnelles et que les propriétés relationnelles peuvent être réduites à des non-relationnelles, ce qui apparaît au terme de notre enquête peu probable. L'holisme radical consiste à soutenir que les propriétés d'un tout ne sont pas fixées par les propriétés relationnelles ou non relationnelles des parties. Si nous souhaitons conserver un lien solide entre métaphysique et science, il faut renoncer à ce type d'holisme qui est démenti par la science. Il reste alors deux solutions : soit un holisme modéré par la relation de survenance, soit l'admission de mécanismes d'émergence, en plus de la survenance. L'avantage de l'émergence sur la survenance d'un point de vue métaphysique est que cette dernière relation n'explique que la covariation et la dépendance d'ensembles de propriétés, tandis que l'émergence explique quelque chose de plus, qui est capital : la production de nouveauté. Cette production survient dans le temps avec des événements qui ne sont pas la répétition d'autres événements, mais cette nouveauté peut également surgir avec l'apparition d'un niveau de complexité incommensurable à celle des niveaux inférieurs, dont les produits ont précédé l'émergence. Le point faible de cette solution est que, d'une part, il faut articuler survenance et émergence et que, d'autre part, il faut préciser le concept de complexité utilisé. On laisse ces points de côté, en ayant des raisons de penser que la difficulté de ce programme est compensée par ses aspects positifs.

Cela a un sens de penser en termes d'émergence dans la mesure où les étants qui ont la structure ontologique la plus complexe, si complexe qu'on n'y a jamais fait allusion dans ces deux derniers chapitres, par prudence, les vivants conscients émergent effectivement de structures antérieures dont la présence est nécessaire — la force de l'émergence étant d'être un mécanisme métaphysique qui a une base matérielle. Cependant il faut prendre garde à ce que tous les tropes ne soient pas émergents ; comme l'a montré Armstrong, il y a des propriétés structurales et des propriétés émergentes. Par exemple le nombre des atomes une milliseconde après le big bang est une propriété individuelle de notre univers, mais ce n'est évidemment pas une propriété émergente, tout comme le fait que dans la soupe primitive il y avait de l'hydrogène. Par contre, la forme géométrique des molécules est en un certain sens une propriété émergente. La taille de l'univers, sa masse ne sont pas des propriétés émergentes. Le fait que je sois né à tel endroit n'est pas une propriété émergente. Si globalement toutefois on pense que les propriétés émergentes sont nécessaires à côté des propriétés structurales pour donner à la réalité une relation qui explique son imprévisible nouveauté, le fait que cette réalité surprenne toujours la science, en reculant sans cesse les frontières de la complexité, alors l'émergence peut être nécessaire, mais pas au point de faire de toute la structure ontologique un ordre émergent simplement pour notre conscience, ce qui serait une version anti-réaliste du principe anthropique[14] (il existe une version réaliste faible : notre cerveau doit arriver à un degré de complexité suffisant pour percevoir la complexité de ce qui l'entoure et cette complexité ne peut être que le fruit d'une longue évolution).

Je ne défends pas ici un modèle d'émergence de l'esprit, nous avons en effet vu que la propriété d'émergence est attribuée dans notre recherche à la structure ontologique elle-même. Cette structure est dite émerger de la structure physique. Elle est en effet plus complexe que la structure physique la plus complexe et elle est marquée par une nouveauté presque complète.

Si ce qui émerge est une structure ontologique uniquement formée de tropes, il reste à expliquer que nous vivons non seulement dans un univers de tropes, mais aussi dans un monde d'arbres, de nuages, de bureaux, de souhaits, de peurs, etc. Comme le dit Berkeley, après tout nous ne mangeons pas des idées et nous ne sommes pas vêtus d'idées. Pour les tropes, c'est la même chose : je ne vais pas remettre des tropes à mon éditeur et je n'ai pas une paire de tropes aux pieds pour avoir chaud. Il y a bien un niveau intermédiaire, celui du monde naturel commun, *the brave new world* (Shakespeare), qui comme une vieille veste nous va si bien. Pourquoi ne pas laisser ces tropes mystérieux à leur sort obscur et nous consacrer à la description de ce monde intermédiaire, nous laisser distraire par le grain de la chair ou les inflexions des voix ? Whitehead a souligné le caractère de nouveauté de ce monde, son émergence à partir d'un processus inépuisable. Est-ce que le particularisme radical n'est pas une forme extrême d'atomisme métaphysique ? Nous avons défendu en ce qui concerne la métaphysique du XXe siècle que la question de l'atomisme logique et métaphysique était centrale, y compris dans les analyses sur la nature des modalités, qui sont un des centres de la métaphysique contemporaine. La raison est difficile à prouver, il s'agit d'une conviction première que nous aurions du mal à justifier complètement, du type des convictions qui existent dans toute métaphysique, qui ne la rendent pas plus incertaine mais simplement plus humaine, conviction que le complexe dérive de l'agrégation d'éléments simples, que les formes sont des constructions émergentes de structures plus fines, que les surfaces sont des éléments atomiques émergeant du chaos de l'agitation des tensions, elles-mêmes résultats d'interactions élémentaires (d'un point de vue quantique il n'y a pas de surface), etc.

De ce point de vue, le monde naturel, celui où nous logeons, plus exactement l'échelle de monde à laquelle notre espèce est adaptée, est celui des formes parfaites[15], qui semblent limitées au monde mésoscopique, entre 10^{-2} et 10^{4} mètres, si on admet les fractales comme des formes parfaites (pour admettre qu'une côte qui a une apparence de découpage aléatoire est cependant découpée d'après une équation simple). C'est un monde d'arbres et de nuages ; les arbres et les nuages ont des formes absolument parfaites qui obéissent à la géométrie la plus économe. Il ne s'agit plus de chercher au-delà d'une science spatialisante et quantitative une nature inventrice de formes, mais de saisir dans la science même l'invention même des formes qui fait la nouveauté de la nature. La géométrie est donc la médiatrice entre trois mondes : celui des formes, celui de la nature et celui des tropes. Il ne s'agit nullement de faire de l'espace un quasi-transcendantal, mais de tirer les conséquences de la relativité générale où la courbure même de l'espace est première, et non la masse du corps qui déforme l'espace.

Si cette solution particulariste est viable — et nous n'avons pas démontré qu'elle l'était —, elle aurait la charge de répondre aux quelques questions métaphysiques fondamentales : Quelle est l'origine de l'universel ? Qu'est-ce qui assure l'identité ? Quel est le fondement des vérités ? En quelques mots, à leur point de départ les réponses seraient les suivantes. L'universalité est un effet de ressemblance. La ressemblance est un fait métaphysique massif et premier. Il faudrait évidemment des arguments pour montrer que les ressemblances que nous saisissons dans nos concepts ont un fondement *de re*. L'autre voie, celle qui consiste à affirmer l'existence d'universaux, semble encore plus périlleuse, comme on l'a montré. L'identité absolue n'existe plus, sauf pour les quantités (et l'identité est alors identité numérique) et peut-être faudrait-il oser une critique radicale du concept d'identité. Deux constantes (objets, individus...) seraient identiques seulement selon certains aspects et deux variables (d'individus ou de prédicats) seraient identiques simplement quand elles sont substituables. L'identité à soi est une pseudo-relation et l'identité entre deux choses différentes est toujours partielle. L'identité personnelle de ce point de vue est également partielle. Il suffit qu'il y ait un sous-ensemble suffisant de tropes communs à deux tranches de mon existence, pour qu'il y ait réidentification, mais celle-ci est ouverte au vague, à l'indétermination. L'identité personnelle est une stipulation idéale d'origine culturelle, mais sans grand fondement métaphysique. Il s'agit peut-être d'un artefact sémantique utile, en particulier pour la transmission du capital génétique. Quant à la dernière des trois questions, celle du fondement des vérités, elle est la plus difficile de toutes. Nous avons répété à plusieurs reprises le *moto* : « la vérité survient sur l'être ». Cela signifie que si quelque chose est vrai, il y a quelque chose qui est vrai (l'étape suivante, beaucoup plus compliquée, est de dire que si quelque chose est vrai, quelque chose rend cette chose vraie). Il ne peut y avoir de vérité à propos de rien. Imaginons que rien n'existe. Il n'y aurait pas de vérité : « rien n'existe » n'existerait pas. Imaginons que tout existe (un peu comme dans la fusion méréologique), il y a une vérité « tout existe » qui survient sur la totalité de ce qui existe. Imaginons maintenant, ce qui est probablement plus proche de la vérité (!), que certaines choses existent et d'autres non, alors la vérité « certaines choses existent » survient au moins sur l'existence d'une chose.

Les formes que prend la métaphysique sont multiples, son avenir imprévisible, mais il est certain que son actualité emprunte de sa nouveauté au renouvellement perpétuel d'une réalité changeante et multiforme.

Pourquoi quelque chose plutôt que rien du tout ?

Un amateur de profondeur métaphysique traditionnelle, au moment de nous quitter, pourrait demander avec insistance : « Pourquoi y a-t-il quelque chose plutôt que rien ? Vous n'avez donné aucune réponse à cette question, qui est la plus difficile. »

Nous emprunterons d'abord une ligne de défense qui consisterait à montrer que cette question n'a pas de sens.

Le terme « rien » est habituellement un terme syncatégorématique : il n'a de sens qu'avec un autre terme, comme « ou », « et ». Par exemple, si Pierre demande : « As-tu vu l'aurore boréale ? » et si Jacques répond : « Non, je n'ai rien vu », Jacques ne veut pas dire qu'il a vu : rien, mais qu'il n'a pas vu l'aurore boréale. « Rien » ici porte sur « aurore boréale ». La preuve en est que quand nous voulons, par extraordinaire, dans le langage quotidien désigner le rien, nous l'utilisons comme un terme syncatégorématique portant sur tout : « Tu veux que je te rapporte quelque chose ? — Non, je ne veux rien du tout. »

La question devrait donc être : pourquoi existe-t-il quelque chose plutôt que rien du tout ? Mais « rien du tout » n'a pas de sens : si le rien porte sur le tout, il doit porter sur lui-même (car un tout qui exclut le rien n'est pas un tout). Donc ou « rien » est catégorématique et ne veut strictement rien dire (« le rien » est mal formé), ou il est syncatégormétique et il ne peut porter que sur des parties du tout. La question radicale est une pure illusion. CQFD.

Acceptons cependant qu'il s'agisse d'une vraie question et non d'une question rhétorique où le « pourquoi » est une recherche de raisons plus que de fondement (plus proche de « Pourquoi Paul a-t-il divorcé ? » que de « Pourquoi le cœur se contracte-t-il ? »). Prenons la question en son sens littéral, premier et évident : Y a-t-il une raison pour qu'il y ait quelque chose plutôt que rien ? Heidegger dans son *Introduction à la métaphysique* accentue la fin de la question : « plutôt que rien », pour faire surgir dans la question elle-même la question encore plus originaire du néant.

Il existe une réponse simple qui découle de ce que nous avons affirmé à propos de la vérité : il y a quelque chose pour qu'il y ait quelque chose de vrai. S'il n'y avait rien, il n'y aurait rien de vrai (même pas « le néant n'est pas » qui est un énoncé dépourvu de sens) et donc il n'y aurait pas de réponse à la question. Il y a quelque chose pour qu'il y ait quelque chose de vrai comme réponse à la question. En ce sens, cette question est une vraie question, mais qui implique une réponse d'un type un peu particulier, car l'existence de la question est dans la réponse. Imaginons qu'il n'y ait rien et qu'il n'y ait que cette question : « Pourquoi y a-t-il quelque chose plutôt que rien ? » La réponse serait facile : pour que la question soit posée. Point barre. Maintenant transposons cette question dans notre monde aux mille détails. Nous avons la tentation de la comprendre ainsi : « Pourquoi ces mille détails plutôt que rien ? » et la tentation surgit de penser que le rien est plus simple que cette foule de fioritures et de broderies inutiles. C'est cependant mal comprendre la question. La question est radicale en ce qu'elle envisage sérieusement le cas où il n'y a pas quelque chose, par exemple où la question s'évanouit après avoir été prononcée, et c'est là apparemment un argument en faveur de l'interprétation captieuse de Heidegger : en ce sens, la question pose la question du néant radical. Cependant, même si cette question radicale pose la question du néant, de sa possibilité réelle, elle présuppose une vérité dans la réponse et donc qu'il y ait quelque chose qui fasse qu'il y ait une vérité, même si ce quelque chose nous est caché.

La question exige qu'il y ait quelque chose, mais laisse cachée la raison de l'existence de ce quelque chose. Ce qu'elle proscrit, c'est l'indécision rêveuse : être ou ne pas être. Hamlet pose bien la question — il faut se décider :

« *To be or not to be, that is the question,*
Whether it is nobler in the mind to suffer
The slings and arrows of outrageous fortune
Or to take arms against a sea of troubles
And by opposing them. To die, to sleep —
No more, and by a sleep say we end... »

« Être ou ne pas être c'est la question/Est-il plus noble pour une âme de souffrir/Les flèches et les coups d'une atroce fortune/Ou de prendre les armes contre une mer de troubles/Et de leur faire front, et d'y mettre fin ? Mourir, dormir rien de plus et penser qu'un sommeil peut finir... »

The Tragedy of Hamlet, Prince of Denmark, III-1, in *Œuvres complètes de Shakespeare*, P. Leyris et Henri Evans [éd.], 1968, t. VII, trad. Yves Bonnefoy.

En ce sens, la question est radicale. La réponse peut être tranchante : parce qu'il est meilleur d'être que de ne pas être, meilleur d'être une essence qu'un néant, meilleur d'être une existence qu'une essence, meilleur d'être une existence actuelle qu'une existence simplement possible.

C'est la réponse de Pallas dans le mythe de Sextus : la fine pointe de l'actualité est ce qu'il y a de meilleur et c'est ce meilleur qui est la raison de tout et donc de ce qu'il y ait quelque chose, plutôt que rien. C'est aussi la parole d'Avicenne, qui peut servir de réponse, ou de point de départ :

> « Le bien ne se trouve en toutes choses qu'avec l'être en acte » (Goichon, 1938, n° 633, 1, p. 356).

APPENDICES

REMERCIEMENTS

Je remercie pour leurs lectures attentives et leur aide Emmanuelle Garcia, Ghislain Guigon, Guy Le Gaufey, Jonathan Lowe, Sébastien Madouas, Jean-Maurice Monnoyer (dont les commentaires précieux arrivés *in extremis* n'ont pu hélas être pris en compte, autant qu'ils le méritaient). Merci à Annliese Nef pour son aide concernant l'arabe. Je voudrais également remercier mes collègues Dominique Berlioz, Vincent Descombes, Jérôme Dokic, Fernando Gil, pour leurs encouragements et leur soutien constants. Je remercie Élie et Rachel pour leur patience et leur enthousiasme lors de nos conversations métaphysiques ; le livre de philosophie pour enfants n'a pas vu le jour ; ils ont grandi ; j'espère qu'ils aimeront ce livre, après avoir supporté leur auteur. Merci à Patricia Allio pour son soutien constant et ses conseils avisés. Roger Pouivet a lu une première version et son jugement a beaucoup compté pour moi. Alain de Libera a mis sa puissance de travail et son acribie au service de la révision finale du manuscrit et comme toujours m'a encouragé à être moi-même. Que pour cela *aussi*, il soit remercié. Merci à Sacha Bourgeois-Gironde pour ses remarques et ses encouragements à ne pas censurer l'érudition. Emmanuelle Garcia a traqué les imprécisions modales, ce dont je lui suis reconnaissant, même si j'ai l'impression de ne pas avoir répondu à toutes ses demandes. Frédéric Ferro a accepté la tâche ingrate de contrôle du manuscrit, ce dont il s'est acquitté à la perfection. Ce livre n'aurait pas existé, comme toute substance concrète, sans quatre causes : sa cause matérielle, les conditions extraordinaires de liberté et de stimulation intellectuelle de l'École des hautes études en sciences sociales, sa cause initiale et formelle, Éric Vigne, *editor* dont rêve tout auteur, qui, à chaque étape, m'a signalé de nombreux écueils et m'a efficacement encouragé et sa cause finale, celle qui m'a rendu assez heureux pour me mettre enfin à l'ouvrage et à qui je dédie ce livre avec toute ma gratitude. Merci enfin à mes étudiants et élèves des séminaires de métaphysique et d'ontologie à Rennes I, l'ENS-Paris et l'EHESS, notamment Filipe Viera Drapeau-Contim, Jérôme Havenel, Maud Le Garzic, Mathieu Mongin, Morgan Paris, Elizabeth Guillaume, Sandrine Guillot, Ghislain Guigon, Stefano Jorge, Frédéric Pascal, Régis Ponsard, Charles-Édouard Niveleau, Franck Lihoreau, François Loth. Merci à Dominique de Libera pour sa liste exhaustive d'errata. Paulette Schmitt a contrôlé la mise en forme finale du manuscrit et supporté avec bonne humeur maints aléas informatiques, ce dont je ne saurais trop la remercier. Tout ce qui est faute, erreur, oubli provient de ma négligence, de mon ignorance et de ma malignité. Merci à Alain Pernet (bibliothèque ENS-Ulm) pour son aide cordiale.

TABLE DES SYMBOLES

SYMBOLE	NOM	SENS
∈	Appartenance	appartient à
→	Causalité	cause
∧	Conjonction	et
≠	Différence	différent de
∨	Disjonction	ou
∅	Ensemble vide	
⇔	équivalence	ssi (si et seulement si)
≡	identité	identique
≤	inclusion méréologique	est une partie de...
⊃	implication	si, alors
¬	négation	non, ne... pas
ι	opérateur iota	le... tel que
⇒	présupposition	
∃	quantificateur existentiel	il y a au moins un... tel que
∀	quantificateur universel	pour tout...
Φ, Γ	variables de prédicats	
'...'	mention	'...' : le nom de...
<	antériorité	antérieur à
=	égalité	équivalent à
>	postériorité	postérieur à
!	correspondance déterminante	correspond à

A, B,...	constantes de prédicats	
a,b,...	constantes d'individus	
B	opérateur de croyance	croit que
E !	existence	existe
F (a)	énoncé atomique	a est F
Fp	opérateur futur	il est vrai au moins une fois dans le futur que p
L	nécessité	il est nécessaire que
M	possibilité	il est possible que
Pp	opérateur passé	il est vrai au moins une fois dans le passé que p
p, q, r	propositions	
$p_{[w]}$	la proposition p dans w	
R	relation d'accessibilité	... est accessible à...
S	état de choses	
ssi	si et seulement si	
t	instant	l'instant t
V	vérité	vrai
w	monde possible	
x, y,...	variables	

GLOSSAIRE

ABDUCTION Chez Peirce, raisonnement explicatif qui consiste à exclure des hypothèses et à donner des raisons d'émettre un groupe d'hypothèses intéressantes. Utilisé de manière contemporaine comme quasi-équivalent de l'inférence à la meilleure explication, quelquefois à partir seulement de l'examen d'un seul cas pertinent. L'abduction diffère de l'induction énumérative et de la déduction (elle n'est ni l'un ni l'autre).

ABSOLUTISME Ant. « Relativisme ». Utilisé pour désigner les théories selon lesquelles la vérité est absolue, *i.e.* non relative à un langage, une théorie, une culture, etc.

ABSTRACTION Mécanisme cognitif de séparation, qui consiste dans un particulier ou un abstrait donné à séparer certaines propriétés que l'on envisage pour elles-mêmes et en elles-mêmes.

ACCIDENT Chez Aristote, désigne ce qui n'est pas nécessaire et qui n'est pas fréquent, ni régulier. De manière plus générale, l'accident est distingué de la substance : l'accident dépend de la substance et il est le plus souvent non nécessaire.

ACHÈVEMENT DE LA MÉTAPHYSIQUE Expression désignant la fin de la métaphysique dans un système, en général le système hégélien.

ACTE PUR Chez Aristote, désigne l'acte d'intellection du

premier moteur qui s'intellige lui-même ; cet acte est dit « pur » parce qu'il est purement formel, complètement parfait.

ACTUALISATION Mécanisme par lequel la puissance devient acte. De manière générale, tout mécanisme par lequel est produite une chose en acte. Par ex., « actualisation d'une hypothèse ».

ACTUALISME MODAL Doctrine de la métaphysique des modalités suivant laquelle il y a un privilège du monde actuel. L'actualisme peut aller jusqu'à la négation des mondes possibles.

ACTUALITÉ INDEXICALE Fait que tout monde possible est actuel pour lui-même. Cela est dérivé de l'indexicalité de certaines expressions qui désignent toujours celui qui s'en sert.

— RELATIVE Opposée à l'indexicalité conçue de manière absolue, elle désigne une actualité relative à un contexte, par exemple un monde possible.

ACTUEL Ne pas confondre avec « réel ». Se dit de ce qui est non seulement possible, mais actualisé, soit de manière concrète, soit de manière abstraite. Le monde actuel est le monde que nous habitons.

AGRÉGAT On distingue l'agrégat qui est un complexe, de ce qui est simple, et parmi les complexes on le distingue des substances qui possèdent une unité interne.

ALIEN Une propriété *alien*, c'est une propriété qui n'est pas instanciée dans notre monde ; un individu *alien*, c'est un individu qui habite un autre monde possible.

ANALOGIE Rapport sémantique entre deux termes tel qu'il existe des propriétés en commun aux dénotés des deux termes.

— DE PROPORTIONNALITÉ Rapport d'analogie à quatre termes, tel que a est à b ce que c est à d. Le roi est à la nation ce que la tête est au corps : il y a une analogie entre le roi et la tête.

— PRÉDICAMENTALE Rapport sémantique d'une famille de termes à un terme unique en vertu d'une signification focale. Il y a analogie prédicamentale entre

« sain » pour l'urine (« une urine saine ») et pour un régime (« un régime sain »).

ANALYSE Décomposition jusqu'en des éléments jugés atomiques. Contraire de la synthèse. Méthode philosophique de résolution des problèmes.

— CATÉGORIELLE Méthode d'analyse linguistique qui consiste à distinguer les mots de catégories communes et à étudier leurs rapports à l'intérieur des énoncés. Par ex., si « Jean court » est de catégorie S (pour phrase) et si « Jean » est de catégorie N (pour nom), alors « court » est de catégorie N/S (*i.e.* prenant un nom et donnant une phrase) et « lentement » dans « Jean court lentement » sera de catégorie NS//N/S (prenant un verbe et donnant un verbe).

— CONCEPTUELLE Décomposition des concepts jusque dans leurs éléments derniers.

— LOGIQUE Méthode d'analyse qui utilise la logique.

ANALYTIQUE a) au sens de Kant, jugement tel que le prédicat est inclus dans le sujet, b) dans un sens plus général, énoncé dont les conditions de vérité sont données par sa forme et qui contient une vérité nécessaire (par ex., « les célibataires sont non mariés »).

ANALYTIQUE EXISTENTIALE Heidegger : analyse des structures ontologiques fondamentales de l'existence humaine, conçue comme un mode du *Dasein* (ou être-là).

ANTINOMIE Terme kantien pour désigner une impasse de la métaphysique, qui aboutit à deux propositions contradictoires entre lesquelles on ne peut choisir (par ex., le monde a un début *vs* le monde n'a pas de début).

ANTI-PSYCHOLOGISME Doctrine commune à Husserl et à Frege suivant laquelle les lois logiques ne doivent pas être réduites à des lois psychologiques. Les premières sont nécessaires, les secondes non.

ANTI-RÉALISME Thèse générale sur la non-indépendance d'une entité.

ANTI-RÉALISME SÉMANTIQUE Thèse sur la non-indépendance des valeurs de vérité relativement au processus d'établissement de la vérité. L'anti-réalisme sémantique est souvent lié à l'intuitionnisme (voir ce terme).

APERCEPTION TRANSCENDANTALE Terme kantien ; conscience formelle de soi identique au « je pense » (cf. *Kant Lexicon*, p. 40-45).

APORIE Ant. « Diaporie ». Difficulté de l'argumentation, où deux thèses contraires se trouvent en concurrence sans que l'on sache comment dépasser cet état de choses. Chez Aristote, l'aporie et la diaporie font partie de la méthode.

ARCHÉOLOGIQUE Utilisé pour désigner une dimension de la métaphysique, notamment aristotélicienne, celle relative aux principes et aux causes (*arké)*.

ARCHÉTYPE *VS* ECTYPE Termes kantiens pour désigner ce qui est intérieur à l'entendement divin (archétype) et ce qui est exemplifié en dehors de lui (ectype).

ARGUMENT D'AUTORITÉ Argument qui consiste à utiliser une autorité qu'on ne peut remettre en cause pour appuyer une opinion ou un argument (Aristote, la Bible, etc.).

ARGUMENT TRANSCENDANTAL Type d'argument kantien qui consiste à poser le problème en termes de conditions de possibilité. Au lieu de se demander : qu'est-ce que X ?, on se demande : à quelles conditions X est-il possible ? Ou même : à quelles conditions la compréhension de X est-elle possible ?

ARISTOTÉLICO-THOMISTE Terme forgé pour désigner le retour dans la néo-scolastique d'une synthèse d'Aristote et de Thomas.

ARRAISONNEMENT Heidegger : mise à la raison, soumission à la juridiction de la raison, inséparable de la mainmise technique et scientifique.

ASSERTION Acte de poser un contenu. Asserter un jugement. Ant. « Négation ».

ATOME LOGIQUE Élément dernier de l'analyse logique (voir ce terme). Un atome logique peut être un individu, un fait atomique, etc.

ATOMISME Doctrine suivant laquelle il existe des éléments derniers de l'analyse.

— LOGIQUE Variété d'atomisme affirmant l'existence d'atomes logiques (voir ce terme).

ATTRIBUT Contenu sémantique attribué à un sujet ou à une substance. Chez certains auteurs (Spinoza...), syn. de « propriété ».

AUTO-VÉRIFIANT Qui se vérifie de soi-même, par ex., « je parle ». Ant. : « Auto-falsifiant ». Par ex., « je suis mort ».

BÉATITUDE PHILOSOPHIQUE Type de béatitude qui est procurée par la vie philosophique, la sagesse, la pratique des vertus intellectuelles. Différent de la béatitude au sens eschatologique (« Bienheureux les pauvres en esprit »).

CALCULS MODAUX Calculs de la logique des modalités dégagés par Lewis et Langford et passés dans la littérature : S1, S2, S3, S4, S5, puis B (Brouwer)...

CARNAPIEN Relatif à Rudolf Carnap.

CATÉGORIE Multiples sens a) Chez Aristote, schème de prédication, dix catégories dans la liste classique b) modes du jugement chez Kant c) concepts fondamentaux de l'ontologie (Brentano, Chisholm), d) êtres mathématiques abstraits. La théorie des Catégories.

CAUSALEMENT ISOLÉ a est causalement isolé de b si a n'étant pas dans le même système physique (par ex. pas dans le même continuum), il ne peut y avoir d'interaction causale entre a et b.

CERCLE DE VIENNE Groupe de discussion réunissant un certain nombre de philosophes à Vienne dans les années 1930, autour de textes programmatiques visant d'une part l'unification des sciences, d'autre part une épistémologie physicaliste, dont les figures marquantes furent Carnap, Schlick, Neurath, Wittgenstein, etc.

CHANGEMENT QUALITATIF Changement de l'ordre de la qualité (dist. changement quantitatif, simple augmentation ou diminution sans altération de la qualité).

COEXTENSIVITÉ DE PROPRIÉTÉS DIFFÉRENTES Deux propriétés différentes peuvent avoir la même extension, par exemple « avoir un cœur » et « avoir deux reins » (toutes les créatures qui ont un cœur ont deux reins et inversement). Ceci est invoqué comme un argument contre la définition d'une propriété par son extension, *i.e.* l'ensemble des termes auxquels elle s'applique.

COMBINATOIRE Ensemble d'éléments atomiques muni de règles d'association des éléments qui permettent d'obtenir des complexes à partir des simples, en épuisant toutes les possibilités d'arrangement et de réarrangement des éléments. La combinatoire peut porter sur des mondes possibles et déterminer lesquels sont compossibles (*i.e.* possibles en même temps, Leibniz).

COMBINATORIALISME Doctrine philosophique qui accepte les présupposés d'une combinatoire : caractère discret des éléments, grammaire des règles de combinaison, récursivité, etc.

COMMENTAIRE EXÉGÉTIQUE Commentaire d'un texte sacré visant à en dégager le caractère doctrinal. Par extension, commentaire d'un texte philosophique qui a pour but de faire ressortir les thèses maîtresses de ce texte, en les rapportant à l'œuvre de l'auteur, au contexte, à ses intentions, etc. Dist. Analyse structurale d'un texte philosophique, *i.e.* étude de ses structures argumentatives, narratives, logiques, etc.

COMPLEXE Terme très général désignant chez Meinong et Russell notamment toute formation ontologique décomposable en éléments simples. On distingue des complexes sémantiques (phrases, jugements, énoncés...) et des complexes ontologiques (états de choses, faits...).

COMPOSÉ SENSIBLE Terme arist. Pour le particulier, composé de matière et de forme. Ant. « Forme intelligible ».

COMPOSITIONNALITÉ (principe de) Principe qui stipule que, a) le sens, b) la dénotation d'un tout est fonction, a) du sens, b) de la dénotation de ses parties.

CONCEPT Produit de l'entendement, élément du jugement, unité de représentation (Kant cf. *Kant Lexiccon*, p. 167). De manière plus générale, unité formelle qui subsume des entités. Par ex., le nombre deux tombe sous le concept de nombre pair. On distingue des concepts *a priori* et des concepts empiriques, des concepts matériels et des concepts formels.

CONCEPTUALISME MODAL Doctrine modale suivant laquelle les *possibilia* ne sont que des concepts, éventuellement commodes.

CONCEVABILITÉ Propriété de ce qui est concevable ou non contradictoire. Leibniz a défini la possibilité comme ce qui est non contradictoire, ouvrant la voie d'une réduction de la possibilité entendue de manière réaliste à la possibilité réduite à ce qui est concevable (ou possibilité épistémique).

CONCORDISME Tendance de certaines doctrines philosophiques à gommer les contradictions et les différences entre les opinions pour parvenir à un accord. Par ex., on a accusé Leibniz de concordisme.

CONCRÉTISME Thèse ontologique forte de Brentano suivant laquelle n'existent que des choses concrètes, thèse impliquant que l'on réduise les autres entités à des *concreta* ou qu'on les réduise à des fictions.

CONDITIONS DE VÉRIFICATION Conditions auxquelles on vérifie un énoncé, *i.e.* on s'assure de la vérité d'un énoncé.

— DE VÉRITÉ Conditions auxquelles un énoncé est vrai ou faux. Par ex., « Paul n'est pas venu » est vrai à la condition que « Paul est venu » est faux, et que Paul ne satisfasse pas le prédicat « venir ».

CONNAISSANCE DIRECTE Relation cognitive sans intermédiaire (représentation, concept, etc.) chez Russell.

— DIRECTE *VS* PAR DESCRIPTION On distingue connaître directement ou connaître sous une description (par. ex., le roi des macaroni).

— DU SINGULIER La connaissance du singulier a toujours posé un problème. Aristote nie qu'il y ait une quiddité du singulier. De manière plus générale, on peut se demander si le singulier peut être connu, quand on définit la connaissance comme une connaissance par des concepts, car il n'y a pas de concept du singulier. Ne pas confondre « terme singulier », *i.e.* nom propre ou description définie, terme référant à une chose singulière.

— INTUITIVE *VS* — ABSTRACTIVE Opposition d'origine scotiste entre deux modes de connaissance. La première, qui concerne la mémoire et dans une certaine mesure la sensation, livre l'objet connu comme présent, tandis que la seconde, en l'absence de l'objet, livre une représentation de ses caractéristiques. Plus généralement, cette opposition entre intuition et abstraction recouvre celle entre une connaissance singulière et une connaissance générale.

CONSTANTE PHYSIQUE ou « constante universelle » Une des constantes suivantes : G (c. gravitationnelle), h (c. de Planck), c (vitesse de la lumière), k (c. de Boltzmann).

CONSTRUCTIONNISME Doctrine suivant laquelle la réalité est le produit d'une construction.

— KANTIEN Le c. kantien est surtout actif en philosophie des mathématiques, car celles-ci sont le fruit d'une « connaissance par concepts ». Une certaine interprétation du kantisme a privilégié cet aspect constructionniste.

— SOCIAL Existe sous deux formes : faible, qui insiste sur les aspects constructifs de la réalité sociale et forte, qui affirme que tout est le produit d'une construction sociale, la réalité sociale elle-même, la science et même la réalité naturelle ou physique.

CONSTRUCTIVISME Doctrine concernant les mathématiques, opposée au platonisme mathématique : les êtres mathématiques sont des produits de constructions et non des entités idéales indépendantes.

CONTEXTE Cette notion peut être prise de manière étroite et contient alors les facteurs d'évaluation d'un énoncé (temps, lieu, relations, etc.), de manière large (contexte social, textuel, épistémique, etc.).

CONTINENTAL En géographie culturelle, désigne (a) ce qui est européen, en excluant le Royaume-Uni et l'Irlande, ou (b) un style de philosophie marqué par l'idéalisme allemand, la phénoménologie transcendantale et la philosophie réflexive.

CONTINGENCE Non-nécessité.

— DIACHRONIQUE *VS* — SYNCHRONIQUE La c. diachronique concerne la conception chronologique de la modalité et la c.d. désigne alors ce qui n'est pas toujours. La c. synchronique est une contingence à un moment du temps telle que diverses possibilités sont disponibles à cet instant : je peux décider d'acheter une Toyota ou une Nissan ; dans ce cas, il y a contingence synchronique du choix (il n'est pas nécessaire et concerne deux objets présents).

CONTINUUM Ordre arithmétique linéaire continu.

CONTREPARTIE Réplique d'un individu qui n'existe que dans un seul monde dans un autre monde possible ; cet individu possède des propriétés en commun avec sa contrepartie.

CONVERSION *VS* PROCESSION Dans le néoplat., double mouvement de sortie de Un hors de lui-même et de retour du Multiple vers l'Un.

COSMOLOGIE RATIONNELLE Partie de la métaphysique spéciale qui s'occupe de l'ordre du cosmos (ne pas confondre avec cosmologie physique).

DÉCONSTRUCTION Variante de destruction de la métaphysique, qui insiste sur l'analyse de ce qui est détruit.

DÉFINITION NOMINALE *VS* — OSTENSIVE La d. nominale est une énonciation des marques qui peuvent servir à identifier l'objet défini, tandis qu'une d. ostensive consiste à associer une monstration et une description. La d. nominale est également opposée à la d. réelle qui livre la structure de la chose définie, son essence. La d. ostensive n'est pas une d. réelle.

DÉICTIQUE Terme qui réfère au processus de l'énonciation : « je », « moi », « maintenant », « ici », « hier », etc.

DÉMARCATION Limite entre deux domaines d'un point de vue épistémologique ; par ex., la d. entre la science et la technique.

DÉPASSEMENT DE LA MÉTAPHYSIQUE Thème récurent qui indique la nécessité de sortir de (l'histoire de) la métaphysique pour libérer la pensée et lui offrir de nouvelles possibilités.

DÉPENDANCE Relation ontologique telle que si a dépend de b, a ne peut exister sans b.

— GÉNÉRIQUE Type de d. qui est une relation entre un particulier et une expression générique. Si x est père, il dépend génériquement du fait d'avoir un fils ou une fille.

DESCRIPTIF Dist. de « explicatif ». Livre les propriétés au moins apparentes de la chose, sans fournir une théorie de leur présence.

DESTRUCTION Appliquée à la métaphysique, signifie que les principaux présupposés de cette science doivent être abandonnés ou dissous par l'analyse.

DIALECTIQUE Terme à sens multiple a) chez Platon et Aristote, méthode intellectuelle proche de la métaphysique et de la logique, b) chez Kant, d. transcendantale, concerne la pensée des choses en soi, c) chez Hegel, processus ternaire de mouvement du concept, d) désigne couramment tout usage *a priori* des concepts.

DIEU DES PHILOSOPHES *VS* — VIVANT Opposition qui a son origine dans la tradition augustinienne (qui prend sa source chez saint Paul), reprise par Pascal entre un Dieu des prophètes, des apôtres et des saints, objet d'une expérience mystique et d'un Dieu comme concept, objet simplement de spéculation et d'analyse.

DIFFÉRENCE INDIVIDUELLE Différence d'un individu d'avec tous les autres individus.

— ONTOLOGIQUE Entre l'être et l'étant. La métaphysique ne penserait pas cette différence (Heidegger.)

— SPÉCIALISSIME Dans la théorie de la définition en genres et espèces, la dernière division de l'espèce qui livre l'individualité.

DILEMME MÉTAPHYSIQUE Voir « Aporie » et « Antinomie ». Un dilemme diffère des deux précédentes par le fait qu'une issue est possible, même si elle est difficile à choisir.

DIONYSIEN De Denys l'Aréopagite, *i.e.* le Pseudo-Denys, source principale de la théologie mystique platonicienne.

DISPOSITION Propriété non forcément manifestée qui existe à l'état de virtualité ou qui peut être actualisée (par ex., la solubilité du sucre, la fragilité du verre).

DISTINCTION A PARTE REI Distinction existant avant toute activité intellectuelle (D. Scot).

— DE RAISON D. introduite par l'esprit mais qui n'a pas de fondement dans des propriétés essentielles de la chose. La d. entre l'âme et le corps comme séparables chez Descartes est une d. de raison.

— FORMELLE D. suivant les propriétés formelles ou logiques de la chose. Par ex. il y a une distinction formelle entre animal rationnel et animal non rationnel.

— MODALE *VS* — DE RAISON. Par ex., un degré et une qualité qui a ce degré ont un d. modale.

— RÉELLE D. qui exige la séparabilité des choses distinguées.

— *SECUNDUM QUID* D. selon un aspect des choses distinguées.

DIVINISATION DE L'INTELLECT Dans la doctrine avicennienne ou augustinienne, actualisation de la nature divine de l'intellect.

DOGMATIQUE *VS* CRITIQUE Assertion à contenu positif posée comme vraie.

DUALISME Doctrine suivant laquelle il existe deux substances distinctes, l'âme et le corps, ou l'esprit et la matière. Le d. peut se spécifier en d. des propriétés : il existerait des p. physiques et des p. mentales.

ÉCONOMIE ONTOLOGIQUE Principe de limitation des types d'entités ontologiques (éq. de « rasoir d'Occam »).

ÉMANATION Mécanisme ontologique de sortie de l'Un hors de lui-même pour produire l'univers et la matière. Dist. de « création », qui suppose un acte volontaire.

ÉMERGENCE Relation entre des ensembles de propriétés telles que les propriétés émergentes ont des caractéristiques imprévisibles et nouvelles par rapport à celles de départ dont elles ont émergé. Par ex., la conscience émerge de la vie.

EN TANT QUE lat. *QUATENUS* Terme réduplicatif qui met en relief une distinction *quatenus* (v. ce terme). Ex. (classique) : l'Éthiopien en tant qu'il a des dents est blanc.

ENGAGEMENT ONTOLOGIQUE Une théorie scientifique est dite avoir un e.o. envers certaines entités, si ces entités font partie de l'une des ontologies de cette théorie (*i.e.* du recensement des entités auxquels réfèrent des termes théoriques).

ÉNONCÉ CONTINGENT É. non nécessaire.

— PROTOCOLAIRE É. qui a une forme de compte rendu expérimental avec des variables et des paramètres parfaitement définis. Par ex., le manomètre indique une pression de 8,1 bars.

— SCIENTIFIQUE É. qui fait partie du corps d'une science.

— UNIVERSEL É. avec un quantificateur universel : tous.

— MÉTAPHYSIQUE É. contenant des termes généraux relatifs à la réalité en général.

ENS (lat.) être ou étant. Ne pas confondre avec *esse*, être.

— *PERFECTISSIMUM* Être le plus parfait, Dieu.

ENTIA RATIONIS É. de raison, *i.e.* é. qui n'existent que dans l'entendement, fiction, abstractions nominales.

ENTITÉ FICTIVE Voir « *Entia rationis* ». Une e.f. est une entité qui n'a pas de réalité ontologique. Par ex., Sherlock Holmes.

— NON EXISTANTE E. qui n'existe pas, au sens où elle n'est pas dans l'espace et dans le temps mais où elle peut faire l'objet d'une description et d'une référence (cf. Meinong).

— PRIMITIVE Dans une théorie, e. ultime à laquelle parvient l'analyse. L'atome en chimie.

ÉQUIVOCITÉ Caractère d'un terme qui signifie de manière multiple sans critère de choix.

ESPACE LOGIQUE E. des raisons et des concepts, structuré en propriétés, mondes individus, généralement de manière combinatoire (Wittgenstein, D. Lewis).

ESSE FORMALE VS — OBJECTIVUM Voir « Être formel *vs* — objectif ».

ESSENCE orig. gr. *ousia ;* lat. *essentia*. E. générale : l'universel. E. individuelle : ensemble des propriétés essentielles d'un individu. Identique à la possibilité chez Leibniz. Il faut distinguer les essences exemplifiées dans des existences des essences purement possibles, formelles ou intelligibles.

— NOMINALE *VS* — RÉELLE E. définie par un nom ou e. dotée d'une nature ontologique.

ESSENTIALISME Doctrine suivant laquelle il existe des propriétés essentielles, ou même des essences générales et individuelles. Conséquence de la modalité *de re* pour Quine : cherchez la *de re* et vous trouverez l'essentialisme !

ÉTANT Terme corrélatif à celui d'être suivant la différence ontologique. « Étant » est le plus souvent syn.

d'être fini, créé, pris dans sa dimension ontique (et non pas ontologique).

— MAXIMUM Dieu dans l'onto-théo-logie.

ÉTAT DE CHOSES all. *Sachverhalt* ; angl. *State of affairs*. Complexe ontologique formé de propriétés, relations, individus, se rapportant les uns aux autres.

— ATOMIQUE *i.e.* ne comportant pas de disjonction, ni de conjonction d'états de choses plus petits.

ÊTRE a) copule, au sens d'identité, d'inclusion ou de prédication, b) dans la différence ontologique, pôle opposé à l'étant, tous les étants tout en en étant différent, c) terme le plus général qui désigne tout ce qui est.

— FORMEL *VS* — OBJECTIF au sens c) ci-dessus, soit ce qui est dans l'esprit, soit ce qui est hors de l'esprit sur le mode de l'objectivité.

— POSSIBLE Concevable, non contradictoire

— *VS* EXISTER À l'être formel ou objectif peut ne pas correspondre quelque chose qui existe, au sens de quelque chose qui a un potentiel causal et une individuation.

ÉVÉNEMENTS a) transition entre deux états, b) morceau d'espace-temps, c) tout type d'action ou de processus.

ÉVOLUTIONNISME Doctrine selon laquelle ce qui existe est le produit d'une évolution, guidée par l'adaptation et la sélection. En dehors du domaine de la vie, le terme « évolutionnaire » remplace le terme « évolutionniste » que l'on réserve aux théories darwiniennes et néo-darwiniennes. Par ex., les théories évolutionnaires des normes visent à les naturaliser.

EXEMPLIFICATION Relation entre un universel et une réalisation de cet universel dans un particulier. Par ex. le rouge et le rouge de cette robe : ce dernier exemplifie le rouge. Ne pas confondre avec « instanciation ».

EXISTENCE COMME PRÉDICAT Thèse courante défendue par exemple par Leibniz selon laquelle l'existence est un prédicat, *i.e.* que x existe a la forme logique x est existant. Kant a critiqué cette thèse et Frege a montré qu'elle était exacte, si l'existence est considérée comme un prédicat de deuxième ordre (« x existe » signifie alors « quelque chose tombe sous le concept de x »).

EXISTENTIALISME Doctrine suivant laquelle l'existence prime l'essence. Ant. « Essentialisme ».

EXPÉRIENCE a) ensemble des traits non conceptuels de l'appréhension d'une réalité, b) dispositif de test d'une hypothèse.

— IMMÉDIATE E. qui [livre accès directement à l'objet de l'expérience au sens a)].

EXPÉRIMENTAL Relatif à l'expérience [au sens b)].

EXTENSION Domaine d'individus associés à un terme ou un concept. L'extension de « bleu », c'est le domaine constitué par l'ensemble des individus bleus.

FAISCEAUX DE QUALITÉS Structure réunissant des qualités d'un particulier donné.

FAIT Produit de la nominalisation d'un événement. Par ex., : l'alpiniste tombe (événement)/la chute de l'alpiniste (fait). Que l'alpiniste tombe est un fait. Dans l'atomisme logique, élément du monde.

— ATOMIQUE *VS* — MOLÉCULAIRE Opposition entre des faits élémentaires et des faits qui sont des disjonctions ou des conjonctions de faits.

— NÉGATIF Relatif à un événement qui ne s'est pas produit. Par ex., le fait que le train ne soit pas arrivé. En général, on est suspicieux vis-à-vis des f. négatifs.

— PARTICULIER *VS* — GÉNÉRAL Un f. p. est un f. composé d'un individu et de propriétés, tandis qu'un f. g. est composé d'un domaine d'individus possédant en commun des propriétés.

FIDÉISME Attitude religieuse consistant à rejeter les preuves de l'existence de Dieu et la justification rationnelle des dogmes au profit de la foi.

FONCTION *VS* ARGUMENT Schéma de prédication substitué au schéma aristotélicien (« S est P ») par Frege : dans « f (a) », f est une fonction et « a » un argument.

Par ex. « le chat dort » est une fonction « dort » saturée par l'argument « le chat ».

FONDATION Relation ontologique par laquelle une entité dépend d'une autre entité de manière nécessaire et par une loi ontologique relative à son essence.

FORME INTELLIGIBLE Syn. d'Idée platonicienne. Ant. « Forme substantielle », forme exemplifiée dans une substance.

— LOGIQUE La f. l. est relative soit à des énoncés, soit à des états de choses. Cette f. l. est exprimée pour Russell et Quine dans une logique extensionnelle du premier ordre.

— SENSIBLE Géométrie émergeant d'un substrat matériel. Concept qualificatif comme « influence », « sympathie », « affinité », etc.

FUNDAMENTUM CUM RE Fondement dans la chose, cf. « Fondation ».

GEDANKEN Pensée au sens frégéen, *i.e.* considérée dans son contenu objectif et idéal et non comme occurrence d'un état mental, un acte de pensée.

GRAMMAIRE CATÉGORIELLE Voir « Catégorie »

HAECCÉITÉ Essence individuelle expliquant la singularité du particulier qui la possède. Ne pas confondre avec « quiddité ».

HAECCÉITISME Doctrine suivant laquelle les particuliers possèdent une haeccéité.

HERMÉNEUTIQUE Théorie de l'interprétation.

— MÉTAPHYSIQUE Réduction de la métaphysique à l'interprétation de textes. Cette h. est une h. textuelle. Cette h. textuelle peut être appliquée au droit, à l'épistémologie, etc.

HOLISME a) doctrine épistémologique qui veut que les théories passent en bloc le tribunal de l'expérience, b) thèse ontologique sur la primauté des touts sur les parties, c) plus généralement toute attitude qui privilégie la dimension de totalité. Ant. « Atomisme ».

HYLÉMORPHISME Thèse aristotélicienne sur la nature de la substance, composée nécessairement de matière et de forme.

HYPOTHÈSE ONTOTHÉOLOGIQUE Relative à l'histoire, à la constitution à la structure de la métaphysique ; celle-ci serait à la fois une ontologie, une logique et une théologie et cette triple détermination aurait progressivement dominé la métaphysique, jusqu'à son achèvement.

IDÉALISME Doctrine qui affirme la dépendance de la réalité, telle qu'elle se présente, par rapport à l'esprit.

— TRANSCENDANTAL Termes kantiens, K. définit son i. comme transcendantal, *i.e.* comme différant de celui de Platon, qui affirme l'existence d'un monde intelligible pour les Idées ; les Idées pour K. sont purement régulatrices et il n'y a pas d'accès aux choses en soi et donc pas aux Idées au sens platonicien. L'i. t. en ce sens se distingue de l'i. dans sa relation au réalisme (Voir ce mot).

— LINGUISTIQUE Variété d'i. suivant lequel la réalité est une construction linguistique.

IDENTITÉ

— À TRAVERS LE TEMPS Persistance ou endurance d'un particulier pendant les moments de son existence. Cette i. varie suivant que l'on considère les objets et les personnes comme tri- ou comme quadridimensionnels.

— À TRAVERS LES MONDES Dans la sémantique des mondes possibles de Kripke, un individu peut appartenir à plus d'un monde, mais son identité est garantie par son nom propre. Ant. « Contreparties ».

— DES OBJETS L'i. des objets pose de nombreux problèmes. On entend par identité de deux objets le fait qu'ils possèdent les mêmes propriétés.

— NUMÉRIQUE Égalité.

— PARTIELLE I. assurée par une partie seulement des propriétés. Voir « Ressemblance ».

— PERSONNELLE I. de la personne à travers le temps.

— RELATIVE Restriction de l'i. à un type d'i. où celle-ci est relative à une sorte. On ne dira plus a est identique à b, mais a est le même F que b.

IMMANENCE Voir « Transcendance ».

IMMATÉRIALISME Doctrine de Berkeley suivant laquelle il n'y a pas de matière, celle-ci étant un amas d'idées. Ne pas confondre avec « idéalisme ».

INDÉCIDABLE Proposition dont on ne peut décider si elle est vraie ou fausse.

INDIFFÉRENCE DE L'ESSENCE Thèse avicennienne selon laquelle l'essence est indifféremment universelle ou particulière.

INDIVIDU POSSIBLE I. qui existe dans un monde possible.

— TRANSMONDAIN I. qui est le même dans plusieurs mondes, voir « Identité à travers les mondes ».

INDIVIDUATION Mécanisme métaphysique de constitution de l'individualité de l'individu, soit à partir de la matière, soit à partir de la forme, soit à partir d'un principe spécifique d'i.

— DES ACCIDENTS Mécanisme d'i. appliqué aux accidents, de façon à obtenir des a. individuels. Selon certains métaphysiciens, c'est la substance qui individualise les accidents ; pour les tropistes (voir « Trope »), les accidents sont individués par eux-mêmes.

INDIVIDUUM VAGUM Pour certains scolastiques, l'*i.v.* est un matériau ontologique sur lequel s'exerce le mécanisme d'individuation, de façon à obtenir un i. déterminé (et non plus indéterminé, ou vague).

INDUCTION ÉNUMÉRATIVE Induction qui consiste à énumérer les cas d'un phénomène et à induire une généralisation.

INFINI ACTUEL I. en acte, *i.e.* pleinement réalisé. Cantor a élaboré une arithmétique du transfini, qui est un calcul d'i. actuel. Ant. « I. en puissance » : tel qu'on peut toujours l'augmenter.

INSTANCIATION Relation entre un universel et un particulier, tel que est une instance de l'universel. Ne pas confondre avec exemplification. Pour Platon, certains universaux ne sont pas instanciés, alors que pour Armstrong tout universel est instancié.

INTELLIGENCE ARTIFICIELLE OU I.A. Discipline d'application de formalismes logiques et informatiques à l'étude des systèmes complexes intelligents en vue de leur étude et de leur simulation par des machines.

INTENSION Ant. « Extension ». Le couple extension *vs* intension a été introduit par Carnap, pour formaliser l'opposition frégéenne entre *Sinn* et *Bedeutung*.

INTENTIONNALITÉ Relation entre quelque chose de psychique et quelque chose de physique, suivant la thèse brentanienne de l'intentionnalité. Husserl en fera un mécanisme constituant. Voir « Idéalisme ».

INTUITIONNISME Courant de philosophie des mathématiques proscrivant l'usage de l'infini actuel (voir ce mot), généralement lié à l'anti-réalisme (voir ce mot) et au vérificationnisme (voir ce mot).

JEU DE LANGAGE Chez Wittgenstein, dispositif d'apprentissage de l'usage d'une expression.

JUGEMENT a) acte de juger, b) produit de l'acte de juger, c) contenu de l'acte de juger. Kant ne distingue pas toujours a), b) et c). Selon Bolzano, c) est une proposition. Pour Kant, le j. est une comparaison de concepts, sous forme prédicative (sujet, copule, prédicat).

— ANALYTIQUE Selon Kant, j. dans lequel le prédicat est inclus dans le sujet.

— D'EXISTENCE On distingue plusieurs types de j. dont le j. d'existence qui consiste à asserter l'existence de quelque chose. Ce j. pose des problèmes par sa forme qui n'est pas immédiatement prédicative. Frege en fera l'expression d'une quantification existentielle.

— SINGULIER J. qui porte sur un sujet singulier.

— SYNTHÉTIQUE Ant. « Jugement analytique ». Pour Kant, la matière de ce jugement doit être apportée de l'extérieur du sujet, par ex. par l'expérience dans le cas de j. s. *a posteriori*.

— SYNTHÉTIQUE A PRIORI Découverte de Kant : il existe des j. qui sont synthétiques (voir ce mot) et également *a priori*, *i.e.* indépendants de l'expérience, comme « 7 + 5 = 12 ».

JUSTIFICATION a) j. du pécheur par la grâce en vue de son salut, b) j. d'une connaissance pour montrer qu'elle est une c. scientifique. Au sens b), la théorie de la justification est une partie centrale de l'épistémologie.

LANGAGE canonique Quine : langage extensionnel du premier ordre. Un l.c. ne s'engage pas à l'existence d'entités obéissant au principe « pas d'entité sans identité » (*no entity without identity*).

— logiquement parfait L. où existe une correspondance parfaite entre la syntaxe et la sémantique.

— NATUREL L. vernaculaire de communication. Toute langue existante est un l.n.

— PHYSICALISTE L. dans lequel toutes les références à des entités sont réduites à des références à des entités physiques.

LOGIQUE

— CONTEMPORAINE L. post-frégéenne, *i. e.* postérieure à 1879 (*Begriffsschrift*), ou postérieure aux *Principia Mathematica* de Russell et Whitehead.

— DES RELATIONS L. qui étend son analyse et sa formalisation au-delà des propriétés monadiques vers celles des prédicats polyadiques ou relations. Leibniz, Peirce ont été des pionniers dans ce champ, avant que Russell ne lui donne sa forme actuelle.

— FORMELLE Qui, d'une part, utilise des variables et des opérateurs artificiels prédéfinis et, d'autre part, sépare nettement la syntaxe et la sémantique (interprétation du calcul). La l. des prédicats est une l.f., la syllogistique en partie seulement.

— MATHÉMATIQUE L. qui est mathématisée, *i.e.* symbolique, axiomatisée, couchée dans la théorie des ensembles.

— MÉTAPHYSIQUE L. à prétention métaphysique, comme celles de Peirce, Hegel ou Leibniz.

— MODALE L. des modalités (en général le possible et le nécessaire). La l.m. quantifiée est une l.m. qui correspond à la l. des prédicats, avec opérateurs modaux.

— PHILOSOPHIQUE L. à ambition philosophique, notamment en ce qui concerne l'analyse des concepts. Quasiment indiscernable très souvent de la philosophie de la logique.

— SPÉCULATIVE Terme hégélien pour l. métaphysique.

— TRANSCENDANTALE L. inventée par Kant, développée par Husserl, qui au lieu de formaliser les formes prédicatives entreprend d'en penser la possibilité, éventuellement à l'aide d'une étude de la genèse des formes antéprédicatives.

LOIS a) régularité prévisible de phénomènes, exprimée par des relations numériques, b) relation entre universaux instanciés dans une relation causale c) par ext. l. métaphysiques : lois d'essence, lois de composition des complexes, etc.

MALADIE DE L'ARGUMENT Pathologie analytique qui consiste à préférer les arguties sur les arguments à une hypothèse provisoire qui pourrait être modifiée et améliorée.

MATÉRIALISME Doctrine qui réduit ce qui est à la matière.

MAXIMISATION Processus rationnel qui fait chercher le gain le plus important. La maximisation est l'expression du principe métaphysique d'économie (maximum d'effets, minimum de dépenses).

MÉRÉOLOGIE Science formelle des touts et des parties. Ne pas confondre avec la théorie des ensembles.

METAPHYSICA GENERALIS VS — SPECIALIS La *m.g.* traite de l'être et des transcendantaux, elle comprend l'ontologie ; la *m.s.* est divisée en psychologie rationnelle, cosmologie r., théologie r., qui étudient des genres d'êtres (psychiques, cosmiques, divins).

Métaphysique

— *A PRIORI* M. qui exclut l'étude empirique et entend procéder indépendamment de l'expérience, par ex. par l'analyse des concepts.

— ANALYTIQUE partie de la m. qui a adopté la méthode analytique (clarté, progressivité, argumentation, caractère non historique).

— DE LA MORALITÉ *VS* — DE LA NATURE Division kantienne entre deux champs de la m. appliquée.

— DES MONDES POSSIBLES Concerne essentiellement le réalisme modal (voir ce mot).

— EXISTENTIELLE Partie de la m. qui étudie les structures principales de l'existence notamment humaine, soit thématiquement (art, morale, religion, etc.), soit notionnellement (universaux : l'argent, le sexe, la mort, etc. ; traits : liberté, irréversibilité, etc.). Kierkegaard est un fondateur des deux genres de m.e.

— EXPÉRIMENTALE M. qui recourt à une dimension expérimentale. La partie concernée est l'ontologie. L'expérience (au sens a) ; voir ce mot) ne peut avoir les mêmes propriétés que l'e. scientifique.

— GÉNÉRALE Voir. « *Metaphysica generalis* ».

— INDUCTIVE M. qui tire des conclusions à partir de l'observation de cas particuliers et dégage seulement après des généralisations.

— MODALE Voir « Métaphysique des mondes possibles ». La seule différence, c'est qu'il peut y avoir aussi des m. des modalités qui excluent les mondes possibles, par ex. dans les conceptions chronologiques ou temporelles des modalités (ou par ex. nécessaire = toujours).

— NATURALISTE Qui admet les méthodes des sciences naturelles (observation, lois, modèles, etc.) sans être forcément matérialiste.

— NORMATIVE M. qui énonce quelle forme d'ontologie doit être retenue pour le sens commun, la science, en contredisant éventuellement les intuitions des ontologies naïves ou spontanées.

— PROBABILISTE M. qui confère un caractère simplement probable à ses conclusions, tout en étant capable d'établir une hiérarchie de conclusions de probabilité décroissante. Ne pas confondre avec « scepticisme ».

— SCOLASTIQUE M. développée au Moyen Âge sous la forme soit des sommes, soit des commentaires, soit des disputes.

— SPÉCIALE Voir. « *Metaphysica specialis* ».

— SPÉCULATIVE M. qui ne s'assujettit pas à la méthode descriptive ou inductive et qui procède *a priori*.

— SCIENTIFIQUE M. qui adopte la méthode scientifique (hormis l'expérimentation et la mesure) : réfutabilité, progressivité, projet collectif de recherche, etc.

— SYSTÉMATIQUE M. qui met en avant l'exigence de systématicité (organisation hiérarchique et déductive des parties) et cherche à mettre la présentation des résultats en harmonie avec ce but.

— TRADITIONNELLE Expression qui désigne la m. antique, médiévale et classique, essentiellement celle qui est sous la double influence de Platon et d'Aristote.

MODALITÉ a) *modus* distinct du *dictum*. Par ex. dans « Il est possible que Socrate coure », « possible » est le *modus*, « que Socrate coure » le *dictum*, b) les modalités aléthiques : modifient la vérité de l'énoncé dans lequel elles figurent — possibilité, nécessité, c) les modalités déontiques qui marquent l'obligation ou l'interdiction.

— *DE DICTO* M. Qui porte sur le *dictum*.

— *DE RE* M. Qui porte sur la chose (*res*) elle-même, *i.e.* sur la relation de la substance à son attribut.

— DU JUGEMENT Conception kantienne de la m. comme portant sur le jugement, m. épistémique.

MONADE Substance individuelle atomique chez Leibniz.

MONDE Ensemble d'états de choses, ou de situations. Peut être possible ou actuel. Les anti-réalistes modaux définissent un monde comme un ensemble de propositions, ou même d'énoncés.

— ACTUEL M. possible qui est celui dans lequel nous sommes (définition nécessairement indexicale).

— POSSIBLE Ensemble d'états de choses non contradictoires entre eux, non nécessairement actuel.

MONISME IDÉALISTE Doctrine suivant laquelle il n'y a que de l'esprit, ou que l'absolu.

NATURALISME a) thèse ontologique limitant ce qui est à la nature, b) orientation de méthode prônant l'application de la méthode des sciences naturelles dans tous les domaines, y compris la métaphysique. On parle de naturalisation de l'éthique, de l'épistémologie, etc., quand ces disciplines se voient enrégimentées par les méthodes des sciences naturelles.

NÉCESSITÉ CONDITIONNELLE Nécessité soumise à une hypothèse. Par ex. « si la Terre était une boule de métal, elle se dilaterait nécessairement sous l'action du Soleil ». Dans cet exemple, la nécessité est soumise à l'hypothèse que la Terre soit une boule de métal.

— *DE DICTO VS* — *DE RE* On distingue deux types de nécessité (outre la distinction n. absolue/n. hypothétique) : la n. *de dicto* est une nécessité qui est au niveau de l'énoncé, tandis que la n. *de re* concerne les choses elles-mêmes.

— LOGIQUE ABSOLUE Ant. « Nécessité hypothétique », *i.e.* indépendamment de toute hypothèse préalable. La n. absolue peut être physique (les lois physiques, généralement tenues pour nécessaires) ou logique. La n. logique absolue concerne la déduction des théorèmes à partir des axiomes ou d'autres théorèmes.

— MÉTAPHYSIQUE N. fondée dans l'essence des choses. Il est par ex. métaphysiquement nécessaire qu'une chose soit identique à elle-même, mais métaphysiquement contingent qu'elle soit au lieu de ne pas être.

— PHYSIQUE N. exprimée dans les lois physiques et aussi dans les constantes universelles. Il est physiquement nécessaire que la constante gravitationnelle ait telle valeur (on peut discuter pour savoir si la n. physique dans ce cas est absolue ou conditionnelle).

NÉGATION a) acte de rejet d'un contenu, b) contenu de l'acte de rejet.

— LOGIQUE Définie comme inversant la valeur de vérité et soumise à la loi de double négation ($\neg \neg p \Leftrightarrow p$) sauf dans l'intuitionnisme (voir ce mot).

NÉO-MEINONGIENS Désigne les successeurs de Meinong qui ont admis l'identification de l'ontologie à la théorie des objets et accepté les objets non existants dans cette ontologie. Principaux représentants : D. Jaquette, T. Parsons, R. Grossmann, K. Lambert.

NÉO-KANTIENS Philosophes qui de manière très diversifiée ont systématisé l'héritage de Kant, surtout dans le domaine des sciences normatives (éthique, métaphysique, épistémologie). Les principaux représentants sont E. Cassirer, P. Natorp, H. Cohen.

NÉO-PLATONICIENS Philosophes de l'Antiquité tardive qui ont tenté de réaliser une synthèse entre Aristote et Platon. Principaux représentants : Plotin, Proclus, Porphyre, Damascius.

NÉOTHOMISME Courant de réactualisation de la philosophie de saint Thomas, notamment sous l'impulsion de Léon XIII. Voir « Aristotélico-thomiste ». Principaux représentants : J. Maritain, É. Gilson.

NIHILISME Terme nietzschéen qui désigne la perte des valeurs fondamentales. On distingue un n. passif (l'état de la culture privée de valeurs et qui subit cet état de fait) et un n. actif (le penseur qui va jusqu'au bout de cette absence de valeurs, pour éventuellement les renverser ou en inventer de nouvelles).

NOM PROPRE Nom désignant un individu de manière unique. Pour Kripke, le n.p. est rigide : il désigne le même individu dans tous les mondes possibles.

— LOGIQUE Russell donne une définition stricte du n.p. logique : il doit désigner de manière complètement non ambiguë un particulier. Le n.p. logique est à peu près un démonstratif, comme « ceci » en supposant que « ceci » puisse ne souffrir d'aucun vague de l'ostension.

NOMINALISME a) doctrine suivant laquelle les universaux sont de simples noms. On préfère « nominisme » pour cette forme de n., b) doctrine d'Occam qui affirme que l'existence extramentale se limite aux individus, c) doctrine contemporaine qui entend limiter l'emploi des termes généraux dans les descriptions.

— *vs* RÉALISME Le n. peut être opposé au réalisme des universaux, c'est-à-dire à cette sorte de réalisme qui affirme que les universaux existent indépendamment de leurs instanciations (voir ce mot). Toutefois rien n'empêche de combiner le réalisme au sens de l'indépendance des choses à l'égard de l'esprit avec le nominalisme au sens b) ou c).

NON-ÊTRE a) négation de l'être, b) absence de l'être. Ne pas confondre avec « néant » ou « rien » (voir ces mots).

NON CONTRADICTOIRE Qui obéit au principe de contradiction (voir ce mot).

NORME INTELLECTUELLE Principe de régulation de l'activité intellectuelle, corrélative d'une ou de plusieurs vertus intellectuelles. Par ex. la n. intellectuelle de clarté corrélative de la vertu intellectuelle.

— RATIONNELLE Norme de la rationalité. Par ex., les normes d'économie ou de maximisation sont des normes rationnelles. Les n. rationnelles se distinguent des n. morales (bien qu'il puisse être rationnel de respecter les n. morales).

NOTION INDIVIDUELLE Chez Leibniz, toutes les propriétés et déterminations relatives à un individu. Par ex. il est dans la notion individuelle de Jules César qu'il franchisse le Rubicon.

NOUMÈNE Ant. « Phénomène ». Objet intelligible de l'intuition non sensible, pour Kant. La liberté de la volonté est un noumène : je n'en ai pas d'intuition sensible. Ne pas confondre avec la « chose en soi » qui est la réalité effective donnée indépendamment de toute expérience.

Objektiv Terme meinongien pour « état de choses » (voir ce mot). Par ex. dans « Je crois que la neige est blanche », « que la neige est blanche » est un *Objektiv*.

Objet all. *Gegenstand* ou *Objekt*. Corrélat de « sujet » (en lat. *objectum vs subjectum*). a) objet des attitudes intentionnelles, b) ensemble de propriétés, c) catégorie ontologique la plus générale pour « quelque chose ».

— abstrait *vs* — concret O. abstraits : nombres, propositions, valeurs, etc. Objets concrets : artefacts, personnes, touts sociaux, etc. La nature réelle de la distinction entre abstrait et concret est un objet de débat.

— de la métaphysique Variable : l'un, l'être, l'objet, etc. L'objet d'une science, c'est ce qui distingue cette science de toutes les autres.

— non existant Pour Meinong, un objet peut avoir des propriétés, mais ne pas avoir celle d'« être existant » ; c'est alors un objet non existant, comme par ex. le cercle carré ou la Montagne en or.

— quelconque O. auquel il manque les propriétés qui l'individualisent et qui peut être substitué à n'importe quel objet. Sous le nom « objet arbitraire », K. Fine admet des objets quelconques dans l'ontologie de la déduction naturelle.

Occasionnalisme Doctrine suivant laquelle c'est Dieu qui est cause de tout effet, la cause prochaine n'étant qu'une occasion pour Lui d'exercer sa toute-puissance.

Ontologie Terme né au XVIIe siècle pour désigner la science de l'être (*ontos*) en tant qu'être. a) inventaire des entités d'une théorie, dist. « idéologie », b) équivalent de métaphysique générale, car l'étude des transcendantaux ne fait plus partie de la métaphysique (par ex. l'étude du beau relève de l'esthétique, si elle admet cette catégorie, le vrai de la logique, etc.), c) classification des entités sur la base des engagements ontologiques d'un langage ou d'une théorie.

— DE L'ÉVÉNEMENT O. qui prend l'événement comme catégorie de base. Dans ce cas, il faut dériver toutes les autres catégories (états de choses, individus, objets) de la catégorie d'événement.

— DU MONDE SENSIBLE O. qui se limite au monde sensible, perçu directement ou observé par la science.

— FORMELLE a) partie de l'o. d'après Husserl qui a pour objet les structures formelles communes à tous les domaines d'êtres et de sciences, b) o. qui utilise des méthodes formelles (logique, topologie, méréologie) pour dégager des structures abstraites.

— IMPLICITE O. sous-jacente à un domaine de connaissance ; ensemble des présupposés ultimes d'une science ou d'une attitude de sens commun.

— NAÏVE O. du monde naturel et de ses concepts fondamentaux. Ant. « Ontologie de la science ».

ONTOLOGIQUE a) relatif à l'ontologie ; b) relatif à l'être.

OUBLI DE LA DIFFÉRENCE Dans l'hypothèse où la métaphysique est une onto-théo-logie, la différence entre être et étant est progressivement oubliée, *i.e.* est masquée au profit d'une hiérarchisation des étants.

OUSIALOGIQUE De *ousia,* substance, ou essence. Désigne la métaphysique comme une science de la substance, ou de l'essence.

PANTHÉISME Doctrine qui identifie Dieu et la Nature ou tout ce qui est.

PARAPHRASE Une p. d'une phrase a est une phrase b qui a les mêmes conditions de vérité (voir ce mot) et dont la forme grammaticale en général rend plus transparente la forme logique. Par ex. « Paul a fumé à t, et il ne fume plus à t', t'>t » est une paraphrase de « Paul a cessé de fumer ».

— LOGIQUE P. exprimée en langage logique, en général la logique des prédicats. Dans ce cas, la p. vise à expliciter la forme logique (voir ce mot).

PARONYMIE Une des relations sémantiques selon Aristote (avec l'homonymie, la synonymie). Un paronyme est un terme dérivé d'un autre. Par ex. « courageux » est un paronyme de « courage ». La p. joue un rôle important dans l'ontologie aristotélicienne.

PARTICULIER (subst.) Ant. « Universel ». Un particulier est une entité non répétable (Armstrong).

— ABSTRAIT ou « trope » (voir ce mot). Particulier séparé de son fondement. Par ex., ce rouge de ce livre.

— CONCRET P. composé d'un ensemble de propriétés. Par ex., une chaise est un particulier concret.

— MINCE *VS* — ÉPAIS Pour Armstrong, on peut considérer le p. seulement avec les propriétés nécessaires pour l'individuer (p. fin) ou avec toutes ses propriétés (p. épais).

— NU angl. *Bare particular*. P. dénué de toute propriété (autre que celle d'être identique à soi-même et d'être particulier).

PERFECTION Propriété ontologique de ce qui a le maximum d'essence ou d'actualisation.

PERSONNALISME Doctrine selon laquelle la personne doit être choisie comme point de départ de la métaphysique (et non l'objet ou l'être en général).

PHÉNOMÉNOLOGIE a) doctrine des apparences chez J.H. Lambert, b) méthode philosophique prônée par Husserl et son école, recommandant « le retour aux choses mêmes », et usant de techniques comme la mise entre parenthèses, etc. Il y a deux variétés de p. : p. réaliste et p. transcendantale.

— RÉALISTE P. qui a refusé le tournant pris par Husserl vers l'idéalisme transcendantal (voir ce mot). Principaux représentants : Ingarden, Chisholm.

PHILOSOPHIE DE LA NATURE all. *Naturphilosophie*. Dans l'idéalisme allemand, tentative de substituer à la science, matérialiste et mécanique, une approche métaphysique, poétique, voire magique de la nature.

— MÉCANIQUE P. qui utilise uniquement les interactions mécaniques entre des éléments matériels.

— NATURELLE Terme qui désignait aux XVIIe et XVIIIe siècles la physique.

— PREMIÈRE Métaphysique chez Aristote, science des premières causes et des premiers principes.

— TRANSCENDANTALE a) concerne les transcendantaux (un, bien, être, beau), b) à partir de Kant, un type d'argument qui porte sur les conditions de possibilité.

PHYSICALISME Réduction de ce qui est à des processus physiques.

PLATONISME Désigne de manière générale a) la scission entre le sensible et l'intelligible, b) le courant mathématique pour lequel les êtres mathématiques ont une existence indépendante.

POSITION all. *Setzung*. Déf. kantienne de l'existence (voir ce mot).

POSITIVISME a) positivisme d'A. Comte visant une réforme de la société sur une base de connaissances positives (*i.e.* non théologiques et non métaphysiques), b) p. logique, doctrine combinant le positivisme et la logique pour éradiquer la métaphysique et éventuellement la religion. Principaux représentants : Carnap, Reichenbach, Schlick. Cf. cercle de Vienne.

POSSIBILIA Êtres possibles.

POSSIBILISME Doctrine suivant laquelle il ne faut pas établir de hiérarchie *a priori* entre le monde actuel et les mondes possibles, car ce qui serait absolument premier serait l'ensemble des possibilités. Ant. « Actualisme ».

POSSIBILITÉ LOGIQUE Non-contradiction. Tout ce qui est non contradictoire est possible.

POSSIBLE a) possible que p = non nécessaire que ¬p, b) non contradictoire, concevable, c) essence non réalisée.

POST-ANALYTIQUE Pensée qui succéderait à l'effondrement de la philosophie analytique, consécutif aux entreprises de Wittgenstein, Rorty et Cavell.

POST-MÉTAPHYSIQUE Dans l'hypothèse d'une fin de la métaphysique (voir ce mot), ce qui lui succéderait.

POTENTIEL CAUSAL Ce qui peut être virtuellement causé. Par ex. le potentiel causal d'une allumette est plus important que celui d'un bout de bois de même dimension.

PRAGMATIQUE Partie de la sémiotique suivant Ch. Morris qui s'occupe des interactions entre les énoncés et leurs utilisateurs. Ensuite, de manière plus précise, science des relations entre énoncés et contextes. La P. se décline en p. linguistique, transcendantale, formelle.

PRÉCRITIQUE Désigne chez Kant les écrits précédant la *Critique de la raison pure.*

PRÉDICATION Acte qui consiste à attribuer un prédicat à un sujet, ou une substance et résultat de cet acte.

PREMIER MOTEUR Pour Aristote, la Pensée de la Pensée, l'Acte pur, qui meut tout sans être lui-même mû.

PRÉSUPPOSÉ Élément sémantique nécessaire pour l'interprétation d'un énoncé, mais non manifesté linguistiquement. Par ex. « Même Pierre aime Anne » présuppose que d'autres que Pierre aiment Anne (et peut-être que c'est à propos de Pierre que cet état de choses est le moins probable).

— MÉTAPHYSIQUE P. ultime touchant aux schèmes conceptuels. Pour Collingwood, la métaphysique est la science des p. ultimes.

PRÉSUPPOSITION D'EXISTENCE Dans la théorie des descriptions de Russell, c'est la quantification existentielle qui fait partie de la forme logique et pas de la forme grammaticale (voir ces mots). Par ex. dans « Le roi de France est chauve », il y a une présupposition d'existence : il existe un x tel que x est le roi de France.

PREUVE *A CONTENGENTIA MUNDI* DE L'EXISTENCE DE DIEU P. qui prend comme point de départ la contingence du monde ; celui-ci réclame une cause qui ne peut être contingente et qui est nécessaire, Dieu.

— ONTOLOGIQUE P. *a priori* de l'existence de Dieu, à partir de sa simple possibilité, pour en déduire sa nécessité, *via* le concept de perfection (voir ce mot).

— PHYSICO-THÉOLOGIQUE P. qui a diverses variantes, mais qui s'appuie toujours sur la manifestation du dessein de Dieu dans l'ordre et l'harmonie de l'univers.

PRINCIPE Pour Aristote, thèse ultime appréhendable uniquement par l'intellection (*noesis*).

— DE CONTRADICTION On ne peut avoir une chose et sa contradictoire en même temps pour le même objet. Ce p. a une version épistémique (pas de croyances contradictoires), ontologique (pas d'état de choses contradictoires de manière interne), logique (pas p et ¬p au même moment).

— DE PLÉNITUDE Tout ce qui est possible soit a été, soit est, soit sera.

— DE RAISON P. leibnizien qui indique que tout a une raison, *i.e.* une cause.

— D'IDENTITÉ a) p. selon lequel nécessairement a≡a, conséquence du principe de contradiction (si ¬(a & ¬a), alors a≡a, b) p. d'IDENTITÉ DES INDISCERNABLES : si deux choses ont les mêmes propriétés, elles sont identiques. Ne pas confondre avec le p. d'INDISCERNABILITÉ DES IDENTIQUES : si deux choses sont identiques, elles ont en commun toutes leurs propriétés.

PROBABILITÉ Deux conceptions de la p. a) degré de croyance en une proposition (p. subjective), b) fréquence d'un événement (p. objective).

PROBLÈME PSYCHOPHYSIQUE Identité ou dualité du corps et de l'esprit, parallélisme, etc.

PROPOSITION Contenu sémantique abstrait d'un énoncé.

— *DE RE* P. assertant l'attribution d'une propriété à un individu. « Fa » est un p. *de re* si « Fa » asserte que F est une propriété de a.

PROPRIÉTÉ a) manière d'être d'une chose, b) constituant ultime d'un particulier, c) universel ou relation.

— ATOMIQUE *VS* — NON ATOMIQUE Différence syntaxique entre des p. non jointes à d'autres (ou disjointes d'autres) et p. jointes à d'autres (ou disjointes d'autres). Par ex. « être bleu » est atomique, « être bleu ou rouge », « être bleu et rouge » est non atomique.

— DU DEUXIÈME ORDRE P. d'une p.

— ESSENTIELLE *VS* — ACCIDENTELLE P. telle que son porteur n'est plus identique à lui-même s'il la perd *vs* p. dont l'acquisition ou la perte n'affecte pas l'identité à soi de son porteur. Par ex. la propriété d'être sage pour Socrate est essentielle, celle d'être assis est accidentelle. Quine a critiqué cette distinction (voir « Essentialisme »).

— INTERNE P. faisant partie de l'essence ou de la quiddité d'un particulier.

— NATURELLE Chez Lewis, p. qui exprime une articulation pertinente de la réalité.

— ÉMERGENTE P. qui ne caractérise pas de sous-parties de leur porteur. Par ex. avoir une certaine dimension est une p.e.

— HOMÉOMÈRE *VS* — ANHOMÉOMÈRE P. distribuée sur toutes les parties de son porteur *vs* propriétés non distribuées sur toutes les parties. Par ex. être de l'eau est h. (une molécule d'eau est de l'eau), être un corps n'est pas h. (un doigt n'est pas un corps).

— INDIVIDUELLE *VS* — UNIVERSELLE Propre à un porteur *vs* p. distribuée sur plusieurs porteurs. Par ex. le rouge de cette robe est une p.i. ; le rouge est une p.u.

— INTRINSÈQUE *VS* — EXTRINSÈQUE P. faisant partie de la structure *vs* p. ne faisant pas partie de la structure Par ex. la p. d'avoir une masse est intrinsèque, la propriété de se trouver en tel lieu est extrinsèque.

— RARE *VS* — ABONDANTE P. naturelle qui est pertinente pour la définition *vs* p. non pertinente pour la d. de son porteur. Par ex. la p. d'avoir une masse est rare, la p. d'être quadrupède abondante. Attention : l'extension de la p. n'a rien à voir avec le fait qu'une p. soit rare ou abondante. Une p. est rare au sens de

« précieuse » : elle fait partie de « l'élite des propriétés naturelles « (Lewis), c'est ce genre de p. qui fournit à la science les bases de son ontologie.

— RELATIONNELLE P. quelquefois distinguée de la relation. Par ex. avoir un frère B pour A est une p. relationnelle, alors que la relation entre A et B est une relation de fraternité (au sens non idéologique). La p. relationnelle est envisagée du côté de son porteur. De ce point de vue, un individu a des p. relationnelles et non relationnelles.

— SIMPLE *VS* — COMPLEXE P. non composée de constituants *vs* p. composée de constituants qui peuvent être des p. ou des relations. La p. « avoir le sabot fendu » est simple, la p. « être de l'or » est complexe. Ne pas confondre avec p. atomique *vs* p. non atomique.

— STRUCTURALE *VS* — NON STRUCTURALE Les p. structurales sont un type de p. anhoméomère (voir ce mot) nécessairement complexes. Une p. est structurale si des sous-parties de son porteur possèdent une propriété différente de cette p. Par ex. la p. « être juste deux électrons » est structurale car elle est anhoméomère, nécessairement complexe.

PSEUDO-PROBLÈME all. *Scheinsproblem* Problème apparent dont l'analyse montre qu'il est mal posé et en fait n'existe pas. Par ex. pour les positivistes logiques, les p. métaphysiques sont des pseudo-p.

PSYCHOLOGIE EMPIRIQUE Terme brentanien pour désigner la p. qui utilise les méthodes des sciences naturelles. La p. empirique comprend comme partie la p. descriptive, qui ne recourt pas à la quantité.

— PHILOSOPHIQUE P. qui vise l'élucidation de l'essence des phénomènes psychiques (comme l'intentionnalité).

— RATIONNELLE lat. *psychologia rationalis* Une partie de la métaphysique spéciale (voir ce terme).

PUISSANCE LOGIQUE P. conçue logiquement comme non-contradiction ou concevabilité.

— OBJECTIVE P. conçue comme disposant d'une efficace ontologique.

— RÉELLE *Potentia realis*. Cf. P. objective.

QUALITÉS Propriétés monadiques non mesurables.

QUANTIFICATION Introduction de la quantité (particulière et universelle) dans les propositions. On distingue la q. du sujet (seule présente chez Aristote) et la q. du prédicat. Peirce et Frege ont introduit, indépendamment l'un de l'autre, deux quantificateurs, existentiel et universel.

QUIDDITÉ Chez Aristote et saint Thomas, essence ou définition. Ne pas confondre avec « haeccéité ».

RÉALISME Doctrine qui affirme l'indépendance à l'égard de l'esprit de domaines d'entités. Le r. est modulaire. Par ex. le réalisme des valeurs affirme l'indépendance des valeurs à l'égard de l'esprit (scil. Que ce n'est pas l'esprit qui les produit). Ant. « Anti-réalisme ».

— DES UNIVERSAUX Affirmation de l'existence d'universaux indépendamment de l'esprit, qu'ils soient nécessairement instanciés (Aristote) ou pas (Platon).

— EXTRÊME DES UNIVERSAUX *VS* RÉALISME MODÉRÉ DES UNIVERSAUX Dans le r. extrême des u., les u. existent que les particuliers existent ou pas, dans le r. modéré des u., les u. existent dans les particuliers.

— MÉTAPHYSIQUE Affirmation de l'existence indépendante de l'esprit de la réalité.

— MODAL Affirmation de l'existence des mondes possibles sur le même pied que le monde actuel, hormis l'actualité, indexicale.

— MODÉRÉ Expression d'origine néo-thomiste (voir « Néothomisme ») qui désigne le r. modéré des universaux.

RÉDUCTION Relation entre deux ensembles de propriétés telle que le premier ensemble voit ses caractéristiques traduites dans les caractéristiques de la seconde. Par ex. les caractéristiques qualitatives des propriétés mentales de la douleur doivent être réduites à des caractéristiques quantifiables de propriétés neuronales et physiques dans un programme de réduction du psychique au physique. La r. dans les sciences a essentiellement une valeur explicative.

RÉDUPLICATIF Type d'énoncé qui met en relief un des aspects du contenu, par un redoublement. Par ex. « En tant que général Napoléon est grand » est un é. r. équivalent à l'é. non r. « Napoléon est un grand général ».

RÉFÉRENCE Relation d'un élément sémantique à un élément de la réalité.

RÉGRESSION À L'INFINI DES RELATIONS Argument classique qui affirme que pour lier A et B, il faut R, mais que pour lier A, B et R il faut S, etc. Argument utilisé par exemple par les monistes idéalistes (voir « Monisme idéaliste ») contre les relations (l'absolu est non relationnel) ou Aristote contre Platon (le Troisième Homme).

RÉIFICATION Transformation en chose. La marchandise, c'est du travail réifié.

RÉISME Doctrine de Brentano suivant laquelle l'ontologie du monde se compose uniquement de choses.

RELATION Deux conceptions a) propriété non monadique, b) lien entre deux termes ou deux objets (les *relata*).

— D'ACCESSIBILITÉ Entre deux mondes, telle que si le monde m est accessible à partir du monde m', ce qui est possible dans m peut être réel dans m'. Sphère d'accessibilité d'un monde : tous les mondes accessibles à partir de ce monde.

— DE CONTREPARTIE Entre un individu dans son monde et sa réplique dans un monde possible.

— EXTERNE *VS* — INTERNE Un r. interne exprime la nature de ses *relata* (voir « Relation »), tandis qu'une r. externe n'exprime pas la nature des *relata*.

— FORMELLE Être mental de la relation réelle.

— MONADIQUE R. à un terme ; DYADIQUE r. à deux termes ; TRIADIQUE r. à trois termes ; POLYADIQUE r. à plusieurs termes, etc.

RELATIVISME a) doctrine affirmant la relativité des normes et des valeurs, b) doctrine affirmant que tout est relatif et donc qu'on ne peut rien affirmer.

RELATIVITÉ DE L'ONTOLOGIE Thèse de Quine selon laquelle à une théorie correspondent plusieurs ontologies entre lesquelles on ne peut choisir (voir « Relativisme »).

RENVERSEMENT Métaphore utilisée pour les valeurs ou la métaphysique. Renverser la m., c'est mettre le sensible comme valeur suprême, à la place de l'intelligible. Utilisé aussi par les matérialistes pour l'idéalisme.

REPRÉSENTATION OBJECTIVE *VS* — SUBJECTIVE Bolzano distingue deux types de r. selon qu'on les considère comme des contenus idéaux ou comme des instanciations dans des états subjectifs, distinction reprise par Frege entre la pensée, contenu objectif, et la pensée, activité mentale. Par ex. on distingue la r. objective du théorème de Pythagore, de sa r. subjective.

RES Chose. Un des termes les plus généraux avec *ens*, *aliquid*.

RÉVISIONNEL var. lexicale de « révisionniste ». La conception r. de la métaphysique est celle qui la considère investie de la mission de réformer nos schèmes conceptuels.

RÉVOLUTION COPERNICIENNE Métaphore (double) qui désigne le passage du système géocentrique au système héliocentrique, comme analogue du passage d'une métaphysique réglée sur l'objet à une m. réglée sur les facultés de connaître du sujet.

SATZ AN SICH Proposition (voir ce mot).

SCEPTICISME a) doctrine suivant laquelle la vérité est inaccessible (s. radical), b) doctrine suivant laquelle on ne peut savoir quelle est la doctrine de la vérité qui est la bonne (s. modéré).

SCHÈME Construction intermédiaire entre le concept et l'image, dotée d'un dynamisme et d'un pouvoir structurant.

— CONCEPTUEL Ensemble des cadres de la connaissance commune (voir « Schème »).

— DE RUPTURE S. récurrent dans les histoires des métaphysiques, postulant une discontinuité.

SCIENCE DE SIMPLE INTELLIGENCE *VS* — DE VISION Distinction en Dieu de deux types de s. des actuels et des actuels avec les possibles et les futurs.

— GÉNÉRALE *VS* — PARTICULIÈRE Une s. générale est une science de l'être, de la quantité, de l'unité, une *mathesis universalis* ; une s. particulière est une s. qui découpe une région de ce qui est avec une méthode particulière. Par ex. la science des fonds marins.

— THÉORÉTIQUE a) chez Platon et Aristote, l'intellection du Bien ou du Premier Moteur, b) chez les Modernes, s. qui vise la connaissance désintéressée ultime des éléments derniers des choses, que ce soit dans le domaine de la vie, de la matière, de la conscience ou de l'information.

— TRANSCENDANTE S. qui vise la connaissance des transcendantaux ultimes (voir « Transcendantaux »). La métaphysique est une s. transcendante.

— RÉGIONALE Terme husserlien pour s. particulière.

SCIENTISME Doctrine qui estime que la norme du savoir est la science.

SCOTISME Courant métaphysique et théologique. En métaphysique, marqué par la distinction entre abstraction et intuition, la connaissance du singulier ; en théologie, par la primauté de la volonté, la toute-puissance divine.

SÉCULARISATION Processus de désacralisation des idéaux religieux dans une société moderne.

SEIN VS SOSEIN Opposition meinongienne entre l'être et l'être-ainsi. Un cercle carré a un *Sosein* mais pas de *Sein*.

SELF Soi ou moi.

SÉMANTIQUE a) partie de la sémiotique qui selon Ch. Morris traite des relations entre les mots et les phrases d'une part et la réalité d'autre part, b) dans un système formel, partie du système qui s'occupe de l'interprétation des formules en vue de leur évaluation, c) théorie des modèles d'interprétation.

— DE L'ÉNONCÉ *VS* — DU MOT La s. du mot est celle qui cherche à obtenir la signification du tout à partir de la signification des parties, alors que la s. de l'énoncé voit bien que la s. du mot est fonction de sa contribution au tout et donc qu'il y a un holisme de l'interprétation sémantique.

— POUR LES LOGIQUES MODALES Deux types de s. a) modèles de Kripke, b) théorie des contreparties de Lewis. Une s. dans ce cas donne les conditions de vérité de « possible » et de « nécessaire » pour les propositions et pour la logique quantifiée (voir quantification).

— TARSKIENNE S. qui de manière formelle définit les conditions d'emploi du prédicat « vrai ». Fondement de la théorie des modèles, un des trois piliers de la philosophie analytique (avec la théorie des descriptions et la théorie de la justification épistémique).

SENS *VS* DÉNOTATION all. *Sinn/Bedeutung* Le s. d'un mot est le mode de présentation, la d. la référence de ce mot. Par ex. « l'étoile du soir » et « l'étoile du matin » ont même d. et s. différent.

SOLIPSISME a) doctrine qui nie l'existence de quoi que ce soit d'autre que le moi individuel du solipsiste (forme forte), b) doctrine qui nie la possibilité de s'assurer de l'existence d'autres esprits (forme faible).

— MÉTHODOLOGIQUE Méthode qui consiste à faire comme si l'individu était isolé des autres individus pour analyser certaines propriétés non relationnelles.

SOPHISME Raisonnement fallacieux.

STRUCTURALISME Doctrine qui affirme l'importance de la structure comme intermédiaire entre les éléments ultimes et la réalité sensible. Le s. peut être mathématique, ontologique, sémantique.

STRUCTURE ONTOLOGIQUE S. des particuliers concrets ou abstraits qui fait entrer en ligne de compte les universaux, les tropes, les substances, etc. Distinct de la s. physique.

— ONTOTHÉOLOGIQUE Hypothèse sur une s. de la métaphysique comme exhibant toujours les mêmes relations entre des éléments fondamentaux, la science de l'être, celle de Dieu et la logique.

— PROFONDE DU MONDE Dans l'atomisme logique, la décomposition du monde en faits, états de choses, objets, relations.

SUARÉZIEN Relatif au philosophe F. Suarez, fondateur de la métaphysique moderne.

SUBJECTIVITÉ Ensemble de traits relatifs, en général perspectifs et individuels, liés au fait que la connaissance et l'action sont situées relativement à un agent ou un esprit connaissant.

— TRANSCENDANTALE S. non empirique, constitutive du monde dans l'idéalisme transcendantal (voir ce mot).

SUBSISTANCE Pour Meinong, mode d'être distinct de l'existence ; la s. est dépendante et idéale.

SUBSTANCE a) ce qui ne peut être prédiqué, b) composé de forme et de matière individuel, c) forme ou essence. Ces trois sens sont distingués par Aristote. La s. est aussi définie comme un substrat privé de propriétés, une loi d'une série.

— CORPORELLE S. sensible formée de forme et de matière qui prend la forme d'un corps ou organisme.

— CORRUPTIBLE S. soumise à la destruction (et à la génération). Ant. « S. incorruptible, divine » (voir ce mot).

— DIVINE S. simple, parfaitement actuelle, dépourvue de matière sensible.

— INDIVIDUELLE S. qui a la forme d'un individu, numériquement et qualitativement. Par ex. Socrate est une s. individuelle.

— SIMPLE S. qui n'a pas de parties. Ant. « S. composée ».

SUBSTRAT ou suppôt Base indifférenciée qui subsiste au travers des modifications de ses attributs.

SUJET *VS* PRÉDICAT Dans la logique traditionnelle, la structure de base d'un énoncé affirmatif est « S est P » où S est le sujet, « est » la copule, P le prédicat (par ex. Socrate est assis : sujet = Socrate, prédicat = est assis).

SUMMULISTE Relatif aux sommes de logique ou de théologie au Moyen Âge. Par ex. la forme summuliste comporte des réponses aux objections.

SUPERTRANSCENDANTAL Terme ou chose qui serait encore plus général que les transcendantaux. « Objet » (au sens d'objet quelconque ou d'objet en général) ou « quelque chose » seraient des s.

SUPPOSITION Terme médiéval pour « référence » (voir ce mot).

SUPRASENSIBLE Au-delà du sensible : divin, intelligible.

SURVENANCE Relation entre des ensembles de propriétés telle que le premier ensemble A survient sur un ensemble B si i) A dépend de B, ii) A varie en fonction de B, iii) A n'est pas réductible (voir « Réduction ») à B. Par ex., le moral survient sur le physique.

SYNONYMIE Relation sémantique d'équivalence de sens.

SYNTAXE LOGIQUE Partie d'un système formel qui comprend les règles de formations des expressions.

TEXTUALISME Déviation nihiliste (voir « Nihilisme ») de l'herméneutique vers une réduction à des mécanismes textuels (métaphore, polysémie, non-clôture de l'interprétation).

THÉISME Doctrine qui affirme l'existence d'un Dieu, personnel ou impersonnel.

THÉOLOGIE CHRÉTIENNE Corps de doctrine élaboré sur la base de la révélation par les Pères, les conciles et les docteurs. Les deux dogmes de cette t. sont la Trinité et l'Incarnation.

— NATURELLE Partie de la théologie indépendante de la révélation.

— NÉGATIVE La théologie comprend une partie symbolique qui affirme quelque chose de Dieu et une partie négative qui nie tout attribut fini de Dieu. Cette t. négative a un contenu métaphysique.

— RATIONNELLE Théologie qui approfondit la révélation au moyen des instruments de la raison.

THÉORÈME DE GÖDEL Il est impossible de construire une description formelle complète d'un système formel parfaitement cohérent qui ne comporte pas la possibilité d'y construire un énoncé indécidable.

THÉORIE DE LA PROPOSITION Partie de la sémantique qui étudie les propriétés des contenus sémantiques abstraits.

— DES DESCRIPTIONS T. russellienne de la référence où les noms propres et les descriptions définies sont des termes singuliers, les noms propres étant des descriptions abrégées.

— DES ENSEMBLES T. mise au point par Cantor, puis formalisée par Zermelo-Frankel qui formalise les notions d'appartenance et d'inclusion, afin de construire l'arithmétique sur des bases sûres.

— DES MODÈLES T. de l'interprétation sémantique en terme de modèle, c'est-à-dire d'ensembles d'entités structurés.

— DES OBJETS T. meinongienne équivalente à l'ontologie qui décrit tous les types d'objets, réels ou non, contradictoires ou pas, complets ou incomplets.

— DES TYPES T. mise au point par Russell pour échapper au paradoxe de la théorie des ensembles (l'ensemble de tous les ensembles qui ne se contiennent pas eux-mêmes se contient-il lui-même ?). Cette t. établit une hiérarchie de types, les individus étant de type 0, les propriétés de 1er ordre de type 1, celles de 2e ordre, de type 2, etc., le principe de base de cette t. étant que l'on ne doit pas mélanger des entités ou expressions de niveaux différents.

TOUT MÉRÉOLOGIQUE Résultat d'une somme méréologique d'éléments, ou fusion.

TRANCHE (*SLICE*) Partie d'un objet quadridimensionnel.

TRANSCENDANTAL Le terme a un sens médiéval (voir « Transcendantaux ») et un sens kantien. En ce sens,

t. signifie quelque chose qui s'appuie sur la différence entre connaissance *a priori* et c. empirique, *i.e.* tout ce qui se rapporte à la condition d'une expérience possible.

TRANSCENDANTAUX Propriétés qui d'après les Médiévaux dépassent les limitations des autres catégories et sont donc les genres les plus universaux de l'être. On compte au nombre des t. l'être, l'un, le vrai, le bien, le beau. La chose et le quelque chose sont quelquefois ajoutés à la liste, puis plus tardivement parfois considérés comme d'un rang supérieur aux autres (voir « Supertranscendantal »).

TROPE Particulier abstrait.

TRUTHBEARER VS TRUTHMAKER Porteur de vérité *vs* vérifacteur (ce qui fait vrai = *what makes true*). Un porteur de vérité est une phrase ou un énoncé, qui peuvent être vrais ou faux. Un vérifacteur est quelque chose qui rend vrai un énoncé (ou une phrase). Par ex. l'énoncé « Marie chante » est un porteur de vérité, et ce qui rend vraie cette phrase, c'est l'état de choses qui consiste en ce que Marie chante.

TYPE Élément sémantique (alors que la catégorie est un élément syntaxique dans la logique contemporaine) qui détermine le rang ontologique d'une classe d'expression.

UN Un des transcendantaux que les néo-platoniciens plaçaient au-dessus de l'être.

UNIVERSALISME *VS* PARTICULARISME Le monde se présente à nous comme un ensemble de singularités et de ressemblances. L'universalisme insiste sur les ressemblances en posant des classes d'universaux qui structurent la réalité (notamment au travers des lois), tandis que le particularisme insiste sur la singularité de tout existant, le fait qu'il diffère de tous les autres, et conçoit les universaux simplement comme des classes de ressemblances.

UNIVERSAUX a) concepts généraux, propriétés communes, b) entités répétables. La nature des u. diffère selon que l'on se place dans une perspective nominaliste [déf. a)] ou réaliste [déf. b)].

UNIVOCITÉ DE L'ÊTRE Thèse scotiste (voir « Scotisme ») qui affirme que l'être se dit de la même manière de toutes choses, en particulier de Dieu et de la créature.

VAGUE a) v. réel : indétermination intrinsèque de la réalité, b) v. épistémique : impossibilité pour la connaissance de parvenir à une précision parfaite.

— MODAL V. attaché aux notions modales, qu'il soit réel ou épistémique (dans le réalisme modal, voir ce mot).

VALEUR DE VÉRITÉ Vrai ou faux dans les logiques bivalentes, vrai, faux, ou indéterminé dans les logiques trivalentes (dont les l. intuitionnistes ; voir ce mot).

VERBALISME Confusion des concepts avec leur expression verbale, inflation du brio littéraire.

VÉRIFIABILITÉ Caractère d'un énoncé qui peut être soumis à une procédure de vérification (voir « Vérificationnisme »).

VÉRIFICATIONNISME Doctrine suivant laquelle la vérité n'est que le terme d'un processus de vérification — si ce processus échoue, on ne maintient pas l'indépendance d'une valeur de vérité inconnue.

VÉRITÉ COHÉRENCE V. d'un tout (ensemble d'énoncés, de propositions).

— CORRESPONDANCE V. qui est une relation entre un élément sémantique et un élément ontologique.

— REDONDANCE Thèse qui élimine la v. de vérité au motif que « p est vrai » est équivalent à « p ».

VERTU INTELLECTUELLE Vertu de la vie cognitive dévouée à la recherche de la vérité. La clarté, l'utilité sont des v. i.

VIE CONTEMPLATIVE Sommet de la vie pour la philosophie antique et médiévale, vie consacrée à la pure théorie.

— DIVINE V. bienheureuse et éternelle.

— MIXTE Idéal aristotélicien de combinaison de v. contemplative et de vie politique.

VIRTUEL Possible non réalisé mais probable. Par ex. l'extinction de l'espèce humaine par sa propre faute est une réalité virtuelle.

VISION DE LA SINGULARITÉ Intuition immédiate du singulier en tant que tel, en général refusée par les métaphysiciens à l'intellect pèlerin (*i.e.* en la condition mortelle).

BIBLIOGRAPHIE

Plan de la bibliographie

1. MÉTAPHYSIQUE (GÉNÉRALITÉS)

« *Metaphysics* » *(Blackwell Companion to)*, J. Kim et E. Sosa éds., Oxford, Blackwell, 1995.

« *Metaphysics (The Oxford Handbook of)*, M. Loux et D. Zimmermann (éd.), Oxford, Oxford University Press, 2003.

« *Metaphysics* (*History of*) », Paul Hancok, *in* Paul Edwards (éd.), 1967, p. 289-300.

« *Metaphysics (The Nature of)* », W.H. Walsh, *in* Paul Edwards (éd.), 1967, p. 300-307.

« *Metaphysics* », *in* H. Burkhardt et Barry Smith éd., *Handbook of metaphysics and ontology*. Philosophie Verlag, Munich, 1991 : 1) « History and Terminology », Nicolas Lobkowicz, 2) « Greek Metaphysics », Paul Thom, 3) « Metaphysics of analytic philosophy », Bruce Aune, 4) « Contemporary French Metaphysics », P. Engel, 5) « Probabilistic metaphysics », Patrick Suppes, 6) « Systematic metaphysics », Edward Zalta, t. II, p. 528-553.

« *Metaphysik* », L. Oeing-Hanoff, Th. Kobusch, T. Borsche, in *Historisches Wörterbuch der Philosophie*, Bâle, Schawe & C° 1971, p. 1186-1280.

« métaphysique (La) », Tiercelin Claudine, in *Les notions philosophiques*, t. 2, Paris, Gallimard, 1999, p. 387- 500.

métaphysique. (La) Son histoire, sa critique, ses enjeux, Jean-Marc Narbonne et Luc Langlois (éd.), Presses de l'université de Laval/Vrin, Laval/Paris, 1999 (XXVIIe congrès de l'ASPLF, août 1998, Laval).

2. MÉTAPHYSIQUE GRECQUE

A. Sources

ARISTOTE, *Catégories*, trad. R. Bodéüs, Paris, Les Belles Lettres, 2001.

— *De l'âme*, trad. R. Bodéüs, Paris, GF Flammarion, 1993.

— *De la génération et de la corruption*, trad. et notes de J. Tricot, Paris, Vrin, 1951.

— *Éthique à Nicomaque*, trad. et notes J. Tricot, Paris, Vrin, 1967.

— *Physique*, trad. P. Pellegrin, Paris, GF Flammarion, 2000.

— *Poétique*, Paris, Les Belles Lettres, 4e éd., 2002.

— *Organon, VI, Les Réfutations sophistiques*, trad. nouvelle et notes J. Tricot, Paris, Vrin, 1995.

— *Parties des animaux*, éd. et trad. P. Louis, Paris, Les Belles Lettres, 1993.

— *Catégories*, prés., trad. et comment. de F. Ildefonse et J. Lalot, éd. bilingue (avec glossaire et dossier, p. 137-244), Paris, Seuil, 2002.

— *La Métaphysique*, 2 vol., nouv. éd. avec comment., trad. J. Tricot, Paris, Vrin, 1964.

— *Organon, I, Catégories, II De l'interprétation* (en un vol.), trad. et notes J. Tricot, Paris, Vrin, 1969.

— *Organon, I, Premiers Analytiques*, trad. et notes J. Tricot, Paris, Vrin, 1971.

— *Organon, IV, Seconds Analytiques*, trad. et notes J. Tricot, Paris, Vrin, 1970.

— *Éthique à Nicomaque*, introd., trad. et comment. René Antoine Gauthier et Jean Jolif, 3 vol., Louvain-

Paris, Publications universitaires de Louvain/Éditions Béatrice-Nauwelaerts, 1959.

— *Metaphysics Books Z and H*, trad. et comment. David Bostock, Oxford, Clarendon Press, 1994.

— *Metaphysics. Books Γ, Δ*, trad. et notes Christopher Kirwan, 2e éd., Oxford, Clarendon Press, 1993.

DAMASCIUS, *Commentaire du Parménide de Platon*, L.G. Westerink (éd.), trad. J. Combès, 3 vol. parus, Paris, Les Belles Lettres, 1997-2003.

— *Traité des premiers principes.* I : *De l'ineffable et de l'Un*, II : *De la triade et de l'unité*, III : *De la triade et de l'unifié*, L.G. Westerink (éd.), trad. J. Combès, 3 vol., Paris, Les Belles Lettres, 1986-1991.

— *Des premiers principes. Apories et résolutions*, trad. Marie-Claire Galpérine, Lagrasse, Verdier, 1987.

DUMONT J.-P. (éd.), *Les présocratiques*, Paris, Gallimard, 1988.

KIRK G.S., RAVEN E.S., SCHOFIELD M., *Les philosophes présocratiques. Une histoire critique avec un choix de textes*, trad. Hélène-Alix de Weck et Dominic O'Meara, Paris, Éditions Universitaires de Fribourg/Cerf, 1995.

PARMÉNIDE, *Sur la nature ou sur l'étant. La langue de l'être ?*, éd. bilingue, trad. et présent. Barbara Cassin, Paris, Seuil, 1993.

— *in* Kirk, Raven et Schofield (éd.), 1994, p. 257-281.

PLATON, *Parménide*, trad. et notes L. Brisson, Paris, GF Flammarion, 1999.

— *République*, trad. et notes G. Leroux, Paris, GF Flammarion, 2002.

— *Sophiste*, trad. et notes N.L. Cordero, Paris, GF Flammarion, 1993.

— *Théétète*, trad. et notes M. Narcy, Paris, GF Flammarion, 1995.

— *Timée*, trad. et notes L. Brisson, Paris, GF Flammarion, 1992.

PLOTIN, *Ennéades*, trad. Bouillet, 3 vol., Paris, Vrin-Reprise, 1981.

— *Traités 1-6*, trad. Luc Brisson et J.-F. Pradeau, Paris, GF Flammarion, 2002.
— *Ennéades*, trad. É. Bréhier, 7 vol., Paris, Les Belles Lettres, 1991-1999.
— *Traité sur la liberté et la volonté de l'Un* [*Ennéade VI, 8 (39)*], introd., texte grec, trad. et comment. Georges Leroux, Paris, Vrin, 1990.
— *Traités 38, 50*, 2 vol., trad. P. Hadot, Paris, Cerf, 1988, 1990.
PORPHYRE, *Isagoge*, texte grec et latin (*Translatio Boethii)*, trad. A. de Libera et A.-Ph. Segonds, introd. et notes A. de Libera, Paris, Vrin, 1998.
— cf. Pierre Hadot, 1968, vol. 2, p. 59-120.
PROCLOS, (ou : Proclus) *Éléments de théologie*, trad., introd. et notes Jean Trouillard, Paris, Aubier-Montaigne, 1965.
— *Théologie platonicienne*, H.D. Saffrey et LG. Westerink (éd. et trad.), 5 vol., Paris, Les Belles Lettres, 1968-1987.
SIMPLICIUS, *Commentaire aux Catégories d'Aristote, Chapitres 2-4*, trad. Ph. Hoffmann, avec la collab. de I. et P. Hadot, comment. et index de C. Luna, éditeur, 2001.
— *Commentaire sur les Catégories d'Aristote*, 3 fascicules, trad. et comment. sous la direction de Ilsetraut Hadot, Leiden, E.J. Brill, 1990 [couvre le chap. 1 des *Cat.*].
THÉMISTIUS, *Paraphrase de la métaphysique d'Aristote (livre lambda)*, trad. de l'hébreu et de l'arabe, introd. et notes R. Brague, Paris, Vrin, 1999.
THÉOPHRASTE, *Métaphysique*, éd., trad. et notes A. Laks et G.W. Most, avec la collab. de M. Crubelier, Paris, Les Belles Lettres, 1993.

B. Commentaires

AUBENQUE Pierre, « Les origines néo-platoniciennes de la doctrine de l'analogie de l'être », *Les Cahiers de Fontenay*, n°s 19-20-21-22, *Néoplatonisme, mélanges offerts à Jean Trouillard*, ENS de Fontenay-aux-Roses, mars 1981, p. 63-90.

— *Le problème de l'être chez Aristote*, Paris, PUF, 1963.

BARNES Jonathan, SCHOFIELD Malcolm et SORABJI Richard, *Articles on Aristotle. 3. Metaphysics*, Londres, Duckworth, 1979.

BERTI Enrico, *L'unità del sapere in Aristotele*, Padoue, édit., 1965.

— « La *Métaphysique* d'Aristote : "Onto-théologie" ou "Philosophie Première" ? », in *La Métaphysique d'Aristote, Revue de Philosophie Ancienne*, Bruxelles, Ousia, 1996, p. 61-86.

BODÉÜS Richard, *Aristote et la théologie des vivants immortels*, Paris/Montréal, Bellarmin/les Belles Lettres, 1992.

BOEHM Rudolf, *La métaphysique d'Aristote. Le fondamental et l'essential. « De l'être et de l'étant » (Livre VII)*, trad. et prés. Emmanuel Martineau, revue par l'auteur, Paris, Gallimard, 1976.

BRAGUE Rémi, *Aristote et la question du monde*, Paris, PUF, 1988.

BRENTANO Franz, *Aristote, les significations de l'être* (1862), trad. P. David, Paris, Vrin, 1992.

BRETON Stanislas, *Mathématiques et philosophie chez Proclus*, Paris, Beauchesne, 1969.

BRISSON Luc, *Le même et l'autre dans la structure ontologique du* Timée *de Platon. Un commentaire systématique du* Timée *de Platon*, 3e éd., revue et corrigée, bibl. analytique, Academia Verlag/Sankt Augustin, 1998.

BRUNSCHWIG Jacques, « Aristote, Platon et les formes d'objets artificiels », in Pierre-Marie Morel (éd.), *Aristote et la notion de nature*, Bordeaux, Presses de l'Université de Bordeaux, 1997, p. 45-68.

COMBES Joseph, *Études néoplatoniciennes*, Grenoble, Jérôme Million, 2e éd., 1996.

COULOUBARITSIS Lambros, « L'être et l'un chez Aristote, I, II », in *La métaphysique d'Aristote*, éd., I, II, 1983, p. 49-98 et p. 143-195.

CRUBELIER Michel et PELLEGRIN Pierre, *Aristote. Le philosophe et les savoirs,* Paris, Seuil, 2002.

DECARIE Vianney, *L'objet de la métaphysique selon Aristote,* 2e éd., Paris/Montréal, Vrin, 1972.

DENKEL Arda, *Objects and Property*, Cambridge, Cambridge University Press, 1996.

Études sur la métaphysique d'Aristote, Actes du Ve Symposium aristotelicum (1979), Paris, Vrin, 1979.

FESTUGIÈRE A.J., *Contemplation et vie contemplative selon Platon*, Paris, Vrin, 1950.

HADOT Pierre, « Dieu comme acte d'être dans le néoplatonisme. À propos des théories d'Étienne Gilson sur la métaphysique de l'Exode », in *Dieu et l'être* (cf. réf. *infra* 5. B), p. 57-62.

— *Porphyre et Victorinus*, 2 vol., Paris, Études augustiniennes, 1968 [dans le vol. 2, Fragments du commentaire de Porphyre sur le « Parménide », p. 59-120].

HINTIKKA Jaakko, *Time and Necessity : Studies in Aristotle's Theories of Modalities*, Oxford, Clarendon Press, 1973.

IRWIN Terence, *Aristotle's First Principles*, Oxford, Clarendon Press, 1988.

JAEGER Werner, *Aristote, Fondements pour une histoire de son évolution* (1948), trad. O. Sedeyn, Paris, Éditions de l'Éclat, 1997.

LEFEBVRE René, « Individu, espèce et ressemblance dans la théorie aristotélicienne de la génération animale », RMM, n° 4, 1995, p. 533-562.

— « L'image onto-théo-logique de la *Métaphysique* d'Aristote », in *Revue de philosophie ancienne, Profils d'Aristote,* I, Ousia, Bruxelles, 1990, p. 123-172.

LESZL W., *Aristotle's Conception of Ontology*, éd., Padoue, 1975.

LEWIS Frank, *Substance and Predication in Aristotle,* Cambridge, Cambridge University Press, 1991.

LUKASIEWITZ Jan, *Du principe de contradiction chez Aristote,* trad. D. Sikora et R. Pouivet, préf. R. Pouivet, Paris, Éditions de l'Éclat, 2000.

— *Aristotle's Syllogistic, from the Standpoint of Modern Formal Logic*, Oxford, Oxford University Press, 2e éd., 1958.

MANSION Suzanne, *Le jugement d'existence chez Aristote*, 2e éd., Louvain, Éditions de L'Institut supérieur de philosophie, 1976.

MCCABE Mary Margaret, *Plato's Individuals*, Princeton, Princeton University Press, 1994.

NARBONNE Jean-Marc, *Hénologie, ontologie et Ereignis (Plotin-Proclus-Heidegger)*, Paris, Les Belles Lettres, 2001.

— *La métaphysique de Plotin*, nouv. éd., Paris, Vrin, 2001.

NATORP Paul, « Über aristotelisches Metaphysik, K, 1-18, 1065a 26, *Archiv für Geschichte der Philosophie*, 1888, p. 178-193.

— « Thema und Disposition der aristotelischen Metaphysik », *Philosophische Monatshefte*, 24, 1888, p. 37-65 et p. 540-574.

NEF Frédéric, « Platonisme et particularisme : à propos d'une histoire des propriétés individuelles ou pourquoi Aristote a tort et Platon raison », in *Le réalisme des universaux*, Cahiers de Philosophie de l'Université de Caen, Presses Univ. de Caen, 2003, p. 159-186.

REALE G., *Il concetto di filosofia prima e l'unità della metafisica di Aristotele*, Milan, éd. 3e éd., 1967.

ROBIN Léon, *La théorie platonicienne des idées et des nombres. Étude historique et critique* (1908), rééd. Olms, Hildesheim, 1963 ; 2e rééd., 1998.

ROSS W.D., *Aristotle's Metaphysics. A revised text with introduction and commentary*, 2 vol., 3e éd. corr, Oxford, Clarendon Press, 1953.

SAFFREY Henri-Dominique *Le néo-platonisme après Plotin*, Paris, Vrin, 1990.

SCALTAS T., Charles D. et Gill M. L. (éd.), *Unity, Identity and Explanation in Aristotle's Metaphysics*, Oxford, Clarendon Press, 1994.

VERBECKE Gérard, « L'objet de la *Métaphysique* d'Aristote selon des études récentes », in *La métaphysique d'Aristote, Revue de Philosophie Ancienne,* Bruxelles, Ousia, 1983, p. 5-30.

VUILLEMIN Jules, *De la logique à la théologie,* Paris, Flammarion, 1967.

— *Nécessité ou contingence. L'aporie de Diodore et les systèmes philosophiques,* Paris, Minuit/Fondation Singer Polignac, 1984.

3. MÉTAPHYSIQUE ARABE ET JUIVE DU MOYEN ÂGE ET MÉTAPHYSIQUE PERSANE

A. Sources

ABU YA'QUB SEJESTANI, *Le dévoilement des choses cachées, recherches de philosophie ismaélienne,* trad. H. Corbin, Lagrasse, Verdier, 1988.

AVERROÈS, *Grand Commentaire (Tafsir) de la Métaphysique. Livre Bêta,* présent. et trad. L. Bauloye, Paris, Vrin, 2002.

— *Grand Commentaire de la Métaphysique d'Aristote. Livre Lambda,* trad. et comment. Aubert Martin, Bibl. de la faculté de phil. et de lettres de l'université de Liège, fascic. CCXXXIV, Paris, Les Belles Lettres, 1984.

AVICENNE, *Livre des directives et des remarques,* 2e éd., Paris, Vrin, 1999.

— *La métaphysique du Shîfa,* 2 vol., trad., introd., notes et comment. G. Anawati, Paris, Vrin, 1978, 1985.

— *Le livre de la science,* 2 vol., Paris, Les Belles Lettres, 1955, 1958.

IBN GABIROL, *La source de vie,* trad. J. Schlanger, Paris, Aubier-Montaigne, 1970.

MAÏMONÏDE, *Le Guide des Égarés,* trad. et comm. S. Munk, nouv. éd., Paris, G.-P. Maisonneuve & Larosse, 1981, 4 vols.

NASIR-E KHOSRAW, *Le Livre réunissant les deux sagesses (Kitab-e Jami'al Hikmatayan)*, trad. du persan, introd. et notes Isabelle de Gastines, Paris, Fayard, 1990.

Sēfer Yesīrāh ou le livre de la création, trad. et présent. P.B. Fenton, Paris, Rivages, 2002.

SHIRAZI Molla Sadra, *Le livre des pénétrations métaphysiques*, trad. et introd. H. Corbin, Lagrasse, Verdier, 1988.

SOHRAVARDI, *Le livre de la sagesse orientale*, trad. H. Corbin, Lagrasse, Verdier, 1986.

B. Commentaires

ALAMI Ahmed, *L'ontologie modale. Étude de la théorie des modes d'Abu Hasim al-Gubba'i*, Études musulmanes XXXVI, Paris, Vrin, 2001.

CORBIN Henri, *En Islam iranien*, t. II, *Sohrawardi et les platoniciens de Perse*, Paris, Gallimard, 1971.

FAKHRY Majid, *Histoire de la philosophie islamique*, trad. M. Nsar, Paris, Cerf, 1989.

GOICHON Amélie-Marie, « La démonstration de l'existence dans la logique d'Avicenne », *Mélanges Massé*, Théheran, 1963, p. 1-19.

— *Lexique de la langue philosophique d'Avicenne*, Paris, Desclée de Brouwer, 1936.

— *Introduction à Avicenne (son épître des définitions)*, Paris, Desclée de Brouwer, 1933.

— « L'unité de la pensée avicennienne », in *Archives internationales d'histoire des sciences*, n°s 20-21, 1952.

— p. 290-30 : *La distinction de l'essence et de l'existence d'après Ibn Sina*, Paris, Desclée de Brouwer, 1937.

GUTTMANN Julius, *Histoire des philosophies juives de l'époque biblique à Franz Rosenzweig*, trad. S. Courtine-Denamy, Paris, Gallimard, 1994.

IQBAL Mohammed, *La métaphysique en Perse*, trad. Éva de Vitray-Meyerovitch, Paris, Sinbad, 1996.

JOLIVET Jean, « Aux origines de l'ontologie d'Ibn Sina », *in* J. Jolivet et R. Rashed (éd.), *Études sur Avicenne*, Paris, Les Belles Lettres, 1984, p. 11-28.

MICHOT Jean R., *La destinée de l'homme selon Avicenne. Le retour à Dieu et l'imagination,* Académie royale de Belgique, cl. des Lettres, Fonds René Draguet, t. V, Louvain, Peeters, 1986.

TEIXIDOR Javier, *Aristote en syriaque. Paul le Perse, logicien du IVe siècle,* Paris, CNRS Éditions, 2003.

4. MÉTAPHYSIQUE EXTRÊME-ORIENTALE

BANERJEE Kalikrishna, *Language, Knowledge and Ontology,* New Delhi, Motilal Banarsidass, 1994.

ÇAMKARA, *Discours sur le bouddhisme,* trad. Prithwindra Mukherjee, Paris, Éditions Trédaniel, 1985.

DOGEN, *Shobogenzo uji,* trad. et notes Eido Shimano Roshi et Charles Vacher, texte trilingue (japonais, anglais, français), Fougères, Encre marine, 1997.

FRAUWALLNER Erich, *Die Philosophie des Buddhismus,* Berlin, Akademie Verlag, 1958.

HAYES Richard P., *Dignaga on the Interpretation of Signs,* Studies of Classical India, vol. 9, Dordrecht, Kluwer, 1988.

MOOKERJEE Satkari, *The Budhist philosophy of universal flux : an exposition of the philosophy of the critical realism as expounded by the school of Dignaga* [1935], New Delhi, Motilal Banarsidaas, 1975.

MURTI Tripattu Ramaseshayyer Venkatachala, *The Central Philosophy of Buddhism. A Study of the M'adhyamika System,* Londres, George Allen and Unwin 1955.

NAGARJUNA, *Stances du milieu par excellence (madhyamaka-karikas),* trad. et notes Guy Bugault, Paris, Gallimard, 2002.

DASGUPTA Surendranath, *A History of Indian Philosophy,* [1932], 5 vol., Cambridge, Cambridge University Press, 1961.

PHILIPS Stephen, *Classical Indian Metaphysics : the Refutation of Realism and the Emergence of a New Logic*, New Delhi, Motilal Banarsidass, 1998.

POTTER H., *Encyclopedia of Indian Philosophy*, vol. VIII et IX, *Buddhist philosophy*, New Delhi, Motilal Banarsidass, 1999 et 2003.

PUHAKKA, Kaisa, *Knowledge and Reality : a Comparative Study of Quine and some Buddhist Logicians*, New Delhi, Motilal Banarsidaas, 1975.

SIDERITS Mark, *Studies in Indian Philosophy of Language, Selected Issues*, Dordrecht, Kluwer, 1991 [chap. 4 : « Talk about the non-existent »].

STCHERBATSKY F. TH., *The Central Doctrine of Boudhism*, Londres, 1923 ; rééd. New Delhi, Motilal Barnasidass, 1970.

— *Buddhistic Logic*, 2 vol. [ca. 1930], New York, Dover, 1962.

TACHIKAWA Musachi, *The Structure of the World in Udayana's Realism*, Studies in Classical India, vol. 4, Dordrecht, Kluwer, 1988.

5. MÉTAPHYSIQUE MÉDIÉVALE LATINE

A. Sources

ANSELME DE CANTORBERY, *L'Œuvre de —, 1. Monologion, Proslogion*, trad., introd. et notes Michel Corbin, Paris, Cerf, 1986 [bilingue, texte latin de l'éd. F.S. Schmitt, Édimbourg, 1946-1961].

DUNS SCOT, *Le principe d'individuation* [*Ordinatio*, II, dist. 3, partie 1], trad., introd. et notes, G. Sondag, Paris, Vrin, 1992.

— *Traité du premier principe, Tractatus de primo principio*, texte latin W. Kluxen, trad. J.-D. Caviogli, J.-M. Meilland et F.-X. Putallaz, sous la direction de Ruedi Imbach, introd. de F.-X. Puttalaz, Paris, Vrin, 2001.

— « Commentaire au premier livre des sentences, distinction 3, partie 3, question 1-2 », trad. A. de Muralt, in *Philosophes médiévaux des 13e et 14e siècles*, Paris, 10/18, « Bibliothèque médiévale » 1986, p. 167-208.

— « Contingences et alternatives » [*Ordinatio*, I, dist. 42-44], présent. O. Boulnois, in *La puissance et son ombre. De Pierre Lombard à Luther*, O. Boulnois (éd.), Paris, Aubier, 1994, p. 261-286.

— *Sur la connaissance de Dieu et l'univocité de l'étant* [fragments de l'*Ordinatio*], trad. O. Boulnois, Paris, PUF, 1988.

— *Contingency and Freedom. Lectura I,39*, introd., trad. et comment. A. Vos Jaczn *et alii*, Dordrecht, Kluwer, 1994.

— *Prologue de l'Ordinatio*, trad., présent. et notes G. Sondag, Paris, PUF, 1999.

ECKHART, Maître, *Maître Eckhart à Paris. Une critique médiévale de l'ontothéologie, Les Questions parisiennes, n° 1 et n° 2*, études, textes et trad. Emilie Zum Brunn *et alii*, « Bibliothèque de l'EPHE », sect. des sc. relig., vol. LXXXVI, Paris, PUF, 1984.

— *Le commentaire de l'Évangile de Jean. Le Prologue (chap. 1, 1-18)*, texte latin, avant-propos et notes A. de Libera, E. Weber, E. Zum Brunn [L'œuvre latine de Maître Eckhart, vol. 6], Paris, Cerf, 1989.

— *Le commentaire de la Genèse précédé des prologues*, texte latin, introd. et notes F. Brunner *et alii* [L'œuvre latine de Maître Eckhart, A. de Libera, E. Weber, E. Zum Brunn, vol. 1], Paris, Cerf, 1984.

— *Sermons et traités*, trad. et notes A. de Libera, Paris, GF Flammarion, 1993.

GUILLAUME D'OCCAM, *Commentaire sur le livre des prédicables de Porphyre, précédé du proème du commentaire sur les livres de l'art logique*, introd. et présent. L. Valcke, trad. L. Galibois, Centre d'études de la Renaissance de l'Université de Sherbrooke, 1978.

Liber de Causis, trad. fr. *La demeure de l'être*, trad. P. Magnard *et alii*, Paris, Vrin, 1990.

NICOLAS DE CUES, *Concordance catholique*, introd. et analyse J. Doyon et J. Tchao, trad. R. Galibois et M. de Gandillac, Centre d'études de la Renaissance, Université de Sherbrooke, 1977.

— *Trialogus de possest/Dreiergespräch über das Können-Ist*, latin/allemand, trad. et introd. Renate Steiger, Hambourg, Felix Meiner, 3e éd., 1991.

— *Œuvres choisies*, introd. M. de Gandillac, Paris, Aubier-Montaigne, 1942.

— *Sermons eckhartiens et dionysiens*, trad. Francis Bertin, Paris, Cerf, 1998.

— *De la docte ignorance*, rééd. Paris, PUF, 1930 ; rééd. Guy Trédaniel, Paris, Éditions de la Maisnie, 1979.

PIRONET Fabienne (éd., trad. et comment.), *Heytesbury : Sophismata Asinata. Une introduction aux disputes médiévales*, Paris, Vrin, 1995.

SCOT ÉRIGÈNE Jean *De la division de la nature. Periphyseone*, introd., trad. et notes Francis Bertin, 3 vol., Paris, PUF, 1995.

THOMAS D'AQUIN, *Commentaire sur la métaphysique*, éd. M.R. Cathala et R. Spiazzi, Turin, Marietti, 1950.

— *Commentary of the Metaphysics of Aristotle*, trad. John P. Rowm, Chicago, H. Regnery Co., 1961.

— *De la vérité. Question 2 (la science en Dieu)*, trad. et comment. Serge-Thomas Bonino, préf. Ruedi Imbach, Éditions Universitaires de Fribourg, 1996.

— *L'unité de l'intellect contre les averroïstes, suivi des textes contre Averroès antérieurs à 1270*, texte latin, trad., introd., bibl., notes et index Alain de Libera, Paris, GF Flammarion, 1994.

— *Somme contre les gentils, Livre sur la vérité de la foi catholique contre les erreurs des infidèles*, trad. V. Aubin, C. Michon, D. Moreau, 4 vol., Paris, GF Flammarion, 1999.

— *L'Être et l'Essence. Le vocabulaire médiéval de l'ontologie. Deux traités* De ente et essentia *de Thomas d'Aquin et Dietrich de Freiberg*, prés., trad. C. Michon et A. de Libera [avec le texte latin], Paris, Seuil, 1996.

— *Somme théologique*, 1re trad. intégr. en fr. abbé Drioux, avec index et notes, 7 vol., Paris, Eugène Belin, 1851.
— *Division et méthode de la science spéculative : physique, mathématique et métaphysique.* Introd., trad. et notes de *l'Expositio super librum Boethii de Trinitate Q. V-VI* Bernard Souchard, Paris, L'Harmattan, 2002.
WILLIAM OF SHERWOOD, *Introduction to Logic,* introd., trad. et notes Norman Kretzmann, University of Minnesota Press, 1966.
ZIMMERMANN Albert, *Ontologie oder Metaphysik ? Die Diskussion über den Gegenstand der Metaphysik im 13. und 14. Jahrhundert. Texte und Untersuchungen,* Leuwen, Peeters, 1998.

B. Commentaires

ADAMS Marilyn McCord, *William Ockham*, 2 vols., Notre Dame University Press, 1987.
BOULNOIS Olivier, « Une métaphysique nominaliste est-elle possible ? », in *Le réalisme des universaux, Cahiers de Philosophie de l'Université de Caen*, nos 38-39, Presses Universitaires de Caen, 2002, p. 187-228.
— « Réelles intentions : nature commune et universaux selon Duns Scot », in *Les universaux*, p. 3-34.
— *Être et représentation*, Paris, PUF, 1999.
— *La puissance et son ombre. De Pierre Lombard à Luther*, Paris, Aubier, 1994.
DE LIBERA Alain, *La querelle des universaux*, Paris, Seuil, 1995.
— *César et le Phénix. Distinctiones et sophismata parisiens du XIIIe siècle*, Pisa, Scuola Normale Superiore, 1991.
— « Des accidents aux tropes. Pierre Abélard », in J.-M. Monnoyer et F. Nef (éd.), (cf. réf. *supra* 1.), 2002, p. 509-530.
— *Introduction à la mystique rhénane, d'Albert le Grand à Maître Eckhart*, Paris, Bibliothèque de l'O.E.I.L., 1994 ; rééd. Seuil, 2000.

— *L'art des généralités*, Paris, Aubier, 1999.
— *La philosophie médiévale*, Paris, PUF, 1993.
— *La référence vide. Théories de la proposition*, Paris, Chaire Étienne Gilson/PUF, 2002.
— *Penser au Moyen Âge*, Paris, Seuil, 1987.
— « Genèse et structure des métaphysiques médiévales », in *La métaphysique. Son histoire, ses enjeux, sa critique,* (cf. réf. *supra* 1.), 1999, p. 159-182.
Dieu et l'être. Exégèses d'Exode 3,14 et de Coran 20, 11-24, Paris, Bibliothèque de l'EPHE, Centre d'histoire des religions du Livre, Études augustiniennes, 1978.
DUMONT Stephen, « La doctrine scotiste de l'univocité et la tradition médiévale de l'analogie », in *Duns Scot : de la métaphysique à l'éthique, Philosophie,* n° 61, mars 1999, Paris, Minuit, p. 27-49.
ELDERS Leo, *Autour de saint Thomas d'Aquin. Recueil sur sa pensée philosophique et théologique. Tome I : les commentaires des œuvres d'Aristote. La métaphysique de l'être,* préf. Mgr Ph. Dehaye, Paris/Bruges, Fac Éditions/Tabor, 1987.
— *La métaphysique de Thomas d'Aquin dans une perspective historique*, Paris, Vrin, 1994.
— *Aristotle's Theology, a Commentary on Book Λ of the Metaphysics*, Aassen, Van Gorcum, 1972.
GARDEIL H.D., *Initiation à la philosophie de saint Thomas d'Aquin, IV, Métaphysique*, Paris, Cerf, 1966.
GILSON Étienne, *Jean Duns Scot : introduction à ses positions fondamentales*, Paris, Vrin, 1950.
— *La philosophie au Moyen Âge des origines patristiques à la fin du XIVe siècle*, 2e éd., Paris, Payot, 1947.
— *L'être et l'essence*, Paris, Vrin, 1948.
— *Les constantes philosophiques de l'être*, Paris, Vrin, 1983.
— *Pourquoi saint Thomas a critiqué saint Augustin* [1926], suivi de *Avicenne et le point de départ de Duns Scot* [1927] Paris, 2e éd., Vrin 1986.
— et Jacques MARITAIN, *Correspondance 1923-1971, deux approches de l'être*, éd. et comment. Géry Prouvost, Paris, Vrin, 1991.

GRACIA J.L. (éd.), *Individuation in Scholasticism. The later Middle Ages and the Counter-Reformation 1150-1650*, New York, State University of New York Press, 1994.

HENRY Desmond-Paul, *Medieval Logic and Metaphysics*, Londres, Hutchinson, 1972.

— *Medieval mereology*, Amsterdam, B.R. Grüner Pub. Co, 1991.

HONNEFELDER L. « Metaphysik und Scotus im Blick auf Thomas von Aquin und Anselm von Canterbury », in *Transzendenz. Zu einem Grundwert der klassischen Metaphysik*, Ferdinand Schöningh, 2000.

Jean Duns Scot et la Métaphysique classique, extrait de *Revue des sciences philosophiques et théologiques*, t. 83, n° 1, janvier 1999, Paris, Vrin.

KING Peter, « Scotus on Metaphysics », in Thomas Williams (éd.), titre, 2003, p. 15-68.

KNUUTTILA Simo, *Modalities in Medieval Philosophy*, Londres, Routledge, 1993.

KRETZMANN *et alii* (éd.), *The Cambridge History of Late Medieval Philosophy*, Cambridge, Cambridge University Press, 1982.

— *Metaphysics of Creation, Aquinas Natural Theology in Summa contra Gentiles* I, Cornell University Press, 1999.

— *Metaphysics of Theism, Aquinas Natural Theology in Summa contra Gentiles* II, Cornell University Press, 1997.

MARENBOM John, *Later Medieval Philosophy (1150-1350). An introduction*, Londres, Routledge & Kegan Paul, 1987.

MORAN Dermott, *The Philosophy of John Scotus Eriugena. A Study of Idealism in the Middle Ages*, Cambridge, Cambridge University Press, 1990.

MURALT André de, *L'enjeu de la philosophie médiévale. Études thomistes, scotistes, occamiennes et grégoriennes*, 2e éd., Leiden, E.J. Brill, 1993.

— « La connaissance intuitive du néant et l'évidence du "je pense". Le rôle de l'argument *de potentia absoluta* dans la théorie occamienne de la connaissance », Bâle, *Studia Philosophica*, 8, XXXVI, 1976, p. 107-158.

NOONE Timothy B, « La distinction formelle dans l'école scotiste », in *Jean Duns Scot et la métaphysique classique, Revue des Sciences Philosophiques et Théologiques*, 83-1, Paris, Vrin, 1999, p. 53-72.

— « Universals and Individuation », *in* Thomas Williams (éd.), 2003, p. 100-128.

NORMORE Calvin, « Duns Scotus's Modal Theory », *in* Thomas Williams (éd.), *The Cambridge Companion to Duns Scotus*, Cambridge University Press, 2003, p. 129-160.

— « Future Contingents », *in* Kretzman *et alii*, *The Cambridge History of Later Medieval Philosophy*, Cambridge University Press, 1982, p. 358-382.

PAULUS Jean, *Henri de Gand. Essai sur les tendances de sa métaphysique*, préf. É. Gilson, Paris, Vrin, 1938.

PICHÉ David (éd.), *La condamnation parisienne de 1277*, éd., trad., introd. et comment. D. Piché, avec la coll. de Cl. Lafleur, Paris, Vrin, 1999.

PIRONET Fabienne (éd., trad. et comment.), *Heytesbury : Sophismata Asinata. Une introduction aux disputes médiévales*, Paris, Vrin, 1995.

SCHÖNBERGER Rolf, *Relation als Vergleich. Die Relationstheorie des Johannes Buridan im Kontext seines Denkens und der Scolastik*, Leiden, E.J. Brill, 1994.

SORABJI Richard, *Time, Creation and the Continuum, Theories in the Antiquity and in the Early Middle Ages*, Londres, Duckworth, 1983.

SPADE Paul Vincent, « The Warp and Woof of Metaphysics : How to Get Started on Some Big Themes », ms. [sur le net], 2003.

VUILLEMIN Jules, *Le Dieu d'Anselme et les apparences de la raison*, Paris, Aubier, 1971.

WEBER Édouard, « L'élaboration de l'analogie chez Thomas d'Aquin » in *L'analogie, Les Études Philosophiques*, juillet-déc. 1989, Paris, PUF, p. 385-412.

WIPPEL John F., « Essence and existence », *in* Kretzmann *et alii* (éd.), 1983, p. 385-410.

WOLTER Allan B., « John Duns Scotus », *in* J.L. Gracia (éd.), (cf. ci-dessus), 1994, p. 271-298.

ZIMMERMANN Albert, *Ontologie oder Metaphysik ? Die Diskussion über den Gegenstand der Metaphysik im 13. und 14. Jahrhundert. Texte und Untersuchungen*, Leuwen, Peeters, 1998.

ZUM BRUNN Emilie, « L'exégèse augustinienne de "Ego sum qui sum" et "la métaphysique de l'Exode" », in *Dieu et l'être* (réf. 5 B), p.141-164.

— « La "métaphysique de l'Exode" selon Thomas d'Aquin », in *Dieu et l'être*, p. 245-268.

— *Le dilemme de l'être et du néant chez saint Augustin. Des premiers dialogues aux Confessions*, Bochum, *Studien zur Philosophie*, 4, 1969.

6. MÉTAPHYSIQUE MODERNE (1500-1800)

A. Sources

BERKELEY George, *Œuvres*, éd. G. Brykman, Paris, PUF, 3 vols.

CONDILLAC, *Œuvres philosophiques*, t. 1, éd. Georges Le Roy, Paris, PUF, 1947.

— *Les Monades* éd. L. Bongie, Grenoble, Jérôme Millon, 1994.

DESCARTES René, *Méditations métaphysiques*, suivi des *Objections et Réponses aux Objections* in *Œuvres philosophiques*, vol. 2 (trad. de l'éd. latine de 1641), Paris, Garnier, éd. Alquié, 1967, p. 375-890.

— *Les Principes de la philosophie*, in *Œuvres philosophiques*, vol. 3, éd. Alquié, Paris, Garnier, 1973, p. 81-525.

— *Règles pour la direction de l'esprit*, in *Œuvres philosophiques*, vol. 1, trad. et notes J. Brunschwig, éd. Alquié, p. 67-212, 1965.

ÉRASME, *L'Éloge de la Folie,* in *Œuvres choisies,* trad., prés. et notes J. Chomarat, Paris, Le Livre de Poche, 1991, p. 107-226.

GALILÉE *Dialogue sur les deux grands systèmes du monde,* trad. René Fréreux et François de Gandt, Paris, Seuil, 1992.

HOBBES Thomas, *De corpore, Elementorum philosophiae sectio prima,* éd. crit., notes et append. Karl Schumann ; Introd. K. Schumann et Martine Pécharman, Paris, Vrin, 1999.

HUME David, *A Treatise of Human Nature,* éd. D.F. Norton et M. Norton, Oxford, Oxford University Press, 2000 (trad. fr. *Traité sur la nature humaine,* 3 vol., Paris, GF Flammarion, 1993).

— *Dialogues sur la religion naturelle,* trad. M. Malherbe, Paris, Vrin, date.

KANT Emmanuel, *L'unique fondement possible d'une démonstration de l'existence de Dieu* (1763) [avec trois autres opuscules], trad. et introd. P. Festugière, Paris, Vrin, 3e éd., 1967.

— *Leçons de métaphysique,* prés., trad. et notes M. Castillo, préf. M. Meyer, Paris, Le Livre de Poche, 1993.

— *Logic,* trad. et introd. R. Hartman et W. Schwarz, New York, Dover, 1988.

— *Œuvres philosophiques,* 3 vol., Paris, Gallimard, 1980, 1985, 1986 [abrév. OC].

— *Histoire générale de la nature et théorie du ciel* (extraits), trad. F. Marty, *in* OC, I, p. 35-107.

— *Les Progrès de la métaphysique en Allemagne depuis Leibniz et Wolff* (1793), Paris, Vrin, 1990.

— *Logique,* trad. Louis Guillermit, Paris, Vrin, 1966.

— *Opus posthumum, Passage des principes métaphysiques de la science de la nature à la physique,* trad. et prés. F. Marty, Paris, PUF, 1986.

— *Prolégomènes à toute métaphysique future qui voudra se présenter comme science, in* OC, II, p. 17-174.

Kant Lexicon, éd. Rudolf Eisler, trad. A.-D. Balmès et P. Osmo, Paris, Gallimard, 1994.

KEPLER Jean : *Le secret du monde,* trad. et notes A. Segonds, Paris, Gallimard, coll. « Tel », 1993.

LAMBERT J.H., *Neues Organon* (1764), 2 vol., rééd. H.W. Arndt, Olms, Hildesheim, 1965 (trad. fr. de la partie IV : *Phénoménologie*, Paris, Vrin, 2002).

LEIBNIZ, *Diputatio metaphysica de principio individui* (*Dissertation sur le principe d'individuation,* (1663), in Joannes Erdmann (éd.), 1840, p. 1-5.

— *Discours de métaphysique, Monadologie,* éd. M. Fichant, Paris, Folio Essais, Gallimard, 2004.

— *Allgemeine Untersuchungen über die Analyse der Begriffe und Wahrheiten* (éd. bilingue), trad. et comment. F. Schupp, Berlin, Felix Meiner, 1982.

— *Œuvres choisies,* éd. Lucie Prenant, avec notes et tables de questions, Paris, Librairie Garnier Frères, 1940 [rééd. sans les notes et les tables].

— *Philosophische Werke,* éd. Gerhardt, 7 vol. rééd. Olms, Hildesheim, 1978.

— *Dissertatio de arte combinatoria* (1666), *in* J.E. Erdmann, 1846, p. 6-44.

— *Correspondance avec Arnaud,* éd. G. le Roy, Paris, Vrin, 1966.

— « Dissertatio de stilo philosophico Nizolii », *in* Erdmann, 1840, p. 55-70.

— *Essais de théodicée, Sur la bonté de Dieu, la liberté de l'homme et l'origine du mal* (1710), éd. J. Brunschwig, Paris, GF Flammarion, 1969.

— *De l'horizon de la doctrine humaine* (1693), suivi de *La restitution universelle* (1714), éd. et trad. M. Fichant, avec une postface, Paris, Vrin, 1991.

— *La Monadologie,* éd. et comment. P. Boutroux, Paris, Delagrave, 1881 (rééd. Le Livre de Poche, 1991).

— *Nouveaux Essais sur l'entendement humain,* Paris, GF Flammarion, 1969.

— *Opera philosophica,* J.E. Erdmann (éd.), Berlin, 2 vol. En un tome, 1846.

— *Principes de la nature et de la grâce fondés en raison. Principes de la philosophie ou Monadologie,* éd. et introd. André Robinet, Paris, PUF, 1954.

— *Réfutation inédite de Spinoza, Remarques critiques de Leibniz sur un livre de J.G. Wachter à propos de la philosophie cachée des Hébreux,* éd. et introd. Martine de Gaudemar, Arles, Actes Sud, coll. « Babel », 1999.

— *Trente-cinq lettres de Leibniz au R.P. Des Bosses,* in Ch. Frémont (éd.), *L'être et la relation,* préf. Michel Serres, Paris, Vrin, 1981, p. 73-210.

— *Trois dialogues mystiques inédits*, J. Baruzi (éd.), RMM, t. 13, 1905, p. 1-38.

— *De la production originelle des choses prise à sa racine,* in *Opuscules choisis,* trad. P. Schréker, Paris, Vrin, 1962, p. 83-92 [original latin in *Opuscula philosophica selecta*, P. Schréker (éd.), Paris, Vrin, 1959].

— *Textes choisis*, t. 1, Gaston Grua (éd.), Paris, PUF, 1948.

Leibniz Lexicon, A Dual Concordance to Leibniz's Philosophische Schriften, R. Finster *et alii* (éd.), Hildesheim, Olms-Weidmann, 1988 [accompagné d'une boîte de microfiches].

LOCKE John, *Essai philosophique concernant l'entendement humain*, trad. Coste (1755), rééd. E. Naert, Paris, Vrin, 1972.

— *Essai sur l'entendement humain,* livres I et II, livres III et IV, 2 vol. trad. J.-M. Vienne, Paris, Vrin, 2001, 2003.

MALEBRANCHE, *Œuvres complètes* éd. André Robinet, Paris, Vrin-CNRS, 1958-1968.

NEWTON Isaac, « General Scholium », in *The Mathematical Principles of Natural Philosophy*, trad. Bernard Cohen et Anne Whitman, précédé de *A Guide to Newton's Principia*, par B. Cohen, University of California Press, p. 939-945.

PASCAL Blaise, « De l'esprit géométrique », in *Œuvres complètes* III, Paris, Desclée de Brouwer, p. 360-428, 1991.

— « Le Mémorial », in *Œuvres complètes,* III, p. 19-56 [avec commentaires et documents].

— *Discours sur la religion et sur quelques autres sujets qui ont été trouvés après sa mort parmi ses papiers* [=*Pensées*], éd. et préf. par Emmanuel Martineau, Paris, Fayard/Armand Colin, 1992.

— *Pensées sur la religion*, éd. Louis Lafuma, 3 vol. (1. textes, 2. Documents, 3. Notes), Paris, Éditions du Luxembourg, 1952.

— « Correspondance avec le R.P. Noël », in *Œuvres Complètes* II, p. 509-540.

— *Œuvres complètes*, éd. Jean Mesnard, 5 vol. parus, Paris, Desclée de Brouwer, 1964-1992.

SCHMUTZ Jacob, « Sébastien Izquierdo », *in* J.-C. Bardout et O. Boulnois (éd.), *Sur la science divine*, Paris, PUF, 2002, p. 412-435.

— *La Querelle des possibles. Recherches philosophiques et textuelles sur la métaphysique jésuite, 1540-1767*, Thèse de doctorat en version PDF, E.P.H.E./ Université libre de Bruxelles, 2003 [la deuxième partie comprend un riche dossier de textes].

SPINOZA, *Éthique*, prés., trad. et comment. Bernard Pautrat (éd. bilingue), Paris, Seuil, 1999.

SUAREZ F., *Disputes métaphysiques*, I, II, III, trad. J.-P. Caujou, Paris, Vrin, 1998.

— *La distinction de l'étant fini et de son être. Dispute métaphysique XXXI*, trad. J.-P. Caujou, Paris, Vrin, 1999.

— *On the Essence of Finite Beings As Such, On the Existence of That Essence and their Distinction* [disp. XXXI], trad. et introd. N. Wells, Marquette University Press, 1983.

— *Disputationes metaphysicae*, in *Opera Omnia*, t. 25-26, Lyon, Vivès, 1866 ; rééd. Hildesheim, Olms, 1998.

— *Disputazioni metafisiche*, introd., trad. et comment. C. Esposito (avec texte latin), Milan, Rusconi, 1996.

VOLTAIRE, *Traité de métaphysique*, in *Œuvres complètes*, éd. Molland, t. 22.

— *Les éléments de la philosophie de Newton*, in *Œuvres complètes*, éd. Molland, t. 22 [1re partie : « Métaphysique »].

WOLFF Christian, *Vernünftige Gedanken von den Kräften des menschlichen Verstandes*, Halle, 1713 [trad. fr. : *Logique ou réflexion sur les forces de l'entendement humain*, trad. Jean Deschamps, Berlin, 1736, également Lausanne, 1744].

— *Philosophia rationalis sive logica*, Francfort et Leipzig, 1728.

— *Philosophia prima sive ontologia*, Editit et curavit J. École, *C. Wolff Gesammelte Werke*, II. Abt. Lat. Schriften, bd. 3, Hildesheim, Olms, 1962.

B. Commentaires

ADAMS Robert Merrihew, *Leibniz. Determinist, Theist, Idealist*, Oxford, Oxford University Press, 1994.

ALBERTAZZI Liliana *et alii* (éd.), *The School of Franz Brentano*, Dordrecht, Kluwer, 1996.

AUBENQUE Pierre, « Suarez et l'avènement du concept d'être », in *Francisco Suarez Tradição e Modernidade*, réf., 1999, p. 11-20.

AYERS Michael R., *John Locke. Epistemology and Ontology*, Londres, Routledge, 1991.

BARDOUT Jean-Christophe, *Malebranche et la métaphysique*, Paris, PUF, 1999.

BERLIN Isaïe, *Le mage du Nord critique des Lumières, J.G. Haman 1730-1788*, trad. M. Martin, Paris, PUF, 1997.

BERLIOZ Dominique et NEF Frédéric (éd.), *Leibniz et les puissances du langage*, Paris, Vrin, 2004.

— : *Berkeley*, Paris, Vrin, 2000.

— : et NEF Frédéric (éd.), *L'actualité de Leibniz : les deux labyrinthes. Décade de Cerisy-la-Salle, 15-22 juin 1995, Studia Leibnitiana Supplementa*, vol. XXXIV, Stuttgart, Franz Steiner Verlag, 1999.

— et NEF Frédéric, « Was Berkeley a tropist ? », à paraître.

BEYSSADE Jean-Marie, *La philosophie première de Descartes*, Paris, Flammarion, 1979.

BOURGEOIS-GIRONDE Sacha, *Reconstruction analytique du Cogito*, Paris, Vrin, 2001.

BURKHARDT Hans, « Aggregates », *in* D. Berlioz et F. Nef (éd.), *L'actualité de Leibniz*, 1999, p. 307-320.

CARRAUD Vincent, *Causa sive ratio, la raison de la cause de Suarez à Leibniz*, Paris, PUF, 2002.

COHEN Hermann, *Commentaire de la « Critique de la raison pure » de Kant*, prés., trad. et notes E. Dufour, Paris, Cerf, 2000.

COURTINE Jean-François, *Suarez et le système de la métaphysique*, Paris, PUF, 1995.

DRAPEAU Viera Filipe, « Aspects sémantique et métaphysique de la réduplication chez Leibniz » ; *in* D. Berlioz et F. Nef, 1999, p. 321-362.

ÉCOLE Jean, *Introduction à l'Opus Metaphysicum de Christian Wolff*, Paris, Vrin-Reprise, 1985.

— *La métaphysique de Christian Wolff*, 2 vol., Hildesheim, Olms, 1990.

Francisco Suarez Tradição e Modernidade, A. Cardoso, A.M. Martins et L. Ribeiro dos Santos (éd.), Lisbonne, Edições Colibri, 1999.

GRANEL Gérard, *L'équivoque ontologique de la pensée kantienne*, Paris, Gallimard, 1970.

GRUA Gaston, *Théodicée et jurisprudence universelle chez Leibniz*, Paris, PUF, 1948.

HONNEFELDER Ludger, « Raison et métaphysique : les trois étapes de la constitution de son objet chez Duns Scot et Kant », *Philosophie*, n° 70, Paris, Éd. de Minuit, 2001, p. 30-50.

JOLLEY Nicholas, *The Cambridge Companion to Leibniz*, Cambridge, Cambridge University Press, 1995.

LEBRUN Gérard, *Kant et la fin de la métaphysique, Essais sur la Critique de la faculté de juger* (1970), Paris, Le Livre de Poche, Coll. « Références », 2003.

MADOUAS Sébastien, « L'Adam vague et la constitution des mondes possibles : une pensée modale de l'individu », *in* D. Berlioz et F. Nef (éd.), *L'actualité de Leibniz*, 1999, p. 363-388.

MONDADORI Fabrizio, « Counterpartese, Counterpartese*, counterpartese$_D$ », in *Histoire, épistémologie, langage*, 5, 1983, p. 69-94.

— « Nominalism », *in* Quentin Racionero et Concha Roldan (éd.), *G. W Leibniz. Analogia y expressión*, Madrid, Editorial Complutense, 1994, p. 173-188.

— « Reference, Modality and Essentialism in Leibniz'metaphysics », in *Studia Leibniziana*, 5, 1973, p. 74-101.

NEF Frédéric, *Leibniz et le Langage*, Paris, PUF, 2000.

— « Accidents individuels leibniziens », *in* D. Berlioz et F. Nef (éd.), *Leibniz et les puissances du langage*, à paraître 2005.

— « Peut-on axiomatiser la monadologie ? Démonstration et métaphysique de l'un et du multiple », in *Unità e molteplicità nel pensiero filosofico e scientifico di Leibniz, Simposio Internazionale, Roma 3-5 ottobre 1996*, A. Lamara et R. Palaia (éd.), Florence, Leo S. Olschski Editore, 2000, p. 39-70.

PUECH Michel, *Kant et la causalité,* Paris, Vrin, 1990.

RAUZY JEAN-BAPTISTE, *La doctrine leibnizienne de la vérité. Aspects logiques et ontologiques*, préf. J. Bouveresse, Paris, Vrin, 2001.

RENAUT Alain, « Présences contemporaines du kantisme », *in* F. Duchesneau, G. Lafrance et C. Piché (éd.), *Kant actuel Hommage à Pierre Laberge*, Paris/Montréal, Bellarmin/Vrin, 2000, p. 31-50.

SCHMUTZ Jacob, « Sébastien Izquierdo », *in* J.-C. Bardout et O. Boulnois (éd.), *Sur la science divine*, Paris, PUF, 2002, p. 412-435.

— *La querelle des possibles. Recherches philosophiques et textuelles sur la métaphysique jésuite, 1540-1767*, Thèse de doctorat en version PDF, E.P.H.E./ Université libre de Bruxelles, 2003.

SCHNEIDER Christina, *Leibniz'Metaphysik. Ein formaler Zugang*, Munich, Philosophia Verlag, 2001.

WOLFSON H.A., *La philosophie de Spinoza,* trad. A.-D. Balmès, Paris, Gallimard, 1999.

WUNDT Max, *Kant als Metaphysiker ein Beitrag zur Geschichte der deutschen Philosophie im 18. Jahrhundert*, Stuttgart, F. Enke, 1924.
— *Deutsche Schulphilosophie im Zeitalter der Aufklärung*, 2e éd., Hildesheim Olms, 1992.

7. MÉTAPHYSIQUE MODERNE (1800-1900)

A. Sources

BOLZANO Bernard, *Sur la doctrine kantienne de la construction des concepts par les intuitions*, *in* J. Laz, (Réf. in 7B), 1993, p. 169-192.
— *Wissenschaftslehre*, ed. W. Schultz, vol. 1, Aalen, Scientia Verlag, 1981.
— *Grundlegung der Logik (Wissenschaftslehre I/II)*, paragraphes choisis par F. Kambartel, Hambourg, Felix Meiner, 1963.
BRADLEY Francis Herbert, *Appearence and Reality, a Metaphysical Essay*, Londres, Sonnenschein, 1893.
— *The Principles of Logic*, 2 vol., Londres, Kegan and Paul, 1883.
— *Writings on Logic and Metaphysics*, James W. Allard et Guy Stock (éd.), Oxford, Clarendon Press, 1994.
— « Relations », H. Johachim (éd.), in *Collected Essays*, Oxford, Clarendon Press, 1935, t. 2, p. 628-666.
BRENTANO Franz, *Die Abkehr vom Nichtrealen*, Hambourg, Felix Meiner, 1952.
— *Die vier Phasen der Philosophie und ihr augenblicklicher Stand*, Stuttgart, Cotta, 1895.
— *Aristote, les significations de l'être* (1862), trad. P. David, Paris, Vrin, 1992.
— *Kategorienlehre*, préf. et notes A. Kastil, Hambourg, Felix Meiner, 1933.
— *L'origine de la connaissance morale*, suivi de *La doctrine du jugement correct*, trad. J.-C. Gens et M. de Launay, préf. J.-C. Gens, Paris, Gallimard, 2003.

— *Psychologie d'un point de vue empirique*, trad. M. de Gandillac, Paris, Aubier-Montaigne, 1944.

COMTE Auguste, *Philosophie première, Cours de philosophie positive, leçons 1 à 45*, présent. et notes Michel Serres, François Dagonnet, Allal Sinaceur, Paris, Hermann, 1975.

— *Synthèse subjective ou système universel des conceptions propres à l'état normal de l'humanité* (1856), Juliette Grange (éd.), Corpus des œuvres de philosophie en langue française, Paris, Fayard, 2000.

HEGEL G.W.F., *Science de la logique* (1812), trad. P.-J. Labarrière et G. Jarczyk, 3 vol., Paris, Aubier, 1972, 1976, 1981.

— *Encyclopédie des sciences philosophiques. I. La science de la logique*, trad. et notes B. Bourgeois, Paris, Vrin, 1970.

— *Le Savoir absolu*, introd., trad. et notes B. Rousset, Paris, Aubier, 1977 [chap. VIII de la Phg].

— *Phénoménologie de l'esprit*, présent., trad. et notes G. Jarczyk et P.-J. Labbarière, Paris, Gallimard, (1807), 1993.

LE BLANC Charles, MARGANTIN Laurent et SCHIFFER Olivier (éd.), *La forme poétique du monde. Anthologie du romantisme allemand*, Paris, José Corti, 2003 [cf. textes de Schulze, Reinhold et Maimon sur la « chose en soi »].

LOTZE Hermann, *Metaphysique*, trad. A. Duval, autorisée et revue par l'auteur, Paris, Firmin-Didot, 1883.

MEINONG Alexius, *Über Gegenstände höherer Ordnung und deren Verhältnis zur inneren Wahrnehmung*, *Gesamtausagabe*, vol. 2, p. 377-480, Graz, Akademischer Druck, 1971.

— *Hume Studien*, I, *Gesamtaugabe*, vol. 1, p. 1-76 ; II, vol. 2, p. 1-183, Graz, Akademischer Druck, 1969, 1971.

MEINONG-HUSSERL-RUSSELL, « Correspondance autour de la théorie de l'objet », trad. Bastien Gallet, *Philosophie*, n° 72, 2001, p. 3-35.

PEIRCE Charles Sanders, *Textes anticartésiens*, Paris, Seuil, 1965.

— *The Essential Peirce, Selected Philosophical Writings*, 2 vol. (vol. 1 : 1867-1893, vol. 2 : 1893-1913), edited by the Peirce Edition Project, Nathan Houser et Christian Kloesel (éd.), Bloomington et Indianapolis, Indiana University Press, 1992, 1998.

— *Collected Papers* (8 volumes en 4 tomes), Charles Hatshorne et Paul Weiss (éd.), The Belknap Press at Harvard University Press, 1936-

— *Le raisonnement et la logique des choses*, Paris, Cerf, 1995.

— *Pragmatisme et pragmaticisme*, in *Œuvres*, t. I, trad. C. Tiercelin et P. Thibaud, Paris, Cerf, 2002.

— « Evolutionary love », in *The Essential Peirce*, vol. 1, p. 352-372.

SCHELLING F.W.J., *Œuvres métaphysiques (1805-1821)*, trad. et notes J.-F. Courtine et E. Martineau, Paris, Gallimard, 1980.

B. Commentaires

ALBERTAZZI Liliana *et alii* (éd.), *The School of Franz Brentano*, Dordrecht, Kluwer, 1996.

BERG Jan, *Ontology Without Ultrafilters and Possible Worlds. An Examination of Bolzano's Ontology*, Beiträge zur Bolzano Forschung 1, Salzbourg, Akademia Verlag-Sankt Augustin, 1992.

CHAILLOL GILLET Marie-Christine, *Schelling, une philosophie de l'extase*, Paris, PUF, 1998.

ENGEL Pascal, « Plenitude and Contingency : Modal Concepts in Nineteenth Century French Philosophy », *in* S. Knuuttila (éd.), *Modern Modalities*, 1988, p. 179-238.

GILSON Lucie, *Méthode et métaphysique selon Franz Brentano*, Paris, Vrin, 1955.

LAMBERT Karel, *Meinong and the Principle of Independance, its Place in Meinong's Theory of Objects and its Significance in Contemporary Philosophical Logic*, Cambridge, Cambridge University Press, 1983.

LAZ Jacques, *Bolzano critique de Kant*, préf. J. Bouveresse, Paris, Vrin, 1993 [voir à Bolzano].

LE BLANC Charles, MARGANTIN Laurent et SCHIFFER Olivier, *La forme poétique du monde. Anthologie du romantisme allemand*, Paris, José Corti, 2003.

LÖWITH Karl, *De Hegel à Nietzsche*, trad. Rémi Laureillard, Paris, Gallimard, 1969.

NEF Frédéric, « La lecture par Brentano des *Catégories* aristotéliciennes et l'ontologie formelle », *in* Denis Miéville (éd.), *Actes du Colloque « Rôle et enjeux de la notion de catégorie en logique »*, Neuchâtel, *Travaux de Logique*, 13, 1999, p. 63-92.

SCHÜSSLER Ingeborg, *Hegel et les resendances* [sic] *de la métaphysique. Schopenhauer — Nietzsche — Marx — Kierkegaard. Le positivisme scientifique*, Lausanne, Éditions Payot/Philosophie Genos, 2003.

TIERCELIN-ENGEL Claudine, « L'influence scotiste dans le projet peircien d'une métaphysique scientifique », in *Jean Duns Scot et la métaphysique classique*, Paris, Vrin, 1999, p. 117-134.

8. MÉTAPHYSIQUE CONTEMPORAINE

I. Métaphysique analytique

A. Recueils collectifs sur des auteurs

BACON John, CAMPBELL Keith, REINHARDT Llyod (éd.), *Ontology, Causality and Mind. Essays in Honour of D.M. Armstrong*, Cambridge, Cambridge University Press, 1993.

BENMAKHLOUF Ali (éd.), *Alfred North Whitehead, l'univers solidaire*, Le Temps philosophique, vol. 5, Université Paris X-Nanterre, 1999.

BOGDAN Radu J. (éd.), *Roderick M. Chisholm*, Dordrecht, D. Reidel, 1986.

HAHN Lewis E. (éd.), *The Philosophy of P.F. Strawson*, The Library of Living Philosophers, vol. XXVI, La Salle, Open Court, 1998.

KLEMKE E.D., *Essays on Bertrand Russell*, University of Illinois Press, 1970.

— *Essays on Frege*, University of Illinois Press, 1968.

LAUGIER Sandra (éd.), *Jeux de langage et métaphysique*, Paris, PUF, 2002.

Philosophy of Whitehead (The), The Library of Living Philosophers, vol. III, P. Schilpp (éd.), La Salle, Open Court (1951) 3e éd., 1991 [bibliographie p. 745-778].

Philosophy of Roderick M. Chisholm, Lewis Edwin (éd.), The Library of Living Philosophers, vol. XXV, Chicago and La Salle, Open Court, 1997.

SCHILPP Paul (éd.), *The Philosophy of Alfred North Whitehead*, The Library of Living Philosophers, vol. III, La Salle, Open Court, 3e éd., 1991 [1re éd., 1951].

— *The Philosophy of Rudolf Carnap*, The Library of Living philosophers, vol. XI, La Salle, Open court, 1963.

TOMBERLIN James E. (éd.), *Hector-Neri Castaneda*, Dordrecht, Reidel, bibl., 1986 [sp. H.N. Castaneda, « Self-profile », p. 3-137 et « Replies », p. 333-391].

— et VAN INWAGEN Peter, *Alvin Plantinga*, Dordrecht, Reidel, 1985 [sp. « Self-profile », p. 3-100, « Replies », p. 313-398].

VUILLEMIN Jules, *La première philosophie de Russell*, Paris, Armand Colin, 1968.

B. Monographies

ALEXANDER Samuel, *Space, Time and Deity*, 2 vol., Cambridge, éd. 1930.

ARMSTRONG David, *Nominalism and Realism. Universals & Scientific Realism*, vol. I, Cambridge, Cambridge University Press, 1978.

— *A Combinatorial Theory of Possibility*, Cambridge, Cambridge University Press, 1989 a.

— *A Theory of Universals, Universals & Scientific Realism,* vol. II, Cambridge, Cambridge University Press, 1978.

— *A World of States of Affairs*, Cambridge, Cambridge University Press, 1997.

— *Universals. An Opiniated Introduction,* Focus Series, Boulder, Westview Press, 1989 b.

— *Truth and Truthmakers,* Cambridge University Press, 2004.

BACON John, *Universals and Property Instances. The Alphabet of Being*, Oxford, Blackwell, 1995.

BERGMANN Gustav, *The Metaphysics of Logical Positivism,* The University of Wisconsin Press, Westport, Conn., Greenwood Press, 2e éd, 1978.

— *Collected Works*, Francfort, Ontos Verlag, 2 vol. 2004.

— *Realism. A Critique of Brentano and Meinong*. The University of Wisconsin Press, Madison, 1967.

— *New Foundations of Ontology*, éd. William Heald, Madison, Wis., University of Wisconsin Press, 1992.

BOURGEOIS-GIRONDE Sacha, *McTaggart : temps, éternité, immortalité,* suivi de *Trois essais de John McTaggart,* (*« L'irréalité du temps (1908) », « La relation du temps et de l'éternité » (1907), « Préexistence et postexistence » (1927),* Paris, Éditions de l'Éclat, 2000.

CAMPBELL Keith, *Abstract Particulars*, Londres, Basil Blackwell, 1990.

CARNAP Rudolf, *The Logical Syntax of Language,* éd., 1937.

— *La construction logique du monde* (1928), trad. Rivenc (éd.), introd. E. Schwartz, Paris, Vrin, 2002.

— *Signification et nécessité, une recherche en sémantique et en logique modale* (1947), trad. F. Rivenc et Ph. de Rouilhan, Paris, Gallimard, 1997.

CASATI Roberto et DOKIC Jérôme, *La philosophie du son*, Nîmes, Jacqueline Chambon, 1995.

— et VARZI Achile, *Holes and Other Superficialities*, A Bradford Book, MIT Press, 1994.

CASTAÑEDA Hector-Neri, *On Philosophical Method,* Bloomington, Noûs Publications, 1980.

CHISHOLM Roderick (éd.), *Realism and the Background of Phenomenology*, Ridgeview Pub. Co., 1960.

— *A Realistic Theory of Category. An Essay on Ontology*, Cambridge, Cambridge University Press, 1996.

— *Person and Object*, Londres, Allen and Uwin, 1976 [appendice B : mereological essentialism].

— *On Metaphysics,* University of Minnesota Press, 1989.

— *Brentano and Meinong Studies*, Amsterdam, Rodopi, 1982.

— *The First Person : An Essay on Reference and Intentionality*, Brighton, Sussex, Harverster, 1981.

CORREIA Fabrice, *Existential Dependance and Cognate Notions*, Thèse de doctorat ès lettres, Genève, 2002.

DENKEL Arda, *Object and Property*, Cambridge, Cambridge University Press, 1996.

DUMMETT Michael, *Truth and Other Enigmas*, Londres, Duckworth, 1978.

FORBES Graham, *The Metaphysics of Modality*, Oxford, Clarendon Press, 1985.

FREGE Friedrich Ludwig Gottlob/RUSSELL Bertrand, *Correspondance, juin 1902-décembre 1904, mars-juin 1912* (éd. bilingue), trad., introd. et notes Catherine Webern, Paris, E.P.E.L., Cahiers de Unebévue, 1994.

FREGE Friedrich Ludwig Gottlob/HUSSERL Edmund, *Correspondance*, préf. J.T. Desanti, trad. G. Granel, Mauvezin, TER, 1987.

GEACH Peter, *Logic Matters*, University of California Press, 1972.

GOODMAN Nelson, *The Structure of Appearence*, Cambridge (Mass.), trad. fr., à paraître, Paris, Vrin, J.-B. Rauzy *et alii* trad.

GRACIA Jorge, *Individuality*, Albany, New York State University Press, 1988.

HARTSHORNE Charles, *The Logic of Perfection*, La Salle, Open Court, 1962.

HINTIKKA Jaako, *L'intentionnalité et les mondes possibles*, trad. et prés. Nadine Lavand, Presses de l'université de Lille, 1989.

— *Time and Necessity : Studies in Aristotle's Theories of Modalities*, Oxford, Clarendon Press, 1973.

— *Models for Modalities*, Dordrecht, Reidel, 1969.

— *La vérité est-elle ineffable ?*, trad. A. Soulez et F. Schmitz, Paris, Éditions de l'Éclat, 1994.

HOFFMAN Joshua et ROSENKRANTZ Franz (éd.), *Substance among other Categories*, Cambridge, Cambridge University Press, 1994.

JAQUETTE Dale, *Ontology*, McGill Queens University Press, 2000.

KIM Jaegwon, *Supervenience and Mind*, Cambridge, Cambridge University Press, 1993.

KRIPKE Saül, *La logique des noms propres* [*Naming and* Necessity, 1972], trad. P. Jacob et F. Recanati, Paris, Minuit, 1980.

LEWIS David, *Papers in Metaphysics and Epistemology*, Cambridge, Cambridge University Press, 1999.

— *On the Plurality of Worlds*, Oxford, Basil Blackwell, 1986.

— *Parts of Classes*, Oxford, Basil Blackwell, 1991.

— *Philosophical Papers*, 2 vol., Oxford, Oxford University Press, 1983, 1986.

LOUX Michael J., *Metaphysics. A Contemporary Introduction*, 2e éd., Londres, Routledge, 1998.

LOWE J., *A Survey of Metaphysics*, Oxford, Oxford University Press, 2003.

— *Subjects of Experience*, Cambridge, Cambridge University Press, 1996.

— *The Possibility of Metaphysics*, Oxford University Press, 1998.

MCCALL Storrs, *A Model of Universe, Space-time, Probability and Decision*, Oxford, Oxford University Press, 1994.

McTaggart [John McTaggart Ellis McTaggart], *The Nature of Existence*, 2 vol., éd. Ch. Broad, Cambridge, Cambridge University Press (1927), 2e éd. 1968.

— voir sous Bourgeois-Gironde Sacha.

Meixner Uwe, *Axiomatische Ontologie*, Regensburg, S. Roderer Verlag, 1991 (version angl. revue et augm., *Axiomatic Metaphysics*, Kluwer, 1997).

Mertz D.W., *Moderate Realism and its Logic*, Yale University Press, 1995.

Molnar George, *Powers*, Oxford, Oxford University Press, 2003.

Mumford Stephen, *Dispositions*, Oxford, Oxford University Press 1998.

Neale Stephen, *Descriptions*, MIT Press, 1990.

— *Facing Facts*, Oxford, Oxford University Press, 2001.

Nef Frédéric, *L'Objet quelconque*, Paris, Vrin, 1997.

Olson Kenneth R., *An Essay on Facts*, Stanford, CSLI, Lecture Note n° 6, 1987.

Plantinga Alvin, *The Nature of Necessity*, Oxford, University Press, 1974.

Popper Sir Karl, *Les deux problèmes fondamentaux de la théorie de la connaissance*, texte établi par Troels Eggers Hansen, à partir de ms. 1930-1933, trad. Christian Bonnet, Hermann, Paris, 1999 [le livre II s'intitule « Le problème de la démarcation) expérience et métaphysique »)].

— *La Connaissance Objective*, trad. préf. Jean-Jacques Rosat, Aubier, 1991.

— *Le réalisme et la science, Post-scriptum à La logique de la découverte scientifique I*, éd. établie par W.W. Bartely III, trads. Alain Boyer et Daniel Andler, Hermann, Paris, 1990 [chap. 3 : « La métaphysique : sens ou non-sens ? » p. 213-234].

Pouivet Roger, *L'ontologie de l'œuvre d'art*, Nîmes, Jacqueline Chambon, 1999.

Prior Arthur, *Past, Present, Future,* Oxford, Oxford University Press, 1967.

— *Worlds, Times and Selves*, K. Fine (éd.), Londres, Duckworth, 1977.

PUTNAM Hilary, *Raison, vérité et histoire*, Paris, Minuit, 1984.

QUINE Willard, *D'un point de vue logique* (1947), trad. Sandra Laugier et Philippe de Rouilhan, Paris, Vrin, 2003.

— *Le mot et l'objet*, trad. Paul Gochet, Paris, Aubier, 1969.

— *La relativité de l'ontologie*, trad. J. Largeault, Paris, Aubier, 1968.

ROSENKRANTZ Gary S., *Haecceity. An Ontological Essay*, Dordrecht, Kluwer, 1993.

RUNGGALDIER Edmund et KANZIAN Christian, *Grundprobleme der analytischen Ontologie*, UTB n° 2059, Paderborn, Ferdinand Schöningh, 1998.

RUSSELL Bertrand, *The Principles of Mathematics*, Londres, Allen and Unwin, 1903.

— et WHITEHEAD A.N., *Principia Mathematica*, t. I, Cambridge, Cambridge University Press, 5e éd., 1960.

— « Meinong's Theory of Complexes and Assumptions » (1904), « Review of : A. Meinong *Untersuchungen zur Gegenstandtheorie und Psychologie* » (1905), « Review of : A. Meinong *Über die Stellung der Gegenstandstheorie im System der Wissenschaften* » (1907), *in* D. Lackey (éd.), *Essays in Analysis*, Londres, George Allen and Unwin, 1973, p. 17-94.

— *Autobiographie*, 3 vol., éd., 1967, 1969, 1970.

— *La méthode scientifique en philosophie. Notre connaissance du monde extérieur*, trad. Ph. Devaux, Petite Bibliothèque Payot, n° 171, 1971 ; rééd. n°423, 2002.

— *La philosophie de Leibniz* (1900), trad. J. et R. Ray ; rééd. Gordon and Breach, Londres-Paris, 1970.

— *Mysticism and Logic and Other Essays*, Londres, Unwin, 1917.

— *Écrits de logique philosophique*, trad. J.-M. Roy, Paris, PUF, 1989.

— *Histoire de mes idées philosophiques*, Paris, Gallimard, 1961 ; rééd. « Tel », 1988.

— *La connaissance humaine*, Paris, Vrin, 2002.

— *La Philosophie de l'atomisme logique*, in *Écrits de logique philosophique*, p. 335-442.

— *Logic and Knowledge, Essays 1901-1950*, éd. R. Marsh, Londres, Unwin and Allen, 1956.

— *Problèmes de philosophie* (1912), trad. Rivenc, Paris, Payot, 1989.

SALMON Nathan U., *Reference and Essence*, Londres, Blackwell, 1982.

SELLARS Wilfrid, *Naturalism and Ontology*, Atascaredo, Ridgeview Pub. Co., 1996.

— *Science, Perception and Reality*, Atascaredo, Ridgeview Pub. Co., 1991.

SIMONS Peter, *Parts. A Study in Ontology*, Oxford, Oxford University Press, 1987.

STOVE David, *Plato's Cult and other Philosophical Follies*, Londres, Basil Blackwell, 1991

STRAWSON Peter Frederick, *Les individus*, trad. A. Shalom et P. Drong, Paris, Seuil, 1959.

— *Analyse et métaphysique, une série de leçons données au Collège de France en mars 1985*, Paris, Vrin, 1985.

SUPPES Patrick, *Probabilistic Metaphysics*, Londres, Basil Blackwell, 1984.

TAYLOR Richard, *Metaphysics*, 4e éd., Englewoods Hills, Prentice Hall, 1992.

TEGTMEIER Erwin, *Grundzüge einer kategorialen Ontologie. Dinge, Eigenschaften, Beziehungen, Sachverhalte*, Fribourg, Alber Reihe Philosophie, 1992.

VAN INWAGEN Peter, *Material Beings*, Cornell University Press, 1990.

WHITEHEAD A.N. *Aventures d'idées*, Paris, Cerf, 1993.

— *La science et le monde moderne*, trad. P. Couturiau, Monaco, Éditions du Rocher, 1994.

— *Process and Reality*, corrected edition, D.R. Griffin et D.W. Sherburne (éd.), New York, The Free Press, 1979. Trad. fr. *Procès et réalité. Essai de cosmologie*, D. Charles *et alii*, Paris, Gallimard, 1995.

— *Le concept de nature*, Paris, Vrin, 1998.

WIGGINS David, *Sameness and Substance*, Oxford, Oxford University Press, nouv. éd., 2002.

WILLIAMS Donald, *Principles of Empirical Realism*, Springfield, Ill., Thomas, 1966.

WILLIAMSON Thimoty, *Vagueness*, Londres, Routledge and Kegan, 1994.

WITTGENSTEIN Ludwig, *Carnets 1914-1916*, trad. G. G. Granger, Paris, Gallimard, 1971.

— *Tractatus logico-philosophicus*, trad. et préf. G. G. Granger, Paris, Gallimard, 1993.

ZALTA Edward, *Abstract Objects. An Introduction to Axiomatic Metaphysics*, Dordrecht, D. Reidel pub. Co., 1983.

— *Intensional Logic and the Metaphysics of Intentionality*, A Bradford Book, MIT Press, 1988.

— *Principia Metaphysica*, ms. [sur le site E. Zalta].

C. Monographies sur des auteurs

BRADLEY Raymond, *The Nature of All Being. A Study of Wittgenstein's Modal Atomism*, Oxford, Oxford University Press, 1992.

DUMMETT Michael, *Frege Philosophy of Language*, 2e éd., Londres, Duckworth, 1982.

DUMONCEL Jean-Claude, *Les sept mots de Whitehead ou l'aventure de l'être*, Paris, Cahiers de l'Unebévue, E.P.E.L., 1998.

HOOKWAY Christopher, *Quine*, préf. Paul Gochet, Bruxelles, De Boeck Université, 1992.

HYLTON Peter, *Russell Idealism and the Emergence of Analytic Philosophy*, Oxford, Clarendon Press, 1990.

KLUGE E.H.W., *The Metaphysics of Gottlob Frege. An Essay in Ontological Reconstruction*, La Haye, Nijhoff, 1980.

PEARS David, *La pensée-Wittgenstein. Du Tractatus aux Recherches philosophiques*, trad. C. Chauviré, Paris, Aubier, 1993.

RODRÍGUEZ-CONSUENGRA Francisco, *The Mathematical Philosophy of Bertrand Russell : Origins and Development,* Bâle, Birkhäuser Verlag, 1991.

ROUILHAN Philippe de, *Bertrand Russell et le cercle des paradoxes*, Paris, PUF, 1996.

SCHULTE Joachim, *Lire Wittgenstein. Dire et montrer,* trad. M. Charrière, J.-P. Cometti, Paris, Éditions de l'Éclat, 1992.

SMITH Barry, *Austrian Philosophy. The Legacy of Franz Brentano*, Chicago, Open Court, 1996.

VERNANT Denis, *La philosophie mathématique de Bertrand Russell*, Paris, Vrin, 1993.

— *Bertrand Russell*, Paris, GF Flammarion, 2003.

VON WRIGHT Georg Henrik, *Wittgenstein*, trad. E. Rigal, Mauvezin, TER, 1986.

D. Ouvrages collectifs

BECKERMANN Ansgar, FLOCK Hans et KIM Jeagwon (éd.), *Emergence or Reduction. Essays on the Prospects of Non Reductive Physicalism*, Berlin, De Gruyter, 1992.

COMETTI Jean-Pierre et MULLIGAN Kevin (éd.), *La philosophie autrichienne*, Paris, Vrin, 1999.

— *La critique de la raison en Europe centrale. Colloque de Cerisy, Philosophiques*, vol. 26, n° 2, 1999.

HALLER Rudolf, *Non-existence and Predication,* in *Grazer Philosophische Studien*, n°s 25/26, 1985-1986.

— *Skizzen zur österreichischen Philosophie*, in *Grazer Philosophische Studien I,* vol. 58/59, 2000.

HUMPHREYS Paul W. et FETZER James H. (éd.), *The New Theory of Reference : Kripke, Marcus and its Origins*, Kluwer, 1999.

MONNOYER Jean-Maurice (éd.), *La structure du monde*, Paris, Vrin, 2004.

MULLIGAN Kevin (éd.), *Language, Truth and Ontology*, Kluwer, 1992.

MUNITZ Milton K. (éd.), *Logic and Ontology*, New york, New York University Press, 1973.

— *Identity and Individuation*, New York, New York University Press, 1971.

POLI Roberto et SIMONS Peter, *Formal Ontology*, Kluwer, 1996.

POUIVET Roger (éd.), *Philosophie analytique de la religion*, in *Revue internationale de philosophie*, n° 225, Bruxelles, 2003.

RORTY Richard, *L'homme spéculaire*, trad. Thierry Marchaisse, Paris, Seuil, 1990.

SMITH Barry et MULLIGAN Kevin (éd.), *Parts and Moments Studies in Logic and Formal Ontology*, Munich, Philosophia Verlag, 1982.

SOULEZ Antonia (éd.), *Manifeste du cercle de Vienne et autres écrits*, trad. Barbara Cassin *et alii*, Paris, PUF, 1985.

E. Articles

ARMSTRONG David, « Vérifacteurs pour les vérités modales », *in* J.-M. Monnoyer et F. Nef (éd.), 2002, p. 491-508.

BACON John, « Tropes », *in Stanford Encyclopedia of Philosophy* [sur le net].

BERGMANN Gustav, « Ontological Alternatives », *in* E.D. Klemke (éd.), 1968, p. 113-156.

— « Russell on particulars », *in* E.D. Klemke (éd.), 1970, p. 15-27.

— « The revolt against logical positivism », *in* E.D. Klemke (éd.), 1970, p. 28-64.

CAMPBELL Keith, « The metaphysics of Abstract Particulars » *in* P. French *et alii* (éd.), *The Foundations of Analytic Philosophy, Midwest Studies in Philosophy*, vol. 6, University of Minnesota Press, 1981, p. 477-488.

CARNAP Rudolf, « Le dépassement de la métaphysique par l'analyse logique du langage », *in* A. Soulez, (éd.

et trad.), *Manifestes du cercle de Vienne*, Paris, PUF, 1985, p. 153-180.

— *Scheinsprobleme in der Philosophie. Das Frempsychische und das Realismusstreit*, Berlin, 1928 (trad. amér. « Pseudo-problems in Philosophy », à la suite de *The Logical Structure of the World*, trad. R. George, University of California Press, 1967, p. 301-344).

— « Testability and Meaning », *Philosophy of Science*, 3, 1936, p. 419-471.

CASTAÑEDA Hector-Neri, « Objects, existence and Reference. A prolegomenon to Guise Theory », *in* R. Haller éd. 1985-1986, p. 3-60.

— « Predication and properties. Russell's paradox and the general theory of properties in natural language », *in* T. Borsche *et alii* (éd.), *Zeit und Zeichen*, Munich, Wilhelm Fink Verlag, 1991, p. 161-208.

CHISHOLM Roderick, « Boundaries as dependant particulars », in *Grazer Philosophische Studien*, vol. 21, 1983, p. 87-95.

FINE Kit, « A puzzle concerning matter and form », *in* Scaltas *et alii* (éd.), 1994, p. 13-40.

— « The logic of essence », *Journal of Philosophical Logic*, 1995, 24, p. 241-273, « Semantics for the logic of essence », *ibid.*, 29, 2000.

— « Part and Whole », *in* B. Smith et D.W. Smith (éd.), 1995, p. 463-486.

— « Ontological Dependance », *Proceedings of the Aristotelian Society*, XCV, 3, 1995, p. 269-290.

— « The problem of *possibilia* », in *The Oxford Handbook of Metaphysics*, p. 161-179.

GEACH Peter, « Ontological Relativity and Relative Identity », *in* Munitz (éd.), 1973, p. 287-302.

HELLER Mark, « Against Metaphysical Vagueness », *in* James Tomberlin (éd.), *Philosophical Perspectives*, 10, *Metaphysics*, 1996, p. 177-186.

HOCHBERG Herbert, « Abstracts, Functions, Existence and Relations in the Russell-Meinong Dispute, the Bradley Paradox and the Realism-Nominalism Controversy », *in* R. Haller (éd.), 1995, p. 273-292.

— « Truth Makers, Truth Predicates and Truth Types », *in* Kevin Mulligan (éd.), 1993, p. 87-117.

— « Individuation and modal properties : a study of metaphysical futility », in *The Modern Schoolman*, n° 74, 2002, p. 107-136.

— « Facts, truths ans the ontology of logical realism », *in* R. Haller (éd.), 2000, p. 23-92.

KAMP Hans, « Two theories about adjectives », *in* Edward Keenan (éd.), *Formal Semantics of Natural Languages*, Cambridge, Cambridge University Press, 1975.

— « The formal properties of "now" », *Theoria*, 37, 1971, p. 227-273.

KIM Jaegwon, « Supervenience, Emergence, Realization, Reduction », in *The Oxford Handbook of Metaphysics*, P. 556-586.

LEWIS David (avec Stephanie LEWIS), « Holes », *in* Lewis, *Philosophical Papers*, I, Oxford University Press, 1983, p. 3-9.

— « Counterpart Theory and Quantified Modal Logic », *in* Lewis, idem, 1983 p. 26-47.

— « Many, but almost one », *in* J. Bacon *et alii* (éd.), *Ontology, Causality and Mind. Essays on Honour of P.M. Armstrong*, Cambridge University Press, 1993, p. 23-42.

— « Comment définir "intrinsèque" », *in* J.-M. Monnoyer et F. Nef (éd.), *Métaphysique et ontologie : perspectives contemporaines, Revue de Mét. et de Morale*, 4, Paris, PUF, 2002, p. 541-558.

— « New Work for a Theory of Universals », *in* Lewis, *Papers in Metaphysics and Epistemology*, Cambridge University Press, 1999, p. 343-377 [trad. fr. « Nouvelle théorie pour les universaux », trad. G. Guigon, in *Catégories et Universaux, Cahiers de Philosophie*, M. Le Dû, (éd.), Strasbourg, 2004].

LOWE E.J., « Individuation », in *The Oxford Handbook of Metaphysics*, p. 75-94.

— « Properties, modes and universals », in *The Modern Schoolman*, 74, 2002, p. 137-150.

— « The concept of object in formal ontology », ms., conférence-colloque *The Notion of an Object*, org. F. Moltman, J. Dokic, F. Nef, Reid Hall, Paris, 21 mai 2003.

MELLOR D.H. « Properties and predicates », *in* J. Bacon *et alii* (éd.), 1993, p. 101-112.

MERTZ D.W., « Combinatorial Predication and the Ontology of Unite Attributes », in *The Modern Schoolman*, janvier-mars 2002, 74, p. 163-198.

MOORE G.E., « L'analyse du jugement », *in* F. Armengaud (trad. et éd.).

MORSCHER Edgar, « Was existence ever a predicate ? », *in* R. Haller (éd.), 1986, p. 269-284.

MULLIGAN Kevin, « Relations — through thick and thin », *Erkenntnis*, 1998, p. 325-353.

— « Searle, Derrida and the ends of phenomenology », *in* Barry Smith (éd.), *Searle*, Cambrige, Cambridge University Press, 2003, p. 261-286.

— « How not to read : Derrida on Husserl », *Topoi*, vol. 10, n° 2, sept. 1991, p. 199-208.

NEF Frédéric, « Objet et propriété. Quelques remarques », *in* J.-M. Monnoyer éd., *La structure du Monde*, Vrin, Paris, 2004, p. 277-298.

NOZICK Robert, « Why is There Something Rather than Nothing ? », in *Philosophical Explanations*, Harvard University Press, 1981.

PARFIT Derek, « The puzzle of Reality : Why does universe exist ? », *Times Literary Supplement*, 3 juillet 1992, p. 3-5.

PEZZANNOWSKI Jerzy, « The Way of Truth », *in* R. Poli et P. Simons (éd.), 1996, p. 61-130.

PLANTINGA Alvin, « Transworld Identity or Worldbound Individuals ? », *in* Munitz (éd.), 1973, p. 193-212.

— « Actualism and possible worlds », *Theoria*, 1976, p. 139-160.

POLI Roberto et SIMONS Peter : *Formal Ontology*, Dordrecht, Kluwer, 1996.

POPPER Sir Karl, « The demarcation between science and metaphysics », *in* P. A. Schilpp (éd.), 1963, p. 183-226 [rép. de Carnap, p. 977-881].

POUIVET Roger, « Le thomisme analytique, à Cracovie et ailleurs », *in* Pouivet (éd.), *RIP*, n° 225, 2003, p. 251-270.

PRIOR Arthur, « Existence », *in* Paul Edwards (éd.), *Encyclopedia of Philosophy*, McMillan, 1967, t. 3, p. 140-147.

PUTNAM Hilary, « Models and reality », *Journal of Symbolic Logic*, 45-3, 1980, p. 464-482.

RAMSEY Franck, « Étude sur le *Tractatus* », in *Logique, philosophie et probabilités*, trad. P. Engel et M. Marion, Paris, Vrin, 2003.

REA Michael, « Four-dimensionalism », in *The Oxford Handbook for Metaphysics*, p. 246-280.

SCHLICK Moritz, « Vécu, connaissance, métaphysique » [1926], *in* A. Soulez (éd.), 1985, p. 181-198.

— « Positivism and Realism » (1932), *in* H. Mulder (éd.), *Philosophical Papers II, 1925-1936*, trad. P. Heath *et alii*, Reidel, 1979, p.259-284.

SELLARS Wilfrid, « Particulars » (1952), in W. Sellars (1991), p. 282-297

— « Grammar and Existence : a preface to Ontology », *in* W. Sellars (1991), p. 247-281.

SIMONS Peter, « Three Essays on Formal Ontology », *in* B. Smith (éd.), 1982, p. 111-260.

— « Logical Atomism and its Logical Refinement : a Defense », *in* K. Mulligan (éd.), 1992, p. 157-179.

— « Vagueness and ignorance », *Aristotelian Society*, 6, p. 163-177, 1992.

— « Tractatus Logico-Philosophicus » *in* J.-P Leyraz et K. Mulligan (éd.) 1993, p. 16-32.

— « Particulars in Particular Clothing : Three Trope Theories of Substance », in *Philosophy and Phenomenological Research*, 1994, vol. LIV, n° 3.

— « Continuants and Occurents », *The Aristotelian Society*, suppl., vol. LXXIV, 2000, p. 419-436.

— « Events », in *The Oxford Handbook of Metaphysics*, p. 357-385.

SINACEUR Hourya, « Logique et Ontologie », *Bulletin de la Société française de philosophie*, séance du 24 mai 1997, 91e année, n° 4, Paris, Vrin, 1997, p. 97-119.

SMITH Barry et MULLIGAN Kevin, « Pieces of a Theory », *in* B. Smith (éd.), 1982, p. 13-110.

— et CASATI Roberto, « Naive Physics », *Intellectica*, 17, 1993, p. 173-197.

— « Common sense », *in* B. Smith et D.W. Smith (éd.), 1995, p. 394-437.

— « L'ontologie de la réalité sociale. Une critique de John Searle », *in* P. Livet et R. Ogien (éd.), 2000, p. 185-198 [réponse de John Searle, p. 199-208].

— « Boundaries : An Essay in Mereotopology » [avec une réponse de R. Chisholm], in *The Philosophy of Roderick M. Chisholm*, 1997, p. 533-564.

STOUT G.F., « Are the Characteristics of Particular Things Universal or Particular », *Proceedings of the Aristotelian Society*, Vol. Suppl. III, 1923, p. 114-122.

— « The nature of Universals and Propositions », *Proceedings of the British Academy*, 10, 1921-1923, p. 157-172.

UNGER Peter, « The problem of the many », *Midwest Studies in Philosophy*, 5, p. 411-467.

VARZI Achille, « Parts, counterparts and modal occurents », in *Méréologies et modalités. Aspects critiques et développements*, D. Miéville (éd.), *Travaux de logique*, 14, août 2001, p. 151-171.

WILLIAMS Donald C., « On the Elements of Being, I », *Review of Metaphysics*, 7, 1953, p. 3-18.

WILLIANSON Timothy, « Vagueness in Reality », *The Oxford Handbook for Metaphysics*, p. 690-716.

ZALTA Edward, « Twenty-five basic theorems in situation and world theory », *Journal of Philosophical Logic*, 22, 1993, p. 385-428.

— et LINSKY, Bernard, « Proxy actualism », ms. [sur le site B. Linsky].

— et LINSKY, Bernard, « Naturalized Platonism *vs* Platonized Naturalism », *The Journal of Philosophy*, XCII-10, oct. 1995, p. 525-555.

II. Heidegger

A. Textes

HEIDEGGER Martin, « Neuere Forschungen über Logik », *in* J. Sauer (éd.), *Literarische Rundschau für das katholische Deutschland*, 38e année, Fribourg, 1912, p. 465 *sqq.*, 517 *sqq.*, 565 *sqq.* [repris dans la *Gesamtausgabe, Frühe Schriften*, vol.1].

— *Interprétation phénoménologique de la Critique de la raison pure de Kant*, trad. E. Martineau, Paris, Gallimard, 1982.

— « Identité et différence », in *Questions I*, p. 253-308.

— « Le mot de Nietzsche "Dieu est mort" », in *Chemins qui ne mènent nulle part*, éd. F. Fédier, trad. W. Brokmeier, Paris, Gallimard, 1962.

— *Beiträge zur Philosophie (vom Ereignis)* (1936-1938), *Gesamtausgabe*, vol. 65, Francfort/Main, V. Klostermann, 1989.

— *Nietzsche*, 2 vol., trad. P. Klossowski, Paris, Gallimard, 1971.

— « La constitution onto-théo-logique de la métaphysique » (1957), *in* « Identité et différence », p. 277-310.

— « La thèse de Kant sur l'être », in *Questions II*, p. 69-118.

— « Le dépassement de la métaphysique », in *Essais et Conférences*, p. 80-115.

— « Le Rectorat 1933-1934. Faits et réflexions. L'Université allemande envers et contre tout elle-même », trad. F. Fédier, *Le Débat*, n° 27, novembre 1983, p. 73-97.

— *Écrits politiques, 1933-1966,* éd. et trad. F. Fédier, Paris, Gallimard, 1995 [contient le Discours de Rectorat et l'Entretien au *Spiegel*].

— *Essais et Conférences*, trad. A. Préau, Paris, Gallimard, 1958.

— *Être et Temps,* trad. F. Vézin *et alii*, Paris, Gallimard, 1986.

— *Être et Temps*, trad. E. Martineau, hors commerce, 1985.
— *Introduction à la métaphysique*, trad. G. Kahn, Paris, Gallimard, 1967.
— *Kant et le problème de la métaphysique*, trad. A. de Waelhens et W. Biemel, Paris, Gallimard, 1953.
— *L'auto-affirmation de l'université allemande*, trad. G. Granel (éd. bilingue), Mauvezin, TER, 1982 [discours de Rectorat].
— *Les problèmes fondamentaux de la phénoménologie*, F.W. von Hermann (éd.), trad. J.-F. Courtine, Paris, Gallimard, 1985.
— *Questions*, Paris, Gallimard, 4 vol., 1968-1976.
— *Sein und Zeit*, 15ᵉ éd., Tübingen, Max Niemeyer Verlag, 1984.
— *Traité des catégories et de la signification chez Duns Scot*, trad. F. Gaboriau, Paris, Gallimard, 1970.
— *Was ist Metaphysik ?*, Francfort, Vittorio Klostermann, (1943), 1998 (trad. in *Questions I*, p. 21-84).
— *The Metaphysical Foundations of Logic*, trad. M. Heim, Indiana University Press, 1984 [trad. de *Metaphysische Anfangsgründe der Logik im Ausgang vom Leibniz*, Francfort, Klostermann, 1978].
— *Les concepts fondamentaux de la métaphysique. Monde-finitude-solitude*, éd. Friedrich-Wilhelm Hermann, trad. Daniel Pannis, Paris, Gallimard, 1992 [1929-1930].

B. Commentaires

BOURDIEU Pierre, *Ce que parler veut dire*, Paris, Fayard, 1982 [3ᵉ partie, chap. 1 : « Censure et mise en forme », sur Heidegger].
CARNAP Rudolf, « Le dépassement de la métaphysique par l'analyse logique du langage », *in* A. Soulez (éd. et trad.), *Manifestes du cercle de Vienne*, Paris, PUF, 1985, p. 153-180.
COURTINE Jean-François, « Gilson et Heidegger », *in* Couratier éd., *Étienne Gilson et nous : la philosophie et son histoire*, Paris, Vrin, 1980, p. 103-116.

— « Métaphysique et ontothéologie », in *La métaphysique. Son histoire, ses enjeux, sa critique*, 1999, p. 137-158.

HABERMAS Jürgen, *Le discours philosophique de la modernité*, Paris, Gallimard, 1988 (chap. VI : « Le réalisme occidental infiltré par la critique de la métaphysique », p. 157-191).

JANNICAUD Dominique, *Heidegger en France*, vol. I, *Récit*, Paris, Albin Michel, 2001.

PÖGGELER Otto, *La pensée de Heidegger*, Paris, Aubier-Montaigne, 1967.

RORTY Richard, *Essais sur Heidegger et autres écrits*, trad. J.-P. Cometti, Paris, PUF, 1991.

SLOTERDIJK Peter, *La domestication de l'être, Pour un éclaircissement de la clairière*, trad. Olivier Mannoni, Paris, Mille et Une Nuits, n° 296, 2000.

VOEGELIN Éric, « Appendice. L'université et la sphère publique sur la pneumopathologie de la société allemande. La désorientation spirituelle de l'Allemagne : trois études de cas (Heidegger, Niemöller, Schramm) », in *Hitler et les Allemands*, Paris, Seuil, 2003, p. 308-316.

III. phénoménologie, existentialisme, déconstruction

A. Sources

DERRIDA Jacques, *De l'esprit. Heidegger et la question*, Paris, Galilée, 1987.

— *Glas*, Paris, Galilée, 1974.

— *L'écriture et la différence*, Paris, Seuil, 1967.

— *La dissémination*, Paris, Seuil, 1972.

— *Marges de la philosophie*, Paris, Minuit, 1972.

— *Psyché. Inventions de l'autre*, Paris, Galilée, 1987.

HUSSERL Edmund, *La crise spirituelle de l'humanité européenne*, Paris, Gallimard, 1976.

— *Méditations cartésiennes*, Paris, Vrin, 1969.

— *Recherches logiques. T. 1 Prolégomènes à la logique pure*, trad. H. Elie, L. Kelkel, R. Schérer, 2e éd., Paris, PUF, 1969.

INGARDEN Roman, *Der Streit um die Existenz der Welt. I Existentialontologie, II Formalontologie*, 3 vol. Tübingen, Max Niemayer, 1964.

JASPERS Karl, *Philosophie. Orientation dans le monde. Éclairement de l'existence. Métaphysique*, trad. Jeanne Hersch, Paris, Springer Verlag, 1986.

LEVINAS Emmanuel, *Totalité et Infini*, rééd. Le Livre de Poche, 1990.

ROSENZWEIG Franz, *L'Étoile de la Rédemption*, trad. A. Decznski et J.-L. Schlegel, notes J.-L. Schlegel, Paris, Seuil, 1982.

SARTRE Jean-Paul, *L'Être et le néant. Essai d'ontologie phénoménologique*, Paris, Gallimard, 1943.

SCHELER Max, *Nature et formes de la sympathie. Contribution à l'étude des lois de la vie émotionnelle*, Paris, Payot, 1950.

— *Schriften aus dem Nachmass*. Band II : *Erkenntnislehre der Metaphysik*, Manfred Frings (éd.), Berne, Francke Verlag, 1979.

B. Commentaires et critiques

INGARDEN Roman, *Réalisme et idéalisme. À propos de la phénoménologie de Husserl*, éd., trad. et introd. Patricia Limido-Heulet, Paris, Vrin, 2002.

JANNICAUD Dominique, *Le tournant théologique de la phénoménologie française*, Éditions de l'Éclat, coll. « Tiré-à-part », 1991.

MOSES Stéphane, *Système et révélation dans la philosophie de Franz Rosenzweig*, nouv. éd, Paris, Bayard, 2004.

MULLIGAN Kevin, « Searle, Derrida and the ends of phenomenology », *in* Barry Smith (éd.), *Searle*, Cambridge, Cambridge University Press, 2003, p. 261-286.

— « How not to read : Derrida on Husserl », *Topoi*, vol. 10, n° 2, sept. 1991, p. 199-208.

— « Sur l'histoire de l'approche analytique de l'histoire de la philosophie (de Bolzano et Brentano à Bennett et Barnes) », Jean-Michel Vienne (éd.), *Philosophie analytique et histoire de la philosophie*, Paris, Vrin, 1997, p. 61-105.

SOKAL Alan et BRICMONT Jean, *Impostures intellectuelles*, Paris, Odile Jacob, 1997.

IV. Autres

ADORNO Theodor W., *Dialectique négative*, trad. par G. Coffin *et alii*, Postface de H.-G. Holl, Paris, Petite Bibliothèque Payot, n° 478, 2003.

BADIOU Alain, *L'être et l'événement*, Paris, Seuil, 1988.

— *Court traité d'ontologie transitoire*, Paris, Seuil, 2001.

BERGSON Henri, « Introduction à la métaphysique » (1903, RMM), in *La pensée et le mouvant*, *Œuvres*, p. 1392-1432.

BORGES J.L., *Œuvres complètes*, Paris, Gallimard, 1993, 1999.

BOURETZ Pierre, *Messianisme et philosophie*, Paris, Gallimard, 2003.

BOUTROUX Émile, *De la contingence des lois de la nature* (1905), rééd., Paris, PUF, 1991.

CASSIRER Ernst, *Substance et fonction. Éléments pour une théorie du concept* (1910), trad. P. Caussat, Paris, Minuit, 1977.

COFFA Alberto, *The Semantic Tradition from Kant to Carnap. To the Vienna Station*, L. Wessels (éd.), Cambridge, Cambridge University Press, 1991.

ECO Umberto, *Kant et l'ornithorynque*, Paris, Le Livre de Poche, 1999.

Études bergsoniennes (Les), VII, VIII, IX, Paris, PUF, 1966-1970.

GALE Richard, *The Language of Time*, Londres, Routledge & Kegan, 1968.

GOLDSTEIN K., *La philosophie de l'organisme*, Paris, Gallimard, 1951.

GUÉROULT Martial, *Dianoématique I. Histoire de l'histoire de la philosophie, II. Philosophie de l'histoire de la philosophie*, 2 vol. Paris, Aubier-Montaigne, 1979.

HARTMANN Nicolai, *Der Aufbau der realen Welt, Grundriß der allgemeinen Kategorienlehre,* 3e éd., Berlin, Walter de Gruyter & Co., Berlin, 1964.

— *Zur Grundlegung der Ontologie*, Berlin et Leipzig, Walter de Gruyter & Co, 1935.

— « Principes philosophiques des mathématiques », *in* S. Breton (1969), trad. G. de Pesloüan.

HEIMSOETH Heinz, *Les grands thèmes de la métaphysique occidentale du Moyen Âge aux Temps modernes*, trad. Alain Pernet, Paris, Vrin, 2003.

INGARDEN Roman, *Der Streit um die Existenz der Welt Existentialontologie, II Formalontologie*, 3 vol. Tübingen, Max Niemayer, 1964.

JASPERS Karl, Philosophie. *Orientation dans le monde. Éclairement de l'existence. Métaphysique.* Trad. Jeanne Hersch, Springer Verlag, Paris, 1986

KOLAKOWSKI Leszek, *Horreur métaphysique*, trad. M. Barat, Paris, Payot, 1988.

LARGEAULT Jean (éd.), *Intuition et intuitionisme*, Paris, Vrin, 1993.

— *Leçons de métaphysique*, Université de Paris XII, Val-de-Marne, 1984.

— *Philosophie de la nature*, Université de Paris XII, Val-de-Marne, 1984.

— *Principes de philosophie réaliste*, Paris, Klincksieck, 1985.

LOVEJOY Arthur O., *The Great Chain of Being, A Study of the History of Ideas*, Harvard University Press (1936), 1964.

LÖWITH KARL, *Histoire et salut*, Paris, Gallimard, 2002.

MARITAIN Jacques, *Œuvres complètes de Jacques et Raïssa Maritain* [vol. 14 et 15 : *Œuvres* de Raïssa

Maritain], Éditions universitaires de Fribourg/Éditions Saint-Paul, Fribourg/Paris, 16 vol., 1982-2000.
— « Grandeur et misère de la métaphysique », in *Les degrés du savoir*, OC, t. 4, 1929-1932.
— *Court traité de l'existence et de l'existant*, Paris, 1947 [t. 9 des OC].
— *Distinguer pour unir, ou : les degrés du savoir*, nouv. éd. rev. et augm., Paris, Desclée de Brouwer, 1946 (1re éd., 1934).
— *La philosophie bergsonienne*, Paris, Téqui, (1914), 2e éd., Paris, Marcel Rivière, 1948 [t. 1 des OC].
— *La philosophie de la nature*, Paris, Téqui, 3 fascicules, Paris, Lethélieux, 1956-1958.
— *Sept leçons sur l'être et les principes premiers de la raison spéculative*, Paris, Téqui, 1934 [t. 5 des OC].
NARBONNE Jean-Marc, *Lévinas et l'héritage grec*, suivi de HANKEY Wayne, *Cent ans de Néoplatonisme en France. Une brève histoire philosophique*, Paris, Vrin/Presses de l'Université de Laval, 2004.
PETITOT Jean, « Structure », in *Encyclopedic Dictionary of Semiotics*, Th. Seboek (éd.), t. 2, Berlin/New York, Walter de Gruyter, p. 991-1022.
— *La philosophie transcendantale et le problème de l'objectivité*, Paris, Les Entretiens du centre Sèvres, Éditions Osiris (avec une bibl.), 1991.
— *Morphogenèse du sens. Pour un schématisme de la structure*, Paris, PUF, 1985.
— *Physique du sens*, Paris, Éditions du CNRS, 1991.
RORTY, Richard : *L'homme spéculaire*, trad. Thierry Marchaisse, Paris, Seuil, 1990
— *Essais sur Heidegger et autres écrits*, trad. J.-P. Cometti, PUF, 1991
ROSENZWEIG, Franz ; *L'Étoile de la Rédemption*, Éditions, trad. A. Deczanski et J.-L. Schlegel, notes de J.-L. Schlegel, Paris, Seuil, 1982
— *Livret sur l'entendement sain et malsain*, trad. M. Ruben-Hayoun, Paris, Cerf, 1988
ROUGIER Louis, *La métaphysique et le langage*, Paris, Denoël, 2e éd., 1973 (1re éd. Flammarion, 1970).

SANTAYANA George, *Scepticism and Animal Faith. Introduction to a System of Philosophy*, Londres, Constable and Co., 1923.

SARTRE, Jean-Paul : *L'être et le néant. Essai d'ontologie phénoménologique*, Paris, Gallimard, 1943.

SCHELLER, Max : *Nature et formes de la sympathie. Contribution à l'étude des lois de la vie émotionnelle*, Payot, Paris, 1950.

— *Schriften aus dem Nachmass*. Band II : *Erkenntnislehre der Metaphysik*, Manfred Frings éd., Francke Verlag, Berne, 1979

STOVE David, *Plato's Cult and other Philosophical Follies*, Oxford, Basil Blackwell, 1991.

TAUBES Jacob, *La théologie politique de Paul. Schmitt, Benjamin, Nietzsche et Freud.*, trad. M. Köller et D. Séglard, Paris, Seuil, 1999.

THOM René, *L'Apologie du Logos*, Paris, Hachette, 1988.

— *Modèles mathématiques de la morphogenèse*, nouv. éd. rev. et augm., Paris, Christian Bourgois, 1980.

— *Stabilité structurale et morphogenèse. Essai d'une théorie générale des modèles*, Reading, W.A. Benjamin Inc., 1973.

VUILLEMIN Jules, *La logique et le monde sensible. Étude sur les théories contemporaines de l'abstraction*, Paris, Flammarion, 1971.

WAHL Jean, *Traité de métaphysique*, Paris, Payot, 1957.

V. Logique, épistémologie, sciences

ADJUKIEWICZ Kazimierz, « Syntactic Connection » (1935), in *Polish Logic*, introd. T. Koyarbinski, éd. Storrs McCall, Oxford, Oxford University Press, 1967, p. 207-231.

BAR HILLEL Yehoshua, *Aspects of Language, Essays and Lectures on Philosophy of Language, linguistic Philosophy and Methodology of Linguistics*, Jerusalem/

North Holland, The Magnes Press, The Hebrew University, 1970.

BARCAN MARCUS Ruth, *Modalities, Philosophical Essays*, Oxford, Oxford University Press, 1993.

BARROW John, *L'homme et le cosmos*, Paris, Imago, 1984.

— et TIPLER Frank, *The Anthropic Cosmological Principle*, Oxford, Oxford University Press, 1986.

— *La grande théorie. Les limites d'une explication globale en* physique, trad. M. Cassé et G. Paulus, Paris, Albin Michel, Coll. « Sciences », 1995.

CANTOR Georg, *Contributions to the Founding of the Theory of Transfinite Numbers*, New York, Dover, 1955.

DAWKINS Richard, *Le gène égoïste*, Paris, Odile Jacob, 1996.

FINE Kit, *Reasoning with Arbitrary objects*, Oxford, Blackwell, 1985.

— « Plantinga on the reduction of possibilist discourse », *in* J. Tomberlin, P. Van Inwagen (éd.), 1985, p.145-186.

— « Model theory for modal logic, I : The *de re/de dicto* distinction, II : The elimination of *de re* modalities, *Journal of Philosophical Logic*, 7, 1978, p. 125-156 et p. 277-306, III : Existence and Predication, *ibid.*, 10, 1981, p.293-308.

— « Propositions, sets and properties », *Journal of Philosophical Logic*, 6, 1977, p. 135-191.

— « First-order modal theories », I. Sets, in *Nous*, 1981, II : Propositions, in *Studia Logica*, XXXIX, 2/3, 1980, III : Facts, in *Synthese*, 1980.

GÖDEL Kurt, *Collected Works*, Solomon Feferman *et alii* (éd.), Oxford, Oxford University Press, vol. I, II, III, 1986, 1990, 1995.

HAWKING Stephen, *Commencement du temps et fin de la physique ?*, Paris, Flammarion, 1992.

— *Une brève histoire du temps*, Paris, Flammarion, 1989.

KRIPKE Saul, « Semantical Considerations on Modal Logic » (1961), *in* Leonard Linsky (éd.), *Reference and Modality*, Oxford, Oxford University Press, 1971, p. 63-72.

LARGEAULT Jean (éd.), *Intuitionisme et théorie de la démonstration*, Paris, Vrin, 1992.

LESNIEWSKI Stanislaw, *Collected Works*, 2 vol., La Haye, Nijhoff, 1992.

LEWIS David, « Counterpart Theory and Quantified Modal Logic », *in* Lewis (1983), p. 26-47.

— *Parts of Classes*, Oxford, Basil Blackwell, 1991.

PENROSE Roger, *Les deux infinis et l'esprit humain*, trad. R. Omnès, avec les contrib. de A. Shimony, N. Cartwright, S. Hawking, R. Omnès, Paris, Flammarion, 1999.

PRIOR Arthur, *Past, Present, Future*, Oxford, Oxford University Press, 1967.

— *Worlds, Times and Selves*, K. Fine (éd.), Londres, Duckworth, 1977.

PUTNAM Hilary, « Models and Reality », *Journal of Symbolic Logic*, 45-3, 1980, p. 464-482.

RUSSELL Bertrand et WHITEHEAD A.N., *Principia Mathematica*, t. I, Cambridge, Cambridge University Press, 5e éd., 1960.

VAN FRAASSEN Bas, *Lois et symétrie*, prés. et trad. C. Chevalley, Paris, Vrin, 1994.

— *The Empirical Stance*, Yale University Press, 2002.

WHITROW G.J., *The Natural Philosophy of Time*, Oxford, Clarendon Press, 1980.

ZALTA Edward, « Twenty-five Basic Theorems in Situation and World Theory », *Journal of Philosophical Logic*, 22, 1993, p. 385-428.

NOTES

Avant-propos

1. Cf. Ingebord Schüssler (2003) qui distingue accomplissement de la métaphysique (Hegel), perversion de la métaphysique (Schopenhauer), réduction de la métaphysique (Marx, Kierkeggard), inversion de la métaphysique (Nietzsche) et finalement renoncement à la métaphysique (Comte) — cela permettant de faire finir la métaphysique à Hegel, tout en assurant une sorte d'épilogue, marqué par des mouvements que Schüssler appelle des « re-scendances », opposées au mouvement de « tran(s)-scendance » de la métaphysique : la rescendance est le fait de redescendre du méta-physique au physique, après le mouvement de transcendance qui avait fait passer du physique au méta-physique. Cette lecture de la métaphysique post-hégélienne tient pour acquise l'hypothèse d'un accomplissement par Hegel de la philosophie et donc de la métaphysique, ce qui est une thèse heideggerienne sur laquelle on reviendra longuement. Cependant, il y a un grain de vérité dans l'idée de rescendance : effectivement la métaphysique actuelle est une métaphysique qui n'est plus nécessairement structurée par un mouvement de transcendance. Ce qui est douteux et à la réflexion déprimant, c'est qu'après Hegel on n'ait le choix qu'entre perversion, réduction, inversion et renoncement !

2. En ce qui concerne les auteurs, j'aurais souhaité consacrer un chapitre à Roman Ingarden (1964) mais l'exposition de sa métaphysique m'aurait entraîné dans une discussion des liens entre phénoménologie, métaphysique et réalisme (cf. Nef, 1997) que j'ai préféré éviter dans cet ouvrage.

3. J'aurais aimé aussi rendre à l'*Ontologie* de Nicolaï Hartmann (1935) sa juste place, mais un ouvrage de ce type a sa logique propre et il eût été artificiel de ménager une place secondaire à cette œuvre. Ce livre est un ouvrage de transition entre *L'Objet quelconque* (1997) et deux livres en cours, l'un sur la prédication et les propriétés, l'autre sur les objets sociaux (Livet et Nef, à paraître).

4. Habermas vise la pensée de Heidegger après le tournant (*Kehre*) devenant effectivement l'équivalent d'une mystique, l'expérience de la pensée se faisant de plus en plus indicible et individuelle, le vocabulaire souvent poétique et métaphorique, l'expression parfois aphoristique, voire exhortative. Cela dit, l'expression « mystique » est un peu injuste pour la mystique, qui dans sa version philosophique sait se montrer extrêmement prudente sur les dérapages stylistiques ou linguistiques.

5. Sloterddijk utilise cette expression, dans un étrange et instructif opuscule, *La domestication de l'être*, où il se collette avec Heidegger. Selon Sloterddijk, l'intuition cardinale de Heidegger est que l'extase ontologique précède la métaphysique, qui l'efface.

6. « Particulariste » veut dire ici : qui privilégie la particularité ontologique, c'est-à-dire concrètement le principe des indiscernables de Leibniz, ou encore la thèse de la singularité des existants (affirmée par Occam, qui de ce point de vue est un particulariste ontologique). Il ne faut pas confondre ce sens de « particulariste » avec un autre sens, stigmatisé par Engel et Mulligan dans « Normes éthiques et normes cognitives » (in *Cités*, 2003), où ce terme désigne un refus des normes universelles dans l'ordre de la connaissance et

de l'action. Le particularisme ontologique (la base du monde est faite de particuliers) n'implique pas le particularisme moral ou cognitif (il n'y a pas de normes universelles, il n'y a que des normes particulières). On peut très bien soutenir une ontologie de particuliers physiques et de normes universelles et notamment on peut très bien avoir une vision des lois comme des régularités sans tomber nécessairement dans l'antiréalisme des normes.

Introduction

1. La perspective de l'historien de l'art serait évidemment différente : un E. Panofsky quand il compare la structure des cathédrales et celle des sommes scolastiques est tout à fait justifié à le faire, en vertu du principe d'homologie sémiotique des productions culturelles dans une sphère géographique et temporelle. Cf. *Architecture gothique et pensée scolastique* (sur l'abbé Suger de Saint-Denis).

2. Max Scheler (1979), p. 22. Il est facile de mettre des noms sous la description de Max Scheler qui vise surtout le positivisme logique, la déviation idéaliste de la phénoménologie, le néo-kantisme, le conservatisme catholique et la philosophie de la culture de Dilthey (1833-1911), cf. par exemple *L'introduction à l'étude des sciences humaines* (1883, trad. fr., Paris, PUF, 1942), *Le monde de l'Esprit* (trad. M. Rémy, 2 vol., Aubier-Montaigne, 1947). En 1907, dans *L'essence de la philosophie* (*Das Wesen der Philosophie*), Dilthey avait proclamé la faillite de la conception métaphysique de la philosophie (image compréhensive de la réalité) en lui opposant une conception historique et la seconde partie de son grand œuvre de 1883 était déjà consacrée à établir un bilan de l'échec de la métaphysique de la connaissance, qui tient pour universel un moment particulier de l'expérience spirituelle particulière d'un individu.

3. Un point extrêmement important est que le monothéisme est une critique des idoles religieuses et que le christianisme en toute rigueur n'est pas une religion (il ne relie pas les hommes dans une société fondée sur la Foi ou la Loi, cf. la critique du paganisme dans *La cité de Dieu* d'Augustin, surtout la critique de la religion civile des Romains). On ne peut développer ces points dans cet ouvrage, mais il importera de toujours bien distinguer ce qui est de l'ordre de la foi, de l'ordre du religieux et ce qui est théologico-politique.

4. La littérature sur la critique de la métaphysique par Nietzsche étant surabondante, on ne l'exposera pas une fois de plus. De plus cette critique mêle des thèmes très hétérogènes (relativistes, pragmatistes, nominalistes...) et il est pour le moins hasardeux de donner une synthèse rapide de ses positions. Cf. M. Haar, *Nietzsche et la métaphysique* (Gallimard, coll. « Tel »).

5. On entend ici « dispute » au sens véritable et premier de « disputer » : « mettre au net après examen et discussion ». La formation de « disputer » est éclairante : *dis* + *putare* = nettoyer (*Dictionnaire historique de la langue française*, Le Robert, p. 1101). Le mot « dispute » vient du latin *disputatio* qui désignait un exercice dialectique dans le cursus universitaire philosophique médiéval. Une *disputatio* suppose deux adversaires soutenant des thèses opposées, avec des arguments en forme.

6. Outre Érasme (1991) et Rabelais, on peut penser ici à Juan Luis Vivès (1492-1540) : *Contre les Pseudo-Dialecticiens* [*Adversus Pseudo-Dialecticos*] (1519), ainsi qu'au Leibniz du *À propos du style de Nizolius*.

7. Le rejet de la théodicée et de l'optimisme (le bien dépasse le mal) a été un thème dominant, du *Candide* de Voltaire au *Bon Sens* du baron d'Holbach. Lessing (1729-1781) a également critiqué toute idée de théodicée, notamment dans *L'éducation du genre humain* (1780), ainsi que Hume dans ses *Dialogues sur la religion naturelle*. Il ne faut cependant pas confondre la critique

de l'idée de théodicée avec celle de l'idée de théologie naturelle. Certains auteurs rejettent la théodicée chrétienne au nom de la théologie naturelle.

PREMIÈRE PARTIE

LA MÉTAPHYSIQUE N'EST PAS MORTE

Chapitre I

1. En l'occurrence, il s'agit de tubes qui alimentent un jeune enfant dans un service de réanimation.

2. Source : alapage.com

3. *La littérature sans estomac*, L'esprit des péninsules, 2002 ; 2e éd., Presses Pocket, 2003.

4. Cf. Jane Flax (1989) et Charlotte Witt (1993, 1995).

5. Nous avons tendance ici à amalgamer des usages assez différents du mot « métaphysique », puisque tout ce que nous voulons montrer, c'est la transformation et la pérennité de son usage. Mais dans l'article d'Alexandre Mauron, paru en anglais dans *Science* en 2001 puis traduit en 2003, il est juste de souligner que le mot « métaphysique » renvoie à quelque chose de précis, puisqu'il s'agit de discuter la question de savoir si le génome détermine l'individualité humaine.

6. Un exemple : « Qui déchirera les brumes de ce polar métaphysique ? » (François Nourrissier, *Le Figaro*, 16 octobre 2003). Un autre : « *L'ange de la baie* : un thriller métaphysique ».

7. In trad. fr., *Le livre des bides*, Paris, Éd. du Cygne, 1982, p. 95.

8. Le parc de la Villette et le parc André-Citroën méritent de ce point de vue une visite philosophique.

9. En France, à l'exception des manuels thomistes, le dernier livre affichant ouvertement l'ambition d'être un traité de métaphysique remonte aux années cin-

quante, et encore cet ouvrage (Jean Wahl, *Traité de métaphysique*, 1957) ne répond qu'assez imparfaitement à son titre.

10. L'ontologie formelle est une partie de l'ontologie, dégagée par Bolzano puis Husserl, et qui consiste à décrire les traits formels communs à toutes les ontologies locales. Sur l'ontologie formelle, cf. Nef, 1997.

11. Cf. Brentano (1976), où le problème des frontières est abordé à partir de la problématique du continu. Voir aussi Chisholm, « Beginnings and endings » in Chisholm (1982), p. 114-124. Ce problème de la nature des frontières est éclairci également grâce à la méréotopologie de B. Smith (1997).

12. Les « objets d'ordre supérieur » (*höhere Gegenstände*) sont pour Meinong des objets qui surviennent sur des objets au sens élémentaire, c'est-à-dire essentiellement des objets des attitudes psychologiques. Les états de choses, baptisés par lui *Objective* (pour bien montrer leur parenté et leur différence avec les objets — *Gegenstände*), sont par exemple un type d'objet d'ordre supérieur qui survient sur les objets (sans objets, pas d'états de choses, ou sans objets, pas d'objectif). Les objets d'ordre supérieur peuvent aussi servir à décrire des attitudes psychologiques enchâssées : si Pierre croit que Marie sait que Jacques est venu, le savoir de Marie est un objet d'ordre supérieur (la venue de Jacques étant un objet d'ordre encore supérieur).

13. La série des *Shadocks* est passée comme dessin animé à l'ex-ORTF de 1968 à 1973, en trois séries. Le texte cité est tiré d'un album inédit paru en 1994, préfacé par Claude Piéplu dont la voix a immortalisé cette série. Les *Shadocks* sont disponibles en cassette (Polygram Video).

14. Cette définition est très proche de celle de Meinong : il existe des objets dont on peut dire qu'ils n'existent pas. Contrairement à J.-L. Marion (*Étant donné*, PUF, 2000), je ne pense pas que le « *es gibt* »

dans « *es gibt Gegenstände...* » (« il y a des objets dont on peut dire qu'ils ne sont pas ») soit un indice d'une donation originaire des objets. Dans ce cas, si Meinong avait été anglais, il n'y aurait pas de donation. Chisholm a rejeté cette formulation paradoxale de Meinong, tout en acceptant sa thèse, et en lui donnant une forme plus simple : il existe quelque chose qui est au-delà de l'être et du non-être, l'*Aussersein*, qui a la forme de l'objet. On peut aussi donner à la thèse meinongienne la forme élémentaire : tout a la forme d'un objet et tout objet a un être-ainsi (*Sosein*) distinct de son être (*Sein*).

15. Malgré tous nos efforts, nous n'avons pu identifier ce type d'amanite, en particulier dans la somme de Romagnesi (*Grand Atlas illustré des champignons*, 4 vol., Bordas, Paris).

16. « Loufoque » : transformation de fou en largonji (*Dictionnaire historique de la langue française*, Le Robert, p. 2059). Cf. « Mais quoi, ce sont des fols... »

Chapitre II

1. Par exemple la métaphysique définie comme une « théorie de l'objet » est une création récente, de Meinong, remontant au début du XXe siècle, qui garde toute son actualité (Meinong, 1999, 2001).

2. Dans la mesure où l'éthique s'occupe par exemple de la relation aux valeurs, et que beaucoup sinon la plupart des concepts éthiques sont relationnels (ceci ne préjugeant en rien de la validité du relativisme moral : il ne faut pas confondre le point de vue relationnel et le point de vue relativiste). Le premier restitue les paramètres des propriétés morales, tandis que le second relativise le jugement moral à un contexte, ce qui est très différent. Cela dit, le relativisme moral peut s'appuyer, comme chez Nietzsche, sur le relationnisme des propriétés morales.

3. Dans toute une série de textes dont son *Autobiography* (Oxford University Press, 1970).

4. Pour une définition et une discussion de ce concept dans son acception contemporaine, cf. chap. XVIII-XIX.

5. Pour la théorie des descriptions, cf. chap. XV, p. 503-507.

6. Pour l'aspect historique du problème des modalités, voir les travaux de Knuuttila. Pour une position de réalisme modal strict, cf. Lewis (1986), pour des positions différentes, cf. Plantiga, K. Fine (références).

7. Pour une discussion récente et synthétique, cf. Kim (1998).

8. Cf., pour l'existence de ce problème en physique théorique Penrose (1999) ; pour les aspects liés à la discussion, sur le continu, cf. Jean-Michel Salanskis et Hourya Sinaceur, *Le labyrinthe du continu, Colloque de Cerisy*, Paris, Springer Verlag, 1992, surtout les p. 137-266.

9. Cf. le numéro spécial de *Raisons pratiques* sur *L'ontologie du social* avec notamment la controverse Searle/Barry Smith sur la nature des objets sociaux.

10. Cette nature disputationnelle n'est d'ailleurs pas limitée à la métaphysique occidentale. Dans la métaphysique bouddhiste par exemple, elle apparaît très développée. Sur la forme disputationnelle, qui a atteint son apogée au Moyen Âge, voir Marenbom (1995).

11. Surtout si on la compare à la forme prégnante depuis Hegel et la *Phénoménologie de l'esprit* de l'intériorisation d'un itinéraire intellectuel qui consiste à parcourir une série de figures philosophiques ou historiques. Le modèle cartésien des *Méditations* peut aussi être analysé de ce point de vue. Avec la philosophie des professeurs s'est généralisé le modèle de la dissertation qui est souvent calqué sur une forme dégradée de la dialectique hégélienne : l'étudiant dans une

mimétique servile est censé parcourir son propre itinéraire de lectures, etc.

12. La notion de « programme de recherche » a été introduite par Lakatos en 1970 et étendue par Popper à la métaphysique en 1974 (dans son « Autobiography » du volume de la *Library of the Living Philosophers* qui lui a été consacré) et en 1983 (voir trad. fr., 1990, p. 207 *sqq.*).

13. Pour un exemple de telle discussion, le dialogue ininterrompu entre Lewis et Armstrong constitue un modèle.

14. Un échantillonnage sur le web montre cependant une tendance à distribuer les rôles ainsi : l'ontologie est plutôt technique et concerne l'IA, l'informatique, etc., et la métaphysique sert souvent à recouvrir des doctrines plus ou moins ésotériques. « Métaphysique » est alors un produit d'appel pour les irrationalismes, ce qui montre une décadence absolue du sens du terme.

15. Pour une discussion sur les normes cognitives dans leur rapport aux normes éthiques, cf. P. Engel et K. Mulligan, « Normes éthiques et normes cognitives » (in *Cités*, 2003). Il s'agit d'une réponse aux attaques de C. Chauviré et S. Laugier assimilant le maintien de normes cognitives à une sorte particulièrement retorse de moralisme. Cet article d'Engel et Mulligan contient aussi une bonne discussion de la théorie des vertus intellectuelles (sur la notion de vertu intellectuelle, voir R. Pouivet : *Après Wittgenstein, saint Thomas*, PUF, 1997). La bêtise intelligente, surtout culturellement brillante, est un vice intellectuel.

16. Notamment dans *La dispute* (Minuit) 1997.

17. A. de Libera (1999), p. 610-636, est une bonne défense d'une forme sophistiquée de relativisme modéré. Tout est question de dose pour le relativisme.

18. *Préface de la Phénoménologie de l'esprit* : « Le vrai est ainsi le délire bachique en lequel il n'est aucun

membre qui ne soit ivre ; et parce que chacun, en tant qu'il s'isole, se dissout tout aussi immédiatement, il [le délire] est pareillement le repos pur et simple. Au tribunal de ce mouvement, ne subsistent certes pas les figures singulières de l'esprit, tout comme les pensées déterminées, mais elles sont aussi des moments positifs nécessaires tout autant qu'elles sont négatives et disparaissantes » (1993, p. 105).

Dans une note, les traducteurs déclarent avec ingénuité : « Devant le "tribunal" de l'histoire, les figures singulières s'effacent en leur contingence, etc. » (*ibid.*, note 4). Cet effacement du singulier devant un tribunal, au nom de la totalité, ramené sur terre livre la clef d'une certaine conception universalisante de l'engagement politique, avec comme conséquence le mépris de la vérité partielle, et contingente.

19. Un énoncé de Spinoza très proche est : « *Praeter Deum nulla dari neque concipi potest substantia* » (En dehors de Dieu aucune substance ne peut être donnée ou conçue) (*Éthique*, prop. XIV, livre I).

Chapitre III

1. La théorie de la vérité correspondance est celle qui définit la vérité comme une correspondance entre un élément sémantique (phrase ou énoncé) et un élément ontologique (fait, situation ou état de choses). Cette théorie a été développée par Aristote (*Mét.*, 1011b 26 *sqq. De int.*, 16a 10-19, *Cat.*, 4a 10-4b 19, 14b 12-23) à la suite de Platon (*Théét.*, 188e-189a) et prise comme base de sa théorie par Tarski dans la formalisation du prédicat « être vrai » en quoi consiste la théorie dite sémantique de la vérité. Cf. chap. XV pour la réinterprétation de la vérité correspondance dans l'atomisme logique. La vérité correspondance se distingue de la vérité cohérence (cf. P. Engel, 1989).

2. Le petit livre d'Eros Corazza et Jérôme Dokic *Penser en contexte. Le phénomène de l'indexicalité. La*

controverse John Perry & Gareth Evans (Éditions de l'Éclat, 1993), conserve toute sa valeur pour introduire à ce type de problème.

3. On laisse de côté un problème discuté dans la théorie de la justification épistémique : le cas où je déclarerai qu'il s'agit effectivement d'un mouton, mais sur de mauvaises bases, pour de mauvaises raisons. Il s'agit là du fameux problème de Gettier : la connaissance vraie n'est pas forcément une connaissance justifiée. Cf. dans P. Engel, *Précis de philosophie analytique* (Paris, 2000), la contribution de P. Engel à la théorie de la connaissance.

4. Il y aurait des raisons de penser qu'en cas de l'échec de la référence, l'énoncé n'est ni vrai, ni faux. Dans ce cas, on distingue nettement l'étape de fixation de la référence de celle de l'attribution au référent d'une propriété, ce qui est peut-être en partie artificiel : souvent nous fixons la référence en attribuant une propriété.

5. Cf. chap. VI, p. 178-192, sur la déconstruction.

6. Pour ce parcours, voir P. Gochet, *Logique*, t. 1.

7. Cf. chap. VI, p. 165-169.

8. Il y a au moins *deux* arguments distincts contre cette manière de voir (qu'A. Badiou, à notre connaissance, ne discute pas). Le premier est de souligner que la théorie des ensembles ne convient absolument pas à l'ontologie, dans la mesure où la relation tout/partie semble beaucoup mieux adaptée que la notion d'appartenance (d'où le succès des ontologies s'appuyant sur les théories des touts et des parties). Le second est que cette croyance dans la théorie des ensembles est un peu passéiste, dans la mesure où la théorie des catégories apparaît actuellement comme la théorie la plus générale (surclassée d'ailleurs peut-être par la théorie des topoï). Pourquoi l'ontologie s'identifierait-elle à une étape de l'unification structurale des mathématiques ? De plus la théorie des ensembles par définition ne doit rien présupposer d'existant (ou alors

dans des axiomes d'existence) et il semble étrange de faire dépendre les décisions concernant les choix ontologiques d'une théorie qui s'en abstient. Il y a une ontologie immanente à la théorie des ensembles sous sa forme classique (Zermelo-Frankel), mais c'est un coup de force que de déclarer que cette ontologie est l'ontologie en général. De plus il existe beaucoup de raisons de penser que la méréologie et la topologie conviennent mieux à l'ontologie que la théorie des ensembles (cf. P. Simons, 1987 et B. Smith, 1997).

Pour un article récent sur la métaphysique de la théorie des ensembles : Peter Forest : « Tropes and set theory », *Metaphysica*, 2004.

9. Cette lecture, techniquement, porterait sur les points suivants. Pour Badiou ce qui est important, c'est l'ensemble vide, et selon lui l'ontologie est la théorique du vide (*L'être et l'événement*, p. 70 *sqq.*), alors que pour une ontologie qui s'appuie sur la théorie des touts et des parties, il est important au contraire qu'il n'y ait pas de classe vide. D. Lewis dans *Parts of Classes* a au contraire insisté, avec justesse me semble-t-il, sur le phénomène mathématique de la théorie des ensembles, le plus important pour une ontologie, celui qui concerne la possibilité de considérer un individu *qua* individu ou *qua* ensemble, *i.e.* singleton, c'est-à-dire une différence entre 'Socrate' et {Socrate}, ce qui a des conséquences ontologiques immenses pour la relation de l'universel et du particulier notamment, mais aussi pour la théorie de l'essence (cf. K. Fine 1995) ainsi que pour la question de l'atomicité. Ensuite, Badiou a absolument besoin de distinguer appartenance et inclusion, il en fait une pierre d'angle de son ontologie. Pour une ontologie méréologique, c'est la relation de « partie de » qui est la plus importante et elle doit être distinguée des relations ensemblistes d'inclusion et d'appartenance. On peut parler chez Badiou de destruction de la métaphysique, car celle-ci cesse d'être une enquête sur la structure ontologique des particuliers concrets, qui implique une théorie

des touts et des parties, pour devenir une herméneutique formelle des marques et des réécritures (par exemple, ce qui importe dans la classe vide, c'est la « marque ø » (Méditation Cinq, *op. cit.*).

10. Pour un aperçu, cf. S. Laugier, *Wittgenstein. Métaphysique et jeux de langage* (2002). Pour un usage critique, cf. J.-F. Lyotard *La Condition postmoderne*, Éd. de Minuit, Paris, 1979 (chap. 3 : « La méthode, les jeux de langage », p. 24-28).

11. Cette parenté s'explique naturellement par leur anti-réalisme commun. Les formes de l'anti-réalisme contemporain sont : le vérificationnisme, le constructionnisme radical, le relativisme. Dans cet ouvrage on mettra en cause la prévalence générale des thèmes anti-réalistes dans la destruction de la métaphysique.

12. Bien entendu, on peut imaginer une situation particulière où un individu véhicule par cette assertion, « la soupe refroidit », son désir d'accéder à la soupière ou d'être servi. Cela par un mécanisme bien connu de dérivation illocutoire qui fait que l'assertion est comprise, suivant le contexte, l'intonation, la mimique, les gestes, comme un ordre, une menace, un chantage, etc., pour obtenir de la soupe (cf. les travaux de F. Recanati sur ce genre de phénomènes). Ce que nous visons ici, c'est le cas où il y a réellement institution d'un rituel et où la dérivation illocutoire devient obligatoire et accompagne nécessairement l'itération de la formule.

13. Ryle en 1958, au fameux colloque sur la philosophie analytique (*La philosophie analytique*, colloque de Royaumont, Minuit).

14. Un partisan de la pragmatique radicale pourrait rétorquer que cet énoncé « la soupière est trop éloignée sur la table » est en fait relatif à celui qui utilise cet énoncé et donc qu'une sémantique descriptive buterait sur le problème de décrire cette dépendance de l'énoncé vis-à-vis de son utilisateur dans des termes purement sémantiques. On peut répondre à cela que quand bien même ceci serait-il vrai (ce qui demanderait

une longue discussion, inutile ici), il y a bien un élément purement descriptif : la soupière est sur la table.

15. Le révisionnisme naquit dans les rangs de la social-démocratie allemande, lorsqu'Eduard Bernstein, à l'extrême fin du XIXe siècle, émit le doute que les thèses du *Capital* et du *Manifeste communiste* de Marx fussent historiquement valides à l'ère de l'expansion industrielle du capitalisme des cartels — lequel laissait plutôt augurer une avancée historique graduelle vers la socialisation des moyens de production. Puis le terme a été utilisé pour les partisans de la révision de l'histoire de l'extermination des Juifs d'Europe pendant la dernière guerre, dans le sens d'une mise en doute de la réalité du caractère massif de l'extermination. Il vaudrait mieux dans ce dernier cas parler de « négationnisme », parce que après tout, tout historien a le droit de réviser l'histoire, mais pas de nier les faits.

16. « Révisionnel » est d'après le *Littré* et le *Petit Robert* ce qui est « relatif à la révision ». Par exemple un article révisionnel dans une Constitution est un article que l'on introduit pour modifier la Constitution sur un point précis. En ce sens, la métaphysique est une addition révisionnelle du sens commun, si on adopte cette vue où elle ne consiste pas simplement à connaître les schèmes conceptuels.

17. Voir le récent Casati (2002) pour une brillante démonstration de métaphysique descriptive ou plus exactement d'ontologie naïve.

18. E.M. Adams, « On the possibility of a unified world view », dans *The Philosophy of P.F. Strawson* (*The Library of Living Philosophers*, 1998, p. 69-85) suivi d'une réponse de P.F. Strawson, est une bonne discussion quoique indirecte de ce point à partir de l'ouvrage de Strawson, *Skepticism and Naturalism, Some Varieties* (1985).

19. Par contre les termes de masse peuvent être ou pas marqués par un article spécial (l'article partitif en français : « de », « du ». En espagnol ou en anglais par

exemple, le terme de masse n'est pas marqué : « *water* », « *mantequilla* » (DE l'eau, DU beurre). Ce n'est pas parce qu'une différence sémantique n'est pas marquée morpho-lexicalement qu'elle ne joue aucun rôle dans l'ontologie naturelle de ce langage. La catégorie ontologique n'est pas dépendante de la présence de cette marque.

20. Dans son chef-d'œuvre, *Word and Object* (1960).

21. Le théorème dit de Löwenheim-Skolem est en fait un théorème de Löwenheim, généralisé par Skolem. Il s'énonce ainsi : « Si une classe de propositions de L [un langage formalisé] admet un modèle quelconque, elle admet un modèle dénombrable [*i.e.* un modèle qui a un domaine dénombrable, *i.e.* un domaine dont la cardinalité est équivalente à celle des entiers, *i.e.* dont la puissance de l'ensemble est celle de l'ensemble des entiers, *i.e.* tel qu'il existe une correspondance biunivoque entre les éléments de ce domaine de l'ensemble et l'ensemble des entiers] » (Jean Ladrière, « Le théorème de Löwenheim-Skolem, in *Cahiers pour l'analyse*, n° 10, *La formalisation*, Seuil, 1969, p. 118). Sur ce théorème, voir l'introduction de J. Van Heijenhoort, suivie de « Logico-combinatorial investigations in the satisfiability or provability of mathematical propositions. A simplified proof of a theorem by L. Löwenheim and generalization of the theorem » (*in* J. Van Heijenhoort, *From Frege to Gödel, A Source Book in Mathematical Logic*, Havard University Press, 1967, p. 252-263). H. Putnam dans « Models and Reality » se sert de ce théorème pour montrer que la théorie des modèles ne nous donne pas une ontologie. L'argument est le suivant : si l'on veut établir le réalisme externe, il faut une relation entre le langage et la réalité (le langage ne doit pas nous mentir quand il nous assure qu'il existe des choses auxquelles il réfère). Le meilleur moyen de nous assurer de cette fonction du langage est la théorie des modèles, fondement de la sémantique. Le théorème qui porte sur la relation entre un langage

et la réalité est celui de Löwenheim-Skolem. Il nous dit que si L admet un modèle, ce modèle a un domaine dénombrable. Il nous dit de plus (résultat annexe du théorème) que si un langage L admet un modèle dénombrable, il admet un sous-modèle dénombrable. Le sous-domaine du modèle pour un langage qui décrit la réalité ne peut être dénombrable, car cela aboutirait à des résultats absurdes : il suffirait de restreindre les sous-modèles, jusqu'à ce qu'ils soient extrêmement petits, puis nuls et on aurait le résultat qu'il n'y a pas de domaine d'entités corrélatives au langage L, ce qui est le résultat visé par Putnam : le théorème de Löwenheim-Skolem finalement asserterait que l'ameublement du monde est vide, pour reprendre les termes de Putnam, et donc il faudrait se tourner vers le réalisme interne (le langage se comporte comme s'il faisait référence à une réalité, mais rien ne nous garantit que cette réalité est externe, parce que la théorie des modèles qui serait l'outil idoine pour le prouver ne le fait pas et prouve même le contraire, selon Putnam). On ne peut ici discuter de l'interprétation par Hilary Putnam du théorème de Löwenheim-Skolem, mais on peut simplement remarquer que pour admettre la démonstration de Putnam, il faut accepter que le langage naturel puisse être adéquatement représenté, dans sa force référentielle, par L, le langage formel, ce qui n'est pas le cas. Ce qui fait que L réfère, c'est précisément l'interprétation, qui le munit d'une sémantique (c'est une pure syntaxe). Il est prévisible que la sémantique d'un pur langage formel n'engage pas à l'existence d'une réalité.

22. Au stade de décadence intellectuelle et spirituelle où nous sommes, un simple respect pour la science est quelquefois qualifié de « scientisme » (de même que le fait d'admettre des normes éthiques est qualifié de « moralisme » !), mais il est clair que ce n'est pas dans ce sens nihiliste qu'on entend ce terme.

23. R. Casati (2003) présente une discussion de la

vertu de la métaphysique descriptive, du point de vue des « avantages représentationnels », c'est-à-dire des avantages qui seraient liés à la représentation de certaines entités (tels par exemple les objets mésoscopiques standards, comme les chaises, les tables, etc.). Ce problème est central en sciences cognitives ; qu'allons-nous choisir comme niveau de représentation ? La métaphysique a son mot à dire sur ce problème, en donnant des arguments en faveur ou en défaveur de tel avantage qui ne peut être qu'apparent.

24. Notamment dans *Les âges de l'intelligence* (1934).

25. Un problème capital des ontologies à base d'événements est qu'elles violent le sens commun au moins sur un point fondamental : s'il n'y a que des événements, il faut admettre des objets quadridimensionnels (c'est-à-dire étendus dans l'espace et le temps) et faire des moments temporels des découpages de ces objets, ce qui a pour implication que l'ontologie des événements implique pour les personnes une ontologie de tranches temporelles, ce qui pose des problèmes qu'on ne peut discuter ici. Cf. M. Rea 2004.

26. Edward Zalta a développé une ontologie formelle axiomatique, qui combine les intuitions de Meinong, la logique intensionnelle et une théorie des objets abstraits. Il dirige le laboratoire de Métaphysique de l'université de Stanford.

27. Pour une brève et brillante introduction à l'ontologie naïve, voir B. Smith et R. Casati (1993).

28. Pour une introduction à l'Intelligence artificielle, voir J.-P. Dupuy, *Aux origines des sciences cognitives* (La Découverte/poche, 1999), qui montre bien la *filiation* entre la cybernétique, l'IA et les sciences cognitives, en insistant sur les différences de méthode et d'enjeux. L'IA concerne directement l'ontologie, dans la mesure où la robotique, qui est en partie de l'IA appliquée, se développe, avec l'apparition non seulement d'organismes artificiels intelligents, mais la possibilité d'organismes mixtes, mi-machine, mi-vivants,

les androïdes, qui posent d'intéressant problèmes de frontières ontologiques (outre de délicats problèmes éthiques).

DEUXIÈME PARTIE
LA MORT LUI VA SI BIEN

Chapitre IV

1. Je pense ici surtout au livre d'Alain Boyer, dont j'ai pris connaissance malheureusement après avoir rédigé ce livre et dont les conclusions sur Kant recoupent en très grande partie celles qui sont défendues ici.

2. Il est curieux de constater que Habermas reprend ici des thèmes connus de la néo-scolastique contemporaine, qui a exactement les mêmes ennemis !

3. Cf. l'ouvrage de M. Ayers (*Locke Epistemology and Onthology*, Routedge, 1991).

4. On attendait plutôt « anamnestique » qui est le dérivé normal de « anamnèse ». « Anamnestique » existe d'ailleurs dans le vocabulaire liturgique, alors que « anamnétique » est un néologisme.

5. Pour un nettoyage minutieux de cette théorie de la subjectivité, mené du point de vue de la grammaire linguistique et philosophique, voir Descombes (2004), qui retrace toutes les faiblesses de raisonnement qui sont nécessairement à l'origine des confusions agglomérées dans ce qu'on a appelé dans les années 1970 et 1980 la « Théorie du Sujet ».

6. Sur ce thème, voir J. Taubes (1999, p. 104-140) pour une discussion extrêmement profonde, notamment sur les liens entre nihilisme et messianisme. La discussion sur la sécularisation concerne Weber, C. Schmitt, Löwith (cf. *Histoire et salut*, Gallimard, 2001), ainsi que Voegelin et Leo Strauss. La thèse centrale de C. Schmitt est que les catégories modernes

ne sont que des catégories théologiques vidées de leur contenu religieux et théologique. Blumemberg dans la *Tradition philosophique de la modernité* (Gallimard, 1998) a critiqué cette façon de voir, en montrant que la modernité ne se réduit pas à la laïcisation de contenus religieux antécédents.

7. Et bien sûr de Marx lui-même dans le livre I du *Capital* : la réification est le processus du devenir-chose du travail (argent ou marchandise). Sur la réification des jeux de langage, cf. *supra*, p. 63-68.

8. Le Lukács (1885-1970) de *Histoire et conscience de classe* (1923) (Minuit, 1960), désavoué par l'auteur.

9. Joseph Gabel, *La fausse conscience* (Minuit, 1962).

10. Cette remise en cause a des sources très diverses, essentiellement : a) la critique marxiste de l'idéalisme hégélien et la naissance du concept moderne de *praxis*, b) le développement du pragmatisme de James et Dewey, avec l'idée importante que la connaissance est un guide pour l'action, c) la dévaluation de l'idéal théorique dans les sciences, sous les coups d'une critique elle-même multiforme, d) l'effondrement des diverses théologies, effondrement qui a pour conséquence le surgissement d'une dévaluation générale de l'idée même de contemplation et la généralisation déprimante des théologies affectives. Par « métaphysique spéculative », nous entendons aussi dans cet ouvrage les métaphysiques qui maintiennent l'idéal théorétique de la science pure et universelle.

11. Karl Jaspers est probablement cité ici pour ses idées existentialistes radicales, car ses prises de position sur la culpabilité allemande, le statut de l'université ou la question nucléaire n'en font pas particulièrement un irrationaliste.

12. L. Kolakowski est un philosophe polonais, historien des religions (*Chrétiens sans Église au XVII*[e] *siècle* est un classique de l'étude de l'hétérodoxie), historien également réputé du marxisme (cf. *Main Currents of Marxism*), et auteur d'un livre incisif *L'horreur méta-*

physique (1988). Sa place dans cette liste n'est pas évidente. Peut-être est-il là parce qu'il a été à la pointe de la lutte contre le régime marxiste en Pologne dans « Qu'est-ce que le socialisme ? », texte publié en français en 1957 qui contient cette excellente définition d'un État qui n'est pas socialiste, malgré le fait de se proclamer tel : « Un État où les agitateurs racistes jouissent d'une totale liberté. Une société qui est la tristesse même. Une société de caste. Un État où existe le travail forcé » (*in* K. Papaioannou, *Marx et les marxistes*, p. 491-492).

13. En particulier on peut être surpris de ne pas trouver dans la liste les représentants de l'herméneutique (Gadamer) et de l'interprétation freudienne. S'il y a bien un irrationalisme contemporain, c'est bien celui de l'herméneutique. Celle-ci en elle-même n'est pas irrationnelle, mais étendue à tout et érigée en absolu, elle n'obéit plus qu'à la seule règle de l'interprétation, ce qui est irrationnel : l'interprétation doit être accomplie avec une finalité autre qu'elle-même, et obéir à une norme qui lui est transcendante (qu'elle est d'ailleurs bien en peine de créer), pour ne pas sombrer dans le délire pur et simple.

14. Rorty a publié en 1967 une anthologie de textes de philosophie du langage et de métaphilosophie, *The Linguistic Turn, Recent Essays in Philosophical Method* (Chicago University Press). Dans sa longue introduction (p. 1-49), R. Rorty expose clairement le débat tel qu'il se présentait, entre réforme du langage ou description. Il montre avec lucidité les limites d'une approche purement métaphilosophique. Sur ce point il n'a pas été entendu et on a préféré garder l'idée superficielle et erronée d'un passage vers une philosophie purement linguistique. Les trois questions qu'il pose gardent toute leur actualité :

(1) Devons-nous nous poser les questions que les philosophes du passé se sont déjà posées ?

(2) Devons-nous attendre des réponses différentes de celles du sens commun ou de la science ?

(3) Devons-nous poser ces questions comme des questions au premier degré ou comme des questions au second degré, c'est-à-dire portant sur les mots (par exemple la question « qu'est-ce que la justice ? » devenant « comment utilisons-nous le mot "juste" » ? (cf. *op. cit.*, p. 13).

Ici on répond oui à (1), (2), et à (3) on répond que le traitement métaphilosophique doit être ordonné au traitement philosophique.

15. Le naturalisme a deux versions : épistémologique (ou méthodologique) ou ontologique. La première version énonce simplement que toute science, y compris la métaphysique, doit obéir aux recommandations de méthode des sciences naturelles (physique, biologie essentiellement) — c'est la position par exemple de Brentano —, la seconde, elle, affirme qu'il n'existe que des phénomènes naturels, définis par exemple comme spatio-temporels. Dans le premier cas, on peut avoir une approche naturaliste de l'esprit, ou même de l'âme, dans le second cas, cela ne possède aucun sens. Les sciences cognitives en général acceptent, le plus souvent sans justification, les deux versions en les combinant plus ou moins, ce qui est une source potentielle de confusion.

16. Il y a en effet dans l'incarnation du Christ une acceptation du quotidien qui a révulsé les philosophes grecs. Il faudrait comparer la descente aux enfers d'Orphée et celle du Christ après sa résurrection (descente attestée par les Évangiles apocryphes, intégrée à la liturgie orientale).

17. Cf. Laurent Chollet (avec la coll. d'Armelle Leroy), *L'insurrection situationniste* (Éditions Dagorno, 2000), spécialement : « Vivre sans temps mort » (1.2, p. 45-52) et « La dérive et la psychogéographie » (1.3., p. 53-58). On peut lire aussi Guy Debord, *Rapport sur la construction des situations* (Mille et Une Nuits, 2000).

18. Pour la saisir dans ses nuances, il faut lire à côté de *Kant et le problème de la métaphysique*, son *Interprétation phénoménologique de la critique de la raison pure* (1982).

19. Que cette présentation du néo-kantisme soit réductrice est un autre problème. La traduction récente du commentaire de Hermann Cohen de la *Critique de la raison pure* (Cerf, 2000) permet d'en juger (mais apparemment c'est Cassirer qui est surtout visé dans cette réduction épistémologique de la lecture du texte de Kant).

20. On attendrait plutôt « provisoire », « transitoire » insiste sans doute sur l'aspect préparatoire du volume, une réunion de textes déjà parus.

21. Dans ce projet assez obscur se lit peut-être un double motif : d'une part lutter contre la réhabilitation de l'hénologie relativement à l'ontologie, d'autre part remettre le multiple comme concept refoulé par l'être au point de départ d'une dialectique de l'un et du multiple (cf. J.-M. Narbonne, 2001). La réhabilitation de l'hénologie date de la redécouverte de l'importance du néo-platonisme dans la constitution de la métaphysique occidentale. On a longtemps trop eu tendance à confiner Plotin dans la philosophie religieuse, la mystique, et à ne pas voir la source du courant métaphysique qui, *via* le platonisme médiéval et renaissant, irrigue jusqu'à la révolution scientifique du XVIIe siècle et même jusqu'aux mathématiques modernes. Sur ce point aussi on peut constater une condensation extrême de propos antinomiques : qu'est-ce qu'un arraisonnement de l'être ? En quoi l'un met-il l'être à la raison ?

22. La Dialectique transcendantale est la partie de la *Critique de la raison pure* où Kant montre que la métaphysique aboutit à une contradiction de la raison avec elle-même, sous la forme notamment d'antinomies. C'est la partie proprement critique de la *Critique*.

23. Comment les commentateurs français actuels de Kant prennent tous ses arguments pour *argent*

comptant : il n'est pas possible de les discuter et il existe peu de dogmatisme philosophique aussi pesant que celui qui consiste à scander jusqu'au dégoût la table des catégories, la liste des antinomies, qui résonnent souvent comme un *no pasarán !*

24. Les deux textes de Hegel (*Différence des systèmes philosophiques de Fichte et de Schelling* et *Foi et Savoir*) réunis dans Hegel (1964) donnent des éléments importants sur la place de Kant dans la genèse de l'idéalisme allemand.

25. L'expression « philosophie autrichienne » est assez malheureuse à plus d'un titre. Géographique, d'abord : il s'agit évidemment de l'Autriche-Hongrie, d'un empire qui englobe la Galicie, la Bohême, la Serbie, la Bosnie, le nord de la Roumanie, le Frioul (avec Trieste) et le Trentin et qui couvre donc en 1914 des régions qui appartiennent aujourd'hui à la Pologne, à l'Italie, etc. Devons-nous appeler philosophe autrichien un Serbe du Sud qui a fait ses études à Lubljana ? Un Galicien qui a fait ses études à Cracovie ? Historique ensuite : cette philosophie autrichienne que l'on fait remonter à Herbart (1776-1841), auteur d'une *Métaphysique générale selon les principes de la doctrine philosophique de la nature* (1828-1829) et surtout à Bolzano (1781-1848) serait une tradition plus ou moins continue sur une très longue période, où en fait elle n'a guère d'unité, si ce n'est l'anti-kantisme (et encore : Brentano est loin d'être systématiquement hostile à Kant). De plus il faut, si l'on pense en termes de philosophie autrichienne, la séparer artificiellement de la philosophie polonaise, avec laquelle elle a des liens très étroits (il est difficile par exemple de savoir si Twardowski appartient à l'une ou à l'autre des traditions). Ce qui est certain c'est qu'en Europe centrale au XIXe et au XXe siècle sous des formes diverses on a assisté à une forte réaction catholique contre l'idéalisme que l'on a appelée la « philosophie des fils de pasteurs ». L'ironie de l'histoire est que deux des plus

grands philosophes autrichiens, Bolzano et Brentano, ont eu maille à partir avec l'Église de Rome, le premier à cause de son intransigeance intellectuelle, refusant d'enseigner le manuel de logique du confesseur de l'Empereur, le second par opposition au dogme récemment proclamé de l'infaillibilité pontificale (constitution *Pastor aeternus*, concile de Vatican I, 1870, cf. l'excommunication de Döllinger et le schisme vieux catholique en Allemagne, l'année suivante). Sur la complexité de ces questions de définition d'une philosophie spécifiquement autrichienne, cf. Cometti et Mulligan (1999a) et le numéro de *Philosophiques* consacré à *La critique de la raison en Europe centrale* (J.-P. Cometti et K. Mulligan, 1999b). Jacob Schmutz (2002, p. 420-421) fait une hypothèse passionnante sur l'ascendance scolastique de la philosophie de Bolzano : il voit une filiation entre la métaphysique jésuite des états de choses du XVIIe et du XVIIIe siècle et le philosophe du renouveau de la logique. Si effectivement *via* le Collège romain (l'institution prestigieuse des jésuites) cette métaphysique s'est répandue en Bohême, il est imaginable que par certains intermédiaires des concepts comme ceux de *status rerum* aient pu parvenir jusqu'à Bolzano qui a fait ses études chez les Jésuites.

26. Une des sources du républicanisme de droite en France est incontestablement l'hégélianisme, dans les années 1840, même si Hegel a influencé Proudhon. L'hégélianisme est toujours une partie importante du fond commun d'idées qui justifie l'enseignement de la philosophie avant l'université, vu lui-même comme un rempart de la République. La brochure d'accueil de l'*Enseignement philosophique* (*Revue de l'association des professeurs de philosophie de l'enseignement public,* 48e année, suppl. au n° 1, nov. 1997) contient un article de Bernard Bourgeois : « Un unique enseignement : la philosophie du lycée à l'université » (p. 53-59) qui délivre en peu de pages l'essentiel : la philosophie est d'abord négation de la nature, culture, au lycée, puis

négation de la négation, donc négation de la culture à l'université et « l'apprentissage de l'acte pensant » (*sic*) au lycée, débouche sur l'affirmation de l'universalité dans la singularité, à l'université, dont le but apparaît... la formation des maîtres du secondaire. Système bouclé, stérile et spéculaire, qui n'a d'autre but que de réitérer la même intériorisation par le « maître de philosophie » (*sic*) du discours philosophique absolu, celui qui adjoint l'histoire, la nature, la culture et l'esprit.

27. Kant affirme que la logique n'a fait aucun progrès depuis Aristote (« la logique est sortie toute armée du cerveau d'Aristote »), opinion que Hegel reprend (*Science de la logique* de 1812 : [Kant] « lui [la logique] fait gloire de ce que, depuis Aristote, elle n'a fait aucun pas en arrière, mais non plus aucun pas en avant, et que pour cette raison elle a l'air close et achevée » (p. 21).

C'est la raison pour laquelle Hegel réclame un « remaniement total » (*id.*). L'histoire de la logique à partir de Prantl (*Geschichte der Logik im Abendlande*, 2e éd., 1885) a détruit cette manière de voir au moins sur deux points : la logique stoïcienne, malgré le piètre état des textes subsistants, est une véritable logique des propositions, distincte de la syllogistique et anticipant la logique moderne et la logique médiévale a développé une théorie de la référence (théorie de la supposition) qui est un progrès par rapport à Aristote et annonce les théories modernes de la référence. Cf. A. de Libera (2002).

28. M. Puech (1990) en montrant que l'histoire du tournant critique est éclairée par les débats sur le concept de causalité de Hume à Kant a insisté avec force sur ce fait.

29. Un historien de la philosophie voit en lui « la pièce centrale dans la compréhension du XVIIIe siècle en Allemagne, car il est le facteur de cette *continuité* [c'est Puech qui souligne] qui a toujours fait la force de cette métaphysique allemande » (M. Puech, 1990, p. 73).

Et il va jusqu'à déclarer : « Wolff n'est nullement insensible aux courants nouveaux de la connaissance physique [Newton] ou à l'empirisme [Locke], il n'ignore ni ne combat ces nouveaux courants de pensée, il les *intègre* ou plus exactement *il s'efforce de les intégrer*. La philosophie allemande au XVIIIe siècle conçoit sa tâche comme une synthèse, elle prend sa source dans le sentiment qu'une conciliation systématique est nécessaire entre l'exigence métaphysique traditionnelle, renouvelée par Leibniz, de clarté sur les fondements de l'être et les impératifs nouveaux de connaissance physique » (*id.*).

30. Il est curieux qu'on s'obstine encore à ne pas voir en Condillac un véritable métaphysicien, alors que le *Traité des systèmes* est un examen rigoureux des grandes doctrines métaphysiques et que la publication du manuscrit sur *Les Monades* a démontré les sources spiritualistes, idéalistes de sa philosophie. Il faut dire, à la décharge de ses lecteurs, que la double descendance de Condillac, Maine de Biran d'un côté, les Idéologues de l'autre, n'a pas repris la problématique métaphysique condillacienne, ou même peut-être pas la problématique métaphysique en général.

31. Toute la première partie de J. Bouveresse (1995) est consacrée à l'*Optique physiologique* de Helmoltz (p. 35-231). On pourra aussi consulter la première traduction de Hermann Lotze en français : *Principes généraux de psychologie physiologique* (trad. A. Penjon, Librairie Baillières, Paris, 1876). Cf du même : *Métaphysique,* trad. A. Daval, Firmin-Didot, Paris, 1883 (trad. fr. de : *Metaphysik,* t. 2 du *System der Philosophie* (1874-1879). Il existe une trad. angl. par B. Bosanquet (Oxford, 1884).

32. Jerome Schneewind, dans son *Invention de l'autonomie, une histoire de la philosophie morale moderne* (Gallimard, 2001), consacre quelques pages éclairantes (p. 488-492) à la psychologie de Wolff, dans l'optique de l'éthique. À ce propos, on peut noter que deux ouvrages de philosophie politique de Wolff ont été tra-

duits en français : *Le philosophe-roi et le roi-philosophe* suivi de *La théorie des affaires publiques* (Berlin, 1740 ; trad. par le pasteur Jean Des-champs, rééd. Vrin, 1986). Des-champs est l'auteur d'un *Cours abrégé de philosophie wolffienne sous forme de lettres* (2 vol., Amsterdam et Leipzig, 1743-1747, rééd. J. École, 1991, 1161 pages !).

33. Wundt (1964), p. 151-152.

34. La « révolution copernicienne » dans la manière de philosopher a chez Kant en fait deux modèles et non un seul. Le premier est évidemment le renversement opéré par Copernic, le soleil étant identifié à l'Objet, le second modèle est celui des géomètres qui opèrent par « construction de concept ». Probablement si la première sorte de renversement est plus spectaculaire, la seconde est plus importante. En effet, prise au pied de la lettre, la métaphore de la révolution copernicienne proprement dite comme passage d'une orientation vers l'objet à une orientation vers le sujet est contradictoire pour des raisons évidentes, comme cela l'a été souvent noté.

35. L'originalité et l'apport du livre de Gérard Lebrun sont de centrer le débat sur la Troisième Critique, ce qui est probablement une des meilleures lignes de défense de l'actualité du kantisme. Mais la thématique générale, la tonalité d'ensemble restent assez traditionnelles, dépendantes de la lecture heideggerienne de la métaphysique.

36. Pour un parcours anthologique, voir l'article « Métaphysique » dans le *Kant Lexicon*.

37. Jacobi (1743-1819) a par exemple montré que le dogmatisme de la chose en soi était incompatible avec le criticisme et propose donc d'éliminer les noumènes, tout en interprétant Kant comme un idéalisme subjectif inconsistant (ce en quoi il fit preuve de pénétration).

38. Cf. Wundt (1930), p. 295.

39. Un des premiers commentateurs français de cette lettre fut Gérard Granel (1970, p. 53-66).

40. Comme le remarque pertinemment Stéphane Chauvier (2001).

41. Défendue par S. Chauvier (2000) dans un article qui remet les choses au point en ce qui concerne la conception kantienne de la métaphysique, mais *in fine* revient à des affirmations kantiennes, S. Chauvier approuvant la réduction de l'ontologie à l'étude des schèmes conceptuels.

42. Cf. *infra*, sur cette question de l'existence comme prédicat, ce qui concerne l'existence et les descriptions chez Russell, p. 491-506.

43. Cf. Michael Dummett, *Elements of Intuitionism* (Oxford University Press), ou Jean Largeault, *L'intuitionnisme*, (« Que sais-je ? »).

44. Les textes de Hilbert sont disponibles dans l'anthologie de Jean Largeault (Vrin, 1993). Cf. aussi le numéro spécial de la *Revue internationale de philosophie* sur David Hilbert (1993, n° 186).

45. M. Dummett qui dans son article canonique « Realism » (1959) repris dans *Truth and Other Enigmas* (1978, p. 145-165) a montré la modularité du réalisme (et donc de l'anti-réalisme) : on peut être réaliste (ou anti-réaliste) dans un domaine et pas dans un autre. Le réalisme mathématique n'entraîne pas par exemple le réalisme des valeurs morales.

46. Une définition réelle est celle qui livre la structure de la chose définie (définir l'eau comme H_2O est d'une certaine manière une définition réelle), tandis qu'une définition nominale se contente de donner des critères d'identification de la chose définie (définir l'or comme un métal jaune précieux est une définition nominale). Depuis Pascal et Locke, on a renoncé aux définitions réelles, renonçant à livrer l'essence du *definiendum* — malgré l'opposition de Leibniz qui soutient la possibilité dans une Science Universelle, anticipée dans des échantillons logiques et mathématiques, de donner des définitions réelles. Mais s'il y a

définition nominale, si l'on renonce à livrer l'essence dans une définition (comme dans la quiddité aristotélicienne), il faut évidemment une analyse sémantique fine et rigoureuse des termes définis, pour éviter à l'ambiguïté et au vague de s'installer. C'est cette analyse sémantique qui manque chez Kant et qui sera restaurée par Bolzano.

47. Les textes de Brouwer, l'un des fondateurs de l'intuitionnisme en logique, permettent de voir la connexion entre la philosophie kantienne et cette philosophie des mathématiques. Joue aussi un rôle dans ce rapprochement la définition kantienne de la construction des concepts mathématiques. Hintikka a défendu la cohérence de l'anti-réalisme kantien en mathématiques dans *La philosophie des mathématiques chez Kant* (PUF, 1996).

48. La conséquence est que les concepts métaphysiques (substance, causalité, contingence, etc.) ne sont que des « conditions subjectives de l'expérience et non pas en outre, même hypothétiquement, des propriétés des choses en général et en soi, parce qu'un prédicat n'a d'application possible qu'à ce à quoi il peut démonstrativement être établi qu'il s'applique » (Chauvier, *ibid.*, p. 65-66).

49. À la décharge de Kant, il faut souligner que les travaux logiques de Leibniz étaient difficilement accessibles (l'édition Dutens de 1768 ou l'édition Raspe de 1765 n'étant pas riches en textes de cette nature, les *Generales Inquisitiones* étant restées inédites jusqu'en 1903), la logique médiévale négligée, la dernière réédition de Petrus Hispanus datant d'après Risse (*Bibliographia Logica*, Olms, 1965) de 1639. La *Logique* de Wolff (les *Vernünftige Gedanken* de 1713) ne pouvait donner une idée novatrice de la logique à Kant. Quant aux travaux de J.-H. Lambert, correspondant de Kant, un précurseur des calculs intensionnels, apparemment Kant n'en a pas pris connaissance. L'aurait-il fait, il les

aurait jugés sévèrement, peut-être pas entièrement à tort.

50. Les travaux récents des historiens semblent démontrer que cette distinction était déjà en germe par exemple chez Tetens (1736 ou 1738-1807), dans les *Philosophische Versuche über die menschliche Natur und ihre Entwicklung* (Leipzig, 1777 ; rééd. G. Tonelli, 1979) mais c'est Kant qui lui a donné sa forme définitive et l'a popularisée.

51. Chez Lesniewski, la méréologie se fonde sur la protothétique et l'ontologique et l'ontologie à son tour se fonde sur la protothétique : dans l'ordre de fondation on a donc 1. protothétique, 2. ontologie, 3. méréologie. Cf. Denis Miéville, *Introduction à l'œuvre de S. Lesniewski*, Fascic. 1, *La protothétique* (CdRS, Neuchâtel, novembre 2001). Voir aussi Lesniewski, « On the foundations of ontology » (1930, *in* Lesniewski, 1992), p. 606-628.

52. Cf. la traduction du livre de Lukasiewicz (R. Pouivet et D. Sikora, 2000).

53. Coffa (*op. cit.*) a démontré qu'il faut affirmer la stérilité de la logique pour fermer la possibilité d'une voie qui sera explorée par Carnap, celle d'une sémantique logique dont certains historiens du positivisme logique ont montré indépendamment les aspects kantiens.

54. En un certain sens, c'est J.G. Hamann (1730-1788) qui représenterait la rupture totale avec Wolff, car tout ce que Hamann détestait dans les Lumières, sa cible privilégiée, se retrouve chez Wolff : clarté, goût du compromis, encyclopédisme. Ce serait donc lui l'anti-Wolff et non Kant. Hamann, le véritable initiateur de l'irrationalisme en philosophie, ne se trompait d'ailleurs pas de cible quand il reprochait implicitement à Kant, ce « gentil homoncule », sans d'ailleurs le comprendre, de rester au milieu du gué et de ne pas exercer une critique assez radicale, notamment dans le domaine politique (on retrouvera ce thème chez certains romantiques allemands, dont

Kleist, dans sa *Correspondance*). Cf. I. Berlin (1997) pour tout ceci.

Chapitre V

1. « Pan est le seul parmi les dieux qui soit mort à notre époque. La nouvelle de sa mort parvint à un certain Thamos qui était marin sur un bateau faisant voile vers l'Italie en passant par l'île de Paxi. Une voix divine s'éleva de la mer et dit fortement : "Thamos, Thamos, es-tu là ? Lorsque tu atteindras Palodès, annonce que *le grand Pan est mort.*" C'est ce que fit Thamos et sur le rivage la nouvelle fut accueillie par des cris, des gémissements et des pleurs » (Plutarque, *Pourquoi les Oracles ont cessé*, cité *in* R. Graves, *Les mythes grecs*, Le Livre de Poche, coll. « La Pochotèque », 2002, chap. 26, p. 162).

2. V. Hugo dans *Les Misérables* fait allusion à l'angoisse de Nerval devant la mort de Dieu sur la croix (qui pourrait être une mort réelle) et en propose une interprétation déflationniste et progressiste : « Dieu est peut-être mort, disait un jour à celui qui écrit ces lignes Gérard de Nerval, confondant le progrès avec Dieu et prenant l'interruption du mouvement pour la mort de l'Être » (1re partie, livre I, chap. XV).

Cette citation montre la popularité de ce thème et son attribution (au moins dans le mouvement romantique français).

3. Disponible en traduction dans Le Blanc, Margantin et Schiffer, *La forme poétique du monde* (J. Corti, 2003), p. 303-305.

4. Ce poème de Nerval porte en exergue cette citation de Jean Paul : « Dieu est mort ! Le ciel est vide... Pleurez, enfants, vous n'avez plus de père ! » qui ne se trouve pas littéralement dans le rêve de Jean Paul qui date de 1790, exergue qui porte d'ailleurs la mention « imité de Jean Paul ». Ce qui s'en rapproche le plus

dans le rêve original de Jean Paul est l'exclamation suivante : « Il [Jésus] répondit en versant un torrent de larmes : “Nous sommes tous orphelins vous et moi, nous sommes sans père” » (*ibid.*, p. 305).

5. Il n'est pas si étonnant de voir ce type d'intérêt chez cet auteur, car il a publié par exemple un *Saint Paul et la fondation de l'universalisme* (PUF, 1997) qu'il serait instructif de comparer à l'ouvrage de Jacob Taubes, *La théologie politique de Paul. Schmitt, Benjamin, Nietzsche et Freud* (*op. cit.*). A. Badiou voit dans saint Paul le promoteur de l'universalisme et donc l'ancêtre du militant moderne, qui défend des droits universels. Lénine se reconnaissait une dette à l'égard des Jésuites, dont il admirait l'obéissance, le machiavélisme et la puissance de dissimulation.

6. C'est un rapprochement de type nietzschéen entre la mortification au sens moral, ascétique (puisque Nietzsche identifie la morale issue de la métaphysique de l'ascèse platonicienne — devenir un « cadavre qui marche » [Platon] —, ou chrétienne — mourir avec le Christ sur la croix) et de la mise à mort du Dieu de la foi dans la métaphysique. « Mortification » signifie « mise à mort, mort spirituelle, répression ». (*Dictionnaire historique de la langue française*, Le Robert, p. 2293.)

7. Évidemment, la ligne de défense de ceux qui violent la logique est d'en appeler à une logique supérieure, la dialectique, où à un certain moment on peut affirmer que a est F pour, le moment d'après, déclarer que a n'est pas F, pour ensuite conclure que a est F et non-F (coïncidence des opposés). Ici, même une lecture dialectique aboutirait à une incohérence, parce qu'il y a une équivoque non seulement sur la prédication, mais aussi et surtout sur le sujet de la prédication et là même la dialectique n'y peut rien : je ne peux passer de a est F à b est non-F puis à a est F et non-F.

8. On peut remarquer que dans tous ces débats la deuxième partie de la *Critique de la raison pure* (la pre-

mière partie, la Théorie transcendantale des éléments contenant l'analytique et la dialectique), la Théorie transcendantale de la méthode, ne joue quasiment aucun rôle, malgré le fait qu'elle devrait être prise soigneusement en compte pour une reconstruction objective des vues de Kant sur la métaphysique.

9. « C'est lui [Jésus-Christ] qui nous a rendus capables d'être ministres d'une Alliance nouvelle, non de la lettre, mais de l'Esprit ; car la lettre tue, mais l'Esprit donne la vie » (2 Co 3, 6).

10. Cf. *Le Gai Savoir*, § 125.

11. L'usage entre parenthèses d'un terme allemand qui est l'exact équivalent du terme français a une fonction purement rhétorique. C'est un reste (ou plus qu'un reste) de Heidegger : l'allemand est avec le grec la langue de la philosophie et il faut parsemer les textes de termes allemands, pour signifier : « c'est de la vraie philosophie ». C'est un usage particulier du principe d'autorité, l'autorité venant ici non d'un auteur, ou d'un commentateur, ou d'un Livre, mais d'une langue tout entière, à laquelle on prête la vertu de philosopher naturellement.

12. On peut contester cette interprétation de Jacques Derrida : ce fragment (n° 234 de l'édition de 1671) de Pascal n'est absolument pas une constatation « empirique » — que veut dire « empirique » en ce cas ! — du sentiment moderne de la mort de Dieu. Il ne peut se comprendre que dans le cadre d'une théologie de la chute, notamment augustinienne : avec l'homme, lors du péché originel, en soi irrémissible, toute la nature a déchu et donc Dieu n'est plus sensible ni dans la nature extérieure à l'homme, ni dans la nature de l'homme (puisque l'image de Dieu quoique inamissible cesse d'être sensible) et donc ce Dieu perdu, ne peut plus être trouvé que dans l'ordre de la charité, inauguré par la rédemption, qui en rédimant la mort, restitue à la nature sa puissance salvifique, mais cela n'est que sensible au cœur, sous l'effet de la grâce, de

l'Écriture et des sacrements : cette perte est d'ores et déjà annulée mais il faut un apprentissage terrestre pour accéder au Dieu retrouvé. Rien là de la mort de Dieu. Sur ce point voir d'une part l'article « Banezianisme-Molinisme-Baianisme » de L. Renaut (J.-Y. Lacoste, 1998, p. 133-136 et Ph. Sellier, *Pascal et saint Augustin,* 2e éd., Albin Michel, 1995).

13. Cf. aussi : « La vraie nature étant perdue, tout devient sa nature ; comme le véritable bien étant perdu, tout devient son véritable bien » (*Pensées*, éd. Lafuma, n° 397).

Chapitre VI

1. Cette déflation consiste à traiter les théories métaphysiques comme des crampes mentales, de mauvaises habitudes de langage. La dimension thérapeutique consiste à éliminer ces symptômes et à accepter le caractère contingent de nos apprentissages linguistiques et sociaux. Ce mouvement antithéorique est renforcé par le scepticisme ambiant et *joue sur du velours*. J. Bouveresse a construit une œuvre importante dont la complexité est de restituer l'intention véritable de Wittgenstein, sans céder à ce scepticisme.

2. Je recours à cet artifice typographique pour bien distinguer la « déconstruction » comme projet initial de Jacques Derrida, dont on peut penser qu'il a été ou non mené à bien, et la « déconstruction ® » comme entreprise gadgétisée, commercialisée, généralisée.

3. Dans un manuel de français pour CAP (*Français, CAP,* Delagrave, 2003), dont le ministère français de l'Éducation a recommandé la mise à l'écart pour incitation à la « violence intercommunautaire » (Luc Ferry) — antisémitisme en clair —, le terme « déconstruction » est utilisé comme un terme pseudo-technique : « "Parfois le travail de déconstruction va encore plus loin", signalent les auteurs [de ce manuel de français] en décortiquant le mot arabe [il faut lire : "le mot

'arabe'" : "arabe" n'est pas un mot arabe !] (Apocope : beur) » (*Le Monde*, 16-17 novembre 2003).

Ce cas est très intéressant : « déconstruction » est mis pour une séquence de deux transformations : 1) « arabe » →« beura » (verlan) ; 2) « beura » → « beur » (apocope du « a »).

(Le manuel vient de signaler le verlan et l'apocope.)

D'après les auteurs du manuel 1 + 2 = déconstruction de « arabe » !

Cet exemple montre à quel point la déconstruction® est répandue, jusque dans des outils pédagogiques.

4. Cf. Rorty, *Essais sur Heidegger et d'autres sujets* (1995), pour avoir une idée de la connexion entre la pensée de la destruction de la métaphysique et le pragmatisme. Il y a une sorte de triangle des Bermudes, avec comme sommets Rorty, la vulgate heideggerienne et un Wittgenstein vulgarisé, dans lequel beaucoup de frêles esquifs, autant que de lourds paquebots, lestés de références, sombrent corps et biens. En termes moins imagés : le kantisme continue à inspirer à la fois la pensée de Wittgenstein et toute une partie du pragmatisme.

5. L'usage scolaire et journalistique de la pensée d'Emmanuel Levinas est indirectement responsable au moins de deux choses : le désintérêt pour la métaphysique, le dédain pour l'analyse conceptuelle en éthique (et donc l'incompréhension systématique de la méta-éthique). La substitution de l'éthique à l'ontologie en qualité de philosophie première (et corrélativement la critique de toute hiérarchie), simplifiant outrancièrement l'œuvre de Levinas, repose, nous semble-t-il, sur une série de contresens élémentaires concernant d'abord la lecture de Levinas lui-même et enfin la lecture de Platon et d'Aristote. Comment lire l'*Éthique à Nicomaque* pour y projeter de telles fantasmagories ? N'y a-t-il pas une ambiguïté bien connue sur la place de la *Politique* comme science première chez Aristote ? Toute la mythologie de l'altérité se conjugue avec la

mythologie du quotidien et celle du neutre (celle du « il y a », précédant toute prédication, donation originaire et non logique) pour créer un climat intellectuel affligeant, fait de poncifs, de bonne volonté niaise, d'ignorance crasse. Le journalisme philosophique, phénomène montant de la fin du XXᵉ siècle et du début du XXIᵉ siècle, ou plutôt l'annexion de la philosophie par les journalistes, recombine à l'infini ces thèmes du quotidien, de l'altérité, de l'exclusion et du neutre. On pourrait soutenir que le Grand Axiome Journalistique du critique de la philosophie est : « il y a de l'altérité dans le quotidien » (cela au moment où dans notre quotidien uniforme, despotique et administratif perce une nostalgie passéiste). Il se trouve même des philosophes qui poussent le mariage avec leur époque jusqu'au ridicule. Ces remarques faites sur l'usage qui est fait de Levinas dans la destruction de la métaphysique et dans la morale sociale ambiante, il resterait à en proposer une véritable lecture métaphysique, notamment de *Totalité et infini*, ce que l'on ne peut faire ici, car il s'agirait d'une entreprise longue et complexe, qui commencerait par débrouiller l'incroyable proximité à Heidegger. Sur le « double quiproquo » entre Heidegger et Levinas, cf. Jannicaud (2001), p. 457-460.

6. La langue allemande connaît (comme l'anglais) des doublets lexicaux formés d'un terme indigène (germanique en l'occurrence) et d'un calque latin. Ceci permet de jouer sur une différence de sens. Jacques Derrida n'ayant pas cette possibilité a recouru au couple destruction/déconstruction (le français ne pouvant guère jouer que sur des doublets grecs ou latins, cf. *sur*réalisme/hyperréalisme). *Zerstörung* est germanique, *Destruktion* latin. Dans *Sein und Zeit*, c'est quasiment toujours *Destruktion* (mot pourtant d'usage très rare, non attesté dans le *Grand Dictionnaire allemand-français* de Sachs-Villatte) qui est utilisé. Cela permet de jouer sur une différence de sens. Le *Littré* connaît

la déconstruction comme « le dérangement des mots dans une phrase » (art. « Déconstruction », rééd. 1957, p. 1476). Littré cite : « De la déconstruction, dite vulgairement construction » (Lemarre, *Cours de littérature latine*). La déconstruction dans la langue française classique désigne ce que nous appelons « dislocation ». Par exemple, la phrase « Paul va passer ses vacances à la montagne chaque été pour mieux dormir » peut être disloquée, déconstruite (ou même construite) : « Pour mieux dormir, chaque été, à la montagne Paul va passer ses vacances. » « Déconstruction » est pris dans un sens différent par Jacques Derrida, comme « analyser critiquement un système » (art. « Construction » *Dictionnaire historique de la langue française*, Le Robert, p. 866). Cela dit, ce dernier terme ne convient pas vraiment pour le projet de Jacques Derrida (autant qu'on puisse le comprendre dans ses derniers développements) : déconstruire, c'est démonter soigneusement pour réutiliser les éléments démontés, or le projet derridien, se situant dans une surenchère sur Heidegger, vise à une non-récupération d'éléments métaphysiques. Il est curieux que le terme « démolition » n'ait pas été utilisé. Quand on démolit, on procède avec méthode, mais on ne veut pas récupérer forcément les éléments.

7. Il ne saurait s'agir d'identifier le positivisme de Comte et le positivisme logique. Il y a certainement une filiation historique, marquée par le fait que le terme de positivisme logique fut revendiqué par certains philosophes du cercle de Vienne (d'autres préférant « empirisme logique », qui semble effectivement moins trompeur), mais cette filiation historique ne saurait masquer les profondes différences entre les positions d'un Comte et celles d'un Carnap. Rappelons que Comte est ennemi de la méthode statistique, de la logique, de la psychologie scientifique, de la théorie cellulaire, de la nature ondulatoire de la lumière, de la

théorie transformiste, de toute enquête sur la nature chimique des astres (G. Tarde, 2002, p. 293-300), marquons la différence entre la physique sociale de Comte et l'ontologie des objets culturels de Carnap et cela devrait suffire à bien distinguer les deux pensées, qui s'opposent aussi sur le plan politique.

8. Sur Wittgenstein et le cercle de Vienne, cf. J. Sebestik et A. Soulez, *Le cercle de Vienne ; doctrines et controverses* (Klincksieck, 1986 ; notamment l'article de Rudolf Haller : « Wittgenstein était-il néopositiviste ? », p. 103-118), et *Wittgenstein et le cercle de Vienne* (1991) ; voir aussi M. Friedman, « Carnap and the Wittgenstein *Tractatus* » (*in* Friedman [1999]), p. 177-197.

9. Sur les constantes physiques, voir Cohen Tamoudji, *Les constantes physiques* (Hachette Littératures, coll. « Pluriel »).

10. Cet énoncé signifie que le rien a une causalité, ce qui est contraire à l'axiome « le néant n'a pas de propriété ». On trouve dans *L'histoire sans fin* de M. Ende une plaisante illustration de cette causalité néantifique, quand le néant grignote le Pays Fantastique, appelant l'intervention de Balthazar Bastien Bux.

11. En ce sens, l'optimisme de Leibniz était déplacé. Rappelons que Leibniz soutenait qu'il était impossible de se payer de mots en allemand, du fait de sa structure (cf. Nef, *Leibniz et le langage,* 2000, p. 39-43). On retrouve cette idée chez certains Français, à propos du français, bien évidemment. De ce point de vue, l'espèce de langue mixte inventée par les traducteurs de Heidegger, comme G. Kahn, F. Vézin, J. Beaufret, est une monstruosité. La traduction de *abendländisch* par « vespéral » est un exemple magnifique : parler de « métaphysique vespérale », c'est se donner l'illusion de penser quelque chose, alors que rigoureusement on ne fait que jouer sur les ressources lexicales de la langue française. Si on oppose à cette métaphysique ves-

pérale une pensée matutinale, la confusion est à son comble : c'est la langue qui guide la pensée et non le contraire ; selon les critères de Goethe, on a quitté l'esprit classique pour le romantisme.

12. Notamment en ce qui concerne l'engagement de quelques mois de Heidegger, en qualité de recteur, aux côtés des autorités national-socialistes, engagement qui a donné lieu a un long débat, surtout en France, où l'on adore ce genre de réjouissance médiatique (Heidegger nazi, Mitterrand vichyste, etc., chaque fois longtemps après l'établissement des faits), débat dont Jannicaud rend compte avec objectivité et beaucoup de soin dans *Heidegger en France* (I, Albin Michel, 2001). Le propre de ces débats médiatiques est d'être des feux de paille et de ne laisser presque aucune trace. Le journalisme philosophique est l'organisation de l'oubli pour le recyclage infini des mêmes non-révélations (en l'occurrence le passé nazi de Heidegger était connu pratiquement de tous ceux qui avaient pris la peine de lire Löwith ou même J.-M. Palmier, dès 1969, ou même de ceux qui s'étaient intéressés aux commissions de dénazification mises en place par les Alliés en 1945 et qui avaient retiré à Heidegger sa chaire). On pouvait aussi dès 1970 lire une critique du « Discours de Rectorat » (1933) par H. Marcuse, un étudiant de Heidegger, contraint à l'exil, dans *Culture et société* (Minuit ; texte original de 1934). Marcuse cite un article de journal (*Freiburger Studentenzeitung,* 3 novembre 1933) : « Ce ne sont pas les principes et les idées qui seront les règles de votre être. Le chef (*Führer*) en personne, et lui seul, est la réalité allemande d'aujourd'hui et du futur, et il en est la loi » (*in* Marcuse, *op. cit.*, p. 102).

Une chose vraiment surprenante est que l'on ne cherche pas de la même manière dans le passé des philosophes qui ont soutenu les procès de Moscou, expliqué la famine en Ukraine, soutenu un moment Pol Pot, admiré au début la théocratie en Iran, en y voyant deux nouveaux types de révolution anti-impérialiste. Badiou en 1990 peut citer parmi les « événements politiques » (« événements » ayant ici une signification lourde, puisqu'en mathématiques les « événements » sont de la taille de Cantor, Gödel, etc.) : « La Révolution culturelle en Chine, le phénomène polonais [*sic*], voire les faits erratiques et encore impensés [*sic*] de la révolution [*sic*] iranienne, quel qu'en soit le destin ultérieur » (« L'entretien de Bruxelles », *Les Temps modernes*, 1990, n° 526, p. 14).

Avoir été nazi est un stigmate (ce que cela ne doit jamais cesser d'être), mais avoir été du côté des tortionnaires de gauche est tout à fait excusable. On contraint Carl Schmitt, à juste titre, à se justifier, mais ceux qui ont soutenu le régime qui a institué et étendu le goulag n'ont jamais eu de comptes à rendre (en premier lieu en Russie même, contrairement à ce qui s'est passé en Allemagne). Tout l'admirable travail sur le totalitarisme est déconsidéré, alors que c'est une tâche philosophique urgente que de le penser dans son fond métaphysique autant que juridique, social, politique.

13. Cf. *Entretien avec le « Spiegel », in* Heidegger, le volume qualifié d'*Écrits politiques* (1995).

14. Le philosophe polonais Roman Ingarden, phénoménologue réaliste, a bien distingué ontologie formelle et métaphysique existentielle (1964, tout entier construit sur cette distinction). Cette dernière peut tirer de la considération des œuvres d'art des éléments importants d'élucidation, ce qui définit un type de rapport à la littérature en particulier où le philosophe ne singe pas son modèle (comme chez tel ou tel épigone), mais en produit une description phénoménologique qui prend en compte son aspect textuel et littéraire, mais pour faire ressortir des universaux existentiels. Cf. *L'œuvre d'art littéraire* (trad. Ph. Secrétan, L'âge d'homme, Lausanne, 1980).

15. *La philosophie de l'argent* (1900) de G. Simmel

(1858-1918), paru neuf ans après *L'argent* de Zola et treize ans avant *L'argent* de Charles Péguy, peut par exemple être considéré comme une contribution majeure à la métaphysique existentielle, en même temps qu'un chef-d'œuvre de sociologie. On a trop tendance à identifier la métaphysique existentielle avec la philosophie de l'existence de Kierkegaard qui est une pensée de l'individu. Cependant la doctrine des stades de l'existence garde toute sa pertinence, même si on peut contester leur téléologie dans le religieux.

16. Sur ce concept d'exactitude, cf. K. Mulligan, « Exactitude et bavardage » (*in* J.P. Cometti et K. Mulligan, 1999b), p. 202. Nous pensions aux descriptions schélériennes de la honte, de la pudeur, du ressentiment et plus généralement aux « théories métaphysiques de la sympathie » contenues dans M. Scheler (1950).

17. Le deuxième tome, annoncé, de *Sein und Zeit* n'est jamais paru. Un texte tardif *Zeit und Sein* a été quelquefois présenté comme contenant quelque chose du projet de ce deuxième tome. Sartre a poussé le mimétisme heideggerien dans *L'Être et le néant* jusqu'à finir, aussi, par une fausse annonce, celle d'une morale. Cela dit, ses *Cahiers pour une morale* publiés après sa mort (Gallimard, 1983) montrent que la morale n'a pas été un vain souci pour lui — ces cahiers ont été rédigés en 1947-1948 — quoi qu'on puisse penser de cette morale qui est davantage une phénoménologie de l'histoire et de l'action. Levinas avait affirmé que Sartre aurait mieux fait de traduire *Sein und Zeit* plutôt que d'écrire *L'Être et le néant*.

18. Cf. cette évaluation purement politique du moment héroïque heideggerien, à laquelle il est difficile de refuser son accord, même si elle n'émane pas d'un historien de la philosophie : « Par la publication d'*Être et Temps*, le philosophe a donné l'allure d'un coup d'État philosophique au rejet de toute la tradition — la

haine du moderne et de la "*Zivilisation*" a pris la forme radicale d'une négation de la métaphysique occidentale, jointe non pas à une nostalgie de la société "organique" [comme chez les écrivains de la droite révolutionnaire, C. Schmitt, O. Spengler, E. Jünger ou de la droite conservatrice comme Rauschning], mais à la volonté de fonder une nouvelle existence héroïque, arrachée à l'inauthentique. Dans son "Discours de Rectorat" Heidegger a lui-même donné créance aux analogies politiques que son poème philosophique [*Sein und Zeit*] ouvrait à l'imagination des contemporains. Car pour offrir à Hitler la bénédiction du philosophe, il ne lui restait plus, commente Karl Löwith, qu'à sortir de l'isolement encore semi religieux et à transposer le *Dasein* "propre à chacun" et son devoir en un *Dasein* proprement allemand, avec son destin historique, pour introduire dans le mouvement général de la vie allemande, la course à vide des catégories de l'existence ("se décider pour soi-même", "s'en tenir à soi devant le néant", "vouloir son destin" et "s'en remettre à soi-même") pour se mettre à pratiquer la destruction sur une base politique » [(K. Löwith, *Ma vie en Allemagne après 1933*, p. 48], cité *in* François Furet, *L'avenir d'une illusion*, 1995, p. 310).

D. Jannicaud cite une défense de Heidegger sur ce point précis : « Jacob Rogozinski montre dans son texte "Chasser le héros de notre âme" (*Penser après Heidegger*, L'Harmattan, 1992, p. 155-173) que si le thème du héros, à la fin de *Sein und Zeit*, expose Heidegger à l'aventure politique, il représente aussi pour le *Dasein* "une altération originaire, irrémissible, qui brise le cercle de son auto-affection solipsiste (p. 165)" » (*op. cit.*, p. 393).

Il est assez extraordinaire que soient mises sur le même pied la destruction massive des cultures et des peuples (car sous l'euphémisme « aventure politique » c'est de cela qu'il s'agit) et la sortie du héros hors de son auto-affection. Finalement on peut comprendre selon Jacob Rogozinski le SS, qui souhaite simplement échapper au solipsisme. Il faut tout de même remarquer qu'il n'y échappe pas vraiment.

19. Notons cependant que « vie intérieure » n'est pas une expression rigoureuse en théologie. Il faut parler de la vie selon la chair et de la vie selon l'esprit. C'est peut-être la métaphore du château intérieur chez Thérèse d'Ávila (*Château intérieur* ou *Livre des demeures*, 1577) qui a donné naissance à cette idée qu'il y a un intérieur et un extérieur dans la vie, tout comme il y a un intérieur et un extérieur du corps ou des corps. L'intériorité est une invention de saint Paul (« il y a deux hommes *en moi* »), puis d'Augustin : *Deus interior intimo meo et superior meo* (*Confessions*, III, 6, 10). Mais si on lit bien cela, c'est le contraire de la fable de la « vie intérieure » : Dieu m'est plus intérieur que moi, ce qui veut bien dire que je suis à l'extérieur de moi ! Mon intimité ne peut être qu'une fausse intimité. On pourrait appeler ce tic des philosophes, consistant à rebâtir au mieux la *doctrine* qu'ils veulent démolir, syndrome de Don Quichotte : le philosophe a tendance à combattre des moulins à vent.

20. Dans son célèbre texte « Introduction à la métaphysique » (1903), Bergson oppose l'intuition et le système dans la pensée d'un philosophe. Ce qui individualiserait les œuvres des philosophes, ce serait l'unicité singulière de leur intuition d'un aspect de la réalité profonde, intuition qu'ils traduiraient ensuite dans des systèmes. La tâche du métaphysicien dans la lecture des œuvres du passé devrait alors consister à saisir l'intuition derrière le système ou à travers lui. Cette doctrine plus ou moins édulcorée se retrouve chez tous ceux qui distinguent l'esprit et la lettre d'un philosophe. Martial Guéroult a montré que les différents systèmes étaient justiciables d'une analyse structurale.

21. Prenons en effet une thèse disputée : l'existence du monde extérieur. Par énumération inductive, il est

clair qu'on n'arrivera à rien (ce n'est pas parce que telle chose existe, que telle autre existe, etc., que le monde existe). Mais on peut soutenir que l'inférence vers la meilleure explication est que le monde extérieur existe, c'est-à-dire qu'il existe toute une série d'inférences que l'on peut tirer de cette thèse qui la confirment (sans la rendre complètement certaine). Dans ce cas, je peux tirer par abduction de n'importe quel existant cette thèse, sans avoir à les énumérer tous. L'abduction obéit à la logique du « jusqu'à preuve du contraire » qui gouverne nos vies.

22. Ce livre de Franz Rosenzweig marque une date importante dans l'histoire de la métaphysique du XXe siècle. Il est passé relativement inaperçu lors de sa parution en 1921 et il fallut pratiquement attendre sa réédition un demi-siècle plus tard pour que l'on commence à saisir l'importance de cette œuvre, notamment grâce à Levinas. Sur Rosenzweig, cf. P. Bouretz (2003). Le livre de F. Rosenzweig peut être lu comme une métaphysique de l'irréductibilité du religieux à la résorption hégélienne de la religion dans le Savoir Absolu. C'est le meilleur antidote à la mythologie heideggerienne des Quatre, ou du Quadriparti (la terre, le ciel, les divins, les mortels) : « L'unité du Quadriparti est la Quadrature (*die Vierung*). Mais la quadrature ne s'opère nullement de telle sorte qu'elle enveloppe les Quatre et que, les enveloppant, elle vienne seulement s'ajouter à eux après coup. (...) C'est pourquoi la ronde ne commence pas par entourer les Quatre comme un anneau. La ronde est l'Anneau (*Ring*) qui s'enroule sur lui-même, alors qu'il joue le jeu des reflets » (1958, p. 214-215). C'est dans ce texte que Heidegger déclare : « *Die Welt als Welt weltet* » (p. 217) : le monde monde, la maison maisonne, la pluie pleut. Dans ce texte sur le Quadriparti, c'est une mythologie sacrée que Heidegger oppose à la technique, mythologie païenne du carré et du cercle qui renvoie aux mythes archaïques de fondation des villes (le carré est le monde social et le cercle le cosmos).

23. Cette méthode sera développée dans *Signification et nécessité* (*Meaning and Necessity*, 1947), et suivie, tout en étant modifiée, par Quine, qui entreprend de poser les engagements ontologiques d'une théorie en la couchant préalablement dans un langage canonique (la théorie des ensembles, la logique du premier ordre en l'occurrence).

24. Sur le solipsisme et la physique dans le débat Carnap/Schrödinger, cf. Nef, « Sur une controverse entre Carnap et Schrödinger, à propos du solipsisme méthodologique de la physique » (in *Erwin Schrödinger, Philosophy and the birth of quantum mechanics*, Gif/Yvette, Éditions Frontières, 1992, p. 151-160, colloque, M. Bitbol et O. Darrigol éd.).

25. « *Über formal unentscheidbare Sätze der Principia mathematica und verwandter Systeme* I » (1931), *in* Kurt Gödel, *Collected Works*, vol. 1, 1929-1936, S. Feferman *et alii* (éd.) (Oxford University Press, 1986), p. 144-195.

26. Cf. Tarski (1933, 1944).

27. Husserl, à la différence de Carnap, Popper, Wittgenstein, est passé à côté des travaux de Tarski et Gödel. Ceci contraste avec son attitude antérieure dans les *Recherches logiques* concernant la grammaire catégorielle d'Adjukiewicz, dont il avait aperçu l'importance cruciale non seulement pour la sémantique, mais aussi pour l'ontologie. Le même phénomène s'est produit avec Bergson.

28. *Syntaktische Konnexität* (1935).

29. Fondateur de l'Université de Jérusalem, avec G. Scholem, Y. Bar Hillel a anticipé de nombreux développements de pragmatique et de théorie formelle du langage (cf. *Aspects of Language*, 1970).

30. La révolution scientifique du XVIIe siècle s'est accompagnée à la fois d'une critique des défauts du langage naturel et de l'invention de langages artificiels à vocation universelle, dont la Langue Universelle leibnizienne est l'aboutissement (cf. Nef, 2000, p. 57-108).

31. Wittgenstein, dans le *Tractatus*, avait observé la même coupure entre des propositions décrivant des états de choses, qui sont écrites sur le livre du monde et des propositions éthiques, qui ne sont pas écrites sur ce livre (si on entend par ce livre la description des états successifs du monde avec la description complète des faits). Moore, dans les *Principia ethica* (1900), avait préalablement soutenu l'indéfinissabilité de « bon », ce qui évidemment bloque dès le départ sa réduction physicaliste (il s'agissait d'ailleurs de bloquer les sophismes naturalistes).

32. Dans « *Two Dogmas of Empirism* », *in* Quine (2003).

33. On serait tenté d'ajouter « occidentale », si nos connaissances en métaphysique comparée n'étaient pas aussi maigres. Ce que nous savons de la philosophie indienne doit nous inciter à la prudence, car la variété des systèmes de cette philosophie est immense et connue surtout de quelques orientalistes (cf. Dasgupta, 1961). En ce qui concerne la doctrine bouddhiste de l'impermanence et de la non-durée, il apparaît clairement que la thèse de la présence est massivement présente, même s'il s'agit de dissoudre ces agrégats phénoménaux qui se donnent dans une présence instantanée, avec l'illusion d'un ordre causal du monde (d'où les fréquents rapprochements entre Hume et les doctrines bouddhistes de la non-personne et de la non-causalité). Un des multiples points de départ possibles pourrait être fourni par l'édition et la traduction d'un petit traité de bouddhisme nominaliste dans *Boudhistic Logic* (Stcherbatsky [trad. du russe, paru circa 1930], vol. II, p. 403-432 : « Vācaspatimišra on Buddhist Nominalism [apoha-vāda] »). Ce traité contient en effet un résumé concis des arguments nominalistes et réalistes. Tout le problème est que la traduction de Stcherbatsky ne peut être qu'une interprétation, historiquement datée.

34. Pour l'épistémologie, non poppérienne, de la psychanalyse, qui montre bien la mauvaise foi de ce type d'argumentation, voir A. Grünbaum, *Les fondements de la psychanalyse* (PUF, 1984).

35. Dans *La denrée mentale* (Minuit, 1995).

36. Cf. Mulligan (1991), p. 207 et la note 9 qui en attribue également la paternité à Jacques Bouveresse et Anne Reboul.

37. Je donne une forme très simplifiée au sophisme, par rapport à l'analyse de Kevin Mulligan (1991), qui met en jeu un autre élément : la possibilité de postuler n'importe quel élément dans une structure — tout élément est possible —, puis d'en tirer, comme un lapin d'un chapeau, la nécessité. Ma contribution est de montrer que c'est logiquement un sophisme qui repose sur un usage d'une interdéfinition.

38. Cf. P. Engel (1989).

39. Cf. Hoockway (1992).

40. Cf. Dummett (1982), p. 152, 157, 159 pour la compositionnalité de la référence et du sens (la référence d'un tout étant fonction de la référence de ses parties, tout comme le sens d'un tout est fonction du sens de ses parties).

41. Sur tout ceci, voir P. Engel (1989), p. 124-141.

42. De ce point de vue, l'interprétation par René Thom (1988) ou Jean Petitot (1991, 1992), du structuralisme de F. de Saussure est beaucoup plus profonde.

43. Le fait est que certains intellectuels ont vu là une agression antifrançaise, le philosophe des mathématiques Salanskis, partisan de l'herméneutique du texte mathématique (!), dans *Les Temps modernes*, se déclarant même « peiné » : « La première chose que je veux dire avant d'entrer dans une sorte de vif du sujet, est que cette publication est blessante, et qu'elle nous atteint inévitablement "comme Français" » (J.-M. Salanskis, 1998, p. 165).

Il s'agit d'une réaction de défense, devant un état de choses, profondément troublant pour le narcissisme national.

44. Cf. les *Conversations avec Joseph Brodsky*, transcrites par Solomon Volkov (Anatolia/Éditions du Rocher, trad. Odile Melnik-Ardin, 2003).

TROISIÈME PARTIE

L'HYPOTHÈSE DE LA PENSÉE VOLÉE

Chapitre VII

1. Trois manières d'écrire ce terme : (i) ontothéologie ; (ii) onto-théologie ; (iii) onto-théo-logie qui en fait correspondent à des conceptions légèrement différentes. La différence notamment entre (ii) et (iii) est que dans (iii) on insiste, à la suite de Heidegger, sur l'importance de la logique, alors qu'en (ii), avec Kant, on ne vise que la relation entre théologie et ontologie — Kant veut distinguer une théologie qui s'appuie sur les preuves *a posteriori* de l'existence de Dieu (cosmothéologie) et une autre qui s'appuie sur les preuves *a priori*, ce que l'on appelle l'argument ontologique, d'où « onto-théologie ». Pour nous conformer à l'usage, on utilisera la graphie (iii), car on discutera l'hypothèse heideggerienne.

2. Bien qu'au tout début de sa carrière, jeune phénoménologue catholique il ait mentionné Frege dans un compte rendu consacré aux travaux de philosophie de la logique (Heidegger, 1912).

3. Cf. Lénine, *Un pas en avant, deux pas en arrière* (1904). Dans une danse vendéenne (*Le petit pont*) on chante « un pas en avant, un pas en arrière ! », en avançant puis en reculant ensuite d'un pas, ce qui correspond mieux à la stratégie herméneutique.

4. Schématiquement, Heidegger pense ainsi la constitution de la métaphysique : l'être comme dévoilement est pensé comme étant (oubli de la différence être/étant), la cause des étants, l'étant maximum, est identifiée à l'être (passage de l'ontologique au théologique), cette cause des étants est identifiée à la raison comme principe (identification de l'ontologie à une logique).

5. Le traducteur, André Préau, joue sur la typographie : « *d*ifférence /*D*ifférence » pour exprimer en français ce jeu verbal.

Chapitre VIII

1. La question reste cependant posée de la proximité de la langue heideggerienne tardive et d'une langue de délirant, les analogies étant trop frappantes entre les procédés de formation de mots et l'appauvrissement de la syntaxe dans les deux cas. Éric Voegelin a exploré cette proximité, en y voyant un symptôme d'effondrement spirituel.

2. C'est la raison pour laquelle Lautréamont dans ses *Poésies* recourt aux principes, aux théorèmes, aux axiomes, pour rompre avec le poétique.

3. Celles-ci pourront être des images emblématiques et s'il faut recourir à de telles images, c'est celle de la tour Eiffel dans *Zone* d'Apollinaire que je choisirai :

« À la fin tu es las de ce monde ancien

Bergère ô tour Eiffel le troupeau des ponts bêle ce matin

Tu en as assez de vivre dans l'antiquité grecque et romaine

(...)

Seul en Europe tu n'es pas antique ô Christianisme

L'Européen le plus moderne c'est vous pape Pie X... »

Chapitre IX

1. Si l'on compare par exemple deux histoires de la causalité, la première de Vincent Carraud, portant sur l'époque classique, et celle de Michel Puech, portant sur la période qui va de Hume à Kant, on remarque que chez V. Carraud, qui se réclame d'une lecture de type heideggerien, les grandes figures se trouvent valorisées (avec le phénomène connexe déjà signalé pour les figures non encore intégrées dans ce type d'histoire de leur assigner un rôle quasi narratif dans la consolidation ou le dépassement de l'onto-théo-logie), tandis que M. Puech s'efforce d'apporter une contribution originale, en montrant sous l'apparente discontinuité introduite par Kant la continuité profonde qui suppose le réexamen de figures mineures ou oubliées, sans que dans cette histoire la valorisation dépende de la taille du philosophe (un philosophe mineur pouvant jouer un rôle important dans la transmission ou la modification d'une doctrine). De même, si on compare ces deux histoires, on est frappé par une autre différence. M. Puech prend soin de définir d'emblée le problème de la causalité, en termes contemporains, afin de pouvoir l'identifier et pouvoir montrer au lecteur l'enjeu de cette enquête historique et constamment il discute des énoncés causaux utilisés par les philosophes dont il s'occupe, tandis que V. Carraud entreprend de saturer le réseau des termes grecs et latins de la causalité, en fournissant d'ailleurs parallèlement au texte une chrestomathie riche en termes rares et inusités, sans estimer nécessaire de nous livrer sa conception de la causalité.

2. Certains comme Levinas ou Jean-Luc Marion voient même dans le dépassement une propriété essentielle de la métaphysique : la dépasser accomplirait son essence : «... la définition impliquant le dépassement (*meta*), il apparaît problématique qu'elle se borne à dépasser la "physique", voire l'étant, mais au

contraire qu'elle se dépasse sans cesse, c'est-à-dire bien au-delà de toute "physique" (et de toutes ses interprétations) donc qu'elle ne cesse de se dépasser elle-même. Pourquoi penser la métaphysique à partir du substantif en elle, puisque précisément, elle le dépasse par son préfixe, qui fixe ainsi son centre de gravité ? Dès lors, dépasser la métaphysique devrait s'entendre comme un pléonasme, qui renforce la métaphysique, plus qu'il ne la met en cause — puisqu'il appartient à l'essence de la métaphysique de se dépasser » (J.-L. Marion, 1999).

Laissons de côté une chicane possible sur le préfixe *meta* qui dans l'expression « métaphysique » signifie certes au-delà, pour désigner les traités d'Aristote traitant de questions au-delà du physique, préfixe dont la traduction latine *trans* modifie rétroactivement le sens — car ce dépassement incessant de soi-même, c'est la transcendance elle-même, d'où la dénomination courante de la métaphysique comme science transcendante, sur laquelle nous reviendrons. Plus importante est l'affirmation qu'il appartient à l'essence de la métaphysique de se dépasser. Il nous semble qu'il y a là un risque d'équivoque. Il est certes de l'essence de la métaphysique de dépasser un traitement purement physique de ses questions fondamentales. Une réponse, en termes physiques, aux questions fondamentales de sa composante ontologique : « qu'est-ce qu'un événement, un objet, une surface, une frontière ? » sortirait *ipso facto* de la métaphysique et dans ce sens la dénomination accidentelle de cette discipline par le fait qu'elle est au-delà du physique peut après coup être interprétée comme pleine de sens, par un mécanisme de motivation sémantique qui fait qu'on accepte mal en général que les dénominations ne disent rien d'important sur la chose nommée. Mais de là à affirmer que la métaphysique a pour essence de se dépasser elle-même, il y a un pas important, qui revient à autonomiser la particule *meta* et à en faire un opérateur qui peut agir pour ainsi dire transitivement (meta-x, cela voudrait dire dépasser x), mais aussi réflexivement : une expression du type « méta-x » voudrait que « méta-x » se dépasse ou que « méta-x » dépasse « méta-x ». L'équivoque est que le terme « *meta* » n'a de sens que relativement à cet x sur lequel il porte (en termes pédants, c'est un terme syncatégorématique et pas un terme catégorématique). *Meta*, dans « métaphysique », veut dire « au-delà du physique » ou « par-delà le physique ». Cela ne veut pas dire « physique de la physique » : le sens de redoublement est quelque chose de plus tardif, qui date probablement de la formation de l'expression « métalangage » pour un langage portant sur un langage. L'équivoque consiste à joindre les deux sens de *meta*, en combinant l'élément de dépassement d'une frontière, de transgression et l'élément de redoublement.

3. Joachim de Fiore a construit une des premières visions complètes de l'histoire humaine, entendue comme une révélation progressive de la Trinité : à l'âge du Père (Ancien Testament), qui est l'âge de la loi, a succédé l'âge du Fils (Nouveau Testament), qui a été l'âge de l'amour, et un troisième âge viendra, qui sera celui de l'Esprit et de la liberté (Joachim de Fiore, suivant ses disciples, enseignant cet évangile de l'esprit — identifié par eux à « l'évangile éternel » qu'attend Joachin — dans la *Concordance des deux Testaments* et le *Commentaire de l'Apocalypse*). Le théologien et philosophe Henri de Lubac dans des travaux célèbres a retracé l'influence de Joachim de Fiore sur les doctrines millénaristes et sur la théologie de l'histoire jusqu'à Hegel (*La postérité spirituelle de Joachin de Fiore*, 2 vol., Paris-Namur, 1979, 1980).

4. V. Carraud (2002) enrichit le dossier de la formation du « principe de raison », en fournissant un relevé presque exhaustif des expressions voisines précédant Leibniz, d'où il appert que Descartes aurait précédé Leibniz. Nous aurons l'occasion de donner notre point de vue sur cette manière de procéder, qui exagère,

selon nous, la chasse aux occurrences, au détriment possible du contenu conceptuel.

5. Par exemple la *Métaphysique du Shîfa* se conclut par des considérations sur le califat (*op. cit.*, p. 185-189) qui sortent du commentaire d'Aristote (et sont plus en partie une adaptation d'idées platoniciennes sur les rois philosophes). Les livres de métaphysique iranienne, comme ceux de Shirazi (1988) et de Sohawardi (1986), se présentent eux comme des continuations de la tradition platonicienne.

6. Très bon résumé des positions analytiques en histoire de la philosophie dans K. Mulligan (1997).

7. Notamment dans A. de Libera (1995).

8. Cf. les deux commentaires d'Averroès disponibles en français (Averroès, 1984, 2002). Le second commentaire sur le livre B de la *Métaphysique* est d'autant plus précieux qu'Averroès y approfondit l'idée aristotélicienne d'aporie (et celle corrélative de diaporie).

QUATRIÈME PARTIE

L'ONTO-THÉO-LOGIE INTROUVABLE

Chapitre X

1. Il existe un outil qui, dans sa modestie même, permet de prendre clairement et rapidement conscience de l'ambiguïté de la position aristotélicienne, le livre de V. Decarie, *L'objet de la métaphysique chez Aristote* (1972), qui se présente comme un relevé des textes d'Aristote portant sur cet objet, avec un commentaire exégétique minimal. Nous nous servirons de cet outil qui rend l'entreprise moins ardue en défrichant quelques chemins.

2. V. Decarie commente ainsi ce texte : « En résumé : il existe une science de l'être, qui l'étudie en tant qu'être et universellement et qui se distingue des sciences qui

se limitent à une partie de l'être ; elle recherche les causes, non par accident, mais par soi, de l'être ou, en d'autres termes, les causes de l'être, en tant qu'être. L'être étudié en tant qu'être, c'est l'être par soi et non par accident » (Decarie, 1972, p. 100).

3. Ousialogique, de *ousia*, traduit tantôt substance, tantôt essence.

4. L. Couloubaritsis ajoutera d'autres dimensions, dont une dimension hénologique. Cf. L. Couloubaritsis (1983) pour cette dimension. Hénologique : de *hen* qui signifie « un ». L'hénologie est la science de l'Un, développée par les néo-platoniciens à partir essentiellement des hypothèses du *Parménide* de Platon (Cf. les commentaires de ce texte par les néo-platoniciens : Proclus, Porphyre, Damascius). R. Brague, lui, ira jusqu'à discerner une dimension « kathoulou-protologique » de l'ontologie d'Aristote dans son *Aristote et le problème du monde* qui pousse la lecture onto-théo-logique jusqu'à ses extrémités : Aristote devient le lecteur de Heidegger.

5. Sur la réduplication chez Leibniz, cf. F. Drapeau-Contim (2001).

6. Sur tout ceci, cf. Bodeüs (1992) qui renouvelle les données du problème, en les nuançant.

7. Au moment de remettre le manuscrit, j'apprends la parution du livre de D. Franck (2004), dont je ne peux malheureusement pas tenir compte. On y renvoie le lecteur qui souhaite approfondir ce point.

8. Dans *De l'unité de l'intellect humain, contre les arabes* (trad. A. de Libera, GF Flammarion, 1994).

9. Signalons que nous ne sommes pas d'accord avec le rapprochement fait par Pelegrin et Crubelier récemment (2002) entre la position de Heidegger et celle-ci, qui souhaite séparer deux ordres de spéculation différents. En effet, Heidegger ne souhaite pas séparer les textes ontologiques des textes théologiques, pour détruire l'édifice onto-théo-logique. Ce serait dans son

optique une stratégie néo-kantienne avec laquelle on ne peut identifier sa position, même si comme on l'a montré il a hérité de beaucoup de présupposés néo-kantiens. Heidegger au contraire a besoin de rapprocher les textes de Λ et de Γ; il a besoin de chercher la vérité de Γ dans E. Tout ce qui montre la double dépendance de la théologie et de l'ontologie est pain bénit pour lui. Son intention n'est pas de purifier l'ontologie aristotélicienne mais de la détruire, parce qu'elle consolide, oublie et oblitère la différence ontologique.

10. Cette hypothèse est loin d'avoir fait l'unanimité, même si elle marque un point de non-retour dans l'interprétation d'Aristote (c'est l'équivalent de Richard Simon pour la Bible). Des chercheurs travaillant sur la noétique d'Aristote ont abouti à des résultats inverses. Ravaisson avait déjà pressenti l'extrême difficulté de la tâche (*Essai sur la métaphysique d'Aristote,* t. I, p. 105 *sqq.*) en soulignant que même s'il y avait un plan d'ensemble de la *Métaphysique* (la place du livre A milite en ce sens), il y avait déjà eu des « remaniements, des interpolations, des déplacements successifs » qui rendent ce plan méconnaissable et font que probablement la stratigraphie textuelle de ces traités d'Aristote devrait être plus fine encore que ce qui est le cas, pour discerner de manière absolument convaincante quel a été l'itinéraire intellectuel d'Aristote.

11. On peut considérer les tentatives de Heidegger et de Jaeger comme des réponses au défi de Nartop, réponses qui acceptent le diagnostic de déchirement, de tension, etc. (un heideggerien comme P. Aubenque le reprendra en 1963) mais qui l'expliquent de manière diamétralement opposée : structurale chez Heidegger, génétique chez Jaeger. On ne peut entrer ici dans le détail des interprétations qui ont tiré les leçons de l'existence des travaux de Heidegger et de Jaeger. Certains, comme Owens ou Decarie, soutiennent malgré tout l'unité de la démarche métaphysique d'Aristote tandis que d'autres, comme P. Aubenque, s'y refusent

et insistent sur la situation aporétique induite par la non-résolution des tensions.

12. Parmi lesquels on peut citer ceux de G. Reale (1967), L. Couloubaritsis (1983), E. Berti (1996), W. Leszl (1975), Th. Irwin, auxquels le lecteur pourra se reporter (pour une présentation voir R. Lefebvre [1990]).

13. On sait que l'Église a choisi au XIXe siècle avec le pape Léon XIII, dans l'encyclique *Aeterni Patris* (1879 ; cf. Pouivet [2003], p. 251), publiée l'année où Newmann est promu au cardinalat, ce philosophe et théologien comme magistère philosophique, favorisant l'essor de ce que l'on a appelé la philosophie « aristotélico-thomiste », pour notamment faire pièce aux erreurs du monde moderne stigmatisées dans le *Syllabus* (1864) de Pie IX.

14. Du texte de Brentano (1992) sur les catégories d'Aristote. Heidegger par contre semble avoir ignoré les recherches de Brentano sur les catégories réunies sous le titre *Kategorienlehre* (1933) et qui renouvellent complètement l'approche brentanienne des catégories aristotéliciennes. Cf. Nef (1999).

15. *In* article « Heidegger », *Dictionnaire critique de théologie*, p. 522. L'article, avec une précieuse bibliographie, arrêtée à 1996, est de Jean-Yves Lacoste.

16. Il suffit pour s'en persuader de lire attentivement les quelques pages très denses de la *Métaphysique* de Théophraste (1993), de l'avis de tous les historiens, doxographes, et commentateurs, le plus fidèle des disciples à l'enseignement d'Aristote : si les questions physiques et logiques, concernant le mouvement et la différence, semblent centrales dans ces pages consacrées à lever quelques difficultés du texte aristotélicien de la *Métaphysique* (d'où le titre homonyme choisi par ses éditeurs), rien ne va dans le sens de sa constitution onto-théo-logique, la théologie étant dans ce texte à peu près absente, même quand Théophraste recense les apories liées au premier moteur, à propos du désir

et de l'appétit : pour lui, le premier moteur est celui qui par le désir qu'il suscite est à l'origine du mouvement, et non un premier principe du mouvement qui le communiquerait aux autres êtres, ce qui est absolument conforme à Aristote. La nature notamment du désir (*orexis*) qui met en branle les sphères est capitale. C'est à cette *orexis* que Dante fait allusion dans le vers final de la *Divine Comédie* : « l'amour qui meut les étoiles » (III, 30). D'après Stove (*Plato's Cult*), ce genre de thèse est une consolation au fait que nous sommes seuls dans le cosmos et que notre sort n'intéresse que fort peu d'intelligences.

17. Sur la base notamment des travaux d'A. de Libera (1993, 1995, 1999, 2002), O. Boulnois (1999) et L. Honnefelder (2001).

18. Cf. Marenbom 1995 pour la place de la *disputatio* dans le cursus philosophique (voir note 5, p. 896 pour l'origine du mot « dispute »).

19. En logique, les historiens de la philosophie médiévale comme P.V. Spade (2003), F. Pironet (1995) ou A. de Libera (1999) ont montré que les textes médiévaux, pour être compris, devaient être confrontés à des textes contemporains (cf. par exemple dans le dernier livre d'A. de Libera [2002] le lien entre les doctrines de la référence vide et les logiques contemporaines non dénotantes). Pour un exemple instructif : Ivan Boh, *Epistemic Logic in the Middle Ages* (Routledge, 1993). Voir aussi le texte stimulant de P.V. Spade cité dans la bibliographie.

20. C'est dans cette optique que j'avais fourni un syllabus des différentes doctrines de sémantique philosophique (Nef, « Conspectus de sémantique intensionnelle, suivi d'une bibliographie », in *La sémantique logique. Problèmes d'histoire et de méthode, Histoire, Épistémologie, Langage,* 1983, t. 5, fasc. 2, p. 5-18, 1995).

21. Voir le numéro récent de la *Revue internationale de philosophie* consacrée au thomisme analytique et le

volume collectif *Analyse et théologie* (S. Bourgeois et R. Pouivet, Vrin, 2000), pour des échantillons de lecture contemporaine des problématiques médiévales.

Chapitre XI

1. Nous nous limitons dans ces considérations à la philosophie de langue latine. Le sort des philosophies byzantine, syriaque, arabe, sans parler des branches arménienne et géorgienne, est beaucoup trop complexe, même pour être évoqué, quoique nous devions garder comme une sorte de mémento l'idée que des découvertes purement historiques ou philologiques nous obligeront un jour, probablement pas si lointain, à réécrire l'histoire de la transmission de la philosophie à l'Occident. De plus nous faisons hélas ici, par facilité et prudence, comme si la philosophie védantique ou bouddhiste n'existait pas, alors que l'on a montré l'interpénétration de cette philosophie orientale avec la philosophie grecque, au moins deux fois, dans le néoplatonisme et dans la philosophie iranienne. L'état de la philosophie en Occident au IXe siècle est donc loin d'être un universel, mais en même temps c'est un fait historique capital que cette régression culturelle et intellectuelle de l'Occident latin, de l'Antiquité tardive au haut Moyen Âge, malgré les œuvres de Bède le Vénérable ou d'Isidore de Séville. Ce serait un autre travail que de suivre à la trace les méandres de ces filiations et transmissions, travail qui excède les forces d'un seul homme et ne motive pas encore assez les institutions scientifiques.

2. Le corpus qui est apparu sous le nom de Denys l'Aréopagite est en fait orphelin ; il avait été choisi par son auteur par référence à un personnage converti par Paul (Actes 17, 34), ce qui renforça son autorité par une transmission paulinienne directe, et surtout assura son antiquité, malgré les doutes de Hypatius d'Éphèse (cf. article « Pseudo-Denys », Ysabel de Andia, *Dict. crit. de théol.*, p. 955) puis de Thomas

d'Aquin (dans son commentaire des *Noms divins)*. Un traducteur de Denys, Mgr Georges Darboy (1813-1871), archevêque de Paris, fusillé par les Communards, attribuait encore le corpus à Denys l'Aéropagite : à son destin tragique il ajouta un aveuglement têtu.

3. Pour une rapide présentation en français, cf. A. de Libera (1993), p. 270-275 ; en anglais A.H. Armstrong (1991), p. 519-533.

4. On sait que l'identité réelle de l'auteur du corpus dionysien, utilisé largement après 500 apr. J.-C., est encore inconnue (cf. Roques, *L'univers dionysien*, 1re éd., 1954) et Roques (1962, p. 63-91, sp. p. 69-73).

5. Damascius, le dernier scholarque ou diadoque des platoniciens (sur ces expressions, cf. Damascius [1987], p. 9) avant leur exil de Perse et leur dispersion définitive, est l'auteur d'une œuvre capitale, en cours d'édition et de traduction, qui se marque par un apophatisme absolument rigoureux. Cf. J. Combes (1996). La prise en compte de sa métaphysique est une tâche urgente pour les historiens, avec lui un chaînon supplémentaire est retrouvé dans la tradition qui va de Plotin à Nicolas de Cues, chaînon qui rapproche le néoplatonisme tardif de la théologie négative chrétienne. De plus la conception aporétique de la métaphysique demanderait un remaniement si on prend en compte les œuvres de ce courant, dans la mesure où tant Plotin, Proclus que Damascius ont essayé de trouver la solution des apories aristotéliciennes. L'appellation de « néo-platoniciens », même si elle est descriptivement commode, est profondément inexacte : même si ces philosophes se rattachaient institutionnellement à l'Académie, par une chaîne de traditions, peut-être en partie orales, leur originalité philosophique va bien au-delà d'une variante du platonisme : ils ont réellement tenté la synthèse d'Aristote (qui a été lui-même membre de l'Académie, ne l'oublions pas, « nous, platoniciens ») et de Platon et ils ont inventé la théologie. Quant à leur concept d'émanation, il a fourni une

bonne partie du contenu de celui de création. Notons que si les aristotéliciens commentent la *Métaphysique,* c'est une tradition chez les platoniciens de commenter le *Parménide* : Proclus, Porphyre, Damascius entre autres l'ont commenté longuement. On pourrait écrire une histoire de la métaphysique à partir de ces deux types de commentaires.

6. Envisagé comme Créateur, Dieu est pour Scot Érigène « sans principe » (*anarkos*) car étant la Cause, il est aussi la Fin (*op. cit.*, p. 80). Cf. les travaux de R. Schürmann sur le principe d'anarchie.

7. Harry Austryn Wolfson (1999) a rapproché Spinoza d'Érigène sur d'autres points, mais on ne peut s'empêcher ici de penser que Spinoza fait correspondre la *natura naturans* à l'étant créateur et non créé et la *natura naturata* à l'étant créé et non créateur.

8. E. Zum Brunn, Z. Kalusa, A. de Libera, P. Vignaux, E. Wéber.

9. On entend par là la méditation d'Augustin sur Exode 3, 14 (« je suis celui qui suis/est »). Cf. le volume *Dieu et l'être* (1978) et les contributions de E. Zum Brunn. Il y a ipséité, dans la mesure où Dieu dit « Je », même s'il ne donne pas son nom. La théologie médiévale doit se développer dans cet espace étroit : entre l'absence de nom et la révélation d'une ipséité. L'expression elle-même, « métaphysique de l'Exode », est de Gilson.

10. Les médiévistes opposent quelquefois au XIIIe siècle une droite augustinienne, opposée à l'introduction d'Aristote, et une gauche averroïste, partisane d'une béatitude philosophique et favorable à l'enseignement d'Aristote. Cette opposition recoupe en partie la distinction entre une conception affective de la théologie (ordonnée au salut par l'amour) et une conception intellectualiste (où le salut vient aussi de la connaissance). Eckhart est un cas complexe, mais dans sa dispute avec Gonzalve de Cordoue il prit des positions de gauche. Confronté au même problème, l'hindouisme

distingue la voie de l'amour dévotion (*bakti*) et la voie de la connaissance-discrimination (*prajna*).

11. Boulnois (1999) et Courtine (1999) contiennent là-dessus toutes les précisions nécessaires : même s'ils défendent une thèse différente de la nôtre (que l'insertion de Dieu dans la métaphysique l'ontothéologise), ils insistent sur « l'indépendance de la métaphysique à l'égard de la théologie »). Sur ces travaux et d'autres du même type, cf. les remarques pénétrantes d'E. Janicaud (2001), p. 489-499. Il se demande, à juste titre, si l'hypothèse onto-théo-logique ne risque pas de se vider de sa substance et devenir un simple instrument de technologie pour l'histoire des systèmes.

12. Tout ce paragraphe a été écrit sous le contrôle grammatical d'Annliese Nef, qui enseigne l'histoire de l'Islam médiéval (Paris IV-Sorbonne), à partir des lexiques d'A.-M. Goichon, sans avoir accès au Lexique de Van Riet. Il ne s'agit que d'indications qui veulent simplement faire sentir l'ampleur du problème de la *translatio studii*, sur laquelle A. de Libera n'a jamais cessé d'attirer l'attention.

13. On sait que le terme « logique » n'apparaît pas avec ce sens chez Aristote, qui emploie plutôt le terme d'« analytique », en la distinguant de la dialectique. La conception avicennienne de la logique a influencé toute la logique médiévale, en lui transmettant des éléments de ce que l'on a appelé la « logique néo-platonicienne ».

14. Le livre de Javier Teixidor, *Aristote en syriaque* (CNRS Éditions, 2003), contient de nombreux renseignements sur le chaînon syriaque en ce qui concerne la transmission de la logique d'Aristote aux Arabes, le trait d'union entre la culture chrétienne et la culture musulmane. La bibliographie des commentateurs d'Aristote en syriaque qui clôt l'ouvrage est précieuse, ainsi que les nombreuses monographies de logiciens qui émaillent le texte.

Chapitre XII

1. Il suffit pour s'en convaincre de lire Maritain (1932, 1934, 1947). Maritain donne comme objet à la métaphysique l'être en tant qu'être dans le sensible et son point de départ est l'« intuition métaphysique de l'être », qui est une intuition de la « surabondance de l'être ». L'intuitionnisme de Maritain n'a rien à voir avec l'intuitionnisme de Bergson. Il serait peut-être temps de reconnaître au moins certains mérites de J. Maritain, qui a fait preuve d'un rare discernement à l'égard de l'irrationalisme de Sartre (dans *Court traité de l'existence et de l'existant*), de la critique chrétienne du totalitarisme, avec Paul Tillich — voir « Totalitarismes fascistes et totalitarisme communiste » (1936), in *Le Totalitarisme* (Enzo Traverso, 2001, p. 234-244, texte tiré de *Humanisme intégral*, 1936) et le dialogue avec Raymond Aron sur le totalitarisme conçu comme un machiavélisme moderne (R. Aron, *Machiavel et les tyrannies modernes*, De Fallois, 1993).

2. C'est le cas d'une partie des travaux de J.-F. Courtine, où il voit dans l'analogie le point obscur de l'onto-théo-logie (Courtine, 1999).

3. Sur la critique thomiste d'Avicenne, cf. Gilson (1926, rééd. 1986, p. 35-41). Gilson se range à l'opinion que l'avicennisme est un « platonisme inconséquent ». Depuis, l'étude d'Avicenne a progressé.

4. Aristote affirme en fait la *theophilia* (litt. l'amour du dieu [pour le sage ou pour l'homme]) en EN, X, 9, 1179a, 22-32, alors que la providence est la traduction de la *pronoia* (cf. *Ennéades,* III, 2 et 3), mais il y a dans la *theophilia* un élément de la *pronoia* : la bienveillance du dieu. Il y a en plus dans la *pronoia* l'omniscience (mais reconnue ailleurs par Aristote), la justice et le gouvernement divins des hommes (sur lesquels Aristote est plus sceptique).

5. La noétique est la doctrine de l'intellect (*nous*), de sa nature, de ses pouvoirs. Pour les Arabes, l'intellect agent est commun à tous les hommes. La béatitude philosophique consiste à conjoindre notre intellect passif à cet intellect agent pour jouir de la contemplation. Sur ce thème, cf. A. de Libera (1987, 1994) et son édition, commentaire, traduction (à partir d'une version latine) du grand commentaire d'Averroès sur le *De anima* sous le titre *L'intelligence et la pensée* (Garnier Flammarion, 1998). (Averroès distingue plusieurs types de commentaires : le grand commentaire est le plus développé, celui où Averroès exposes ses propres thèses à travers Aristote.) Une histoire philosophique de la contemplation reste à écrire (cf. Festugière, 1950). J'ai essayé d'en esquisser brièvement quelques lignes de force dans « Contemplation » (*in* J.-Y. Lacoste, 1998, p. 270-277).

6. Aristote n'affirme pas expressément la divinité de l'intellect agent (cf. *De anima*, III, 5), mais les Arabes le font et ils font de la conjonction avec cet intellect une divinisation dans certains cas. Avicenne est aussi un grand mystique (cf. *Avicenne et le récit visionnaire*, édition par H. Corbin d'écrits initiatiques d'Avicenne, 4 vol., Téhéran et Paris, 1952, 1954), qui a marqué toute la métaphysique persane, pour lequel la conjonction avec l'intellect est une quête spirituelle.

7. On peut se reporter aux différentes éditions des condamnations de 1277, pour avoir une idée claire de ce qui est visé (cf. la plus récente, *La condamnation parisienne de 1277*, éd., trad., introd. et comment. D. Piché, Paris, Vrin, 1999).

8. Sur la caractérisation de l'homonymie qui n'est pas par hasard comme « homonymie intentionnelle » dans la tradition postérieure (notamment Porphyre), voir Aubenque (1990), p. 299 *sqq*.

9. A. de Libera (1993), montre que Dieu étant à la fois premier dans l'ordre de la chose et premier dans l'ordre de la signification (connu par ses seuls effets) « son analogie ne peut donc se boucler ni sur l'une si sur l'autre » (p. 408).

Cyrille Michon fait le même diagnostic : « ... aucun exemple ne rend entièrement compte des caractéristiques de l'analogie transcendantale [l'analogie entre Dieu et les créatures] » (Michon, 1999, p. 120), et il affirme, comme A. de Libera, que « la notion d'analogie est elle-même analogique » (*id.*).

10. La structure d'une question est la suivante : énoncé des difficultés (différentes versions de la question ; ici : « la science est-elle attribuée à nous et à Dieu de façon univoque ? », objections [*sed contra*], réponses, solutions). Pour une étude générale des formes littéraires de la philosophie médiévale, cf. Anthony Kenny et Jan Pinborg, « Medieval Philosophical Litterature » (*in* Kretzmann *et alii*, 1982, p. 11-42) et Marenbom (1987).

11. On retrouvera ce problème métaphysique — que ce qui fait lien ne peut être relationnel, pour éviter une régression à l'infini — dans la notion strawsonienne de « *non relational tie* » (lien non relationnel) dans l'ontologie des états de choses de D. Armstrong. Ici une vision textualiste serait incapable d'expliquer la rémanence de problèmes ontologiques objectifs, car rien n'indique qu'Armstrong ait pu bénéficier d'une quelconque filiation textuelle jusqu'à ces textes de Thomas — ou alors il faut supposer comme certains déconstructeurs®, tombés dans l'idéalisme linguistique le plus extrême, que le texte métaphysique est une sorte de grand calculateur qui répartit les énoncés indépendamment des agents rationnels qui en écrivent des fragments.

12. Dans le même ordre d'idées, Nicolas de Cues nomme Dieu le *Non-aliud* c'est-à-dire le non-autre. Si Dieu est le non-autre, il ne peut être comparé à rien (puisqu'il n'est l'autre de rien) et donc il est le Dissemblable : le non-autre est l'Autre.

13. Sur ce point, cf. J.-F. Courtine (1990, p. 54) qui cite un passage du commentaire de Thomas sur le *Liber de Causis*, passage dans lequel il prend expressément

ses distances à l'égard de la méontologie : « la quiddité de Dieu est son être propre (*ipsum esse*) et est au-delà de l'intellect » (St Thomas 1954, p. 49), mais cela n'implique pas qu'elle soit au-delà de l'être.

14. Notamment dans le traité *Le Principe* [1459] (in N. de Cues, éd. et trad. Francis Bertin, 1991, p. 131-182). L'ontologie modale de Nicolas de Cues, qui découle de sa thèse sur la supériorité du non-être et qui s'efforce de dépasser les difficultés de la théorie aristotélicienne de l'actualisation du possible, est contenue dans le *Trialogus de possest* (1460, N. de Cues, éd. et trad. Renate Steiger, 1991).

15. L'ontologie d'Eckhart a été exposée dans son *Opus Tripartitum*. L'œuvre latine de Maître Eckhart a été partiellement traduite en français et commentée par E. Zum Brunn, E. Weber et A. de Libera (Eckhart, 1984, 1989). On lira tout particulièrement le Prologue général et le Prologue à l'œuvre des propositions dans le tome 1 (Eckhart, 1984) traduits par F. Brunner (p. 32-196), avec un abondant commentaire. Ces textes capitaux ont reçu de manière surprenante peu d'attention de la part des historiens de la métaphysique. La voie frayée par Honnefelder (Duns Scot/Kant) n'a peut-être pas fini d'être exploitée. Visiblement la plupart des historiens continuent à considérer Eckhart simplement comme un mystique (ce que j'ai fait en 1966 dans « L'expérience du Vide dans le courant rhénan », *Hermès*, numéro spécial sur le Vide, avec l'excuse de la jeunesse).

16. La difficulté est de concilier les affirmations de l'œuvre latine et certaines assertions des *Sermons*.

Chapitre XIII

1. Pour une mise au point récente de cet auteur, qui est à la source de toutes les études récentes sur l'histoire de la métaphysique, voir Honnefelder (2000).

2. Duns Scot est reconnu comme un moment crucial

de la philosophie médiévale, malgré sa difficulté qui l'empêchera pour longtemps de briguer les cursus scolaires (il ne figure pas par exemple dans la liste des auteurs du programme de philosophie du baccalauréat français, à la différence d'Anselme, Thomas et Occam).

3. Pour une bibliographie récente, cf. Boulnois (1999).

4. Moïse est considéré traditionnellement comme l'auteur de la Genèse. « Que la lumière soit » (Gn 1, 3) est interprété de manière concordataire en identifiant la lumière au Verbe, la seconde personne de la Trinité.

5. Certains ont compris « la route qui monte et qui descend » comme une métaphore de l'univers (cf. Kirk et Raven, *op. cit.*, p. 201, note 8), mais il semble évident qu'Héraclite veut mettre en lumière que « différentes facettes d'une même chose peuvent justifier des descriptions contradictoires » (*ibid*).

6. *Disputationes Metaphysicae,* VII : *De variis distinctionum generibus*, 1846, t. 25, p. 250-274.

7. Sur l'ontologie d'Occam, voir M. McCord Adams (1987).

8. Des travaux récents (D. P. Henry, 1991) ont montré le rôle crucial de la méréologie dans la pensée médiévale, notamment Avicenne, Abélard, Buridan, Thomas d'Aquin (*op. cit.*, p. 218-328) et Paul de Venise (édition en cours de la *Logica Magna* par la British Academy), Leibniz ayant recueilli tout cet héritage (cf. H. Burkhardt, 1999).

9. Cette thèse est profondément réaliste, car elle énonce de fait la survenance de la sémantique sur l'ontologie : c'est parce que l'être est commun, qu'il se dit de manière commune (et non analogue). Cette thèse est à rapprocher de la thèse que nous discuterons dans les chapitres XVIII et XIX de la survenance de la vérité sur l'être.

10. Celle parue ensuite de Frédérique Ildefonse et Jean Lalot (2002) maintient par exemple les traductions habituelles : synonymie, homonymie, paronymie.

11. Cf. le résumé de l'article de R. McInerny dans L. Elders (1994), p. 56 *sqq*.

12. Cf. Nef (2003), sur les accidents individuels chez Aristote.

13. Voir le livre classique sur la constitution de la métaphysique moderne, *Sciencia transcendans* (1990), le meilleur livre sur le sujet avec *Suarez et le système de la métaphysique* (J.-F. Courtine, *op. cit.*).

14. Dès que les textes ont été édités et compris (ce qui réclamait que la logique sorte de son sommeil des années 1650-1850), alors aux chercheurs étonnés c'est tout un continent de recherches autonomes, inventives, qui s'est découvert, des milliers de manuscrits, qui sont loin d'avoir été étudiés (cf. les travaux de P.V. Spade).

15. On a déjà mentionné à propos d'Avicenne l'importance des raisonnements enveloppant l'existence de singuliers. Rappelons que la syllogistique aristotélicienne est une logique des inférences entre des propositions nécessaires : « Ce mot (*ananké*) est le signe de la soi-disant "nécessité syllogistique". Il est utilisé par Aristote presque dans toutes les implications qui contiennent des variables et qui représentent des lois logiques, c'est-à-dire des lois de conversion ou syllogismes » (J. Lukasiewicz, *Aristotle's Syllogistic*, 1958, p. 10).

La forme d'un syllogisme en *barbara* n'est pas (i), mais (ii) :

(i) Tous les a sont des b

Tous les b sont des c

Donc tous les a sont des c

(ii) Tous les a sont nécessairement prédiqués des b

Tous les b sont nécessairement prédiqués des c

Donc tous les a sont nécessairement prédiqués des c

16. L'expression vient d'O. Lovejoy (2e éd., 1964, p. 52).

17. Hp : il a toujours été le cas que p, Gp : il sera toujours le cas que p, Lp : nécessaire que p, Mp : possible que p.

18. Pascal (1970, p. 508-540) ; la définition se trouve p. 527.

19. Hegel se devait d'introduire de la contingence dans son système, puisque la révélation progressive de la liberté dans l'histoire en était une pièce centrale, sans que cette liberté portât atteinte à la téléologie de l'auto-révélation de l'esprit (les libertés individuelles étant des moments de ce processus). Sur ce point, Hegel et le déterminisme historique aux prises avec la liberté, voir les belles pages de K. Löwith sur le parallèle entre Goethe et Hegel, sur la base d'une critique radicale du « sens entéléchique de l'accomplissement hégélien », à la lumière du cours récent de l'histoire, les génocides et massacres de masse des années 1930-1940, en URSS et en Allemagne, dans Löwith, 1969 [1941], p. 48-69.

20. Le modèle ici est une combinaison de logique modale et de logique temporelle. Soit une ligne du monde actuel, m, composé d'instants exemplifiant des événements :

------------------ m. Cette ligne peut bifurquer en un point t, qui correspond à un événement où le monde actuel peut se prolonger en deux branches possibles alternatives :

m — -------------------E------------m1

m-------------------E-------------m2

par exemple en E je peux choisir le noir (m1) ou le rouge (m2) à la roulette. Il est clair que m se prolongera en m1 *ou* en m2. Sur tout ceci, cf. Prior (1967) et J.L. Borges : « Le jardin aux sentiers qui bifurquent » (*Œuvres complètes*, I, p. 499 *sqq.*). Le romancier et polémiste anglais G.K. Chesterton (1874-1936) a imaginé un labyrinthe linéaire, qui correspondrait à un déterminisme complet, à l'effacement de toute modalité

(J.L. Borges remarque quelque part qu'on ne peut s'échapper de ce genre de labyrinthe et mentionne aussi que Chesterton a imaginé un autre genre de labyrinthe : une variété dépourvue de centre (*ibid.*, p. 736). Le paradoxe est que la ramification ci-dessus est en fait un labyrinthe linéaire (mais non dépourvu de centre), puisque même si nous ne savons pas à l'avance si c'est m1 ou m2 qui prolongera m, nous savons qu'il n'existera qu'un prolongement de m.

21. L'édition scientifique des œuvres est en cours depuis environ un demi-siècle (édition dite vaticane). L'édition Walding/Vivès était si peu fiable qu'en 1815 Heidegger a consacré sa thèse d'habilitation à un texte de Thomas d'Erfurt (la *Grammatica speculativa*) en l'attribuant à Duns Scot et en trouvant donc toutes les bonnes raisons d'y voir la marque de sa philosophie, mésaventure qui devrait rendre modestes les historiens. Sur ce point précis — Duns Scot a-t-il anticipé la théorie des mondes possibles ? —, les commentateurs ne sont pas d'accord. Il est toutefois certain que jusqu'ici la question est ouverte et qu'il faut attendre la fin de l'édition vaticane pour trancher avec une entière certitude. Notons cependant que la présence ou l'absence d'un concept ne s'atteste pas seulement et simplement de la présence d'une forme lexicale. Il n'est pas aussi simple que cela de décider, par exemple en cherchant « *mundus possibilis* » dans des index et des concordances ! Ce n'est pas parce qu'un auteur avant Leibniz utilise l'expression « principe de raison » qu'on doit, dans une logique d'octroi de label, le créditer de l'invention du concept : Leibniz est le penseur du principe de raison, parce qu'il l'a articulé au principe d'inhérence, au principe de différenciation maximale des variétés. La lutte des historiens de la philosophie pour découvrir chez leur auteur les premières traces d'une doctrine a quelque chose de dérisoire. Il y a des mondes possibles, dès que les possibles sont organisés en systèmes alternatifs à notre monde, même si l'expression consacrée n'y figure pas. Knuuttila (1993) note de

manière prudente que Duns Scot peut être considéré comme un précurseur de la théorie intuitive des mondes possibles, même si le terme n'y figure pas (p. 143 *sqq.*, cf. aussi C. Normoore, 2003). La notion de monde possible est une notion technique et il importe de savoir si on peut reconstruire les doctrines du passé à l'intérieur d'une logique modale pour décider, si oui ou non, le concept de monde possible est présent — le concept, non le terme ! Sur l'origine des mondes possibles au Moyen Âge, un document accessible : Augustin Triumphus d'Anconne, *in* Boulnois (1994), p. 251-260 : « Entretien sur la pluralité des mondes » (Distinction 44 : « Dieu a-t-il pu faire un autre monde en même temps que celui-ci ? »). Une mise au point autorisée : Eugenio Randi : « L'aristotélisme des théologiens », § 2 : « Toute-puissance divine et pluralité des mondes », *in* Lucha Bianchi et Eugenio Randi : *Vérités dissonantes. Aristote à la fin du Moyen Âge* (Éditions universitaires de Fribourg. Cerf, 1993, p. 76-85). Rappelons aussi que la condamnation de 1277, dans son article 27 (Piché, p. 90-91), stigmatise l'affirmation suivant laquelle « la cause première ne peut pas créer plusieurs mondes » : on attribue à Aristote et aux aristotéliciens une limitation de la toute-puissance divine en limitant le monde à l'unicité ! L'article 34 force même à concéder que Dieu peut créer plus d'un monde (*idem*, p. 98-99). Pour l'arrière-fond doctrinal, cf. R. Paqué (1985). Toutes les précisions sur l'aspect cosmologique dans P. Duhem : *Le système du monde* (Hermann, 10 vol., spécialement t. VI, p. 26 *sqq.*, t. IX, p. 375-380).

22. Il y a deux manières de concevoir la possibilité. La première comme une essence non réalisée, mais réelle et objective. La seconde comme une simple concevabilité, non contradictoire. Dans le premier cas, le raisonnement naturel sur le possible est interprété comme portant sur des essences non actualisées, ou des ensembles de propriétés dont la comprésence n'est pas réalisée. Dans le second cas, le raisonnement modal

est interprété comme le fait de concevoir des scénarios alternatifs, qui n'ont d'existence que représentationnelle et qui n'obéissent qu'au principe de non-contradiction. Leibniz de manière constante admet les deux interprétations : il définit le possible comme le non-contradictoire, le cogitable, et en même temps il dote les possibles, en tant qu'essence, d'une appétence à l'existence (cf. *infra*, p. 382-389). Il admet donc que l'on n'ait pas nécessairement à choisir entre une conception purement ontologique et une conception purement épistémique de la possibilité. Mais à l'époque contemporaine, on présente en général comme exclusives les deux interprétations, car on considère qu'il est crucial de s'engager ou pas à l'existence de possibles non réalisés et donc en dernière instance à l'existence de mondes et d'individus possibles (cf. T.F. Gendler et J. Hawthorne, 2002, pour un panorama récent des problèmes).

23. Dans cette direction, cf. Claudine Tiercelin (1999) qui développe le rapprochement traditionnel entre Duns Scot et C.S. Peirce.

24. Pourtant, comme l'a montré la somme magistrale récente de mon collègue Pierre Bouretz, *Messianisme et philosophe* (2003), il y a tout au long du XXe siècle une pensée juive importante et tout à fait visible, que Heidegger ne pouvait ignorer puisqu'elle était en général écrite en allemand. Sans que Heidegger ait jamais tenu de discours ouvertement antisémites, sa pensée est profondément judéophobe et même sémitophobe : l'idée même du messianisme tout comme celle du prophétisme lui sont profondément étrangères et, pourrait-on dire, antipathiques.

25. Cf. R. Dawkins, *Le gène égoïste* (Odile Jacob). Les « mèmes » (de *mimesis*, imitation), sont des unités supports de l'imitation. Le meilleur exemple est un refrain stupide et entêtant que j'entends à la radio, que je fredonne sous ma douche et qui se transmet ainsi de proche en proche, comme un virus.

26. Cette manie des listes de grands philosophes est typiquement germanique : on retrouve chez Jaspers (les « grands philosophes », un ou deux par siècle, etc.), Husserl qui ne veut dialoguer qu'avec les grands et même chez les néo-kantiens. Ce culte du génie a probablement des racines dans la culture allemande et peut-être en dernière analyse ses racines dans l'isolement de l'intellectuel dans la société allemande. Il suffit par exemple de comparer avec Meinong pour être surpris du contraste. Quant à Bolzano dans ses notices historiques de sa *Wissenschaftslehre*, il prend soin de relever des usages conceptuels d'auteurs que l'on pourrait considérer comme mineurs, si on avait cette manie des grands philosophes (ou des grands logiciens). Il y aurait peut-être là aussi une opposition entre une culture protestante et une culture catholique (qui privilégie beaucoup plus la communauté, le travail anonyme).

27. Le livre de Thémistius *Paraphrase de la Métaphysique, Livre Lambda* d'Aristote a par exemple été traduit de l'hébreu (texte principal) et de l'arabe (fragments) par Rémi Brague.

28. On ne peut développer ce point ici.

29. Pour ce philosophe, le triomphe de la pensée positive pour la réorganisation de la société, mais aussi bien la restauration du culte de l'humanité (dont le culte privé de Clotilde est une préfiguration) comme idéal régulateur et réellement *supra*sensible s'appuient sur une métaphysique de l'essence de l'humanité et de manière ultime sur un culte de la maternité non biologique, « l'immaculée conception de toutes les femmes et la vierge-humanité « (cf. *Politique d'Auguste Comte*, J. Grange, Payot, 1996, p. 239-241).

30. Pour un point de départ, dans la pensée de Malebranche : J.-C. Bardout (1999), p. 168-177.

Chapitre XIV

1. On retrouve cette forte tendance dans le cours que Heidegger a consacré en 1928, un an après *Sein und Zeit*, aux fondements métaphysiques de la logique de Leibniz (Heidegger, 1978, trad. amér., 1984). La seule mention de la possibilité se trouve à l'extrême fin du livre : « Nous nous posons des questions sur le pourquoi dans notre comportement à l'égard des êtres de toutes sortes, parce que en nous-mêmes la possibilité est plus haute que l'actualité, parce que avec le Dasein lui-même cet être plus haut devient existant. Cet être plus haut du possible, relativement à l'actuel, est seulement existant quand la temporalité se temporalise elle-même » (1991, p. 316 ; je traduis de la traduction américaine, l'original ne m'ayant pas été accessible).

2. *In* C. S. Peirce, *Textes anti-cartésiens*, trad. présent. par J. Chenu, Paris, Aubier, 1984.

3. Sur ce point, comme sur beaucoup d'autres, Belaval (*Leibniz critique de Descartes* 1960) résume parfaitement les critiques de Leibniz.

4. On se sert ici de l'excellent article d'Alasdair McInthyre « Essence and Existence » (*in* P. Edwards, *Encyclopedia of Philosophy*, 1967, t. 3, p. 59-61).

5. Dans la *Dispute métaphysique*, XXXI, sur la « Distinction de l'étant fini et de son être », trad. fr., 1999 (*De essentia entis finitis ut tales est, et de illius esse, eorum distinctione*).

6. Plus précisément il s'agirait d'un jeu du solitaire à rebours, puisqu'il s'agit dans le texte de remplir des cases, alors que dans le solitaire classique on enlève des pions. Cf. pour le solitaire à rebours Couturat (1901), p. 243, note 4 : « Leibniz imagine de pratiquer ce jeu à rebours. » Le jeu étant susceptible d'un traitement probabiliste (cf. Couturat, *op. cit.*, p. 242 *sqq.*), on est

sur une zone frontière entre possibilités et probabilités. La métaphysique de Leibniz est une métaphysique certes en partie modale, mais aussi probabiliste avant l'heure.

7. On entend par vague réel, distingué du vague dans l'esprit, ou vague épistémique, le vague dans la réalité même. Cf. pour le concept de vague T. Williamson 1994 (cf. note 46 *infra*).

8. L'existentialisme de Sartre consiste à refuser les définitions traditionnelles de l'existence (comme complément de possibilité ou accident de l'essence) et à proposer dans une série de définitions une ontologie modifiée, qui si elle est fortement dépendante de Husserl et Heidegger dans le vocabulaire, reste cependant étrangement proche de la scolastique :

« L'EXISTANT est phénomène, c'est-à-dire qu'il se désigne lui-même comme ensemble de qualités organisées. »

« L'ESSENCE n'est pas dans l'objet, elle est le sens de l'objet, la raison de la série d'apparitions qui le dévoilent. »

« L'ÊTRE est simplement la condition de tout dévoilement : il est l'être pour-dévoiler et non être dévoilé » (*L'Être et le néant*, p. 15).

L'essence est définie par Sartre comme le pouvoir négatif de la liberté, d'où l'importance du thème du choix. Tel quel l'existentialisme, outre tout ce qui a pu en être dit (simple expression du déclin de la civilisation occidentale après la Grande Guerre et la crise de 1929, rationalisme déçu, empirisme pathétique, etc.), est en fait situé à l'intérieur d'une problématique rationaliste classique et une lecture critique de l'ontologie de Sartre représente sans doute une priorité.

9. Athéna, fille de Zeus (Jupiter), pour honorer sa sœur de lait, Pallas, fille de Triton, qu'elle a tuée par inadvertance, a décidé d'associer son nom au sien en

plaçant le nom de Pallas devant le sien, d'où le nom de Pallas Athénée. Cf. Robert Graves, *Les mythes grecs*, p. 64-65 et 215-220 pour Athéna. On suppose que Pallas dans le texte réfère à Athéna.

10. Certainement sa faute a d'heureuses conséquences, mais au prix de son salut et au prix de la vie de beaucoup d'autres.

11. Cf. Adams (1994), p. 135-156 pour une étude détaillée.

12. En effet des anti-aristotéliciens, comme Clauberg (*Metaphysica*, 1656, in *Opera omnia philosophica*, rééd. Hidesheim, Olms, 1968, t. 1, p. 286), défendent l'idée que le principe de contradiction est second par rapport au principe du tiers exclu — traduisons : que l'ontologique survient sur l'épistémique. Rappelons aussi que les adversaires d'Aristote, qui suivent Descartes, admettent que le *cogito* est premier (et non le principe de contradiction). Cf. École (*op. cit.*), p. 145.

13. Cf. J.-B. Rauzy (2001) pour une étude détaillée de la vérité chez Leibniz, menée d'un point de vue informé de la philosophie contemporaine.

14. Ce que Charles Renouvier (1815-1903) appelait « les dilemmes de la métaphysique pure ». Il faut distinguer les apories, les antinomies, les dilemmes.

15. Sur ce théisme philosophique, voir R. Pouivet, « Épistémologie thomiste et épistémologie réformée » (*in* S. Bourgeois-Gironde *et alii*, 2002), p. 125-142, et dans le même volume, R. Swinburne : « Un nouveau programme en théologie naturelle », p. 81-94.

16. Cf. Nicolas de Cues, *La Concorde catholique* (1977).

17. Sur ce point, cf. Leibniz (1905), ainsi que les sections I-III de Grua (1948), plus en général sur les problèmes théologiques (la section II porte sur les visionnaires, les hérétiques et les quiétistes plus particulièrement).

CINQUIÈME PARTIE
LA MÉTAPHYSIQUE — LE RETOUR

Chapitre XV

1. Dans tout ce développement il ne s'agira que du *Tractatus logico-philosophicus* lorsque nous ferons allusion ou que nous nous référerons aux doctrines de Wittgenstein. Tout le monde sait que ce dernier a ensuite sévèrement critiqué la tentative du *Tractatus*, pour des raisons qu'on ne rappellera pas ici et qui concernent précisément l'impossibilité de donner une forme logique atomiste aux énoncés portant sur « toutes les formes de l'espace et du temps avec toute la diversité des objets spatiaux et temporels comme les sons, les couleurs, etc. » (*Quelques remarques sur la forme logique*, TER, 1985, p. 22).

2. Pierre Hadot, un des premiers à lire Wittgenstein en France dans les années 1950, avait déjà insisté sur ce rapprochement.

3. Cette insistance sur la fonction thérapeutique de la philosophie n'a rien de révolutionnaire. Presque tous les philosophes de Platon à Descartes se sont proposé d'assurer la paix de l'âme et, ce qui est moins connu, la santé du corps (cf. le *Traité des urines* attribué à Avicenne). De ce point de vue, Nietzsche est dans l'erreur quand il accuse la philosophie de se détourner du corps. Ce qui est nouveau chez Wittgenstein, c'est d'opposer la thérapeutique à la théorie, car pour les philosophes du passé c'était précisément la théorie ou la contemplation philosophique qui procurait la paix de l'âme et donc la santé du corps (puisque l'équilibre de l'âme conduit à l'équilibre du corps, dans toute la théorie médicale et diététique antique et classique). Mais pour Wittgenstein, c'est de la philo-

sophie elle-même qu'il faut guérir et la théorie n'est qu'une illusion.

4. Cf. le livre de David Pears, *La pensée-Wittgenstein. Du Tractatus aux Recherches philosophiques* (trad. C. Chauviré, 1987), où Pears montre que la première période est « semi-critique », alors que la seconde est ouvertement « critique » (dans la mesure où Wittgenstein y refuse toute explication et y substitue la description pure) ; il y aurait donc approfondissement d'une période à l'autre et nullement une rupture.

5. Cf. les lettres de Frege et Russell à Wittgenstein avec les réponses, éditées et traduites par J.-M. Monoyer (Frege/Russell/Wittgenstein, 1987).

6. On serait dans la situation inverse de celle de l'*Éthique* de Spinoza qui est en grande partie (au moins pour le livre I) un traité de métaphysique ! Le *Tractatus* présente plus d'un point commun avec l'*Éthique.*

7. Pour le système de numérotation du *Tractatus,* cf. G. G. Granger, *Ludwig Wittgenstein* (Seghers).

8. Cf. B. Smith, « *Sachverhalt* » (*Hist. Wörterbuch d. Phil.*). De Libera (2001) et Nef (1997).

9. Voir Armstrong (1989), cf. p. 37-48 et R. Bradley (1992) sur le combinatorialisme de Wittgenstein, théorie modale sur laquelle on reviendra au chapitre XVIII.

10. J'ai décidé de ne pas traiter des relations internes à cet endroit du texte, car dans ce chapitre, le point de vue retenu est limité : il s'agit simplement de montrer que l'atomisme logique ne peut pas être lu comme un déni de la métaphysique. Quand nous aurons l'occasion d'exposer les théories contemporaines des propriétés (au chapitre XVIII), la thématique des relations internes apparaîtra un peu vieillotte et donc, c'est peut-être un défaut de ce livre, le problème des relations internes, qui pourrait fournir la matière d'un volume,

n'y sera pas traité. Cela étant, il ne s'agit pas d'une encyclopédie, mais d'une défense de la métaphysique et une telle défense, pour être efficace, doit se limiter à quelques points, sans que le fait d'en ignorer d'autres signifie en quoi que ce soit qu'on les considère comme négligeables. « *Homo ambulat* », et dans sa déambulation, il parcourt certains lieux : ce livre est une promenade (non un diorama ou un coup d'œil panoramique — rien de synoptique donc). J'ai tenté de remédier à ce défaut par l'abondance de la bibliographie, qui permet au lecteur d'opérer sa propre dérive. Dernière remarque : l'*Oxford Handbook of Metaphysics* qui vient de paraître et qui, fort de ses sept cents pages, entend faire autorité sur le développement actuel du domaine, ne mentionne même pas le problème des relations internes, qui semble décidément être devenu une question d'histoire de la philosophie. Actuellement, le problème des relations internes est abordé à partir des questions de ressemblance et d'exemplification. Le meilleur article récent sur le sujet est celui de K. Mulligan (2001). Cf. pour un état du problème J. Lowe 2002, p. 363-365, et Loux 1998, p. 38-40.

11. On peut cependant remarquer que Vico a parlé de « *factum rationis* », mais probablement en un autre sens de « fait » : comme horizon indépassable. Le philosophe ne peut pas choisir d'être rationnel : la raison est un *hard fact*.

12. En 1987, dans *An Essay on Fact*.

13. J.-M. Monnoyer me signale que l'exemple s'applique mieux à un fer à vapeur — la vapeur étant, si j'ai compris sa remarque, dans ce cas un épiphénomène et non un signe d'un fonctionnement mécanique, d'un travail (la vapeur pour la locomotive étant la source du mouvement, par le passage de l'état liquide à l'état gazeux, sous l'effet du feu ; cf. le texte classique de Sadi Carnot, *Réflexions sur la puissance motrice du feu* (Vrin, 1979).

14. Pour l'emploi par Aristote du terme « pragmata », voir *Polit.* 1252a 24 *De Int.* 16a 5.

15. P. Van Inwagen (1990) a soutenu une thèse proche sur la non-existence des objets matériels (ce que l'on appelle la thèse nihiliste sur la constitution des objets matériels, qui s'oppose à la thèse universaliste, suivant laquelle tous les types d'objets existent, même ceux formés de rassemblements aléatoires). Voir p. 72-80 l'exposé par Van Inwagen des deux thèses. On verra que pour Russell apparemment en 1917 les objets matériels n'existent pas vraiment (cf. p. 512-517).

16. Sur l'histoire très compliquée de la rédaction, de la parution et de la traduction du *Tractatus* en anglais, voir Von Wright (1986), p. 77-117.

17. Pour la période 1914-1918 pour Wittgenstein, voir Brian McGuiness, *Wittgenstein, a life* (Duckworth, 1988), p. 204-266.

18. Ce qui concerne la Première Guerre mondiale se trouve dans le tome 2 de l'*Autobiographie* de Russell, p. 9-35. Pour Russell, la guerre a eu pour résultat de mettre fin définitivement à sa morale puritaine, en lui montrant qu'elle ne pouvait « conduire au bonheur » (*op. cit.*, p. 33).

19. L'idéalisme britannique contemporain de la jeunesse de Russell est une combinaison : théisme spiritualiste de James Ward (1843-1925), le maître de G.F. Stout (1860-1944), hégélianisme (T.H. Green, 1836-1882), E. Caird (1835-1908), B. Bosanquet (1848-1923) et néo-hégélianisme de F.H. Bradley (1846-1924), et McTaggart (cf. *infra*).

20. Sur le rapport Russell/Meinong, cf. Nef (1997).

21. Cette expression de « monisme idéaliste » est de Russell. Nous la reprenons par commodité, parce que nous envisageons les choses du côté de l'évolution de Russel. Si nous devions caractériser la pensée de Bradley, il faudrait probablement s'interdire ce genre de

facilité. En un certain sens, Russell est un bolchevique en philosophie.

22. P. Simons (1998, p. 163-168) reprend le problème des faits négatifs dans PAL. Il reproche durement à Russell son admission des faits négatifs : selon lui, le fait de les admettre ruinait l'atomisme logique (*op. cit.*, p. 177).

23. Cf. la traduction récente de la « Correspondance autour de l'objet » (1900-1907) entre Russell, Husserl et Meinong (*Philosophie* n° 72, Paris, Ed. de Minuit, B. Gallet, 2001, p. 3-35).

24. Ce reproche continue à avoir cours chez les critiques « continentaux » de la philosophie « analytique » : ils voient les rubriques de « philosophie du langage », de « philosophie de l'esprit », de « philosophie des sciences sociales », etc., comme un émiettement de la philosophie qui devrait garder un caractère organique, ce qui prend, en France, la forme d'une revendication pour la « philosophie générale ». Il est vrai que la forme génitive dans ces branches spécialisées de la philosophie pose problème. On préférerait sans doute par exemple « philosophie sociale » à « philosophie des sciences sociales », car le génitif introduit un rapport d'extériorité qui est précisément ce que l'on refuse, la philosophie juge extérieur de domaines positifs. (Je dois cette remarque sur la forme « philosophie de » à Vincent Descombes.) Personnellement, je préférerais par exemple l'expression « psychologie philosophique » à « philosophie de l'esprit ».

25. C'est précisément ce que Kierkegaard refuse, influençant en cela l'existentialisme chrétien (G. Marcel) ou athée (Sartre).

26. D. Vernant (2003) contient des indications précieuses sur les positions éthiques et religieuses de Russell (p. 329-349 et 379-406), notamment sur son « état d'esprit mystique » (p. 393-406), proche de « l'amour intellectuel de Dieu » de Spinoza, d'après les dires mêmes de Russell (p. 403-404).

27. On peut remarquer que se profile ici la difficulté centrale liée aux débats entre les partisans des faisceaux et ceux des substrats (cf. chap. XVIII-XIX) (remarque de Jean-Maurice Monnoyer).

28. Sur laquelle K.R. Olson a insisté (1987, p. 45-64).

29. In *Collected Papers*, vol. 9, *Essays on Language, Mind and Matter, 1919-1926* (Russell, 1988, p. 452 *sqq.*). Ce texte a été repris dans les *Sceptical Essays.*

30. S. Neale (2001) contient une reconstruction très claire et détaillée de l'argumentation de Davidson, dont la subtilité et la complexité empêchent qu'on puisse ici y faire plus qu'une allusion, en renvoyant le lecteur d'une part au texte de Davidson, d'autre part au commentaire lumineux de S. Neale.

31. Il existe une discussion du *slingshot* également dans le livre de Barwise et Perry, *Situations and Attitudes*, où il joue aussi un rôle de déflation ontologique, au profit d'une seule catégorie : les situations. En ce sens, la discussion de cet argument a marqué le développement de toute la philosophie du langage récente.

32. Un recueil collectif de Meinong et de ses étudiants dont Russell rendra compte.

33. La correspondance entre Couturat et Russell est désormais éditée (*Correspondance Russell-Couturat*, 2 vol., Kimé).

34. Lors de son habilitation, le 15 juillet 1866, Brentano eut à répondre à la question suivante : « Sur la philosophie de Schelling dans ses différentes phases. Exposé et critique. » Dans ses 25 thèses d'habilitation, en réponse à cette question, posée par un jury majoritairement idéaliste, Brentano prend systématiquement position contre les conceptions de Schelling. La première thèse énonce : « *Philosophia neget opportet, scientias in speculativas et exactas dividi posse : quod si non recte negeatur, esse eam ipsiam jus non esset* » [La philosophie doit protester contre la division des sciences

en spéculatives et exactes et la justification de cette protestation est le droit à son existence même]. La quatrième thèse énonce : « La vraie méthode de la philosophie n'est autre que la philosophie de la nature. » (L. Gilson, 1956, p. 57.) Ces 25 thèses sont reprises dans *Über die Zukunft der Philosophie* (Vienne, 1893, rééd., 1968).

35. Meinong, contrairement à l'image véhiculée, était peut-être avant tout un psychologue ; plusieurs des disciples de Meinong se sont illustrés dans cette discipline.

36. Cf. l'introduction à la traduction française de *L'analyse des sensations* (1re éd., 1902), p. I-XXXI, de J.-M. Monnoyer. Le premier chapitre de cet ouvrage contient les fameuses « Considérations préliminaires anti-métaphysiques » (p. 7-38) dans lesquelles Mach recense les pseudo-problèmes métaphysiques qu'une physicalisation de la psychologie permet d'éliminer (unité de la chose, unité du moi, différence entre le corps et le moi, etc.). Mach, d'origine morave, professeur à Prague et ensuite à Vienne, est un représentant éminent de la philosophie autrichienne.

37. Poincaré, par exemple, développe une philosophie conventionnaliste de l'espace dans *La science et l'hypothèse* (1902). L'axiomatisation de la géométrie euclidienne par Hilbert (1900) a aussi joué en faveur d'une révision radicale de la conception de l'espace. Carnap en 1922 (« Der Raum », dans les *Kantstudien*), Moritz Schlick en 1925 (*Naturphilosophie*), Hans Reichenbach en 1927 (*Philosophie der Raum-Zeit-Lehre*), Hermann Weyl, également en 1927 (*Philosophie der Mathematik und Naturwissenschaft*) ont tiré les conséquences de la relativité de la géométrie, associée à la relativité de la physique. La somme sur le sujet est encore Adolf Grünbaum, *Philosophical Problems of Space and Time* (2e éd., 1973) ; cf. pour la réinterprétation de la relation entre main droite et main

gauche chez Kant (similarité et incongruence), relation qui avait servi à Kant pour soi-disant réfuter la théorie leibnizienne de l'espace, les p. 330-337, où Grünbaum montre que l'on peut donner une analyse conceptuelle de cette relation, qui n'a pas les conséquences qu'en tirait Kant pour sa théorie transcendantale *a priori* de l'espace. Einstein dans « La géométrie et l'expérience » [1921] (in *Sur l'électrodynamique des corps en mouvement*, Paris, 1925, rééd. Jacques Gabay, 1994 ; également dans Einstein, *Œuvres*, Seuil, t. 3) a montré que l'espace de la relativité était sphérique et en tire les conséquences pour les relations à l'espace visuel.

38. Cf. Frege, *Fondements de l'arithmétique*, sp. § 88 : « Kant a sous-estimé les propositions analytiques ».

39. Le remarquable petit livre de Marie-Luise Schubert Kalsi *Meinong's Theory of Knowledge* (Nijhoff, 1987), permet d'avoir une idée précise des relations entre épistémologie et psychologie chez Meinong. Ce livre situe également Meinong, chaînon entre Brentano et Chisholm (cf. sa *Theory of Knowledge*).

40. Pour la correspondance Meinong/Russell, voir B. Gallet (éd. et trad., 2001, spécialement p. 30 *sq.*).

41. L'expression « engagement ontologique » sera redéfinie plus bas, à propos de l'engagement ontologique à l'égard des entités modales (p. 709-714). Pour l'instant, on peut définir comme suit cette notion de Quine : un terme référentiel engage ontologiquement à l'existence de quelque chose, si ce terme pour son interprétation réclame l'introduction dans l'ontologie de cette entité. Exemple : le terme « atome de césium » engage ontologiquement à l'existence de l'atome de césium, parce que pour comprendre « atome de césium » il faut inclure l'atome de césium (sans guillemets !) dans l'ontologie (de la chimie). Les termes non référentiels (contradictoires — le carré rond —, fictionnels — Sherlock Holmes, etc.) n'ont pas d'engagement ontologique, et les termes qui réfèrent à des entités sans

conditions d'identification stricte non plus. Par exemple, le terme « bleu » n'engage pas ontologiquement à l'existence de la couleur bleue, parce que nous sommes incapables d'identifier strictement le bleu ; nous ne pouvons le définir qu'extensionnellement (*i.e.* par son extension) comme l'ensemble des objets bleus. Soit dit en passant, « objet » n'engage pas ontologiquement à l'existence d'objets dans l'ontologie. L'objet est un mythe complexe, formé à partir d'éléments de l'ontologie, suivant Quine (cf. Nef, 1997). L'engagement ontologique est repris par Lewis, qui affirme que les termes modaux engagent à l'existence des *possibilia* et par Chisholm qui affirme qu'il y a engagement ontologique envers des entités non soumises aux lois de l'extensionnalité, par exemple toutes celles qui sont relatives à la personne, ce qui permet à Chisholm de construire une métaphysique ou une ontologie intentionnelle et donc intensionnelle (cf. Zalta 1998), où il réinterprète toute l'ontologie meinongienne.

42. Cf. les ouvrages de Ph. De Rouilhan (1996), D. Vernant (1993) qui contiennent toutes les précisions nécessaires et complémentaires.

43. D. Lackey compare ainsi les analyses respectives de Russell et de Meinong de « Scott est l'auteur de *Waverley* ». Pour Russell, il y a trois assertions dans cette phrase, (i) il y a un auteur de *Waverley*, (ii) il y a au plus un auteur de *Waverley*, (iii) il est identique à Scott. Meinong dirait que (i) concerne le *Sein* de l'auteur de *Waverley*, la (iii) son *Sosein*. Russell maintient que la vérité de (i) est requise si « Scott est l'auteur de *Waverley* » doit être vraie, tandis que Meinong pense que la vérité de (i) n'est pas pertinente pour la vérité de la phrase. C'est ce qui permettrait à Meinong de reconnaître que « Pégase est un cheval volant » est vrai, alors que Russell est obligé avec cette méthode de paraphrase de dire que cet énoncé est faux (ce qui est contre-intuitif en un certain sens) (*in* Russell, 1973, p. XIX).

44. Cf. Goodmann (1951, trad. fr., 2004) pour une présentation des méthodes constructionnelles dans le premier chapitre.

45. Sur le vague, voir le livre récent de T. Williamson (1994) qui plaide pour une approche épistémique du vague — le vague est dans notre connaissance — et propose une logique du vague entendue comme une « logique de la clarté » (p. 269-275), utilisant un opérateur original « il est clairement vrai que ». D. Lewis a à plusieurs reprises discuté le problème du vague de l'expression « beaucoup » (*many*), à partir notamment de l'article de Peter Unger « The problem of the many » (1980).

46. Sur le problème du vague réel, cf. D. Lewis (1999) (à propos de *many*). Voir aussi de B. Russell : « Vagueness », (1923) in *Collected Papers* vol IX, p. 147-154.

47. Si on considère que le vague est dans le langage, et pas forcément dans l'esprit (et *a fortiori* pas dans la réalité), on peut l'envisager comme l'impossibilité de choisir entre une infinité de modèles d'interprétations. H. Kamp (1975) a exploré cette possibilité. De ce point de vue, une phrase ambiguë est interprétable par deux modèles (ou en tout cas par un nombre fini et limité de modèles, même dans le cas d'ambiguïtés complexes), tandis qu'une phrase vague est interprétable par une infinité de modèles.

48. Au moins par les néo-kantiens préoccupés par le fait de diminuer le vague des formulations kantiennes comme Jakob Fries (1873-1943) ou Leonard Nelson (1882-1927), son continuateur. Ce dernier a souligné l'existence et l'importance d'une logique néo-platonicienne.

49. On a tendance à se représenter l'atomisme d'une manière peut-être simpliste. Nous pensons qu'être atomiste c'est postuler des entités inanalysables (ce qui bien sûr n'est pas faux). Peut-être cependant qu'être atomiste, c'est commencer par des affirmations simples : l'atomisme est autant d'exposition que de contenu. En ce sens, l'atomisme s'oppose bien à l'ho-

lisme, qui, lui, entend commencer par des affirmations sur le tout, fussent-elles complexes. De ce point de vue, il est frappant de constater que Wittgenstein commence son *Tractatus* par une phrase portant en fait sur la totalité, pour aussitôt l'analyser en parties. On ne peut explorer ici ce réseau complexe de notions et de contraintes.

50. Achille Varzi analyse cet exemple dans Varzi (2001), p. 156 *sq.* Il s'agit de savoir si la propriété de ténor est attribuée à Pavarotti, comme un objet tridimensionnel ou à une tranche de Pavarotti comme un objet quadridimensionnel.

51. J'ai commis l'erreur dans *Logique, langage et réalité* de supposer un isomorphisme entre une phrase du langage naturel et la structure du fait.

52. On laisse de côté l'aspect proprement sémantique des opérateurs booléens et des règles de composition des valeurs de vérité dans le langage naturel. Edward Keenan et Leonard Faltz ont analysé cet aspect des choses dans un livre capital, *Boolean Semantics for Natural Language* (Kluwer, 1984).

53. « Vérifacteur » traduit « *truthmaker* », c'est-à-dire ce qui rend vrai quelque chose. En français, un état de choses ne fait pas vrai un énoncé, il le rend vrai. On voit la limite de prendre pour universel une idiosyncrasie de l'anglais. Cela dit, on peut entendre de manière plus abstraite, non ce qui fait vrai, mais ce qui fait que quelque chose est vrai. En ce sens, le vérifacteur ne fait pas vrai l'énoncé, il fait qu'il est vrai. Notons que « faire vrai » a exactement le sens opposé en français : « Ce revolver en plastique fait vrai, on s'y tromperait. » Dans cet exemple, le revolver est un faux revolver.

54. Russell discute un article de M. Demos, « Mind » (1917).

55. La traduction française porte « unicorne », mais cette bête-là n'existe pas, même dans les dictionnaires !

56. C'est ce même exemple qui est analysé dans le chapitre 12 des *Problèmes de philosophie*, à propos de la théorie des complexes de Meinong.

57. Il existe cependant une ligne de défense de la logique traditionnelle qui consiste à montrer que cette dernière disposait en fait de ressources propres pour la quantification du prédicat et donc que la révolution frégéenne en logique ne saurait en dernière analyse être motivée par les insuffisances de la logique traditionnelle (on entend par là la logique aristotélicienne améliorée par les logiciens médiévaux et Leibniz). Fred Sommers (*The Logic of Natural Language*, Oxford, Clarendon Press, 1980) fournit une discussion approfondie de ces problèmes et soutient l'existence d'une syntaxe logique des langages naturels, qui rend inutile la rupture de la forme logique frégéenne avec le langage naturel. De points de vue complètement différents, Lesniewski, Geach (*Reference and Generality*, 1962) et dans une certaine mesure Strawson (*Introduction to Logical Theory* 1952) ont précédé F. Sommers dans cette voie, celle d'une réévaluation de la logique traditionnelle comparée à la logique moderne des prédicats.

58. On entend par « platoniste » le sens en philosophie mathématique et non le sens du platonisme historique ; on entend par là une doctrine qui affirme l'indépendance des entités mathématiques relativement à nos moyens d'appréhension et de démonstration. Cf. P. Bernays *Philosophie mathématique* (Vrin, 2004).

59. Pour une introduction à la logique mathématique, cf. D. Vernant (2002) et Gochet (1990).

60. On peut en effet soutenir que la prémisse cachée selon laquelle il y a plusieurs hommes est une affirmation extra-logique et que la logique devrait valoir aussi pour des univers solipsistes. On laisse de côté ce point, peu exploré (d'habitude un argument voisin concerne le fait que dans la théorie de la quantification

le passage à la postulation d'entités existantes est extralogique et que la logique devrait valoir pour un univers complètement vide). Les partisans des logiques dialogiques et plus généralement d'un fondement dialogique de la logique (comme Lorenzen, voir sa *Dialogische Logik*) verraient sûrement ce fait comme allant dans leur sens.

61. Pour une lecture heideggerienne de cet opuscule, voir tout le début des *Problèmes fondamentaux de phénoménologie.* Heidegger interprète le concept de position pour l'existence comme une étape importante de l'histoire de la métaphysique.

62. Les catégories de la modalité (possibilité, nécessité, réalité effective) « n'augmentent nullement, comme détermination de l'objet, le concept auquel elles sont jointes comme prédicat, mais elles expriment seulement le rapport à la faculté de connaître » (I, p. 948). La réalité effective enveloppe l'existence dans l'espace.

63. De Libera (1991) contient comme sophismes « *Chimaera est* », « *Chimaera est chimaera* » et « *Chimaera est homo* », mais pas « *Chimaera est opinabilis* » dont j'ignore l'origine. Sur les sophismes en général, voir Fabienne Pironet, *Sophismata Asinata* (Vrin, 1994).

64. La traduction de J.-M. Roy porte « une description ou une occurrence », ce qui nous semble une erreur.

65. Cf. D. Jaquette (2002), pour une comparaison des deux méthodes.

66. Cf. le § 7 de *Être et Temps* ; apparemment, il faut juger la méthode, qui se réclame de l'évidence du retour aux choses mêmes, aux résultats. Cf. : « Il n'est nullement question de satisfaire à la tâche d'une discipline prédonnée, bien au contraire : c'est à partir des nécessités internes de questions déterminées et à partir d'un traitement requis par les "choses elles-mêmes" qu'une discipline peut seulement s'élaborer » (trad. E. Martineau, p. 42).

67. Toutefois Heidegger considérerait probablement l'usage russellien de la logique comme un « procédé technique » (*op. cit.*) qui s'oppose au « débat avec les choses mêmes » (*ibid.*). Heidegger considère que la méthode doit découler directement du contenu du questionnement, d'où la circularité herméneutique inévitable.

68. Cf. M. Marion et A. Voizard (1998), spécialement l'article de Boolos qui est une remarquable mise au point.

69. Exemple communiqué par F. Drapeau-Contim.

70. Une version révisée de la première moitié du Grand Cahier (*Big Typescript*) contenant une grande partie des manuscrits posthumes de Wittgenstein a été publiée sous ce titre en 1969 (*Grammaire philosophique*, trad. fr. A.-M. Lescouret, 1990). Pour une histoire du manuscrit, cf. les p. 491-494.

71. Il faut bien distinguer trois types d'atomisme. La thèse atomiste — il y a des éléments simples, ultimes, primitifs — se spécifie en a) atomisme matériel : les éléments simples sont des atomes dont la combinaison forme des mondes en nombre infini (Épicure, les atomistes grecs), b) l'atomisme logique (le monde est composé de manière ultime de faits atomiques), c) l'atomisme spiritualiste où les atomes sont des entités spirituelles (monades, ou autres) dotées de perception et d'appétition, comme chez Leibniz. Les progrès de la physique avaient rendu (a) peu plausible, (c) avait été analysé par Russell comme conduisant à des contradictions, dans le cas de Leibniz (problème des relations internes) restait donc (b) pour Russell. McTaggart rejette (a), (b) et (c).

72. On peut remarquer que la position nihiliste (il n'existe pas d'objets ordinaires), défendue par Van Inwagen (cf. *supra*), a été défendue auparavant par R. Chisholm, pour des raisons complètement différentes. Selon Chisholm, le mobilier ontologique de base est fourni par les propriétés, exemplifiées et non

exemplifiées (il est radicalement platonsiste dans la mesure où il admet des propriétés non exemplifiées à part entière). De plus, pour Chisholm, une propriété si elle est exemplifiée n'a pas à être exemplifiée par un individu : un état de choses ou une autre propriété peut l'exemplifier (cf. Chisholm, 1981).

Chapitre XVI

1. Il diffère cependant fortement de Wittgenstein et Russell, ne serait-ce que par l'absence du thème de la compassion qui joue un rôle si important chez ces deux auteurs (cf. le récit par Russell de son expérience de la douleur d'autrui, en présence de la douleur morale de la femme de Whitehead et l'intérêt puissant de Wittgenstein pour le Tolstoï tourmenté par la souffrance universelle des hommes et des animaux, à Iasnaïa-Poliana).

2. Il faut signaler cependant l'essai récent de Sacha Bourgeois-Gironde *McTaggart : temps, éternité, immortalité, suivi de trois essais de McTaggart* (2000) traduits par Sacha Bourgeois-Gironde. Son essai (p. 1-91) sur McTaggart introduit surtout à la philosophie du temps de cet auteur et fournit toutes les indications sur la réception contemporaine du fameux argument. Ce travail nous dispensera donc de revenir longuement sur l'argument de l'irréalité du temps de McTaggart. Quoi qu'il en soit, cet essai marque bien l'intérêt de la métaphysique analytique pour l'œuvre « excentrique » du philosophe de Cambridge.

3. Charlie Dunbar Broad (1887-1971) a consacré à McTaggart un énorme commentaire de *The Nature of Existence* : *Examination of McTaggart's Philosophy* (1933-1938) (rééd. Thoemes Press, 2000, 2 vol.).

4. Peter Geach, *Truth, Love and Immortality*, le meilleur livre sur McTaggart, et du même : « McTaggart » (*in* Cambridge Philosophers, site du Royal Insti-

tute of Philosophy). Dans *God and the Soul*, P. Geach consacre également plusieurs pages à McTaggart.

5. Toutes les indications se trouvent dans S. Bourgeois-Gironde (2000). Un livre classique sur le sujet : R. Gale (1968).

6. Pour un résumé biographique, voir S. Bourgeois-Gironde, *op. cit.*, p. 7-9.

7. Nous avons beaucoup de mal à comprendre la profondeur de ce patriotisme : par exemple dans la promotion de Orwell à Eton, 20 % des élèves furent tués à la guerre de 1914-1918 ; en tant qu'officiers, ils tenaient à charger à la tête de leurs hommes, ce qui explique ce taux de perte (cf. Brink, *Orwell, une biographie*). À l'aune d'un tel héroïsme, que l'on peut juger absurde avec le recul du temps, l'attitude de Russell ne peut qu'apparaître lâche et méprisable.

8. Cf. *L'argumentum ornithologicum* de J. L. Borges, O. C., II, p. 10 *sq.*, 1999). C'est une position que l'on qualifie de réalisme logique. Une proposition est vraie ou fausse indépendamment de nos moyens de connaître sa vérité, c'est-à-dire de la vérifier. À cette position s'oppose l'anti-réalisme de Dummett qui sur ce point affirme qu'en l'absence de procédure effective de vérification la proposition n'est ni vraie ni fausse. Cela est cohérent avec son choix d'une logique intuitionniste, dans laquelle effectivement on admet le ni vrai, ni faux (cf. Dummett, *Elements of Intutionism* et *Philosophie de la logique*, Minuit, 1991 : dans sa préface, le traducteur, Fabrice Pataut, défend l'anti-réalisme de Dummett comme programme métaphysique en soutenant qu'il est capable d'apporter des solutions aux problèmes métaphysiques). Ici, typiquement, il permettrait d'éliminer le problème de la contradiction entre la nature de Dieu et certaines conséquences peu plausibles de son omniscience (Dieu doit connaître toutes les propositions, même les plus ineptes, si elles sont vraies). Ce genre de problème a conduit Aristote à limiter la pensée de Dieu à lui-même, car il est le

seul objet digne de sa pensée. Cependant le vérificationnisme va à l'encontre d'un principe que nous suivons dans cet ouvrage et qui veut que la vérité survienne sur l'être.

9. Évidemment on pourrait imaginer que tous les hommes sont le phénix, mais cette pensée est baroque : il faudrait imaginer que nous sommes chacun ou une partie ou un aspect du phénix. Le phénix n'a cessé de fasciner les logiciens (cf. A. de Libera, 1991), parce que c'est en termes modernes un singleton : on peut le considérer comme un ensemble (possédant un membre) ou comme un individu, seul de son espèce. De plus, le phénix a une existence intermittente. C'est, à ma connaissance, un des rares singletons intermittents de l'ontologie.

10. Kotarbinski (1886-1981), qui a été un élève de Twardowski (1866-1938), lui-même un élève de Brentano, fut l'un des philosophes polonais les plus importants du XXe siècle. Il a soutenu la doctrine nommée « concrétisme » d'après laquelle « seuls les objets concrets individuels existent ». Le concrétisme est ontologiquement matérialiste et sémantiquement nominaliste (les noms de relations ou d'universaux sont des noms de fiction). Ontologiquement, Kotarbinski affirme que tout ce qui est est une chose (c'est ce que l'on nomme le « réisme » — on pourrait être concrétiste sans être réiste). Kotarbinski est l'auteur de *Leçons sur l'histoire de la logique* (PUF, 1964). Pour un sommaire de ses vues réistes, cf. Kotarbinski (1955).

11. On peut remarquer que Leibniz avait déjà envisagé la possibilité de vérités probables en métaphysique, tout en professant que l'idéal dans ce domaine était la démonstration géométrique. Il existe cependant de nombreux cas où la démonstration est (encore) impossible et dans ce cas il faut se contenter de probabilités : « lorsqu'il ne paraît pas moyen de parvenir à cette assurance il faut se contenter de la probabilité en attendant une plus grande lumière. Mais il faut distinguer des degrez dans la probabilité » (« De la sa-

gesse », Gehardt, VII, p. 87). Couturat (1901, p. 274 *sqq.*) montre que le calcul des probabilités incarne dans l'Art d'Inventer la méthode inductive, tandis que la méthode déductive est représentée par la Caractéristique. Pour les « sciences conjecturales », seule compte la méthode inductive. La métaphysique n'est pas une science conjecturale, elle a une partie déductive, mais elle a aussi une partie inductive, quand il s'agit d'aller des effets aux causes. En particulier dans les *Elementa physicae* qui devaient servir de préface à la *Démonstration catholique* vers 1682-1684, Leibniz admet que pour déterminer ce que sont les véritables phénomènes, il faut recourir à des degrés de probabilités. Pour Leibniz, la métaphysique n'est pas essentiellement différente de la logique réelle (c'est-à-dire réalisée) : « Mais pour moy je chérissais les Mathématiques que parce que j'y trouvais les traces de l'*art d'inventer en général*... Je viens à la Métaphysique, et je puis dire que c'est pour l'amour d'elle que j'ay passé par tous ces degrés ; car j'y ai reconnu que la vraye Métaphysique n'est guère différente de la vraye Logique, c'est-à-dire de l'art d'inventer en général » (*Lettre à la duchesse Sophie*, cité *in* Couturat, *op. cit.*, p. 279-280).

Donc la vraie métaphysique, achevée est la même chose que la vraie logique, achevée, accomplie en art d'inventer, mais la métaphysique en voie de constitution peut recourir aux deux parties de l'art d'inventer, en voie de développement, la voie déductive pour le choix des principes et des axiomes et la voie inductive pour tout ce qui concerne les phénomènes, les causes et plus généralement les opinions des anciens métaphysiciens sur lesquelles on ne peut trancher de manière absolument définitive mais auxquelles on peut cependant attribuer des degrés d'assentiment (pour ces degrés, voir les *Nouveaux Essais*, livre IV, chap. XVI). Les probabilités sont surtout appliquées à la « logique du droit », mais la métaphysique en tant qu'elle implique une jurisprudence des opinions passées a quelque chose en commun avec la logique du droit (outre le fait que comme théodicée elle a à défendre les droits de Dieu).

12. Je traduis « *awareness* » par « appréhension », ce qui a le désavantage de perdre la connexion *aware/awareness*, mais aussi l'avantage de ne pas risquer d'impliquer les connotations indésirables ici de « conscience ». *Awareness* est plus large que « conscience » et si l'on parle d'une *awareness* par la perception, mieux vaut dans ce cas parler d'une appréhension par la perception que d'une conscience par la perception, ce qui semble redondant.

13. Elle a été créée par le logicien polonais S. Lesniewski (1886-1939), et toute une série de ses disciples, dont certains exilés, aux États-Unis ou en Angleterre, comme Lejewski, puis développée dans ses conséquences ontologiques notamment par P. Simons dans *Parts* (1987), un des livres d'ontologie les plus importants de la fin du XXe siècle.

14. Dans la philosophie indienne, on considère le nihilisme comme l'une des quatre positions fondamentales (à côté de l'idéalisme subjectif, du réalisme critique et du réalisme direct — cf. introduction de Prithwindra Mukherjee au *Discours sur le bouddhisme* de Çamkara [1985], p. 10). Le nihilisme dans la philosophie indienne ne consiste pas à dire que rien n'existe, mais que seul le Vide existe et que tout ce qui n'est pas le Vide (ego, matière, etc.) est illusion. Peirce avait tenté de trouver un théorème mathématique qui assure de la formation d'une discontinuité initiale dans le vide, qui permette d'en faire sortir la matière, l'espace et le temps. Le nihilisme dans la métaphysique actuelle désigne la thèse suivant laquelle les objets matériels n'existent pas en tant qu'objets (cf. *infra)*. Il y a donc au moins trois sortes de nihilismes : a) seul le Vide existe, b) rien n'existe c) les objets matériels n'existent pas.

15. P. Van Inwagen (1996) a proposé une autre démonstration pour répondre lui aussi positivement à la question « est-ce quelque chose existe ? » : La forme

de sa question est « est-ce qu'il y a quelque chose de réel ? », au sens de « est-ce qu'au moins un objet concret existe ? » Van Inwagen ne propose qu'une certitude probable : la probabilité qu'il y ait rien est égale à zéro. J. Lowe dans *The Possibility of Metaphysics* (1998, p. 248-252) a examiné la validité de l'argumentation de P. Van Inwagen et proposé une argumentation révisée : il existe au moins des objets abstraits et ceux-ci dépendant pour leur existence des objets concrets, il existe donc des objets concrets. Une proposition est un objet abstrait, et puisqu'il existe au moins des propositions et que les objets abstraits dépendent des objets abstraits, alors il existe des objets concrets, c'est-à-dire au sens de McTaggart (pour lequel les objets abstraits n'existent pas) au moins quelque chose existe.

16. On reviendra sur cette question à la fin de cet ouvrage, à propos de la question « pourquoi existe-t-il quelque chose plutôt que rien ? » — la réponse que nous préconiserons est : pour qu'il y ait quelque chose de vrai, ce qui est consistant avec la critique que nous faisons ici de la possibilité de la vérité de « rien n'existe ».

17. Dans la logique hégélienne, il y a à la fois identité de l'être et du rien, parce qu'ils sont tous les deux vides (le premier parce que complètement général, le second parce que excluant tout) et opposition, et donc identité des contraires, qui produit à cause de la différence un mouvement du concept, le surgissement d'une synthèse, le devenir. Tout cela repose sur cette idée du caractère vide des deux catégories de départ et l'on ne peut être que frappé par la ressemblance avec l'ensemble vide de la théorie des ensembles qui choquait tant Lesniewski, dans son souci de rigueur : un ensemble vide est une pure contradiction. On peut donc imaginer une reconstruction ensembliste de la logique hégélienne (certains s'y sont essayés et il y a même des logiques qui la prennent au sérieux, comme

la logique paraconsistante), mais on ne pourrait avoir une reconstruction méréologique de cette logique hégélienne.

18. Il semble qu'il y ait ici une difficulté : si effectivement quelque chose qui existe a la qualité d'exister, indépendamment de sa propre nature, peut-on dire, comme on l'a vu plus haut qu'il n'existe pas, si on le considère abstraction faite de sa nature ? Cette difficulté provient probablement de l'inconsistance qu'il y a à considérer l'existence comme une qualité (cf. *supra* pour ce problème).

19. Dans une ontologie existentielle, c'est une question qui se pose que de savoir si une émotion (comme la pudeur) est simple ou complexe. Cf. Max Scheler, *Vom Scham und Schamgefühl* (1933) (trad. fr. *Le sentiment de pudeur*, 1952). La nature ontologique des émotions est au centre du réalisme moral, cf. C. Tappolet, *Émotions et valeurs* (PUF, 1999).

20. McTaggart pense peut-être à ce genre de propositions de l'*Éthique* : « Tout mode qui existe nécessairement et comme infini a dû suivre nécessairement, soit de la nature absolue d'un attribut de Dieu, soit d'un attribut modifié d'une modification qui existe nécessairement comme infinie » (I, prop. XXIII).

21. Solipsisme : de *solus* + *ipse* : le soi-même seul existe. On parle ici de solipsisme métaphysique qui doit être distingué du solipsisme épistémologique qui peut représenter une stratégie de méthode (Putnam, Fodor). Russell identifie le premier avec le solipsisme dogmatique et le second avec le solipsisme critique (Russell, 2002, p. 214). Descartes est à l'origine du solipsisme métaphysique, quand dans les *Méditations* il doute de l'existence du monde et d'autrui. Fichte, dans la *Destination de l'homme*, discute de la représentation et de l'intuition de ce qui est extérieur à l'esprit en critiquant le solipsisme qui n'est dépassé que dans le troisième moment de l'ouvrage, « la croyance » (au niveau du doute et du savoir, le solipsisme apparaît vraisemblable). Cette troisième partie s'ouvre par « Je réclame

quelque chose d'extérieur à la représentation » (alors que dans la deuxième partie je ne pouvais percevoir que mes représentations). Cette extériorité sera donnée dans la dimension pratique de la volonté libre et cette manière de dépasser le solipsisme — il est théoriquement possible, mais pratiquement incohérent — deviendra traditionnelle. Russell (*Connaissance humaine,* p. 217) admet que « l'hypothèse solipsiste ne peut être réfutée par des arguments déductifs ». Ce sont des « inférences non déductives » qui garantissent l'existence d'autres personnes et comme ces inférences non déductives forment une base de la connaissance empirique, il est empiriquement probable que le solipsisme est faux, même s'il est déductivement irréfutable. Russell mentionne la lettre d'une logicienne lui annonçant qu'elle était parvenue à s'assurer de la vérité du solipsisme, ce qui semble à Russell contradictoire : un solipsiste drastique ne devrait jamais essayer de convaincre qui que ce soit. Si c'est une conviction privée, quelle est sa valeur ? C'est dans cette direction que Wittgenstein critique le solipsisme comme incohérent logiquement. En effet pour Wittgenstein le solipsisme est contradictoire : « développé en toute rigueur il coïncide avec le réalisme pur » (*Tractatus*, 5.64), bien que ce que « veut signifier » le solipsisme soit vrai : le monde est « mon monde » (5.62).

22. Les faits négatifs seraient les vérifacteurs des énoncés négatifs. Plusieurs auteurs voient une difficulté dans une approche en termes de vérifacteurs de ce type. On verra plus tard qu'intrinsèquement la notion de fait négatif est problématique.

23. Même dans l'hypothèse des cerveaux dans une cuve (je suis un cerveau dans une cuve emplie de liquide nutritif et toutes mes stimulations cérébrales sont manipulées par, au choix, un savant fou ou un superordinateur — cf. *Matrix* — je ne peux douter de mes perceptions : je peux douter qu'elles aient un objet, mais je ne peux pas douter que j'*aie des perceptions*. En ce sens, le cas des cerveaux dans une cuve (c'est-à-

dire la possibilité que la stimulation cérébrale soit purement interne) doit être distingué de celui de l'hallucination. Dans le cas de l'hallucination, je ne doute pas de mes perceptions, mais si un désaccord intervient entre la perception et l'objet perçu, je puis critiquer ma perception et dire : ce n'est qu'une hallucination (due par exemple à des causes exogènes), mais je ne peux douter que j'*aie des perceptions*. Dans le cas de l'hallucination, j'ai des perceptions, mais je ne fais pas une expérience perceptive. Je peux douter de mon expérience perceptive, mais pas d'avoir des perceptions. L'expérience de la folie est différente et cruciale, puisque je peux douter que j'ai des perceptions, mais je ne peux douter cependant que je pense peut-être ne pas avoir de perceptions. Cf., sur ce point, Jean-Marie Beyssade : « Mais quoi ce sont des fous. Sur un passage controversé de la *Première Méditation* » (in *Descartes au fil de l'ordre*, PUF, 2001, p. 13-39), qui est une mise au point à propos de l'interprétation de Michel Foucault dans *L'histoire de la folie*, et des critiques de Jacques Derrida dans « Cogito et histoire de la folie » (in *L'écriture et la différence*, Seuil, 1967, p. 51-98).

24. R est réflexive = déf. xRx [ex. R = identique à]

R est irréflexive = déf. $\neg xRx$ [ex. R = père de]

R est non réflexive = déf. $(\forall x)\ (xRx \vee \neg xRx)$ [ex. R = admirer]

R est symétrique = déf. $(\forall x)\ (\forall y)\ (xRy \supset yRx)$ [ex. R = égal à]

R est asymétrique = déf. $(\forall x)\ (\forall y)\ (xRy \supset \neg yRx)$ [ex. R = père de]

R est non symétrique = déf. $(\forall x)\ (\forall y)\ (xRy \supset (yRx \vee \neg yRx))$ [ex. R = aimer]

R est transitive = déf. $(\forall x)\ (\forall y)\ (\forall z)\ ((xRy\ \&\ yRz) \supset xRz)$ [ex. R = ancêtre de]

R est intransitive = déf. $(\forall x)\ (\forall y)\ (\forall z)\ ((xRy\ \&\ yRz) \supset \neg xRz)$ [ex. R = père de]

R est non transitive = déf. $(\forall x)\ (\forall y)\ (\forall z)\ ((xRy\ \&\ yRz) \supset (xRz \vee \neg xRz))$ [ex. : cousin de].

25. C'est au principe de composition des substances qu'il revient d'énoncer des contraintes pour exclure ce genre d'agrégation accidentelle. Si l'on donne par exemple une contrainte de localité (que les parties d'une substance doivent être localisées au même lieu, ou contiguës), alors il faut ajouter pour les *entia successiva* un principe de continuité, puisqu'une substance qui peut se déplacer peut à différents instants être en différents endroits. Si l'on renonce aux substances, il est beaucoup plus difficile de s'opposer à de tels rassemblements. Il faut simplement alors avoir non un principe de composition (proche d'un principe d'individuation), mais uniquement des critères qui permettent de distinguer les rassemblements rhapsodiques des rassemblements auxquels on donne spontanément le nom de substances.

26. Il y aurait là matière à une riche ontologie naïve des collections faiblement connectées, comme un fagot, un bouquet, un trousseau (de clefs), un archipel, une bibliothèque, une forêt, une garde-robe (au sens des vêtements, non du lieu), un banc de poissons, un vol d'oiseaux, une foule (?), etc. Il faut distinguer de ces collections des entités qui sont obtenues par empaquetage d'une quantité homogène : un pack de lait, de soupe, un sachet de riz, où la quantité détermine la portion qui est découpée (ex. 500 g de riz), alors que pour le premier type de collections, la quantité porte sur le nombre d'individus : une mélodie de 88 notes, un trousseau de sept clefs, etc. À côté de ces deux types d'entités, il y a évidemment les collections ou totalités fortement connectées comme les accords, les armées, les octaves, les harmonies, les corps de nombres, etc.

27. Cf. Nef (2000) pour un rappel des conceptions leibniziennes sur les axiomes et une reconstruction axiomatique de *La Monadologie.*

28. Cf. B. Russell, « On the order in time » [1936] (*in* Russell, 1956), p. 345-364.

29. La partition B consiste à distinguer les quatre grandes parties du Royaume-Uni, tandis que la partition C consiste à distinguer d'un côté la Grande-Bretagne et d'autre part l'Irlande, décomposée en ses quatre composants. La partition B décompose la Grande-Bretagne et prend l'Irlande comme un tout, la partition C décompose l'Irlande et prend la Grande-Bretagne comme un tout.

30. Incidemment, on peut remarquer que McTaggart cite à l'occasion des fragments de poèmes, comme d'ailleurs Whitehead. Mais ils ne prêtent pas aux poètes une fonction prophétique, comme Heidegger, qui en s'annexant Hölderlin lui a rendu le pire des services : « La parole de Hölderlin dit le Sacré et nomme ainsi l'unique aire de temps de la résolution initiale qui décide de l'ordonnancement de l'histoire future des dieux et des humains.

Cette parole encore inentendue est en réserve dans la langue occidentale des Allemands » (« Comme en un jour de fête », trad. M. Deguy, F. Fédier, in *Approches de Hölderlin*, Gallimard, 1962, p. 98, prononcé pendant les années 1939-1940, publié en 1941).

31. Cf. Margherita Palumbo, *Leibniz et la res bibliothecaria* (Rome, Bulzoni, 1993).

32. McTaggart ne veut pas dire que nous sommes seuls dans l'univers ; il reconnaît qu'il se pourrait qu'il y ait d'autres moi sur d'autres systèmes planétaires. Le problème philosophique qui se pose est celui de savoir s'ils auraient des principes cognitifs comparables aux nôtres. C'est le problème de l'universalité et donc de l'unicité de la logique qui est posé de manière empirique : les habitants de la planète n° 14623 connaissent-ils Barbara et Festino ?

Chapitre XVII

1. Quine a consacré un article à ce traité (1941, *in* Schilpp).

2. Cf. Couturat, *Logique de Leibniz,* p. 319-320 : « Ainsi Leibniz concevait sa Logique comme une Mathématique de la pensée, plus exactement comme une "Algèbre Universelle", s'appliquant à tous les objets susceptibles de déterminations précises et comprenant autant d'algèbres spéciales qu'il y a de genres de relations à considérer entre ces objets. »

3. Notamment dans le mémoire de 1905 « On the mathematical concepts of the material world ».

4. De ce point vue, on peut noter une profonde similarité des situations de Leibniz et de Whitehead, au début de leurs carrières respectives. Tous deux accueillent favorablement la révolution scientifique en cours (galiléenne pour Leibniz, relativiste pour Whitehead) et tous deux rejettent le matérialisme scientifique. Leibniz rejette en effet la philosophie mécanique de Hobbes et plus généralement l'atomisme matériel, tout comme Whitehead rejette le physicalisme du positivisme logique. Dans les deux cas cependant, le bon grain du rationalisme est séparé avec soin de l'ivraie du réductionnisme ontologique.

5. Une idéalisation canonique de ce genre de modèle est fournie par Boscovitch (1711-1787), systématisant la philosophie naturelle de Newton dans sa *Philosophia Naturalis Theoria redacta ad Unicam Legem Virium in Natura Existentium* [Une théorie de la philosophie naturelle réduite à une simple loi des actions existant dans la nature] (1758). L'appendice contient une métaphysique. Kant dans sa *Monadologie physique* (1756) a proposé une interprétation de la monadologie de Leibniz, proche de celle de Leibniz.

6. La position bergsonienne à l'égard des sciences est complexe. L'ouvrage capital de Milič Čapek *Bergson and Modern Physics, a Reinterpretation and Evaluation* (Reidel, 1971) contient une mise au point détaillée, qui déborde les frontières de la physique. L'auteur de ce livre met en relation Bergson et Croce, Whitehead, Husserl, Boutroux, Russell de manière éclairante. Le

jugement sur le contresens bergsonien concernant la théorie de la relativité est équilibré. Les vues de Čapek (montrer que Bergson anticipe la physique dans son développement) ont été approuvées par Bergson : « Il était impossible de mieux comprendre l'essentiel de mes vues sur la durée et la matière. En particulier vous avez admirablement montré comment et dans quel sens et dans quelle mesure la conception de la matière que j'ai de plus en plus précisée dans mes ouvrages anticipent sur la physique d'aujourd'hui » (lettre de Bergson à l'auteur, *op. cit.*, p. 401). Dans cette lettre, Bergson cite Whitehead comme un des très rares qui a compris sa doctrine suivant laquelle « les éléments ultimes de la matière doivent être conçus à l'image du tout » (*ibid.*).

7. Cf. pour une présentation du contexte Dominique Berlioz (2000), p. 153 *sqq*.

8. Santayana, Lovejoy..., succèdent aux Nouveaux Réalistes des années 1910, réagissant contre le courant idéaliste important en Amérique (Cf. les *St Louis Hegelians*) avec par exemple Royce.

9. Samuel Alexander, né en Australie en 1859, fut le premier Juif à être un fellow d'Oxford en 1882 et fut une figure importante du mouvement sioniste. Il fit toute sa carrière à l'Université de Manchester.

10. *Process theology*, théologie du processus, cf. C. Hartshorne (1948) et DCT, J.-Y. Lacoste (1998, p. 933-934).

11. L'existence d'une édition corrigée depuis 1978 permet d'éliminer beaucoup de reproches d'incohérence ou d'obscurité, dues en partie au manque de soin de Whitehead dans la relecture de son manuscrit et de ses épreuves.

12. Ce courant est assez marginal, mais l'on peut citer : E. Zalta (1983, 1988, 1993), U. Meixner (1991, 1997). C'est une question disputée de savoir si la métaphysique est assez mûre pour un traitement axiomatique et quels seraient les liens entre ce traitement et

son composant expérimental éventuel. Le danger est grand, comme chez Euclide, de mélanger axiomes et postulats et de ne pas dégager les bons axiomes. La présentation axiomatique la plus convaincante jusqu'ici est probablement celle de la métaphysique méréologique, mais celle-ci n'en est qu'à ses débuts.

13. Voir Jacques Merleau-Ponty en collab. avec Bruno Morando, *Les trois étapes de la cosmologie*, 1971. *Cosmologie du XX*[e] *siècle, étude épistémologique et historique des théories de la cosmologie contemporaine* (Gallimard, 1965).

14. Einstein a introduit une constante cosmologique, pour expliquer le caractère relativement stable de l'univers, erreur qu'il regretta amèrement. Cf. Pierre Kerzberg, *The Inverted Universe. The Einstein-De Ritter Controversy (1916-1917) and the Rise of Relativistic Cosmology* (Oxford, Clarendon Press, 1989, sp. les p. 194-200).

15. Auteur de *Raum, Zeit, Materie* (1918 ; *Space-Time-Matter*, 1922).

16. Auteur de *Philosophie der Zeit-Raum-Lehre* (1928 ; *Philosophy of Space and Time*, 1958). En français, *L'avènement de la philosophie scientifique* (Flammarion, 1955).

17. Cette division s'est maintenue tardivement dans la néo-scolastique. La table des matières d'un ouvrage de philosophie de 1896 : *Leçons de philosophie néo-scolastique* (Imprimerie Oberthur, Rennes) (à usage du Grand Séminaire ?) a un plan révélateur des tensions entre le maintien de la structure en question et l'intégration de la théorie des idées et de certaines doses de gnoséologie. L'ouvrage a en effet le plan suivant : 1re partie subjective : logique, méthodologie, psychologie, idéologie, critériologie ; 2e partie : objective ou métaphysique : ontologie, cosmologie, anthropologie (= théorie de l'âme), théodicée.

Il est très intéressant d'observer que la division ontologie *vs* psychologie, théologie, cosmologie est intacte, mais que des éléments se sont surajoutés et qu'en fait la psychologie est scindée en psychologie empirique (appelée psychologie proprement dite) et en anthropologie (ou en fait ce qui correspond chez Wolff à la psychologie rationnelle, mais ici à fort contenu dogmatique).

18. *L'Harmonie du monde* de Kepler (1619) développe cette grandiose tentative dont une grande partie est consacrée au chant. Kepler entreprend de fonder géométriquement l'existence d'une musique des sphères (niée par Pascal). *Le Secret du monde* (Kepler, 1984) reprend de manière plus succincte les principes de la démonstration (p. 63-92). Bien sûr, Kepler a échoué dans sa tentative, mais son idée fondamentale de chercher dans des vibrations de cordes l'origine des rapports exprimables géométriquement par les corps physiques était géniale, anticipant l'intuition fondatrice de la théorie des cordes vibrantes et même la généralisation des concepts et méthodes de la théorie des cordes vibrantes à la physique, comme on ne peut pas ne pas le remarquer (voir Greene, 1999, p. 157-188). Le socle des idées képlériennes est pythagoricien, hermétique et platonicien, mais il a su extraire de ce corpus des hypothèses qui vont dans de la géométrisation de l'espace physique. Ce n'est pas un cas unique dans l'histoire des sciences où des doctrines en apparence irrationnelles, parce que ésotériques et se présentant comme revêtues de l'autorité de l'initiation, suspecte aux yeux de la science, jouent un rôle déterminant dans l'émergence d'idées nouvelles. En ce sens, le pythagorisme hermétique est à la fois profondément conservateur, opposé à la philosophie mécanique, et authentiquement novateur, parce que non assujetti au mythe de la matière et posant la primauté des rapports arithmétiques, ce qui se vérifie dans la physique des particules.

19. Il s'agit ici d'une simplification, peut-être exagérée. La « philosophie de la nature » désigne dans la pensée allemande des projets extrêmement dissem-

blables. Entre la morphologie de Goethe, la recherche mystique des correspondances chez Novalis (cf. son *Brouillon général*, Allia, 2000) et la métaphysique de la production divine chez Schelling, il n'y a pas grand-chose de commun en dehors de la conviction que le modèle newtonien est incapable de rendre compte d'une part des formes naturelles et d'autre part de la genèse de l'univers. Le regain d'intérêt pour cette *Naturphilosophie* provient d'une source similaire : la déception devant les progrès extrêmement lents d'une Théorie du Tout. René Thom (1998) avait tenté de renouveler la philosophie de la nature, avec pénétration, mais sans le tact philosophique nécessaire et son entreprise a fait long feu. Jean Petitot (1991) a donné une présentation plus crédible de ce programme en le rattachant à la philosophie transcendantale de Kant et Husserl.

20. Ici un auteur fondamental est Coleridge (1772-1834), un des rares esprits authentiquement philosophique et véritablement poétique. Cf. *Les Sermons laïques* suivi de *L'Ami* (1816-1818) (Gallimard, 2002).

21. E. Meyerson dans le *Cheminement de la pensée* (1931) a critiqué de manière pertinente la méthode syllogistique de Hegel pour le magnétisme ou l'électricité.

22. Ici la traduction française est trop précieuse : *apostil* qui existe en anglais est l'équivalent de « apostille ». *Footnote* n'est rien d'autre qu'une note en bas de page, alors qu'une apostille est une mention manuscrite, qui peut se trouver dans les marges.

23. Cette définition de l'objet éternel rencontre l'intuition des poètes (notamment ceux qui modifient leur conscience par des substances). Cf. par exemple « Les arbres de la nuit ne sont pas les arbres de la nuit. Ils sont l'éternité » (Jack Kerouac).

24. On trouve leur manifeste dans l'anthologie de R. Chisholm (1960), p. 151-185 : « Introduction to the "New Realism" ».

25. Cf. les travaux d'Ayers (1991) pour une réévaluation de la véritable portée et des véritables antécédents de la pensée de Locke.

26. On entend par là non seulement les poètes métaphysiques proprement dits (les *Metaphysical Poets* : John Donne, Traherne, etc.), marqués par le platonisme de Cambridge (Cudworth, Henry More...), mais aussi, comme on l'a vu, certains romantiques, comme Coleridge et également des poètes comme Milton ou Shakespeare. Il ne s'agit donc pas de métaphysique versifiée (comme Victor Hugo à ses mauvais moments), mais des poètes qui par le biais de l'expression verbale et imagée ont dévoilé la profondeur et le dynamisme de l'univers, la lutte éternelle du bien et du mal.

27. D'Arcy Thomson, *Forme et croissance.*

Chapitre XVIII

1. La géographie planétaire de la métaphysique analytique est la suivante : elle est particulièrement vivante en Australie, en Californie, mais en Europe on peut noter une pénétration assez récente : en Allemagne, les manuels et les livres se multiplient, en Italie, en Suisse des pôles de recherche se constituent, en France même quelques parutions récentes (cf. Monnoyer, 2004) marquent un nouvel intérêt. Dans les régions où la tradition analytique est récente (comme les États-Unis ou l'Australie), la métaphysique analytique se développe bien (même si, aux États-Unis, ce courant est très marginal), alors que dans les pays de tradition analytique plus ancienne (comme la Pologne, l'Écosse, l'Angleterre ou la Scandinavie) au contraire l'intérêt est mêlé très souvent d'hostilité ou de scepticisme. L'œuvre de Jonathan Lowe représente une exception en Angleterre.

2. F. Jackson, *A Defense of Conceptual Analysis* (Clarendon, 1998).

3. On appelle logique libre (*free logic*) une logique où le quantificateur existentiel n'a pas d'implication en ce qui concerne l'existence (on parle de quantification non chargée ontologiquement) et où on accepte qu'il puisse y avoir des termes non dénotants (comme « le roi de France actuel »). Les néo-meinongiens, dans la mesure où ils acceptent dans leur ontologie des entités qui n'en sont pas moins des objets, doivent quantifier à partir de termes non dénotants et peuvent trouver dans la logique libre un outil adapté (cf. K. Lambert, *Meinong and the Principle of Independance*).

4. D. Lewis a défendu une théorie des lois scientifiques comme régularités, analysé le concept de causalité (cf. *Papers in Logic and Epistemology*, Cambridge University Press, 2000) ; D. Armstrong a entre autres écrit un livre sur les lois de la nature (*What is a Law of Nature ?*) et R. Chisholm a écrit une *Theory of Knowledge*, dans laquelle il défend des vues hétérodoxes, à contre-courant de l'anti-fondationalisme, du physicalisme et de l'externalisme dominants dans les années 1970-1990. Tout cela a contribué à rendre plus perméable la frontière entre épistémologie et métaphysique.

5. Il existe des manuels (J. Lowe, 2002 ; Erwin Tegtmeier, 1992, Edmund Runggaldier et Christian Kanzian, 1998), des anthologies en nombre croissant (la meilleure étant Loux, 2003). Les Actes du Colloque de Grenoble qui a fait date (J.-M. Monnoyer, 2004) donnent un panorama représentatif, sous l'angle de la discussion des théories récentes de la vérité, autour de la philosophie de David Armstrong. Les sites de Edward Zalta, Barry Smith permettent de prendre rapidement connaissance de travaux en cours.

6. Dans la notice nécrologique que M. Johnston a consacrée à David Lewis après sa mort, en novembre 2001.

7. Barcan Marcus (1995) contient un historique détaillé des critiques de Quine et des réponses que l'on

peut y faire. D. Lewis dans PW revient à plusieurs reprises sur les arguments de Quine.

8. Luminet, *L'univers chiffonné* (2001).

9. On pense ici à l'« effervescence quantique violente », de la « violence des interactions quantiques » qui règne au « niveau du plus fort grossissement » (c'est-à-dire des interactions entre particules élémentaires), si on parle en termes d'échelles (cf. Greene, 1999, p. 150 *sqq.*). Il y a trois conceptions de la surface, la première, visuelle, qui voit la surface comme une frontière presque immatérielle, la seconde où la surface est faite de couches d'atomes avec des inégalités (pour ces deux conceptions, cf. A. Stroll), mais dans une géométrie encore à trois dimensions, et une troisième conception où la surface est un ensemble d'interactions dans des espaces à plus de trois dimensions (là où la physique des cordes commence à devenir pertinente de manière discriminante). On peut se demander si on peut encore parler de « surface » pour cette troisième conception : elle n'est plus une zone frontière entre deux milieux, mais une zone fluctuante de limites d'interactions, qui ne peut définir un contact par superposition ou contiguïté. En termes de relations entre des ensembles de propriétés, on serait tenté de dire que les propriétés géométriques des objets microscopiques ou même du *continuum* spatiotemporel émergent des propriétés quantiques.

10. J. Bouveresse, *Prodiges et vertiges de l'analogie, de l'abus des belles-lettres dans la pensée, à propos de l'affaire Sokal et de ses suites*, Raisons d'agir/Seuil, Paris 1999. Cf. aussi *Le Philosophe chez les autophages*, Minuit, Paris, 1984 et *Rationalité et cynisme*, Minuit, Paris, 1985.

11. Les fonctions royales à l'origine sont des fonctions cosmiques et il reste des traces de ce couplage dans certains rituels dont les anthropologues ont montré qu'ils manifestaient la solidarité d'un ordre cosmique (et donc d'une métaphysique naturelle) et d'un ordre social, éventuellement sans État.

12. Cf. aussi Éric Voegelin, *Hitler et les Allemands*, (trad. fr. 2003) pour exactement la même idée, étendue également à la théologie, dans le contexte de l'étude de la catastrophe spirituelle manifestée et causée par le nazisme. De ce point de vue, la critique nietzschéenne et heideggerienne de la métaphysique et de toute théologie philosophique a contribué au vide nihiliste dont on a pu montrer le rôle catalyseur dans la naissance du national-socialisme — les défenses qui consistent à préciser que Nietzsche n'était pas antisémite et que Heidegger a critiqué apparemment l'idéologie raciste national-socialiste sont à côté du problème : la destruction de la métaphysique même, sans intention politique particulière, raciste ou mythologique, ne pouvait aller que dans le sens de la « révolution nihiliste ». L'extrême faiblesse des intellectuels et des théologiens allemands, soulignée par É. Voegelin devant cet état de choses (il parle de « descente aux abîmes » du clergé allemand par exemple) ne vaut pas explication ou disculpation, mais pointe vers une interrogation : est-ce que la question rebattue du nazisme de Heidegger ou de l'antijudaïsme de Nietzsche ne cacherait pas quelque chose de beaucoup plus profond : le rôle majeur des idéologies de destruction de la métaphysique dans la montée du nihilisme, ce dernier favorisant le passage de l'État-nation à l'état de guerre pur et simple.

13. Le travail de Hayek, dans *Lois, législation et liberté*, sur le concept de *taxis*, dans son lien avec celui de *cosmos* ou les travaux de J.-P. Vernant sur la *polis* vont aussi dans ce sens.

14. A. de Libera a fait l'historique détaillé de cette querelle de Platon à Occam, en en montrant exactement les enjeux épistémologiques et sémantiques (1995, 1999, 2002).

15. Sur la position de l'empirisme vis-à-vis des universaux, voir les travaux de Marylin McCord sur Occam, Ayers sur Locke, et les études de Meinong sur Hume.

16. Autant que l'on puisse comprendre la logique

hégélienne, puisque suivant Aristote (*Mét.*, Γ 4) renoncer au principe de contradiction, c'est renoncer à vouloir être compris, le singulier est une synthèse du particulier et du général. Cela se justifierait par le fait que le singulier, limité à sa classe, l'occupe tout entière, comme le général — en fait cela est proche de la notion ensembliste de singleton. Un singulier {a} serait un universel, parce que si l'on quantifie sur tous les membres de ce singleton, on ne lie que cet individu et donc formellement c'est un élément général en même temps qu'un élément particulier. Cf. le § 114 de la Science de la Logique de l'*Encyclopédie* de 1817 (éd. et trad. B. Bourgeois, Vrin, 1970, p. 242-243).

17. Chronologiquement :

— **1946, 1947** Travaux sur les modalités de R. Barcan Marcus, Carnap, Church.

— **1951** G. H. Von Wright, *An Essay in Modal Logic* (North Holland, Amsterdam).

— **1953** Lukasiewicz, « A system of modal logic », *The Journal of Computing Systems*, 1, p. 111-149.

— **1957** S. Kanger, « On the characterization of modalities », *Theoria*, 23, p. 152-155.

— **1957** S. Kanger, *Provability and Logic* (Almquist et Wiskell, Stockholm ; publication de sa thèse, 47 p.).

— **1957** A.N. Prior, *Time and Modality*, (Oxford University Press).

— **1958** Travaux de Geach et Castañeda sur logique déontique et impératifs).

— **1959** Lewis et Langford, *Symbolic Logic* (2e éd.) avec deux importants appendices (p. 492-514).

— **1959** J. Lennon, « Quantifiers and modal operators » (*Proceedings of the Aristotelian Society*, 58, p. 244-268).

— **1959** Kripke, abstract de Kripke 1963 (cf. *infra*) (in *JSL*, 24, p. 323-324).

— **1960** Montague, « Logical Necessity, Physical Necessity, Ethics and Quantifiers » (in *Formal Philosophy*, 1974, p. 71-83).

— **1961** Følledal, D. *Referential Opacity and Modal Logic* (thèse, Harvard, 1966).

— **1961** Hintikka, « Modality and Quantification » (*in* Hintikka, 1969).

— **1962** Colloque de Boston sur les modalités, avec dans la discussion W.V. Quine, S. Kripke et R. Barcan Marcus (transcription complète de la discussion *in* R. Barcan, *Modalities*, *op. cit.*).

— **1963** Hintikka, « The modes of Modality » (*ibid*).

— **1963** Kripke, « Semantic analysis of modal logic I » (*Zeitschrift für Logik und Grundlagen der Mathematik*, 9, p. 67-96).

— **1965** Kripke, idem, II, (*in* J. Addison *et alii.*, *The Theory of Models*, North Holland, Amsterdam, p. 206-220) [cf. Humphreys et Fetzer, 1999].

— **1965** R. Feys, *Modal Logic*, (Nauwelaerts, Louvain).

On s'accorde en général à reconnaître que ces découvertes sont largement indépendantes. Du point de vue strictement de la priorité chronologique, celle de Kanger (1924-1988) ne fait aucun doute.

Les auteurs français sont présents dans les années 1950 : P. Destouches-Février et J.-L. Destouches (logique modale et physique quantique), P. Guillaume (logiques modales et structures topologiques), J. Porte, R. Poirier (*Logique et modalité du point de vue organique et physique*, Actualités scientifiques et industrielles, Hermann, n° 1163, 1952)... Le livre d'André Darbon *Les catégories de la modalité* (PUF, 1956 [cours donné à l'université de Bordeaux, en 1940-1941]) est un document historique intéressant sur l'état de l'enseignement de la logique en France dans les années quarante et sur la réception de la logique modale (on disposait déjà des travaux de Lewis et Langford, de l'article de Gödel de 1934 sur les logiques intuitionnistes et modales, des travaux de Feys sur la logique modale aristotélicienne, etc.).

18. W.V. Quine, *La relativité de l'ontologie* (1968).

19. Il est important dans le texte de ne pas écrire « nécessaire que Fa » à la place de « a est F dans tous les mondes possibles », car « nécessaire que Fa » suggérerait en fait une lecture *de dicto*, ce qui serait étrange, car la lecture de « Fa » comme une *de re* est courante (cf. *infra*) ! (Je dois à Emmanuelle Garcia d'avoir attiré mon attention sur ce risque de confusion.)

20. Les conséquences que Kripke lui-même tirera de sa sémantique des logiques modales, pour la théorie de la référence et des noms propres, ont largement été anticipées par Ruth Barcan Marcus (cf. P.W. Humphreys et J.H. Fetzer, 1999, pour le dossier complet). Des recherches historiques et exégétiques plus fouillées montreront peut-être que Kripke est peut-être doublement dénué d'originalité, mais l'habitude a été prise de lui attribuer d'une part l'invention des sémantiques des logiques modales et d'autre part la théorie de la référence directe (cf. Nathan U. Salmon, 1982). En fait, la sémantique des logiques modales est une invention scandinave de la fin des années cinquante. Kripke a été un génial semeur d'idées, mais sûrement pas un philosophe systématique, comme par exemple D. Lewis, A.N. Prior, K. Fine ou R. Barcan Marcus. Il faut toutefois reconnaître que la notion de « désignateur rigide » (déjà présente sinon pour le terme, du moins pour le concept chez Russell et ses successeurs), ce qui concerne l'*a priori* et le problème psychophysique sont présentés de manière habile et brillante dans son livre de 1972. Cf. pour une vue favorable à S. Kripke F. Drapeau-Contim et Pascal Ludwig : *Kripke*, Coll. "Philosophies", PUF, à paraître.

21. Ceci se trouve dans le *De int.*, XIII.

En effet $\forall w\ p[w] \Leftrightarrow \neg\exists w \neg p[w]$

en vertu des lois de Morgan sur l'interdéfinition des quantificateurs universel et existentiel :

$\forall x\ Fx \Leftrightarrow \neg\exists x\ \neg Fx$

22. Les calculs modaux sont caractérisés ainsi (pour une exposition détaillée, voir Chellas, 1980 ou Hugues

et Cresswell, 1968). Les différents calculs modaux cités dans le texte, T, B, S4, S5 sont des calculs distincts, mais qui s'empilent : T est le plus pauvre, S5 le plus riche. T n'est pas le plus simple des calculs modaux, c'est K, mais qui joue simplement un rôle comme point de départ minimal. Il existe beaucoup de calculs intermédiaires (par exemple entre S4 et S5, notés par exemple S4.1 ou S4.1.2) dont évidemment on ne tient pas compte ici. On renvoie à la littérature spécialisée. Cela peut avoir un sens métaphysique de déterminer la force exacte d'un calcul modal qui rend compte de nos intuitions métaphysiques sur les modalités (avec tout le problème de déterminer la nature et la fiabilité de ces intuitions), mais on laissera ce genre de questions dans cet ouvrage. Une bonne introduction est fournie par les ouvrages d'A.N. Prior (1957, 1968), malheureusement en notation logique polonaise, plus simple, mais qui réclame un apprentissage supplémentaire, dont on est vite récompensé.

Le système T (Chellas, 1980, p. 131 *sq.*, Hugues et Cresswell, 1968, p. 22 *sq.*) est le plus simple de ceux que nous considérerons. Il comprend l'axiome caractéristique suivant :

Ax.T. $Lp \supset p$

C'est-à-dire : si p est nécessaire, p est vrai, ou : si p est vrai dans tous les mondes, p est vrai dans ce monde.

en plus des axiomes suivants (de K) :

$Lp \supset Mp$

C'est-à-dire : si p est vrai dans tous les mondes, p est vrai dans au moins un monde.

$L (p \supset q) \supset (Lp \supset Lq)$

Ce qui correspond à la distribution de la nécessité sur le si... alors (même chose pour la possibilité). C'est l'équivalent, comme type de règle, de la distribution de la négation sur la conjonction : $\neg(A \wedge B) \Leftrightarrow \neg A \wedge \neg B$

T comprend aussi l'interdéfinition, que tous les calculs modaux possèdent :

$Mp \Leftrightarrow \neg L \neg p$

Le système B (de « Brouwer ») comprend l'axiome caractéristique supplémentaire (*i.e.* il comprend T + Ax. B) :

Ax. B. $p \supset LMp$

c'est-à-dire : si p est vrai dans ce monde, alors il est nécessaire qu'il soit vrai dans au moins un monde possible.

Le système S4 comprend l'axiome caractéristique supplémentaire (*i.e.* il comprend T + B + Ax. S4)

Ax. S4. $Lp \supset LLp$

c'est-à-dire : si p est vrai dans tous les mondes, il est vrai dans tous les mondes que p est vrai dans tous les mondes.

Le système S5 comprend l'axiome caractéristique supplémentaire (*i.e.* il comprend T + B + S4 + Ax. S5) :

Ax. S5. $Mp \supset LMp$

c'est-à-dire : si p est vrai au moins dans un monde possible, alors il est vrai dans tous les mondes possibles que p est vrai dans au moins un monde possible.

23. En général dans les développements récents de métaphysique des modalités (Forbes, Zalta...), on retient le système S5.

24. $M\, \forall x\, Fx \Leftrightarrow \exists w\, \forall x\, Fx[w]$

$L\, \exists x\, Fx \Leftrightarrow \forall w\, \exists x\, Fx[w]$

$M\, \exists x\, Fx \Leftrightarrow \exists w\, \exists x\, Fx[w]$

25. Pour reprendre à D. Lewis cette expression consacrée. Il n'existe pas en français d'exact équivalent de *alien*. Le meilleur équivalent serait peut-être « exogène », mais parler de « propriété exogène » manquerait de simplicité.

26. « Ce monde » est un indexical pur du type « je ». Il n'y a pas de geste d'ostension nécessaire et d'ailleurs on ne peut montrer le monde ; on ne peut en montrer que des parties. Si cela est exact, « ce monde » serait une expression qui présenterait la particularité d'avoir

une forme démonstrative, tout en n'ayant pas de geste d'ostension associé (ou alors un geste purement emphatique qui prenant une partie du monde l'élève à la dignité du tout, par une synecdoque).

27. On entend par futur *prima facie* en logique temporelle un futur pris au hasard pour déterminer les conditions de vérité d'un énoncé au futur. Si je dois évaluer « Il sera le cas que p » (Fp), on peut objecter que ne connaissant pas la ligne du monde qui va se réaliser, je ne peux donner de valeur de vérité à p dans ce cas. Mais on répond que l'un des futurs se réalisera, même si on ne sait pas lequel : ce qui est sûr c'est que la ligne du monde ne va pas se ramifier et donc qu'il y aura un seul futur réalisé. Les logiciens dans ce cas partent du fait que donc un futur existera peu importe lequel, pour donner les conditions de vérité de Fp : Fp est vrai si p est vrai dans un temps t postérieur au temps présent. Le fait qu'il y ait un futur *prima facie* assure que nous sommes dans le même monde que cet instant t postérieur à notre présent. Cela dit, même si cette analyse dissipe les brumes de l'ouverture infinie du futur, soutenue par ceux qui jugent avec raison imprévisible l'avenir, mais en tirent de fausses conséquences, elle ne donne sûrement pas le dernier mot sur les difficiles problèmes de l'ontologie des objets futurs. Que les objets futurs qui ne font pas partie du futur *prima facie* soient de purs *possibilia* n'aide pas beaucoup à déterminer la nature exacte de ces possibles futurs (ou « futuribles »), que le déterminisme croit exorciser, mais en vain.

28. Tous ces points sont débattus, avec des réponses de St. McCall, dans un dossier de *Philosophiques*, XXII, n°2, p. 465-503 (avec notamment des contributions de Serge Robert, Yvon Gauthier).

29. Bergson a décrit l'illusion modale comme provenant d'un retour en arrière fallacieux. Si par exemple je crois qu'il m'était possible de faire un meilleur

choix, c'est parce que je transporte dans la situation contrefactuelle des conditions de la condition présente (par exemple je transporte ma prudence, acquise par l'expérience dans la situation antérieure). Comme l'écrit Bergson, « le possible est le mirage du présent dans le passé » (*La pensée et le mouvant,* p. 110). La critique bergsonienne porte plus sur les intuitions modales que sur la modalité elle-même : c'est à partir d'une fine analyse psychologique des raisonnements contrefactuels qu'il est conduit à envisager toute postulation d'une réalité autre qu'elle n'est comme une hypostasiation indue de mécanismes purement subjectifs. Quant à Spinoza il est évident que sa définition même de Dieu élimine d'emblée toute considération du possible, puisque Dieu fait absolument tout ce dont il est capable : son être ne se distingue pas de sa puissance qui est absolument infinie. Cf. : « Dans la nature des choses, il n'y a rien de contingent, mais tout y est déterminé par la nécessité de la nature divine, à exister et opérer d'une manière précise » (*Éthique,* I, prop. XXIX). « Les choses n'ont pu être produites par Dieu d'aucune autre manière, ni dans aucun autre ordre, qu'elles ont été produites » (*ibid.*, prop. XXXIII). « Tout ce que nous concevons être au pouvoir de Dieu est nécessairement » (*ibid.*, I, prop. XXXV).

La démonstration de Spinoza est simple : Dieu est nécessaire, donc s'il avait produit autre chose que ce qu'il a produit, il serait contingent, c'est impossible, donc tout ce qu'a produit Dieu, qui est identique à Dieu est nécessaire. CQFD. Ceci repose sur un sophisme modal simple, repéré par Leibniz : Dieu est intrinsèquement nécessaire (son essence n'aurait pu être autre qu'elle n'est, puisqu'elle est formée de la réunion de propriétés parfaites et toute modification serait y introduire la privation), mais ce qui a été produit est contingent, si on fait une différence entre Dieu et sa production. Le sophisme consiste à attribuer à la production ou manifestation de Dieu (modes et attributs) toutes les propriétés de Dieu. Ces manifestations sont finies, qu'est-ce qui garantit qu'elles soient aussi dotées de propriétés parfaites ?

30. Certains ont soutenu qu'on peut avoir des traces des *possibilia* ou des *futura*, comme par exemple à l'issue de voyages dans le temps, si ceux-ci, comme il le semble, sont physiquement possibles.

31. Un livre entier, collectif, a été consacré en grande partie à ce point : Gareth Preyer et Frank Siebelt, 2001.

32. Par exemple la jambe est la somme de la cuisse, du mollet, de la cheville et du pied :

jambe = cuisse + mollet + cheville + pied

Cela n'aurait aucun sens d'écrire que la jambe est un ensemble :

Jambe = {cuisse, mollet, cheville, pied}

Ne serait-ce que parce que les ensembles sont nécessairement identiques à eux-mêmes alors que

Jambe = cuisse + mollet + cheville

est possible en cas d'amputation du pied.

33. La mesure de la taille de l'univers, ou ensemble des mondes possibles est un problème d'arithmétique transfinie. Le nombre des mondes possibles est infini, le nombre des propriétés aussi, ainsi que la taille de l'univers. Ce qu'il faut déterminer, c'est le rang qu'occupent ces infinis dans la hiérarchie du transfini. Il n'est pas sûr qu'on puisse faire plus que des conjectures sur ce point. Il ne faut pas confondre la taille de l'univers physique avec celle de l'univers de tous les mondes possibles. Du point de vue de ce dernier, l'univers physique, avec ses galaxies, etc., est un monde possible parmi d'autres. Si nous adoptons un modèle avec plusieurs univers (multivers), il ne faut pas confondre les univers parallèles avec des mondes possibles. Tous les univers dans ce modèle sont un monde possible. De même l'interprétation d'Everett de la mécanique quantique en termes de mondes possibles (les

trajectoires des particules s'effectuant dans une infinité de mondes possibles, simultanément, ce qui conserve le principe de certitude) ne doit pas être confondu avec la métaphysique des mondes possibles : pour Everett tous les mondes possibles existent en même temps et il n'y a pas d'indexicalité de l'actualité : il n'y a pas de monde actuel ; le monde actuel est la superposition de tous les mondes possibles (d'où l'impossibilité dans cette superposition d'assigner une trajectoire donnée à la particule).

34. Je dois à G. Guigon ce contre-exemple.

35. Expression empruntée à Armstrong qui les identifie aux universaux : il est important d'avoir un nombre limité d'universaux. Armstrong hérite d'Aristote le dégoût de l'infini.

36. Traduction proposée par G. Guigon (Lewis, trad. fr., 2004).

37. Les métamérisations sont des phénomènes complexes de la perception des couleurs, qui font que la perception d'une couleur est modifiée par l'environnement immédiat où elle se trouve par rapport à d'autres couleurs (ne pas confondre avec la métamérisation anatomique). Les métamérisations sont souvent utilisées pour les arguments anti-réalistes sur la couleur. Cf. Barry Stroud, *The Quest for Reality*, Oxford University Press, 2001).

38. « Superessentialiste » est un terme popularisé par F. Mondadori pour désigner la doctrine leibnizienne selon laquelle toutes les propriétés des individus sont essentielles (un essentialiste soutenant, lui, que certaines propriétés, mais pas toutes sont essentielles).

39. On homogénéise les notations pour comparer les systèmes de Lewis et d'Armstrong (Lewis dans sa théorie originale écrit « < A, P > »).

40. Dans un livre paru en 2004, *Truth and Truthmaking*, David Armstrong précise sa théorie des véri-

facteurs. Pour une discussion sur ce concept, voir l'introduction de J.-M. Monnoyer à J.-M. Monnoyer éd., 2004. Kevin Mulligan a présenté en divers endroits une théorie des vérifacteurs, qui est un remaniement de la théorie de 1990, remaniement qui consiste entre autre à introduire un niveau de « factifacteurs » (*fact makers*).

41. Russell considérait les faits comme des vérifacteurs des propositions, littéralement comme ce qui rendait vrai la proposition p (*makes true proposition p*). Cependant la notion de vérifacteur n'est pas explicitée chez Russell. Il ne se pose pas en particulier la question de savoir si la classe des vérifacteurs est ouverte ou fermée, etc. Ceci s'oppose à la théorie frégéenne de la vérité, où la proposition (*Satz*) réfère une valeur de vérité, le Vrai ou le Faux, qui sont des objets, les extensions (*Bedeutungen*) des propositions.

42. *In* « La conception sémantique de la vérité » dans « *Logique, sémantique, métamathématique* », Armand Colin, 1972, p. 262-305). Cf. : « Nous voudrions que notre définition rendît justice aux intuitions qui sont celles de la *conception aristotélicienne de la vérité* [c'est A.T. qui souligne], intuitions qui trouvent leur expression bien connue dans la *Métaphysique* d'Aristote : "Dire de ce qui est qu'il n'est pas ou de ce qui n'est pas qu'il est est faux, tandis que dire de ce qui est qu'il est, et de ce qui n'est pas qu'il n'est pas est vrai." Si nous désirons nous conformer à la terminologie philosophique moderne, nous pourrions peut-être exprimer cette conception au moyen de la formule bien connue : "La vérité d'une proposition consiste en son accord (ou sa correspondance) avec la réalité." On a suggéré pour la théorie basée sur cette dernière formule le nom de "théorie de la correspondance" » (*op. cit.*, p. 270).

C'est un point actuellement en débat, entre D. Armstrong, K. Mulligan et B. Smith entre autres (cf. J.-M. Monnoyer éd. 2004, cf. aussi J. Lowe 2004 et Nef 2004) que l'on ne peut qu'indiquer.

On ôte ainsi l'état de choses, pour bien montrer la différence avec d'une part l'énoncé frégéen « Fa », la proposition *de re* <a, F>. On s'abstiendra dans ce qui suit de reprendre cette notation, pour ne pas alourdir le texte, mais le lecteur prendra garde à bien distinguer les trois.

43. Russell (1948, trad. fr. 2003, p. 329-344) s'était trouvé face à la même difficulté quand il avait cherché la solution du problème de l'individuation.

44. Le particulier nu correspond à la *prote hulé* d'Aristote (*materia prima*, matière première) : pour Aristote, la matière comme substrat (*upokeiménon)* est dépourvue de qualité, elle est capable de l'être et du non-être, ce qui est la racine de la contingence des êtres matériels. Voir pour ceci tout le début du livre Z de la *Métaphysique*. C'est parce que la matière est un particulier nu, qu'elle ne peut être une substance. W. Sellars dans son article « Particulars » critique l'usage des particuliers nus et introduit la notion de « particulier de base » (*basic particular*), qui correspond à l'instanciation d'un *quale* — finalement le particulier de base est proche du trope. (Je dois à Frédéric Ferro d'avoir attiré mon attention sur ce point.)

45. Il est tentant de soutenir une individuation par l'espace, ou par le lieu. Deux sphères indistinguables par leurs propriétés non relationnelles (puisqu'elles occupent une position l'une par rapport à l'autre et que ces positions sont inéchangeables) se distinguent par leur localisation spatiale (si on les considère au même instant, à supposer que ce soit possible, le temps ne peut les départager, à moins de faire intervenir des raisons microphysiques complexes, qui ne sont pas pertinentes ici), il est tentant de dire que leur haeccéité (c'est-à-dire leur essence individuelle, le fait que l'une soit ceci et l'autre cela, et pas toutes les deux ceci ou cela) est d'origine spatiale. Contre cette manière de voir les choses, on peut objecter que l'occupation de tel ou tel lieu est parfaitement contingente et que les

sphères pourraient être déplacées, ce qui aurait pour effet de modifier leur haeccéité, ce qui est absurde. De même si les deux sphères échangeaient leurs lieux, elles échangeraient leurs haeccéités, ce qui est également absurde, car on peut changer de lieu, pas d'haeccéité, on peut échanger ses lieux (comme au jeu des Quatre Coins) mais pas ses haeccéités (Paul ne devient pas Pierre en prenant sa place). Il faudrait donc admettre que l'haeccéité est enracinée dans le fait qu'un particulier est localisé, c'est-à-dire que deux particuliers ne peuvent occuper le même lieu (sinon deux objets co-localisés auraient la même haeccéité, ce qui est encore plus absurde). Or, empiriquement nous connaissons de multiples cas de superpositions : un nuage peut occuper exactement le même lieu qu'un morceau de ciel : ont-ils pour autant même haeccéité ? Dans certains cas, le résultat est correct : si mon enveloppe corporelle occupe exactement le même lieu que la somme de mes parties corporelles, mon enveloppe corporelle a la même haeccéité que la somme de mes parties corporelles, ce qui est raisonnable : je ne me déborde pas, mes parties ne se détachent pas de moi.

46. Les scolastiques avaient bien vu le problème qu'ils ont cherché à résoudre en distinguant une matière complètement indéterminée de la production (*materia prima*) et une matière déjà préparée en vue d'une forme donnée (*materia designata*). Dans la *Somme théologique* de saint Thomas, III, q. 77, a 2, celui-ci dit que l'individu a deux propriétés métaphysiques fondamentales : l'incommunicabilité et la distinction ; la matière est le principe de la première, la quantité de la seconde et donc la *materia signata* ou *materia sub quantitate* est le principe complet d'individuation. Un exemple peut faire sentir cette distinction : le marbre est la matière première d'une statue d'Hercule, mais tel bloc de marbre préparé en vue de cette œuvre est une *materia signata*. Pour tous ces problèmes, cf. J. Gracia, 1994. (Pour la distinction en question, cf. notamment p. 459 *sqq.*).

47. C'est ce qu'Armstrong déclare p. 109 de *A World of Possibilities,* mais un peu plus loin, dans le § 8 3 « Thin and Thick particulars », il attribue aux particuliers épais cette caractéristique. J'avoue voir une certaine obscurité dans ce qui compte précisément comme propriétés minimales du particulier fin (à part la particularité elle-même). On a l'impression qu'Armstrong hésite entre deux versions des particuliers fins. La version forte leur attribue seulement la propriété de particularité. La seconde leur attribue aussi certaines propriétés, dont les non relationnelles. Dans ce second cas, on ne comprend pas qu'Armstrong déclare également que les particuliers épais sont pris en général en dehors de leurs propriétés relationnelles. Où est alors la différence ? Bref, ou la définition est forte, mais la propriété de particularité semble être une pétition de principe, ou la définition est plus faible et on ne voit pas de quels critères disposer pour distinguer les classes de propriétés que l'on peut attribuer aux deux sortes de particuliers, fin et épais.

48. C'est effectivement ainsi que nous en parlons habituellement, cf. *Les individus* de Strawson, qui est une bonne description des particuliers épais — mais pas gras — à partir du langage ordinaire, dans une optique de métaphysique descriptive limitée à l'analyse des schèmes conceptuels.

49. « *Thingy* » est à l'origine un substantif (synonyme de *thingumabob* qui signifie, truc, machin. « *Thingy entity* » est donc un « machin truc chose »).

50. P. Engel a montré qu'au XIXe siècle un courant d'intérêt s'est dessiné pour les modalités dans la philosophie française, notamment chez Renouvier (*in* Knuuttila, 1988). La lecture du livre de Boutroux *De la contingence des lois de la nature* (1905, 2e éd., PUF, 1991) mériterait d'être prolongée dans cette optique (cf. Engel, *op. cit.*, p. 211-215).

51. Il existe plusieurs solutions pour le caractère spatio-temporel des mondes possibles : ils peuvent

partager un continuum commun, tout en étant isolés les uns des autres, ils peuvent posséder chacun un continuum, ils peuvent posséder des cadres spatio-temporels déconnectés, les mondes possibles peuvent avoir des formes d'espace-temps complètement différentes et ne pas interpénétrer notre monde, tout en étant séparés, etc.

52. En général, les propriétés sont définies comme quelque chose qui peut produire un effet. Il ne suffit pas, par exemple, dans un cadre extensionnel, de les identifier à des classes d'objets qui les instancient. Ce critère causal (défendu par Shoemaker) n'est en fait valable que pour les propriétés intrinsèques naturelles. Une propriété non naturelle peut très bien n'avoir aucun potentiel causal. Cf. S. Mumford 2000, Max Kistler éd. à paraître,

53. Il existe un autre argument d'Armstrong et Forrest contre la théorie des mondes possibles de Lewis, pour en montrer le caractère contradictoire. Cet argument, trop technique, pour des raisons de place, pour être exposé ici dans sa totalité consiste à soutenir qu'il n'existe pas dans la philosophie de Lewis de possibilité d'avoir des ensembles ou même des agrégats de mondes possibles. Intuitivement, cet argument se base sur l'idée que si nous avons des ensembles de mondes possibles, rien n'empêche d'avoir des doubles de ces mondes à l'intérieur de ces ensembles, ce qui provoque une contradiction (*op. cit.*, p. 25).

54. Cette difficulté majeure a donné lieu à la « querelle des universaux », au problème du réalisme des universaux et aux différents types de nominalisme (conceptualisme, nominisme, etc.). Tout cela est très bien étudié dans les travaux d'A. de Libera notamment et nous y renvoyons.

55. La stratégie de Mertz dans ce texte important est complexe et on ne peut la discuter en détail ici. Elle consiste à associer le potentiel combinatoire des éléments à l'intérieur du complexe prédicatif avec leur

intention. Mertz réinterprète de manière passionnante l'inhérence posée par Suarez entre le prédicat et le sujet (et développée par Leibniz) pour établir une relation qui ne donne pas lieu à une régression. Pour Mertz il faut une distinction qui soit *a parte rei* et qui soit modale. Il associe donc la théorie aristotélicienne de la prédication, retravaillée par Suarez, à la logique intensionnelle, de façon à mettre sur pied une théorie des prédications comme les « complexes les plus simples », afin d'éviter à la fois l'erreur de Simons (recourir à une relation non tropique de fondation) ou de Campbell (réduire les relations à des propriétés). Ce texte a la vertu de montrer s'il en était besoin que le problème des universaux ne saurait être détaché de celui de l'individuation : toute la difficulté de la théorie de la prédication, c'est bien sûr l'attachement de l'universel au particulier, mais aussi et peut-être plus le problème du substrat de la prédication, qui doit être à la fois un individuateur. De ce point de vue la position occamiste qui consiste à nier qu'il existe un problème de l'individuation est aussi révélatrice que sa négation de l'existence d'universaux extramentaux. De ce point de vue également l'enjeu de la métaphysique à venir est la construction d'une théorie des tropes non occamiste. C'est en ce sens qu'on pourra parler d'un scotisme analytique, recherché par d'autres voies par C. Tiercelin (1999).

56. Je restitue le soulignement, gommé par la traduction.

57. Le rapprochement sur ce point précis (les distributions ordonnées de points) s'impose : comme on l'a vu (chap. XIV), Leibniz recourt aussi à une analogie mathématique et plus précisément géométrique pour penser le monde le plus déterminé, c'est-à-dire le monde actuel. La différence avec Wittgenstein c'est qu'il pense une série de points, et que l'analogie est entre des points ordonnés, qui figurent l'ordre combinatoire du possible, tandis que Leibniz pense une

gradation dans la détermination, qui fait coïncider analogiquement la détermination maximale du point avec la découverte du monde actuel.

58. Cette définition ne se trouve pas chez Leibniz (du moins à notre connaissance) *expressis verbis*. Mais on peut penser que dans la critique de la théorie cartésienne des vérités éternelles (Dieu ayant pu faire que 3 + 2 = 6, du moins d'après Leibniz), ce dernier a défendu une idée très proche de la nécessité comme vérité dans tous les mondes : pour Leibniz, Dieu peut choisir entre les mondes possibles (plus exactement compossibles), mais il ne peut modifier les lois des vérités logiques et mathématiques, qui expriment objectivement les relations entre ses idées, qui sont des expressions de son essence divine, et en reçoivent la nécessité, puisque cette essence, à la différence de l'existence, est nécessaire. En ce sens, les vérités logico-mathématiques sont à la fois nécessaires et vraies dans tous les mondes possibles.

59. Pour la plupart des métaphysiciens des modalités actuels un tel monde (où une vérité logique ne vaudrait pas) est un monde impossible : il nous est strictement inaccessible, parce qu'on ne peut définir une possibilité ou une nécessité relativement à lui. Par contre, certains métaphysiciens médiévaux se sont posé ce genre de problème. Rappelons que pour Leibniz les vérités logiques ne sont pas créées par Dieu, mais expriment la structure de son entendement.

60. Beaucoup plus tard Von Wright, en 1980 (trad. fr. 1986, p. 206 *sqq.*) a dégagé la logique modale de Wittgenstein (contre E. Anscombe qui en niait l'existence, malgré l'évidence et dans la ligne de Stenius [1960] et Bradley (*op. cit.*, p. 49 *sqq.*) a soutenu que cette logique était équivalente à S5.

Le chapitre de Stenius sur la forme logique du monde (*op. cit.*, p. 38-60) mérite toujours d'être lu, pour sa grande clarté.

61. Le 2.0131 opère apparemment une digression sur l'espace spatial, mais il s'agit en fait de comparer

espace logique des *possibilités* et espace spatial en gardant ce qui est commun : « le point spatial est une place pour un argument ».

62. On peut tout à fait concevoir « Fa » comme le nom d'un état de choses, ce qui ouvre la voie à une interprétation ersatziste linguistique, autant qu'à une combinatoire extensionnelle des réalités. L'interprétation linguistique date de la même année que celle de Kripke (1963), et a été proposée par J. Hintikka dans « The modes of Modality » (Hintikka, p. 71-86). Le volume *Jaakko Hintikka. Questions de logique et de phénoménologie* (éd. E. Rigal, Vrin, 1998) ne contient rien malheureusement sur un pan central de la pensée de Hintikka : sa réduction des mondes possibles à des ensembles de formules, ceci au profit d'une comparaison avec la phénoménologie.

63. Skyrms prend soin de souligner que son travail n'a rien d'exégétique et qu'en fait sa reconstruction de Wittgenstein est par certains côtés plus fidèle à l'atomisme logique de Russell, mais nous ne prétendons pas ici livrer une clef de lecture de Wittgenstein, mais de bien situer le combinatorialisme d'Armstrong, et ici, en l'occurrence, de montrer la filiation du nominalisme à la Skyrms au fictionnalisme à la Armstrong.

64. Cf. les commentaires sur Skyrms comme ersatzer dans Lewis (1986), p. 146.

65. Lewis classe Plantinga parmi les ersatzistes, à côté de Stalanaker (1986, p. 141). Il nous semble cependant que Plantinga peut être interprété comme un réaliste modal actualiste : les alternatives à notre monde existent vraiment, mais elles sont relatives à notre monde qui est le seul actuel. Ce point est cependant loin d'être clair. Cf. Kit Fine, « Plantinga on the reduction of possibilist discourse » (*in* Tomberlin et Van Inwagen, *Alvin Plantinga*, 1985, p. 145-186). Kit Fine définit classiquement Plantinga comme un « actualiste modal ». Ce texte de Kit Fine, écrit d'un point

de vue sympathique à la réduction actualiste du possibilisme, est particulièrement éclairant pour l'opposition Actualisme *vs* Possibilisme.

66. J'ai soutenu une version actualiste dans Nef, 1997 (avec un commentaire de Ruth Barcan Marcus).

67. Stalnaker (2003) contient les principaux textes de cet auteur sur les mondes posibles, de 1976 à 2003. Stalnaker a toujours défendu contre Quine le caractère sain de la théorie des mondes possibles (qu'il a lui-même utilisé dans sa logique des conditionnels dès 1968) et contre Lewis l'absence de réalité de ces mondes. On lira avec intérêt ses analyses des propositions bidimensionnelles de Kaplan et Chalmers (dans *The Conscious Mind,* 1996*)*, sur lesquelles nous ne pouvons nous étendre ici, car la connexion de ces propositions à la problématique métaphysique est très complexe. Mon intuition présente est que le débat tel que l'a structuré D. Lewis n'est pas bouleversé par le bidimensionnalisme de Chalmers. Ce qui se produit, c'est plutôt qu'une sémantique plus proche de la sémantique descriptive des langues naturelles que celle de D. Lewis, semble à portée de main. On sous-estime cependant régulièrement l'apport de D. Lewis à la sémantique des langues naturelles et ses attitudes *de se* sont certainement une voie d'accès à l'indexicalité aussi viable que le bidimensionnalisme (sans que les deux approches soient forcément incompatibles).

68. La solution d'Armstrong repose sur l'analyse d'un Principe de Conséquence :

si T est un vérifacteur, et p est une proposition, T entraîne (*entails*) p

T → p

Dans le cas où p est contingent, on a

T → p & p est contingent.

On ne peut pas discuter ce point ici. Il suffit de rappeler qu'Armstrong estime nécessaire d'avoir des vérifacteurs pour les propositions contingentes (ou possibles).

69. Meinong fait une différence entre « exister » et « être existant » pour parer (ou souhaiter parer) les critiques de Russell. Selon Meinong un cercle carré existe, mais n'est pas existant. Si on ne faisait pas cette différence, on ne pourrait, d'après Meinong, faire des distinctions entre les choses non existantes (alors que pour Russell et plus tard Quine, ça n'a aucun intérêt) en tenant compte du fait que des choses non existantes peuvent avoir des propriétés différentes (alors que pour les adversaires de ce genre de solution, ce qui n'existe pas n'a pas de propriétés — seulement des modes linguistiques de description qui n'engagent pas à l'existence d'un non-existant).

70. L'ersatzisme magique est discuté dans Lewis (1986), p. 174-192. Il est défini p. 183. Van Inwagen, Prior et Fine, Stalnaker, Plantiga sont qualifiés de « magiciens ». Le point décisif dans l'ersatzisme magique est de considérer les propriétés servant à sélectionner les *possibilia* comme purement représentationnelles. Le terme de « magicien » réfère au caractère de la sélection, qui repose sur une vue « magique » de l'actualité de ce monde. En fait, la véritable différence entre Stalnaker, le meilleur représentant de cette tendance, et Lewis est probablement que Stalnaker (et les ersatzers magiques non plus) ne s'intéresse absolument pas au mode d'être des mondes possibles et plus généralement des *possibilia*. Il considère les mondes possibles comme utiles, et en ce sens se prononce pour un réalisme modéré dans ce domaine, qui consiste à affirmer qu'en tant que concepts utiles ils existent, mais que nous n'avons pas à creuser leur mode d'existence. Il dresse un parallèle avec la notion d'individu, qui est utile en logique et en sémantique, mais notoirement très difficile à analyser. Pour Stalnaker, ce genre de notions ne réclame pas une analyse supplémentaire ; il faut se contenter de les utiliser, en voyant les limites

de l'analyse — c'est précisément cette position qui est qualifiée de magique par Lewis : on utilise des choses dont on ignore tout, parce que ça marche, comme dans une boîte noire (par exemple un appareil photo pour un enfant ou un sot), c'est-à-dire quelque chose où l'on sait ce qui entre, ce qui sort, mais où on ne se préoccupe pas de ce qui se passe entre les deux.

71. Personnage mythique de proscrit cosmique dans une bande dessinée des Seventies.

72. In *Contes fantastiques* (Garnier Flammarion). Dans *Avatar*, Théophile Gautier imagine que par magie un individu se glisse dans la peau d'un autre pour réaliser une conquête amoureuse. L'intérêt de ce conte est que Théophile Gautier fait une hypothèse hardie : quand la belle en question s'adresse en polonais au personnage qu'elle croit être son mari, et qui n'en est qu'un avatar, celui-ci se trahit en ne comprenant pas le polonais ! Théophile Gautier fait donc l'hypothèse que la compétence linguistique fait partie des mécanismes qu'on ne peut obtenir par un transfert de l'âme dans un autre corps, et donc que cette compétence linguistique n'est pas réductible par exemple à l'ensemble des habitudes sensori-motrices dont hérite le double quand il s'installe dans un nouveau corps (il prononce les mots comme celui dont il a usurpé la place, mais il n'a pas toutes ses compétences linguistiques).

Chapitre XIX

1. J.-P. Dupuy dans *Pour un catastrophisme éclairé, Quand l'impossible est certain* (Seuil, 2002) a soutenu l'idée que penser le pire en préserve, en vertu du paradoxe temporel qui fait qu'anticiper la plus mauvaise des situations peut aider à l'éviter. Si je comprends bien son raisonnement, je puis souscrire à ce catastrophisme éclairé et affirmer que la métaphysique doit passer d'un catastrophisme obscurantiste, celui de la nostalgie des origines, qui vit tout ce qui lui succède

comme une kyrielle de catastrophes, à un catastrophisme éclairé de la destruction totale et radicale de tout (barbarie victorieuse, apocalypse nucléaire, disparition de la vie). Penser cette possibilité quasi certaine de destruction absolue est peut-être la seule possibilité, non certaine celle-là, d'y échapper. L'argument est le suivant : (i) les pensées d'un agent A ont une incidence sur ses actions ; (ii) penser un futur optimalement mauvais, c'est se comporter d'une certaine façon ; (iii) ce comportement modifie le cours du temps et le futur est modifié ; (iv) donc penser un futur optimalement mauvais peut le modifier ; (v) cette modification peut être positive ; (vi) donc anticiper le mal peut créer du meilleur.

On peut remarquer 1) que la conséquence de la pensée de la catastrophe finale pourrait conduire à des conduites suicidaires, auquel cas, la modification du futur serait difficile à évaluer, 2) la modification du futur pourrait se faire de manière négative. Par exemple la pensée de la possibilité d'une apocalypse nucléaire (qui se déroulerait sans cette pensée en 2060) pourrait conduire à renoncer à la fusion thermonucléaire vers 2010-2020 et donc hâter une dernière guerre mondiale vers 2030, causée par la pénurie d'énergie. Dans ce cas l'anticipation a avancé la fin de vingt ans. Il faut donc une prémisse supplémentaire dans le raisonnement de J.-P. Dupuy : il faut dans notre pensée une hiérarchie des normes et des valeurs conservatrices, qu'il faut expliciter, pour que ce catastrophisme soit éclairé et non irresponsable — explicitation à laquelle J.-P. Dupuy apporte un début de contribution. On est ici dans un domaine où logique temporelle, éthique, pensée politique se conjuguent, préfigurant les débats à venir. Remarquons que George Orwell dans *1984* (anagramme numérique de 1948) avait souhaité décrire un futur épouvantable, de façon à en détourner ses contemporains : il ne s'agit nullement d'une description apocalyptique *post hoc* mais d'un avertissement à dessein sinistre *ante hoc*.

2. Peu de choses sont connues de Donald Cary Williams (1899-1983), le pionnier de la métaphysique des tropes. Il a été chairman du département de philosophie de Harvard. Quine lui a consacré quelques pages à sa mort en tant que collègue (*Proceedings and Adresses of the American Philosophical Association*, 1983, vol. 57, p. 245-248). Le philosophe australien Stove en a fait un de ses héros, soutenant la critique radicale de Popper et Carnap effectuée par D.C. Williams. Ce dernier est en effet connu pour avoir relevé le défi de Hume dans *The Ground of Induction* (New York, Russell and Russell, 1963), livre dans lequel il cherche un fondement ontologique de l'induction et, ce qui est plus proche de notre souci ici, insiste sur la nécessité d'une métaphysique inductive (les deux étant liés : on ne peut proposer une version inductive de la métaphysique que si on estime l'induction pourvue d'un fondement ontologique). D.C. Williams a publié un dernier livre en 1965, *Principles of Empirical Realism.*

3. Le renvoi à Santayana est quasi obligé dans la référence à l'origine du terme « trope » (D.C. Williams, Campbell, de Libera, etc.), mais si l'on a la curiosité de lire le chapitre qui s'intitule « Tropes » de *The Realms of Being* de Santayana (1942), on ne peut qu'être frappé de la qualité des développements de Santayana, qui cesse d'apparaître comme un faire-valoir, le créateur malheureux d'une formule creuse (« *trope is the essence of an occurrence* ») dont l'inversion produirait miraculeusement du sens (« *trope is the occurence of an essence* »). Santayana (1863-1952) développe notamment une doctrine des essences non actualisées, originale et profonde (même si on pourrait avoir de multiples raisons d'y objecter). En un certain sens, Santayana a poussé à bout les conséquences de la combinaison de deux courants fondamentaux de la philosophie américaine : l'idéalisme (si fort chez Quine) et le naturalisme (*idem*). Par contre, il présente l'intérêt d'échapper au pragmatisme (ce qui le distingue sur ce point de Quine) et à l'influence de Wittgenstein.

4. On peut se demander si tous les mondes possibles ont la même ontologie. En fait, rien ne l'impose. On peut cependant penser que tous les mondes possibles sont de manière ultime composés de possibilités. C'est la même chose pour les lois physiques. Les constantes physiques, les composants de base sont les mêmes dans l'univers tout entier, mais on peut imaginer des formes de vie, de pensée et de conscience extrêmement différentes des nôtres. Il faut donc distinguer une structure fondamentale commune (possibilités entrant dans des mondes) de structures plus superficielles. *The Plurality of Worlds* peut être lu comme un livre d'ontologie fondamentale, entendue en ce sens d'ontologie profonde et c'est un contresens d'y chercher une description du matériel modal du monde actuel. La différence entre la physique et la métaphysique ne serait pas la limitation à la matière (la métaphysique peut être matérialiste), mais le fait que la physique est l'étude du monde actuel, tandis que la métaphysique est l'étude de l'ontologie commune à tous les mondes possibles.

5. Cf. les travaux de J.-F. Courtine sur l'histoire de ces concepts, *in* J.-F. Courtine (2003).

6. Certains théologiens ont développé l'idée que la nature elle-même obéit à un rythme trinitaire et donc que la cohésion ultime de la réalité créée est d'essence trinitaire et divine. Cette idée, quelque séduisante qu'elle puisse paraître, semble tomber sous le coup des critiques que l'on peut adresser à Hegel et à Peirce : d'avoir projeté puis retrouvé dans la réalité la structure de leur pensée, à base ternaire. C'est peut-être encore plus net chez Peirce que chez Hegel (de ce point de vue, Peirce est un Hegel qui connaît les mathématiques), car ses catégories fondamentales, Priméité, Secondarité, Tercéité, sont des projections de schèmes catégoriels kantiens. Peirce est prisonnier de la conception kantienne des catégories, alors que Hegel conserve encore maint trait de la dialectique aristotélicienne. En ce sens, c'est Hegel le réaliste.

7. L'ontologie de ce niveau quantique est un terrain de disputes entre les partisans d'interprétations réalistes, en termes de variables cachées le plus souvent, et anti-réalistes ; pour une lecture anti-réaliste (quasi-réalisme), cf. Michel Bitbol (1996, 2000) ; pour une lecture plutôt réaliste (réalisme ouvert), cf. d'Espagnat (1981, 1984). Pour un débat récent autour de l'œuvre de Bernard d'Espagnat, voir Michel Bitbol et Sandra Laugier, *Physique et réalité* (Diderot éditeur/Éditions Frontières, 1997). Certains auteurs comme Bas Van Fraassen ont une interprétation empiriste de la mécanique quantique, qui élimine complètement l'ontologie, réaliste ou anti-réaliste. Le problème qui est posé par l'ontologie de la mécanique quantique, quand les auteurs en proposent une, est qu'ils pensent en général que le point de vue quantique est supérieur à tous les autres et que par exemple si cela n'a aucun sens de parler d'objet, à proprement parler, au niveau quantique, alors il faut rayer ce terme de notre liste de catégories ontologiques *en général*. C'est un peu excessif. L'idée que la mécanique quantique donnerait la clef de la réalité, parce qu'elle est à l'échelle la plus petite, demanderait à être justifiée. Il existe au moins trois niveaux de taille ou d'échelle décisifs pour l'ontologie : le niveau quantique, le niveau mésoscopique (celui des objets qui nous entourent) et le niveau cosmologique. Une ontologie philosophique sérieuse devrait tenir compte des sciences aux trois niveaux, car il est arbitraire de privilégier un niveau *a priori*. D'un point de vue proprement métaphysique, la stratification de la réalité est un phénomène central et ce sont les relations entre niveaux qui doivent être analysées, même si la construction d'une métaphysique qui rende compte avec équité des différents aspects de la réalité semble hors de portée d'un esprit individuel et réclame un travail collectif et non un point de vue divin extérieur à ces niveaux.

8. On serait tenté à ce point de généraliser et affirmer que nous ne percevons pas la structure ontologique. Ce serait une sorte de retour à Kant : nous ne perce-

vrions que les phénomènes, avec des schèmes et des idées régulatrices. Or, nous percevons quelque chose de la structure ontologique. Nous percevons des objets avec des propriétés, des événements, des changements, etc. Cela n'est en rien un niveau purement phénoménal coupé d'une réalité inconnaissable, c'est simplement la structure ontologique elle-même, mais non analysée, non séparée. Si je perçois une table blanche, il n'y a rien d'autre derrière cette table, pas de table en soi, ni au-dessus, d'Idée de la table, mais il y a une relation entre le trope de blancheur et ce que je perçois comme un objet et qui est un assemblage d'autres tropes dont certains ne peuvent être perçus, mais sont parfaitement connaissables (la masse, etc.). Ce que je ne perçois pas, c'est la structure ontologique qui fait de cet assemblage de tropes un objet. C'est peut-être un argument contre la réalité des objets physiques, mais je ne le crois pas, sans pouvoir développer ce point.

9. On évite ici la notion d'évolution pour l'univers, car elle n'est opératoire que pour la vie. Cela dit, il existe des versions évolutionnistes, naturalistes, du principe anthropique, qui veut que le processus tout entier, de la matière à l'esprit, soit finalisé par l'apparition de la conscience. On peut se demander si cette naturalisation est tenable. Le thème de l'évolution cosmique est un thème important des courants de recherche sur la métapsychique, courant qui a tant influencé James, Bergson. Du point de vue du panpsychisme leibnizien, tout ce débat n'a rien de surprenant : on aurait découpé les domaines (matière, vie, esprit) de manière trop tranchée et arbitraire.

10. C'est un argument qui peut servir, comme chez Lénine (1870-1924), à réfuter l'idéalisme. Lénine, dans *Matérialisme et empiriocriticisme* (1908), souhaitait opposer à une critique jugée de droite de Kant (celle d'Ernst Mach, dans *L'analyse des sensations*) une « cri-

tique de gauche » de l'idéalisme subjectif. Si on veut éviter ce matérialisme, il faut, comme Samuel Alexander, dans le cas où, comme lui, on accepte une évolution, poser un rapport d'émergence, qui fait que des propriétés radicalement nouvelles peuvent émerger d'une base de propriétés cependant nécessaires pour cette émergence (ce qu'on peut appeler une base d'émergence). Il est frappant de constater que la dernière partie du livre de Lénine, dont la lecture est si instructive, est consacrée à une critique de Lounatcharski (1875-1933) et Bogdanov (1873-1928), deux marxistes que les historiens de la philosophie russe classent parmi les « marxistes nietzschéens » (rivaux des marxistes kantiens ; combinant Mach et Nietzsche), qui soutenaient une théorie de la « construction de Dieu », par certains côtés proche des idées religieuses de W. James.

11. On entend par structure ontologique quelque chose que l'exemple suivant peut peut-être rendre plus intuitif qu'une simple définition. Soit un verre d'eau à moitié plein sur une table. La structure physique du verre, de la table et de l'eau sont trois choses distinctes et les deux phénomènes principaux (l'eau dans le verre et le contact verre/table) peuvent être décrits en termes d'interactions plus ou moins compliquées (on reste ici au niveau atomique). La structure physique est faite de formes géométriques et d'assemblages de structures atomiques et chimiques, de phénomènes de tension superficielle des liquides et des solides, etc. Dans cette structure physique, il n'y a pas à proprement parler de relations. L'explication physique concerne essentiellement la stabilité de l'ensemble, porte sur les équilibres obtenus, sur la résistance des matériaux, etc. La structure ontologique concerne la manière dont les choses se rapportent les unes aux autres dans cet état de choses. Il y a d'une part des particuliers concrets, d'autre part des particuliers abstraits qui sont des parties de

ces particuliers concrets et des relations et opérations. La principale opération est celle de présence simultanée des particuliers abstraits dans les particuliers concrets. L'explication ontologique vise à donner les raisons pour lesquelles les propriétés tiennent ensemble et pour lesquelles les particuliers concrets sont des objets dotés de forme, de couleur et de surface (toutes choses dont l'explication physique peut ou se passer ou décider de les réduire à des phénomènes mécaniques ou chimiques). Dans les deux cas, physique ou ontologique, la description précède l'explication et est effectuée en vue de cette dernière, de manière sélective. La description physique est la description d'un système en équilibre ou en mouvement, la description de phénomènes de stabilité et de symétrie, le repérage des variables qui expliquent l'évolution du système à travers le temps, tandis que la description ontologique est celle d'un état de choses à l'intérieur d'un monde qui lui sert de tout et d'arrière-plan. Les relations méréologiques sont au premier plan pour la description ontologique, tandis que les relations de contiguïté spatiale et d'appartenance causale sont au centre de la description physique. On pourrait soutenir que cette structure ontologique est la projection de la grammaire sur la structure physique, mais ceci est impossible, dans la mesure où la plus grande partie de la structure grammaticale n'a pas de répondant dans la structure ontologique (et réciproquement).

12. On sait que Kant visait surtout E. Swedenborg (1688-1772), qu'il qualifie ainsi : « l'archibâtisseur entre les bâtisseurs de fantasmes » (*Les songes d'un visionnaire expliqués par les songes de la métaphysique*, 1766, *in* Kant, *Œuvres*, I, p. 525-594 ; la citation se trouve p. 569-570). Swedenborg, on le sait, a été le fondateur de la première revue scientifique suédoise, *Daedalus Hyperboreus*, et un grand ingénieur, un savant (cristallographie, minéralogie) avant de déve-

lopper à partir de 1745 une angélologie complexe à la gloire de l'amour conjugal (cf. *Seraphita* de Balzac, qui popularise ses vues, exposées notamment en 1768 dans *De Amore Conjugiali*). Swedenborg est loin de représenter une exception parmi les savants : Fechner (1801-1887), Pauli, Newton, pour ne citer que trois noms, ont aussi fait se juxtaposer découvertes scientifiques et spéculations risquées. Le cas le plus extraordinaire est sûrement celui de Fechner, l'inventeur de lois psychophysiques (cf. la loi de Fechner sur la sensation), qui développa une exploration de la vie *post mortem* et l'anatomie des anges, parallèlement à la rédaction de son épopée métaphysique *Zend-Avesta* (1851). Tout cela confirme la proximité de l'imagination scientifique et de l'imagination métaphysique. Pour un positiviste, ou un kantien, c'est une condamnation de la métaphysique, pour un métaphysicien, c'est la preuve de l'irrépressible besoin que nous en avons et la faute commise par exemple par Swedenborg et Fechner est d'avoir cru qu'on peut transporter dans le domaine de la métaphysique spéculative les méthodes expérimentales, en s'appuyant simplement sur l'introspection, la vision et la prophétie.

13. À propos du sérieux et en général de l'esprit de lourdeur des « culs de plomb », Nietzsche, pénétrant sur ce point de psychologie morale, comme sur beaucoup d'autres, a bien vu, notamment dans *Le Gai Savoir*, écrit entre 1881 et 1887, que l'esprit scientifique peut dégénérer en morale de la respectabilité et en auto-inhibition de l'imagination — il trouve ses limites quand il identifie la science tout entière à cet esprit de sérieux et de respectabilité.

14. On peut lire, sur le sujet, J. Barrow, *L'homme et le cosmos. Le principe anthropique en astrophysique moderne* (Imago, 1984). Le principe anthropique doit être discuté en dehors des services qu'il peut ou pas rendre à la théologie créationniste, comme un principe

régulateur d'explication. À ce propos, voir la passionnante hypothèse de S. Hawking dans *Une brève histoire du temps* (1989) qui consiste à appliquer le principe anthropique à la tridimensionnalité spatiale de notre univers : des êtres à deux dimensions ne pourraient penser l'univers. On peut imaginer des mondes possibles avec des dimensions < 3 ou > 3, mais dans ceux où le nombre est < 3, il est certain que toute vie est impossible et donc toute conscience, et dans ceux où le nombre est > 3, la localisation devient tellement complexe que cela dépasse nos capacités. Il est donc optimal que trois dimensions de l'espace soient dépliées et que toutes les autres (20 ? 30 ?) restent repliées sur elles-mêmes. Si toutes les dimensions de l'espace étaient restées repliées, je ne serais pas là à écrire cette phrase sur les dimensions de l'espace. La condition ultime de ma pensée (en dehors des processus physico-chimiques) est la topologie dans laquelle je suis plongé. Par d'autres raisonnements, Peirce avait également posé une structure triadique nécessaire, celle des arguments d'un prédicat (pour lui, tout énoncé où le nombre des places est > 3 est décomposable en deux énoncés où le nombre des places est ≤3. Par exemple dans « Marie a donné un livre à Jacques pour son anniversaire par l'intermédiaire de Zoé », « donner » n'a pas cinq arguments (Marie, un livre, Jacques, anniversaire, Zoé), mais trois : il faut décomposer cet énoncé ainsi : « Marie a donné un livre à Jacques » et « Marie a donné quelque chose pour l'anniversaire de Jacques » et « Marie a donné quelque chose par l'intermédiaire de Zoé », les énoncés étant tous les trois à trois arguments.

15. Par forme parfaite, j'entends non pas une forme qui est au sommet de l'excellence ontologique, au degré maximal de l'existence, mais une forme qui réalise parfaitement sa fonction. Un arbre est une forme parfaite si l'on considère l'arbre comme la résolution

d'un problème qui consiste à équilibrer les échanges aériens et terrestres. La surface de la ramure d'un arbre quelconque correspond à une équation simple, qui donne la clef de cette perfection. De ce point de vue, un arbre est aussi parfait que Dieu.

INDEX

TROISIÈME PARTIE

L'HYPOTHÈSE DE LA PENSÉE VOLÉE

QUATRIÈME PARTIE

L'ONTO-THÉO-LOGIE INTROUVABLE

APPENDICES

DU MÊME AUTEUR

L'ANALYSE LOGIQUE DES LANGUES NATURELLES, Paris, Éditions du CNRS, 1984.

LE LANGAGE, UNE APPROCHE PHILOSOPHIQUE, Paris, Bordas, collection « Philosophie présente », 1993.

L'OBJET QUELCONQUE. RECHERCHES SUR L'ONTOLOGIE DE L'OBJET, Paris, Vrin, 1998.

LEIBNIZ ET LE LANGAGE, Paris, PUF, collection « Philosophies », 2000.

À paraître

LA MÉTAPHYSIQUE CONTEMPORAINE. PROPRIÉTÉS ET UNIVERSAUX, Vrin, Paris, collection « Textes clés ».

En collaboration

LE FORMALISME EN QUESTION. LE TOURNANT DES ANNÉES 30, Paris, Vrin, 1998.

Numéro spécial de la REVUE DE MÉTAPHYSIQUE ET DE MORALE : MÉTAPHYSIQUE ET ONTOLOGIE : PERSPECTIVES CONTEMPORAINES, vol. 4, 2002.

Sous presse :

LEIBNIZ ET LES PUISSANCES DU LANGAGE, Actes du séminaire de l'European Science Foundation, Rennes, 2003, Paris, Vrin, 2004.

DU MÊME AUTEUR

DANS LA COLLECTION FOLIO / ESSAIS

298 André Malraux : *La politique, la culture.*
299 Gérard Mairet : *Le principe de souveraineté (Histoires et fondements du pouvoir moderne).*
300 André Malraux : *Le Musée Imaginaire.*
301 Jean-Marc Lévy-Leblond : *La pierre de touche (La science à l'épreuve...).*
302 Pierre Hadot : *Plotin ou la simplicité du regard.*
303 Marc Jimenez : *Qu'est-ce que l'esthétique ?*
304 Jean-Jacques Rousseau : *Discours sur les sciences et les arts.*
305 Albert Camus : *Actuelles (Écrits politiques).*
306 Miguel de Unamuno : *Le sentiment tragique de la vie.*
307 Benjamin Constant : *Écrits politiques.*
308 Platon : *Les Lois.*
309 Fernand Léger : *Fonctions de la peinture.*
310 Carlos Castaneda : *Le don de l'Aigle.*
311 Bertrand Vergely : *La souffrance.*
312 Régis Debray : *L'État séducteur.*
313 Édouard Glissant : *Le discours antillais.*
314 Françoise Dolto : *Sexualité féminine (La libido génitale et son destin féminin).*
315 Françoise Dolto : *Les étapes majeures de l'enfance.*
316 Simone Weil : *Réflexions sur les causes de la liberté et de l'oppression sociale.*
317 Bruno Bettelheim : *La Forteresse vide.*
318 Sigmund Freud : *La question de l'analyse profane.*
319 Raymond Aron : *Marxismes imaginaires (D'une sainte famille à l'autre).*
320 Antonin Artaud : *Messages révolutionnaires.*
322 Paul Klee : *Théorie de l'art moderne.*
323 Paul Valéry : *Degas Danse Dessin.*
324 Carlos Castaneda : *Le feu du dedans.*
325 Georges Bernanos : *Français, si vous saviez...*
326 Édouard Glissant : *Faulkner, Mississippi.*
327 Paul Valéry : *Variété I et II .*

328 Paul Bénichou : *Selon Mallarmé.*
329 Alain : *Entretiens au bord de la mer (Recherche de l'entendement).*
330 Sous la direction d'Henri-Charles Puech : *Histoire des religions I*.*
331 Sous la direction d'Henri-Charles Puech : *Histoire des religions I**.*
332 Sous la direction d'Henri-Charles Puech : *Histoire des religions II*.*
333 Sous la direction d'Henri-Charles Puech : *Histoire des religions II**.*
334 Sous la direction d'Henri-Charles Puech : *Histoire des religions III*.*
335 Sous la direction d'Henri-Charles Puech : *Histoire des religions III**.*
336 Didier Anzieu : *Beckett.*
337 Sous la direction de Brice Parain : *Histoire de la philosophie I, vol. 1.*
338 Sous la direction de Brice Parain : *Histoire de la philosophie I, vol. 2.*
339 Sous la direction d'Yvon Belaval : *Histoire de la philosophie II, vol. 1.*
340 Sous la direction d'Yvon Belaval : *Histoire de la philosophie II, vol. 2.*
341 Sous la direction d'Yvon Belaval : *Histoire de la philosophie III, vol. 1.*
342 Sous la direction d'Yvon Belaval : *Histoire de la philosophie III, vol. 2.*
343 Rémi Brague : *Europe, la voie romaine.*
344 Julien Offroy de La Mettrie : *L'Homme-Machine.*
345 Yves Bonnefoy : *Le nuage rouge.*
346 Carlos Castaneda : *La force du silence (Nouvelles leçons de don Juan).*
347 Platon : *Gorgias* suivi de *Ménon.*
348 Danilo Martuccelli : *Sociologies de la modernité (L'itinéraire du XXe siècle).*
349 Robert Castel : *Les métamorphoses de la question sociale (Une chronique du salariat).*
350 Gabriel Marcel : *Essai de philosophie concrète.*

351 J.-B. Pontalis : *Perdre de vue.*
352 Patrick Chamoiseau, Raphaël Confiant : *Lettres créoles.*
353 Annie Cohen-Solal : *Sartre 1905-1980.*
354 Pierre Guenancia : *Lire Descartes.*
355 Julia Kristeva : *Le temps sensible (Proust et l'expérience littéraire).*
357 Claude Lefort : *Les formes de l'histoire (Essais d'anthropologie politique).*
358 Collectif : *Narcisses.*
359 Collectif : *Bisexualité et différence des sexes.*
360 Werner Heisenberg : *La nature dans la physique contemporaine.*
361 Gilles Lipovetsky : *Le crépuscule du devoir (L'éthique indolore des nouveaux temps démocratiques).*
362 Alain Besançon : *L'image interdite (Une histoire intellectuelle de l'iconoclasme).*
363 Wolfgang Köhler : *Psychologie de la forme (Introduction à de nouveaux concepts en psychologie).*
364 Maurice Merleau-Ponty : *Les aventures de la dialectique.*
365 Eugenio d'Ors : *Du Baroque.*
366 Trinh Xuan Thuan : *Le chaos et l'harmonie (La fabrication du Réel).*
367 Jean Sulivan : *Itinéraire spirituel.*
368 Françoise Dolto : *Les chemins de l'éducation.*
369 Collectif : *Un siècle de philosophie 1900-2000.*
370 Collectif : *Genre et politique (Débats et perspectives).*
371 Denys Riout : *Qu'est-ce que l'art moderne ?*
372 Walter Benjamin : *Œuvres I.*
373 Walter Benjamin : *Œuvres II.*
374 Walter Benjamin : *Œuvres III.*
375 Thomas Hobbes : *Léviathan (ou Matière, forme et puissance de l'État chrétien et civil).*
376 Martin Luther : *Du serf arbitre.*
377 Régis Debray : *Cours de médiologie générale.*
378 Collectif : *L'enfant.*
379 Schmuel Trigano : *Le récit de la disparue (Essai sur l'identité juive).*

380 Collectif : *Quelle philosophie pour le XXIe siècle ?*
381 Maurice Merleau-Ponty : *Signes.*
382 Collectif : *L'amour de la haine.*
383 Collectif : *L'espace du rêve.*
384 Ludwig Wittgenstein : *Grammaire philosophique.*
385 George Steiner : *Passions impunies.*
386 Sous la direction de Roland-Manuel : *Histoire de la musique I, vol. 1. Des origines à Jean-Sébastien Bach.*
387 Sous la direction de Roland-Manuel : *Histoire de la musique I, vol. 2. Des origines à Jean-Sébastien Bach.*
388 Sous la direction de Roland-Manuel : *Histoire de la musique II, vol. 1. Du XVIIIe siècle à nos jours.*
389 Sous la direction de Roland-Manuel : *Histoire de la musique II, vol. 2. Du XVIIIe siècle à nos jours.*
390 Geneviève Fraisse : *Les deux gouvernements : la famille et la Cité.*
392 J.-B. Pontalis : *Ce temps qui ne passe pas* suivi de *Le compartiment de chemin de fer.*
393 Françoise Dolto : *Solitude.*
394 Marcel Gauchet : *La religion dans la démocratie. Parcours de la laïcité.*
395 Theodor W. Adorno : *Sur Walter Benjamin.*
396 G. W. F. Hegel : *Phénoménologie de l'Esprit, I.*
397 G. W. F. Hegel : *Phénoménologie de l'Esprit, II.*
398 D. W. Winnicott : *Jeu et réalité.*
399 André Breton : *Le surréalisme et la peinture.*
400 Albert Camus : *Chroniques algériennes 1939-1958 (Actuelles III).*
401 Jean-Claude Milner : *Constats.*
402 Collectif : *Le mal.*
403 Schmuel Trigano : *La nouvelle question juive (L'avenir d'un espoir).*
404 Paul Valéry : *Variété III, IV et V.*
405 Daniel Andler, Anne Fagot-Largeault et Bertrand Saint-Sernin : *Philosophie des sciences, I.*
406 Daniel Andler, Anne Fagot-Largeault et Bertrand Saint-Sernin : *Philosophie des sciences, II.*
407 Danilo Martuccelli : *Grammaires de l'individu.*

408 Sous la direction de Pierre Wagner : *Les philosophes et la science.*
409 Simone Weil : *La Condition ouvrière.*
410 Colette Guillaumin : *L'idéologie raciste (Genèse et langage actuel).*
411 Jean-Claude Lavie : *L'amour est un crime parfait.*
412 Françoise Dolto : *Tout est langage.*
413 Maurice Blanchot : *Une voix venue d'ailleurs.*
414 Pascal Boyer : *Et l'homme créa les dieux (Comment expliquer la religion).*
415 Simone de Beauvoir : *Pour une morale de l'ambiguïté* suivi de *Pyrrhus et Cinéas.*
416 Shihâboddîn Yahya Sohravardî : *Le livre de la sagesse orientale (Kitâb Hikmat al-Ishrâq).*
417 Daniel Arasse : *On n'y voit rien (Descriptions).*
418 Walter Benjamin : *Écrits français.*
419 Sous la direction de Cécile Dogniez et Marguerite Harl : *Le Pentateuque (La Bible d'Alexandrie).*
420 Harold Searles : *L'effort pour rendre l'autre fou.*
421 Le Talmud : *Traité Pessahim.*
422 Ian Tattersall : *L'émergence de l'homme (Essai sur l'évolution et l'unicité humaine).*
423 Eugène Enriquez : *De la horde à l'État (Essai de psychanalyse du lien social).*
424 André Green : *La folie privée (Psychanalyse des cas-limites).*
425 Pierre Lory : *Alchimie et mystique en terre d'Islam.*
426 Gershom Scholem : *La Kabbale (Une introduction. Origines, thèmes et biographies).*
427 Dominique Schnapper : *La communauté des citoyens.*
428 Alain : *Propos sur la nature.*
429 Joyce McDougall : *Théâtre du corps*
430 Stephen Hawking et Roger Penrose : *La nature de l'espace et du temps.*
431 Georges Roque : *Qu'est-ce que l'art abstrait ?.*
432 Julia Kristeva : *Le génie féminin, I. Hannah Arendt.*
433 Julia Kristeva : *Le génie féminin, II. Melanie Klein.*

Composition Nord Compo.
Impression Bussière
à Saint-Amand (Cher), le 22 octobre 2004.
Dépôt légal : octobre 2004.
Numéro d'imprimeur : 044359/1.
ISBN 2-07-042163-5./Imprimé en France.

6161